중세교회사

윌리암 R. 캐논 著
서 영 일 譯

기독교문서선교회

History of Christianity in the Middle Ages

By
William R. Cannon

Translated by
Young-Il Seo

1986
Christian Literature Crusade
Seoul, Korea

저자 서문

영어사용권 프로테스탄트 교회사가들은 오랫동안 중세 교회사를 등한시해 온 것이 사실이다. 이 분야에 관해 저술한 이들도 전반적으로 모노그래프(monograph)를 집필하는 데 그쳤으니, 즉 특정 인물들과 사건들에 관한 전공논문인 것이 보통이었다. 이들은 서방에서의 로마 제국의 함락과 터키인들에 의한 콘스탄티노플(Constantinople)의 함락 그리고 르네상스의 시작 사이에 전개된 모든 단계에 관한 종합적 기독 교회사를 저술하지는 않았다.

로마 카톨릭 신자들 가운데서도 겨우 독일과 프랑스 출신 학자들이 많은 저술을 남겼으나, 이들 역시 주로 전기물과 분석적 역사 기술에 그친 감이 있다. 영국 출신의 만(Mann)은 그래도 뛰어났는데, 그가 저술한 『중세 교황들의 생애』(*Lives of the Popes in the Middle Ages*)는 모든 중세 신학자들에게 큰 공헌을 하였다. 종합적 역사서 가운데 가장 뛰어난 것은 지금으로부터 거의 1세대 전에 프랑스 출신의 모렛(F. Mourret)에 의해 쓰여졌다. 그러나 이 책 역시 외형적 발전에 치중하였으며, 비잔틴 교회에 관해서는 서방교회의 문제들에 관련된 측면만을 제외하고는 거의 언급이 없다. 현재 일단의 프랑스 학자들이 여러 권으로 된 중세사를 집필하고 있는 중이다.

따라서 본서는 오랫동안 갈구되어 온 필요를 충족시키고자 쓰여진 것이다. 이 책은 A.D.476년부터 A.D.1453년까지 외형교회뿐 아니라 교리적인 면, 라틴 교회뿐 아니라 헬라 교회에 관한 모든 분야에 있어서 기독교의 발전상을 기술한 전반적이고 종합적인 역사서이다. 이 역사를 기술하는 데 있어서 나는 최선을 다해 당시의 서적들을 인용하였으며, 이 인용들은 각주에서 그 출처를 밝혔다. 마찬가지로 중요한 전공 논문들과 기타 제2차적 자료들도 폭넓게 섭렵하고자 하였다. 그리고 출처를 확실히 아는 경우에는 역시 각주에 언급하였다. 그러나 본서와 같이 광범위한 역사를 기술할 때에는 다른 이들의 연구 결과에 얼마나 혜택을 입고 있는지 확실히 밝히기는 불가능하다. 가능한 한 다른 사람들의 저술과 논문들을 많이 읽다보면, 그들의 발견과 판단이 무의식중에 자기 자신의 것이 되어버리기 때문이다. 이에 관해 샤르트르의 버나드(Bernard of Chartres)는 다음과 같이 말하였다. "우리들은 모두 거인들의 어깨 위에 앉은 난쟁이들과 같다."

이 역사서를 기록하는 데 그 노력의 결과가 포함된 모든 이들에게 감사를 표한다. 나는 특히 본인에게 역사연구의 방법을 가르쳐 주었으며, 이 책을 쓰도록 영감을 준 예일 대학교 교수들에게 감사를 표하고 싶다. 광범위한 학식을 자랑하는 루터 위글(Luther A. Weigle), 또 표현이 명료하고 절묘한 문제의 할포드 루콕(Halford E. Luccok), 연구와 발행에 관해 세심하고도 비범한 노력을 기울이는 캐넷 스콧 라토레트(Kenneth Scott Latourette)의 깊은 통찰력과 독창적인 판단력을 자랑하는 리챠드 니버(H. Richard Nibuhr), 항상 원서들에 충실할 뿐 아니라 이들을 해석하는데 특별한 기술을 자랑하는 로버트 캅훈(Robert L. Caphoun), 과거의 영광의 업적과 함께 그 죄악과 흠들을 재생시키는 데 뛰어난 롤란드 배인톤(Roland H. Bainton) 등이다. 또한 누구보다도 진정한 학자 정신의 기초가 되는 일관된 논리와 지적 기품을 지녔던 더글라스 클라이드 매킨토쉬(Douglas Clyde Macintosh)에게 감사를 드리고 싶다. 나는 또한 나의 동료들에게 감사의 뜻을 전한다. 원고를 읽고 이를 수정해 준 에모리 대학교 영어과와 역사학과에 속한 칼톤 누난(J. Calton Nunan)과 프란시스 벤쟈민(Francis Benjamin), 각주를 검토해 준 독일의 키엘 대학교 교수이자 에모리 대학교 연구생인 에곤 게르데스(Egon Gerdes), 그리고 처음 쓰여진 원고를 읽고 이에 관해 비평해 준 에모리 대학의 부서인 캔들러 신학원 교회사과의 제임스 메이(James W. May)와 존 라우슨(John Lawson) 등에게도 감사를 표한다. 또한 보통 사람들은 거의 읽기조차 불가능한 나의 손으로 쓴 초고를 타자해 준 능률적이고도 너그러운 비서 사라 플래이크(Sarah Flake) 양의 노고도 빼놓을 수 없다.

윌리암 R. 캐논

역자 서문

아직까지도 신학생들이나 일반 신자들이 마음놓고 교재로 사용하기에 적당한 중세 교회사 책들은 그다지 많지 않습니다. 대부분의 경우 중세에 관련된 교회사 연구는 주로 로마 카톨릭 학자들에게 의지하고 있는 것이 현재의 실정입니다.

그런 가운데서도 이 책은 출판 당시 큰 호평을 받았을 뿐 아니라 계속하여 미국의 여러 대학, 신학교 등에서 가장 널리 교과서로 쓰이고 있습니다. 저자는 서방 라틴 교회뿐만 아니라, 동방 헬라 교회를 포함하여 신학과 교회조직, 교회에 관련된 정치사회의 변화들을 유기적으로 연결시키며, 중요한 사건들과 인물들을 생생하게 묘사하여 천 년의 역사를 능숙하게 이끌어 나가고 있습니다. 물론 의식적으로 중간적 입장을 지키는 저자가 중세 신학과 신학자들을 보는 안목이 우리들과는 차이가 있을 수 있음을 주지해야 할 것입니다.

윌리암 렉스데일 캐논(William Ragsdale Cannon)은 현재 감리교 감독이며, 이 책을 쓸 당시에는 캔들러 신학교(Candler School of Theology)에서 교회사와 역사 신학을 가르치고 있었습니다. 그는 1942년 예일 대학교에서 철학박사(Ph. D.)를 취득한 후 26년 동안이나 캔들러 신학교 한 곳에서 꾸준히 교수로 재직했던 인물입니다. 많은 이들이 흔히 중세를 가리켜 암흑시대라고 규정하지만, 이러한 시대의 어둠을 휘황하게 밝혔던 혹은 밝히고자 애썼던 뜨거운 관망들이 있었음을 잊어서는 안 되겠습니다. 이들이 보여 주는 용기와 열정, 헌신과 순수는 오늘의 우리들을 채찍질하는 기억이 되어야 할 것입니다. 그들의 갈등과 번민들은 시간을 통해 계속되고 있기 때문입니다. 그러나 이처럼 어둠이 짙을수록 별들이 더 밝게 빛난다는 사실은, 그리고 모든 인간들이 잠든 한밤중에도 이러한 별빛들을 잠잠히 지켜보시는 분이 계시다는 사실은, 반드시 역사를 통해 정의가 실현되는 모습만을 보지는 못했던 우리들의 가슴속에 무한한 용기와 자신을 주는 감격으로써 와 닿는 것입니다.

   동시에 십자가를 그려 넣은 찬란한 갑옷으로 몸을 감고서 종교의 이름 아래 지울 수 없는 오명을 남겼던 십자군들의 모습이나, 냉철한 지성으로 심오한 신비를 논했던 스콜라 신학자들이 남긴 깊은 실수 등은 우리들로 하여금 한없이 겸손하게 우리들의 창조주, 우리들의 구세주 앞에 무릎을 꿇고 그의 지혜와 은혜에만 매달리게 합니다. 바쁜 공부 중에도 숨차게 읽어나가는 원고를 받아 적어준 김대식 형에게 감사 드리며, 부족한 번역이 하나님의 섭리를 배우기 원하는 많은 형제, 자매들에게 도움이 되기를 기도합니다.

1986년 1월 15일
뉴잉글랜드의 소읍에서
역자 識

약 어 표

AS	Acta Sanctorum Bollandiana. 67 vols. Antwerp and Brussels, 1643~1931.
CMH	Cambridge Medieval History. 8 vols., 1936.
CSHB	Corpus Scriptorum Historiae Byzantinae. Bonn, 1828~97. J. Regesta Regesta Pontificum Romanorum ab Condita ecclesia ad annum post Christum natum 1198. Phillip Jaffè, ed., 1851: 2nd ed., Wattenbach, Loewenfeld, Kaltenbrunner, and Ewald, Leipzig, 1885~1888. 2 vols. 2nd ed. employed throughout.
LP	Liber Pontificalis. 3 vols. Rome, 1886~92. L. Duchesne, ed.
Mansi	J.D. Mansi, Sacrorum Conciliorum Nova et Amplissima Collectio. 31 vols. Florence and Venice, 1759~98.
MGH	Monumenta Germaniae historica. In progress.
MPG	J. P. Migne, Patrologiae Cursus Completus; Series Graeca. 161 vols. in 166. Paris, 1857~66.
MPL	J. P. Migne, Palrologiae Cursus Completus; Series Latina. 221 vols. Paris, 1844~64.

*History of Christianity
in the Middle Ages*

목 차

저자 서문 / 3
역자 서문 / 5
약어표 / 7

제1장 로마 함락 이후의 기독교권(476~590) ·················· 15
  1. 침략자들 사이의 기독교 ·· 17
  2. 서방교회의 문학과 신학 ··· 23
  3. 아일랜드와 베네딕트 수도원주의 ··· 26
  4. 유스티니안 이전의 동방 기독교 ··· 30
  5. 유스티니안 치하의 기독교 ·· 34
  6. 조직과 예배 ··· 40

제2장 교황들과 서방교회의 선교(590~756) ·················· 45
  1. 그레고리 1세 ··· 46
  2. 브리튼의 개종 ··· 51
  3. 대륙에서의 기독교 확장 ··· 54
  4. 기독교 신화와 문화의 출현 ·· 60
  5. 교황령 ·· 65

제3장 교라상의 갈등과 동방교회의 분할(565~717) · · · · · · 69
1. 황제의 탄압과 단성론 분파들 · · · · · · 70
2. 네 스토리우스 교회 · · · · · · 76
3. 단일의지론 · · · · · · 79
4. 이슬람에 의한 상실 · · · · · · 83
5. 교회의 강화 · · · · · · 88

제4장 카롤링가 왕조의 문예부흥(756~882)과
브리튼의 부흥(871~899) · · · · · · 95
1. 신성로마제국 · · · · · · 97
2. 샤를마뉴 치하에서의 기독교권 · · · · · · 102
3. 삭소니와 스칸디나비아 지방선교 · · · · · · 110
4. 니콜라스 1세 아래에서의 교황제 · · · · · · 114
5. 신학과 철학 · · · · · · 122
6. 알프레드 대왕 · · · · · · 129

제5장 8, 9세기의 비잔틴 기독교(717~886) · · · · · · 131
1. 성상에 관한 논쟁 · · · · · · 132
2. 다마스커스인 존 · · · · · · 138
3. 바울 당파와 수도원주의 · · · · · · 144

4. 중앙 유럽의 선교 ··· 148
　　5. 포티우스의 분열과 비잔틴 문화 ·· 153

제 6 장 동서방 교회의 분열(882~1081) ···································· 165
　　1. 포르노크라시(도색 정치) ·· 166
　　2. 제국의 보호 아래에서의 교회 ·· 172
　　3. 동방교회의 절정 ·· 182
　　4. 러시아의 개종 ·· 191
　　5. 대분열 ·· 193
　　6. 그 후의 동서방 교회 ·· 198

제 7 장 용사들의 시대(1073~1124) ·· 203
　　1. 그레고리의 개혁운동 ·· 204
　　2. 제1차 십자군 원정 ·· 213
　　3. 동방의 기독교 ·· 220
　　4. 성직수임 논쟁과 그 결과 ·· 225
　　5. 수도원 운동의 만개 ·· 232
　　6. 스콜라 신학의 시작 ·· 238

제 8 장 제12세기(1124~1198) · 247
1. 콤네누스 아래에서의 동방 기독교권 · · · · · · · · · · · · · · · · · · · 247
2. 서방 클레르보의 버나드 아래에서의 서방 기독교권 · · · · · · · 253
3. 교회와 왕권 사이의 투쟁 · 259
4. 카타리와 종교재판의 시작 · 264
5. 제3차 십자군 원정 · 267
6. 사색과 신비 주의 · 270

제 9 장 지상의 전투교회(1198~1303) · · · · · · · · · · · · · · · · · · · 281
1. 이 노센트 3세의 치세 · 281
2. 탁발 수도회들 · 287
3. 십자군 원정들 · 296
4. 동방의 제국들 · 303
5. 서방의 교황제국 · 313

제 10 장 서방 중세 기독교 문명의 극성(1198~1321) · · · · · · · · 323
1. 스콜라 신학의 집대성 · 323
2. 실험과학의 시작 · 335
3. 신학의 형성 · 339
4. 예술과 문학의 발전 · 346

| 5. 사회개선을 위한 조직체들 | 358 |
| 6. 대학의 출현 | 362 |

제 11 장 콘스탄티노플 함락 이전의 기독교권(1303~1453) ········ 369
1. 제국 말기의 동방 기독교	369
2. 교황제의 바벨론 포로 시대	375
3. 서방분열과 그 이후	380
4. 기독교 및 교회에 관한 해석	387
5. 존 위클리프와 존 후스	391
6. 외국선교와 성례들	399

부록: 황제, 교황, 총대주교 목록 ·········· 407
List of Sources in English Translation ·········· 423

*History of Christianity
in the Middle Ages*

제 1 장

로마 함락 이후의 기독교권
(476~590)

테오도시우스 대제의 죽음(395)과 로물루스 아우구스툴루스(Romulus Augustulus)의 폐위(476)는 채 100년도 안 되는 짧은 기간에 일어났다. 그러나 이 짧은 시간의 흐름 속에서 로마 제국의 통일성은 영원히 사라지게 되었다. 제국의 서쪽은 야만족의 침입에 시달렸으며, 동쪽은 지리적으로는 직접 피해를 받지 않았고, 정치적으로도 예전과 다름없었으나 계속 수세에 몰려 있었으므로 그 영토를 넓히기보다는 보존하는 데 급급하고 있었다.

이러한 제국의 전반적 상태는 기독교 내의 상황과 거의 비슷하였다. 교회는 세속 정부 내의 분열에 대응하고 이를 극복할 만한 단결력과 통일성을 보여 주지 못하였다. 성부와 성자 사이의 관계와 삼위 내에서의 예수 그리스도의 위치에 관한 아리우스 논쟁에 이어 역사적 예수의 위격과 그의 지상생애 동안 신성과 인성 사이의 관계에 관한 네스토리우스 논쟁(Nestorian Controversy)이 극심하게 계속되었다. 비록 공식적인 입장은 처음 431년 때 에베소(Ephesus)에서, 그 후 451년에 칼케돈(Chalcedon)에서 천명되었으나, 그 결과는 곧 사람들에게 만족을 줄 만한 것이 못 되었다. 이 논쟁으로 인하여 두 사람의 총대주교(Patriarch) 곧 콘스탄티노플의 네스토리우스와 알렉산드리아의 디오스코러스(Dioscorus)가 그 직위를 박탈당하였다. 또한 동방교회 내에서는 네스토리우스파와 단성론(Monophysite) 교리를 좇는 교회들이 별도로 나타나게 되었다. 로마 교회의 주교는 콘스탄티노플의 총대주교와 팽팽한 대치 상태에 들어갔다. 왜냐하면 칼케돈 종교회의(the Council of Chalcedon)와 콘스탄티노플 교구의 위치를 로마에 버금가는 것으로 규정했기 때문이었다. 그 이유가 콘스탄티노플이 사도에 의하여 세워졌다는 종교적인 것이 아니라 제국의 수도라는 세속적인 권위에 의거한 것이었다. 또한 북아프리카에서는 오늘날까지도 신학자들간에 계속되고 있는 분쟁이 발생하였으니, 곧 히포의 어거스틴(Augustine of Hippo)과 펠라기우스(Pelagius) 사이에 벌어진 원죄의 문제와 구원에 있어서의 하나님의 은혜에 대한 인간들의 의존성에 관한 논쟁이었다. 또한 이미 이단으로서 정죄된 아리우스주의까지도 제국을 정복해 오는 야만족들 사이에 다시 부활되고 있었다. 야만족들의 대부분은 제4세기 중 비시고트족(Visigoths) 사이에서 선교활동을 벌였던 울피라스(Ulfilas)에 의해 이 이단에 물들어 있었다.

이러한 결과, 476년 8월 23일 아직 수염조차 나지 않았던 애송이 로물루스 아우구스툴러스 머리로부터 벗겨진 황제의 관이 털이 무성한 야만인 오도바카르(Odovacar)의 머리 위에 씌워졌을 때, 로마와 기독교의 고대사는 이미 종식되어 있었으며, 제국뿐만 아니라 교회를 위한 새로운 장이 열리고 있었다. 예를 들어, 서방에서는 신학적 문제에 관한 관심보다도 선교와 전도의 문제가 보다 중요하게 대두되었다. 수도원들은 더 이상 경건하고 특이한 인물들이 세속사를 등지고 택했던 사이길이 아니고, 서구 문명 자체의 대도(大道)로서 화하게 되었다. 로마 감독은 원로정치가로서 그가 가지던 특권을 교황으로서 교황의 절대권으로 변화시켰다. 교회는 대국의 통일성이 파괴됨으로 발생한 여러 가지 종류의 인간들의 수효를 충족시키기 위해 전략을 바꾸어야 했으며, 세속정치야말로 중요한 교회의 업무가 되었다. 동방의 경우 정치적, 사회적 통일성의 유지가 가능함으로써 고대교회의 업무를 계속 수행하는 것이 가능하였으며, 또한 신학과 신비주의적 경향은 계속 비잔틴 특유의 경건을 대표하는 특성들로 남게 되었으나 이단들은 점차 분파로 변모해 갔다. 교회와 국가의 관심들은 이 양자를 서로 구별할 수 없을 정도로 유착되었다. 기독교권의 막대한 영토들이 이슬람교도들에 의해 정복되었다. 교리는 황제들뿐 아니라, 일반 민중들의 취미에 따라 좌우되었으며, 동방교회는 서방교회와 무엇인가 다른 특색을 보여 주어야 된다는 이유만으로도 과거와는 다른 길을 걷기 시작하였다.

1. 침략자들 사이의 기독교

당시 유럽 지도는 야만족 침입자들의 경로에 따라서 결정되었다. 이들은 훈족(Huns)을 제외하고는 병사들이기도 할 뿐 아니라 이민들이기도 하였으니, 이들은 곧 자기들이 정복한 지역에 정착하였다. 이처럼 침략자들은 유럽의 영혼에 자기들의 정신적인 흔적을 남겼다. 이들의 종교적 신념은 그들이 통치하던 주민들의 종교적 신앙과 접촉하게 되었다. 이에 따라 사상적 갈등이 자주 발생하였으니, 그것은 인간들의 신체와 영토뿐만 아니라 사상 역시 쉽게 굴복하지 않았기 때문이다.

이들 가운데 북 아프리카 왕국을 최초로 건국하고 멸망하였던 반달족(Vandals)은 잔인한 아리우스주의자들로서 정통신앙을 가진 주민들을 간헐적으로 핍박하였다. 이 왕국의 건국자이자 군사적 천재였던 절름발이 가이세릭(Gaiseric, 428~477)[1]은 그래도 마지못해 종교의 자유는 인정하였으나, 그의 후계자 후네릭(Huneric, 477~484)은 가혹하고 계속적인 핍박을 가하였다. 그는 아리우스주의 이외의 다른 신앙고백하는 것을 범죄로 규정짓고 신도들과 정통교회들의 재산을 몰수하였다. 카르타고(Carthage)에 자리잡은 총대주교 권위 아래 아리우스주의는 공식적으로 국교로서 채용되었다. 아리우스주의는 비록 박해를 통해 약간의 변절자들을 얻기는 하였으나, 항상 소수파로서의 위치는 면하기 어려웠다. 아리우스주의자들은 534년 동방제국 황제 벨리사리우스(Belisarius)의 원정에 의한 왕국의 멸망과 함께 탄압을 면치 못하였다.[2] 반달족의 역사란 겨우 1세기 내에 국한된 것으로서 후세에 미친 영향은 미미하였다.

스페인에 자리잡았던 비시고트족(Visigoths)은 반달족과는 다른 길을 걸었다. 이들 역시 아리우스주의자들이었으나, 이들은 6세기경 자기들 국가를 강화하고 계속 유지하기 위해 라틴족 이웃들에 합류하였으며, 주민들의 정통 보편적 신앙(Catholicism)을 자기들 자신의 것으로 받아들였다. 이들은 아마도 그 직전의 역사로부터 올바른 교훈을 배웠는지도 모른다. 비시고트 왕국의 건국자이던 유릭(Euric, 466~484)의 천재적 정치수완에도 불구하고 이들은 고울(Gaul) 지방서부터 정통신앙을 가진 프랑크 족속들에게 축출되었으며, 비시고트의 왕 알라릭 2세

---

1) Procopius, *De Bello Vandalico*, I, 1~7.
2) Victor Vitensis, *Historia Persecutionis Africanae Provinciae*, in CSEL, Vol. VII.

(Alaric II, 484~507)는 포이투(Poitou)의 부글(Vouglé)전투에서 클레비스(Clevis)의 손에 의해 참살당하였다. 비시고트족들은 이러한 쓰라린 경험을 통하여 자기들과는 다른 신앙을 가진 다수의 주민들 사이에서는 오랫동안 생존하기가 불가능함을 배웠던 것이다. 비시고트족은 스페인에 정착한 후에도 40년 이상이나 아리우스주의를 신봉하였으며, 이들은 이러한 신조를 따라 고트어(Gothic)로 된 예배의식과 왕권에 의지하여 교회조직을 정비하였다. 허메네길드(Hermenegild)가 프랑크족 출신의 아내와 카톨릭 대주교 세빌의 레안다(Leander of Seville)의 후원 아래 실패에 그친 종교반란(579~585)을 시도하였다. 그러나 허메네길드의 아버지 레오비길드(Leovigild, 약 568~586)는 열렬한 아리우스주의자로서 그의 아들을 투옥시킨 후 정통신앙을 포기하기를 거부하자 처형하였다. 그러나 1년 후 레오비길드의 죽음과 함께 아리우스주의의 종말은 시작되었다. 그 후 둘째 아들 레카레드 1세(Recared 1, 586~601)가 형의 뒤를 이어 종교혁명을 완성하였다.

589년 5월 제3차 톨레도 종교회의(the Third Council of Toledo)에서는 정통신앙이 재확인되었다. 레카레드 1세는 구약의 기름 붓는 의식을 기독교 내에 다시 재생시킨 첫 왕이었으니, 그는 주교에 의해 그의 머리에 성유를 붓도록 함으로써 자기 자신과 그의 후계자들의 통치권이 하나님으로부터 주어진 것임을 상징하였다.

사보이 지방의 원래 정착지로부터 론(Rhone)과 세느(Saône) 강으로부터 알프스(Alps)와 사린(Saline) 강까지, 그리고 유라 산맥(JuraMountains) 북부로부터 듀란스(Durance) 강까지 그 영역을 넓혔던 부르군디족(Burgundians)들은 짧지만 소중한 역사를 소유한 민족이다. 이들이야말로 아리우스주의 대신 정통신앙을 수용한 최초의 야만 족속들이며, 거친 게르만 방언 대신에 통속화된 라틴어를 사용하였다. 이들은 아직 이교도였던 클레비스에게 기독교인을 배우자로 주었다. 이들이 534년[3] 프랑크족에 의해 패퇴되었을 때에는 라틴어로 된 인도적 법률들을 성문화하였으니, 이들 가운데는 온건한 생활방식과 남들의 자유를 인정하는 성격, 이들이 숭배하였던 라틴의 주교들과 사제들과의 교류를 통해 받아들인 정통신앙에 대한 경

---

3) Fredegarius, *Chronicarum*, in MGH, *Scriptores rerum Merovingicarum*(1888), vol. II. Isidore of Seville, *Historia Gothorum Wandalorum et Sueborum*, in MGH, *Chronica minora*(1892~1598), Vol. II. Jordanes, *De Getarum sive Gothorum origine et rebus gentis*, in MGH(1882).

외심이 잘 나타나고 있다. 이에 따라 이들은 지기스문트 왕(King Sigismund, 516 ~524) 아래서 공식적으로 정통신앙을 받아들였으나[4] 이때는 이미 클레비스 아들들에게 대항할 정치적 통일성을 이룩하기에는 너무 늦은 때였다.

고울(Gaul) 지방의 프랑크족들은 야만인 침입자들 가운데서 가장 막강하고 성공적인 부족이었다. 이들이야말로 당시의 혼란 상태 가운데서도 대륙에서 유일하게 열국 중에 자기 영토를 영속적으로 유지할 수 있었던 것으로 보인다. 일부 후세인들은 이러한 프랑크족의 모습이 일찍부터 정통 기독교 신앙을 받아들였기 때문이라고 해석하기도 한다. 혹시 이러한 추론이 타당한 것인지는 모르나 프랑크족은 사실 그 개종 후에도 잔인하고 부도덕한 자들이었다. 이들의 왕 클레비스(481~511)는 부르군디족 아내 클로틸다(Clotilda)의 설복에 의해서였는지 혹은 등살에 못 이겨서인지 몰라도, 만약 그녀의 구세주가 자기의 강적이던 알레만니(Alemanni)를 이기기만 해 준다면 그녀의 신앙을 받아들이겠다고 약속했다. 그의 기도는 받아들여졌다. 혹은 최소한 그는 승리를 거두었다. 그 결과 클레비스는 휘하 3천 명의 병사들과 함께 496년 크리스마스날 라임(Rheims)에서 레미 대주교(Archbishop Remi)에게 세례를 받았다.[5] 이 때문에 라임은 오늘날까지도 프랑스 내에서 가장 중요한 교구로서 꽃피고 있다.

클레비스와 그 부족은 야만족들 가운데 최초로 통치자와 부족 전체가 이교로부터 정통신앙으로 귀의한 예이다. 이 흉맹한 족장은 508년 파리(Paris)를 그의 수도로 삼았다. 그리고 그는 아들을 시켜 아버지를 죽이게 한 후 이를 복수한다는 명목으로 리푸아리안(Ripuarian)과 살리안(Salian) 프랑크족들을 통일하였다. 그는 511년 임종 직전 오를레앙(Orleans)에서 주교회의를 열고 법률을 제정한 후, 그의 모든 피비린내 나는 위업들을 하나님의 영광을 위해 바친다고 봉헌하였다.

이러한 클레비스의 선례는 세부적인 약간의 상이점들은 있으나 대부분 그의 후계자들에 의해 답습되었다. 예를 들면, 당시의 악한 시대에서도 특히 악독하기로 유명했던 칠페릭(Chilperic, 561~584)은 자기 명령에 불복하는 자들을 소경으로 만드는 것이 보통이었다. 그런데 바로 그가 삼위일체의 신조에 대항하여 추상적인 신조 조문들을 순수한 하나님의 말씀(Word of God)으로 대치하고자 하였다. 사실

---

4) Apollinaris Sidonius, *Epistolue*, VI. 12, in MPL, LVIII, 560.
5) MGH, *Epistolae*, III. 122.

투르의 그레고리(Gregory of Teurs)가 그를 가리켜 프랑크 부족사회에 있어서 헤롯인 동시에 네로라고 묘사한 것도 이상한 일은 아니다.

그러나 선한 경우에 겨우 정욕에 찬 인물로 표현될 수 있고 최악의 경우에는 피에 굶주린 독재자들로 묘사될 수 있는 통치자들과 그 치하의 부족민들의 일반적인 타락상에도 불구하고, 정통교회는 프랑크족이 가진 가장 강력한 기구로서 성장해 갔다. 부족의 모든 계층들이 이에 관해 자부심까지 가지고 있었다. 성직자로서 선발되기까지의 과정은 특히 엄격하였으며, 또한 성직임명을 받기까지는 왕의 허락을 받아야만 했다. 주교들은 이론상으로는 각 교구 내의 성직자들에 의해 선출되었으나 실제로는 왕이 우선 그 후보자를 선임하기 마련이었다. 성직자들은 교회 내에서의 기능들뿐만 아니라 교회의 재산을 관리해야 했고, 또 많은 곳에서는 세속 법률을 적용하여 정의를 수행하는 데 있어서 관리들의 세력을 오히려 능가했으므로 막중한 책임을 지고 있었다. 모든 성직자들은 세속 법령의 제안을 받지 않은 채 교회에만 책임을 졌다. 왕들과 귀족들이 자기들의 죄악을 보상하기 위함인지 많은 헌금들을 바쳤기 때문에 교회는 날로 부유해 갔다. 이러한 헌물들과 습관적인 감사헌금, 세금들 외에도 교회는 왕궁 내의 모든 수입들로부터 십일조를 거두어들였다. 결국은 보편교회의 종교적 후원 아래 바로 이 거친 민족들 가운데서 제국을 잉태할 이상과 의지가 발생하였다.[6]

이탈리아를 지배한 것은 아리안 오스트로고트족(Arian Ostrogoths-아리우스주의의 오스트로고트족)이었다. 이들은 라벤나(Ravenna)에 수도를 두고 있었으며, 로마 시의 가장 중요하고 권위 있는 인물로는 카톨릭 주교를 인정하였다(여기서 말하는 카톨릭이란 로마 주교회라기 보다는 당시의 정통 보편교회를 의미한다). 오스트로고트족은 처음에 정부의 초청 아래 제국의 영토 내에 들어왔으므로 침략자가 아니라 식민지 개척자(colonists)로서 간주되었다. 또한 그들의 영역은 최소한 명목적으로 동로마 제국의 일부였다. 이 때문에 그들과 라틴계 주민들 사이는 보다 용이하고 친밀하게 되었다. 오스트로고트족 출신 테오도릭(Theodoric, 471~526)은 스키리아인(Scirian) 오도바카르(Odovacar, 476~493)를 축출하고 대신 그 위를 계승하였다. 테오도릭은 전쟁터에서 오도바카르를 물리칠 수 없음을 깨닫자 그와

---

6) Gregorius Turonesis. *Historia Francorum*. II. 40~43; IV. 28; V. 44; VI. 46; VIII. 36; IX. 27. 34; X. 8.

동맹을 맺고 만찬에 초대한 후 손님으로서 온 오도바카르를 식탁에서 살해한 것이었다. 테오도릭은 동로마 제국 황제가 자기에게 오도바카르를 제거한 후 그 대신 통치해 주기를 부탁했다는 주장으로써 이 행위를 정당화시켰다. 테오도릭은 그 성격이 조급하고 문맹이긴 하였으나 계몽군주로서의 인내심과 견식을 가지고 통치하였으니, 34년의 재위 기간 중 25년 동안 종교의 자유를 인정하고 자비로운 정치를 행하였다. 그는 철두철미한 아리우스주의자로서 493년부터 518년까지는 짐짓 무관심을 가장한 채 보편교회의 움직임을 관찰하였다. 그는 교회회의에서 심마쿠스(Symmachus)를 정당한 로마 감독으로 결정할 때까지는 심마쿠스와 로렌티우스(Laurentius) 간의 로마 감독직을 차지하기 위한 경쟁에도 간섭하지 않았다. 테오도릭은 유대인들을 보호하였으며, 이들에 대한 적대 난동행위들을 엄벌에 처하였다. 그는 아리우스주의 교회들과 정통교회들 모두를 위한 공공사업을 수행하기도 하였다. 그는 고트족과 로마인들 사이의 궁극적인 통합을 획일적인 통일이 아닌 종교자유의 토대에서 바라보았다. 테오도릭은 동로마 제국의 저스틴 황제(Justin)에게 다음과 같이 편지하였다. "양심을 통치할 수 있다고 가장하는 것은 하나님의 특권에 대항하는 것입니다."

그러나 518년 테오도릭의 정책은 급변하여 통치자들 가운데 가장 분별력 있고 너그럽던 그가 자기 의견과 다른 종교적인 생각에 관해서는 잔인하기 그지없는 박해자로 화하였다. 물론 그가 이전의 종교정책을 포기하게 된 것은 동로마 제국의 정책변화에 영향을 받았음은 의심할 수 없겠다. 저스틴(Justin, 518~527)의 즉위와 함께 아리우스주의는 동로마 제국 전체에서 가혹한 형벌을 받는 대상이 되었다. 서로마 제국의 영토 내의, 특히 테오도릭이 통치하던 이탈리아에서도 정통 신도들은 동로마 제국 황제에 동조하였다. 이에 따라 테오도릭은 자기 측근들 가운데서 아리우스주의가 아닌 자들을 의심하기 시작했다. 정치가 알비누스(Albinos)가 반역죄로 고소당했으며, 테오도릭의 친구이자 철학자였던 보에티우스(Boethius)가 알비누스를 변호하자 테오도릭은 그 또한 체포하여 투옥시킨 후, 뒤에 끔찍한 고문을 가해 살해하고 말았다. 테오도릭은 보에티우스 이마에 노끈을 꼭 조여 묶은 후 몽둥이로 그의 두개골을 부셔버렸다. 보에티우스는 죽기 전 감옥에서 악형을 받는 동안 『철학의 위안』(The Consolations of Philosophy)이라는 고전을 남김으로써 "최후의 로마인"(The last of the Romans)이라는 칭호를 받게 되었다. 보에티우스가 예루살렘이 아니라 아테네에서 그 위안을 발견하고 예수 그리스도가 아니라 소크라테스와 플라톤에게 그 눈길을 돌린 것은 이상한 일이라 할 수 있겠다. 테오도릭은 525년 저스틴과의 화해를 도모하기 위해 마지못해 파견했던 로마 주교 존 1세(John I, 523~526)가 귀환하는 길에 그를 체포하여 역시 처형시켰다. 테오도릭은 존보다 겨우 넉 달 동안 더 살았으니, 526년 8월 이질로 사망하였다. 이 아리우스주의자들의 왕국은 수 차례의 전쟁 이후 553년 유스티니안(Justinian)의 군대에 의해 함락되었다.

    서로 다른 신앙을 가진 사람들로부터도 정치적, 사회적 통일이 형성될 수 있으며, 종교적 자유의 인정이라는 유약한 기초 위에 세워진 테오도릭의 과업은 그의 사후 겨우 27년간 보존된 것을 볼 수 있다. 6세기에는 종교와 정치는 하나였다. 따라서 서로 대치되고 상반되는 종교적 사상으로부터 하나의 국가를 건설한다는 것이 불가능하였다. 그러나 어쨌든 테오도릭은 11세기 경 추기경단(the College of Cardinals)이 성립되기 전까지 교황 선출을 위해 사용된 당시의 제도를 성립시킨 자로서 교회 역사상 그의 이름을 남기고 있다. 그는 죽기 한 달 전, 로마 주교는 로마 내의 성직자들과 주민들의 자유선거에 의해 선출된 후 세속군주의 비준을 받아야 한다는 칙령을 발표하였다. 이러한 칙령은 테오도릭이 로마 시민의 동의 없이 로마 주교를 지명하고자 했을 때 시민들이 적극적으로 저항한 데서 생겨나게 되었다. 이 결과는 526년 7월 12일 펠릭스 4세(Felix IV)의 주교직 임명이었다.[7]

    당시 야만족에 의해 세워진 국가들이 계속 생존할 수 있는가의 여부는 그들의 지도자들이 정통 기독교 신앙과 양식을 얼마나 받아들이고 성공적으로 사용하는가에 달려 있었다고 해도 과언은 아니다. 이들 침략자들은 비록 서로마 제국을 복종시킬 무력은 지니고 있었으나 이를 제대로 통치할 수 있는 교육과 경험은 가지고 있지 못했다. 이들은 자기들이 다스리던 왕국 내에서도 인구비율로 보면 소수를 면치 못했으나 주민들의 대부분은 로마인이자 정통 기독교인이었다. 이에 따라, 정복자들이 계속 생존하기 위해서는 피정복민들의 뛰어난 문화에 적응하고 이를 수용해야만 했다. 침략자들 가운데서 고울 지방의 프랑크족과 스페인의 비시고트족들만이 제6세기 말에도 계속 존재하고 있었는데, 이들 양자는 철저한 정통신앙을 신봉하는 자들이었다.[8]

---

7) Ennodius of Pavia, *Opera*, MGH, *Auctores Antiquissimi*, Vol. VII.
8) 참고 도서목록은 CMH, I, 658~659, 675 ; II, 728~738에 있다.

2. 서방교회의 문학과 신학

서로마 제국 영토 내에 야만족들이 자기들의 국가를 건국하는 동안 학문의 불꽃은 비록 완전히 소멸되지는 않았으나 겨우 그 명맥을 유지하는 정도였다. 이탈리아에 자리잡은 오스트로고트족의 테오도릭의 궁정에서는 학문의 불꽃이 밝게 빛나고 있었으나, 희랍 서부 유럽 전역은 거의 완전히 암흑에 싸여 있었고 가끔 고울 지방과 스페인에서 간헐적인 광채가 일곤 하였다.

고전적 학문들은 보에티우스(480~524)[9], 카시오도루스(478~573)[10]에 의하여 기독교 학문의 명목으로 중세에 전하여졌다. 이 두 사람은 모두 로마인들로서 테오도릭의 궁신들이었으며, 당시의 현실을 대변하거나 미래를 위한 선지자였다기 보다는 과거를 숭배하는 존재들이었다. 보에티우스는 서방 교육의 기초로서 4과(quadrivium)를 수립하였다. 이에 따라 모든 학교들에서는 문법, 수사학, 논리학(the trivium)에 추가하여 대수, 음악, 기하, 천문 등을 기본과학으로 가르치게 되었다. 그는 마찬가지로 폴피리(Porphyry)의 서문을 붙인 아리스토텔레스(Aristotle)의 『카테고리스』(Cotegories)를 번역하였으며, 이에 따라 11, 12세기에 발생한 실재론자(realist)와 유명론자(nominalist)들 사이의 논쟁을 낳게 되었다. 카시오도루스는 신앙생활의 필요를 충족시키기 위해 고전적 지식들을 개작하기로 하였다. 그는 50년 동안 테오도릭을 섬겼으며, 그때에 『고트족의 역사』(History of the Goths)를 저작하고 유명한 서신들을 남겼으며, 그 후에는 베네딕트파 수도원으로 은퇴하였다. 그는 그곳에서 영혼에 관한 논문을 저술하고, 수도사들의 교육을 위한 개요서(syllabus)를 작성하였다. 그는 이 개요서 가운데 수도사들이 성령과 교부들의 저서들뿐만 아니라 고전학, 역사학, 지리 등 일곱 가지 고대학문을 공부하도록 충고하고 있다. 이 다재다능한 인물은 라틴 철자법과 아울러 시편 주석을 편찬하기도 하였다.

투르의 그레고리(Gregory of Tours, 538~594)는 이 두 고전학자들과는 달리 조잡하고 야만적인 스타일로 자기 동족(프랑크족)의 역사를 기술하였다.[11] 그는 또

---

9) MPL, Vols. LXIII, LXIV.
10) MPL, Vols. LXIX, LXX.
11) MGH, *Svtipyotrd rerum Merovingicarum*, Vol. 1.

한 최초의 중세 예배의식서를 서술하였는데, 이 가운데는 별들의 위치에 따라 여러 예배시간들을 결정하도록 되어 있다. 그는 또한 고울 지방에 살던 20명의 교회 지도자들에 관한 간단한 전기를 남겼으며, 기적에 관해서도 일곱 권의 책을 썼다. 그런데 베난티우스 포르투나투스(Venantius Fortunatus, 530~610)[12]가 쓴 『벡씰라 레기스』(Vexilla regis)가 로마 카톨릭 교회 예배의식에 포함된 것을 제외하고는 투르의 그레고리가 사망한 후 고울인들의 저술은 무가치하게 되었다.

제6세기 전반기 중에 서방에서 발생한 유일한 신학적 중요성을 갖는 사건이란 529년 7월 고울 지방의 오렌지(Orange)에서 열렸던 소규모 종교회의에서 죄와 은혜에 관한 정의를 내린 것이라고 할 수 있겠다. 이 모임은 단지 당시 이 지역교회의 지도적 인물이던 아를레의 대주교(archbishop of Arles) 카애사리우스(Caesarius, 470~543)[13]에 의해 그곳 도시의 바실리카가 헌정되었기 때문이다. 카애사리우스는 레린(Lerins)섬 출신이었다. 이 섬의 종교생활은 고울 지방의 기독교에 결정적인 영향을 주었다. 레린의 수도사들은 어거스틴적 인론(anthropology)이 내세우는 예정론을 받아들일 수 없었으나 동시에 인간이 스스로 자기와 구원을 이루기에 충분한 능력을 가지고 있다는 펠라기우스주의적 주장을 받아들이기를 원치 않았다. 어거스틴은 인간이 그 구원을 위해서는 하나님의 은혜에 완전히 의존해야 한다는 교리를 통해 전적 타락의 교리를 인정한 바 있었다. 즉, 모든 인간들은 죄 가운데서 태어나며 자기 스스로를 구원할 아무런 능력이 없다는 것이었다. 그는 하나님께서 인간들 중 일부에게 영생을 주시기로 작정하셨다고 가르쳤다. 또한 나머지 인간들은 영원히 저주에 두기로 포기하셨다는 것이다. 따라서 하나님의 선택은 선택받은 자들의 생활 속에 은혜를 통해서 저항할 수 없도록 작용하는 것이었다. 반면 펠라기우스는 인간들이 하나님께 순종하거나 대적하기를 결정하며, 자기 스스로의 선행을 통해서 구원을 성취한다고 가르쳤다. 즉, 은혜란 이러한 인간의 선행을 돕고 강화시키는 것으로 인간 자신이 고유의 능력으로 할 수 있는 과업을 도울 뿐이라는 것이었다. 따라서 만약 누군가 저주받는다면 그는 자기 자신을 원망할 수밖에는 없다는 논리였다.

이러한 논쟁은 교회 안에서 장기간 계속되고 있었다. 펠라기우스 추종자들은 그

---

12) *Opera*, MGH, *Auctores Antiquissimi*, Vol. IV.
13) MPL, LXVII, 1001~1166.

수가 많지 못했으니, 왜냐하면 그들의 교훈은 구속에 있어서 그리스도의 역사를 인간의 선행에 부수적인 것으로 만들 뿐 아니라 도덕적 인간들을 기독교인들과 동일 선상에 위치시키기 때문이었다. 만약 인간이 스스로 자신을 구할 수 있다면 과연 왜 그리스도께서 이 세상에 오셔야만 했었던 말인가? 그러나 동시에 어거스틴주의의 극단적 입장에 선뜻 찬성하기를 원하는 자들도 많지는 않았다. 그 결과 흔히 반펠라기우스주의자들(Semi-Pelagians)이 출현하였다. 이들은 기꺼이 인간의 구원은 오직 하나님께 달린 것으로 인정하였으나 동시에 인간의 저주도 오직 하나님의 뜻에 의한 것이라고 생각하고 싶지는 않았던 것이다. 이들은 어떤 의미에서는 예정론자가 아닌 어거스틴주의자들이라고도 볼 수 있겠다. 카애사리우스는 이러한 반펠라기우스파에 속해 있었으며, 그는 당시의 교인들의 대다수가 받아들일 수 있는 입장을 천명함으로써 이에 관한 논쟁을 결론지었다.

카애사리우스는 이 과업을 수행하는 데 있어 외교적 수단을 발휘하였다. 그는 이 문제에 관한 논문을 우선 로마 주교 펠릭스 4세(Felix IV, 526~530)에게 제출하였다.[14] 펠릭스는 이를 비평하고 수정하였으며, 카애사리우스는 이를 다시 편집한 후 529년 7월 3일 오렌지의 교회에 속한 동료들에게 제출하였다. 그들은 이를 비준하고 서명하였다.[15] 펠릭스의 후계자 보니페이스 2세(Boniface II, 530~532)는 이를 인정한 후 모든 교회들에게 추천하였으니 이에 따라 아무런 특별한 종교회의의 소집 없이 점차 교회는 이 입장을 죄와 은혜에 관한 기독교 교리로서 받아들이게 되었다.

이리하여 동 회의의 법령들은 인간의 자유의지는 하나님의 도움 없이는 도덕적 선행을 행할 수 없으며, 인간이 구원을 이루기 위한 제1단계에서 하나님의 도움이 필요하다고 선언하였다. 그러나 동 법령들은 예정교리를 인정하지 않으며 또한 세례 받지 못한 유아들이 지옥에 떨어지는 것도 인정하지 않았다. 오렌지 종교회의(The Synod of Orange)는 어거스틴주의를 보다 인간적으로 수정함으로써 교회를 위해 그 일부를 보존했다고 볼 수도 있을 것이다. 이 교훈에 의하면 인간은 자신의 죄성에 의해 자유로이 스스로를 저주할 수 있다. 그는 그의 선행에 의해 스스로를 구원할 수 없으며 완전히 하나님의 은혜로우신 자비에 의존하고 있다는 것이다.

---

14) Mansi, VIII, 722~724.
15) *Ibid.*, Cols. 711ff.

3. 아일랜드와 베네딕트 수도원주의

이 시기, 즉 로마의 함락과 대 그레고리(Gregory the Great)의 교황재위 동안 서방에서 나타난 가장 중요한 사회조직은 베네딕트 수도원운동(Benedictine monasticism)이라고 할 수 있겠다. 이 수도원은 야만족들 가운데 고대의 고전적 저술들을 보존하는 데 있어서 유일한 기관이 아니었다면 최소한 가장 중요한 역할을 했다고 볼 수 있겠다. 로마는 이 수도원들을 선교 및 기독교 신앙의 교훈을 위한 가장 중요한 기구로써 사용하였다.

수도원운동 자체는 동방 기독교의 산물로서 교회사 초기 단계에 있어서 이미 라틴적 심성이 아니라, 헬라적 심성이 신학뿐 아니라 실제 현실에 적용된 기독교의 선구자적 역할을 했음을 증명하고 있다. 3세기에 이미 이집트의 건조한 기후 가운데 은자(anchoritic) 혹은 혼자 사는 수도사들의 모습이 나타났으며, 4세기 전반에는 안토니(Antony)의 영향아래 널리 대중운동으로서 그 꽃을 피웠다. 350년 이전 파초미우스(Pachomius)는 수도사들이 함께 모여사는 집단적 수도원(coenobitic, or communal monasticism)을 시작하였다. 그리고 같은 세기의 중반 가이사랴의 바실(Basil of Caesarea)은 그 후 오랜 장래를 통해 동방교회의 수도원운동을 통솔해 나갈 법칙들을 제정하였다.

이러한 동방에서의 모습은 거의 아무런 수정 없이 서방으로 전해졌다. 투르의 마틴이 파초미우스의 모범을 따라 4세기에 고울 지방에 세운 집단적 수도원 내에서도 혼자 사는 은자들을 이상으로 삼는 경향이 많았다. 이에 따라 마르무티에르(Marmoutiers) 수도원은 마치 은자들의 촌락처럼 되었다. 이와 같은 경향은 아일랜드와 브리튼에 소재한 수도원들에서도 마찬가지였다. 각 수도실은 각기 특유한 생활방식을 제정하고 거의 인간으로서 불가능한 극단적 금욕주의와 이보다 훨씬 완화된 생활 사이를 시간과 생각의 변화를 좇아 오락가락하는 것이 보통이었다.

물론 아일랜드의 수도원들이 이 시대에 있어서 전도를 위해 강력하고도 효과적인 수단으로 사용된 것은 말할 것도 없거니와 그 중에서도 이오나 수도원(Ionian establishment)은 특이할 만한 가치가 있다. 로마제국의 경내에서 벗어나 위치하고 있던 아일랜드와 켈트족의 스코틀랜드(Celtic Scotland)와 웨일즈(Wales) 지방 등은 제국 내 교회들과는 다른 모습으로 발전해 갔다. 니니안(Ninian, 432 사망)이나 패트릭(Patrick, 389~461)은 둘 다 모두 고울 지방에서 수련을 받았으나 그 선교지에서 로마 양식을 재생시키는 데는 실패하였다. 브리튼(켈트족)과 아일랜드(스코틀랜드인들) 등은 부활절 절기를 지키는 날짜나, 수도사들의 삭발모양 등에서도 로마와는 달랐다(로마 카톨릭 수도사들은 머리 꼭대기를 삭발하여 그 주위의 머리털이 마치 관처럼 자라나게 했는데 비해 이들은 앞머리를 양귀에 이르도록 깎았다). 이들은 또한 로마인들과는 달리 아직 살아 있는 사람들의 이름을 따서 교회 이름을 붙이기도 했다. 세례식의 경우 로마에서는 3번 물 속에 들어갔다가 나오는데 비해 이들은 단지 한 번 물 속에 들어갔다가 나올 뿐이었다. 또한 미사 중 올려지는 기도들과 성직임명식에 있어서도 차이점들이 있었다(이들은 안수식을 위해 반드시 3명의 주교들이 필요한 것으로는 생각지 않았다). 그 밖에도 아일랜드 기독교는 그 조직과 치리에 있어서 수도원 중심이었으며, 이는 로마 교회 및 대부분의 교회들이 따랐던 교구 중심의 형태와는 전혀 다른 것이었다. 예를 들면, 아일랜드의 수도원은 그 밑에 촌락들과 촌락 교회들을 포함한 여러 가지 기관들과 기구들을 거느리고 있었다. 수도원은 물론 수도원장(abbot)에 의해 통솔되었으며, 그가 죽은 뒤에는 그의 가족들 가운데 한 사람이 뒤를 이었다. 주교들(bishops), 사제들(priests), 수도사들(monks) 등은 함께 수도원 내에 거주하였으며 모두가 수도원장의 절대적인 감독 아래 있었다. 실제로 수도원장은 그의 지도 아래 사제들의 성직임명식, 교회당 봉헌식, 새로운 선교직의 설립 등 교회기능들을 설립하기 위해 주교들을 그 아래 고용하는 형편이었다.

이러한 아일랜드의 수도원들 가운데 가장 유명하고 오랫동안 계속된 것은 564년 콜럼바(Columba)에 의해 스코틀랜드 해안지역에 설립된 이오나(Iona) 수도원이었다. 이 수도원에는 150명 가량의 수도사들이 거주했으며, 가축과 삼림(wood), 식당, 교회당을 구비하고 있었다. 또한 수도사 개개인들마다 개인적으로 조그마한 오두막을 소유하고 있었다. 생활은 정절(chastity)과 겸손(humility)을 이상으로 삼았으며, 수도사들은 개인재산의 소유가 일체 금지되어 있었다. 그러나 이를 위해 규칙들이 성문화된 것은 아니었다.

콜럼바(Columba, 521~597)는 아일랜드에서 성장하였으며, 마치 예수님과 12사도들처럼 12명의 친구들과 함께 바다 건너 동족들에게 복음을 전하기 위해 스코틀랜드로 건너갔다. 콜럼바는 이오나에서 34년 동안 사역하였다. 그의 성품은 너무나도 온유하고 상냥하였기에 짐승들까지도 그를 사랑하였다. 그가 그의 독방과 그의 교회 밖에서 행한 최후의 행위는 말로 하여금 그의 가슴을 핥도록 허락한 것이었다. 그는 자정예배(matins)를 드리기 위해 교회당에 갔다가 그의 수도사들이 지켜보는 가운데 제단 앞에서 숨을 거두었다.[16]

아일랜드의 해외선교는 콜럼반(Columban, 543~615)에 의하여 유럽대륙에까지 확장되었다. 그는 수도사들의 학식이 깊기로 그 이름을 떨치던 카운티 다운(County Down) 지방의 반고르(Banger) 수도원에서 훈련을 받았다. 585년 콜럼반과 12인의 동료들은 선교를 위해 아일랜드를 출발하였다. 이 용맹스럽던 선교사는 보스제(Vosges), 프랑스, 부르군디(Burgundy), 스위스 등과 마지막으로는 이탈리아(Italy) 등지에서 선교활동을 벌였다. 그는 자기가 세운 아펜니 산맥(the Apennies)의 보비오(Bobbio) 수도원에서 생을 마쳤다. 그러나 콜럼바와 콜럼반은 모두 위대한 인물들이기는 했으나 시대가 요구하는 온전한 능력을 갖춘 인물들은 못 되었다.[17] 즉, 이들은 뛰어난 인물들이기는 하였으나 충분하다고 할 만큼 뛰어나지는 못하였던 것이다. 만약 수도원운동이 영속적으로 지속되기 위해서는 서방교회는 동방교회가 이미 가이사랴의 바실에게서 발견한 능력과 자질들이 필요하였다. 즉, 누군가 실질적이고 지혜로운 집단생활의 규범을 작성하고 사람들이 이에 따라 살도록 영감을 주어야만 했다. 바로 이러한 인물이 누르시아의 베네딕트(Benedict of Nursia)였다. 우리들은 베네딕트의 생애에 관해서는 그다지 많이 아는 것이 없다. 비록 그의 제자이던 교황 그레고리 1세(Pope Gregory I)가 그의 전기를 저술하기는 하였으나 이 작품 속에는 너무도 많은 전설들이 포함되어 있고 스승에 대한 지나친 찬사로 인하여 객관적 판단이 결여되어 있으므로 이는 한 인간의 생애를 정직하게 기술한 것이라기보다는 장례식의 추도사로서 적당하다 할 수 있을 정도이다.

베네딕트는 아름다운 경치를 자랑하는 움브리아(Umbria) 지방 누르시아 촌락에서 유복한 로마 가정에서 출생하였다(약 480). 그는 원래 섬세한 감수성을 지닌 인물로서 약 20세쯤 되었을 때는 도덕적으로 타락한 주위 로마 사회의 환경을 견디지 못하여 수비아코(Subiaco) 근처 동굴 속으로 들어가는 자의 생활을 시작하였다. 그는 매우 털이 많았던 인물이었던 듯하다. 이러한 신체로서 반은 벌거벗은 채 짐승들의 가죽옷을 입고 있었으니 일단의 목자들은 그를 야생짐승으로 오해하고

---

16) Adamnan, *Vita S. Columbae*(Dublin, 1896).
17) MPL, LXXX, 209~326.

그를 사냥하기도 하였다. 이 목자들은 이러한 베네딕트와의 만남을 통해 그의 이름을 세상에 알리는 첫 번째 전달자들이 되었다. 이에 따라 사람들은 그의 지도와 충고를 구하기 위해 그를 찾기 시작하였으며, 근처에 수도사들이 그에게 자기들의 수도원장이 되어달라고 청함으로써 은자로서의 생활은 끝나고 말았다. 간략하고 편안한 생활에 젖어 있던 이들 수도사들은 곧 그의 엄격한 규칙을 견딜 수 없었다.

그러나 이들은 베네딕트를 수도원장직에서 쫓아내어 그에게 챙피주기를 원하지 않았기에 대신 그를 독살하기로 결정하였다. 베네딕트는 그들의 간계를 발견하고 남쪽지방으로 도주하여 로마와 나폴리(Naples) 사이에 정착하였다. 옛날 이교 신전이 있던 몬테 카시노(Monte Cassino)의 높은 언덕에 베네딕트는 진정하고 유일하신 하나님께 드리는 수도원운동의 제단을 쌓았던 것이다. 그는 529년 몬테 카시노 대수도원(Abbey of Monte ssiao)을 건립하였으며, 그 후 베네딕트파 수도회(the Benedictines), 혹은 흑수사들(Black Monks)의 본부가 되었다. 그는 이곳에서 자기 동료들과 함께 유명한 『계율』(Rule)을 작성하고 이를 실험해 본 후 완성시켰다. 그는 그 후 최소한 14년 이상의 수도생활을 더 한 후에 사망하였다(약 543).[18]

비록 우리들은 베네딕트의 생애에 관해서는 거의 아는 것이 없지만 그는 그의 『계율』을 통해 후세들에게 그의 사상과 사역을 전해 주었으므로 이에 관해서는 완전한 지식을 가지고 있었다. 이 『계율』은 도덕문제에 관한 금지령이나 혹은 영적 금언들을 모아놓은 목록은 아니었다. 이는 오히려 실질적인 성격을 가진 법령집으로 볼 수 있는데 수도사들 생활의 모든 부분을 다 망라하고 있었다. 이는 세속법에 관한 로마인들의 개념을 자기 포기와 하나님과 이웃들의 필요에 의해 스스로를 희생한다는 가장 고상한 형태의 기독교인의 생활로 옮겨 놓은 것이었다.

수도사들의 일과는 크게 세 부분으로 나누어진다. 첫째로, 오프스 데이(Opus Dei)를 영창으로 부르는 공식적 예배에는 4시간 반 가량이 할애된다. 두 번째로, 수도사들은 수도원 내부와 전원 등에서 6~7시간을 노동해야 한다. 마지막으로, 성경 및 교부들을 중심으로 하는 독서와 연구에 3~5시간이 할애된다. 계절에 따라 달랐던 기상과 취침 역시 구체적으로 미리 결정되었다. 각 개인들은 모두 하루 8시간 잠자도록 규정되었다. 또한 자기가 하는 일을 감당할 만큼 음식을 먹어야 하며, 수도사들은 모두 계율에 규정된 대로 농부들의 소박한 겉옷을 입었는데 그 색

---

18) MPL. LxxvII. 149~430.

깔은 검은 색으로 통일하였다. 수도사들의 업무는 이들의 생활환경과 수도원의 필요에 의해 결정되었다. 물론 각자 맡은 업무에 따라 융통성이 있었다. 뛰어난 선생은 가사일보다도 학생들을 가르치는 데 더 많은 시간을 보내야 할 것은 당연한 일이다. 또 조리를 맡은 이는 부엌에 있어야 하고, 필경사들은 도서관에서 보다 많은 시간을 보내도록 하였다.

어쨌든 모든 수도사들은 그 상급자가 시키는 일을 해야 했고, 이들은 고하를 막론하고 모두 빈곤(poverty), 정결(chastity), 순종(obedience) 등의 계율을 절대적으로 준수하였다. 털로 짠 셔츠, 못이 박힌 혁대, 채찍 등을 사용하여 자기 스스로를 괴롭히는 고행 행위는 베네딕트의 계율 가운데 나타나지 않고 있다. 금식까지도 이를 원하는 자의 건강상태에 따라 조절을 받았다. 또한 수도사들에게는 안정성(stability)의 계율을 엄수하도록 하였다. 즉, 한 수도사는 한 수도원으로부터 다른 수도원으로 이동할 수 없었으며, 그가 일단 입문한 그 수도원에서 온 생애를 보내야만 했다. 수도원장은 종신직으로서 수도사들에 의해 선출되며, 그는 그가 원하는 대로 직원들을 임명하였다. 중요한 문제에 관해서는 보다 더 나이든 동료들과 상의했으나 일단 수도원장이 결정을 내린 후에는 이것, 곧 그의 결단이 법이었다.[19]

롬바르드족(Lombards)이 580~590년에 걸쳐 몬테 카시노를 약탈했을 때에 베네딕트파 수도원운동은 전 유럽에 걸쳐 퍼져 나갔다. 베네딕트가 죽기 전 카시오도루스(Cassiodorus)가 이를 받아들임으로써 로마 내에 이미 잘 알려져 있었다. 베네딕트의 수도원운동은 그레고리 1세와 함께 교황의 위까지 차지하였다.

4. 유스티니안 이전의 동방 기독교

세월을 따라 그 권위는 더해갔으며 경건과 헌신의 가장 고상한 표시로 받아들여졌던 동방교회의 수도원운동은 교회 전체가 제국 정부에 대항하여 싸우는 효과적인 무기, 혹은 최소한 교회 내 열성파들의 효과적인 무기로 사용되었다. 실제로 서로마 제국의 로물루스 아우구스툴루스가 그 위를 박탈당한지 채 1년도 안 되어 동로마 제국에서는 그 위를 찬탈하였던 바실리스쿠스(Basiliscus, 475~476)가 유명한 은자 다니엘(Daniel)에 의해 축출되었는데, 그 이유는 바실리스쿠스가 공개적

---

19) *Regula Magistri*(ed. H. Vanderhoven and F. Masai, Brussels, 1953).

으로 단성론을 지지하였기 때문이었다. 황제로부터 칼케돈 종교회의의 교리적 입장을 비방하는 회칙이 발생된 직후 주상 성인 시므온(Simeon Stylites, 390~459)의 영적 후계자였던 다니엘(493년 사망)은 흑해 연안에서 그가 고행하던 기둥으로부터 내려왔다. 다니엘은 시므온과 마찬가지로 기둥 위에서 살아가는 고행을 통하여 당시 콘스탄티노플 시민들에게 마치 하나님의 대변자와 같은 인식을 받고 있었다. 그는 수도에 진입하여 너무나도 강한 능력으로 설교함으로써 큰 성공을 거두어 황제 자신이 자기 자신의 목숨을 구하기 위하여 반쯤 벌거벗은 수도사의 분노로부터 도망가는 믿기 어려운 진기한 광경을 연출하였다.[20] 그 뒤를 이어 제노(Zeno) 황제가 다시 복위되었다(476). 이미 그의 성당에 검은 천을 두르고 성직자들에게 검은 상복을 입혀 바실리스쿠스의 이단을 애통해 했던 총대주교 아카시우스(Acacius, 471~489)는 이러한 정통신앙의 수복을 주님의 기적으로서 환영하였다.

그러나 교회의 평화와 안정을 위해서는 불행하게도 동방 전역에 걸쳐 수도원들의 교리적 입장이 동일한 것은 아니었다. 예를 들어, 이집트 수도원들은 아직도 칼케돈에서 결정된 신조들을 네스토리우스주의에의 타협이라고 생각하고 있었다. 또한 안디옥 교구는 열렬한 단성론자였던 피터 풀러(Peter the Fuller, 476~477; 485~489)가 두 차례에 걸쳐 차지하고 있었다. 기독교권의 모교구(the parent see)라고 할 수 있는 예루살렘마저도 이성론적 교리(two nature doctrine)에 동의하는 것은 아니었다. 알렉산드리아에서는 부활절 전주는 성주간(Holy Week)에 주교 프로테리우스(Proterius, 457)가 그 성당의 세례통에서 적수의 추종자들에 의해 살해당했으며, 그 후 20년 동안 그의 주교직을 두고 디모데 캣(Timothy the Cat, 457~477)과 디모데 솔로파키오루스(Timothy Solofaciolus, 460~482)가 교리분쟁을 벌였다. 제노 황제(474~491)는 무슨 수단을 써서라도 제국 전체에 종교적 평화를 이룩하고자 결심하였다. 이러한 그의 의도를 콘스탄티노플 총대주교 아카시우스가 후원하고 있었다. 이들이 당면한 교리적 입장들은 다음과 같았다. (1) 유티쿠스주의(Eutychean) 혹은 단성론(Monophysite)이라 불리우는 것으로서, 이는 강도들의 회의라고 불리웠던 에베소 회의(Robber Synod of Ephesus, 449)에서 채택된 교훈이었고, 그 후 칼케돈 종교회의(Councilof Chalcedon, 451)에 의해 부인되었다. 이들 단성론자들은 비록 그리스도께서 성육신(Incarnation)하시

---

20) Evagrius, *Historia ecclesiastica*, III. 7.

기 전에는 두 가지 성질-신성과 인성(the divine and the human)-을 가지고 있었으나 탄생 후에는 오직 한 가지 신성(the divine)만을 소유했다는 주장이었다. 반면 (2) 칼케돈 종교회의의 입장은 그리스도께서 성육신을 통하여 한 위격 안에 각기 다른 특성들을 지닌 두 개의 구분할 수 있는 성질들, 곧 신성과 인성을 소유하셨다는 것이었다. 세 번째 입장, 즉 그리스도 안에 두 개의 위격들(persons)을 완전히 구분하여 나사렛 예수는 완전한 인간이었는데 그 가운데 삼위일체의 제2의 위격(the second person of the Trinity)이 마치 사람이 집 안에 거하듯이 위 안에 거했다는 네스토리우스주의(Nestorianism)는 당시 더 이상 문제거리가 되지 않고 있었다. 네스토리우스 주장을 좇는 추종자들 대부분은 시리아 북부(North Syria)에 이미 자기들만의 교회를 조직한 바 있었다.

제노는 자기 자신의 이름으로 482년 헤노티콘(Henotikon)이라고 명령한 "통합 칙령"(Edict of Union)을 발표하였다. 그는 이를 통해 단성론자들과 양성론자들을 한데 모으고자 소망하였으니, 그는 이를 위해 그들을 분열시킬 가능성이 있는 모든 원칙적 문제들에 관한 자기의 입장을 명백히 밝히기를 교묘하게 회피하였다. 다시 말해 그는 모호와 불명료성을 통해 통일을 이룩하고자 했던 것이다. 예를 들어, 그는 그리스도께서 한 위격이시며, 성령과 마리아에게서 나셨고, 그의 신성으로서는 성부 아버지와 그리고 그의 인성으로는 우리들과 같다고 인정하였으나 동시에 칼케돈 종교회의의 적법성에 관해서는 침묵하였고 대신 니케아(Nicaea, 325)와 콘스탄티노플(381) 종교회의들을 기독론을 정의하는 데 있어서 가장 권위있는 회의들로서 언급하였다.[21] 처음에는 헤노티콘으로 인하여 동방의 주요한 교구들, 즉 콘스탄티노플, 알렉산드리아, 안디옥, 예루살렘 사이에 연합이 이루어졌으며, 이들의 도움을 통해 제국 내의 교리적 분쟁상태는 일단 정지한 듯 보였다. 그러나 반면 서방에서는 그 반대의 효과를 가져왔다. 펠릭스 3세(FelixⅢ's, 483~492)가 로마의 주교로서 처음 취한 행동은 다름 아니라 이 칙령에 서명한 모든 주교들을 파문한 것이었다. 비록 신학적으로는 받아들일 수 있었으나 동 칙령은 두 가지 측면에서 로마의 비위를 거슬렸다. 첫째로, 이는 칼케돈 회의에서의 레오 1세(Leo I) 사역을 무시하고 있었다. 둘째로, 이는 신앙문제를 세속정부의 외교를 통해 정리하고자 했다는 것이다. 로마 교회는 마치 레오 1세가 훈족의 아틸라(Attila the Hun)를 대

---

21) *Ibid.*, III. 14.

적하였듯이 양심을 위해 세속권력가를 저항하는 성직자들을 존경하였다. 이들은 아카시우스처럼 제노와 같은 반 야만인이자 탐욕에 가득찬 권력가들에게 빌붙는 성직자들을 경멸하였다. 아카시우스도 같은 방법으로 서방교회에 반발하였으니 그는 484년 8월 1일 공식적으로 펠릭스를 파문시켰다. 이리하여 그 후 36년 동안이나 계속된 서방과 동방교회 사이의 분열이 발생하였다.

그러나 동로마 제국 영내에서도 헤노티콘은 곧 실패를 맛보게 되었다. 491년 제노의 뒤를 이어 황제 위에 오른 아나스타시우스(Anastasius)는 27년에 걸친 제위기간 동안 이러한 타협을 보존하기 위해 총력을 경주하였다. 아나스타시우스는 그가 등극하는 날 시민들로부터 "이제까지 살아왔던 대로 통치하십시오!"라는 칭송을 들은 것을 보면 온화한 심정의 소유자였던 것 같다. 그러나 당파간의 분쟁이 심한 시기에는 그 중간 위치를 유지하고자 꾀하는 인물처럼 양파로부터 큰 미움을 사는 존재는 없다. 아나스타시우스는 점차 단성론자들을 후원하는 입장을 취하였다. 그는 콘스탄티노플에 대한 칼케돈주의적 수도사들의 열광은 참을 수 없었다. 그는 칼케돈주의를 신봉하던 두 사람의 콘스탄티노플 대주교, 즉 유페미우스(Euphemius, 490~496)와 마케도니우스(Macedonius, 496~511)를 그 직위를 박탈하고 위배를 보내었으며, 단성론자인 세베루스(Severus)를 지지하였다. 세베루스는 안디옥 주교 플라비아누스(Flavianus, 498~512)를 축출한 후 정통신앙을 주장하던 수도사들과 성직자들을 학살하고 이들의 시체를 새들과 짐승들에게 던져주었다. 아나스타시우스는 다음과 같은 답변으로 로마의 호르미스다스(Hormisdas of Rome, 514~523)의 요구에 대항하였다. "우리는 멸시와 모욕은 참을 수 있다. 그러나 명령받는 것을 허락할 수는 없다." 그는 원형경기장에 황제의 제복과 왕관조차 없이 나타나 평화를 위해서면 자기가 황제직까지도 내놓겠다고 호소함으로써 폭도들의 난동을 진압시키기도 하였다. 군중들은 81세의 황제가 노구를 이끌고 호소하는 것을 보고 동정을 금치 못하였으며, 그가 81세로 죽기까지(518) 그의 통치에 순응하였다.

잔악하고 무식한 병사 출신의 저스틴 1세(Justin I, 518~527)는 그의 신앙이 정통적이라는 점을 제외하고는 황제로서의 아무런 자격이 없는 인물이었다. 그는 칼케돈 기독론을 인정함으로써 분열을 종식시키고 동방교회에 양성론적 교리를 강요하였다. 디오스코루스의 가르침에 충실하였던 이집트에서만이 계속 단성론만이 그 강세를 유지하였으나 그 후에도 콘스탄티노플을 비롯하여 제국 각 곳에서 전혀 논란이 없었던 것은 아니다. 저스틴은 525년 3월 30일 거창한 예식을 베풀고 로마 주교를 콘스탄티노플에 자기의 내빈으로서 초대하였으며, 그에게 입을 맞추며 그의 축복을 요청하였다.

5. 유스티니안 치하의 기독교

저스틴의 사후 제위를 계승한 그의 조카 유스티니안(Justinian, 527~565)은 저스틴이 통치할 만한 교양이나 교육을 결여하고 있었기 때문에 실제 제위에 오르기 이전에도 정부를 통솔하고 있었다. 유스티니안은 그의 삼촌이 황제 위에 등극하였을 때 겨우 36세였으나 노련한 정치행정가로서의 자신감을 가지고 제국을 운영하였다. 그는 45세에 자신이 제위에 올랐을 때 이미 그는 9년 동안의 경험을 가지고 있었다. 그는 84세에 사망하기까지 38년 동안 통치하였다.

유스티니안의 38년 통치기간 중 21년에 걸쳐 그의 가장 중요한 고문역할을 한 것은 아름답고 매력적이었던 테오도라(Theodora)였다. 그녀는 그를 만나 매력으로 그를 사로잡고 결혼하기 전까지는 배우이자 쇼걸이었으며, 당시의 역사가 프로코피우스(Procopius)의 기록에 의하면 창녀이기도 하였다.[22] 그녀의 아버지가 원형 경기장에서 동물을 조련하던 자였으며, 유스티니안이 특별히 황제의 허락을 받아야 했던 것을 감안하면 그녀의 배경은 그다지 뛰어나지 못했던 것을 가히 짐작할 수 있겠다. 그러나 일단 그녀가 자기의 성에의 기술을 한 남성에게 집중시켰을 때 그녀의 능력은 거의 무제한이라고 할 만했다. 유스티니안은 물론 제국을 통치했으나, 많은 문제에 있어서 테오도라는 유스티니안을 통치하였다.

실제로 유스티니안 황제의 업적은 그의 능력과 성품 이상이었다고 볼 수 있겠다. 그의 통치기간 중 북아프리카, 시실리, 이탈리아 그리고 일리리쿰(Illyricum)과 달마티아(Dalmatia) 지방 등이 다시 제국의 영토로 수복되었다. 동방교회뿐 아니라 서방교회의 중요한 교구들이 통합되었는데, 물론 유스티니안은 그의 손길이 닿는 모든 것들을 통치해야만 하는 성품이었으므로 교회의 독립성은 훼손되었다. 세금들도 제대로 거둬들여졌으며, 예술이 다시 흥왕하였고, 제국과 기독교 법령집이 편찬되었으며, 세계는 다시 한 번 문명의 모습을 보이는 듯했다. 그러나 황제는 개인적으로는 유약하고 겁이 많은 형편이었고, 마치 공작처럼 허영심이 많은데다

---

22) Procoplus, *Anecdota*, xi.

가 이기적이고 자기중심적이었고, 낭비와 사치를 즐겼을 뿐 아니라 잔인했으며, 우리가 흔히 생각하는 황제의 성품으로서는 위대성을 갖추지 못한 자였다.[23] 그는 언젠가 원형경기장에서 녹색당(Greens)과 청색당(Blues) 사이에 폭동이 발생하자 마치 놀랜 토끼처럼 도망갈 생각만 하였었다. 그러나 이때 그의 용기를 북돋아 끝까지 견디도록 고무한 것은 다름아닌 생의 밑바닥에서 중상을 거쳐 용기를 단련한 그의 아내 테오도라였다.[24]

남편과 아내가 항상 의견의 일치를 보는 것은 아니었으며, 특별히 신학적 문제에 있어서는 입장을 달리했다. 또한 이러한 의견차이는 최소한 다른 사람들에게 미치는 영향을 통해서 기독교의 역사에 그 흔적을 남기고 있다. 예를 들어, 유스티니안은 정통적 신앙을 유지하고 자의식적으로 노력했는데 반해 테오도라는 보다 단성론적 입장에 기울어지고 있었다. 언젠가 노령의 로마 주교 아가페투스(Agapetus, 535~536)가 고트족으로부터 모종의 임무를 띠고 콘스탄티노플에 도착했을 때 그녀는 자기가 차기 콘스탄티노플 대주교로 임명하고자 했던 단성론주의자주교인 트레비존드의 안티무스(Anthimus of Trebisond)와 교제를 가지도록 설복하고자 했다. 그러나 아가페투스는 이를 끝내 거부했으며, 유스티니안 역시 아가페투스의 의견을 받아들여 안티무스 대신 메나스(Menas, 536~552)를 그 자리에 임명하고 메나스의 성직임명식에 아가페투스를 초청하였다.[25]

그러나 황제와 그의 아내는 신학에 있어서 네스토리우스주의적 경향이 단성론보다 더 위험하다는 데에는 의견의 일치를 보고 있었다. 그 결과 유스티니안은 흔히 "삼장"(Three Chapters) 파문록이라고 불리우는 바 칼케돈의 결정에 부록형식의 훈령을 선포하여 네스토리우스의 스승이었던 몹수에스티아의 테오도레(Theodore of Mopsuestia)와 알렉산드리아의 시릴(Cyril of Alexandria)의 대적이었던 테오도레트(Theoaoret)와 네스토리우스의 친구였던 에뎃싸의 이바스(Ibas of Edessa)들의 신앙과 저술들을 정죄하였다.[26] 사실 이들이 주장한 교리의 중요한 부분을 검토해 보면 이들의 입장은 에베소와 칼케돈 종교회의의 입장과는 다른 것임을 알 수

---

23) *Ibid.*, viii, 24.
24) Procopius, *History of the Wars*, 1. 24.
25) Procopius, *Anecdota*, xvii. 5.
26) Mansi, IX, 375 D., 376 A.

있으며, 특히 테오도레 같은 경우는 네스토리우스보다도 훨씬 더 네스토리우스주의적이었다(far more Nestorian than Nestorius). 그러나 이들은 모두 사망한 자들이었다. 칼케돈에 모였던 학자들과 교회지도자들도 이들을 문제삼지는 않았다. 또한 서방교회에서는 황제가 종교회의의 결정사항을 상관하는 것 자체를 반대하고 나섰다. 그러나 불행하게도 서방교회 고위 성직자들 가운데 가장 영향력이 있었던 당시의 로마 감독 비길리우스(Vigilius, 538~555)는 아첨꾼이자 겁쟁이었다.

유스티니안과 테오도라의 도움으로 로마 주교직을 차지했던 그는 비밀리에 "삼장"(Three Chapters)에 서명서약을 하였으나 공개적으로는 서방교회의 교훈에 아무런 이의를 제기하고 있지 못했었다. 그러나 이러한 그의 유약함과 우유부단한 태도는 유스티니안이 그를 콘스탄티노플에 불러들여 "삼장"을 교회의 교리에 첨가시키고자 하는 목적 하나를 위해 전체 종교회의를 소집하고자 했을 때 만천하에 폭로되고 말았다. 처음에 비길리우스는 황제를 달래어 아무런 행동도 취하지 못하도록 설복하고자 하였다. 그러나 이미 유스티니안의 고집을 꺾을 수 없게 된 것을 안 비길리우스는 교회의 제단으로 도망하였다. 분노한 황제의 병사들은 그를 벌주기 위해 교회당에서 끌어내고자 하였다. 그러나 비길리우스는 몸집이 커다란 사람이었다. 그는 너무도 힘껏 제단의 기초석을 끌어안고 있었으므로 결국 제단이 무너지게 되었다. 이 꼴을 보고 연민의 정을 금치 못한 회중들은 황제에게 그를 살려주도록 부탁하였다.

그러나 어쨌든 유스티니안은 회의를 소집하고 말았다. 모든 총대주교들을 포함하여 160명의 주교들이 교회에서 참석하였다. 북아프리카에서도 5명의 주교들이 참석하여 동방교회 동료들을 지지하였다. 로마의 비길리우스와 서방교회의 주교들은 아무도 종교회의에 참여하지는 않았으나 겁에 질린 비길리우스는 종교회의의 결과를 비준하고야 말았다. 그 결과 3명의 이단자들은 공식적으로 정죄되었다. 이 회의(553)는 교회사상 전체 종교회의(general council) 중 5번째의 것으로서 결국 유스티니안은 자기의 뜻을 관철하게 되었다.[27] 이와 같이 보편 교회내에 자리잡고 있던, 자기가 생각하는바 이단이라고 주목되는 사상에 대해 보여 주었던 황제의 반감은 또한 기독교 이외의 모든 종교와 모든 사상에 대한 증오심으로 더욱 격렬히 나타나게 되었다. 이는 그의 세계관과도 일치하는 것이었다. 하나님은 만물을 통치

---

27) *Ibid.*, Cols. 414~419, 457~488, MPL, LXIX, 122~128, 143~178.

하시며 창조에서 보여진 신적 질서는 제국의 체제와 운영 가운데 답습되어야만 하였다. 교회와 국가는 하나였으며, 황제(imperator)는 동시에 대사제(pontifex-maximus)이기도 한 것이었다. 유스티니안이야말로 황제 교황주의의 화신이었으며, 그는 모든 종교문제에 관해 마치 교황들의 무오성에 비교될 만한 자신을 가지고 행동하였다. 그 결과 황제의 명령에 의해 아테네에 소재했던 철학학당들은 문을 닫아야 했으며, 이집트에 아직도 남아 있던 신전들을 파괴하였고, 팔레스타인의 사마리아인들을 박해하기도 하였다. 이는 529년이었으니 서방교회에서는 오렌지 종교회의(Synod of Orange)와 몬테카시노 수도원이 설립되던 해였었다.

그가 유대인들의 종교를 금지하거나 시민으로서의 자격을 박탈하지 않은 것을 감안한다면 이들에 대해서 보다 너그러웠다고 할 수 있겠다. 이들은 히브리어 대신 헬라어나 라틴어로써 유대인들이 성경을 읽도록 강요하였으며, 이들을 위하여 70인역(Septuagint)을 구약의 권위 있는 경전으로서 선정하여 주었다. 그러나 그는 유대인들의 공무 담임을 일체 금지시켜 차별대우를 하였으며, 개인적으로는 이들을 경멸하였으니 유대인들을 가리켜 "암흑 속에 앉아 있는 더러운 인간들"이라고 불렀다. 기독교와 문명에 끼친 유스티니안의 두 가지 큰 공헌은 법령과 예술부문이라고 할 수 있겠다.

유스티니안이 제위기간 중 처음 10년은 법률정비에 온 힘을 쏟았다고 볼 수 있겠다. "유스티니아누스 대법전"(Codex Justinianus, 지금 현재까지 남아 있지 않음)의 초판은 529년에 발행되었으며, 유명한 제2판 개정 증보판(지금까지 남아 있음)은 534년에 출판되었다. 이와 함께 3년 동안(530~533)의 기간에 걸쳐 법률학자들에 의한 요람(Digest) 혹은 법전(Pandects)과 함께 출판되었는데, 이를 통해 법률들은 체계화되고 색인을 넣었으며, 각 사례에 맞는 인용문들이 제시되었다. 로마 제국의 법률들의 집대성이라고 볼 수 있는 유스티니안 대법전(The Code of Justinian)은 동시에 기독교적 문서이기도 했다. 이는 황제가 행정전역에 걸쳐 추구했던 바를 법률을 통해 이룩하고자 했던 의식적인 노력의 결과였다. 그의 추구하는 바는 최소한 이론상에서나마 기독교 국가로서의 이상에 그의 제국을 부합시킨다는 것이었다. 따라서 그때까지는 기독교가 이미 존재하고 있던 문화에 접목되었는데 반해, 유스티니안 대법전의 등장과 함께 하나님의 법력이 묘목(parent plant)이 되어 이 근원으로부터 각 역사적 상황에 기본적 원칙들을 적용시키는 가지들을 뻗어나가게 한다는 것이었다.

이에 따라 법전은 정통신앙의 확인과 이단들에 대한 파문으로 시작된다. 그 뒤를 이은 각 장들은 사람들, 범죄, 재산 등에 관한 법률들을 다루고 있다. 예를 들어, 노예들에 관한 입법에 있어서는 하나님의 형상으로 창조된 모든 인간들의 권리를 분명히 인정하고 있다. 노예제도 자체가 금지되어 있지는 않았지만 노예들 역시 하나님의 눈으로 볼 때 소중한 인간으로 받아들여지고 있으며, 마치 부동산의 일부처럼 취급되어서는 안 된다는 것이다. 노예들은 법의 완전한 보호 아래 있으며, 이들에 관한 처벌 역시 법률에 의한 제한을 받고 있다. 유스티니안 대법전은 432항목과 함께 중세 및 현대를 위한 기독교 법령의 기초로서 불멸의 위치를 차지하게 되었다.[28]

유스티니안은 법률에 있어서뿐 아니라 건축에 관해서도 탁월한 역량을 발휘하였다. 그의 제위 초기에 발생한 니카 반란(Nika Revolt, 532)에 의해 콘스탄티노플 시는 큰 피해를 입었으며 중요한 공공기관들도 파괴되었다. 이에 따라 황제는 그의 수도를 아우구스투스나 네로보다도 더 화려하고 웅장한 규모로 재건할 수 있었다. 왕궁들과 원로원 건물, 교회들, 수도원들, 공중 목욕탕들, 극장들 그리고 송수관과 성체들까지도 예술품으로 설계되었다. 각 건물들은 그 자체로서 미학상 뛰어났으며, 이들이 함께 모여서 콘스탄티노플은 세계의 가장 큰 불가사의의 하나로서 이루게 되었다.

성 소피아(Saint Sophia), 혹은 거룩한 지혜의 교회당이야말로 유스티니안의 걸작이라고 할 수 있겠다. 유스티니안은 5년에 걸쳐 이 건물을 지었으며, 이에 들어간 건축 비용은 서로마 제국을 다시 수복하기 위해 들어간 모든 전쟁의 전비와 맞먹었다. 황제는 이 건물의 완성을 보고 "오 솔로몬이여 나는 이제 그대를 이기었노라!"고 탄성을 발하였다. 이 교회당이야말로 비잔틴 건축의 모형이었다. 성 소피아 교회당 이전에는 동서방 교회건물들이 신전(Temple)이 아니라 로마식 바실리카(basilica), 혹은 법원건물들을 모형으로 건축되었다. 왜냐하면 신전에는 대형 회의장이 없는데 반해 바실리카에는 이것이 있었기 때문이었다. 유스티니안의 건축가 또는 희랍과 로마로부터 뿐 아니라 동양으로부터 건축양식을 도입하여 기독교의 정수를 특유한 방식으로 표현할 수 있는 새로운 모형을 창조하였다. 성 소피아 대성당은 직사각형 구조로서 그 기초는 희랍식 십자가의 모습을 하고 있었다. 그

---

28) *Codex Justinionus*, ed. Krüger(Berlin, 1906).

중에서도 뛰어난 것은 십자가의 맨 끝 위에 솟아오른 네 개의 소형 원형천장(domes)들과 중앙의 기둥이 아니라 천장의 아치들 위에 올라선 중앙 돔 주위의 다발기둥(cluster)이었다. 이에 따라 이는 마치 공중에 매달려 있는 듯한 모습을 하고 있는데, 프로코피우스는 이를 보고 "마치 하늘로부터의 황금사슬에 매달려 있는 것과 같다"고 기록하였다. 이 건물 안에 들어가는 이들은 인간의 힘 이상의 그 무엇에 의해 창조된 건축물 속에 있는 듯한 느낌을 받는다. 그의 영혼은 마치 하늘 높이 올려진 것 같으며, 하나님께서 가까이 계셔서 지상에 있는 그의 사원을 보고 기뻐하시는 듯한 환상을 하게 되는 것이다.[29]

유스티니안은 성 소피아 외에도 콘스탄틴 대제로부터 11세기의 황제들이 묻혔던 성 사도들의 교회(the Church of the Holy Apostles)를 무너뜨린 후 다시 지었다. 성 소피아에 비해 약간 작은 이 교회당은 교회의 입장에서 볼 때 보다 더 중요한 의미를 지녔는지도 모른다. 왜냐하면 이곳이 바로 총대주교 본부였으며, 황실가족들의 예배장소였기 때문이다. 마찬가지로, 그는 시내산의 외로운 산록에 성 캐더린 사원을 웅장하게 건축하였으며, 시내 반도로부터 이탈리아의 라벤나에 이르기까지 아름다운 모자이크 건물들을 많이 건축하였다.

유스티니안 치하에서 문학부분 역시 왕성하였다. 이 가운데 운문(poetry)은 최고 수준이라 볼 수는 없다. 이집트 출신의 최후 시인이었던 디오스코루스(Dioscorus)는 문법에 서투른 아마추어였다. 역시 북 아프리카 출신으로서 콘스탄티노플에 거주하였으며 비잔틴의 무장과 유스티니안에 관한 추모시를 썼던 크립푸스(Crippus) 역시 이보다 낫다고 볼 수는 없다. 그러나 성 소피아 교회당에 관한 폴 실렌티아리(Paul the Silentiary)의 시적 묘사와 로마누스 멜로데(Romanus the Melode)의 찬송들은 진정한 예술이라고 볼 수 있겠다. 팔레스타인의 수도사 스키토폴리스의 시릴(Cyril of Scythopolis)은 수도원 생활에 관한 재미있는 문집을 남겼다. 시내 산에 살던 존 클리마쿠스(John Climacus)는 금욕생활을 통해 도덕적 완전의 경지에 이르는 영적 생활의 진보를 묘사한 『영혼 사다리』(Spiritual Ladder)를 저술하였다. 플라톤보다 아리스토텔레스를 더 좋아했던 최초의 교회 지도자들 중의 하나였던 비잔티움의 레온티우스(Leontius of Byzantium)는 네스토리우스주의와 단성론에 대항하는 정통신학의 입장을 대변하는 글들을 썼으며, 한편

---

29) Procopius, *Buildings*, I, 1~10.

이때에 에베소의 존(John of Ephesus)은 시리아어로서 단성론을 변론하는 논문들인 "동방교회 성인들의 생애"(the Lives of the Eastern Saints)와 "교회사"(Ecclesiastical History)를 남겼다. 제국의 지리, 정치학, 각종 통계조사에 관한 두세 개의 뛰어난 작품들도 이때 쓰여졌다. 에바그리우스(Evagrius)의 『교회사』(Ecclesiastical History)는 에베소 회의로부터 593년까지의 사건들을 그리고 있다. 피터 패트리시안(Peter the Patrician)은 아우구스투스로부터 배교자 쥴리안에 이르기까지 로마의 역사를 기술했으며, 또 다른 작품을 통해서는 유스티니안의 궁정의식을 묘사하였다. 그러나 이 시대를 대표하는 가장 뛰어난 저술가는 역사가 프로코피우스(Procopius)를 꼽을 수 있겠다. 그는 두 작품 『사기』(History)와 『건축물에 관하여』(On Buildings)를 통해 유스티니안을 극찬하였다. 그러나 세 번째 저서 『아넥도타』(Anecdota) 가운데서는 유스티니안, 테오도라, 벨리사리우스 장군 등 자기가 알고 있던 주요 인물들에 대해 혹심한 비평을 퍼붓고 있다.

그러나 아이러니칼하게도 그의 장성한 생애의 모든 시간을 정통신앙을 수호하고 기독교를 파급하는 데 바쳤던 유스티니안도 노령에는 아프타르토 가현설(aphtharto-docetism)이라는 이단에 빠지게 되었다. 이 아프타르토 가현설은 가장 극단적 형태의 단성론으로서 예수 그리스도의 육체는 우리들의 것과는 다르며 십자가상에서도 상처를 받거나 죽은 후에도 부패될 수 없다는 주장이었다. 이에 따라 교회를 지켜 다른 이들을 파문하였던 그 자신이 그 후 교회에 의해 파문당했으며, 그의 영혼은 영원히 지옥에 떨어지는 것으로 결정되었다. 그러나 다행스럽게도 그의 위대한 과업은 그의 개인적 운명을 초월하여 살아남았다.[30] 유스티니안 시대는 흔히 비잔틴 예술과 문학의 황금시대라고 불리운다.

6. 조직과 예배

제6세기 교회의 조직과 예배의식은 고대로부터의 오랜 전통의 완성이면서 서방교회를 위해서는 부분적으로, 동방교회를 위해서는 거의 완전한 정도로 중세의 오랜 장래기간을 위해 주춧돌을 놓은 시기라고 하겠다. 당시의 기독교권은 다섯 개의 총대주교구(five, great patriarchates)로 나뉘어져 있었으니 이들은 곧 로마, 콘

---

30) Evagrius, op. cit., IV, 39, 40.

스탄티노플, 알렉산드리아, 안디옥 그리고 예루살렘 등이었다. 이들 대교구의 총대주교들은 보편교회의 영적 지도자인 동시에 지배자였다. 그러나 역시 교구의 범위와 그 영향력에 있어서는 처음 두 교구들이 다른데 비해 월등하였으며, 다섯 번째의 예루살렘 교구는 기독교권의 발상지를 점거하고 있다는 사실을 제외한다면 실질적으로는 총대주교구라고 볼 수 없었다. 동로마 제국 황제 자신의 눈으로 볼 때에도 콘스탄티노플의 대주교는 교회 내의 위치에 있어서 로마의 주교에 거의 못지 않았다. 물론 로마의 총대주교라 해도 기독교권을 지배하는 절대 권력자는 아니었으며, 교황(pope)이라는 명칭도 알렉산드리아 총대주교와 공유하고 있었다.

각 총대주교구들은 다시 지역교구(provinces)로 세분되었다. 각 지역교구는 메트로폴리탄(metropolitan)이라 불리우는 지역교구장들이 관장하였는데, 이들은 대주교(archbishop)라 불리우기도 하였다. 이들의 교회당은 보통 각 지역교구에서 가장 중요한 도시, 즉 메트로폴리스(motropolis)에 자리잡고 있었다. 메트로폴리탄 아래에는 각 교구(dioceses)를 관장하는 주교들이 위치했으며, 각 교구들의 명칭과 경계는 일반적으로 각 지역교구의 중요한 도시들 및 인근지역과 일치하였다. 그런데 몇몇 교구들은 자치권을 가지고 있었으니, 이는 곧 그들의 주교들은 메트로폴리탄으로부터 독립하여 직접 총대주교에게 책임을 진다는 것이다. 이러한 교구들은 흔히 "특별구" 혹은 "자치교구"라고 불리웠다. 경우에 따라서는 메트로폴리탄들, 즉 지역교구장들뿐만 아니라 이들 자치교구의 주교들도 대주교라고 불리웠다.

예를 들면, 콘스탄티노플의 총대주교의 경우에는 535년에 30명의 메트로폴리탄과 150명의 주교들을 그 휘하에 통솔하고 있었다. 각 주교들 밑에는 또한 신부들(priests), 집사들(deacons), 부집사들(subdeacons), 낭독자들(readers), 영창자들(cantors) 등이 자리잡고 있었다. 신부 혹은 사제가 되기 위해서는 최소한 35세 이상이어야 했으며, 집사나 부집사는 25세, 낭독자나 영창자는 18세 이상이어야 했다. 결혼은 비록 금지되어 있지는 않았지만 그다지 권장하지도 않았다. 신부는 만약 부집사가 되기 전에 결혼했다면 계속 그 처자를 거느릴 수 있었다. 만약 그 아내의 사망 시에는 다시 결혼하지 않고 독신으로 지냈다. 지금이나 마찬가지로 당시에도 성직자의 책임과 기능은 다양하였으니, 목회 및 행정 그리고 성례의 집행, 또한 그 지위의 중요성에 따라 정치적 임무들까지도 수행해야만 했다. 메트로폴리탄은 자기 휘하에 있는 주교들을 포함한 모든 성직자들을 감독, 재판하였으며, 실제로 교인들과 직접 접촉하면서 목회를 담당한 것은 사제 혹은 신부들로서 그가 각 교구 내의 모든 운영과 행정업무를 집사들, 부집사들, 낭독자들, 영창자들에게 할당하였다. 여성들도 비록 성직자들에 속하지는 않았지만, 여집사들(deaconesses)의 제도를 통해 목회를 도왔다. 또한 구제자, 사찰, 수위, 문서보관자 등 사소한 기능직과 아울러 부주교, 준 감독, 지방주교, 보좌역 등이 교구에 포함된 성직자들로서 주교의 지시에 따라 그 임무를 수행하였다.

이 당시 성직자들이 누렸던 특권은 막대하였다. 성직자들은 면세의 혜택을 받았으며, 각종 시민으로서의 의무와 법의 제한범위 밖에 있었다. 성직자들은 자기들 자신의 재판소와 감옥들까지 가지고 있었다. 주교는 그가 주재하는 도시의 가장 중요한 지방관으로서 제국관리들을 관할할 수 있는 권력까지 소유하고 있었다.

특히 동방의 경우 교회는 완전히 황제의 권한 아래 종속되어 있었다. 서방에서는 유스티니안에 의해 황제의 권력이 강요되기는 하였으나 때때로 교회는 이를 거부하고 저항하기도 하였으니, 곧 이러한 황제의 교회에 대한 간섭이 불법적인 것이며 일시적인 것이라는 사실을 보여 주는 듯 하였다. 이 당시의 교회조직은 동서방에 걸쳐 거의 동일하였다.

동방교회의 예배형식, 예식 등의 모습은 유스티니안의 대법전 안에 포함된 의식법 등에 의하여 규정되어 있었다. 서방의 경우에는 유스티니안의 법령에 따라 같은 예배의식 법을 유지하기는 하였으나 상당한 융통성이 있었으며, 결국 미래에는 동방교회와는 다른 모습을 발전시켜 나갔다. 가장 중요한 것은 서방교회의 경우 라틴어(Latin)를 사용한 것에 반해 동방교회에서는 헬라어를 사용하였으며, 여러 분파들과 이단들은 자기들 나름대로의 잡다한 언어를 사용하기도 하였다.

전 기독교권에 걸쳐 예배의식의 중심을 이루는 것은 성체성사(Evcharist)였다. 비잔틴 의식법에 의하면 성체성사는 우선 세례 지원자들을 위한 예배로부터 시작한다. 음악이 그 서두를 장식하고, 집사들이 복음서를 모셔 들이는 동안 향로(censers) 안에 향을 피운다. 성경을 봉독하기에 앞서 집사의 간구문(deacon's litany)이 올려진다. 그 후 구약과 서신서들, 복음서들로부터의 본문을 봉독한다. 그동안 교인들은 계속 기립해 있다가 그 다음 설교가 행해진 후 아직 세례 받지 않은 성도들은 해산된다. 그 후에 비로소 세례 받은 교인들을 위해 교회당 문을 닫은 후 성찬예식과 본 예배가 시작되는 것이다. 예품들은 공공예배 이전 성직자들이 성복을 입는 동안에 성찬 준비소에서 예비되어진다. 신도들은 신자들을 위한 기도에 귀를 기울인다. 그 후 집사 중 하나가 이미 죽은 자들과 살아 있는 자들을 위한 기도문을 암송한다. 성체는 사제가 봉헌하는데, 기도문과 찬양을 통해 하나님을 찬송하고 감사를 드린 후 성체를 받는 이들은 신부로부터 빵과 포도주를 손에 받는다. 성찬식 때 성체성사에서 다 쓰지 못하고 남은 예품들은 사제들이 아니라 교인들 가운데 어린 아이들이 섭취한다. 성체성사는 그 후 "예배"(The Service)를 구성하였는데, 이때에 행해진 의식들이 "예식"(The Liturgy)을 구성하였다. 성체성사는 오직 주일 및 성일에만 거행되었다.

이러한 정식 "예배"(The Service) 외에도 다른 각종 예식들이 거행되었다. 수도사들뿐만 아니라 신부들도 매일 드리는 기도, 정규 예배시간을 준수하게 되었다. 비록 유스티니안 대법전은 겨우 세 번만을 규정하였으나, 서방교회에서는 그리고 점차로 동방교회에서도 역시 일곱 번을 준수하게 되었다. 성직자들이 십자가와 등불과 향로와 복음서를 들고 행진하는 예열(processions)은 일반 성도들에게 큰 인기를 끌었으며, 성도들이 특별히 은혜와 용서를 구하는 특별한 절기뿐 아니라 보통 때에도 매 금요일마다 행해졌다. 죽은 자를 위해 미사(Mass)가 올려졌으며, 병든 자들에게는 성수를 뿌렸고, 성유품(relics)은 기적을 행하고 병자를 고치는 것으로 생각되었다.

제6세기에는 기독교권 전체에 걸쳐 그리스도의 생애와 사역에 있어서 중요한 사건들을 축하하는 대 축일들(the great feast days)뿐 아니라 성일들이 정식으로 성립되었다. 마찬가지로 성체성사 역시 엄격하게 규정되었다. 세 번의 침례를 통해 거행된 세례식은 이러한 목적을 위해 교회 바로 옆에 마련된 세례관(baptistry)에서 거행되었다. 세례식은 특별한 예외를 제외하고는 성탄절(Christmas), 주현절(Epiphany), 승천절(Ascension Day), 성모몽소승천 축일(Feast of the Assumption of award)과 특별히 부활절(Easter)에만 거행되었다. 적어도 동방교회에 있어서 견진성사(Confirmation)는 세례식과 분리할 수 없었으며, 세례 때에 성인들 뿐 아니라 유아들에게도 베풀어졌다. 공개적인 고행은 중단되었으며, 신부들에게 행하는 개인적인 고해가 나타나기 시작했다. 성직임명식은 안수의 형태로 거행되었다. 결혼식은 세속정부의 관할로서 교회의 축복 없이 합법적이었으며, 종부성사는 아직 알려지지 않고 있다.[31]

---

31) *Justiniani Novellae*(Leipzig, 1881), 2 vols. F. E. Brightman, Liturgies, 1, 533ff.

그러나 동서방 교회 전체에 걸쳐 국민들의 윤리생활은 그 이전의 세기들에 비해 별로 나아진 것이 없었다. 기독교 신앙에 귀의하는 것은 반드시 개인적인 결단의 산물은 아니었다. 이는 오히려 사회가 요구하는 시민으로서의 의무를 다한다는 의미에서 정치적인 경우가 많았다. 야만족들의 국가에서는 만약 어느 개인이 족장의 종교를 받아들이지 않으면 비애국자로 점 찍히기 마련이었다. 마찬가지로 유스티니안 치하의 제국에서는 기독교에 귀의하지 않을 경우, 각종 절도, 사기, 도박, 간음, 남색, 거세, 혹은 살인죄의 형벌을 받을 가능성이 농후하였다. 따라서 국민들의 대부분은 개인적인 신앙의 확신 없이도 교인이라는 이름을 자칭하였다.[32]

---

32) B. J. Kidd, *The Churches of Eastern Christendom*(London, 1927), pp. 62~75.

제 2 장

교황들과 서방교회의 선교
(590~756)

　유스티니안의 죽음과 함께 서방교회는 제국의 막중한 독재의 굴레로부터 벗어나게 되었다. 이제 로마 주교들은 더 이상 황제들로부터 명령을 받기 위해 그들이 부를 때마다 고분고분하게 콘스탄티노플의 황국에까지 왔다 갔다 해야 할 필요가 없었다. 유스티니안은 그의 후계자에게 거의 파산상태에 직면한 제국을 남겨주었다. 동방에서의 안정을 유지하기에 필요한 재산과 무력도 부족한 형편이었으니 서방을 일사불란하게 통치한다는 것은 거의 불가능한 일이었다. 이에 따라 제국 정부로서는 교회를 유용하게 이용하려면 동등한 입장의 동맹자로서 대우하지 않으면 안 되게 되었다. 더 이상 교회는 노예취급을 받을 필요가 없었다.
　또한 원래부터 서구 유럽의 대부분은 동로마의 정책과 권력의 범위 밖에 놓여 있었다. 로마 제국은 그 극성기에도 지금 현재의 아일랜드, 스코틀랜드, 덴마크, 스웨덴, 노르웨이, 핀란드를 포함하지는 못하였으며, 겨우 현재의 네덜란드, 독일, 오스트리아, 헝가리 그리고 러시아와 일부를 지배하였을 뿐이었다. 또한 우리들이 지난 장에서 본 바와 같이 오랫동안 로마의 영토로 포함되던 지방 내에는 야만족들의 자치적이고 호전적인 왕국들이 수립되었다. 이탈리아마저도 흉맹하고 잔인한 롬바르드족(Lombards)의 수중에 떨어졌으니(568)[1] 이들이야말로 침입자들 가운

---

1) Velleiug Paterculus, II, 96.

데서도 가장 포악한 자들이었다.[2] 또한 동로마에서 파견된 총독(the Eastern exarch)들은 대부분의 경우 수령에 의해 보호되는 수도 라벤나(Ravenna)에 집거하여 밖에 잘 나오지조차 못했으며, 승패를 불사하고 전투를 통하여 그 영웅적인 기백을 과시할 수 있는 자들은 거의 없었다.

서방의 쇠퇴기 가운데도 가장 크고 영향력 있는 도시는 로마였다. 로마 제1의 시민은 로마 주교였다. 이에 따라 서방 주민들은 그의 통솔력을 기대하게 되었다. 7세기는 로마의 주교제도가 교황제도로 변화한 시기였다. 또한 7세기와 그 이후에 기독교는 서부 유럽에서 놀랄 만한 확장을 가져왔다. 이러한 확장에서 가장 큰 역할을 담당한 것은 로마와 켈틱(Celtic) 교회들에서 보낸 선교사들이었다.

1. 그레고리 1세

제6세기 말 로마 교회의 수장이야말로 탁월한 능력의 소유자였다. 그는 다른 어떤 전임자들보다도 더 확실하게 자기 직위가 가지는 광범위한 권위와 세력을 감지했던 인물이다. 그는 중세 교황제의 기초를 놓았을 뿐 아니라 그 후 서양에서 거의 천 년간에 걸쳐 로마가 교회문제를 감독하는 것이 가능하도록 만든 성공적인 선교전략을 수립하였던 인물이다. 그레고리 1세(Gregory I)는 아마 540년 로마의 귀족 가문에서 출생한 것으로 추측되는데, 그의 가문은 이미 두 명의 로마 주교를 배출하였으니 아가페투스 1세(535~536)와 그레고리의 증조부였던 펠릭스 4세(526~530)가 바로 그들이다. 만약 그가 유명한 아니키우스(Anicius)가(家) 출신이라면 그의 핏줄 가운데는 제2세기 고울 전쟁(Gallic wars)들에서 그 용맹과 기개를 떨친 로마의 장군들과 정치가들의 피가 흐르고 있다. 또한 누르시아의 베네딕트도 그의 친척으로 알려져 있다. 그레고리의 아버지는 원로원 의원이었다.

그레고리가 겨우 6세되었을 때 야만족의 토틸라(Totila)가 로마의 이름을 역사상에서 지워버리겠다는 야망으로 로마 시민들을 축출시켰으므로 한동안 로마시에는 자칼들과 다른 야생짐승들만이 거주하였다. 그레고리는 10세 초반에 이탈리아 내에서 마지막 고트족들이 정복되고 유스티니안의 권력이 정립되는 것을 목격하였다. 유스티니안의 죽음과 그레고리의 등극 사이에 세 명의 로마 주교들이 거쳐 갔

---

2) *Leges Langobardorum*, MGH, Leges, IV.

다. 이들은 존 3세(561~574), 베네딕트 1세(575~579), 펠라기우스 2세(579~590) 등이다. 그레고리는 펠라기우스 2세의 사절로서 콘스탄티노플 황궁에서 6년 동안 사역하기도 했다. 그러나 그는 콘스탄티노플에 가기 전 로마시의 최고 세속직인 집정관(prefect)을 역임한 바 있었다. 로마 시내의 공공건물들을 돌보고 식량수급을 통솔하는 것이 역사에 이름을 남긴 그의 임무 가운데 포함되어 있으니 당시 그의 나이 겨우 33세였다. 그레고리는 그의 부친이 남긴 유산으로 시실리(Sicily) 지방에 6개, 로마에 1개의 수도원을 세웠는데, 로마의 수도원은 코엘리안 언덕(Coelian Hill)에 있던 그의 고가에 위치하였다. 그때에는 이미 그 자신도 수도생활을 개인적으로 약속한 후였다.

그레고리 콘스탄티노플 체제 6년간(579~585)에 관해서는 그다지 특이할 만한 사건이 없다. 그는 황제 모리스(Maurice)에게 롬바르드 족속의 압제 아래 신음하는 이탈리아의 비참한 상황을 알렸으나 황제의 동정을 받았을 뿐 정작 필요한 무력원조를 받는 데는 성공하지 못하였다. 그는 총대주교 유티키우스(Eutychius)를 인간들의 육체는 말세의 부활 후에 손으로 만질 수 없는 상태로 변하기 때문에 현재 우리들의 육체과는 다르다고 믿는 이단으로부터 구하였다. 그레고리는 또한 나폴리 시민들을 위하여 그 도시의 공민권을 획득해 주었다. 그러나 무엇보다도 중요한 것은 그는 이 시기 동안 사람들을 회유를 통해 통솔하는 방법을 배웠다는 것이다.

그 후 4년간(585~590)의 기간도 거의 비슷하였다. 그는 주교의 총리역으로 로마에 돌아와 그가 직접 세웠던 수도원 원장이 되었다. 그는 이 동안에 기왕의 "삼장"(Three Chapters)에 관한 제5차 전체 종교회의의 정당성을 주장하여 이스트리아(Istria)지방에의 분파주교들을 다시 교회 안에 불러들이고자 하였으나 실패하였다. 그는 베네딕트의 추천이나 실행에서 볼 수 없었던 훨씬 엄격한 치리를 통해 그 수하의 수도사들을 통솔하였다. 우리가 지금 생각해 볼 때 540년에서 590년까지의 그레고리 생애는 그 후 13년 반의 기간을 위한 준비였던 것으로 생각된다. 그의 모든 과업은 그가 로마 주교로 임명된 후 비로소 성취된 것이었다.

그레고리 자신이 무척이나 꺼려하였던 교회 역사상 중요한 이 사건은 로마가 한창 선(腺) 페스트(bubonic)에 시달리던 와중에 발생하였다. 이 전염병의 처음 희생자들 가운데 하나였던 펠라기우스 2세는 590년 2월 7일 사망하였다. 그의 사망 직후 아마도 같은 날 로마의 전체 시민들은 그레고리를 교황으로 선출하였다. 그러자 겸손한 성품인 그레고리는 콘스탄티노플에 있는 모리스 황제에게 편지를 띄워 이러한 로마인들의 행동에 거부권을 행사해 주도록 탄원하였다. 그는 주교직에 오르는 것을 피하기 위해 상인들의 상품들 사이에 숨어 시외로 빠져나갔다. 그러나 다행스럽게도 그의 편지는 황제에게 전달되지 못하였다. 그는 도주한 지 3일만에 발견되었는데, 전설에 의하면 하늘로부터 한 줄기 빛이 내려와 사람들에게 그가 숨어 있던 동굴을 비추어주었다고 한다. 시민들은 그를 잡아다가 억지로 성 베드로 성당으로 끌고 갔으니, 그는 이곳에서 590년 9월 3일 그가 선출된 지 나흘이 모자라는 일곱 달만에 성직에 임명되었다. 전설에 의하면 또한 그레고리의 선출로부터 성직임명까지의 사이에 시민들이 주교와 함께 전염병으로부터 하나님의 구원을 애걸하기 위해 고행행렬을 하였는데, 이때 로마 시민들은 하드리안의 무덤(Hadrian's Mausoleum)에 걸터앉은 죽음의 천사가 그의 칼을 칼집에 도로 꽂는 것을 보았다. 이를 본 시민들은 드디어 전염병이 종식된 것을 알았다. 이때부터 하드리안의 능은 지금까지도 쌍 안젤로의 성(the Castle of Sant' Angelo, 성스러운 성)이라 불리운다. 부셋(Bossuet)은 "그레고리는 교회정부의 완전한 모범을 세계에 보여 주었다"[3]고 기록하였다. 그의 말대로 그레고리는 그의 휘하 성직자들의 행동을 통하여 교회가 걸어가야 할 참 모습을 보여 줌으로써 중세 교황제의 창조자가 되었다. 동시에 그는 자기가 이루고자 하는 목적들을 구체적으로 깨닫고 있었다. 그레고리는 그의 봉사를 통하여 그의 시대를 자기가 꿈꾸었던 거대한 이상에 부합되도록 이끌고 나갔던 것이다.

당시 동방제국은 시대가 요구하는 바를 충족시키기에는 너무나도 빈곤하고 또한 유약하였다. 로마 교회는 그레고리를 통하여 국가가 미처 채우지 못한 정치적·사회적 공백을 메꾸어 갔다. 롬바르드족들의 침입에 의해 집을 잃은 피난민들에게 주거와 음식을 제공하였으며, 또한 새로운 생활을 시작할 수 있는 기반들을 제공해 주기도 하였다. 모든 축일과 매월 초일에는 그레고리 자신이 고기, 밀, 채소, 포도주, 생선, 의복 등의 배급을 직접 지휘하였다. 그는 구제사업의 세밀한 부분에까지 직접 조직하여 수혜자들의 필요에 정확하도록 맞추어 낭비와 남용을 피하게 하였다. 마찬가지로 그는 주민들을 보호하기 위해 필요할 때에는 정치적·군사적 특권까지도 사용하였다. 그는 롬바르드족들을 물리치기 위해 병사들을 파견하였다(592). 그 후에는 로마시의 포위를 종식시키기 위해 동방에서 파견된 총독의 동의 없이 롬바르

---

3) Bossuet, Jacques B., *L'Histoire universelle*, eleventh period.

드족들과 화평협상을 맺기도 하였다(594). 교회가 사회적·정치적 측면에서 주민들에 봉사함에 따라 사람들은 점차 교회를 국가적 위치로까지 바라보게 되었다.

그러나 그레고리는 이런 정치적 활동 때문에 자기 교구의 순수한 종교적 문제를 소홀히 한 것은 아니었다. 흔히 사도 베드로의 유산이라 불리우는 교회 재산에 대해 그레고리는 마치 직업이 대지주인 것처럼 뛰어난 영업적 역량을 발휘하였다. 매 단위 부동산들에는 이를 가꾸고 경영하며 여기서 생기는 수입을 적절하게 분배할 책임을 가진 집사(steward)가 있었다. 농지들은 농부들에게 나누어 경작시켰는데, 이러한 토지임대계약의 조건들은 거의 완전히 농부들의 작업능력과 수행능력에 좌우되고 있었다. 교회는 직접 밭에 나가 노동자들을 부리는 감독자들을 통해 각 토지를 할당받은 소작농들을 돌봐주었다. 교황 자신도 각 부동산들을 돌아다니며 그 상태를 검토하여 이를 직접 교황에게 보고하는 순회관리 등을 통해 계속적으로 그 운영상태를 확인하고 있었다. 비록 그레고리는 노예들을 매매하고, 이를 통해 그의 교구 안에 있는 다른 평신도들과 마찬가지로 수익을 올리기도 하였으나, 그는 노예들을 영혼을 소유한 인간들로서 대접하였으며, 이들 가운데 자유인으로서의 생활을 영위할 수 있다고 생각되는 자들에게는 해방되도록 조처하여 주었다. 마찬가지로 그레고리는 성직자 역할의 적절한 수행에 있어서도 날카로운 면을 보여 주었다. 그의 질서정연한 지성은 곧 질서 정연한 교회 의식을 요구하였다.

결과적으로 그는 예배의식전서 가운데 그 전 세기 동안에 삽입되었던 수많은 지루하고 불규칙적인 기도문들을 삭제하여 이를 옛 모습으로 복원시켰으며, 이에 따라 그 대부분에 있어서 헬라 원어에 상응하도록 만들었다. 그가 이처럼 정리해 놓은 것이 현재 우리가 알고 있는 카톨릭 미사전서의 기초가 되었으니, 카톨릭 미사전서는 간단하고 정곡을 찌르는 단 한 권으로 이루어져 있다. 그가 직접 시작했던 미사 노래는 최소한 우리가 그의 이름을 따서 부르는 영창을 이루는 데 결정적인 역할을 하였으며, 또한 아직까지도 고대의 음률에 따라 로마 교회 안에서 찬양을 드리는 스콜라 칸토룸(schola cantorum, 성가대)을 시작하였다. 그는 특별히 설교를 중시하였는데, 왜냐하면 "살아 있는 언어는 그 매개수단을 통해야 하는 독서보다도 훨씬 효과적으로 사람의 심정을 움직인다"는 사실을 알고 있었기 때문이었다. 무엇보다도 빼놓을 수 없는 중요한 것은 그가 저술한 『목회율』(*Pastoral Rule*)이었다. 그는 이 저서를 통해 사제직의 본질과 특성을 강조하였으며, 또한 목회자로서의 마땅한 생활을 강조하였고, 사도들의 설교가 보여 주는 법칙들을 기록하였으며, 또한 이 모든 것의 근원이 내부의 영적 생활에 있음을 보여 주었다. 그가 다스리던 교회 재산들이 물질적 이익을 올리기 위해 잘 정비되어 있던 것과 마찬가지로 그의 교구는 종교적 성공을 위해 잘 조직되어 있었다.

그레고리의 활동무대가 로마나 그 주위에 한정된 것은 아니었다. 그는 명실상부하게 서방교회의 총대주교임을 행동을 통해 보여 주었다. 그는 아프리카 주교들에게 도나티스트주의자들을 반대하도록 명령하였으며 세속정부에게도 이들을 탄압하는 데 무력을 사용하도록 권고하였다. 그는 또한 "육체의 고문을 받는 것이 최소한 영혼의 건강에 좋다"고 믿었기에 그의 경계 내에서 마니교에 빠진 자들에 대해 가혹한 처벌을 불사하였다. 그는 이를 통해 그 후 시대들에 있어서 발생한 종교재판의 선례를 남겼다. 그는 스페인을 아리우스주의로부터 정통신앙으로 전향시켰으며, 브리튼(Britain) 지방을 위한 선교계획을 세우고 이를 지휘하였고, 상황의 필요에 따라 서방의 고위 성직자들을 격려하거나 훈계하기도 하였으며, 모리스 황제가 병사군인들이 성직자가 되는 것에 관해 규제하자 이를 꾸짖었으니 그는 결국 전체 교회의 안녕과 복지를 위해서는 모든 일을 하고자 하였던 것이다.

그레고리 1세는 이것 때문에 콘스탄티노플의 대주교 금식자 존(John the Faster)과 공개적인 분쟁에 처하게 되었다. 존은 스스로를 가리켜 "보편교회의 총대주교"(Ecumenical Patriarch)라고 불렀는데, 그레고리는 이러한 행위가 교회 내의 다른 주교구들보다 콘스탄티노플 교구의 특권과 권위를 더 내세우고자 하는 위험한 시도일 뿐 아니라 더욱이 로마의 우선권에 대한 정면도전이라고 간주하였다. 그레고리는 존에게 그 허영되고 교만된 명칭을 포기하고 또한 콘스탄티노플에 주재하는 교황사절에게 존이 그의 신부들 중 하나를 학대한 사실에 대한 진상을 보고하도록 요구하였다. 그레고리는 존에게 보낸 편지들 가운데 한 구절에서 존의 극단적 금욕주의와 개인적 경건생활이 불러일으킨 명성에 관해 언급한 후에 그보다는 입으로 더 많은 음식물이 들어가더라도 거짓말이 덜 나오는 것이 낫다고 냉소적으로 일침을 가하였다. "나는 도대체 어떤 주교가 사도교구(Apostolic See)의 관할 아래 있지 않은지 모른다"고 그레고리는 주장하였다.

그레고리는 힘겨운 행정과 목회의 책임 가운데서도 공부와 명상과 저술을 위한 시간을 마련하였다. 비록 그의 문체는 세련되지 못하였으며, 생각들의 대부분은 여러 교부들, 특히 어거스틴으로부터 별다른 독창력이 없이 빌려 온 것으로서 천박하고 흠이 있지만 그럼에도 불구하고 그의 작품들은 당시의 대중들에게 큰 인기를 끌었으며 그는 이를 통해 중세신학의 패턴을 결정하였다. 그는 속죄에 있어서 옛날부터 내려오던 속전(ransom)의 이론을 대중화시켜 사람들이 확신하고 받아들이도록 만들었다. 그가 아직도 콘스탄티노플에 펠라기우스의 사절로 활약하던 시절에 저술한 『욥기가 주는 교훈』(Morals on the Book of Job)은 문예부흥기 이전까지 윤리학의 기본 교재였다. 그의 『대화』(Dialogues)는 그 후 성인전 작가들의 모범이 되었다. 그의 『목회율』(Pastoral Rule) 가운데 교회행정에 관한 부분은 백미라고 할 수 있겠다. 그레고리는 사상사에 있어서도 라틴교회가 낳은 4명의 박사들 가운데 하나로서 꼽히고 있었다.[4] 그레고리는 그의 전임자들 중 누구보다도 교황의 칭호를 받기에 합당한 인물이었다. 그의 영향력은 그를 생전에 보편교회의 수장으로 만들었으며, 그의 행동은 로마의 주교제를 교황제로 바꾼 조직의 패턴을 형성하였다. 그레고리는 604년 3월 12일 64세로 사망하였다. 그의 생애야말로 그가 가졌던 칭호 "하나님의 종들을 섬기는 종"의 화신이라고 할 만하였다.

2. 브리튼의 개종

영국과 독일의 기독교는 모두 그레고리가 창시한 선교계획과 그와 그 후계자들이 보냈던 선교사들에 그 뿌리를 두고 있다. 물론 이러한 로마교회의 사역은 아일랜드와 켈트족 출신의 수도사들의 전도에 의해 보완되었던 것이 사실이므로 역사를 기록할 때에 이들 북부 유럽인들이 단지 로마 교회의 노력과 교황들이 파견한 전도자들에 의해 신앙에 귀의했다고 하는 것은 공정하지 못할지도 모른다. 첫째로, 켈트족 콜럼반(Columban)은 직접 이탈리아를 방문하였으며, 그가 봅비오(Bobbio)에 세운 수도원은 베네딕트의 몬테 카시노를 잿더미로 만들었던 롬바르드족들 사이에서 성공하였다. 그러나 결과적으로 볼 때에는 켈트족의 선교는 로마 교회에 의해 압도당하거나 그 가운데 흡수되었으며, 기독교가 주도권을 잡은 서유럽은 교황들이 남긴 흔적들을 깊게 보존하고 있다.

그레고리는 아직 젊었을 때에 앵글로 색슨족(Anglo-Saxons)들에게 파송되는

---

[4] Johannes Diaconus, Vita, in MPL, LXXV, 59~242. Paulus Diaconus, Vita, in MPL, LXXV, 41~60. LP, 1, 312~314. Gregorius Magnus, Opera, in MPL, LXXV~LXXVIII. F. H. Dudden, Gregory the Great(London, 1905), 2 vols.

선교사를 지원한 일이 있었다. 그는 로마의 노예시장에서 몇몇 앵글족 소년들이 공매되는 것을 보았는데, 이때 그들의 안색이 너무나도 흰 것을 보고 이 소년들을 가리켜 천사들(Angels)이라고 불렀다(앵글족은 발음상 천사라는 의미와 비슷하다). 그는 이들을 하나님의 영원한 진노로부터 해방시키고, 자기의 개인적 노력을 통해 이들의 왕의 영토 가운데서 할렐루야를 부르게 하고 싶다는 소망을 피력하였다. 그 후 상황에 의하여 그레고리는 이러한 꿈을 즉각 성취시킬 수는 없었으나 결국은 그의 목적을 이루고 말았다. 그는 교황이 된 후 로마에 있던 그레고리의 수도원에서 훈련을 받은 베네딕트파 수도사 어거스틴(Augustine)에게 12명의 동료들을 대동하고 가서 교황을 위해 선교하도록 명령하였다. 이에 따라 596년-그의 교황 제위기간 중반쯤-에 어거스틴은 이러한 야심적 과업을 성취시키기 위해 프랑크족들의 고울 지방을 경유하여 길을 떠났다.

영국 내에서의 로마 교회의 선교는 주로 7왕국(헵타아르키〈Heptarchy〉)의 지리 경계를 따라 진행되었는데, 이들 헵타아르키라 불리우는 연합 왕국들은 현재의 잉글랜드 지방을 6, 7세기에 차지하고 있었다. 어거스틴은 켄트 지방 북동부에 위치한 타네트 섬(Isle of Thanet)에 상륙하였다. 그는 당시 쥬트족(Jutes)의 통치자였던 에텔베르트(Ethelbert)에게 복음을 전하였으며, 그 결과 597년 크리스마스에는 에텔베르트와 휘하 만 명의 주민들이 세례를 받았다. 어거스틴은 켄터베리(Canterbury)에 자기 교구를 설치하고 스스로 주교가 되었다. 그가 605년초 자기 상관이던 대 그레고리(Gregory the Great)의 사망 후 몇 달 안 되어 죽었을 때 그의 선교 상태는 아직도 소규모였으며 별로 큰 성과를 얻지 못하고 있었다. 그의 죽음과 함께 동부 색슨족(the East Saxons)의 선교는 중단되었으니, 왜냐하면 런던의 제1주교이던 멜리투스(Mellitus, 624년 사망)가 성직임명을 받은 지 10년을 약간 넘기고 축출되었기 때문이다. 어거스틴을 돕기 위해 601년 로마에서 그레고리가 파견한 폴리누스(Paulinus, 644년 사망)는 노스움브리아 왕국의 에드윈(Edwin of Northumbria)을 개종시켰으며, 627년 부활절 그와 그의 왕국의 지도자들에게 세례를 베풀고 스스로는 초대 요크(York) 교구의 주교가 되었다. 그러나 이 선교 역시 중도에 그치고 말았다. 633년 10월 12일 에드윈이 전장에서 패사함으로써 노스움브리아 왕국 자체가 와해지경에 이르렀으며-기독교인들에 의해 기독교가 파괴된 경우였다-로마 교회의 성과도 거의 완전히 수포화되었다. 실제로 30년 이상의 초인적인 노력을 기울인 후에 교황 그레고리의 선교계획은 미세한 켄트 왕국

(Kingdom of Kent) 내에서의 성과를 제외하고는 아무것도 이룬 것이 없었다.

그러나 실패가 최종적인 결론이 될 수는 없었다. 폴리누스가 노스움브리아에 전한 기독교 복음은 일시적으로 주춤하였으나 켈트족들의 신앙은 아이단(Aidan, 651 사망)에 의해 633년에 다시 부활하였으며, 이 신앙은 잔혹한 이교도였던 메르시아의 왕 펜다(Penda)의 두 차례에 걸친 학살극을 견디어 낼 만큼 강건하였다. 웨섹스(Wessex)는 로마 교황 호노리우스(Pope Honorius of Rome)에 의해 파견된 비리누스(Birinus, 649 사망)의 설교에 의해 634년과 635년에 신앙에 귀의하였다. 같은 해에 동부 앵글족 역시 신앙을 받아들였다. 22년 동안에 걸쳐 다섯 명의 기독교도 왕들을 살해했던 완강한 이교도 펜다의 영토였던 메르시아에도 653년에는 기독교가 침투하였다. 펜다의 아들 페아다(Pfada)는 노스움브리아의 왕 오스위(Oswy)의 설복에 의해 결신하였다. 16년 후(669) 그 왕은 주교구를 설치해 달라고 캔터베리에 청원하였다. 619년 다시 이교도의 수중에 넘어갔던 에섹스 지방도 653년 이들의 왕 선한 지그베르트의 회심에 의해 다시 기독교로 돌아왔다. 마지막으로 삼림과 늪지대에 싸여 로마의 선교로부터 분리되어 있던 서섹스(Sussex) 역시 681년 윌프리드(Wilfrid)에 의해 전파된 복음을 받아들였다. 이리하여 앵글로색슨족 7왕국들은 기독교권의 일부로서 8세기에 돌입하였다.

초기부터 로마 기독교는 브리튼에 자리잡은 켈트 기독교와 날카로운 경쟁상태에 있었다. 예를 들어, 웨일즈 지방 반고르(Banger)의 수도사들은 어거스틴의 오만함과 권위주의에 대해 혐오감을 금치 못하였다. 그러나 이는 아마도 그들이 이교도 정복자들의 회심을 위해 거의 아무런 행동들을 취하지 않은 것을 보면 자기들의 무관심을 정당화시키기 위한 핑계였는지도 모른다. 그러나 이오나 섬의 고립상태로부터 출현한 콜럼바의 영적 자손들은 이와는 아주 다른 면모를 보였으니, 노스움브리아와 브리튼 전 지방을 복음화하기 위해 대 그레고리의 후계자들과 힘써 경쟁하였다. 노스움브리아 지방의 주민들을 개종시키고 교육시킨 것은 로마인 폴리누스가 아니고 켈트족 출신의 아이단이었다. 또한 린데스파른(Lindesfarne)에 근거를 둔 그의 20년 사역은 브리튼을 기독교 국가로 만들기 위한 진정한 기초를 놓았던 것이다.

그런데 이곳에서 훈련받은 켈트인 중에 하나-윌프리드(Wilfrid, 634~709)-는 로마 전통의 우수함을 확신하고, 노스움브리아 왕 오스위(Oswy)와 그의 호족들에게 라틴적 신앙을 채용하도록 설복하였다. 이로 인한 휘트비 종교회의(the Synod of Whitby, 664)는 유명하다. 윌프리드는 이곳에서 부활절의 날짜문제에 관해 켈트족의 대변인이던 콜만(Colman, 676 사망)과 논쟁을 벌여, 요한에 의해 동방에서 성립되었다고 하는 날짜보다도 로마에서 지키는 부활절 날짜의 편을 들었다. 오스위와 그의 귀족들은 로마의 기독교가 베드로로부터 비롯되었고 주님께서는 천국에의 열쇠들을 베드로에게 부탁하였은즉, 낙원들의 문을 열고 닫을 수 있는 인물의 추종자들에게 자기들의 구원을 맡기는 것이 더욱 유리할 것이라는 실제적 이유에서 로마의 편을 들기로 작정하였다.

그런데 앵글로 색슨족의 브리튼을 로마 관습에 따르도록 연합하는데 성공한 것은 논쟁을 좋아했던 윌프리드가 아니라 바울의 탄생지인 다소출신의 희랍 수도승 테오도레(Theodore)였으니, 그는 668년부터 690년 사망하기까지 켄터베리 교구를 담임하고 있었다. 테오도레는 앵글로색슨의 브리튼에 로마 전통을 주입시키기 위해 유능한 켈트인들을 주요한 교구에 임명하였으며, 널리 여행하면서 그의 성직자들에게 헬라어, 라틴어, 신학, 예배의식법, 음악, 심지어는 과학까지도 가르쳤다. 문자 그대로 교인들은 로마 교회의 관습에 따른 화음들에 맞춰 노래를 불렀다. 점차로 앵글로색슨족 외의 켈트족 교회들은 로마를 향해 기울어졌으며, 드디어는 이오나(Iona) 수도원 자체도 716년에는 로마식 부활절 일자를 받아들였다. 비록 아일랜드(Ireland)의 교회조직은 11세기에 이르도록 로마식을 따르지 않았으나, 부활절 일자에 관해서 이보다 일찍이 7세기 말엽 로마 출신의 켈트인 아담난(Adamnan, 624~704)의 영향으로 로마식 일자를 받아들였다.[5]

3. 대륙에서의 기독교 확장

브리튼의 모습은 대륙에서 그대로 재현되었다. 그러나 이러한 선교지역의 주역을 담당한 것은 아일랜드와 잉글랜드 출신 수도사들이었다. 당시 프랑크족의 교회들은 너무나도 세속적으로 흘러 영적 고갈상태에 있었으므로 주위의 이교도 민족들에게 복음을 전하는 것은 고사하고 자기 스스로를 유지하기에도 벅찬 형편이었으며, 또한 로마 역시 정치에 너무나도 바빴기 때문에 겨우 다른 지방에서 찾아온 전도자들에게 필요한 안내와 충고를 제공하는 것이 고작이었다. 처음에는 브리튼

---

5) Baeda, *Historia Ecclesiastica*(ed. C. Plummer, Oxford 1896); Montalembert, *Monks of the West*(tr. Gasquet, London, 1896), Books X, XV.

출신 켈트족들도 로마 출신 동역자들과 함께 복음전파에 큰 관심을 가졌다. 얼마 안 되어 이들의 선교활동은 보다 대규모 조직에 융합하던가, 혹은 따로 분리되어 그 효력을 상실하였다.

기독교 선교사들이 옛 로마 제국의 경계를 넘어 처음 그 복음을 전했던 곳은 저지대들(Low Countries)로서 현재의 벨기에(Belgium), 네덜란드와 북해의 독일 해안지방이다. 이 지역에는 프리지아족(Frisians)이 거주하고 있었는데, 이들은 철저한 이교도 신자들로서 처음에는 기독교 복음에 대해 냉담할 수밖에 없었다. 이들에게 복음을 전했던 최초의 아일랜드와 브리튼 선교사들은 그다지 성공을 거두지 못하였다. 그러나 기독교에 대항한 프리지아인들의 저항은 역사상 "네덜란드의 사도"(Apostle to the Netherlands)라고 불리워지고 있는 윌리 브로드(Willibrord)의 노력 앞에서 약화되기 시작하였다.

윌리브로드는 아마도 658년 11월 6일 색슨령 노스움브리아에서 출생한 것으로 보인다. 그의 부모는 모두 독실한 신자들로서 그들의 결혼은 많은 사람들에게 복음을 전할 소명을 이 세상에 탄생시켰다는 것만으로도 그 가치가 있는 듯이 보인다. 전해지는 이야기에 의하면 윌리브로드의 어머니는 그 아들을 잉태하던 날 밤 초승달이 갑자기 보름달로 커져서 하늘로부터 떨어져 내려와 그녀의 입으로 들어가서 그녀의 가슴이 빛으로 충만해지는 꿈을 꾸었다고 한다. 그녀는 이 꿈을 자기 아들의 사명을 예시하는 징조로서 해석하였다. 이에 따라 윌리브로드는 어릴 때부터 리폰(Ripen)에 소재한 윌프리드 수도원에 맡기어졌으며, 그는 윌프리드가 678년 요크 교구에서 추방될 때까지 이곳에 머물렀다. 그 후 아일랜드의 수도원 부속학교에서 12년을 보내는 동안 선교사로서의 소명을 깊이 깨닫게 되었다. 그러나 어쨌든 그는 자기 자신의 영혼의 구원에 대한 확신을 얻게 된 33세 때에야 이교와 죄악의 암흑 가운데 살고 있는 자들에게 복음의 빛을 비출 작업을 시작하였다. 주님의 12사도들을 모방한 그와 11명의 동료들은 690년 아일랜드를 떠나 프리지아(Frisia)로 향하였다. 그러나 불행하게도 거의 50년에 걸친 윌리브로드의 오랜 선교지역의 활동에 관한 자료가 역사상 남아 있지 않기 때문에 자세한 선교방법과 중요한 사건들을 알 수 없다. 우리가 확실히 아는 것은 윌리브로드가 80세 이상의 고령으로 사망하였으며, 그의 프리지아 지방 선교를 위해 프랑크족들로부터 상당한 지원을 받을 수 없었다는 것과, 로마의 우트레흐트(Utrecht)에 대주교로 임명되었다는 것, 그리고 그의 개인적인 노력을 통해 저지대 남부지방에 거주하던 대부분의 주민들

을 회심시켰다는 정보이다.[6]

월리브로드보다 나이 어린 동시대인으로서 3년간(719~722) 그의 동역자이자 조수였던 윈프리드(Winfrid)는 독일 복음화에 있어서 가장 중요한 존재이다. 그는 독일 국민들을 위해 최초로 본격적인 교회조직을 마련했던 인물로서 독일인들의 초대 대주교였고, 또한 그가 이룩한 과업과 중요성으로 볼 때 아마로 사도 바울 이후 가장 뛰어난 선교사라고까지 평가할 수 있겠다. 그가 역사상에 보니페이스(Boniface), 즉 선행자라는 별명을 남긴 것도 가히 이해할 수 있는 일이다.

우리들은 보니페이스가 출생한 정확한 장소와 일자는 알지 못하는데, 아마도 672~680년 사이 웨섹스의 앵글로 색슨 왕국 안에 있는 데본(Devon) 지방의 엑세터(Exeter) 근처에서 출생한 것으로 보인다. 그는 아마도 선교사로서의 특별한 예정을 입었던 것 같다. 왜냐하면 그는 겨우 4, 5세의 어린 나이에 아버지의 극렬한 반대에도 불구하고 수도사가 되기로 결심하였다. 그는 이에 따라 자기 가정을 떠나 엑샘체스터(Examchester) 수도원에서 엄격한 규율 아래 성장하게 되었으며, 그는 그동안 초대교회 성인들의 생애를 자기 행동의 모범으로 삼았다. 그는 열성에 가득한 성경공부와 끊임없는 명상을 통하여 젊은이들의 일반적 정열을 승화시켰다. 엑샘체스터 수도사들이 자기들의 모든 지식을 그에게 가르쳤을 때에 그는 사우스앰프톤(Southampton)과 윈체스터(Winchester) 사이에 위치한 누르스링(Nursling) 수도원으로 옮겨갔다. 보니페이스는 이곳에서 문법과 수사학을 익혔으며, 문장력을 습득하였고, 또한 성경 주해력을 개발시켰다. 그는 너무나도 뛰어난 생도였기에 곧 교사로서의 책임을 맡게 되었다. 보니페이스는 교실에서 그의 생도들로부터 배우기를 거부하지 않는 큰 장점을 지니고 있었다. 이러한 겸손한 태도는 그의 전 생애를 통하여 계속되었다. 그는 후에 선교사가 되었을 때에도 비기독교인들로부터 배우기를 인색치 아니하였으니, 그는 동시에 예수 그리스도가 주시는 구원의 지식을 그들에게 가르칠 수 있었다. 그는 모국에서 국왕과 켄터베리 대주교를 섬긴 후 프리지아인들에게 선교사로 보내졌다. 그러나 그는 이곳에서의 선교는 실패하고 말았다. 프리지아 왕 라드보드(Radbod)는 자기의 이교도 선조들이 모두 지옥에가 있다는 말을 듣고는 자기는 천국에서 연락을 누리기보다는 어디든지 자기의 선조들과 함께 있기를 바란다고 대답하였다. 이에 실망한 보니페이스는 로마

---

6) AS. Nov. III(1910), pp. 435~457.

로 갔으며, 그는 이곳에서 교황에 의하여 독일에 거하는 야만족들 사이에 사절로서 파견되었다. 보니페이스는 이 사역을 너무도 성공적으로 수행하였으므로 교황 그레고리 2세는 그를 독일에 보내는 선교 주교로서 임명하였다(722년 12월 1일).

보니페이스의 수세대 전 이미 기독교는 현재의 스위스, 남부 독일, 서부 오스트리아 지방에 정착되어 있었다. 그러나 그의 성장은 보잘 것이 없었으며, 각 지방의 교인들은 일정한 교회조직이 성립되지 않았고, 또한 기독교인의 본 줄기에 조직적으로 연결되지 못하였으므로 자기들 나름대로의 종교생활을 영위하고 있었다. 따라서 보니페이스의 사역 중 가장 중요한 것 중의 하나는 이미 존재하고 있던 교회를 하나의 유기체로 조직한 것이라고 할 수 있겠다. 예를 들어, 그는 바바리아(Bavaria) 지방을 4개 교구로서 나누고 각 교구에 주교를 임명하였으며, 자신은 이들을 감독하는 메트로폴리탄, 또는 대주교직을 수행하였다. 그 결과 교황은 대주교의 영배(pallium)를 보내어 그가 이미 실질적으로 차지하고 있던 지위를 공식적으로 승인하였다. 보니페이스는 보고를 위해서뿐만 아니라, 주요한 문제들을 의논하기 위해 계속 교황들과 서신을 교류했으며, 교황들이 보내는 답변들을 그대로 준수하였다. 그는 이를 통해 자기가 통솔하는 어린 교회들이 계속 로마와 교제할 수 있는 길을 유지하였던 것이다.

보니페이스의 전도활동은 완강한 이교도들에게까지 미쳤다. 그는 바울 사도와 마찬가지로 이들의 개종을 위해 모든 방법들을 기꺼이 사용할 준비가 되어 있었다. 이들 가운데 가장 극적인 사건은 가이스마르(GeisBnar)에 있던 쥬피터 신의 거대한 참나무를 찍어 넘기는 것이었다. 그는 자연숭배를 포기하지 않고 이를 기독교와 함께 포용하고자 했던 헤시족(Hessians)에게 나무들과 샘물들에는 아무런 영적 능력이 없으며, 동물들의 창자를 살피어 미래를 예언하거나 요술과 주문들을 통해 복을 빌므로써 저주를 피할 수 없음을 확신시키기 위해 이 행위를 감행하였다. 이에 따라 그는 수많은 이교도들이 증오를 가득 품고 그를 지켜보는 가운데 목숨을 걸고 도끼를 들고 나무에 일격을 가하였다. 보니페이스의 행동은 이것으로 족하였다. 전해지는 바에 의하면 나무가지들로부터 강한 바람이 일어나 이 거목을 스스로 넘어뜨렸으며, 같은 크기의 네 조각으로 갈라 놓았다는 것이다. 이교도들은 이를 보고 마음에 확신을 얻게 되었으며, 그 나무에서 나온 재목들을 가지고 베드로에게 바치는 작은 예배당을 만들도록 보니페이스를 도와주었다. 보니페이스는 60세도 되기 전에 튜링기아(Thuringia) 전역(이들은 그 이전에도 형식적으로 기독교를 신봉한 일이 있었다)과 헤세 지방을 로마와 연결시켰을 뿐 아니라, 동방으로는 색소니(Saxony) 국경에 이르기까지 많은 이들에게 복음을 전하고 세례를 베풀었다. 그는 주로 라인 강 동부와 다뉴브 강북부 독일 지방에서 활동하였다.

보니페이스가 남긴 서신들을 읽어보면 당시 기독교 선교사들이 어떻게 활동하다가 죽었는가 하는 생생한 현장의 모습을 알 수 있다. 이 편지들을 통해 작가의 인간성까지도 살펴볼 수 있다. 그는 전력을 다해 전도에 힘썼으나 동시에 시간을 쪼개 자상하게 수녀들을 위로하였고, 학생들을 가르쳤으며 농노들을 돌보았다. 그는 또한 계속 공부할 시간을 만들었으며, 왕들에게 훈계할 만큼 용기와 담력이 있었고, 어떤 친구에게는 두 마리의 매를 보내주는 인간성을 잃지 않았다. 따라서 그 시대의 최고의 능력과 인격을 갖춘 사람들이 기꺼이 그를 도왔던 것도 놀랄 만한 일이 아니다. 이들 가운데 14세 때 집과 재산을 떠나 바로 이 하나님의 사랑을 좇았던 프랑크족 출신의 귀족 그레고리가 있었으며, 또한 켄트 왕족의 출신으로서 몬테 카시노에서 교육을 받고 바바리아에 소재한 아이크쉬타트(Eichstätt) 감독까지 되었던 친척 윌리발드(Willibald) 등이 있다. 또 항상 그와 함께 동역하였던 제자 럴(Lul)은 대주교직을 계승하였으며, 또 다른 윌리발드(Willibald)를 시켜 그의 전기를 작성하게 하였다.

비록 보니페이스의 선교전략은 그 이전의 선교사들에 비해 크게 다른 점이 없다 하더라도 남자들뿐만 아니라, 여성까지도 선교활동에 동원한 것은 그의 특이한 발상이라 하겠다. 그와 그의 동역자들은 우선 각 지역의 왕들이나 통치자들에게 먼저 복음을 전하였으니, 만약 이들을 설복시킬 수 있다면 이들에게 달린 백성들까지도 얻을 수 있다는 생각에서였다. 그들은 여기저기로 놀러 다니며 전도하였으며, 직접 노동하였고, 중요한 지점에는 수도원들과 사원들을 건축하였다. 이들 수도원들 가운데 가장 유명한 것은 풀다(Fulda)에 있는 것으로 보니페이스는 이곳에서 은퇴하여 죽음을 기다리고자 예정하였다. 그러나 이 열정 있는 신앙의 인물은 지치거나 은퇴할 줄을 몰랐다. 그는 계속 바바리아 교회에서 발생한 문제들에 참여하였으며, 로마에 온 브리튼족 순례자들로부터 계속 협력자들을 구하였고, 프랑크 교회의 재조직과 프랑크 왕국의 개혁을 위해 노력하였다. 그는 이러한 목적으로 로마의 허용 아래 난쟁이 피핀(Pepin the Short)을 왕으로 임명함으로써 751년 무기력하기만 했던 메로빙가 왕조(Merovingian dynasty)의 끝을 맺었다.

보니페이스는 한 곳에서 성공했다고 해서 다른 곳에서의 실패를 그냥 넘어갈 수 있는 인물이 아니었다. 따라서 그는 약 30년 전 실패한 채 떠났던 프리지아 (Frisia) 지방의 선교를 계속하기 위해 돌아왔다. 이리하여 그는 그가 시작하였던 곳에서 그의 사도적 생애를 마치게 되었다. 즉, 프리지아인들은 그의 선교에의 열정을 순교로써 보답하였던 것이다. 754년 6월 어느 날 그와 그의 동역자들은 일단의 개종자들에게 세례를 베풀기 위해 더취 프리즈랜드(Dutch Frieslana)에 있는 보르든 강(River Bordne)으로 모여들었다. 강도들은 이를 매복 기습하여 보니페이스와 그의 많은 동역자들을 살상함으로써 순교의 피를 흘리게 하였다. 강도들은 그가 지니고 있던 배낭 속에서 황금을 발견할 것이라고 기대하였다. 그러나 그들이 발견한 것은 성경사본들과 성유물들에 지나지 않았다.

 순교자 보니페이스는 원래 풀다에 안장되기를 원하였으나 피핀 왕은 보니페이스의 유해를 우트레흐트(Utrecht)에 매장하고자 하였다. 그러나 왕의 명령을 받은 사자들이 럴(Lul)로부터 왔을 때에 왕보다 더 높은 이께서 피핀의 명령을 번복시켰다. 그의 유해가 프리지아로부터 그가 그토록 사랑하였고 봉사하였던 독일 지방으로 옮겨갈 때에 교회종들이 기적적으로 울려 퍼졌다. 보니페이스의 무덤은 지금도 풀다에 남아 있다.[7]

 어거스틴이 켄트에 상륙하였던 597년부터 보니페이스가 죽었던 754년까지의 기간 동안 선교활동의 업적들은 놀라운 바 있다. 그러나 교회가 항상 확장되고 승리한 것만은 아니었다. 예를 들어, 톨레도(Toledo)에서 개최되었던 일련의 종교회의들을 통해 고대로부터 중세 초까지 종교회의의 정신을 명예스럽게 전승하였으며, 세빌의 이시도레(Isidore of Seville)의 백과사전적 학식을 통하여 학문의 빛을 인근에 발하였던 스페인의 경우 이제는 이슬람의 침략군들 앞에 거의 완전히 무릎을 꿇게 되었다. 스페인의 귀족들은 편당을 지어 내분을 일삼음으로써 국력을 상실시켰고 성직자들은 남성과 여성들이 함께 거주하는 수도원을 건축하는 등 부정부패와 탐욕에 빠져 있었다. 스페인 국민들은 아리우스주의와 정통신앙으로 그 충성이 나뉘어져 있었다. 교회까지도 유대인들을 박해하였다. 이에 따라 711년 오파스

---

7) Willibald, *Vita Sancti Bonifaeii* and other early lives of Boniface, in MGH, *Scriptores rerum Germanicarum in usum scholarum*(1905), *Opera*, MPL, LXXXIX, 597~892, *Epistolae*, MGH, *Epistolae*, Vol. III(1892), M. Tangle, Epistulae Selectae, I (1916).

(Oppas)라는 이름의 주교로부터 선동을 받은 줄리안 백작(Count Julian)은 사라센인들을 스페인 안에 영접함으로써 한 차례의 전투도 없이 스페인은 이슬람의 수중으로 넘어가게 되었다. 이때에 용사 펠라요(Pelayo)가 나타나 단신으로 지하 저항운동을 전개하였으니, 이 용맹스런 활약은 수세기를 두고 계속 전승되었다.[8]

만약 찰스 마르텔(Charles Martel, 약 690~741)의 존재가 아니었다면 기독교가 스페인에서 당한 운명은 서부 유럽 전체를 통해 되풀이되었을지도 모른다. 그는 프랑크족의 메로빙가 왕실에서 재상을 지낸 인물이었다. 당시 모슬렘들은 피레네 산맥을 건너 현재의 남부와 중부프랑스로 쏟아져 들어왔다. 찰스 마르텔은 투르(Tours)에서 이들을 물리쳤고(732), 모슬렘인들을 다시 산맥을 넘어 스페인으로 몰아내었다. 투르 전투야말로 역사상 결정적인 전투들 가운데 하나였다. 만약 찰스 마르텔이 투르에서 승리를 거두지 못하였다면, 서부 유럽 운명은 기독교적이 아니라 이슬람적으로 형성되었을 것이다. 성경이 아니라 코란이 법과 도덕을 결정하는 기초가 되었을 것이며, 예수그리스도의 하나님을 섬기는 사제들이 아니라 모스큐(mosque) 꼭대기에서 회교의 기도시간을 알리는 직분을 맡은 무이씬(muessin)들이 사람들에게 알라신을 위한 예배 시간을 통보하였으리라.

그러나 서방에서 교회는 지역적으로나 수적으로 손실보다는 이득이 많았다고 볼 수 있으니, 브리튼과 네덜란드 일대, 그리고 독일 중부지방이 기독교권에 포함됨으로써 기독교 국가 스페인의 상실을 어느 정도 보충하였다.

4. 기독교 신화와 문화의 출현

게르만 민족들의 개종으로 인하여 이들의 문명이 변화하였을 뿐만 아니라, 또한 이들의 영향으로 인해 기독교의 형태도 변화하게 되었다. 따라서 기독교는 동방에서나, 혹은 7세기 이전 서방에서 존재하던 모습과는 또 다른 면모를 갖추게 되었다. 이는 특히 교리적 핵심은 아니라 하더라도, 적어도 그 정신적 측면에서 보여주었던 기독교의 사회적 표현에서 찾아볼 수 있겠다. 기독교는 직접 그 환경에 영향을 미쳤을 뿐만 아니라, 그 환경은 간접적으로 기독교에 영향을 미침으로써 이 양자간의 상호 반작용에 의해 거의 완전히 새로운 문화와 문명이 발생하게 되었다.

---

8) *Continuationes Isidorianae*, MGH, Chronica Minora, IV~VII. CMH, II, 180~93.

로마로부터 기본적 전략만을 전수 받은 후 각 지방 특유의 상황 아래서 자기들 나름대로의 전술들을 고안해야만 했던 라틴계 선교사들은 이교도 신전들을 완전 파괴하거나 또는 그 안에서 이교적 개념을 가지고 예배드렸던 신도들을 제거해 버리지는 않았다. 건물들은 변형, 혹은 개조되어 기독교를 위해 사용되었다. 마찬가지로, 오덴(Woden), 토르(Thor), 혹은 기타 노르만족들의 남녀 신들도 폐지되지 않고 오히려 미가엘과 가브리엘 등 천사들로 변형됨으로써 비록 그 이전 이교도들이 누리던 위치보다는 못하였으나 계속 그 존재를 유지하게 되었다. 또한 숲이나, 산들에 자리잡고 사람들을 해친다고 생각되었던 귀신들도 기독교의 출현과 함께 사라진 것이 아니라, 단지 그 충성의 대상을 바꾸어 사단(Satan)의 군대에 속한 도깨비나 마귀로서 존재하게 될 것이다. 실제로 이러한 귀신들과 영웅들을 숭배하던 일반적 경향들은 점차 성모숭배(the adoration of the Virgin)라는 형태로 고정되기 시작하였다. 이러한 종교형태는 비록 그 후 오랫동안을 두고 계속 발전되고 일반화되었으나, 실은 처음부터 그 모습이 이 시기에 하나님의 일반적 섭리가 성자들, 천사들, 특히 예수님의 어머니 등의 중보에 종속된다고 생각하였던 수도원들과 성당 내에 자리잡고 있었다. 법에 의해 금지되었던 이교도의 마술까지도 실제로는 행해지고 있었으며, 마녀가 걸은 악한 마술은 성자들의 기도나 사제들의 주문이 아니면 깨어질 수 없다고 믿어지게 되었다.

따라서 제대로 교육을 받지 못한 일반 신자들의 가슴속에 순교자들과 성자들의 무덤, 성유물, 교회재산, 기독교 예배의식, 혹은 성직자들 자신이 마치 하나님 자신에 대한 예배와 거의 비슷한 숭배와 성스러움을 차지하게 된 것도 무리는 아니라 할 수 있겠다. 예를 들어, 교황 그레고리 1세는 동방 황제의 황비에게 바울 사도에게 채워졌다고 생각된 사슬의 줄밥(filing)을 약간 보내주었다. 왜냐하면 그는 이 성유물은 하도 그 능력이 강하기 때문에 약간만 보내주어도 효력이 있으리라 믿었기 때문이었다.[9] 베드로 사도의 유물로 알려진 금사슬을 절단해 훔쳐 가고자 하던 롬바르드족 출신의 도둑은 그 손에서 단검이 스스로 튀어 올라 그 목을 잘랐다는 이야기도 전해진다.[10] 로마에 소재한 베드로와 바울의 무덤들 그리고 저 멀리 프랑크족 영토 내에 있던 투르의 마틴의 무덤까지도 믿음으로 순례하는 성자들에게 매

---

9) Gregorius Magnus, *Epistolae*, III, 30.
10) *Diaiogorum Libri*(Venice, 1744), VI, 23.

일 기적을 베푸는 것으로 믿어졌다. 신자들은 교회당과 수도권에 속한 거룩한 성역에 묻히기를 원하였는데, 왜냐하면 이 성스러운 지역의 흙들은 강한 자들의 시체들을 뻗어냈으며, 순교자들의 귀신들이 악한 자들의 시체를 이곳으로부터 쫓아낸다고 믿었기 때문이다.

민중들은 종교행사에 매혹당했으며 구세주의 몸을 상징하는 제단으로부터의 빵은 거의 모든 일을 다 이룰 수 있다고 믿음으로써 이를 사랑하는 동시에 두려워하게 되었다. 교황 그레고리는 추문으로 인해 생전에 교회에서 파문당했던 두 여인들이 결국 교회 묘지 안에 묻히기는 하였으나, 그 후 성스러운 미사가 행해질 때마다 이들이 무덤으로부터 도망치는 것을 보았다는 목격담을 전하고 있다. 하나님께서 정하신 성직을 수행하였던 성직자들의 위치는 신성불가침이었다. 원숭이와 종들을 가지고 사람들을 웃기던 희극광대 하나가 사제의 기도를 방해했다가 현장에서 즉사했다는 이야기도 전해진다. 어떤 때에는 죽음의 천사(ailget of death)가 실수하는 바람에 잘못 죽었었다는 자들이 다시 살아옴으로써 천당과 지옥의 이야기도 널리 퍼지게 되었다. 이러한 천사의 실수가 밝혀지면 희생자는 다시 이승으로 돌아오는데, 이들은 항상 자기들의 목격담을 생생하게 전해 주곤 하였다. 즉, 영혼을 구하기 위해 악마들과 투쟁하는 천사들의 모습, 또한 흰 옷을 입은 성자들로 가득찬 화려한 꽃밭, 영원히 꺼지지 않는 불꽃들 속에 고통당하는 악인들의 모습 등이었다.[11]

우리들은 이와 같은 모습들을 가리켜 기독교 신화의 생성이라고 불러도 될 것이다. 물론 당시 대중들의 마음속에는 이러한 이야기들이 일상 생활사처럼 익숙한 것이었으며, 혹은 이해가 더 쉬웠기 때문에 성경보다 더 영향력이 큰 경우가 많았다.

아직도 교리적으로 그 의미가 완전히 정의되지 않았던 미사의 희생(sacrifice of mass)이 가장 중요한 부분을 차지하고 있던 공공예배는 일반인들의 마음속에 어떤 영적 의미에서 보다는 단지 물질적이고 외형적인 측면에서 받아들여졌다. 예배는 개종한 야만인들이 알아들을 수조차 없던 라틴어로 시종 주관되었는데, 라틴어는 물론 신앙과 신학의 공용어의 위치를 차지하였다. 일반인들이 알아들을 수 있는 상용어로 행해진 것은 선교사들의 설교, 결혼식, 고해(confession) 등에 지나지 않았다. 예배형식은 통일되지 않은 상태로서 크게 세 가지 형태로 분류할 수 있으니, 밀란의 암브로즈식(Ambroaian)과 스페인의 모자라브식(Mozarabic), 로마의 그

---

11) *Ibid.*, 1, 9, 10; II, 22, 23; IV, 50; VI, 23.

레고리식(Gregorian) 등이었다. 그러나 역시 프랑스와 독일에서는 보니페이스를 통해, 그리고 그레고리의 라틴 영창이 불러지던 영국 등에서 로마식 예배 의식이 점차 주류를 이루게 되었다. 라틴어로 된 찬가는 전문적으로 훈련받은 찬양대에 의해 불러워져야만 했기 때문에 퀴리에 엘레이송(Kyrie eleison, 우리에게 자비를 베푸소서 하는 송가)을 제외하고는 찬양에조차 참가하지 못하였다. 최초의 오르간은 난쟁이 피핀 치하에서 서부 유럽에 전해졌다. 예배순서는 각 순서별로 특별한 목적과 주제가 정의되어 그 형식들이 고정되게 되었다. 그러나 이를 위한 표현들은 서로 다른 날과 다른 교회들의 예배의식에 따라 다양하였다. 그레고리 1세 교황의 손에 의해 작성되어 우리에게 전해지고 있는 로마식 미사집(The Roman Canon of the Masb)은 그 문장이 투박하고, 경우에 따라서는 문법조차 맞지 않은 경우가 있었으나, 상당히 강한 호소력을 지니고 있었다. 바로 이 미사집이 영국에서 쓰인 공동기도서(The Book of Common Prayer)의 모체가 되었다.[12]

미사의 위치와 그 힘은 너무나도 중요하고 막강하게 인식되었기 때문에 실질적으로 모든 종류의 은혜와 은덕을 입기 위해 사용되었다. 예를 들어, 어떤 주교는 좋은 날씨를 구하는 미사를 명령하기도 하였다. 그러나 역시 이들 미사는 주로 죽은 자들의 영혼을 위해 많이 올려졌으며, 이들 사자들을 위해서는 특히 분향이나 주악이 없는 창미사(lowmasses)가 올려졌다. 창(唱)미사는 사제가 오직 한사람의 보조만을 대동하고 거행하였다. 가족들이 죽은 후 이들을 위해 무수한 미사를 올릴 수 있도록 하기 위한 모임들까지 조직되었다. 스페인과 같은 경우에는 이러한 경향이 너무 강했기 때문에 신자들이 자기들의 죽음을 재촉하기 위해 올리는 미사들을 법으로 금지해야 될 정도였다.[13] 일반적으로 신자들의 종교적 의무는 미사에서 성찬에 참여하고(1년에 3번, 적어도 한 번은 고난주간 무교일), 성자들의 무덤과 성소 성지들을 순례하며, 정기적으로 1주일에 한 번 예배에 참여하고 또한 선행으로써 기록될 수 있다는 교회에 대한 헌금과 연보 등으로 구성되어 있었다. 고행(penance)이 속죄(satisfaction)의 수단으로써 성립되었으므로 죄나 실수를 범한 자들은 그 잘못에 대해 용서를 구할 뿐만 아니라 속죄를 위한 특정한 행위를 하도록 명령받았다.

---

12) L. Duchesne, *Origine du culte chrétien. Etude sur la liturgie latineavant Charlemagne*(Paris, 1889).

13) *Concilium Toled*, Mansi, XVII, 5.

앵글로색슨 교회의 경우 테오도레 대주교(Archbishop Theodore)의 시대에 이미 공공고해가 완전히 사라지고 대신 신부가 비밀리에 죄인들의 고백을 듣고 고행을 지시하는 사적 고해로 대체된 사실을 알 수 있다. 실제로, 특히 개인생활을 중요시했다. 앵글로색슨족들의 영향으로 인해 교회 내의 공공고해가 개인적 고해로 바뀌어졌다고 생각된다. 기독교가 실제 세속법령들을 정한 것은 아니더라도 그 정신은 모든 법들 가운데 이미 침투하고 있었다. 고대에는 세속적 제도였던 결혼은 이제 완전히 교회에 의해 주관되었다. 교회는 비록 실제로는 남편들이 마음대로 아내들을 저버리고 다른 여자들과 살았던 게르만인들의 풍습에 타협하기도 하였으나, 혼인의 취소불가능성을 주장하고 있었다. 교회는 결혼을 취소할 수 있는 이유로서, 간통(adultery), 유기 및 부양의무 불이행, 유형(banishment), 문둥병(leprosy)과 성생활 불능 등을 인정하였다. 대중들이 알아들을 수 있는 언어로 행해진 설교는 보통 유행하는 기독교적 신화와 협박과 약속을 통한 기독교 윤리의 강요 등에 지나지 않았다.

저술의 형태로 된 학문의 발전은 서로 유기적 연관이 없는 채 각지에 산폐해 행해졌으며, 또한 이 시대를 대표하는 몇몇 뛰어난 개인들이 존재하였다. 종교와 세속법령을 우수하게 종합하였던 톨레도 종교회의들의 정신을 이어받았다고 볼 수 있는 세빌의 이시도레(Isidore of Seville, 560~636)는 당시 그 누구보다도 박학다식한 인물이었으며, 그를 통해 고대의 사상과 학식을 망라하는 백과사전적 기록이 중세에 전해졌다. 그는 독창적 사상가라기보다는 편집인에 지나지 않았으나, 그 학식으로 "마지막 교부"(the last of the Church Fathers)라는 칭호를 얻었으며, 후대 중세 시대의 교과서들에 도입된 스타일을 정립하였다.[14] 브리튼의 베데(Bede, 672~735)는 창조시부터의 세계역사를 작성하였으며, 동족들의 교회역사를 저술하여 후세에 남겼다. 아일랜드와 브리튼에 소재했던 유명한 수도원들은 고대로부터의 지식을 저장하는 역할을 담당하였는데, 이곳에서 활동한 학자들의 개인적 재능과 노력은 거의가 단체의 이름 아래 감추어져 있다.

불행하게도, 신학은 대중들의 사상과 느낌을 좌우했던 신화를 체계화, 합리화시키는 데 지나지 못했다. 교황 그레고리 1세야말로 가장 뛰어난 본보기라고 할 수 있겠다. 예를 들어, 어거스틴의 저술 가운데 시사되어 있던 연옥에 관한 교리는 그

---

14) MPL, LXXXI~LKXXIV.

레고리에 의해 최초로 깊이 파헤쳐졌으며, 그레고리는 이를 통해 저승에까지 이승의 영향이 미칠 수 있는 가능성을 발견하였고, 이에 따라 연옥을 교회의 지배 아래 두었다. 그리스도의 위대성과 그의 능력은 그레고리의 교훈 가운데 명확하게 찾아볼 수 없으니, 왜냐하면 그는 그리스도의 사역을 교회조직들을 통해서만 유효한 것으로 보았기 때문이다. 그레고리는 하나님을 모든 죄를 하나도 남기지 않고 벌하시는 전능하신 존재이기는 하나 동시에 인간들이 그의 죄를 보상하고 하나님의 공의를 만족시킬 수 있는 각종 방법과 수단을 예비해 두신 인자스러운 존재로서 파악하였다. 사단이 독재자로서 이 세상을 지배하고 있었으나, 하나님께서는 그의 지혜의 낚시 바늘 위에 자기 아들을 미끼로써 던져 주셨다. 그리하여 사단은 그 자신의 어리석음으로 인해 사로잡히는 존재가 되었다는 것이다.

그레고리의 종교는 바울이 특히 주장하였던 신앙과 사랑보다는 차라리 공포와 소망의 동기 위에 자리잡고 있으며, 그리스도 안에서 주시는 하나님의 값없는 은혜는 결국 보상과 형벌을 내용으로 하는 일련의 기계적 선행의 체제로 변형되었다. 따라서 그는 인간들을 위해 몇 번이고 반복하여 행해지는 희생으로서 미사의 중요성을 증대시켰으며, 이때 주어지는 성찬은 연옥에서의 고통하는 시간을 짧게 만든다고 주장하였다.[15] 어거스틴이 그레고리의 신학적 스승이었을지는 모르나, 그레고리가 중세에 남긴 어거스틴주의는 너무나도 오염되고 변형되어 있어서 거의 그 진면목을 찾아볼 수 없을 지경이다. 따라서 7세기와 8세기 일반인들의 관심은 한 가지로 집중되었다. 가시오도루스(Cassiodorus)는 로마 제국의 전통을 따라 수도사인 동시에 정치가였으며, 보에티우스는 기독교인의 의복을 입은 기독 철학자였을지도 모른다. 그러나 그러한 시대는 이미 지나간 시기였다. 기독교만이 서방의 전부였다. 문학의 경우 그 표현양식과 방법, 용어들까지도 종교적이 되었다. 이는 사회가 고대 로마인들의 업적을 부러워했다거나 증오해서는 아니었다. 당시 사회와 인간들은 이들에 대해 무관심했던 것뿐이었다.

5. 교황령

이처럼 인간들의 유일한 관심사가 종교로 집약되자 로마 교회는 각 주교들에 부

---

15) Gregorius Magnus, *Mor.*, XXXIII, 7, 14ff: Dial., IV, 39, 55, 58.

속된 인간들과 영지들 위에 정치적 지배권을 행사하게 되었다. 그 결과 교황은 영적 권위자였을 뿐 아니라 정치적 권력가가 되었으며, 교회에서 소유하는 영지는 역사상 그 유례가 없는 새로운 형상을 빚었다. 지금 우리가 회고해 볼 때는 모든 일이 우연의 결과인 것처럼 생각되기도 한다. 아무도 그 결과를 이루는 데 필요한 수많은 요인들과 행동을 미리 계획하고 조종할 수는 없을 것이다. 많은 사건과 행동들이 지나간 후 빚어진 결과는 사람들의 입장에 따라서 예기치 못했던 기쁨일 수도 있고, 상상할 수도 없었던 실망일 수도 있었다. 교황은 프랑크족들의 자비를 탄원하는 피난민으로서 이탈리아를 떠났다. 그는 왕이 되어 다시 귀향하였으며, 결국 왕들과 영주들의 아버지가 되었다. 롬바르드족은 라벤나와 로마를 정복하여 자기들의 영토를 넓히고자 하였다. 이들은 자기들이 국지전을 하고 있다고 생각하였다. 그러나 이들이 채 의식하기도 전, 전투는 국제전으로 화하였으며, 롬바르드족들의 영토는 확장되기는커녕 오히려 축소되었다. 동방제국은 조그만 야만국가가 결국 서방의 적수로서 강화되는 것을 바라보았다. 아직도 반 야만상태에 있던 프랑크족들은 교회의 후원자인 동서교회의 정치적 존재가 되었다.

 그런데 이러한 사태의 진전 뒤에는 몇 가지 기본적 요인들이 자리잡고 있었다. (1) 동방제국은 서부에까지 그 힘을 미칠 여력이 없었다. (2) 이를 대신한 롬바르드족의 통치는 이탈리아 주민들 대부분이 용납할 수 없는 것이었다. (3) 또한 로마 시민들은 그 정치적 독립을 위해 선행조건이라 볼 수 있는 시민으로서의 자존심과 애국적 자신감을 발전시키게 되었다. 즉, 이들은 자기들이 사도 베드로에게 직접 속해 있다고 느꼈으며, 또한 교회와 주교들만으로도 한 국가를 형성하는 데 충분하다고 생각하던 것이다. 따라서 교황령의 성립을 환영할 수 있는 여론이 미리 형성되어 있었다. 교황령에 정치적 실력을 부여할 수 있도록 군사력을 제공한 것은 프랑크족들이었다. 만약 교황이 로마 및 그 인근 지역들을 통치하고자 한다면 우선 당시 이곳을 점거하고 있던 지배자들을 축출해야만 했다. 왜냐하면 롬바르드족 왕들과 로마 주교가 동시에 같은 지대의 주권을 소유할 수는 없었기 때문이다. 프랑크 지역을 다스리던 왕실은 이미 교황들에게 빚진 바가 있었다. 그 창시자인 난쟁이 피핀(741~768)은 교회의 묵인과 동의 아래 메로방가 왕가를 대체하였기 때문이다. 그가 무능하기 짝이 없는 췰더릭 3세(Childeric III)를 왕위에서 축출하고 (751) 그를 수도원에 유폐시켜 버렸을 때, 교황 자카리아스(Zacharias, 741~752)는 그의 행동을 도덕적, 정신적으로 후원한 바 있었다. 또한 유명한 선교자 보니페이스 대주교가 로마를 대표하여 그가 왕위에 오를 때 후원자로 참석하였다. 따라서 자카리아스 후계자 스테픈 3세(Stephen III, 752~757)가 교황령을 설립하기 위해 그와 그의 신민들의 원조를 얻는 것은 그다지 힘든 일은 아니었다.

이 중대한 사건을 더욱 빨리 일어나도록 재촉한 것은 롬바르드족이 먼저 로마를 공격하여 그 시민들을 노예로 삼겠다는 협박이었다. 751년 왕위에 오른 아이스툴프(Aistulf)는 즉각 동방 황제의 영토를 침입하여 강력한 왕국을 이룩하고자 하였으며, 이 때문에 동로마 태수 유티키우스(Eutychius)는 그 앞에서 도주하였다. 이 때문에 아이스툴프는 라벤나(Ravenna)를 점령할 수 있었다(751). 그 후 그는 눈을 로마로 향해 돌렸다.

로마 시민들은 강력한 적개심을 가지고 롬바르드족을 증오하고 있었다. 이들의 무성한 수염과 야만스러운 옷차림, 고약한 체취, 그리고 무례한 행동거지 등은 영원의 도시 로마 시민들을 겁주기에 충분하였다. 또한 이들의 흉포한 왕이 마치 사자처럼 울부짖으며 로마인들을 향해 급박한 욕설과 위협을 토하였으니, 즉 로마 모든 주민들의 목을 자르겠다고 했다는 소문이 나돌았다. 스테픈 교황이 두 명의 고위 성직자들을 보내어 아이스툴프를 회유하고 협상하고자 하였을 때, 아이스툴프는 오히려 그들을 무수히 구타하고 돌려보냈으니 이들은 교황에게 따로 보고할 사항조차 없었다. 또한 스테픈 자신이 일시의 위험을 무릅쓰고 직접 파비아(Pavia)에 있던 롬바르드 왕을 만나러 갔을 때, 그 역시 동등한 지위를 가진 자로서가 아니라 마치 일개 부하나 평민과 같은 거친 대접을 받았다. 이에 따라, 교황은 문자 그대로 마치 죄수처럼 파비아를 도망쳐 나오지 않으면 안 되었다. 그는 험준한 알프스 산맥을 넘는 위험을 무릅쓰고 프랑크인들의 영토로 갔으며, 거기서 난쟁이 피핀에게 자기 백성을 구해 줄 것을 간청하였다. 그는 754년 7월 28일 손수 소아쏭(Soissons)에서 피핀의 머리 위에 왕관을 씌워줌으로써 그 이전의 반란을 정식으로 인정하였으며, 이미 그의 선임자 자카리아스 교황이 751년 허락한 것을 재삼 확인하였다. 이의 보답으로 피핀은 그의 군대를 거느리고 이탈리아에 침입하였으며, 아이스툴프와 협상을 맺고 그가 더 이상 교회에 손을 대지 못하도록 확약을 받았다.

그러나 피핀이 귀국하자마자 로마를 공약하였다. 그는 756년 한겨울 도시를 포위하였으니, 이때야말로 프랑크족들이 알프스를 건너 전투를 개시하기에 가장 최악의 시기였다. 로마인들은 세 개의 서신들을 보내 긴급구원을 요청하였으니, 하나는 교황이 피핀 왕에게 보내는 것이었으며, 또 하나는 로마 시민들의 이름으로 프랑크족 신민들에게 보내는 것이었으며, 세 번째는 사도 베드로 자신의 이름으로 왕과 그 국민들에게 보낸 것으로 만약 이들이 그의 도시를 지금 보호해 준다면, 저승에서 이들을 구제하겠다고 약속하는 것이었다. 프랑크족들은 알프스산맥을 건너 이탈리아로 쏟아져 들어가 롬바르드족들이 차지하고 있던 지경을 황폐화시켰으며, 파비아를 점령하여 로마를 구원하였다. 이들은 드디어 완전한 승리를 거두었다. 동방황제가 피핀에게 자기의 태수를 다시 복직시켜 달라고 부탁하자 피핀은 자기가 단지 베드로를 위해 이 위험한 작전을 감행하였으니 동방제국에는 아무런 빚진 것이 없다고 잘라 말했다. 피핀은 라벤나의 태수령을 비롯하여 롬바르드족으로부터 빼앗은 도시들을 모두 로마 교회와 그 주교에게 주었으니, 그 지역은 아펜닌 산맥으로부터 바다까지, 그리고 포(Po)에서 안코나(Ancona) 사이의 모든 지대에 해당한다. 아이스툴프는 이 패전의 결과 죽고 말았으며 교황과 피핀이 그의 후계자를 결정하였는데, 그 후계자는 아이스툴프의 전임자였던 리우트프란드(Liutprand)에 의해 정복되었던 땅까지도 할양하였다.[16)]

피핀은 하나님의 영광과 사도 베드로의 명예와 자기 자신의 영혼을 구원하기 위해 이 일을 하였다. 이러한 그의 행동 결과 유럽의 지도 위에는 새로운 국가가 탄생하였으니, 이 국가는 756년부터 1870년 이탈리아의 통일에 이르기까지 계속 존재하였다.[17)] 이 새로운 교황령은 교황측의 성격 자체를 급격히 변화시켰다. 교황은 이로 인하여 영혼을 돌보는 영적 지도자 이상의 위치를 차지하게 되었다. 즉, 그는 세속군주의 위치도 겸했던 것이다. 불행하게도, 이러한 세속적 책임은 그의 영적 책임보다도 우선할 때가 더 많았다. 로마 주교들은 그 후 신학에 관한 흥미를 상실한 것이 비일비재하였다. 이들은 지적 문제들은 동방에 맡겼다. 왜냐하면 정치가로서의 임무를 수행하기에도 너무도 바빴기 때문이었다.[18)]

---

16) *Annales* in MGH, *Scriptores*, I~IV, VIII, XX, *Clausula de Pippini consecratiane*, in MGH, *Scriptores*, XV, 1.

17) CMH, II, 575~49; F. Mourret, *Histoire générale de l'église*(Paris, 1919~21), III, 283~302.

18) 이 전시대에 대해 탁월하게 취급한 것으로는 L. Bréhier, *Grégoire le Grand, les Etats barbares et la conquête arabe*, 590~757(1947), in *Histoire de l'église depuis les originés jusqu'à nos jours*(ed. A. Fliche et V. Martin, Paris, in progress), Vol. V.

제 3 장

교리상의 갈등과 동방교회의 분할
(565~717)

    같은 시기에 제국 동부에서 벌어진 사건들은 서부의 생활과는 판이하게 달랐다. 콘스탄티노플, 알렉산드리아, 그리고 안디옥의 수도사들은 칼케돈에서 정립된 정통신앙을 광신적으로 수호하거나, 바로 이 정통 자체가 이단적인 것이며 칼케돈 이전의 해석을 통해 이를 올바르게 고쳐야 한다고 완강하게 고집을 부리고 있었다. 바로 이것이 앵글로색슨 출신이나 이탈리아인 신자들의 종교적 열정에 부응하는 그들의 행위였다. 실제로 전도활동 자체도 각 분파만을 전파하기 위해 수행되었으며, 비기독교인들을 상대로 한 복음전파도 보편교회의 이름에 의해서가 아니라 일개당파나 혹은 신학파들의 명목 아래 수행되었다.
    마찬가지로 정치적, 사회적 상황 역시 판이하였다. 서방교회가 이미 야만인들의 독립국가에 대항한 대결을 경험한데 반해, 교회와 국가가 일체가 되어 있던 동방의 경우에는 그 자신을 보존하기 위해서 계속적 투쟁을 면치 못하였으며, 시간이 지남에 따라 영토에 중요한 부분을 외부로부터의 침입자들에게 상실하였다. 서방의 야만족은 종교적, 문화적 측면에서는 교화하는 것이 가능하였다. 그러나 아랍인들은 이전에 동방제국과 투쟁을 벌였던 페르시아인들보다도 훨씬 더 열렬하게 이슬람교를 신봉하였다. 이 때문에 군사적으로 승리를 거둘 뿐 아니라 종교적, 문화적 승리를 아울러 거두기로 이미 마음먹고 있었다. 이들은 새로운 국가의 병사들이었을 뿐 아니라, 새로운 종교의 제자들이기도 하였다. 그러나 어쨌든 동방에서는 활발하게 또 어떤 때는 창조적으로 신학에 관한 관심을 유지하였다. 이들의 대주교와 주교는 추상적 종교관념에 익숙해 있을 뿐만 아니라, 어느 특정한 교리가 신학 전체에 미치는 영향을 평가할 만큼 충분한 신학을 소유하고 있었다. 이들은 미묘하고 복잡한 난제들에 관하여 공공장소에서 능란한 논쟁을 벌일 수 있도록 개인적으로 서재에서 충분한 시간을 보낸 것도 사실이었다. 순수한 교리에 관한 논쟁들이 계속 일반대중들의 흥미를 끌었으며, 동방 기독교회 지도자들은 행정가나 정치가나 유능한 전도자와 선교사 이상의 존재들이었다. 그들은 또한 신학자들이기도 하였던 것이다.

1. 황제의 탄압과 단성론 분파들

노년의 대부분의 시간을 정치보다는 신학적 명상에 소비하였던 유스티니안의 죽음과 함께 교회 전반의 문제는 황제로부터 원래 속했던 콘스탄티노플 대주교의 수중으로 넘어갔다. 노령의 유스티니안은 "이 세상의 문제들에 관해서는 점차 관심이 없어지고, 오직 왕으로 다가올 내세의 생명에 관한 사랑으로 불타오르고 있다"고 고백했는데 반해,[1] 티베리우스 2세(Tiberius II, 578~582)는 그의 자문과 도움을 구하러 온 콘스탄티노플 총대주교에게 다음과 같이 쏘아붙였다. "더 이상 이런 문제들로 나를 괴롭히지 말라. 나는 이미 벌이고 있는 전쟁들만으로도 바쁜 사람이다. 교회문제에 관해서는 당신이 옳다고 생각하는 바대로 하고, 이에 대해 책임을 지라. 당신이 직접 해결하라. 나는 이러한 문제에 관해서는 아무런 책임도 없다."[2]

콘스탄티노플의 총대주교들은 자신들의 판단과 양심이 명한 바 대로 행동하고 책임지기를 주저하지 않았다. 강권스런 교회행정과 냉철한 지성으로 말미암아 존 스카라스티쿠스(John Scholasticus)로도 알려진 존 3세(John III, 566~577)가 유스티니안의 조카이자 그의 후계자였던 저스틴 2세(Justin II, 565~578)의 머리 위에 황제의 관을 씌워 준 후 얼마 지나지 않아 새로운 황제의 이름으로 자기 자신은 정통신앙을 고백하지만, 각종 복잡한 위격과 원어들에 의한 문제로 인한 논쟁들을 엄하게 꾸짖는 칙령이 발표되었다. 원래 법률공부를 한 바 있는 존 자신도 원래 그가 콘스탄티노플 총대주교 자리를 차지하기 전 안디옥에 있을 때 이미 저술한 바

---

1) MGH, *Auctores Antiquissimi*, III, ii, 133.
2) John of Ephesus, *Hist Ecc.*, III, 21.

있는 『교회법 요람』(Digest of Canon Law)을 수정, 보완하는 데 그의 정력을 쏟았다. 그러나 이런 종교자유의 인정은 6년이 채 지나지 않아 각종 박해와 유형, 혹은 사형까지도 감행하는 획일적 종교정책으로 변모하였다. 당시 단성론주의 역사가 존(John of Ephesus, 505~585)은 그 이유가 저스틴의 건강이 악화됨에 따라 그 후에는 존 3세가 자기 마음대로 행동할 수 있었기 때문이라고 풀이하고 있다.

저스틴에게 실제로 정신이상의 증세가 있었다는 것은 잘 알려진 사실이다. 이에 따라 574년 이후에는 그의 아내 소피아(Sophia)가 정치를 도맡았으며, 그녀와 불륜의 관계가 있다고 생각되었던 티베리우스 2세(Tiberius II)가 그 후 저스틴의 위를 계승하였다. 그러나 단성론자들을 향한 핍박은 571년 3월 20일 이미 시작되었으니, 이는 테오도라가 소아시아 지방에서 박해를 받았던 수녀들을 위해 마련한 수녀원에 대한 공격이 그 효시가 되었다. 총대주교가 정통신앙을 수호하기 위한 자기의 투쟁의 첫 번째 목표로서 여성들을 공격했다는 것은 특기할 만한 일이다. 그녀들은 칼케돈 회의의 결정을 따르는 이들이 "우리들의 하나님 그리스도가 성육신하신 후에 두 성질을 가지고 있다고 분류함으로써 삼위일체 대신 사위일체를 가르치고 있다"고 주장하여 이들과의 교제를 갖기를 거부함으로써 존의 비위를 돋웠던 것이다.[3] 다시 말해, 이들 수녀들은 칼케돈 회의가 역사 속의 예수님의 위치를 격상시켜 신 본연의 위치에까지 올렸으며, 시간 안에서 그리스도가 이룩한 존재를 삼위일체 중 제2의 위격이 그의 성육신 이전 성부 하나님과 성자 하나님과 함께 누리던 그것과 동일시하였다고 생각하였다는 것이다. 존은 수녀들로부터 사제들에게로, 그리고 사제들로부터 다시 주교들에게로 그 박해와 범위를 점차 확장시켰다. 이에 따라 많은 고위 성직자들이 성직을 박탈당하였으며, 일부는 투옥되기도 하였다.

존 3세가 11년 동안 총대주교직을 수행한 후에는(566~577) 유스티니안이 죽기 9달 전에 콘스탄티노플로부터 추방하였던 그의 전임자 유티키우스(Eutychius)가 다시 총대주교직을 차지하였다. 그의 두 번째 임기는 5년 동안 계속되었다(577~582). 유티키우스는 부활 시 성도들의 육체는 손으로 만질 수 없다는 이단적 이론을 주장하여 콘스탄티노플에 교황의 사절로서 머물던 그레고리에 의해 공격을 받았으며, 그 작품들이 티베리우스 2세 황제(578~582)에 의해 불태워졌던 장본인이다. 그러나 자기 자신의 이단성에도 불구하고 단성론자들을 가혹하게 핍박하였으

---

3) *Ibid.*, I, 5.

며, 그는 또한 자기가 저술한 신학서적들 가운데 잘못된 사항은 근본적 이유가 단성론자들 때문이라고 몰아부쳤다. 같은 해에 유티키우스와 티베리우스 2세가 사망함으로써 박해는 일단락되었다. 흔히 금식자(faster)라고 불리는 존 4세(John IV, 582~595)는 세계의 총대주교(Ecumenical Patriarch)라는 자기의 칭호를 전 기독교권에 강요하기에 바빠서 단성론자들에 관한 문제는 염두에도 두지 않았다. 또한 황제 모리스(Maurice, 582~602) 역시 종교의 자유를 인정하던 인물로서 모든 인물들을 온유하게 대했다. 그러나 종교적 박해로 인한 피해가 이미 발생한 뒤였다. 다시 이 발생한 피해를 옛날처럼 원상복구 하기에는 너무 늦은 감이 있었다. 보편교회의 동반부에서 그래도 상당한 소수의 위치를 차지하고 있던 단성론자들은 지하교회로서 존재하기를 거부했기 때문에 결국 독립교회로 분리되고 말았다.[4]

예를 들어, 단지 단성론뿐만 아니라 또한 지리적, 정치적 특수 사정 때문에 독자적으로 존재했던 아르메니아 교회(Church of Armenia)를 생각해 볼 수 있겠다. 이 교회가 자리잡고 있던 지대는 높은 산들과 수렁들 그리고 흑해 때문에 동방제국으로부터 분리되어 있었다. 정치적으로는 주민들이 페르시아 왕의 수하에 있었다. 따라서 아르메니아의 기독교인들이 동방교회와의 교리적 상이점을 특히 강조함으로써 자기들의 애국심을 표현하고자 했던 것은 당연하였다고 할 수 있겠다. 드빈(Dvin) 제3차 회의(596)에서는 칼케돈 회의의 가르침을 부정하였다. 또한 이들의 영토를 아랍인들이 정복함으로써(654) 그들의 종교적 분리와 독립을 영속화시켰다.

그 결과 그들의 각종 종교의식은 보편교회와 분리된 가운데 발전되었다. 세례, 결혼식, 장례식 등은 모두 가족이 주관하는 행사로 행해졌다. 유아의 부모들과 대부모들이 아이를 데리고 교회 안으로 들어왔다. 사제가 그들을 교회 입구에서 만나 아기를 위해 기도문을 낭송하고 가족들을 교회 안으로 안내하였다. 그곳에서 아무 것도 걸치지 않은 아기는 얼굴을 위로 천정을 향하고 다리는 동쪽을 향한 채 3번 완전히 물속에 담겨졌다. 그 후에 아기에게 성유를 바르고 십자가를 갖다 댄 후 하얀 세마포로 둘러쌌다.

아기들이 세 살도 채 되기 전에 약혼이 성립되었다. 남자 아기와 여자 아기의 어머니들이 이들 대신에 정혼하였으며, 사제가 이를 확인하였고, 여자 아기에게는 선물로 반지가 주어졌다. 그때부터 결혼식 때까지 소년은 부활절마다 소녀에게 새 옷

---

4) *Ibid* Book I; Evagrius, *Hist. Ecc.*, Book V.

을 보냈다. 결혼식 전까지 당사자가 서로 만나보지조차 못하는 예가 많이 있었다. 결혼식 날 청년은 약혼녀의 집에 가서 그녀를 데리고 교회로 갔으며, 이들은 그곳에서 사제로부터 함께 왕관을 받았으니, 이는 곧 자녀들의 출산을 목적으로 한 결혼을 통해 남녀가 결합하는 것이야말로 하나님의 창조행위의 가장 높은 목적임을 상징하는 것이었다.

사람이 죽으면 그 시체를 땅에 묻기 전 친지와 친척들이 사망인의 집에 등불을 가지고 와서 이를 관 주위에 놓고 애도의 뜻을 표하였다. 이들은 그곳에서 장례식이 행해지는 다음날까지 둘러앉아 고인을 추모하는 노래를 불렀다. 그 후 1주일 동안 신부는 사망인의 친척들을 매일 방문하였다. 1주일의 마지막 날 지상기간은 정식으로 종료된다. 사망인의 가족은 모든 친척들과 친지들을 위해서 큰 잔치를 베풀었다. 여기서 남은 음식들은 가난한 자들에게 나누어 주었다.

공공예배로 기념되는 5개의 큰 축제일은 (1) 성탄(Christmas), (2) 부활절(Easter), (3) 변화산의 현성론(Transfiguration), (4) 성모몽소승천(Assumption), (5) 십자가의 고양(Exaltation of Cross) 등이었다. 각 축제의 첫 날은 교회에서 보냈으며, 마지막 날은 죽은 자들을 추모하였다. 이교도들의 풍습이 기독교 의식과 혼합되어 있었다. 예를 들어, 예수님께서 할례를 받은 전날 밤에는 교회 마당에 큰 모닥불을 피워놓고 사람이 그 주위를 돌며 춤을 추었으며, 혹은 그 위를 뛰어넘기도 하였다. 이에 따라 이 날은 흔히 캔들마스(Candlemass)라고 불리어졌다.

아르메니아 교회의 최고 성직은 카톨리쿠스(catholicus)라고 불리어졌다. 오직 카톨리쿠스만이 독신 성직자들 가운데 선출된 주교들을 임명할 수 있었다. 기혼자가 성직임명을 받을 때에는 아내와 떨어져 혼자 50일 동안 교회 안에서 생활하였다. 그 기간 동안 그의 아내는 그녀의 입과 눈과 귀를 막고 의자에 앉아 있었으니, 이는 곧 그녀의 남편이 마땅히 남편으로서 수행해야 할 모든 의무를 포기해도 좋다는 것을 상징하였다.[5]

아르메니아에서 벌어진 현상은 곧 그 규모는 작았으나 시리아 지방에서 반복되

---

5) F. C. Conybeare, A. J. Maclean, *Rituale Armenorum*(1905). M. Jugie, *Theologia Dogmatica Christianorum Orientalium ab Ecclesia Catholica Dissidentium*(Paris, 1935), V. 478~489. S. Weber, *Die katholische Kirche in Armenien*(1903).

었다. 시리아 교회는 처음에는 보편교회의 통일체 안에 남아있고자 노력하였다. 이에 따라 칼케돈 종교회의 이후 약 100년 이상을 안디옥의 총대주교좌를 차지하기 위해 단성론자들과 정통파들간에 경쟁이 계속되었다. 이에 따라, 안디옥 주교들 가운데 많은 이들은 이단이었다. 예를 들어, 512~518년간 주교직을 차지한 세베루스(Severus)는 부활 후 예수님의 육체는 부패가 불가능하였음을 주장하는 프타르톨래트래이당(Phthartolatrae Party)에 속해 있었다. 이러한 프타르톨래트래이당에 대항하는 아프타르토도케태이당(fphthartodocetae Party)은 부활 이전에도 이미 예수님의 육체는 부패가 불가능하다고 주장하였는데, 그 대표자는 줄리안(Julian)이었다. 세베루스는 이집트에 유배당해 그곳에서 죽을 때까지(539) 단성론자들의 지도자였다.

시리아의 단성론자들은 저스틴 2세의 제위 기간 중 보편 교회를 떠나 따로 독립하였다. 흔히 바라대이우스(Baradaeus)라고 알려진 쟈콥쟌잘루스(Jacob Zanfalus)는 에데사 근처의 수도사 출신의 수도사였으며, 540년부터 콘스탄티노플 시내에서 공개적으로 단성론을 설교하기 시작하였다. 15년이 지나 555년에 그는 수도에 투옥된 단성론 주교들로부터 성직임명을 받았으며, 그 후 시리아로 돌아가 자기 당파를 조직하기 시작했다. 그가 578년 사망하기 전까지 두 명의 총대주교, 89명의 주교들, 그 외에도 세르기우스(Sergius)와 그의 후계자 안디옥의 폴블랙(Paul the Black of Antioch)을 포함한 수많은 성직자들을 임명했다고 전해진다. 그의 이름 쟈콥 또는 쟈콥부스(Jacobus)를 따서 그의 추종자들은 흔히 쟈코바이트(Jaco-bites)라고 불리우게 되었다. 이들은 오늘날까지도 쟈코바이트라는 명칭을 유지하고 있는데, 이들 자신은 자신들이 사도 야고보로부터 유래했다고 주장하고 있다.

이들은 성만찬에 유교병을 사용하였으며, 집에 누워 있는 병자들에게는 같은 날 교회 안에서 성화된 예품들을 전해 주었고, 세례받은 아이들에게도 성만찬을 베풀어졌으며 강림절(Advent), 사순절(Lent) 기간 중 수요일과 금요일에는 엄격하게 금식을 수행하였다.[6] 이 기간 중 마지막으로 나타난 단성론주의는 이집트의 콥틱교회(Coptic Church of Efyptratholische Kirche in Armenien(1903)인데, 이

---

6) J. S. Assemani, *Bibliotheca Orientalis*(Rome, 1719~1728) vol. II. R. Duval, *La literature syriac*(1899).

들은 후에 누미디아(Numidia)와 아비시니아(Abyssinia)에까지 침투하였다.

칼케돈의 입장을 지지하는 자들과 반대하는 자들이 시리아의 안디옥뿐 아니라 알렉산드리아의 총대주교좌를 두고 유스티니안 시대까지 쟁탈전을 벌였으며, 유스티니안의 아내 테오도라는 항상 그 남편의 정통적 신학에 입각한 칙령의 효과를 중간에서 완화시키기 마련이었다. 그러나 551년부터 619년까지는 정통파에서 계속 5명의 총대주교들이 선출되었으며, 로마의 교황 그레고리 1세는 알렉산드리아의 유로기우스(Eulogius)에게 편지를 보내어 자기의 선교사들이 브리튼[7]을 복음화 시키는 것과 마찬가지로 정통파들이 알렉산드리아를 석권하고 있음을 축하하였다. 그의 축하는 시기상조였다. 이집트의 본토인들은 그 정치나 종교에 있어서 동방제국을 전혀 숭배하지 않았다. 그들은 자기들 가운데 거주하고 있는 헬라인들을 가리켜 멜카이트(Melkites)인들이라 불렀으니, 이는 곧 제국주의자라는 의미였다. 이집트인들은 콥틱 교회 신도들로서 이미 이단으로 정죄 받은 바 있는 전직 총대주교들인 시릴과 디오스코루스(Dioscorus)의 입장을 열렬히 지지하고 있었다. 따라서 자기들의 거주지가 처음 페르시아인들에게(590~628), 그리고 마지막에는 모슬렘 교도들에게 정복당하자(642), 콥틱 기독교인들은 콘스탄티노플과의 명목상의 교제마저도 단절한 후, 독자적으로 자기들의 대주교를 선출한 후 자기들 고유의 취향에 맞는 종교의식을 채용하였다.

콥틱 교회의 조직은 헬라 교회와 그다지 크게 다르지 않았다. 성 안토니의 수도사들로부터 선출된 총대주교는 그를 보좌하는 주교들과 함께 교회문제를 감독하였다. 예수님의 신성이 특히 강조된 반면 그의 인성은 보다 소홀하게 취급되었다. 사제는 성만찬에서 예품들을 높이 고양하고 "이는 우리 하나님 임마누엘의 몸과 피니라···그의 독생자 우리 주, 우리 하나님, 우리 구세주께서 우리들 모두의 어머님이신 성스런 하나님의 어머니(Holy Theotokos) 성 마리아로부터 취하신 바, 우리들을 소생시키는 살이니라. 그는 이를 혼란이나 혼합이나 변화 없이 하나님과 한 가지로 만드셨느니라"고 칭송하였다.[8] 평신도들에게는 빵만을 나무로 만든 작은 숟가락에 넣어서 나누어 주었으며, 성만찬에 참예하고자 하는 자들은 모두 고해(confession)를 거쳐야 했다. 여인들은 교회의 현관까지만 입장이 허락되었으며,

---

7) Gregorius Magnus, *Epistolae*, VIII.
8) F. E. Brightman, *Liturgies*, I, 185.

남자 아이들은 생후 40일, 여자 아이들은 생후 80일에 세례를 베풀었다. 다섯 개의 중요한 금식기간이 있었으니, 곧 니느웨(Nineveh-사순절 직전의 3일 낮밤), 사순절(Lent-오십 오일간), 성탄절(Nativity-크리스마스 이전 28일간), 사도절(Apostles-승천절 직후), 동정녀절(Virgin-성모몽소승천 축일 이전의 15일간) 등이었다. 또한 7개의 중요한 축일이 있었으니, 이들은 곧 성탄일, 예수님의 세례일, 수태고지일(Annunciation), 성지 주일(Palm Sunday), 부활절(대축제라 불리었다), 승천일(Ascension), 성령강림 축일(Whitsunday)[9] 등이었다.

2. 네스토리우스 교회

단성론자들의 증가와 이들의 종교적 독립주장은 교리적으로 볼 때 네스토리우스주의의 성장과 성숙에 의해 대응되었다. 그러나 이들 역시 이단적이었기 때문에 동방의 보편교회로서는 골칫거리가 하나 늘은 셈이었다.

단성론이 칼케돈 회의(451) 이후 그 결과로서 나타나 오랫동안 투쟁한데 반해, 네스토리우스주의는 그 이전에 이미 독립된 조직으로서 존재하고 있었다. 페르시아 정부의 보호를 보장하기 위해 페르시아 내의 기독교회들은 424년 마르카브타 종교회의에서 로마 기독교(동서방을 망라해)로부터의 독립을 선포하였으니, 이는 네스토리우스가 미처 파문되기도 전의 사건이었다. 당시 네스토리우스는 콘스탄티노플의 대주교로 있었다. 수년 후 그는 이집트로 유배당하였으니 그는 그 적수의 영역에서 고통 가운데 말년을 보내지 않으면 안 되었다. 따라서 6세기 중반에는 네스토리우스 교회가 그 규모가 작기는 하였으나 이미 100년 이상을 지속해 온 동방교회만큼이나 체계적이고 효과적인 교회조직을 갖추고 있었다. 처음부터 네스토리우스주의를 추종하는 것은 법에 의해 금지되고 있었으므로 동방제국 안에서 이를 신봉하던 기독교인들은 당시 페르시아 왕이 통치하던 지역, 즉 오늘날의 이란, 시리아 동부 등으로 옮겨가 페르시아 교회에 합류하였다.

---

9) M. LeQuien, *Oriens Christianus*(Paris, 1740), vols. I, II. E. Renaudot, *Historia patriarcharum Alexandrinorum Jacobitarum A. D. Marco usque ad Finem saec. XIII.*(Paris, 1713) and *Liturgiarum orientalium collectio*(Paris, 1716), vols. I, II.

셀루시아-크테시폰(Seleucia-Ctesiphon) 주교는 아르메니아 교회의 수장과 마찬가지로 "카톨리쿠스"(Catholicus)라는 명칭으로 불리워 다른 모든 외국 세력으로부터 독립된 위치에 있음을 시사하였다. 그 아래 한 명의 총대주교(patriarch), 5명의 메트로폴리탄, 그리고 페르시아왕국의 행정 및 사법구의 숫자에 해당하는 주교들이 있었다(당시 이들의 교구는 정치단위와 일치하였다). 카톨리쿠스는 총대주교가 관장하는 선출단에 의해 뽑혀진 종신직으로서 교회 내 전반적 문제에 관해 절대적 권위를 행사하였다. 각 지방별로 개교회들이 모여 연합 조직체를 구성하였으며, 이곳에서 교구 내 모든 교회재산을 소유하였다. 공동생활의 형태로 된 수도원들은 주교들에 의해 감독되었다. 따라서 이 교회의 조직체제는 완전히 서방교회들과 독립되어 있었으며, 이들의 수장 카톨리쿠스는 로마, 알렉산드리아, 안디옥의 총대주교들과 동등한 위치에 있는 것으로 간주되었고, 자기들의 신학이야말로 복음서와 일치하므로 정통(orthodox)이라고 믿었다.

이 교회를 이끌었던 대부분의 총대주교들, 주교들, 신학자들을 교육시킨 유명한 신학교는 에뎃싸(Edessa)에 소재했으며, 후에는 니시비스(Nisibis)로 이전했다. 바로 이곳에서 나르사이(Narsai, 502 사망)는 네스토리우스에 정통한 신학자로서 특히 표현의 아름다움과 감상의 깊이에 뛰어난 시인으로서, 비평가로서의 명성을 이룩하였으니, 예배의식에 관한 그의 저술들은 동방교회의 예식을 형성하는 데 중요한 몫을 담당하였다. 한 가지 예를 들어 성만찬의 해설에 관한 그의 저술을 살펴보면, 5세기에 이미 예배 가운데 니케아 신조가 사용되었으며, 묵도가 암송되었고, 성직자들의 특수한 제복, 향, 부채, 등불 등이 의식에 사용되었으며, 절하고 무릎 꿇는 관습이 유행하고 있었음을 알 수 있다. 동시에 성만찬 봉헌시에 이를 병풍이나 커튼으로 가려 평신도들이 보지 못하도록 한 것은 후세에 생겨난 풍습이란 것도 보여 주고 있다. 찬양은 신조, 상투스(sanctus)와 성만찬에 제한되었다. 따라서 나르사이는 예배의 식사에 있어서 보다 보편적 경향을 띠고 있으므로 특별히 네스토리우스주의의 발전에만 국한되었던 인물은 아니라고 볼 수 있다.[10] 페르시아의 네스토리우스주의 교회와 동방제국 교회들 사이에의 교제를 이룩하고자 하는 노력이 전혀 없었던 것은 아니다. 특히 대 마르 아브하(Mar Abha the Great, 540~

---

10) R. H. Cennolly, *The Lirurgical homilies of Narsai*, in *Texts and Studies*(Cambridge, 1909), VIII, I, 4, 5ff., 13~118.

552) 카톨리쿠스의 화해 작업이야말로 그 좋은 본보기라 할 수 있겠다. 그는 540년의 한 회의에서 칼케돈의 결정이 올바른 것임을 인정하기까지 하였으니, 이에 대한 자기 자신의 해석을 덧붙였다.[11] 바로 그야말로 페르시아 정치체제를 정비하고, 비기독교 세속정부와 국민들의 오해와 박해를 이겨나가기에 충분할 만큼 강력하였던 조직을 마련한 장본인이었다. 그러나 제5차 세계 종교회의(Fifth Ecumenical Council, 553)가 이미 사망한 동방의 뛰어난 철학자 몹수에스티아의 테오도레(Theodore of Mopsuestia)를 정죄함으로써, 네스토리우스주의적 기독교와 제국 전체를 망라하는 보편 기독교 사이의 분열은 기정사실화 되었다.[12] 아랍인들의 페르시아 정복(636~640)은 이러한 기정사실을 더욱 강화한 것에 불과하였다.

이 교회는 처음부터 선교에 대한 열정이 있었다. 스스로 도마에 의해 선교되었음을 주장하는 인디아의 말라바르(Malabar) 교회는 아마도 이들 페르시아 출신 네스토리우스주의자들에 의해 설립되었을 것이다. 말라바르에는 520년경에 이미 헬라어를 사용하고, 카톨리쿠스에 의해 셀루시아-크테시폰에서 성직임명을 받은 주교들이 존재하고 있었다.[13] 또한 9세기경까지도 이들 인디아 기독교인들은 카톨리쿠스의 권위를 인정하였다. 549년대 마르 아브하는 옥수스(Oxus) 강 양가에 거주하는 터키인들에게 선교를 목적으로 주교들을 파송하였다. 그의 이 행위는 7세기부터 14세기에 걸쳐 아시아를 관통하여 북경(Peking)에까지 복음을 전했던 네스토리우스주의자들의 선교활동을 미리 예언하는 것이기도 하였다.

네스토리우스 교회는 니케아신조에 표현된 대로 삼위일체를 신앙하였으며, 마리아를 하나님의 어머니(Mother of God)라고 부르기를 거부하였다. 또한 에베소와 칼케돈 종교회의를 인정하지 않았다. 네스토리우스 기독론은 양자론(adoptionism)으로 흘러갈 위험성이 다분히 있었으니, 왜냐하면 그 교리 자체가 (역사적) 인간 예수님의 성격(personality)이 삼위일체의 제2격(the Second Person)의 성격을 표현하는 데 사용되었다는 것을 그 내용으로 하였기 때문이다. 또한 네스토리우스(Nestorius)가 아니라 몹수에스티아의 테오도레의 가장 위대한 신학자요, 교사로서 숭배의 대상이 되었다.

---

11) *Synodicon Orientale*(ed. Chabot, Paris, 1902), 556.
12) *Ibid.*, 398ff.
13) MPG, LXXXVIII, 169.

공공예배의 양식은 동방 보편교회의 그것과 크게 다르지 않았는데, 이들의 중요한 세 가지 예배 의식법 가운데 하나가 네스토리우스 논쟁 이전에 존재하였기 때문이다. 세례는 반드시 교회 안에서 베풀었으며, 몸 전체를 물 속에 담그도록 하였다. 사제는 어린 아이 위에 그의 엄지손가락에 성유를 묻혀 십자가의 모습을 그렸다. 성만찬은 회중들이 모두 기립한 가운데 진행되었으며, 어머니들은 사제가 이미 포도주로 적신 유교병을 아이들에게 먹였다. 성인들은 빵과 포도주 두 예품들을 각각 받았으나, 병자들을 위해 따로 남겨지는 것은 허용되지 않았다. 모든 찬양은 악기 없이 불려졌다. 또한 특유한 무늬를 놓은 성직자들의 예복이 사용되었다.

교회당 건물들은 대부분 작았는데, 많은 건물들이 암벽들 사이에 건축되어 입구까지 사다리로 올라가야 했고, 그 천정이 낮고 좁았으며, 단지 십자가로만 표시되었다. 예배드리는 이들은 돌벽과 성소(sanctuary)와는 따로 구분된 회중석에 서서 예배를 드렸다. 남자들이 본당 앞쪽을 차지하였으며, 여인들은 뒤쪽에서 있었다. 본당 회중석과 성소들 벽에는 성유물들을 놓아 두는 선반들이 있었으며, 제단은 헬라식의 사각형과는 달리 타원형으로 되어 있었다. 교회당 건물에는 뾰족탑이나, 혹은 원형 천정 등을 사용하지는 않았다. 성직자들은 대부분 결혼하였으며, 독신 사제는 거의 찾아볼 수 없었다. 이들의 예배의식 가운데 가장 특색 있는 것은 사자(死者)의 매장이라고 할 수 있겠다. 장례식이 끝난 후 친구들과 친척들은 시체 주위에 모여들어 사체가 구덩이 속에 내려가기 전 그 손에 입을 맞추었다.[14]

이 네스토리우스 기독교인들은 자기 자신들을 가르켜 동방의 교회(the Church of the East)라고 불렀다.

3. 단일의지론

우리들이 전항에서 살펴본 분리주의 운동에 곧이어 나타난 단일의지론(Monotheletism)은 단성론이 보다 발전된 형태라고 볼 수 있겠다. 이는 만약 동방제국이 날로 강성해지는 페르시아 제국을 막아내고 광신적이라고 할 만큼 호전적인 이슬람 군대에 대항하는데 필수적이었던 통일을 신학의 차원에서 이루어 보고자 했던 시도라 볼 수 있겠다.

---

14) Assemani, op. cit., vol. III.

단일의지론은 페르시아 전쟁(606~629) 기간에 동방 보편교회 내에서 출현하였다. 이는 헤라클리안 왕조(Heraclian dynasty)가 이슬람에 대항하여 투쟁을 벌이던 기간 동안(633~678) 계속 논쟁의 대상이 되었던 문제이다. 이 논쟁은 679년 동방제국 황제와 모슬렘의 칼리프(caliph) 사이에 양측 모두가 현 상태를 유지하고 더 이상의 군사적 대결을 피하여, 가능하면 서로 간섭을 종식하기로 동의했던 그 유명한 679년의 화평 1년 후에 막을 내렸다.

그러나 단일의지론은 비단 동방 보편교회만이 이에 관련된 것은 아니고 처음부터 서방교회에까지 그 영향을 미쳤다. 동방에서 한창 성할 시기에 이 때문에 핍박하여 교황 하나가 그 목숨을 잃기까지 하였던 것이다. 또한 이 문제는 교황들의 도움과 서방교회의 동의 아래 해결되었다. 이 논쟁의 전개과정을 살펴보면, 당시 로마 교회의 동방 보편교회가 정치적, 사회적 상황에도 불구하고 교리적으로는 동일한 입장을 취하였으며, 라틴인들과 헬라인들은 모두 자기들이 동일한 교회에 속해 있다는 생각을 가지고 있었다는 것을 알 수 있었다.

이 교리는 단성론적 기독론이 윤리적 측면으로 적용되었을 때, 이 점은 당연한 결과였다. 교회는 공식적으로 그리스도께서 단 하나의 신적성질(신성)만을 소유한다는 가르침을 이단으로 정죄하였으나 아직도 신학자들 가운데에 구세주의 행동과 행위 뒤에는 단 하나의 윤리적 목적이 자리잡고 있다고 주장하는 인물들이 있었다. 예수님의 성격 아래 자리잡은 동등한 정도의 인간적, 신적 비율의 병렬(juxtaposition)이라고 볼 수 있는 예수님의 심리적 성질의 구성에도 불구하고 그는 오직 한 개의 능력, 권능 혹은 표현을 소유한다는 것이었다. 그의 행동의 질은 완전하였다. 따라서 그의 행동을 낳은 동력(energy)은 유일한 것이다. 즉, 그는 완전히 신인 양성이 종합된 힘에 의해 움직였다는 것이다. 그가 지구상에서 행하신 모든 행위를 낳게 한 동기의 원리는 신적인 것이었다. 이처럼 예수님의 행위를 묘사하기 위해 동력, 혹은 권능과 같은 단어들이 사용되었던 이 교리발전의 초기에 있어서, 이러한 입장을 가장 잘 표현할 수 있는 적당한 명칭은 아마도 단일동력론(Monothelitism)이라 할 수 있겠다. 이 단어에 대한 신학적 유사어는 개인생활의 모든 단계를 신적 은혜가 통솔한다는 의미인 모네르기즘(monergism)이라고 하겠다.

이 교리는 동방의 헤라클리우스(Heraclius, 610~641) 황제가 이를 정치적 목적으로 이용하고자 함으로써 비로소 공공신학문제로 나타났다. 그는 이 교리에서 이집트의 단성론자들과 정통교회의 재결합을 이룰 수 있는 기초를 발견한 것이었다. 그는 만약 정통 교회측에서 주님의 행동의 동기가 단 한 가지였으며 이러한 동기가 신적인 것이었다라고 인정한다면, 단성론자들에게도 예수 그리스도가 신성과 인성 두 가지 성질을 가지고 있는 것으로 인정하도록 설복할 수 있으리라고 생각하였다. 이에 따라, 그는 최근 알렉산드리아 총대주교에 임명하였던 사이러스(Cyrus, 630~643)에게 직접 접근하여 이 가르침을 신학적으로 표현해 주도록 부탁하였다. 633년 사이러스는 "오직 유일한 신인 양성의 행동을 통해 신적, 그리고 인간적 행위를 이루시는 유일하고 한 분이신 그리스도가 계실 뿐이다"라는 내용의 재결합을 위한 문서를 발행하였다.[15] 그 문서는 콘스탄티노플의 총대주교 세르기우스(Sergius, 610~638)에 의해 공식적으로 승인을 받았다.

그러나 이러한 입장은 즉각적인 반발을 불러일으켰다. 우선 다름 아닌 이집트에서 고백자 맥시무스(Maximus the Confessor, 580~662)가 이에 대해 강력한 반론을 제기하였다. 또한 소프로니우스(Sophronius)라는 이름의 팔레스타인 출신 수도사가 그를 지지하였다. 소프로니우스는 예루살렘 총대주교로 선출되었으며(634~638), 그는 취임식에 임하여 전 기독교권에 회람시킨 그의 편지 가운데 이 문제를 그 주제로 삼았다. 이에 나타난 소프로니우스의 논리는 단순한 것이었다. 즉, 성질(nature)은 그 표현의 수단들 없이는 성립될 수 없다. 그리스도께서는 인성과 신성 양성을 소유하고 계셨으니 각 성격은 각각에게 속한 특유의 표현능력을 가지고 있다. 인성의 표현의 능력에 의해 그의 모든 인간적 행위가 비롯되었으며, 신성의 표현의 능력에 의해 그의 모든 신적행위가 이룩되었다는 것이었다.[16]

결국 이 문제로 자문을 구하게 되었다. 교황 호노리우스(Pope Honorius, 625~638)는 이 문제를 심사숙고하였다. 그 후 그는 솔직하게 사이러스에 의해 사용되었고 세르기우스가 인정한 단어들은 성경 자체로부터 연유된 것들이 아니기 때문에 좋아하지는 않는다고 솔직하게 말한 후, 그러나 이들이 의도하고자 하였던 기본적 의미들은 받아들일 수 있다고 전하였다. 그에 따라 그는 동력, 권능, 혹은 능력을 의지(will)라는 단어로 바꾸었다. 즉 비록 그리스도께서는 한 위격 안에 두 성질을 가지고 계셨으나, 두 개의 의지를 가지고 있지는 않았다는 것이다. 의지는 성질이 아니라 위격에 속하는 것이다(Will belongs to person, not nature). 따라서

---

15) Mansi, XI, 561 E., 563~568.
16) *Ibid.*, Cols. 532 D., 533 A., 536 D. MPG, LXXX VII(3), 3147~3200.

인간적, 신적을 막론하고 그의 모든 행동과 행위들은 오직 하나 신적 의지의 표현이라고 말했다. 이리하여, 이 교리를 좌우하는 중요 단어로서 동력이나 능력 대신 의지가 사용됨으로써 문자 그대로 단일의지론이 성립되었다. 헤라클리우스는 세라기우스의 두둔 아래 엑테시스(Ecthesis) 칙령을 반포하였으며(638), 그는 이 칙령 가운데 호노리우스를 좇아 "하나의 행위" 혹은 "두 개의 행위를"이라는 표현을 금지시키고 대신 "우리 주 예수 그리스도의 유일한 의지"를 고백하였다.[17]

그러나 호노리우스의 후계자들은 곧 교황의 승인을 철회시키고 대신 광범위한 정죄를 발하였는데, 호노리우스 자신도 그 대상들 가운데 포함될 정도였다. 비잔틴 정부는 원래 정치적인 동기에서 유발된 단일의지론에 대한 반대를 진압하고자 했으나, 그 노력은 허사로 돌아갔다. 기독교회 전체에 걸쳐 지방 종교회의들이 개최되었다. 또한 그 결과, 모든 회의들이 소프로니우스의 주장을 신학적으로 승인하였으며, 교회들도 이를 지지하였다. 의지는 기본적 성질의 기능이어야 하는 것이다. 예수님의 인간적 행동은 인간적 의지의 발로인 것이다. 마찬가지로, 그의 신적 행동 역시 신적 의지로부터 비롯된 것이어야만 했다. 그의 인간적 의지를 부인하는 것은 그의 인성의 실재성을 부인하는 것이다. 육신 가운데 생존하셨던 나사렛 예수 대신 우리들은 오직 하나의 의지만을 가진 하나님만을 믿게 될 위험성이 있었다. 의지는 반드시 그 성질에 속한 것이어야 했다. 그렇지 않으면 하나님께서 세 위격으로 존재하시는 삼위일체 가운데는 세 가지 의지가 생겨나는 것이다.

헤라클리우스의 손자로서 그 위를 계승한 황제 콘스탄스 2세(Constans II, 641~668)는 정치적 책략뿐 아니라, 무력을 동원해서까지 단일의지론을 유지시키고자 하였다. 그는 라테란 궁 종교회의(Synod atthe Lateran Palace, 649)에서 "우리가 아무런 혼란 없이 연합하신 그리스도의 두 성질을 믿는 바와 마찬가지로 우리들은 또한 신적 의지와 인간적 의지, 두 개의 자연적 의지를 믿는다"고 선포하였던 교황 마르틴 1세(Martin I, 649~655)에게서 처음에는 자유를, 결국은 그의 생명을 빼앗아갔다.[18]

콘스탄스 아들 콘스탄틴 4세(Constantine IV, 668~685)는 종교적 문제에 관한 한 그의 아버지나 증조부보다도 훨씬 뛰어난 통찰력을 가진 인물이었다. 그는 단일

---

17) Ibid., Cols. 537~544, 579~582, 994 E., 996 C.
18) Ibid., X, 1150 D.

의지론 문제의 해결을 교회에 의뢰하였다. 이에 따라 680년 11월 7일에서 681년 9월 16일까지 콘스탄티노플에서 제6차 세계 종교회의(Sixth Ecumenical Council)가 개최되었다. 로마교황은 세 명의 주교들을 파견하였는데, 이는 그들의 학식을 신뢰해서가 아니라 단지 황제의 비위를 맞추기 위해서였다. 아가토(Agate, 678~681) 교황은 과연 이 문제에 관해 종교회의가 어떠한 결정을 내려야할지를 설명한 교서 한 권(tome)을 이들을 통해 보내었다. 모두 174명의 성직자들이 참석하였는데, 이들 가운데는 교황사절들 외에도 콘스탄티노플 대주교 죠오지(George, 678~683), 안디옥 총대주교 마카리우스(Macarius, 681 사망)와 652년부터 주교직이 공백상태로 있었던 그 정통성을 자랑하는 교구 알렉산드리아를 대표한 장로 베드로 등이 포함되어 있었다. 황궁 내의 원형 천정을 가진 대회의실이 회의장으로 사용되었으며, 콘스탄틴 4세 자신이 처음과 마지막 회기의 사회를 직접 보았다.

이 회의는 단일의지론을 정죄하고 그 추종자들을 파문시킨다는 결론을 내렸다. 다음과 같은 내용이 선포되었다. "우리는 그 성육신 이후에도 역시 삼위일체 가운데 한 분이신 우리 주 예수 그리스도를 우리들의 진정한 하나님으로 믿는다. 우리는 그의 두 성질이 그의 한 위격 안에 존재하였다고 선포하는 바, 이 가운데에서 그의 성육신 이후의 생애 가운데 나타났던 기적들과 고난들은 모두가 단지 외양에 불과했던 것이 아니라 실제로 발생했던 것이다. 또한 동일하신 하나의 위격 가운데 서로 다른 성질들이 존재한다고 믿으니, 이들은 비록 함께 연합되었으나 각 성질은 나름대로 그 영역에 해당하는 사건들을 의도하고 수행하였다. 이러한 이유 때문에 우리들은 인류의 구원을 위해 그 안에서(in Him) 가장 적절하게 그리고 동시에 발생하였던 두 개의 자연적 의지와 행위들에 영광을 돌리는 것이다."[19] 이러한 회의의 선포에 대한 반발은 거의 없었다. 단일의지론은 단성론과 마찬가지로 북 아프리카, 소아시아해안지방에서 특히 강성하였는데, 이 지역들은 결국 모두 모슬렘의 수중에 들어가게 되었다.

4. 이슬람에 의한 상실

이러한 단일의지론 논쟁은 종교적 공백상태 안에서 발생하여 성숙하고 약화되었

---

19) *Ibid.*, XI, 640 A. Kidd, *op. cit.*, 106~109; 115~122.

으나 결국은 종식된 것은 아니었다. 이처럼 거대한 논쟁은 물론 이 기간 동안 교회 생활에 큰 영향을 미쳤으나, 여러 가지 서로 상극되는 사상들이 갈등과 분쟁, 전쟁을 통해 자웅을 겨루고 있던 전체적인 역사의 모습에서 볼 때에는 자그마한 한 측면에 지나지 않았으며, 이 거대한 투쟁의 결과는 그 후 제국과 문명의 운명을 결정하였다. 즉, 새로운 로마 제국이 페르시아의 침략을 격퇴하자마자 곧 뒤를 이어 아랍의 사막으로부터 출현한 흉맹한 용사들에 의해 공격을 받게 되었다. 이들 용사들은 거의 광신적인 신앙에 의해 움직이고 있었다.

헤라클리우스가 페르시아 전쟁을 시작했던 바로 그 해(622)에 아랍에서는 헤지라(Hegira)가 발생하였다. 헤지라는 모하멧(Mohammed)과 그 추종자가 메카에서 메디나로 도주했던 사건이며, 이때부터 속칭 모하멧 시대가 시작되었다. 헤라클리우스는 비록 다섯 차례의 원정을 통해 페르시아 제국을 꺾었으나, 실질적 소득은 거의 없었다. 그가 그 군대들을 이끌고 적의 영토 내에까지 침입하여 썰루시아-크테시폰(Seleucia-Ctesiphon)을 정복하였으며, 옛 니느웨(Nineveh)까지 점령하였으나, 실제로 헤라클리우스와 그의 백성들이 얻은 유익이란 보잘 것 없었다. 구세주께서 못 박혀 돌아가셨다는 바로 그 성스러운 십자가(Holy Cross)를 페르시아인들로부터 탈취하여 예루살렘 시내 원래 자리에다가 다시 안치하였으나(629), 채 10년이 지나지 않아 이를 다시 콘스탄티노플로 철수시키지 않으면 안 되었다. 정복자(Coqueror)라고 불리운 헤라클리우스는 그가 이승을 하직하기 전 그 자신의 정복들은 가까운 장래 그의 대적들에 의해 이룩될 보다 처참한 정복들의 서곡에 지나지 않았으며, 로마인들이 살해한 수 천명의 적군 병사들은 선지자 모하멧(Mohammed)의 칼에 의해 참살당할 수 만 명에 비교해 볼 때 아무것도 아닌 것을 알았다. 그는 635년 군함의 갑판에 서서 이스라엘(Holy Land)에 하직을 고하였다. "시리아여 안녕, 영원히 안녕."

이슬람교는 그 선지자(약 570~632) 모하멧 한 개인의 정신과 영혼의 산물이었다.[20] 이 사막의 아들 모하멧은 40세 때에 자기 자신과 그의 추종자들에게 엄격한 도덕적, 영적 의무를 부과하는 타협할 줄 모르는 유일신적 신앙에 의해 사로잡혔다. 이 새로운 신앙의 선포로 말미암아 총회는 일부 소수인들의 열광적인 헌신과

---

20) W. Muir, *The Life of Mahamet*(London, 1858~1861), 4 vols.; *Annals of the Early Caliphate from Original Sources*(London, 1883).

많은 대중들의 적개심을 불러일으켰으나 결국은 대중들의 회심과 함께 서로 떨어져 각자 유목생활을 하던 부족들을 하나의 왕국으로 통일시키는 결과를 낳게 되었다. 그때까지 세계역사의 주류와 단절되어 있었으며, 외부 세계에 거의 알려지지 않았을 뿐 아니라 동방의 역사상 별로 중요한 자리를 차지하지 못하던 아랍이 제7세기에는 세계의 강국으로 변모하였으며, 이들은 오직 칼 하나로 제국을 건설하였다. 이슬람교의 확장은 이제까지의 그 어느 다른 종교의 성장보다도 급격하였으며, 또한 광범위하였다. 그 신자들의 열성이 너무나도 광신적이었고 그들의 군대가 너무나도 막강하였으므로, 이들은 동방 기독교회와 기독교 문명의 존재 자체를 위협하였다.

이슬람교는 다음과 같은 5개의 중요한 교리로써 구성되었다. ① 알라 위에 다른 신은 없으며, 모하멧만이 그의 선지자이다. ② 신의 사역은 그 중요한 부분이 천사들에 의해 인간들 가운데 수행되는데, 이들 가운데 가장 중요한 존재들은 계시의 천사로서 하나님의 명령을 기록하는 가브리엘(Gabriel), 신자들을 이끌고 전투를 실행하는 천군들의 사령관 미가엘(Michael), 죽음의 천사 아즈라엘(Agrael), 그리고 마지막 날 나팔을 부는 이즈라필(Izrafil) 등이었다. 모든 인간들은 밤낮 그를 지키는 두 천사들을 배당받고 있는데 하나는 그 오른쪽 어깨 위에, 다른 하나는 왼쪽에 앉아 있다. 하루가 끝날 때면 이들은 그 인간의 생활에 관한 기록부를 가지고 하늘로 날아 올라간다. 인간이 행하는 모든 선행은 오른편에 앉은 천사에 의해 열 번 씩 기록된다. 죄를 지을 때에는 바로 이 오른편에 앉은 천사가 죄인이 이를 회개하고 용서를 구할 여유를 갖도록 하기 위해 7시간 동안 이를 기록하지 못하도록 왼편에 앉은 천사에게 이를 부탁한다. ③ 알라의 뜻은 코란경(Koran) 가운데 기록되어 있으니, 이 속에는 구원을 얻기 위해 모슬렘이 알아야 할 필요가 있는 모든 것이 포함되어 있다. ④ 이슬람교는 유대교와 기독교의 위대한 인물들을 존경하지만 이들은 모두 모하멧에 비교해 볼 때에는 그 위치가 열등하다. 이슬람교는 6명의 선지자들을 구별하는데, 이들은 각자 아담(Adam), 노아(Noah), 아브라함(Abraham), 모세(Moses), 예수(Jesus) 그리고 이들보다 월등히 우세한 모하멧(Mohammed) 등이다. ⑤ 모든 개인들을 위한 부활과 모든 인류를 위한 마지막 심판이 있다. 죽음과 부활 사이의 기간 동안 육체는 무덤 속에서 쉬고 있으나, 그 영혼은 꿈과 환상을 통해 장래의 운명을 미리 맛보게 된다. 마지막 심판 날 가브리엘 천사는 인간들의 행실을 심판할 거대한 저울을 가지고 등장한다. 사람들은 모하멧을 따라 칼날처럼 날카로운 알 세랏(Al Serat)이라는 다리를 건너는데, 이 다리는 제헨나(Jehennah) 계곡 위에 놓여져 있다. 이슬람교를 신봉하지 않는 자들과 죄 많은 이슬람 교도들은 바로 이 계곡 밑으로 떨어지게 된다. 선인들은 낙원 곧 알 얀나트(Al.Jannat)의 행복을 맛보게 된다. 이 낙원의 샘물은 꿀같이 달고, 눈같이 차며, 수정처럼 맑다. 누구든지 이 샘물을 맛본 자는 다시는 목마르지 않을 것이다.

이러한 다섯 가지 중요한 교리 외에도 네 가지 필수적 책임이 있었다 ① 경건한 모슬렘(이슬람교도)은 매일 다섯 차례 기도해야 한다. 기도할 때 얼굴은 메카로 향하고, 자세는 코란경에 묘사된 대로 취한다. ② 모든 신자들은 종교적인 구제를 행해야 하는데, 한 가지는 유대교십일조와 비슷한 종류이며, 또 다른 하나는 불쌍한 사람들을 보고 동정심이 움직이는 대로 자발적으로 행하는 것이다. ③ 일 년에 30일간 신자들은 해가 뜰 때부터 해가 지기까지 고기와 음료, 목욕, 향수, 성생활 등 감각적 쾌락들로부터 금욕하여야 한다. ④ 진정한 모슬렘이라면, 일생에 적어도 한 번 자기가 직접 또는 대리인을 통하여 메카를 순례해야 한다.

이들의 신앙과 생활의 기초를 이루고 있는 것은 엄격한 숙명론(fatalism)이라고 볼 수 있겠다. 알라는 그 신적 경륜을 통하여 장래 발생할 모든 일들을 미리 예정하였다. 따라서 각 개인들의 행위는 알라 신의 권위이고 주권적이며, 유한한 인간으로서는 짐작할 수도 없는 신적 의지의 표현에 지나지 않는다.[21] 비록 이슬람교도에 의해 기독교 최초의 정복은 예언자가 살아 있을 때 행하여졌으나(629), 실제로 이슬람교가 마치 야산의 불길처럼 동방제국을 휩쓸었던 것은 그가 죽은 후였다. 최초의 치명적인 타격은 아직 헤라클리우스가 생존해 있던 635년 다마스커스(Damascus)의 함락이라는 모습으로 왔다. 오랫동안의 포위 기간을 통해서도 총대주교 소프로니우스(Sophronius)의 지도 아래 영웅적 투쟁을 계속하던 예루살렘도 결국은 오마르(Omar)와 그가 거느린 사막출신의 병사들에게 성문을 열지 않으면 안 되었다(637). 그 다음 해(638)에는 안디옥, 트리폴리(Tripolis), 두로(Tyre), 가이사랴(Caesarea) 등과 지중해 연안을 따라 15개의 다른 도시들이 함락되었다. 실제로 다음해 말(639)에는 시리아 지방의 동방제국의 영토가 하나도 남지 않았다.

같은 해 메소포타미아(Mesopotamia)가 모슬렘들에게 항복하였으며, 이집트 정

---

21) The Koran(Palmer translation, 1880).

복이 시작되었다. 채 10년이 지나기 전에 북아프리카는 제국의 수중으로부터 모하멧의 후계자들에게 넘어갔으니, 이들은 동쪽으로는 옥수스(Oxus), 서쪽으로는 카르타고까지 지배하였다. 그 직후 이슬람교도들은 북방을 공격하기 시작하였다. 이제 이들의 목적은 콘스탄티노플을 정복하여 동방제국을 종식시키고자 하는 것이었다. 이를 위해 새로운 전술이 강구되었다. 왜냐하면 보병들로서는 타우루스 산맥(Taurus Mountain)을 넘을 수 없었기 때문이었다. 이에 따라 모슬렘들은 해군을 조직하여 사이프러스(Cyprus, 648), 아라두스(Aradus, 649) 등을 함락시키고, 코스(Cos)와 로데(Rhodes, 654) 등을 유린하였다. 남부 아시아 전체(651)와 아르메니아 대부분(652~654)이 아랍인들의 군사적 지배 안에 예속되었다. 모슬렘들이 기다리던 결정적 전투는 해전이 되었으나 이들 해군과 동방제국의 해군이 피닉스(Phoenix)에서 일대 결전(655)을 벌였으며, 이때 콘스탄스 2세(641~668)는 큰 패배를 맛보았다. 그러나 결국 이 전투가 마침내 동방제국군에게 전략적 승리를 안겨준 계기가 되었다. 모슬렘들의 전진은 너무 길게 연장되어 있었다. 이들은 5년 동안(673~678) 콘스탄티노플을 바다와 육지 양측에서 함락시키기 위해 자기들이 가진 모든 것을 건 군사적 도박을 행하였다. 동방제국은 당시 새로 발명되었던 "희랍의 화염"(Greek Fire)에 의해 구조되었으니, 수비대원들은 성 위에서 이 화약덩어리를 적군들을 향해 집어던져 그들의 전선에 불을 질렀다. 동방제국을 위해서 다행스럽게도 모슬렘 함대가 팜빌리아(Pamphylia) 해안 근처에서 폭풍을 만났으니 인력으로 할 수 없었던 것을 자연이 이루어 주었다. 최후로 콘스탄틴 4세(668~685)가 실라에움(Syllaeum)에서 남은 적군들에게 치명상을 가하였다(678). 이로 인해 화평이 성립되었으며(679), 양측은 당시 자기들이 점령하였던 상태에서 일단 휴전하기로 하였다.

따라서 결국 불과 45년(633~678)의 짧은 기간 동안에 동방제국은 가장 비옥하고 인구가 많던 지역들을 상실하였으며, 계속 수세에 몰렸고, 이전에 누리던 영화의 그림자밖에 남지 않게 되었다. 679년의 평화는 잠시의 휴식기간에 지나지 않았다. 제1차 무정부 시대(The First Anarchy, 695~717) 기간 동안 6명의 반란자들이 나타나 제국의 패권을 놓고 내란을 벌였으며, 모슬렘들은 이 틈을 타 정복을 재개하여 길리기아(Cilicia), 갈라디아(Galatia) 등과, 소아시아 일곱 교회들이 자리잡고 있던 도시들과 그 일대의 북쪽으로는 버가모(Pergamum)까지 수중에 넣었다. 이러한 전쟁으로 말미암은 사회 불안정이란 당연한 결과였으니, 717년경에는

동방제국의 계속적 존재 자체가 문제로서 등장하였다.[22]

5. 교회의 강화

제국영토의 축소는 또한 교회의 쇠약을 의미하였다. 5개 총대주교구 가운데 셋이 모슬렘들의 수중에 떨어졌으며, 로마가 정치적 독립을 위해 성공적인 노력을 포기하고 콘스탄티노플이 황제의 원호 아래 사치를 누리는 동안 알렉산드리아, 안디옥, 예루살렘 등은 침략자들의 말발굽아래 신음하였다. 이집트와 시리아에서는 상황이 너무나도 악화되었기 때문에 알렉산드리아와 안디옥 총대주교들이 자발적으로 피신하였으며, 단지 소프로니우스만이 완강하게 정복자들 가운데 계속 예루살렘 교구를 지키고 있었다. 대부분의 주민들이 너무나도 쉽사리 기독교 신앙을 포기하고 이슬람으로 개종하였으므로, 단지 1세대 안에 북 아프리카, 이집트, 시리아, 메소포타미아, 또한 팔레스타인까지도 그 인구의 반 이상이 모하멧을 추종하게 되었다. 이전에 세금 면제의 특혜를 누리던 교회 재산들로 말미암아 새로운 정복자들이 세운 정부는 막대한 수입을 올렸으며, 국가의 부강은 바로 교회의 빈곤을 의미하는 것이었다. 서방기독교의 급격한 성장은 동방에서의 과다한 손실에 의해 그 균형을 이루었다.

그런데 이러한 참혹한 현실도 제국의 영토 안에 계속 남아 있던 교회의 입장으로서는 오히려 유익한 점이 있기도 하였다. 영토가 축소된 제국이 생존하기 위해서는 단결해야 할 필요성이 있었던 것과 마찬가지로 재산을 빼앗긴 교회는 그 책임을 효과적으로 수행하기 위해서는 남아 있는 자산들을 한데 모으지 않으면 안 되었다. 이에 따라, 이전에는 4명의 총대주교들 가운데 하나에 지나지 않았던 콘스탄티노플 총대주교가 뜻하지 않게도 동방교회의 최고 수장의 위치에 올랐다. 이론적으로 볼 때 그는 아직도 로마의 우선권을 인정해야 하였으며, 경우에 따라서는 자신의 목적들을 달성하기 위해 이에 순종하기도 하였다. 그러나 그는 또한 교황제의 위신을 실추시키기 위해 그 어떤 기회도 놓치지 않았다. 따라서 그는 황제와 함께 라벤나 대주교 마우루스(Maurus, 648~671)가 교황 비탈리안(Vitalian, 657~672)을 파문했던 극단적 조처까지도 지지하였다. 아마도 그의 총대주교의 사무를 받은 것

---

22) CMH, II, 302~390. Kidd, *op. cit.*, pp. 103~106, 109~115.

이 거의 확실한 황제 콘스탄스 2세는 라벤나 교구를 서방교회의 감독권으로부터 완전히 독립시켰다. 7세기 중 거의 대부분의 기간 동안 콘스탄티노플의 이절판 (diptychs)으로부터는 교황들에 관한 사실들이 거의 삭제되어 있다. 콘스탄티노플의 수하에 있던 교구들은 모두 424개로서 발칸 반도(Balkan)와 소아시아 지방에 흩어져 있었다. 이들은 한 개의 총대주교구, 33개의 메트로폴리탄 대주교구, 356개의 부주교구, 그리고 대주교 직할구라 불리우던 34개의 자치교구 등이었다.

이 당시의 성직자들은 공식적으로는 수많은 제한과 규율의 억제 속에서 생활한 것처럼 되어 있었다. 이들이 물론 수많은 특권들을 누렸을 것은 틀림없으나, 이러한 사실은 특히 이들의 소명과 그 책임의 준엄함을 강조한 각종 규칙과 법률들 속에 가려져 있었다. 성직자들은 사창가는 물론이고 여관이나 경마장, 극장, 도박장 등에 출입하는 것이 전면 금지되어 있었고, 또한 여성들과는 전혀 사회적 접촉을 가질 수 없었다. 이들은 심지어 목회상담을 위해서도 여성과 단 둘이 있는 것이 금지되었다. 성직자들은 항상 제복을 착용했어야 됐으며, 전혀 수수료나 경비를 받지 않은 채 종교예식을 집행해야 했고, 이들에게 부과된 임무들과 책임들이 너무 많아서 목회 및 교회행정의 일 이외에는 전혀 신경을 쓸 수 없을 정도였다. 각 성직자들은 자기들이 일단 배치받은 교구 내에서 평생 목회하는 것이 원칙으로 되어 있었다. 또한 주교들이 사망하거나 퇴직하는 경우에도 집사가 자동적으로 주교직을 계승하는 것은 아니었다.

비록 결혼한 이들이 성직에 임명되는 것이 공식적으로 금지되지는 않았으나, 낭독자(reader)나 독창자(cantor)들보다 높은 지위를 맡은 이들은 성직임명을 받은 후에는 결혼이 금지되어 있었다. 결혼한 성직자들의 경우도 제단에서의 임무를 수행하기 전 수시간 동안은 성생활을 삼가해야 했다. 창녀나 노예 혹은 연극배우 등과의 결혼은 가장 치욕스러운 것으로서 도저히 묵과될 수 없었다. 교회 내의 성직은 부모로부터 자식에게 물려지지 않았다. 또한 연령조건을 보면 사제가 되기 위해서는 최소한 30세, 집사직을 위해서는 25세, 부집사 등은 20세 이상이었다. 수도원을 관장하는 동방교회의 규칙은 성직자들을 위한 그것보다 훨씬 관대했던 것으로 보인다. 그의 과거는 어찌 되었든 누구든지 수도사가 될 수 있었다. 수도원에서의 신앙생활은 곧 회개의 상태라고 간주되었으므로, 수도원은 누구든지 원하는 자를 다 받아들일 수밖에 없었다. 10살밖에 안 되는 소년도 수도사가 되기로 작정할 수 있었다. 수도사들은 빈곤, 순종, 정절의 서원을 지켜야 했다. 또한 수도원 등은 인생에 실패한 자들을 위한 하숙집처럼 되어버릴 위험성조차도 있었다. 수도사들은 흔히 "늙은 어린애들"(the old boys)이라고 불리워졌다. 이에 따라 동방교회의 수도원들은 그의 영적 생활과 경건에 있어서 그다지 뛰어나지 못하였다.

이 시대의 사회의 모습은 최소한 외형적으로 나타난 바로는 매우 종교적 열정이 강하였다. 모든 사람들은 거의 비정상적이라고 할 수 있을 정도로 각종 성유물(relics)과 성상(icons)을 보고 만지고 입맞추고자 하였다. 이들은 매일 매시간 묵주를 굴리면서 퀴리에(kyries) 기도문을 암송하였다. 예배는 최소한 세 시간 이상 계속되었으나 많은 사람들이 정기적으로 참석하였다. 그러나 이처럼 외면적 혹은 습관적 신앙생활이 거창했음에도 불구하고 전도에의 열정이나 설교열은 매우 희박했던 듯하다. 이는 물론 이러한 전도나 선교활동이 전혀 행해지지 않았다는 것은 아니다. 예를 들어, 헤라클리우스는 로마 교황더러 클로트족(Croats)과 세르브족(Serbs)들에게 선교사들을 파견해 주도록 부탁하였으며, 제국군대에 입대한 슬라브족들은 얼마 안 되어 기독교인들이 되었던 것을 알 수 있다. 군목들은 이들에게 신앙을 가르친 후 이들이 다시 이를 전할 수 있도록 그들의 동족들에게 돌려 보내주었다. 콘스탄티노플 총대주교는 이교도들에게 선교사들을 파송하기 위한 선교협회를 조직하였으며, 이 기관의 중요성이 증대되었으니 피터(652~664)와 콘스탄틴 1세(674~676) 등 두 명의 총대주교들이 원래는 선교 감독관 출신이었다.

어쨌든 같은 기간 동안 서방교회의 활동에 비해 이들의 선교 노력은 매우 규모가 작았다. 당시 주민들의 도덕은 일반적으로 볼 때 지나치게 나쁘거나, 예외적으로 뛰어난 것도 아니었다. 아직도 사로잡힌 적들의 눈을 멀게 하거나 코를 잘라 내거나 혀를 뽑아내는 등 잔혹행위들이 존재하고 있었다. 남자가 여자로 가장하거나 혹은 여자가 남자처럼 행동하는 것을 금지하는 법률이 통과되었다. 이교도들의 관습도 유행되었으므로 이를 금지할 법안이 마련되었다. 동성연애에 관한 법률들을 전혀 발견할 수 없는 것을 보면, 이러한 변태적 범죄들은 거의 존재하지 않았던 것 같았다. 특히 황실(imperial family)들은 그 순수성, 도덕성, 책임감 등에 있어서 좋은 본보기가 되었다. 기독교의 도덕적 규범들은 각종 법률과 관습들을 통해 사회적 규범을 제시하였으며, 대부분의 주민들은 이에 따라 살려고 노력하였다.

계속되는 페르시아와 이슬람과의 전쟁 때문에 제국의 국고는 바닥이 났으며, 이에 따라 각종 공공역사를 제대로 행할 수 없었다. 그 결과 예술일반, 특히 종교예술이 곤란을 받았다. 유스티니안 시대의 장려한 건물들에 비해, 이 당시의 교회건물들은 초라한 편이었다. 그러나 교회 건물들은 식당이나 혹은 숙박업소, 기타 상업적 용도로 사용되지 못하도록 금지됨으로써 그 존엄성을 강조하고자 하였다. 교회당 건물 안에 소떼나 양떼를 재우는 것이 범죄에 해당하였다. 오직 사제들만을 위해 사용된 성소(santuarf) 안으로 평신도들이 들어가는 것을 금지시킨 것도 바로 이때부터였다. 이보다 약간 전인 4세기 때만 하더라도 황제는 제단 가까이 좌정할 수 있었다.

장식예술들은 일반적으로 뛰어나지 않았으나 예배 자체의 예술만은 특히 아름다웠다. 이러한 면모는 특별히 예배의식에서 찾아볼 수 있었다. 고백자 맥시무스가 저술한 『미스타고기아』(Mystagogia)에는 예배순서에 관한 뛰어난 개요가 포함되어 있으니, 그는 이를 통해 회중들이 적극적으로 참여했던 각종 예식들을 설명하고 있다. "미사 카테쿠메노룸"(Missa Catechurnenorurn-초신자들을 위한 미사)에 관한 장을 보면 예배는 "작은 입장"(Little Entrance)이라는 의미의 입진송(Introit)으로 시작되는데, 이 순서 중 주교는 성소 안에 들어와 주교석에 앉게 된다. 그동안 트라이사기온(Trisagion)이라고 불리운 삼성송이 불리워졌는데, 이 찬가는 본래 안디옥 교회에서 성자 하나님께 바친 것이었으나, 이제는 동방교회 전역을 통해 삼위일체(Trinity)에게 바쳐지고 있었다. 이에 따라 "우리를 위하여 십자가에 달리신"이라는 안디옥 교회의 고유의 구절이 삭제되었다. 트라이사기온을 부른 후에는 군데군데 안티폰(Antiphon), 즉 번갈아 부르는 교창과 알렐루야(Alleluia) 등을 섞은 세 교훈(예언서, 서신서, 복음서)을 봉독하게 된다. 그 후에 설교(homilr-대부분 교부들의 가르침을 낭독하였던 짧은 설교)가 행해진다. 바로 이 순서에서 예배의식에 큰 변화가 있었다. 옛적에는 이때에 아직 세례 받지 않은 초신자들을 해산하였다. 그러나 당시에는 전체 사회가 명목적으로나마 모두 기독교인들이었으므로 이는 실제적인 의미 없이 단지 이론적인 순서가 되었다. 주교는 이제 자기의 좌석을 떠나 직접 제단으로 가서 미사 피델리움(Missa Fidelium-세례 받은 신자들을 위한 미사)을 행하게 된다. 이 예배는 교회 성직자, 황제 그리고 전체 국민들을 위한 탄원의 형식으로 된 신자들의 기도문(the Prayers of the Faithful)으로 시작된다.

그 후 신자들의 공물(oblation)이 바쳐지는데, 이는 더 이상 가축들의 정육, 포도송이, 농작물 상점으로부터의 상품들이 아니라, 오늘날과 마찬가지로 화폐를 사용하고 있었다. 다음으로 신도들 앞에 성찬배(thechalice)를 높이 드는 대입장으로 이어진다. 이 예배는 다음과 같은 순서로 계속된다. 이절판(Diptychs), 평화의 키스(Kias of Peace), 신조(Ceed), 경배와 함께한 아나포라(Anaphora with Salutation), 술숨 코르다(Sulsum Corda), 프레파케(Preface), 상투스(Sanctus), 감사 혹은 봉헌(Thanksgiving or Consecration), 고양(Elevation), 성찬(Communion) 등이다. 예품들은 교회에 의해 지정된 성직자들에 의해 신도들의 손에 놓여진다. 성찬식에 참여하는 신자들이 자기들이 사용할 금은 기명들을 교회에 휴대하고 오는 관습은 아직 이룩되지 않고 있었다. 신자들이 성찬에 참예하는 동안에는 콤뮤니오(Communio)라는 찬송이 불리워진다. 예배는 콘스탄티노플 대주교(610~698)이던 세르기우스가 작사한 트로페리움(Troperium) 찬가를 부르는 것으로 막을 내린다. 바로 이것이 제7세기경 교회 의식의 모습이었다.

그러나 같은 시대 동방교회의 의식은 서방교회에 반해 보다 세련되고 완성된 형태였으며, 그 문학적 혹은 예술적 표현에 있어서 거의 완전하였다. 서방교회가 우선 손쉬운 대로 처음 예배의식을 마련한 데 비해, 동방교회는 이미 수세기의 시간을 두고 계속 발전해 왔기 때문이었다. 양 교회의 성찬식 거행 방법은 서로 완전히 대조적이었다. 서방교회에서는 그 핵심을 이루는 기도문들은 고정되었는데 반해, 프로퍼(proper: 계절에 따라 변동하는 부분의 예배의식)는 당시 사용되었던 서로 다른 형태들로부터 선별하였다. 한편 동방교회의 경우, 의식의 순서 자체는 변동이 없었으나, 다양한 아나포라, 봉헌 기도문, 성도들의 기도 의식문(Litaniea of Prayers of the Faithful) 등은 공통된 의식 순서 가운데 적당한 위치에 삽입되었다. 이들이 사용한 향로(the Prayer of Incense)의 표현—"오 하나님 당신의 거룩한 영광 앞에 향을 피우나이다. 이를 당신의 거룩한 하늘의 영적 제단 앞에 받아주시고, 대신 성령님의 은혜를 내려주시옵소서"—는 라틴어식의 문자적 표현에 익숙했던 서방교회에서 받아들이기에는 지나치게 신비적인 것이었다. 장려한 의식과 표현을 선호했던 헬라인들은 물론 아무런 문제없이 이를 사용하였다. 왜냐하면 이러한 환상적 표현이야말로 그들의 신비적 경건과 잘 일치하였기 때문이다.

동방 보편교회(Eastern Catholicism)에서는 설교(preaching)가 아니라 성찬예배(sacramental worship)가 그 중심적 위치를 차지하였다. 그러나 교회당 내에서 무릎을 꿇는 행위는 율법에 어긋날 뿐 아니라, 부활을 부정하는 위험한 행동으로 간주되었다. 예배에 참석하는 신도들은 그의 구세주가 살아 계셔서 그를 죽음과 죄로부터 해방시키셨다는 의미에서 하나님 앞에 무릎을 꿇지 않은 채 바로 서는 자세를 취하였다. 십자가는 특히 경배의 대상이었으므로 사람들의 발에 밟힐 가능성이 있는 자리에는 아예 두지 않았다. 그리스도는 더 이상 상징적인 어린양의 모습을 통해 표현되지 않고, 실제 십자가에 달린 모습으로 묘사되었다. 또한 유아들에게도 세례가 베풀어짐으로써 이들 역시 구원을 받아야 할 필요가 있음을 시사하였다. 예배당 밖에서는 예배를 거행하지 않았으며, 견신례는 그 필수적인 순서였다. 이교도가 회심할 경우, 세례를 주기 전 요리문답을 가르쳤으며, 초신자는 매목요일 사제에게 신경을 암송해야 했다. 고행은 당시 의무적으로 행해지지는 않았으나, 고해신부들이 이에 관해 특별한 교육을 실시한 것으로 미루어 볼 때 상당히 장려된 것을 알 수 있다. 결혼은 엄격한 교회법에 의해 거행되었다. 성찬식 전에는 의무적으로 금식하였으며, 신도들은 빵을 포도주에 적시는 방법(intiniction)을 통해 빵과 포도주 양 예품에 다 참여하였다.[23]

이 시대의 신학적 업적은 그 숫자도 많지 않거니와 그다지 뛰어난 작품도 없었다. 당시 제국의 단일의지론 이단들에 대항하여 유능하게 이원의지론(Diotheletism, 정통적 입장)을 변증하였던 소프로니우스(Sophronius)[24]는 기타 신학 이론에 있어서는 같은 재능을 발휘하지는 못하였다. 또한 같은 시대인 네아폴리스의 레온티우스(Leontius of Neapolis)[25]에 대해서도 같은 평가를 내릴 수 있다. 그러나 이 양자의 저술들은 당시의 종교적, 경제적, 정치적 상황을 이해하는데 큰 도움을 주고 있다. 이들에 비하면 고백자 맥시무스[26]의 작품들은 월등히 우수하다고 하겠다. 그는 제4세기에 쏟았던 세 명의 위대한 갑바도기아 교부들(가이사랴의 바실, 닛사의 그레고리, 나지안주의 그레고리〈Basil of Caesarea, Gregory of Nyssa, Gregory Nagianfen〉)의 스타일과 전통을 재흥시켰다. 그는 동시에 신비주의자로서 그가 주창한 금욕적 명상의 원칙들을 통해 동방교회뿐 아니라 서방교회에도 깊은 영향을 미쳤다. 존 스코투스 에리우게나(John Scotus Eriugena)는 그의 사상을 전수했다고 볼 수 있다. 고백자 맥시무스야말로 그 누구보다도 비잔틴신비주의

---

23) Mansi, XI, 929~1006. Kidd., *op. cit.*, pp. 123~134. L. Bréhier, *op. cit.*, pp. 193~96, 475~476.
24) MPG, LXXXVII(3), 3147~4014.
25) MPG, LXXXVI, 1183~2016.
26) MPG, IV, 15~432; 527~576; XIX, 1217~1280; XC and XCI.

를 창시한 장본인이다. 재능 있는 찬송가 작시자이던 크레테의 앤드류(Andrew of Crete)는 오늘날까지도 헬라 교회에서 사순절 기간 동안 두 번씩 낭독하는 대법전(Great Canon)을 남겼다. 그 내용은 구약의 주요사건을 대략 상기하고, 주님의 교훈과 활동을 살펴보는 것이다.

안디옥의 존(John of Antioch)은 아담으로부터 7세기 초까지의 우주 연대기를 남겼으며, 그 저자의 이름이 밝혀지지 않은 『부활절 연대기』(*Easter Chronicle*)에는 단지 주요한 사건들의 명칭과 이에 관한 약간의 해설이 여기저기 삽입되어 있다. 이 시대의 가장 재능있던 작가로는 소피아의 집사이던 피시디아의 죠지(George of Pisidia)를 꼽을 수 있다. 그는 주로 전쟁에 관련된 당시의 역사를 기술하였는데, 아름다운구절들은 마치 호머(Homer)나 버질(Virgil)의 서사시들을 연상시킨다.[27] 그는 또한 『헥사이메론』(*Hexaemeron*)을 저술하였는데, 그 내용은 우주 창조의 사건과 당대의 관련된 사건들을 서로 연결시킨 운문이다. 죠지는 성직자였을 뿐만 아니라, 『헥사이메론』 때문이 아니라, 그의 서사시들 때문에 비잔틴 역사상 가장 특출한 세속시인으로 불리운다. 그러나 당시는 동방제국의 역사상 문학적, 예술적, 문화적으로 가장 황폐한 시기였으므로 죠지의 경우는 마치 혼자서 고고히 빛나는 의로운 별과 같은 존재라고 묘사할 수 있겠다.

---

27) K. Krumbacher, *Geschichte der byzantinischen Litteratur von Justinian bis zum Ende des oströmischen Reiches*, 527~1453(Munich, 1897), 709.

제 4 장

카롤링가 왕조의 문예부흥(756~882)과 브리튼의 부흥(871~899)

난쟁이 피핀(Pepin the Short)의 헌정(Donation, 756)으로부터 교황 존 8세(John VIII)의 죽음(882)까지의 126년간 서방제국은 비록 정치적, 사회적으로는 통일과 분산, 질서와 무질서, 제국과 봉건제도의 기묘한 반복을 거듭했다. 그러나 교회적으로는 각종 사건들이 연속된 일관성을 유지하고 있으며, 그 속에서 발전된 사상과 신조의 측면에서 살펴볼 때에는 서구 문명사에서 한 단위를 이룩하고 있다. 예를 들어, 샤를마뉴(Charlemagne)의 학파들은 781년 요크의 알퀸(Alcuin of York)의 지도 아래 창시되어, 다음 세기 에리우게나(877 사망) 시절 대머리 찰스(Charles the Bald)의 궁정에서 비로소 그 완숙한 학문적 경지와 지적 창조성의 정립에 이르게 되었다. 마찬가지로, 교황 레오 3세(Leo III)에 의해 행해진 샤를마뉴 대제의 대관식(800)을 통해 창시된 신성 로마제국(the Holy Roman Empire) 역시 교황 니콜라스 1세(Nicholas I, 858~867) 때에 이르러서야 교황청의 적극적 호응을 힘입어 종교적 절정에 도달하는 것이다. 따라서 이 시대는 조직적으로나 교리적으로 볼 때 서방교회의 역사에 있어서 활기 있고 진보적인 한 단계를 대표한다고 볼 수 있다.

그런데 정치적 배경과 사회적 배경은 서로 큰 대조를 보여 주고 있다. 샤를마뉴는 그 영역이 너무도 넓고 잘 정비된 제국을 건설하였으므로, 이는 마치 서방에서 옛날 로마 제국 황제들(Caesars)의 영토를 다시 회복한 것 같았다. 그러나 처음부터 이 제국은 로마 제국이기라기보다는 독일적이었다. 따라서 처음부터 제국은 멸망의 씨앗을 그 속에 안고 있었다고 볼 수 있겠다. (1) 제국은 상비군이 없었으며, 완전히 지원병 제도에 의존하고 있었다. (2) 정규의 세제가 정비되지 않고 있었는데, 이러한 규모의 제국을 자원 헌금에 의해 유지한다는 것은 불가능한 일이었다. (3) 놀고 먹는 궁정의 대신들은 제국의 국고를 고갈시키고 있었다. (4) 한 제국의 항구적인 유지와 생존을 위해 필수적인 계승제도 대신, 마치 사유재산을 미망인과 자녀들이 분배하는 식의 제국 영토분배가 상속자들 사이에 행해졌다.[1] 이에 따라 샤를마뉴가 정복한 것을 그의 아들들이 상실하였다. 루이 파이우스(Louis the Pious, 경건한 루이)와 그의 두 아들들 간의 계속된 내분(817~840)은 통일과 조화를 유지해 왔던 제국을 분열상태로 몰아넣었다. 그 후 루이의 죽음(840)에 따른 제국의 공식적인 삼분은 샤를마뉴의 정치적 주도권을 와해시켰으며, 결국 최초의 중세 제국의 꿈을 악몽으로 끝을 맺게 되었다.

샤를마뉴의 제위기간 중(768~814) 서방사회의 모습은 통일된 세계의 그것이었다고 하겠다. 각 지방과 지역들 간에는 계속적인 의사소통이 이루어졌다. 미씨 도미니치(missi dominici)라 불리운 황제의 사절들은 두 명씩 짝을 지어 제국 전역을 순찰하였다. 이들은 전국의 사정을 소상하게 황제에게 보고하였으며, 황제의 법령과 규칙들을 국민들에게 적용하였다. 샤를마뉴는 대규모적인 공중집회를 통해 카피튜라리(capitularies)라 알려진 법령, 규칙, 충고, 원칙 등을 제정하였다. 이는 일견 무질서하고 무원칙한 모습처럼 보이기도 하지만, 현대 학자들의 눈으로 평가해 볼 때 시간과 장소의 변화에 따른 상황에 놀랄 만한 융통성을 보여 주고 있다. 이들의 근본적인 의도는 제국에 평화와 정의를 가져오고, 모든 국민들에게 이들은 다 한 왕의 신분이며, 한 하나님을 섬기는 신자들임을 상기시키고자 한 것이었다.

샤를마뉴의 통치 직후에는 오직 교회만이 내적 통일을 유지했던 것으로 보인다. 제국의 통치 대신 봉건제도가 그 뒤를 잇게 되었다. 가난한 자들은 안전을 위해 자유를 포기하였으며, 생명을 보호받기 위해 자신들과 그 노동력을 부유하고 강력한 봉건지주들에게 팔아 넘겼다. 이에 따라 성들이 건축되고, 농노들은 성주들을 위해 성 주변의 토지들을 경작하였으며, 적들이 침략해 올 때면 성 안으로 대피하였다. 대규모적인 상업은 종식되었으며, 각 지방의 수요를 충족시키기 위한 영세 수공업만이 존재하였다. 인간들은 단지 최소한의 생존 그 자체를 위해 존재하였다.

---

1) MGH, *Leges*, I, 15. Mourret, *op. cit.*, III, 368.

제4장 캬롤링가 왕조의 문예부흥(756~882)과 브리튼의 부흥(871~899)

겨우 교회만이 약간의 통일성을 견지하였다. 최소한 샤를마뉴의 사후 30~40년 동안 교회는 계속 이전의 활동을 유지하였다. 이는 마치 기름이 다한 심지가 꺼지기를 기다리는 순간과 같았다. 그 불이 꺼지기 직전에는 서방에서 짧은 순간 정치적, 사회적, 지적 또한 어느 정도는 도덕적, 영적 활기가 살아 있는 듯이 보였다. 샤를마뉴가 대륙에서 이룩한 과업을 브리튼에서는 알프레드 대왕(Alfred the Great)이 성취시켰으니, 그의 재위(871~899)는 동일한 역사적 상황 가운데 자리잡고 있다.

1. 신성로마제국

이 시대의 사건들에 정치적 연속성을 부여한 존재는 신성로마제국이라고 볼 수 있다. 신성로마제국은 제9세기의 처음 해에 시작하여, 천년 후 나폴레옹 보나파르트(Napoleon Bonaparte)에 의해 그 막이 내리기까지 존재하였다. 교황령들이 이보다 거의 25년 먼저 시작하여 30년 이상을 더 계속한 것은 흥미 있는 일이다. 프랑크족들이 로마를 베드로의 유산으로 생각하여 시민들을 위해 국가로서의 위치를 부여하였으므로, 로마는 이에 대한 보답으로 프랑크족 왕에게 황제의 지위를 제공하여 부족들의 침략사건을 제국의 모습으로 변화시켜 주었다. 교황에 의해 제공된 신성로마제국의 존재는 그 후 중세를 통해 기본적인 정치질서의 구조를 제공하였으며, 끊임없이 계속되던 봉건제도의 불안정 상태와 튜톤족들의 개인주의가 빚어낸 혼란에도 불구하고, 마치 교회가 스스로 보편교회(universal church)의 개념을 유지하였듯이, 이에 대칭되는 세속세계의 우주적 개념을 제공하여 주었다.

로마의 독립이 빚은 종교적 감독직의 국가화는 큰 혼란을 야기할 수밖에 없었다. 교황은 국민들을 통치할 준비가 채 되어 있지 못했으며, 국민들 역시 교황에 의한 통치를 수용할 태세가 되어 있지 못하였다. 그 결과 처음 경험한 세속 권력이라는 포도주 맛에 취한 성직자들과 이제까지는 정치적으로 교회에 무관심해 왔으나 이제 교회를 통치하든지 아니면 그 통치에 굴복해야 한다는 현실을 깨닫게 된 평신도 귀족들 사이에 권력투쟁이 발생할 수밖에 없었다. 교황직은 이미 단순한 종교적 명예가 아니었다. 막대한 가치를 지닌 정치적 진수였다.

다음과 같은 교회직들이 곧 중요성을 띠게 되었다. (1) 비담(vidame)-교황청의 감독자, (2) 베스티아리우스(vestiarius)-회계, (3) 사켈라리우스(sacellarius)-지불

회계, (4) 프리미케리우스(primicerius)-대표 공증인. 이들은 모두 행정직으로서, 교황령의 일곱 구역을 각각 분담하여 행정 및 기타 문제들을 통괄하여 수행하였던 일곱 명의 교황 집사들(papal deacons)과의 연계 아래 그 임무를 수행하였다. 교황의 영적 자문기관은 25명의 추기경(cardinal priests)으로 이루어져 있었는데, 이들은 각각 교회를 담임하고 있었으며, 교황과 함께 로마 교회의 최고위 종교회의를 구성하였다. 사제들 위에는 대사제(archpriest)가, 그리고 집사들 위에는 대집사(archdeacon)가 한 명씩 자리잡고 있었는데 이들 양자와 프리미케리우스가 합쳐, 교황의 죽음에서부터 그 후계자가 선출될 때까지의 기간 동안 삼두정치를 행하였다. 주교직 아래에는 사제들, 집사들, 부집사들이 있었다. 이들에게는 독신생활이 권고되었다. 동시에 결혼했을 뿐 아니라 대부분 야망에 찬 안수 받지 않은 성직자들이 이들과 함께 존재하였는데, 주로 행정직을 담당했던 이들이야말로 그 어느 때보다도 이 새로운 종교국가 내에서 그 위치와 권력을 희구하였다.

평신도들 역시 침묵을 지키지는 않았다. 이제 국왕의 위치를 차지한 교황은 상비군과 경찰력, 기타 정치기구를 마련해야 했다. 그는 명목상 군대의 총사령관이자 경찰국장이었으나, 물론 실제로 전쟁을 수행하고 범법자들을 체포할 수 있는 훈련을 받은 것은 아니었다. 이에 따라 평신도들 중에서 병사들과 경찰들이 출현하였으며, 귀족들은 교황을 위해 이들을 지도하였다. 이에 따라 분파와 갈등이 생기게 된 것은 당연하였다.

평신도들은 지위를 탐하고, 성직자들은 서로 명예를 위해 투쟁하였으며, 평신도들과 성직자들은 다같이 권력을 위해 경쟁하였으나, 교황제 자체는 그 와중에 희생되어 제대로 그 구실을 할 수 없었다. 따라서 제3자의 객관적 입장에서 최소한 공정한 투쟁을 보장하고, 투쟁이 끝난 후 다시 질서를 회복하기 위해서라도 재판관의 역할을 담당할 기구의 존재가 필요하였다.

난쟁이 피핀과의 협상을 이루었던 스테픈 3세(Stephan III)의 뒤를 이어 그의 동생 바울 1세(Paul I, 757~767)가 즉위하였다. 그는 온화하고 양순한 성품이었으나, 정치적으로는 무능하였다. 바울은 평신도들에 의한 행정을 배척하고 국가의 통치를 성직자들에게 맡겼는데, 이들을 지휘한 것은 이기적이고, 음험하고, 잔인하였던 프리미케리우스 크리스토퍼(Christopher)로서 스스로도 아직 안수조차 받지 않은 인물이었다. 바울 1세의 10년 제위기간은 분열과 혼란으로 점철되었다. 그가 사망하자 테오도레 공작(Duke Theodore)이 이끌던 로마의 귀족들은 자신들과 같은 평신도들을 교황위까지 끌어올렸다. 테오도레 공작의 군인출신 동생이던 콘스탄틴(Constantine)은 곧 통서(tonsure: 사제로서의 삭발)를 받고, 며칠 안에 계속 부집사, 집사, 사제직에 임명되어 결국은 교황직을 차지하였다(767년 7월 5일). 그러나 콘스탄틴이 그의 교황직을 위해 지불한 대가는 참으로 처참하였다. 롬바르드 족의 왕 데지데리우스(Desiderius, 756~774)는 전쟁터에서 테오도레 공작을 살해하고, 그의 추종자들을 패퇴시켰으며, 성당의 제단 아래 숨어 있던 콘스탄틴을 끌어내어 갖은 모욕을 가한 뒤에 두 눈을 뽑아버렸다. 데지데리우스는 그가 지원했던 성 가이(St. Guy)의 수도원장 필립(Phillip)을 교황으로 선포하였다. 그러나 그는 곧 프리미케리우스 크리스토퍼에 의해 납치되어 원래의 성 가이 수도원에 유폐되었다.[2] 그 뒤를 이어 스테픈 4세(Stephen IV)가 교황위에 올랐다.

  스테픈은 재능 있는 학자 타입이었으나, 효과적으로 사람들을 다스리기에는 너무 소심한 인물이었다. 이에 따라 그는 크리스토퍼의 사주를 받아 이미 폐위된 교황 콘스탄틴을 다시 재판에 붙이는 모욕을 가했다. 재판관에는 13명의 프랑크 출신과 40명의 이탈리아 출신의 고위 성직자들이 임명되었다. 콘스탄틴은 재판관들이 그에게 어떻게 감히 평신도로서 교황이라는 최고 성직에 올랐느냐는 질문을 받자, 이렇게 반문하였다. "라벤나의 세르기우스여, 그대 역시 평신도로서 대주교직을 차지하지 않았는가? 또한 나폴리의 스테픈이여, 너는 평신도로서 감독직을 차지하지 않았는가?" 이에 격분한 재판관들은 달려들어 주먹으로 불쌍한 눈먼 피고를 난타하여 땅 위에 쓰러 눕히고야 말았다.[3] 또한 스테픈은 압력을 이기지 못해 그의 총신 크리스토퍼를 데지데리우스에게 넘겨주었는데, 데지데리우스는 너무도 잔인한 방법으로 그의 눈을 멀게 했으므로 크리스토퍼는 이로 인해 곧 사망하였다.[4] 어쨌든 스테픈의 제위기간 동안, 콘스탄틴을 정죄한 법정은(769) 추기경 집사(cardinal-deacon) 혹은 추기경 사제(cardinal-priest)의 위치에 오르지 못한 인물이 교황직을 차지하는 것을 금지시키는 법률을 마련하였다. 이들은 또한 로마의 성직자들과 주교들이 교황을 선출해야 한다고 결정하였다. 교황 선출 과정에는 평신도의 참석을 금지시켰다. 이러한 과정을 거친 선거는 다시 로마 시민들의 비준을

---

2) LP, I, 463~471.
3) *Ibid.*, pp. 475~476.
4) J. Regesta, I, 2388.

받도록 하였다.[5]

샤를마뉴는 스테픈의 계승자 아드리안 1세(Adrian I, 772~705)의 재위기간 동안 무력을 사용해서까지 이탈리아의 내정에 적극적으로 개입하였다. 그 이유는 무엇보다도 스스로 제국의 건설을 꿈꾸고 있던 롬바르드 왕 데지데리우스의 야망을 분쇄시키기 위해서였다. 데지데리우스는 그의 딸들 가운데 하나를 샤를마뉴에게 아내로 주었으나, 동시에 또 다른 딸은 샤를마뉴의 적수이던 바바리아의 타실론(Tasilon) 공작에게 출가시켰다. 데지데리우스는 또한 샤를마뉴의 형제이자 공동 통치자였던 칼로망(Carloman)이 사망하자 칼로망의 미망인과 자녀들을 자기궁정에 받아들여 프랑크족의 왕좌를 전복시키고자 하는 음모를 조장하였다. 그는 순례자로서 로마를 방문한다는 구실 아래, 스스로 로마의 세속 통치권을 차지하고 교황청을 접수하고자 하는 계획을 세웠다.

아드리안은 이에 대항하여 군사를 모으고, 도시가 포위당할 경우에 대비하였다. 데지데리우스에게는 만약 로마령 내에 발을 들여놓을 경우 즉각 파문시키겠다고 위협하였다. 이는 교황이 세속 군주에게 이러한 영적 처벌을 협박의 수단으로 사용하였던 최초의 예이다.[6] 그때까지는 오직 분파주의자들과 이단들에게만 파문의 처벌을 내렸다. 샤를마뉴는 이 기회를 놓치지 않고, 파비아(Pavia)를 포위하고, 데지데리우스를 폐위시킨 후, 스스로 프랑크족들뿐 아니라 롬바르드족의 통치자로 군림하였다(774).[7] 그는 그 후 로마로 향하여 교황으로부터 우애와 기쁨에 넘친 환영을 받았으며, 교황청 정부와 성스런 동맹을 체결하였다. 그는 그의 부친 피핀의 헌정을 승인하고, 교황과 동맹을 맺고, 교회 소유의 영지를 상당히 확장시켜 주었으며, 항상 이를 보호해 줄 것을 약속하였다. 그는 또한 교황의 선출에는 전혀 관여하지 않을 것을 다짐하였다. 그러나 그는 로마의 관리, 혹은 로마 귀족들이 말하는 항소—이 항소가 설령 교황에게 대항하는 것일지라도—를 자기가 접수할 권리를 가져야 한다고 고집하였다. 이러한 협상들은 774년 4월 부활절 직후에 이루어졌다.[8]

그러나 이 모든 사태의 클라이막스는 다음의 교황 때에 이루어졌다. 아드리안의

---

5) Mansi, XII, 710.
6) J. Regesta, I, 2401~2402.
7) *Historiens des Gaules*(1738~1904), V, 131ff.
8) LP, I, 496~498.

후임 레오 3세(Leo III, 795~816)는 일체 샤를마뉴의 간섭 없이 선출되었으나, 다른 인물을 교황에 선출하기를 바라고 있던 교황 수하의 프리미케리우스와 사켈라티우스에 의해 고용된 폭력배들에 의해 납치되었다. 이들은 교황을 성 에라스무스(St. Erasmus)의 수도원에 감금하고, 그의 눈과 혀를 뽑아내고자까지 시도하였다. 그는 시종의 도움으로 탈출에 성공하여 파데르본(Paderborn)에 있던 샤를마뉴에게 도주하였다. 그 후 그의 적수들은 항소의 특권을 이용하여 이 문제를 왕에게 가지고 갔다. 샤를마뉴는 이에 대한 수사를 명령하였다.

그러나 빈틈없는 성격의 레오의 행동은 그 적수들을 능가하였다. 로마에서 샤를마뉴 입석 하에 재판정이 열리자, 레오는 "사도의 교구(로마 교구)는 모든 이들을 재판할 수 있는 권한을 가지고 있으나, 그 누구의 재판도 받을 수는 없다"고 선언한 후, 자발적으로 성 베드로 대성당에 운집한 명사들 앞에 나서서 복음서 위에 그의 손을 얹고, 자기가 혐의를 받고 있는 모든 범죄에 관하여 무죄하다고 선서하였다. 군중들은 즉각 이에 답하여 하나님과 동정녀 마리아와 수제자 베드로와 낙원에 있는 모든 성도들을 찬양하는 송가를 불렀다. 이는 크리스마스 이틀 전의 일이었다.

800년 크리스마스 날, 샤를마뉴가 그의 대신들과 로마의 성직자들에게 둘러싸인 채 성 베드로 성당의 제단 앞에 무릎을 꿇고 있을 때, 레오 3세는 사전에 아무런 통지 없이 황제의 관을 그의 머리 위에 씌웠다. 삽시간에 군중들이 모여들어 미리 지시받은 대로 "하나님에 의해 왕관을 받은, 위대하고 평화를 사랑하는 로마인들의 황제, 찰스 아우구스투스(Charles Augustus)에게 장수와 승리가 있으리라"고 환호하였다.[9]

이 대관식을 통해 신성로마제국(The Holy Roman Empire)이 탄생하였다. 이는 곧 샤를마뉴가 단지 프랑크족들의 왕이 아니라 마치 그의 부친과 마찬가지로, 교회령의 동맹자요 보호자임을 선포하는 것이었다. 그는 곧 서방세계의 최고 지도자였다. 동시에 샤를마뉴는 이제 이러한 권리를 계속 유지하기 위해서는 그에게 자발적으로 이러한 권리를 수여한 교황의 지지를 받아야 한다는 것을 의미하였다.

그러나 새로운 황제는 이 사건을 전적으로 기꺼이 받아들인 것은 아니었다. 그는 만약 자기가 미리 알기만 했다면 결단코 교회에 발을 들여놓지 않았을 것이라고 맹세하였다. 그는 자기가 획득한 권위와 명예에는 만족하였으나, 이를 얻게 된 방

---

9) LP, II, 4~7.

식에는 만족하지 못하였다. 그 후 그는 자기 아들 루이(Louis)를 공동섭정 황제(emperor coregent)에 임명하였을 때(813), 그의 제관을 아헨(Aachen)의 제단에서 스스로 취하여 쓰도록 하였다. 그러나 이미 레오가 행한 행위를 샤를마뉴나 그의 후계자들이 무효화시킬 수는 없는 노릇이었다. 레오는 이리하여 중세인 들에게 황제의 제관은 교회의 선물이라고 확신시킨 셈이었다.

2. 샤를마뉴 치하에서의 기독교권

샤를마뉴는 문화를 창조시키고 이를 전파했으며, 기독교를 이용하여 인간 생활과 문명을 향상시켰다는 것으로 높은 이름을 남기고 있다. 그런데 샤를마뉴는 스스로에 대해 지나친 자신에 찬 인물이었는지도 모른다. 그는 스스로의 권력의 성격과 범위를 과신했는지, 인간생활의 모든 면을 그 가운데 종속시키고자 했으며, 이를 자기의 주권적 의지와 일치시키고자 하였다. 이론적으로는 교황이 지구상에서의 하나님의 대리인지 모르나 실제적으로는 황제가 하나님의 뜻의 집행인이었으며, 모든 시민들과 아울러 교황 역시 그의 뜻을 좇아야만 했다. 그러나 다행히도 샤를마뉴에게는 지혜로운 신하들이 있어서 그의 권력을 합리적으로 사용할 줄 알았다. 그 결과 그의 후원 아래 문명의 꽃을 피우게 되었다.

샤를마뉴 치하 서방교회의 모습을 보면 크게 다섯 측면을 보여 주고 있음을 알 수 있겠다. 첫째로, 교회의 관리와 치리에 관한 문제이다. 교회는 여러 개교회들, 수도원들, 사원들 기타 말단 조직들을 통하여 산재해 있는 상태이기는 하였으나, 서부 유럽의 그 어느 기관이나 개인보다도 더 많은 재산을 소유하고 있었다. 그런데 문제는 이처럼 각처에 흩어진 교회의 종속기관들이 오랜 세월을 두고 축적해 온 부를 관리하고 통제할 중앙 조직체가 없다는 데 있었다. 교회는 어쨌든 이러한 재산의 소유권으로 말미암아 어쩔 수 없이 세속적 경영에 참여할 수밖에 없었다. 교회는 농토를 일굴 농부들에게 토지를 대여해 주었으며, 공공 시장들이 수도원이나 사원의 영지에서 열렸고, 정기적 장날은 순례 혹은 각종 축제일들과 일치하게 되었다. 각종 교회기구들은 자기들 나름대로의 세관, 통과세를 걷는 다리, 어떤 경우에는 화폐 주조소까지 소유하고 있었다. 또한 세금도 부과하고 거둬들였다. 당시의 소규모 공업에는 평신도들뿐 아니라, 종교인들까지 이에 참여하고 있었다. 예를 들어, 코르비(Corbie) 수도원은 아달하르드(Adalhard)의 영도 아래, 구두, 안장, 각종 금은 세공, 양피지의 생산, 석공물, 목공일 등에 다양하게 참여하여 큰 수익을 올리고 있었다.

교회에 의해 고용된 여부를 막론하고, 직인들은 곧 스스로 자기들끼리의 상호부조 조직이라 할 수 있는 길드(guild)를 조직하여, 화재, 선박의 조난 등 자연재해들로 인하여 이들의 생업이나 재산이 피해를 입게 될 경우 서로 도울 수 있는 길을 마련하였다. 이러한 길드들의 조직은 종교적 영향을 반영하고 있는 것으로서, 교회가 사회에 남긴 발자취를 보여 주고 있다. 마찬가지로 세속의 경향 역시 교회에 영향을 미쳐 탐욕, 부정, 이익을 위해 수단방법을 가리지 않는 모습들을 발생시켰다.

교회는 재산으로부터 파생하는 이익들 외에도 신자들의 자발적 헌금을 받아들였다. 또한 유대교로부터 계속 넘어온 전통적인 십일조를 거둬들였으며, 신자들과 그 후손들에게 십일조는 당연히 교회에 속하는 것으로서 교육시켰다. 그 외에도 장례식, 결혼식, 혹은 죽은 자들을 위한 미사의 대가로 성직자들은 수수료를 받아들이는 것을 당연하게 생각하였다. 유언을 통한 유산상속, 재산 기증 등을 통해 교회의 재산은 계속 막대하게 증가하였다. 일부 왕가에 속한 토지들의 관리도 교회가 담당하게 되었으며, 이를 맡은 성직자들에게는 일정한 수입이 배당되었다. 이러한 교회의 수입은 봉녹(benefice)이라 불리우게 되었다.

이러한 모습의 결과 발생한 부작용은 결국 개혁을 불가피하게 하였다. 샤를마뉴는 이러한 개혁을 스스로의 임무로 생각하였다. (1) 우선 신자들에게 과중하게 재산을 교회에 헌납하여 가족들이 빈궁에 빠지는 사례들을 금지시켰다. (2) 교회의 수입은 주교, 사제들, 해당 교구의 빈민들 사이에 균등하게 분배되었다. (3) 비록 성직 안수식, 장례식, 특별미사 등의 경우에 신자들이 자발적 헌금을 하는 것은 계속 허락하였으나, 이들을 위해 헌금을 규정화 하는 것은 폐지시켰다. (4) 유산을 기증받았을 경우, 교회는 해당 재산을 반드시 기증자의 뜻대로 사용할 것을 의무화 하였다. (5) 십일조는 그 금액을 규정하도록 하였다. (6) 교회는 소속 재산이 궁극적으로는 빈민들에게 속한 것임을 계속 잊지 않도록 하였다. 각 수도원들은 근처에 병자와 빈민들, 그리고 나그네들을 위한 병원과 숙소들을 건축해야 했다. 성당 참사회의 규칙 가운데 일절은 "가난한 자들을 보고도 구제하지 않는 자들은 곧 살인자들이니라"고 밝히고 있다.[10]

---

10) E. Baluze, *Capitularia regum francorum ab anno 742 ad annum 922*, I. 503.

마찬가지로 샤를마뉴는 각종 교회의 치리관계 규칙들을 그대로 집행하도록 촉구하였다. 교회 문제에 아무런 관심도 갖지 않은 채 수수방관하던 메로빙가 왕조의 시대는 옛날 이야기였다. 그는 특히 33개의 종교회의들에서 성직자들의 치리문제에 주된 관심을 쏟도록 촉구하였다. 사제들은 분명하고 쉬운 말로 신자들을 가르칠 의무를 다하도록 지시받았으며, 마치 아버지가 그의 자녀들에게 귀를 기울이듯 참회자들의 고해를 경청할 것이며, 병자들을 방문하고, 고행하는 신자들을 잘 감독할 책임을 다하도록 명령받았다. 이를 위해 필요할 경우에는 정부의 도움까지도 주어졌다. 설교에 관해서도 황제에 의해 규칙이 제정되었다. 황제의 명령에 의해 학자들은 설교 본문들을 마련하였으며, 일반 성직자들은 이를 암기하였다가 신자들과의 접촉을 잃지 않도록 바닥으로부터 겨우 수 피트 가량의 높이에 마련된 강단에서 이를 교인들이 알아들을 수 있는 말로[11] 전달하도록 하였다.

성직자들은 공동체에서 함께 생활하는 것이 일반적인 예였다. 주로 주교가 이들을 통솔하였는데, 한 교구 내에 이러한 공동체가 여럿 있어야 할 필요가 있을 경우에는 이 가운데 가장 나이 많은 사제가 이들을 감독하였다. 샤를마뉴는 성직자들과 해당 교구민들이 주교들을 선출하도록 하였다.[12] 그러나 이러한 선거는 항상 영주의 입석 아래 행해졌으며, 영주는 또한 자주 성직자들을 지명하였는데, 대개 지명을 받은 인물들이 선출되는 것이 보통이었다. 대부분의 주교들은 황제로부터 봉녹을 받고 있었으며, 황제는 고위 성직자들끼리 문제가 생길 경우 자기에게 직접 오도록 조장하였다.[13] 이로부터 약 2세기 반 후에 교황 그레고리 7세(Pope Gregory VII)와 충돌한 헨리 4세(Henry IV)의 경우, 샤를마뉴에게서 좋은 전례를 발견했다고 볼 수 있겠다.

두 번째 측면은, 수도원 운동의 개혁 및 부흥이라 할 수 있을 것이다. 이 부문에서 샤를마뉴 개인의 영향은 보다 간접적이라고 볼 수 있다. 그는 수도원의 개혁이 절실함을 깊이 깨닫고 있었으나 그 구체적인 방법은 수도사 자신들에게 맡겨 두었다. 수도원 내부의 영력이 증진됨에 따라 새로운 종교적 부흥이 가능하게 되었다.

샤를마뉴는 즉위 당시 수도원들의 상태가 형편없음을 발견하였다. 예를 들어,

---

11) *AS*, I, 416.
12) Baluze, *op. cit.*, I, 779.
13) *Ibid.*, p. 497.

바바리아(Bavaria) 지방의 많은 수도원들은 정복 전쟁 당시 원조의 대가로 프랑크족 귀족들에게 전리품으로 주어졌다. 진정한 신앙인들은 그 후 수도원을 등지고 떠났으며, 대신 병역 기피자들, 범죄자들 사회에서 제구실을 못하는 자들이 그 자리를 차지하였다. 이에 따라 새로운 수도생들의 집단은 이단들의 본거지 혹은 향락의 소굴로 변화하였다.

샤를마뉴는 그의 할아버지 찰스 마르텔(Charles Martel) 아래에서 대신을 지내고 아버지 난쟁이 피핀 휘하에서는 프랑크족을 대표하여 롬바르드족 주재 대사였던 크로데강(Chrodegang)의 규율을 시행하고자 했다. 크로데강은 주교파가 있던 멧쯔(Metz)의 성직자들을 성당을 중심으로 하여 종교적 공동체로 조직한 바 있었다. 전체 34장으로 이루어져 있던 크로데강의 규율의 주요한 부분은 다음과 같다. (1) 성직자들의 주거 제한에 관한 특별 규칙들, (2) 수도사들의 기숙사, (3) 공동으로 낭송하는 기도문, (4) 일반적인 목회 업무 외에 행해야 하는 공부 및 교육, (5) 철저한 겸손의 생활, 이러한 규율을 준수하는 이들은 캐넌(Canon: 성당 참사회원)으로 알려지게 되었다. 바로 이것이 성당의 정식 참사회의 정신이었으며, 이러한 크로데강의 규율은 그 후 각지의 주교들에 의해 각 교구 성직자들에게 시행되었다.[14]

그러나 샤를마뉴도 수도원 개혁을 외부로부터 강제할 수는 없었다. 개혁은 역시 내부로부터 이루어져야 한다. 이러한 개혁은 아니안느의 베네딕트(Benedict of Aniane, 750~821)와 그가 창시한 수도원 출신의 수많은 수도사들에 의해 비로소 실현되었다. 베네딕트는 원래 황제의 잔을 맡은 관원이었다. 그의 생애는 극적인 경험에 의해 궁신으로부터 수도사로 급변한 바 있었다. 그는 물에 빠진 동생을 구출하러 뛰어들었다가 자기 자신이 급류에 말려 거의 익사할 지경에 처하게 되었다. 이러한 죽음 일보 직전에서 살아남과 동시에 그는 종교적 회심을 경험하였다. 이에 따라 지상의 왕에게의 봉사 대신 천국의 왕에게 봉사를 결심하게 되었다. 779년 랭구에독(Languedoc)에 있던 그의 사유지에 수도원을 설립하였으니, 이곳은 곧 수도원 개혁과 프랑스 전체 부흥의 중심지가 되었다. 그는 베네딕트 규율을 체계화하고 당시에 알려진 모든 수도원 규율들을 수집하였다.[15] 그가 아니안느에서 유지했던 높은 생활수준은 곧 다른 수도원들에 의해 채용되었으며, 그의 본을 받은 많

---

14) *Ibid.*, p. 296. MPL, LXXXIX, 1057~1096.
15) MPL, CIII, 393~1440.

은 이들도 수도원을 설립하였다. 이들 가운데 가장 유명한 인물은 샤를마뉴 자신의 친척이던 아퀴테인의 윌리암(William of Aquitaine)으로서 그는 겔론(Gellone)에 사막의 성 윌리암(St. William of the Desert)수도원을 설립하였다. 윌리암은 샤를마뉴 휘하의 가장 뛰어난 무장 중 하나로서 사라센(Saracen)의 침입을 성공적으로 물리친 바 있었다.

세 번째로는, 각종 교회 건물과 관습, 예배의식과 예식 등의 측면을 생각해 볼 수 있다. 아직도 특색 있는 고딕(Gothic) 양식은 출현하지 않았으나 이미 서방교회는 비잔틴식의 바실리카를 포기하였으니, 곧 흔히 로마네스크(Romanesque)라 불리우는 건축양식이 나타나고 있었다. 교회당 건물들은 다각형이 아니었으며, 보다 십자가의 모습으로 된 사각형에 가까운 형태였다. 외부에는 보통 종각과 돌로 주위를 아름답게 새긴 외창, 아치 등이 자리잡고 있었으며, 내부에는 제단이 성가대석 한 가운데 소재하고 있었다. 거의 모든 교회당에는 성유물들이 보존되어 있었다. 실제로 교회당 건물을 짓기 위해서는 순교자, 사도들 혹은 주님에 관련된 성유물을 반드시 안치해야 한다는 것이 일반적인 풍조였다.[16]

이 성직자들은 일반인들과는 특수한 복장에 의하여 구별되었다. 이들은 프랑크족 귀족들의 긴 머리와 수염에 대조되도록 머리를 짧게 깎았다. 이들의 복장들은 다음과 같은 4가지 주요한 요소로 구성되어 있었다. (1) 캐속(cassock), 발에까지 닿는 검은 색의 긴 의복으로 항상 입는다. (2) 알브(alb), 꽉 끼는 소매가 달린 하얀 린넨으로 된 약복으로서, 특히 성찬을 행할 때 입는다. (3) 카수블(chasuble), 화려하게 장식된 제복으로서 미사를 집전할 때 착용한다. (4) 카멜(camail), 이는 머리에 덮어 쓸 수 있는 두건이 달린 외투식의 복장이다. 이러한 의복들은 마치 고대 로마 시대의 외투와 망토를 연상시키는 것으로서, 털이 달린 모피 외투와 조끼 등을 즐겨 입던 프랑크족의 의복과는 다른 차이가 있는 것이었다. 아마도 이처럼 과거의 패션을 따른 성직자들과 의복은 신자들에게 교회의 역사와 전통을 상기시키고, 교회는 이들의 과거와 미래에 계속 존재할 것임을 은연중에 시사하고 있었는지도 모른다.

샤를마뉴는 특별히 그레고리 성가(Gregorian Chant)를 좋아하여, 이탈리아에

---

16) L. Duchesne, *Christian Worship: Its Origin and Evolution*(tr. M. L. McClure, 1919), p. 403.

서 독일까지 음악과 함께 가수들을 불러왔다. 그는 아헨의 성당을 위해 아름다운 오르간을 제조시키기도 하였다. 그와 그의 아들 경건한 루이(Louis the Pious)는 난쟁이 피핀의 교회 예식 개혁을 계속하여 고울식 의식이 로마식의 그레고리식 의식과 경쟁하였으며, 카톨릭미사 전서(missal)에 큰 공헌을 하였다.

이 시기에 서부유럽에서는 침례통 대신 성수반(font)이 출현하였으며, 세례를 위해 물에 들어가는 대신 머리에 물을 끼얹게 되었다. 공공 고행(public penance)은 거의 그 모습을 감추었다. 개인 미사(주로 죽은자들을 위한 것)가 점차 유행하기 시작하였다. 그러나 교회 내 보수파들은 신자들이 함께 모인 자리에서만 성찬이 진정 그 효력을 발생한다는 이유로 이를 극력 반대하였다. 동방교회로부터의 맹렬한 항의에도 불구하고 무교병(unleavened bread)이 예배를 위해 보다 널리 사용되기 시작하였다. 비록 신자들은 빨대(straw)를 통해 포도주를 마시기는 하였으나, 성찬식에 참여하는 신자들은 두 예품들을 모두 받았다.[17]

네 번째로, 기독교 교리의 측면을 살펴볼 수 있다. 그러나 샤를마뉴 치하의 서방교회에서 발생한 교리문제들은 그 숫자도 적거니와 별로 중요하지 않았다.

(1) 미게티우스(Migetius)라는 자의 가르침을 통해 고대의 사벨리우스주의가 스페인에서 다시 고개를 들었다(182). 그는 비록 하나님은 한분이시지만 인간들에게는 서로 다른 세 가지 모양으로 계시되었으니, 곧 다윗 왕에 의해 성부로, 예수 그리스도를 통해 성자로, 바울 사도를 통해 성령으로 나타났다는 것이었다.[18]

(2) 그런데 이러한 잘못을 반박하려다가 두 사람의 스페인 주교들이 네스토리우스주의적인 양자론(Nestorian Adoptionism)에 빠지고 말았다. 예를 들어, 톨레도의 엘리판두스(Elipandus of Toledo)는 오직 말씀(the Word)만이 하나님과 같은 본질인데, 이 말씀이 합류한 인간은 성부 하나님에 의해 성자로서 입양된다고 하였다. 그의 동료였던 우르겔의 펠릭스(Felix of Urgel)는 이 이론에 성경적 근거를 제시하고자 시도하였다. 즉, 자연상태의 성자는 나사로(Lazarus)의 시체가 어디 놓여 있었는지, 혹은 그가 만나기 전 엠마오 도상의 두 제자가 무슨 이야기를 하고 있었는지, 또는 언제 세상의 종말이 올 것인지 알지 못한다는 주장이었다.[19] 이들

---

17) CMH, III, 556~567.
18) MPL, XCVI, 859.
19) MPL, CIV, 37.

두 사람은 모두 에베소(Ephesus)에서의 시릴의 공헌이나, 레오(Leo)가 받아들인 칼케돈(Chalcedon)의 입장을 무시하였으니, 그리스도가 인간의 성질을 취하신 데서 연유된 제한은 어떠했든지를 불문하고, 그는 역시 육신 안에서 우리가 숭배하는 하나님과 일체이시라는 것이 기독교가 수호해 올 정통의 입장이었다. 사벨리우스주의와 양자론의 두 오류들은 모두 프랑크푸르트 종교회의(Council of Frankfurt)에서 정죄당하였다(794).[20]

(3) 이 시기에 서방교회가 신학에 공헌한 것이면, 역시 니케아-콘스탄티노플 신조(Nicene-Constantinopolitan Creed)에 필리 오케(filioque)라는 구절을 첨가한 것이라고 할 수 있겠다. 필리오케는 곧 "아들로부터"(from the Son)라는 의미이다. 이 구절은 성령께서 성부 하나님으로부터 뿐만 아니라 성자 하나님으로부터도 발생(proceed)하였다는 것을 강조하기 위함이었다. 실제로 이는 스페인이 모슬렘교에 정복당하기 이전의 아리우스파 논쟁에서 비롯된 것이었다. 이 구절은 톨레도 종교회의(The Council of Tolado)에서 정식으로 만들어졌다(589). 이 구절은 서방교회에서는 일반적으로 아무 문제없이 채택되었으나, 예루살렘 근처 올리브 산 수도원(감람산 수도원〈monastery on the Mount of Olives〉)에서 일부 서방교회 수도사들이 이를 영창함으로써 동방교회로부터 큰 반발을 사게 되었다. 샤를마뉴는 809년 아헨 회의에서 이를 긍정적으로 승인하였다. 그러나 레오 3세는 이를 교리적으로 지지하면서도 원래의 니케아 신조에는 포함되어 있지 않다는 사실을 감안하여, 동방교회에서의 사용을 강행시킬 필요는 없다는 입장을 취하였다. 그는 물론 프랑크족들이 신경들을 낭송할 때 이 구절을 사용하는 것을 금하지는 않았다(810년 1월).[21] 서방교회는 이를 널리 채택하였으며, 동방교회는 아무런 근거 없이 전통을 변경할 수 없다는 입장에서 그 사용을 거부하였다. 이들은 계속 성령은 성자에 의하여 성부로부터 진전하였다는 표현을 견지하였다.

샤를마뉴 치하에서의 서방교회의 다섯 번째 특색은 학교들이라 할 수 있다. 각 교구마다 자유민이나 농노들의 자녀들을 막론하고 취학할 수 있는 학교를 설치하도록 법률로 규정되었다(789년의 칙령). 물론 이러한 대규모적인 변혁을 현실화시키는 데는 상당한 시간이 소요되었으며, 이에 비해 샤를마뉴의 제위기간은 충분치

---

20) Mansi, XIII, 873, 883, 899ff.
21) Mansi, XIV, 19ff.

못했고, 그의 죽음 이후에는 동 법령이 제대로 준수되지 못했다. 그 결과 일부 교구들은 매우 뛰어난 학교들을 설치한데 반해 어떤 교구들은 제대로 된 학교가 존재치 못하는 경우도 있었다. 이들 학교에서는 당시 수준으로 볼 때 초등학문들을 교수하였다. 즉, 대수 입문과 초등 문법, 시편, 그레고리 성가 등이었다.[22] 샤를마뉴는 보다 정도가 높은 고등교육에 있어서 성공적이었다. 아헨회의(802)에서는 이러한 교육의 형태 및 범위를 결정하였다. 그 책임은 당시의 가장 대규모적인 두 종교 기구들, 즉 성당과 수도원에서 맡게 되었다. 유자격자로 인정된 일반 학생들은 성직자(후보생)들과 함께 입학하였는데, 수도원에서는 이들을 서로 구분하여 따로 교육시켰다. 교과목은 문법, 수사학, 수학 등으로 구성되어 있었으며, 교수방법은 학교가 소장하고 있던 고대의 사본들을 낭독시키고, 이들의 내용과 스타일을 분석하도록 하며, 이를 복사시키고, 많은 부분을 암기시키는 것이었다. 물론 선생들의 강의가 가장 중요한 부분을 차지했음은 말할 필요도 없다. 따라서 학교들의 명성은 그곳에서 가르치던 선생들의 질과, 학교가 소유한 사본들의 숫자와 질에서 결정되었다. 모든 학교들이 필사에 주력하고, 그 기술이 발전함에 따라 학교들 사이의 정보교환, 작품교환 등도 활발하게 되었다.

샤를마뉴 시대의 가장 뛰어난 교육자는 요크의 알퀸(Alcuin of York, 735 출생)[23]이라고 할 수 있다. 그는 베네러블 베데(Venerable Bede)의 제자였던 에그베르트(Egbert)에게 브리튼에서 수학하였다. 샤를마뉴는 파르마(Parma)에서 그를 만나 너무도 깊은 인상을 받고, 여생을 가까이 두고 지냈으며, 일체의 교육문제에 있어서 그의 의견을 좇았는데, 이에 따라 알퀸은 유명한 학교들을 통해 길이 그 이름을 후세에 남기게 되었다. 알퀸이야말로 유명한 학자이던 리용의 대주교 아고바르드(Agobard)와 함께 우르겔의 펠릭스와 톨레도의 엘리판두스의 이단을 철저하게 파헤치고, 이에 대항하여 7권의 책을 남겼으며, 프랑크푸르트 회의에서 시행한 정죄 구절들을 준비한 장본인이었다. 그러나 알퀸은 독창성에 있어서 뛰어난 인물은 아니었다. 그의 학문은 당시 서방교회의 동시대인들에 비교해 볼 때 뛰어난 양에 이르고 있으나, 동방교회의 사상가들에 비교해 볼 때에는 지혜와 사고의 깊이와 범위에 있어 뒤진다고 평가할 수 있다. 그가 과연 헬라어를 습득하고 있었는지 조

---

22) Baluze, *op. cit.*, I, 237.
23) MPL, vols. C, CI.

차도 의문으로 남아 있다. 그는 보에티우스(Boetius)에 의해 보존된 범위 내에서 아리스토텔레스(Aristotle)를 이해하고 있었다. 그는 철학자도 역사가도 아니었다. 그러나 그는 학생들의 낮은 수준에 맞추어 교훈을 행하고, 자기가 지향하는 정도에까지 이들을 이끌어가는 장기를 지녔던 뛰어난 선생이었다. 그는 학생들에게 어거스틴(Augustine)과 대 그레고리(Gregory the Great)를 집중적으로 가르쳤다. 그는 학생들에게 풍부한 사실과 아이디어를 제공하여, 이들이 교회의 정통적 입장에 벗어나지 않으면서도 스스로의 결론에 이르도록 유도하였다. 알퀸은 샤를마뉴와 마찬가지로 학교는 결국 교회의 현관에 불과하며, 인간의 학문이란 예수 그리스도 안에서의 하나님의 계시에 이르기 위한 예비적 단계라고 굳게 확신하고 있었다.[24]

3. 삭소니와 스칸디나비아 지방선교

샤를마뉴는 기독교 신자인 지배자로서 스스로의 책임을 심각하게 받아들인 인물이었다. 그는 그의 형제 칼로망(Carloman)과 함께 프랑크족의 당파를 차지했던 첫 날부터, 죽음으로 인하여 황제의 권좌를 포기할 수밖에 없었던 최후의 순간까지 기독교 신앙과 교회 세력권의 확장을 위해 신의 힘을 다하였다. 그러나 그의 방법이 항상 지혜로운 것은 아니었으며, 그의 우둔의 정도만큼 선교활동이 제약을 받기도 하였다. 그는 자기 생각으로는 진정 돕고자 했던 이교도들의 고집과 허위에 분노한 나머지 인내심을 잃고, 보니페이스(Boniface)를 비롯한 이전 선교사들의 평화적 수단을 포기하고 이들을 무력으로 회심시키고자 하였다. 이로 말미암아 서방에서는 처음으로 주민들이 기독교 세례와 죽음 중 하나를 택해야 하는 경우를 당하게 되었다.

예를 들어, 색슨족(Saxon)의 전도의 경우를 보면 선교활동이 제국의 영토를 확장시키기 위한 정책과 이들 침략자들로부터 평화를 유지하기 위한 관심과 너무도 복잡하게 얽혀 있기 때문에 오늘날도 이들 두 가지 이해 관계를 서로 구분하는 것이 힘든 일이다. 그러나 물론 샤를마뉴의 마음속에서는 이 두 가지가 하나였을 것이 분명하다. 우선 삭소니를 병합하여 외부로부터의 침략 위협을 제거하는 것은 제국을 위해 바람직한 일이었다. 이 과정에 있어서의 기독교화는 선택의 여지가 없었

---

24) CMH, III, 515~518.

다. 모든 제국 시민들은 당연히 기독교 신앙을 받아들여야만 했다. 동시에 기독교 신앙을 갖는 것이 삭소니 주민들의 개인적 선호에도 불구하고 궁극적으로는 이들을 위해 가장 바람직한 조처였다. 자기 고집대로 행하고 이 때문에 영혼을 상실한다면 아무것도 좋을 것이 없다는 생각이었다. 따라서 무력을 사용하여 공포심을 낳게 하더라도 이를 통해 회심시키는 것이 보다 이상적이라는 논리였다. 만약 누군가 계속 신앙을 거부하고 고집을 부린다면 이는 하나님의 적이 분명하며, 그의 동포들을 위해서도 중대한 위협임이 분명하였다. 또한 이러한 자들의 운명은 어차피 지옥으로 정해져 있는 바였다. 결국 이들이 지옥에 가는 것은 시간문제였으므로 샤를마뉴는 삭소니 주민들 중 완강하게 고집부리는 자들을 칼로 다스리기를 주저하지 않았다.

그러나 물론 이러한 샤를마뉴의 행위를 단순히 이 시대의 산물로서 정당화시키는 것은 합당치 못한 일이다. 황제의 고문이자 그의 스승이기도 하였던 요크의 알퀸은 이에 대해 강력히 항변하였다. "신앙이란 의지의 결단이며 이러한 결단은 강제로 얻어지는 것이 아닙니다. 양심은 설복되어야 하며 무력으로 억압해서는 안 됩니다. 깡패들이 아니라 설교자들을 색슨인들에게 보내야 합니다."[25]

그러나 설교자들은 이미 보낸 바 있었다. 이들의 영향력은 미미하였다. 색슨족들은 계속 프랑크인들의 영토를 습격하고 노략하였다. 마침내 샤를마뉴는 보다 강경한 방법을 사용하기로 하였다. 772년 5월 그는 웜스(Worms)에서 고위 귀족들의 동의를 얻어 색슨인들을 향한 대대적 원정을 시작하였다. 성직자들은 그리스도의 영토를 넓힌다는 이 전쟁의 승리를 축복하고 기도하였다. 처음에는 단지 샤를마뉴가 제국군의 위용을 보이는 것만으로 충분하였다. 그는 웨스트팔리아(Westphalia)의 우상들을 쳐부수고, 제국에서 보낸 전도자들의 말에 귀를 기울인다는 보증으로 인질들을 잡았다. 비록 그 후에도 색슨족들의 침략행위는 계속되어 보니페이스가 설립한 프릿즈라드(Fritzlard) 수도원이 파괴되고 마구간으로 화하는 사건까지 있었으나, 샤를마뉴는 평화를 추구하고자 하였다. 웜스에서의 모임 5년 후, 그는 웨스트팔리아의 파데르본(Paderborn)에서 색슨족들과 만나 언변이 뛰어난 수도사 스트루미오(Sturmio)를 통해 이들을 설복시킴으로써 대부분의 족장들은 기독교 세례를 받게 되었다(777년 5월). 그러나 주요한 색슨족 지도자들 가운데 하나이던 위두킨드(Widukind)의 모습은 이 중에서 찾아볼 수 없었으니, 그는 덴마크에서

---

25) MPL. C. 205.

시간을 벌고 있었다.[26]

위두킨드는 778년 절호의 기회를 잡았다고 생각하였다. 샤를마뉴가 스페인 국경 근처 피레네 산맥 아래 론체스발스(Roncesvalles)에서 사망한 것으로 생각했던 위두킨드의 색슨족 병사들은 헤세(Hesse)와 튜링기아(Thuringia)를 약탈하고 라인강변의 왼쪽 언덕까지 침입하였다. 풀다(Fulda)까지도 위험에 처해 있었다. 수도사들은 24년간이나 사람들의 존경을 받으며 안치되어 있던 보니페이스의 관 및 유물들을 이끌고 이틀을 걸려 피난하였다.[27] 샤를마뉴는 분노에 차서 귀환하여, 색슨족들을 물리치고 위두킨드로 하여금 다시 덴마크로 후퇴하여 은둔하도록 만들었다 (779). 그 후에는 윌레하드(Willehad)로 하여금 색슨인들에게 설교하고, 이 둘 가운데 교회들을 세우도록 하였다. 윌레하드는 보니페이스와 마찬가지로 앵글로 색슨족 출신이었다. 그러나 그의 사역은 그다지 오래 가지 못하였다. 왜냐하면 782년 위두킨드가 다시 돌아와 윌레하드가 남긴 사역들을 추풍낙엽들처럼 쓸어내렸기 때문이다. 윌레하드는 로마로 피신하여 다시 기회를 기다릴 수밖에 없었다.[28] 이로 인하여 샤를마뉴는 자제심을 잃고 말았다. 그는 같은 해 삭소니 지방의 법령을 제정하고 기독교 세례를 받아들이지 않거나, 혹은 주요한 절기 중 금식하지 않는 행위들을 죽음으로 다스리게 하였다. 하루에 4,500명의 색슨인들이 알러(Aller) 강변의 베르딘(Verden)에서 반역, 살인, 방화 등의 혐의로 목을 잘리웠다. 그와 위두킨드간의 소모전은 그 후에도 3년 동안이나 치열의 도를 더하면서 계속되었다. 양쪽 군대들이 지쳤을 때, 샤를마뉴는 위두킨드에게 화의를 제의하였으며, 위두킨드 역시 이를 받아들였다. 이 완강한 색슨족의 용사는 스스로 기독교 세례를 요청해 받기까지 하였다.[29]

사태가 안정되자 샤를마뉴의 좋은 면이 즉시 나타났다. 스페이어 법령(The Act Speyer)이 발표되어 샤를마뉴는 색슨인들이 오직 하나님의 국민들이 되기를 원한다고 밝히고 이들을 해방시켰다. 이교도들을 대상으로 한 사형 규정은 폐지되었으

---

26) *Historiens des Gaules*, vo, 203ff. Vita Sturmii, chapters 3~5, 24, in MPL, vol. CV, 422f, 442f.
27) MGH, *Scrptores*, II, 36.
28) MPL, XCIX, 692ff.
29) *Historiens des Gaules*, V. S68~569.

며, 색슨족들은 색슨 법에 의해 처벌을 받도록 되었다(797).[30]

이리하여, 색슨족들에게 보내졌던 최후의 위대한 사도 루드거(Ludger)가 전도활동을 할 수 있는 길이 열리게 되었다. 그는 프리지아(Frisia)출신이었으며, 보니페이스의 한 세사에 의해 선발되어 전도훈련을 받고 브리튼에서 요크의 알퀸 아래 수학했으며, 778년 30세의 나이로 사제에 임명되었다. 그는 웨르덴(Werden)에 수도원을 세우는 등 색슨인들을 위해 많은 업적을 남긴 후 809년 뮨스터(Münster) 주교로서 많은 이들의 존경 가운데 숨을 거두었다.[31] 이리하여 새로 확장될 영토에서는 수도원들이 기독교교육의 중심 역할을 하였다. 이들 가운데 가장 유명했던 것은 아미엔(Amien) 근처에 있던 코르비아(Corbia) 수도원에서 파생된 코르비아 노바(새 코르비아(Corbia Nova)) 수도원이었다. 원장이던 아달하르드(Adalhard)는 샤를마뉴와 마찬가지로 찰스 마르텔의 손자였다. 그의 형제 왈라(Wala)와 또 다른 동명이인의 아달하르드라는 수도사들은 샤를마뉴가 죽은 일년 후 웨저(Weser) 강 입구에 코르비아 노바를 설립하였다. 이 새 코르비아 수도원은 풀더가 북부 독일지방에서 담당한 위치를 삭소니 지방에서 차지하였다. 이는 또한 스칸디나비아선교를 위한 전초기지의 역할을 하였다. 동 수도원은 특히 823년 경건한 루이(Louis the Pious)가 상당한 금액을 하사한 후 보다 적극적 사업을 벌여 주요한 자리를 점하게 되었다.[32]

기독교는 국가 지도자들간의 협상 결과 외교적 통로를 통해 스칸디나비아 지방에 도달하게 되었다. 덴마크 왕 해롤드(Harold)는 프랑크족 황제의 도움을 요청하기 위해 프랑스의 루이(Louis the Pious)에게 사절을 보냈다. 루이는 만약 사절들이 기독교 신자들이라면 보다 용이하게 원조를 베풀어 줄 수 있을 것이라고 시사하였다. 이들 사절들은 이에 따라 세례를 받고, 왕에게도 이대로 따를 것을 진언하였다. 해롤드 왕과 아내, 그의 아들, 4백 명의 휘하 전사들은 라임스 주교 엡보(Ebbo)에게 잉겔하임(Ingelheim) 궁에서 세례를 받았다(826년 5월). 그러나 해롤드는 일단 그가 일하던 원조를 받아낸 후에는 다시 우상숭배로 되돌아갔다.[33]

---

30) Baluze, *op. cit.*, I, 249~250, 275, 280, 405ff.
31) W. Diekamp, *Die Geschichtsquellen des Bisthums Münster*(1881), IV, 3~53.
32) *Acta Sanctorum ordinis S. Benedicti*(ed. Mabillon, 1733), 710.
33) *Historiens des Gaules*, V, 130ff.

본격적인 스칸디나비아 선교는 앤스가르(Ansgar)라는 코르비아 노바수도원의 교사 출신의 감독 아래 수행되었다. 그는 엡보의 실패를 목격했을 당시 스스로의 개인생활에 큰 실망을 하고 있었다. 그는 엡보가 실패한 자리에서부터 출발하였다. 앤스가르는 평생 순교하고 싶은 욕망에 사로잡혀 있었던 인물로 보인다. 그는 결국 그러한 영광을 차지하지는 못했다. 그러나 덴마크와 스웨덴을 넘나들면서 극도의 자기 부정을 요하는 절제된 생활을 영위했으며, 영광스런 성공과 참담한 좌절을 맛보기도 하였다. 그가 새로 도서관을 기공하고, 학교들을 열고, 교회들을 건축했을 때, 해적들이 그곳을 습격하여 건물들을 불사르고, 갓 믿기 시작한 초신자들을 스웨덴으로 쫓아내 버리고 말았다. 마침내 교황은 그를 브레멘(Bremen) 대주교에 임명하였으니, 그는 이곳을 기지로 스칸디나비아 지방에 효과적인 전도활동을 수행할 수 있었다. 그가 64세를 일기로 임종할 당시 이들 북국인들도 기독교 복음의 사랑을 체험하고 있었다(865년 2월). 앤스가르에게는 "북국인들에의 사도"(Apostleto the Northern Peoples)라는 칭호가 주어졌는데, 그는 개인적인 온정을 통해 전쟁터에서 그토록 흥맹하던 이들을 감화시킨 것으로 보인다.[34]

그러나 제9세기 말에는 이들 노스멘들(Norsemen)-현재 덴마크, 스웨덴, 노르웨이 주민들-가운데 극히 일부만이 기독교인들이었다.

4. 니콜라스 1세 아래에서의 교황제

샤를마뉴의 종말은 곧 제국의 종말을 의미하였다. 로타이르(Lothaire) 및 독일의 루이(Louis the German)에 대항했던 경건한 루이(Louig the Pious)의 투쟁은 제국의 정치적 통일을 유지하기 위한 싸움은 아니었다. 이는 영토가 삼분되는 것을 막고, 양분하기 위한 안간힘에 불과하였다. 따라서 제국의 분열은 이미 기정 사실이었다 할 수 있겠다. 신성로마제국이란 명칭은 황제의 명칭과 함께 계속 유지되었다. 그러나 이들 양 칭호는 모두 실속 없는 빈 껍질에 불과하였다. 이는 어차피 교황으로부터 하사되는 칭호에 불과했으니, 신성로마제국 황제로 선택된 인물이 다스리는 지역을 따라 옮겨 다녔다.

이와 같은 제국의 약화는 곧 교황측의 강화를 의미하였다. 레오 3세의 죽음

---

34) Rimbert, *Vita Ansrarii*, in MGH, *Scriptores rerum Germanicarum*(1884).

(816)으로부터 니콜라스 1세의 즉위(858)까지 42년 동안 베드로의 보좌를 차지했던 7명의 교황들은 능력에 있어서는 서로 달랐으나 니콜라스 교황 시대의 계속적 전력에 대한 영적 권위의 우세를 자아내기 위한 준비를 했다는 점에 있어서는 동일하였다. 교황 파스칼 1세(817~824)는 경건한 루이로부터 피핀(756)과 샤를마뉴(800)로부터 교회에 헌정된 재산을 영구화하는 데 성공하였다(817). 또한 황제는 내란을 평정하는 정도에서만 로마의 문제에 간섭할 수 있도록 하였다.[35] 이러한 조항은 교황 유제니우스 2세(Eugenius II, 824~827) 아래서 제정된 824년 법령에 의하여 보다 확장되어(로타이르와의 협약) 로마인들은 오직 로마법에 의해 다스려지도록 하였으며, 누구든지 교황 선출문제에 관련 문제를 일으키면 유배시키도록 하였다. 마찬가지로 교황령에서 발생한 소송사건에 대한 항소는 우선 교황이 담당하며, 최종심판을 황제가 처리하도록 하였다. 교회는 자체 정비를 위해 각종 선거에 금품 수수를 금지시키고 주교들은 3주 이상 교구를 비우지 못하도록 했으며, 주교 선거에 성직자들과 함께 평신도들을 참여시켰으며, 무식한 사제들의 자격을 정지시키고, 성직자들은 항상 성복을 입도록 규정하였다(826).[36] 교황 그레고리 4세(Gregory IV, 827~844)는 프랑크 왕국의 문제에 중재자 역할을 함으로써, 세속 정부들의 평화와 안정을 유지하기 위해 교회가 관여하는 선례를 남겼다. 교황 레오 4세(847~855)는 군사문제를 포함하여 전반적인 국정에 참여함으로써 로마 교황이 세속 지도자로서의 모든 업무를 감당할 능력이 있음을 과시하였다. 그는 사라센을 상대로 전투를 벌였으며, 황제 정부의 책략과 위협, 폭력을 극복하였으며, 교회 내의 질서를 유지하였다.[37]

물론 이 42년간의 시대에는 각종 탐욕, 야망, 격정의 발로에 의한 폭력들이 난무하였는데, 이는 곧 그 뒤를 이을 봉건제도의 무정부 상태를 예시하는 불길한 징조였다. 이러한 사건들 가운데는 로마 시민들이 합법적으로 선출된 노령의 세르기우스 2세(Sergius II, 844~847) 대신 집사였던 존을 그 자리에 밀어 넣고자 했던 일(844), 베네벤토(Benevento) 공작직을 차지하기 위해 두 명의 이탈리아 귀족들(라델기시우스〈Radelgisius〉와 시코눌푸스〈Siconulfus〉)가 기독교권을 배반하고

---

35) Baluze, *op. cit.*, I. 791ff.
36) Mansi, XIV. 999ff.
37) LP, II. 34.

사라센인들로부터 원조를 요청했던 일(835), 아르세니우스(Arsenius)가 그의 아들 아나스타시우스(Anastasius)를 교황좌[38]에 올리려다가 미수에 그친 일(855) 등을 열거할 수 있겠다. 그러나 전반적으로 볼 때 이 시대는 역시 부정적인 요소 보다는 긍정적인 요소들이 많은 시대였다. 교황들의 자질 역시 이를 스스로의 단점들을 덮을 수 있는 정도였다.

니콜라스는 이러한 유리한 위치를 점한 후 이를 더욱 강화시켰다. 그는 교회의 약화 원인들을 분석한 후 이들을 개선하고자 하였다. 그는 마치 이전의 그레고리 1세(Gregory I)와 마찬가지로 완전히 새로운 체제를 추구하는 혁명가적 인물은 아니었다. 그의 스타일은 독창적이고 창조적 지성을 보여 주지는 않았다. 그는 항상 이미 확고히 안정된 전통적 노선을 쫓아 행동하였다. 그는 항상 그 전임자들이 추구했던 원칙들을 실현하는데 만족하였다. 그의 위대한 점은 이러한 생각들을 성취시켰다는 데 있다. 그와 같은 위치에 있었던 이들이 추구했다가 실패했거나 혹은 겨우 부분적 성공을 거둔데 반해, 그는 이를 완성시킨 것이었다. 그는 다른 어떤 교황들보다도 교회의 명예와 위신을 중요시 했던 인물로 보인다. 대 그레고리가 교회를 이탈리아에서 최고의 위치에 올려놓았다면, 그는 교회를 서유럽에서 최고의 위치에 올려놓았다. 니콜라스 1세는 스칸디나비아인들과 슬라브인들 사이에서 복음을 전하던 전도자들에게 편지하였다. "만약, 교황의 허가 없이는 새로이 교회당을 짓지 못하도록 성스런 교회법이 정하고 있다면, 어떻게 성도들의 집합인 교회가 사도교구의 허락 없이 성립할 수 있단 말인가?"[39] 그는 또한 방탕자 마이클(술 취한 마이클〈Michael the Drunkard〉)에게도 편지를 띄웠다. "오직 하나님의 능력에 의하여 우리들은 베드로와 바울 사도들의 아들로서 태어나게 되었다. 우리들의 공로는 그들에게 비록 미치지 못하나, 이 세상 전체를 다스리는 주권자의 권한을 부여받았다…"[40]

그런데 이 인물은 스스로 원해서 교황좌를 차지한 것은 아니었다. 그는 성 마가 추기경(the Cardinal of Saint Mark)이 자기가 당선한 교황직을 차지하기를 거부한 후, 사람들이 만장일치로 그를 선출하자, 곧 성 베드로 회당으로 도주하여 자

---

38) LP, II, 86~90.
39) Ep. 135, in MPL, CXIX, 753~1212 and in MGH, *Epistolae*, VI, 257~690.
40) Epistola 86, MPL, CXIX, 926ff.

신도 이를 피하고자 하였다. 그는 이곳에서 사람들에게 잡혀 강제로 라테란 궁(Lateran Palace)으로 옮겨져 교황위를 차지하게 되었다. 그는 858년 4월 24일 주일날, 신성로마 제국의 루이 2세(Louis II) 황제가 입석한 가운데 성 베드로 성당의 제단에서 교황에 임명되었다. 이리하여 교황이 자신의 극도로 좋지 않은 건강에 시달리면서도 그가 다스리던 교회의 위치를 고양시키는데 성공했던 9년간의 파란만장한 시대가 막을 열었다. 그는 주저하지 않고 결단을 내리는 성격이었으며, 일단 결정한 사항에 대해서는 무슨 일이 있어도 끝까지 이를 지키는 완강한 성격이었다. 비록 그의 편지들은 길고 지루하고, 표현은 완곡했으나, 그의 행동은 명백하고 단순하였다. 니콜라스는 중도에 그만두지 못하는 성미였다. 그의 사전에 타협이란 없었다. 적과의 타협이란 그에게는 곧 원칙을 포기하는 것으로 보였다. 니콜라스는 막대한 판돈의 종교 및 세속문제가 걸린 도박장의 도박사와도 같았다. 그러나 판돈의 다과를 막론하고 그의 목표는 한결같았으니, 곧 항상 승리하고야 말겠다는 집념에 불타고 있었다.

그 결과 로타링기아(Lotharingia)왕이던 로타이르 2세(Lothaire II, 855~869)는 아내였던 테웃베르가(Teutberga)와의 이혼문제에 관해 교황으로부터 아무런 특혜를 받을 수 없었다. 비록 그는 자기 휘하의 주교들로부터는 지지를 받아냈으며, 발트레이드(Waldrade)와의 간통사건을 합법화시킬 수 있었으나 로마에서 내려진 교황청의 판결은 이러한 지방회의의 결정을 무효화시키는 것이었다. 니콜라스는 아무런 주저 없이 루이 2세와 대머리 찰스(Charles the Bald)에게 무력을 사용해서라도 그들의 조카의 부도덕적인 생활을 바로잡아 기강을 세우도록 하라고 촉구하였다. 마찬가지로 대주교이자 메트로폴리탄이었을 뿐 아니라, 황제의 후원을 받고 있던 라벤나의 존(John of Ravenna) 역시 로마에서 탐욕, 부정, 무능 등의 혐의로 재판을 받게 되었으며, 마침내 유죄판결을 받고 파직당하는 지경에까지 이르게 되었다. 프랑스의 최고 성직자였으며, 고울 지방 최초의 교황권 제한주의자로 알려지고 있는 라임스의 힌크마르(Hincmar of Rheims) 역시 결국은 교황의 명령에 못 이겨, 이미 파직시켰던 로타드 주교(Bishop Rothade)를 다시 소아쏭(Soissons) 교구에 복귀시킬 수밖에 없었다.

니콜라스에게 판결을 받기 위해 항소된 사건들의 내용을 일일이 열거하기에는 그 숫자가 너무 많고 다양하다. 그러나 니콜라스는 중요한 사건들뿐만 아니라 사소한 사건들까지도 주위를 기울여 공정하게 판결했으므로, 교황의 정의는 권력자들과 아울러 약하고 가난한 자들에게까지도 널리 미친다는 사실을 일반인들에게 인식시킴으로써 지존 교황의 위치는 만인의 사랑과 존경을 받게 되었다.

니콜라스의 대적들 가운데 가장 유명했을 뿐 아니라, 로마 교구의 대결로 말미암아 교회에 가장 항구적인 영향을 미친 인물은 콘스탄티노플의 포티우스(Photius of Constantinople)였다. 콘스탄티노플의 교구에서 평신도가 총대주교좌를 찬탈함으로써 발생했던 이 사건의 내용은 다음 장에서 동방교회를 취급할 때에 보다 자세하게 살펴볼 수 있을 것이다. 포티우스와 그가 내쫓았던 이그나티우스(Ignatius) 양자는 모두 자기들의 주장을 교황에게 상고하였으며, 교황의 도움을 얻기 위해서는 불가불 교황의 위위를 인정할 수밖에 없는 결과를 가져왔다. 비록 포티우스는 동방 제국 정부의 지지를 등 뒤에 업고 있었고, 그 직을 빼앗긴 이그나티우스는 불굴의 의지밖에 가진 것이 없었으나, 불운한 총대주교가 결국은 교황의 지지를 얻게 되었다. 니콜라스는 이그나티우스를 위해 집요한 공작을 벌였다. 그러나 그는 문제의 해결을 보지 못한 채 숨을 거두고 말았다. 사건의 종결 소식이 로마에 미치기 불과 13일 전 니콜라스는 숨을 거두었다. 어쨌든 이그나티우스는 다시 콘스탄티노플 총대주교직에 복귀하였으며, 포티우스는 수도원에 유폐당하는 신세가 되었다.

항상 자기의 영향력을 행사할 새로운 영역을 찾기에 분주했던 것으로 보이는 니콜라스는 자신이 아직까지 영향을 미치지 못했던 중앙 유럽의 슬라브인들에게도 손을 뻗혔다. 이 지역 주민들은 이미 콘스탄티노플의 사절들을 통해 기독교 복음에 접한 바 있었다. 물론 기본적인 신앙의 교리에 있어서는 동일하였으나, 이들의 교육은 라틴적이 아닌 헬라적 색채를 띠고 있었다. 라틴계의 입김이 미칠 수 있게 된 직접적인 동기는 불가리아 왕 보리스(Boris, 852~888)가 그의 새로운 교회를 교황의 수하에 맡기고자 한 행동이었다.

교황은 즉각 이에 대응하여 두 명의 라틴주교와 아울러 이상적인 교회조직에 관한 자세한 지시와 야만 상태에서 기독교로 옮겨가는 국가에게 필요한 법령들의 예문 등을 보냈다. 이러한 원칙들은 선임자 대 그레고리가 켄터베리의 어거스틴에게 보낸 지시문에서 니콜라스가 추출해낸 것들이었다. 기독교는 신앙과 올바른 생활의 조화이다. 올바르게 거행된 세례는 인간을 기독교 신자로 만든다. 그러나 질서 있고 도덕적이며 절제 있는 생활을 통해 그의 신앙은 계속 유지되는 것이다. 비록 같은 신자가 아니더라도 적들에게 행해지는 불필요한 잔학행위인 고문은 금지되었다. 불가리아 병사들은 기도로써 전투를 준비해야 하며, 이제까지 사용되던 말꼬리 대신 십자가를 그려 넣은 군기를 사용하도록 하였다. 미신, 일부다처제, 무력에 의한 강제행위들은 모두 금지되었다. 성질이 포학하고, 무지하거나, 기타 성직을 감당할 자격이 없는 사제들은 파면시키도록 지시하였다. 바로 위와 같은 사항들이 니콜라스가 보리스에게 내린 지시문의 개요이다.

보리스는 니콜라스의 사절들 중 일원이던 포르모수스(Formosus)를 불가리아 교회의 대주교, 혹은 총대주교로 임명해 주기를 요청하였다. 이 요청은 받아들여지지 않았다. 그런데 로마에 도움을 청했던 보리스에게는 또 다른 속셈이 있었는지도 모른다. 아마도 그는 종교적으로 콘스탄티노플에 의지하게 될 경우, 동방제국에 그의 정치적 독립을 상실하게 될 우려가 있다고 느꼈을 것 같기도 하다. 혹은 포티우스가 그와 새 교회에 총대주교파를 세워 독립시켜 주지 않은데 불만을 품고 있었을 수도 있다. 아마도 그는 로마로부터 이러한 승락을 받아내기를 기대하고 있었을 것이다. 로마가 그에게 전달하는 기독교야말로 흠없이 순수한 것이라는 니콜라스의 약속은 겨우 니콜라스의 제위기간 동안만 보리스를 만족시킬 수 있었다. "이 문제에 있어서 우리들은 충분하다. 이러한 충분성은 하나님과 축복받으신 베드로부터 온다. 베드로는 그의 교구에 살아계셔서 이를 감독하시며, 누구든지 열심히 찾는 이에게는 진리를 밝히 보여 주신다"[41]는 교황의 주장에도 불구하고 보리스는 이를 외면하고 그의 교회를 다시 콘스탄티노플의 감독 아래 두었다. 불가리아 교회의 근원이나 지리적 위치, 문화적 배경 등으로 볼 때에 어쩌면 이는 마땅한 조치였는지도 모른다.

니콜라스는 신앙과 신조에 관한 저술들을 검열할 수 있는 교황청의 권리를 주장하고, 로마 교회의 권위는 종교회의의 결정을 승인할 수 있는 정도라고 주장하고, 종교회의의 결정이 교황의 승인을 받지 못하면 아무런 효력도 없다고 단언하였다.[42]

바로 그의 교황 제위기간 동안 소위 위조 혹은 허위 칙령들(작자와 연대의 거짓 때문에 이런 이름들이 붙었다)이 사용되기 시작하였다. 이들은 기독교 역사 처음 7세기 동안에 작성된 것임을 자칭하는 교황의 공식적 칙령들 혹은 종교회의 결의 사항들을 수집한 형태가 대부분이다. 이들의 편집자 혹은 수집인은 세빌의 이시도레(Isidore of Seville)라고 전해지고 있다. 이 때문에 흔히 위조 이시도리안 칙령들

---

41) *Responsa*, 106, in MPL, CXIX, 978~1017.
42) EP. 115.

(Pseudo-Isidorian Decretals)이라는 명칭이 붙다. 프랑크식 표현이나 라틴어의 숙어적 표현들로 미루어볼 때, 이는 프랑크 왕국에서 작성된 것이 분명하다. 이들은 세속법령의 위조문이라고 할 수 있는 허위 법규들(False Capitularies)과 비슷한 양상을 띠고 있다. 현재는 이들의 저자는 분명히 밝혀낼 수가 없다. 단지 "사람들에게 알려지지 않은 채 은둔생활을 했던 뛰어난 인물로서…아마도 당대 인물들 가운데 가장 학식 있는 존재였던 듯하니 통찰력 있고 지혜를 갖추었으며, 놀라울 정도로 당대의 풍조와 필요를 꿰뚫어 보고 있었다"고 묘사되고 있을 뿐이다.

이들 문집의 구체적인 내용은, (1) 서문-여기서 저자는 주교들에 의해 모든 교회법령들을 모은 이 문집을 편찬하도록 요청을 받았다고 밝히고 있다. (2) 다마수스 교황(366~384)에게 그의 시대까지의 교황 칙령들을 보내달라고 부탁하는 편지, (3) 다마수스의 편지, (4) 클레멘트(Clement, 제1세기 말)로부터 밀티아데스(Miltiades, 310~314)에 이르기까지의 시대를 망라하는 60통의 위조 칙령들, (5) 허위 콘스탄틴의 헌정(이것은 콘스탄틴 황제가 로마 및 그 일대를 실베스터(Sylvester) 교황 및 후계자들에게 헌납한다는 내용이다), (6) 니케아(325)부터 세빌(Sevile, 619)까지의 종교회의에서 발표된 법령들, (7) 실베스터로부터 그레고리 2세까지 교황들의 칙령들, 이들 가운데 40개가 위조였다.

이러한 위조 칙령집이 나돌게 된 이유들은 크게 네 가지로 나눌 수 있겠다. ① 로마에 권위를 집중시킴으로써 교회의 통일을 기하자는 것, ② 스스로를 해당구역의 최고 통치자로 만듦으로써 교회의 통일성을 훼손시킬 우려가 있는 메트로폴리탄들의 횡포로부터 일반 주교들을 해방시키라는 것, ③ 세속 법관들의 관할에서 종교 사건들을 제외시키자는 것, ④ 세속 통치자들로부터 감독들의 독립을 보장하자는 것. 니콜라스는 864년 이 칙령집을 발견하여 이들 가운데 나타난 표현들을 자신의 포고문, 칙령 등에 그대로 인용, 사용함으로써 이 내용의 진실성을 인정하는 태도를 취했으며, 이에 따라 그의 후계자들이 자신들의 주장을 내세우기 위해 이들을 또 사용할 수 있도록 전례를 남겼다. 그러나 이들은 교황 레오 9세(Leo IX, 1049~1054) 이전에는 그다지 교황들에 의해 널리 사용되지는 않았다. 레오 9세는 바로 이 위조문서가 만들어진 지방출신이었다. 물론 이 위조 칙령집(False Decretals)이 교회 전체를 그 수하에 두고자 하는 교황청의 야욕에 가장 중요한 근거가 되거나 혹은 그 원인이 된 것은 아니다. 단지 이미 그레고리 1세 시절부터 교황들에 의해 시도되어 왔으며, 혹은 시도하고자 하였던 계획을 표면화시키는 데 안

성맞춤의 도구로서 이용되었을 뿐이다.[43]

니콜라스는 867년 11월 13일 사망하였다.[44] 그러나 니콜라스의 직접적 영향은, 비록 그의 역량과 추진력이 없었지만은 계속 그의 유지에 충실하게 정책을 수행하였던 2명의 교황 시대, 즉 15년 후까지 미칠 수 있었다(867~882).

예를 들어, 아드리안 2세(Adrian II, 867~872)는 회개하는 로타이르 2세를 받아들여, 그가 죽기 얼마 전 몬테 카시노(Monte Cassino)에서 성찬을 베풀었다. 또한 포티우스에 관련된 니콜라스 교황의 주장을 굳게 지켰으며[45], 음험하고 교활했던 아르세니우스(Arsenius)의 차남 엘류테리우스(Eleutherius)에 의해 아내와 딸이 납치당하고 결국은 살해당하는 비운 가운데서도 기품을 잃지 않았다. 또한 불가리아 교회를 콘스탄티노플 교구에 병합하고자 했던 동방의 계획에 대해 강력한 항의를 발하였다.[46]

존 8세(John VIII, 872~882) 역시 지친 노구를 이끌고서 그의 교황으로서의 특권을 유지하는데 최선을 다하였다. 그는 사라센에 대항하기 위한 최강의 동맹자로서 찰스(대머리 찰스〈Charles the Bald〉)를 신성로마제국 황제에 임명하였다. 또한 익나티우스의 죽음 후 합법적으로 총대주교좌를 차지한 포티우스를 승인하는 조건으로 동방교회가 불가리아 문제에 관여하지 않겠다는 약속을 받아내었다. 니콜라스가 보리스와 불가리아인들을 받아들였듯이 모라비아의 스와토프룩(Swatopluk) 왕과 그 신민들을 받아들였다. 어쩔 수 없는 외교적 수단으로 무능했던 뚱뚱보 찰스(Charles the Fat)에게 마지못해 황제위를 허락하기로 하였다. 그러나 그는 이러한 조처들을 통해 그의 살아 있는 동안 이탈리아와 교회를 정치적 재난에 빠지지 않도록 보전하였다.[47] 그가 사망한 후에야 교황제는 이미 서유럽 대부분을 잠식했던 봉건제도의 무정부 상태라는 구렁텅이에 빠지고 말았다.

역사가들은 니콜라스 1세에게 "대"(Great)라는 칭호를 붙여 주었다. 이는 그의 생애와 업적으로 볼 때 당연한 일이라고 생각할 수 있다. 아드리안과 존 양 후속자

---

43) *Decretales Pseudo-Isidorianae et Capitula Angilramni*(ed. Hinschius, Leipzig, 1863), J. Haller, *Nicolaus I und Pseudo-Isidor*(1936).
44) LP, II, 151~172.
45) *Sacrosancta Concilia*(ed. Labbé and Cossart, Paris, 1671), VIII, 1224~1228.
46) Mansi, XVI, ii.
47) CMH, III, 453~454.

의 교황으로서의 업무는 그의 위업을 계속한 것으로서, 니콜라스가 지혜롭게 뿌린 씨앗들로부터 과실들을 거둔 것이라고 볼 수 있겠다. 그러나 이처럼 수확을 거두고 난 후에는 그 자리에 대신 자라날 나무들이 없었다. 모든 교황제의 수목들은 열매를 맺지 못한 채 교회라는 토지에 부담만을 주고 있었으며, 교회의 토양 자체도 이미 도덕적 타락과 영적 빈곤으로 메마른 상태였다.

5. 신학과 철학

서구 사회가 암흑시대의 구덩이로 빠져들어가기 이전 한동안 학문의 진보와 교리의 발전이 선행하였다. 이미 샤를마뉴의 재위기간 동안 시작된 이러한 동향은 그의 아들과 손자들 대에까지 계속되었다. 연대로 보자면 이러한 움직임은 우리가 이미 살펴본 조직의 역사와 같은 시대이다. 그러나 지리적으로는 로마나, 그 외 이탈리아에 소재한 교회 지역이 아니라, 북서쪽 프랑크 왕국의 궁정들과, 메트로폴리탄들의 성당부속 학당, 그리고 일반 사회와 격리된 수도원들에서 발생하였다.

9세기의 서구사회에 학문과 독창적 사상의 르네상스를 이룩했던 중심적 인물들은 아달하르드와 왈라가 이끌던 코르비 사원(Corbie Abbey: 아미엥 근처의 코르비아〈Corbia〉 소재)의 학자들이었다. 이들 가운데는 유명한 파스카시우스 라드베르투스(Paschasius Radbertus, 약 785~860)와 전통에서 벗어난 독특한 사상가였던 라트람누스(Ratramnus, 868 사망), 이들보다 약간 처지는 와린(Warm), 힐데만(Hildemann), 그리고 부베의 오도(Odo of Beauvais) 등을 손꼽을 수 있다. 또한 보니페이스의 풀다 수도원 출신으로 후에 마인츠에 정착한 라바누스 마우루스(Rabanus Maurus, 776 혹은 784~856)는 풀다에서부터 두각을 나타내기 시작하여 소아쏭 교구의 오르베에서 계속 활약했으며, 마침내 음침한 힌크마르의 감옥에서 숨을 거둔 곳촉크(Gotteschalk, 약 805~868) 등도 빼놓을 수 없다. 힌크마르(Hincmar, 약 806~882) 자신도 처음 성 데니스(St. Denis)의 수도사로 시작하여 그 후 라임스(Rheims) 대주교가 된 인물로서 거의 반세기 동안 프랑스 교회의 교리 및 정치 문제의 조정관으로 활약하였다. 이름을 알 수 없는 위조 칙령집의 저자 그리고 아일랜드 혹은 브리튼의 어느 지방 출신으로서 프랑스 왕 대머리 찰스의 궁정에서 철학적 재능을 과시했던 존 스코투스 에류게나(약 810~877) 역시 독특한 개성을 지닌 천재였다. 이들 인물들의 전기적인 정보들은 그다지 중요한 것이 아니다. 이들은 모두 행동이 아니라 사상으로 역사에 이름을 남긴 존재들이다. 이들이 사고하고, 이를 글로 표현한 내용들이 그 후 중세의 주요한 교리와 교회생활을 이룩하게 되었다.

예를 들어, 가칭 이시도레의 위조칙령집은 단순한 교회 행정 및 조직체제에 관한 서류가 아니었다. 이는 제3세기의 시프리안(Cyprian)이나 제5세기의 어거스틴(Augustine)이 지은 『신국』(*City of God*)과 마찬가지로 신학적 용어로써 교회론을 주장한 것이었다. 이 가운데 주장된 각종 제도들은 마찬가지로 신앙적 이유들에 의해 정당화되었다. 이 문서들은 그리스도야말로 교회의 머리이시며, 세상에서의 그의 주권은 그의 대신 존재하는 신부들에게 맡겨지고 있으므로 성직자는 특히 사제들은 일반신자들보다 우월한 위치에 있다고 가르쳤다. 따라서 성직자들은 세속 법정에서 재판의 대상이 될 수 없다. 왜냐하면 오직 구세주만이 그가 택한 자들을 심판할 수 있기 때문이다. 또한 마치 교회가 그리스도에게 연합했듯이 신부들은 주교들에게 연합되어 있으며, 주교들은 지상에서 그리스도의 가장 중요한 대리인인 교황에게 다시 연합되어 있다. 따라서 그를 통해 주교들은 천국에의 문들을 열고 닫을 수 있다. 설혹 이들에게 오류가 있을지라도 교구민들은 이들에게 순종해야 한다. 그러나 이들 자신은 모두 교황의 심판을 받게 된다. 왜냐하면 하나님은 모든 교회들이 동일한 신조를 유지하고, 동일한 제도를 지키기를 원하시기 때문이다. 이들은 모두 로마 교회에 의해 지배받도록 명령을 받았다.

이미 오랫동안 일반인들에게 존경과 경외를 받았으며, 예배의 대상까지 되었던 동정녀 마리아 역시 점차 카롤링가 신학자들의 교리적 연구의 과제로 등장하였다. 라트람누스는 그리스도께서 출생의 과정을 통해 세상에 들어오셨으나, 이 출생의 과정은 마리아의 처녀성(virginity)이 예수님의 탄생 이전과 그 과정 중, 그리고 그 이후에 계속 보존되었으므로 수태와 마찬가지로 기적의 사건이라고 하였다.[48] 파스카시우스 라드베르투스(Paschasius Radbertus)는 이보다 한 걸음 더 나아갔다. 그는 몇몇 수녀들의 질문에 응답하면서 마리아 자신도 원죄의 저주에서 벗어나 있으며, 그녀의 어머니의 자궁에서 아무런 흠없이 순전하게 보존되었으므로 그리스도께서 자연의 일반법칙에 따라 탄생했다고 생각해서는 안 된다고 단정하였다.[49] 그런데

---

48) MPL, CXXI, 11~346.
49) *De partu virginis*, in MPL, CXX, 1365~1386.

이러한 마리아의 무흠출산(parturition)은 파스카시우스 라드베르투스의 신학적 의견이었다. 당시에는 아직 교회에서 공식적인 교리로서 확립되지는 않았다.

예정(predestination, 구원과 저주의 양면을 모두 포함한다)의 문제는 어거스틴의 이름으로 불운했던 수도승 곳촉크에 의해 다시 제기되었다. 곳촉크는 스스로의 선택이 아니라 아버지의 강요에 의해 수도원을 택했던 인물이다. 그는 수도원에서의 무료한 시간을 메우기 위해 열심히 어거스틴을 탐독하고 연구한 후 그의 발견을 흥분에 넘쳐 발표하였다. 교회는 그를 수도사에 임명한 것을 후회하였으며, 그를 투옥시킴으로써 그의 신학적 입장을 부인하였다. 곳촉크의 주장은 결코 무미건조한 단순한 신학적 입장에서 비롯된 것은 아니었다. 그의 사상은 심오한 종교적 차원에 도달해 있었으며, 그 이전의 어거스틴이나 그 이후의 칼빈, 루터와 같은 신앙의 토양에 깊이 뿌리박고 있었다. 문제의 핵심은 하나님의 불변성에 있었다. 세상의 종말까지를 창조한 하나님은 그의 자유에 의하여 구원받을 인간들과 그렇지 못한 인간들을 택정하셨는데, 후자의 경우는 곧 저주에 해당하는 것이었다. 이러한 예정(predestination)은 이에 수반하는 데 불과한 예지(foreknowledge)에 기초할 수는 없는 것이었다. 왜냐하면 그렇게 되는 경우 하나님 자신의 결정이 궁극적으로는 인간의 행동에 따라 좌우되므로 하나님의 의지가 가변적으로 되고, 인간의 상황에 따라 변화하기 때문이다.[50]

코르비의 라트람누스를 비롯하여, 처음에는 곳촉크를 지지한 이들도 있었다. 그러나 이러한 지지자들 역시 그의 비판자들 이상으로 곳촉크의 이론을 잘 이해하고 있었던 것은 아니었다. 이들은 물론 이중 예정설(double predestination)을 얘기하였으나, 이들은 하나님께서 일부 인간들을 저주하시기로 한 결정이 궁극적으로 처벌을 받아 마땅한 이들의 장래 악행을 미리 아시고 그리하셨다는 논리로서, 예지에 의한 저주로서 이해하고 있었다.[51]

반면 라임스의 힌크마르 등 곳촉크의 반대자들은 예정론을 긍정적인 구원을 위한 예정으로만 이해하고 있었다. 이들은 그리스도께서 모든 인간들을 위하여 십자가상에서 돌아가신 것을 볼 때 원래 하나님은 모든 인간들이 구원받기를 원하셨다고 한다. 일부 인간들이 멸망하는 것은 전적으로 그들 자신의 악행의 결과라고 주

---

50) MPL, CXXI, 345ff.
51) MPL, CXII, 1554~1562.

장하였다.[52] 퀴에르지(Quierzy, 849)와 발렌스(Valence, 855)의 두 차례 종교회의를 통하여 곳촉크의 반대자들의 입장이 교회의 공식적 입장이라는 판결을 받았다.[53] 이는 아마도 계속 교회의 성례제도를 유지하고 일반신자들의 마음속에 선행의 진정한 가치를 부여하기 위해서 부득이 택할 수밖에 없었던 교회의 입장이기도 하였다.

예정론보다 더 오래 끌었고, 따라서 당시 학자들에게 더욱 심각했던 문제는 성찬식(Eucharist)의 성격에 관련한 교리 논쟁이었다. 파스카시우스 라드베르투스(Paschasius Radbertus)는 831년 "주님의 몸과 피에 관하여"(on the Body and Blood of the Lord)라는 논문을 작성하여, 13년 후(844)에 발표하였다. 그는 이 논문을 통해 우리가 성찬식에서 받는 빵과 포도주는 실제로 예수 그리스도의 몸과 피 자체라고 가르쳤다. 동정녀 마리아에게서 탄생하여, 십자가상에 매달렸으며, 사흘 만에 다시 살아난 바로 그 몸이라는 것이었다. 마찬가지로, 포도주는 손의 못 자국에서 흘러나오고, 창에 찔린 옆구리에서 쏟아져 나온 바로 그 피라고 주장하였다. 물론, 이 몸과 피는 성찬식에 참여하는 신자들의 육안으로는 그렇게 보이지 않으나, 그의 입을 통해 소화기관으로 흘러 들어가게 됨으로 그는 실제로 주님의 몸과 피를 먹고 마시며, 육체적으로도 영양을 공급받게 된다고 하였다.[54] 이리하여 라드베르투스의 교훈을 통해 구체적으로 설명되지는 않았으나, 화체설(transubstantiation)의 교리가 분명한 모습을 드러내고 있었다.

반면 라트람누스(Ratramnus)는 성찬식에서의 빵과 포도주는 최소한 물질적으로는 변화하지 않는다고 주장하였다. 이들은 신성화(consecration) 이전과 마찬가지로 물리적으로는 계속 빵과 포도주로 남아 있는 것이다. 바로 이 빵과 포도주 자체를 우리는 먹고 마시는 것이다. 그러나 신자들에게는 이 행동이 보다 높은 영적 의미를 지니고 있어서, 외부에서 나타난 행위는 내부의 영적 사건을 시사해 주는 것이다. 진정한 신자의 영혼 가운데서 빵과 포도주는 피와 살이 되며, 그는 감사함

---

52) Rabanus Maurus' letters to Noting, L'berand, and Hincmar, in MPL, CXII, 1507~1576. Hincmar's *De praedestinatione Dei et libero arbitrio*, in MPL, CXXV, 65~474.
53) K. Hefele, *Conciliengeschichte*(1873~1890), IV, 195.
54) Liber do corpore et sanguine domini, in MPL, CXX, 1267~1350.

으로 가슴 속의 신앙을 통하여 영적으로 그리스도를 섭취하는 것이다.[55]

라바누스 마우루스(Rabanus Maurus)는 이 양극단적 입장들을 조화시켜 보고자 하였다. 그는 성찬식의 예품들을 역사적 예수님의 육체와 동일시 할 수 없는 것은 분명하지만, 그럼에도 불구하고 하나님의 능력에 의하여 성찬식에 참여하는 신자들을 위해 그리스도의 진정한 실제 육체가 다시 창조되어 사제들을 통해 제단에서 베풀어진다고 하였다. 그리하여 신자가 예품들을 섭취함에 따라 그의 육체 역시 구주의 그것과 같이 영원히 썩지 않는 불멸의 것으로 복귀된다 하였다.[56]

그러나 라바누스와 라트람누스 양자는 당시의 감각적인 시대를 살기에는 부적당한 인물이었는지도 모른다. 힌크마르는 당시 일반인들의 느낌을 대변하여 시대의 성격을 다음과 같이 표현하였다. "만약 우리가 눈으로 보는 것이 우리들이 신앙하는 것이 아니라면, 우리가 보는 것은 단지 그리스도의 몸과 피를 기념하는데 불과한 본보기에 지나지 않게 된다."[57] 그 후 중세에 발전된 성찬 이론은 파스카시우스 라드베르투스에 의해 제기되었던 물질주의적 노선을 그대로 따르고야 말았다.

그런데 철학(philosophy)은 신학과는 대조적으로 거의 이 시대의 풍조와 유리되어 있었다. 이는 마치 고대 플로티누스(Plotinus)의 영향이 그대로 전해져 내려왔거나, 혹은 근대 스피노자(Spinoza)의 출현을 미리 예견했던 시대착오적인 현상처럼 보이기도 한다. 브리튼이나 아일랜드의 수도원들에서 비롯된 각종 사변(speculation)들은 요크의 알퀸의 도움 아래 샤를마뉴에 의해 대륙으로 이식되었다. 투우르의 성 마틴(St. Martin of Tours) 수도원에서 알퀸을 계승한 프레데지수스(Fredegisus, 834 사망)는 문법을 근거로 하여 모든 명사들은 현실에 그 대응하는 존재가 있으므로 무(nothingness), 혹은 암흑(darkness) 등으로 그 자체로서의 긍정적 존재이며, 단순한 존재의 결여(absence)가 아니라 하였다. 따라서 이 세계는 무엇인가(구성되지 않은 물질〈unformed matter〉) 미리 존재하고 있던 물질(something)로부터 창조된 것이며, 미리 존재하던 영혼들(souls)에게 이들이 거할 수 있는 신체(bodies)가 주어졌다고 주장하였다.[58]

---

55) *De corpore et sanguine domini*, MPL, CXXI, 103~170.
56) MPL, CXII, 1510ff.
57) Hincmar, *De praedestinatione*, ch. 13 in MPL, CXXV, 122~125.
58) MPL, CIV, 159~174.

제4장 카롤링가 왕조의 문예부흥(756~882)과 브리튼의 부흥(871~899)　127

　그러나 이러한 신플라톤주의(Neoplatonism)의 부흥의 대변인이자 이 시대의 철학자들 가운데 현재까지 그 작품이 전해진 유일한 존재로 존 스코투스 에리우게나(John Scotus Eriugena)이다. 그는 악(evil)이란 하나님에게 비현실적인 존재이므로 하나님은 이를 결정할 수 없다는 논리로 곳촉크의 예정론을 우회하였으며, 파스카시우스 라드베르투스의 물질주의에 반대하여 성찬의 영적 해석을 지지하였다. 그러나 이러한 명제들은 그에게 있어서는 부차적 문제에 불과하였으며, 일단 그의 기본적 전제가 성립되면 이에 따라 스스로 풀려나갈 문제들에 불과하였다.
　그의 기본적 명제는 곧 종교란 실제에 있어서는 철학이며, 마찬가지로 철학은 곧 종교라는 것이었다(This theis was that religion is in reality philosophy and philosophy likewise is religion). 그 결과 이론화는 곧 철학화를 의미하며, 계시의 자료를 떠나서는 진정한 철학이 존재할 수 없다는 것이었다. 이성(reason)은 이들 자료들을 일상 생활 속에 혼합시킴으로써 활동하여야 한다. 이성이 계시의 자료를 취급하는데 사용하는 방법은 항상 두 가지 기본적인 방향으로 운용되는 변증법이다. 두 가지 방향 가운데 하나는 분석(analysis)이다. 이는 개체로부터 시작하여 정당한 분류를 통해 집단으로, 그리고 보다 더 광범위한 집단으로 점차 규모를 더해가서 결국은 모든 것을 포함하는 기본적 단위에 이르게 된다. 두 번째는 분할(division)이라 할 수 있다. 이는 기본단위로부터 시작하여 류들(genera)로부터 종들(species)의 집단으로, 다시 종들 내의 개체(individual)의 단위에 이르게 된다. 에리우게나는 이러한 변증학의 방법론을 자연계 자체의 운용 모습으로 해석하였다. 즉, 단위(unity)로부터 다양화(diversity)로 그리고는 다시 다양한 요소들을 기본적 단위로 통합하는 과정이라는 것이었다.
　그는 또한 존재(being)와 성질(nature)을 구분하는데 주의를 기울였다. 존재란 무엇이든 그 자체를 가리키는 것으로서 변화되어 이룰 수 있는 그 무엇을 의미하지는 않는다. 성질이란 전체를 포괄하는 개념이다. 현존(現存, actuality)뿐 아니라 잠재(potentiality)를, 존재뿐 아니라 비존재(nonbeing)까지를 포함하고 있다. 비존재는 다섯 가지 다른 방법으로 묘사될 수 있다. (1) 우리들의 감각이나 이해의 범위를 벗어나는 완전, (2) 존재의 척도에서 볼 때, 구체적 존재보다 우월 혹은 열등한 존재가 아닌 것, (3) 아직까지 구체화되지 못한 잠재적 존재, (4) 그의 오염될 수 없는 원형과의 관계에서 볼 때, 오염될 수 있는 존재, (5) 죄에 의해 오염된 인간과 비교해 볼 때 하나님의 형상으로서의 인간. 그 결과 존재와 비존재의 전체로서의 성질은 네 가지 기본적인 분류를 보여 주고 있다. (1) 창조하지만 창조당하지 않는 것(신, God), (2) 그 자체가 창조되었으나 또한 창조하는 것(신적 개념 〈divine idea〉), (3) 창조되었으나 창조하지 않는 것(일시적 존재들〈temporal beings〉), (4) 창조되지 않았으며, 창조하지 않고 있는 것(신, God). 그런데 첫 번째와 네 번째 분류는 서로 유사하며, 두 번째와 세 번째 분류는 이들의 피조성에 의해 서로 분리할 수 없게 연결되어 있으므로 결국은 두 가지 기본 분류인 신과 그의 피조물만이 아는 셈이다.

창조(우주)는 세 가지 종류로서 스스로를 표현하고 있다. (1) 보이지 않는 물질적 종류들(천사들), (2) 보이는 물질적 종류들이나 보이지 않는 영적인 요소를 구체화하고 있는 것들(인간), (3) 물질. 신(하나님〈God〉)은 계속 이들 모든 차원에 참여하고 계시므로 이들 가운데 임재하고 계신다. 최종적으로 만물은 다시 신에게로 집결된다. 신은 마치 태양이 무수한 광선의 방사를 통해 스스로를 표현하고도 감소하지 않는 것과 같은 존재이다.

모든 차원에 걸쳐 존재의 표현을 야기시켰던 바로 그 사랑(love)은 신적 생명 속에서 이를 완전한 통일로써 합일시키게 될 것이다. 부조화, 불일치 가운데 존재의 복수성과 이에 따르는 고통은 인간의 타락에서 비롯된 것이다. 재통일은 네 가지 단계로 발생하게 된다. (1) 죽음(death), 이는 물질의 구속과 오염으로부터의 해방이며 영혼이 일시적 질서에 합일되었을 때의 출발점에로의 귀환이다. (2) 부활(resurrection), 이는 육체의 재구성, 성의 폐지, 육체를 타락 이전의 완전한 상태로 복구시킨다. (3) 적합한 영혼과 육체의 재결합(reunion)은 육체에게 생명, 감각, 이성, 순수한 생각을 부여한다. (4) 영혼에 의한 육체의 흡수(absorption)와 그 원인, 이상(idea)으로의 귀환, 그리하여 선악을 불문하고 모든 만물은 신화(defied)되어 하나(one)로 흡수될 것이다. 그러나 선 의지(good will)는 이것에다 다시 축복받은 이상을 첨가할 것이니, 하나님을 향한 신념에 있어서의 순수이상을 더하게 된다. 개체는 신 가운데 존재하나 마치 지성 속의 개념, 혹은 태양 가운데의 햇살처럼 개체로서도 존재하게 된다.[59]

에리우게나의 이론은 그의 당대인들이 이해하거나, 혹은 반박하기에는 너무도

---

59) MPL, CXXII, 441~1022. cf. E. Gilson, *History of Christian Philosophy in the Middle Ages*(N. Y., 1955), pp. 113~128.

승화된 것이었다. 그는 제9세기의 시대착오적 현상(anachronism)이라고 볼 수 있 겠다. 이 때문에 그는 동시대인들에게 아무런 영향을 미치지 못하였다. 그의 빛은 퍼져 나가지 못했으며, 당시 서구를 뒤덮기 시작하던 암흑을 제어하는데 아무런 역할도 하지 못하였다. 그리하여 철학은 재등장할 때 또 다른 부분에서 시작할 수밖에 없었다.[60]

6. 알프레드 대왕

우리들이 카롤링가 르네상스라 부르는, 유럽대륙을 불붙인 그 불꽃은 또한 브리튼의 수도원 학문과 아일랜드의 수도원들에서도 심지에 불을 당겼다. 베네러블 베데는 단순한 역사가 이상의 인물이었다. 그를 중심으로 일단의 학자들이 모여들었으며, 이에 따라 그의 이름은 그 사망 후에도 계속 학문을 발전시킨 일단의 제자들에 의해 계승되어 문자 그대로 학파를 이루었다. 바로 이러한 북학파(School of North) 출신들 가운데 하나가 바로 요크의 알퀸이다.

그러나 브리튼에는 재난의 시대가 엄습하고 있었다. 켈트족들을 정복한 앵글족(Angles), 색슨족(Saxons), 쥬트족(Jutes)들은 다시 바다를 무대로 약탈을 일삼는 스칸디나비아인들(Scandinavians)의 침략 대상이 되었다. 이들 해적들은 해안에 침입하여 촌락들을 불사르고, 어린아이들을 노예로 잡아갔다. 787년 데인(Danes)들을 태운 3척의 배가 침입하였다. 이들은 북해를 건너 다시 고국으로 귀향하기 이전에 상당수의 영국인들을 학살하고, 서부 색슨 해안에 공포의 발자취를 남겨 놓았다. 2년 후 또 다른 야만적인 침략이 노스움버랜드(Northumberland)에 행해졌으며, 린데스파른 사원을 파괴하고, 수도사들을 살해하였다. 제9세기에 들어서는 이들 약탈자들이 정복자로 변했다. 침입자들은 본격적 정착을 시작하여 수많은 주변인들을 쫓아내었다.

이러한 전쟁들은 문화, 문명은 물론 종교에까지 심대한 영향을 미치게 되었다. 알퀸을 배출하였던 요크를 비롯하여 북학파들은 종적을 감추었다. 무지, 미신, 공

---

60) A. D. 756~882년에 걸친 기간에 대해서는 다음의 것들을 보라. Mourret, *op. cit.*, III, 283~469, and E. Amann, *L'époque Carolingienne*(1947) in *Histoire de l'église depuis les origines jusqu'à nos jours*, vol. VI.

포가 만연하였다. 수도사들과 사제들은 본연의 임무를 망각한 채, 그 후 중세 말 로마의 방탕한 종교인들의 모습(Pornocracy)을 방불케 하는 치태(癡態)를 연출하였다. 바로 이러한 시대에 젊은 알프레드(Alfred)는 출현하였다. 머톤(Merton, 871)에서 데인족들에 대항하다 전사한 형 에텔레드(Ethelred)를 계승한 알프레드는 웨섹스(Wessex) 왕위에 올랐다. 그는 당시 겨우 28세였다. 그는 28년간 재위하고 899년 52세를 일기로 숨을 거두었다. 알프레드는 두 가지 뛰어난 업적으로 오늘날까지 그 이름을 남기고 있다. 첫째는 정치, 군사적인 공로이다. 그는 데인족들을 몰아내고, 서부 색슨(West Saxon) 왕실을 중심으로 영국인들의 힘을 모아 국가를 건설하였다. 두 번째는 문화적, 영적 업적이다. 그는 국민들 가운데 학문과 교육을 진흥시키고, 성직자들의 도덕을 개혁시켰으며, 종교조직과 규율을 다시 세우고, 어거스틴과 테오도레로부터 전수받은 종교의 모습을 되찾아 이를 계속 발전시킬 수 있는 기틀을 마련하였다. 비록 즉위 당시에는 불학무식하였고, 간질병자였기에 감정적 장애까지 겹쳐 있었으나, 그는 그럼에도 불구하고 정치가이자 학자로서 성장하여 보에티우스의 『철학의 위안』(Consolation of Philosophy), 그레고리의 『목회학』(Pastoral Case), 오로시우스의 『세계사』(Universal History), 메데의 『잉글랜드 교회사』(Ecclesiastical History of England) 등을 앵글로 색슨어로 번역하였다. 그의 가장 위대한 문학적 유산은 『앵글로 색슨 연대기』(Anglo Saxon Chronicle)라 볼 수 있는데, 그의 명령으로 보존된 이 대작을 통해 우리들에게 그 시대를 이해하는 데 큰 도움을 주고 있다.

브리튼인들은 알프레드를 가장 위대한 색슨 출신 통치자로서 평가하고 있다. 그는 영국 역사상 유일하게 대왕의 칭호를 받은 인물이다. 비록 그의 활동무대는 샤를마뉴보다 좁았으나, 그는 여러 가지 측면으로 볼 때 오히려 샤를마뉴보다 뛰어난 인물이었다. 그는 학문을 장려했을 뿐 아니라, 스스로 학자로서 성장한 인물이다. 샤를마뉴와 마찬가지로 그는 르네상스(학문, 예술, 문화의 부흥)를 야기한 인물이다. 샤를마뉴가 이 시대의 새벽에 대륙에서 성취한 과업을, 알프레드는 같은 시대의 석양에 잉글랜드에서 이룩하였다.[61]

---

61) Asser of St. David, *Annals of the Reign of Alfred the Great*(ed. Stevenson, Oxford, 1904). *Anglo-Saxon Chronicle*(ed. Plummer, Oxford, 1892~1899), 2 vols., sub annis 853~901. *The Whole Works of king Alfred*(ed. J. A. Giles, London, 1858), 2 vols.

제 5 장

8, 9세기의 비잔틴 기독교
(717~886)

　동방교회는 지적, 인문적 수준에서 서방교회에 비해 앞서 있었다. 샤를마뉴와 그의 아들, 손자들의 치세를 묘사하기에 적합한 "르네상스"라는 단어는 같은 시대를 살았던 동방제국인들의 지성과 정신을 나타내는 데에는 적당하지 못하다. "르네상스"란 곧 부흥 혹은 중흥을 의미한다. 서방의 고대 문명과 문화는 야만족들의 침입에 의해 일단 중단당한 바 있었다. 계속 생존을 유지한 학문의 경우도, 단절되고 고립된 기관들에 의해 보존되고 있었다. 이에 따라 학자들의 활동 역시 창조적이기보다는 전통을 고수하는 데 급급하기 마련이었다. 이에 따라 수많은 성당 부속학당들과 수도원 학당들의 출현, 왕실의 교육 진흥정책, 생산적인 학자들의 활동에 의해 이루어진 르네상스는 오랫동안 서방교회 내에 잠자고 있던 인간들의 재주와 지성을 자극하여 짧은 기간동안이나마 서방사회를 새로운 차원에 도달하게 하였다.

　그러나 동방에서는 과거와의 연결이 단절되지 않은 채 계속될 수 있었다. 비록 동방의 역사에 있어서 8, 9세기(특히 9세기)는 뛰어난 기간이었으나, 이들은 결코 르네상스는 아니었다. 이러한 업적들은 그 이전의 성과와 계속되는 일부분을 이루고 있었으며, 단순한 계속이 아니라 발전이기도 하였다. 부흥하거나 갱신된 것은 아무것도 없었다. 즉, 동방교회의 경우에는 중재자가 따로 없었다.

　그러나 물론 이는 어떤 시대가 다른 시대에 비교하여 보다 창조적이고 유명했다는 사실을 부인하는 것은 아니다. 동방 역사에 있어서 이러한 위대한 시대는 제국이 이사우리안 왕조(717~867) 치하에 있었던 150년의 기간이라고 볼 수 있겠다.

이 시대의 업적은 그 뒤를 이어 동방제국의 정치적 정점을 이루었던 마케도니아 왕조(Macedonian Dynasty)의 기초를 놓았다.

서방 기독교권을 위해 샤를마뉴가 담당하였던 정치적 보호자, 혹은 통치자로서의 역할을 동방에서는 이미 비잔틴 제국 황제들이 오랫동안 감당해 온 바 있었다. 실제로 제8세기 후반기와 제9세기 처음 10년간 라틴 교회를 위해 보여 준 프랑크족 왕실의 정력과 관심을 레오 이사우리안(Leo the Isaurian)은 이미 제8세기 전반기에 헬라 교회를 위해 과시하였으며, 그의 후계자들은 샤를마뉴의 제국이 실질적 능력을 상실한 후에도 오랫동안 계속 이러한 역할을 성공적으로 감당하였다. 동방 황제들은 항상 교회를 자신들이 돌보아야 할 유산으로 생각하였으며, 스스로들을 교회의 조정관으로서 신학자로서 간주해 왔다.

1. 성상에 관한 논쟁

이에 따라 성상논쟁(the Iconoclastic Controversy) 역시 황제였던 레오 3세(Leo III, 717~741)에 의해 주도되어, 아들 콘스탄틴 5세(Constantine V, 741~775), 손자 레오 4세(Leo IV, 775~780)에 의해 계속되었으며, 결국 비공개 종교회의(787)에서 일단 막을 내렸는데, 이 과정을 통해 황실은 계속 영향력을 행사하였다. 이전의 통치자들이 수립했던 제도를 같은 집안 출신이던 후대 통치자들이 폐지할 수밖에 없었으니, 이사우리안 가문 출신들에 의해 성상논쟁은 야기되고 또한 해결되었다고 볼 수 있다.

현재 영어단어의 의미로는 새로운 제도나 체제 등을 수행하기 위해 기존 질서체제를 파괴하는 것을 의미하는 우상훼파(iconoclasm)가 원래는 문자 그대로 교회당 내의 조각들, 성상들, 성화 등 성경상의 인물들이나 사건 등을 묘사한 물체들을 일체 파괴해 버리고자 했던 특정한 운동을 가리키는 것이었다. 따라서 우상훼파론자(혹은 우상철폐, 우상폐지론자〈iconoclast〉)란 성상파괴자들을 의미하였다. 반면에 예배를 위해 이러한 성상들이 유용할 뿐 아니라, 필수적이라고까지 생각하여 이들을 공경하는 자들도 있었다. 우상 철폐론자들은 이들을 가리켜 성상 숭배론자들(iconolators)이라고 불렀다.

원래 유대교와 초대 기독교의 전통은 교회당이 매우 단순, 소박하고 그 안에 일체의 성상들을 두지 않는 것이 원래 모습이었다. 그러나 오랫동안의 갈등을 거쳐

교회당을 화려하게 꾸미고, 예배와 장식 등에 성상들을 이용하는 행위가 이미 보편화되어 있었으므로 당시에는 동서방 교회를 막론하고 교회당 혹은 교회에 관련된 건물 내에서 아무런 성상들이 없는 경우가 거의 드문 정도였다. 따라서 초대 기독교가 우상숭배로서 회피해 왔던 현상들이 8세기 경에는 이미 교회 내에서 흔히 시행되고 있었다. 따라서 원래는 혁신이라고 간주되던 행위가 이 시대에는 전통의 위치를 차지하였다. 성상의 사용을 반대하는 이들이 오히려 기독교권의 기존질서를 파괴하고자 하는 위험한 혁신분자들로 간주되고 있었다. 성상들은 일반 신자들의 사랑을 받고 있었다.

따라서 725년 레오 3세가 유명한 칙령을 발하여 성상들의 사용을 금하고 그 파괴를 명하였을 때, 과연 레오가 이를 통해 개인적으로나 국가적으로 무엇을 얻고자 하였는지 분명하지 않다. 콘스탄티노플 총대주교(715~730)이던 게르마누스(Germanus)가 즉각 이에 반대하고 나섰다.[1] 희랍에서는 반란이 발생하였고, 이탈리아 주민들은 교황을 중심으로 단결하였다. 라벤나 태수(Exarchate of Ravenna)를 통해 이탈리아인들에게 행사되던 콘스탄티노플의 영도력은 이 때문에 영원히 상실되었다. 개혁이 본격적으로 시작되기도 이전, 게르마누스는 그 직을 박탈당했으며, 레오 3세의 입장을 지지하던 그의 교회사(chaplain) 아나스타시우스(Anastasius)가 총대주교좌(730~754)를 차지하였다.

그런데 이러한 레오의 행동 배후에 숨어 있는 정치적 동기를 헤아리기 힘든 이유는 아마도 이러한 정치적 동기가 존재하지 않았기 때문인지도 모른다. 그의 결단은 오직 순수한 종교적 신념의 결과였을 수도 있다. 그는 제국의 동부전선에 주둔한 바 있었다. 군인으로서 이미 모하멧교 신도들(Mohammedans)과 접촉한 기회를 통해 그들의 예배 모습에 큰 감명을 받았을 가능성도 추측할 수 있다. 또한 니콜리아(Nacolia) 주교 콘스탄틴(Constantine)이 그에게 성상들을 경외하는 것은 어리석은 짓일 뿐 아니라 제2계명을 전적으로 어기는 일이라고 설복하였다.[2] 반면 게르마누스는 성상들이 하나님의 아들의 성육신(Incarnation)을 보여 주고 있으며, 가현론자들(Docetics)의 이단에 대항하여 주님의 진정한 인성(humanity)과 일치할 뿐 아니라, 이를 더욱 확실히 과시해 준다 하였으나 레오 3세를 설복할 수

---

1) Germanus, Ep. *IV*. MPG, XCVIII, 163~188.
2) MPG, XCVIII, 144, 145.

는 없었다.³⁾ 레오는 성상철폐야 말로 하나님께서 그에게 부여하신 성스런 사명으로 생각하였으며, 그의 제국 내에서 일체의 성상숭배를 축출하기로 결심하였다.

그의 대적들은 물론 일반 대중들을 자기편으로 끌어넣었다. 각종 주방용구, 빗자루, 빨래 방망이 등으로 무장한 일단의 주부들이 교회당에서 성상들을 철거하는 병사들을 타살하는 끔찍한 사태가 발생하였다. 레오의 대적들은 또한 신학자들과 학자들의 도움도 끌어넣었다. 이들 가운데 가장 유명한 인물은 다마스커스인 존(John Damascene)으로서 그의 이름이 시사하는 바처럼 아랍 도시 다마스커스에 거주하고 있었으므로 황제의 징벌을 피할 수 있었다. 따라서 그는 이 문제에 관해 자기가 생각하는 대로 자유롭게 그 의견을 표현할 수 있었다. 그는 727년 성상수호를 위한 첫 번째 변론(First Oration in Defence of the Images)을, 2년 후에는 이와 대동소이한 내용의 두 번째 변론을 발표하였다.⁴⁾ 그의 주된 논지는 주님께서 인간의 모습을 취하신 성육신의 사건을 통해 제2계명은 이미 폐지되었다는 것이었다. 성상폐지론자들 역시 성찬과 십자가 등의 상징들은 계속 보존하지 않는가? 만약 십자가를 숭모하는 것이 허락된다면, 왜 그 위에 매달린 모습을 숭모할 수 없단 말인가? 성경 자체, 혹은 성자 하나님과 마찬가지로 성상들은 구속을 이룰 목적으로 바쳐지고 거룩하게 된 물질들이었다. 성상들에게 바쳐지는 신자들의 흠모는 성상 그 자체가 대상이 아니라, 성상을 통해 대표되는 원형(original)인 것이다. 또한 이러한 흠모도 성자들이나 선지자들에게 행해질 경우에는 원형들 역시 영예와 존경을 표현하는 것에 불과하며, 예배는 아니다. 예배는 오직 하나님에게만 속한 것이다.

존의 주장은 동방제국의 수도사들과 수많은 주교들, 그리고 일체의 성상폐지론에 동조하지 않던 서방교회의 지지를 받았다. 교황 그레고리 3세(Gregory III, 731~741)는 전임자 그레고리 2세(Gregory II, 715~731)와 마찬가지로 황제의 행동에 반대하였으며, 로마에 93명의 주교들이 참석한 종교회의를 소집하고, 그리스도와 그의 성자들의 성상들을 파괴하거나 훼손한 모든 자들에게 파문을 발했다(731).⁵⁾ 샤를마뉴는 자신과 궁정의 학자들은 성상들의 사용을 옹호하였으나, 라임스의 힌크마르를 비롯 이들의 저술은 존(다마스커스딘 존)의 이론에 전혀 새로운

---

3) Germanus. Ep. II, MPG, XCVIII, 157 C.
4) MPG, XCIVIII, 1231~1420.
5) Mansi, XII, 299~300.

점을 첨가하지 못했다. 그런데 이미 살펴본 바처럼 서방교회는 그 자신의 문제를 해결하기에 급급한 상태였다. 로마는 콘스탄티노플로부터 등을 돌리고 프랑크족들에게 원조와 도움을 요청하였다. 이 문제에 관한 교황과 동방제국 황제간의 이견은 라틴 교회와 헬라 교회 사이의 간격을 한층 더 넓혔을 뿐이다. 서방교회는 동방교회보다 훨씬 기꺼이 성상의 사용여부에 관한 문제는 "황제들이 아니라, 교회에서 결정해야 한다. 황제는 교회의 문제에 간섭할 권한이 없다"는 다마스커스인 존의 주장을 받아들일 태세가 되어 있었다.[6]

원래 황제 및 몇몇 주교들의 진정한 종교적 관심으로부터 비롯된 문제가 곧 가장 중대한 정치문제로 발전하였다. 교회와 국가가 하나이었으니, 이는 어쩌면 당연한 귀결이었는지도 모른다. 또한 모든 수단을 다해 자기들의 이익을 추구하기에 급급하였던 정치가들이 이처럼 좋은 기회를 놓칠 리가 없었다. 당시 동방제국에서는 4개의 당파들이 권력을 탐하여 경쟁하고 있었으며, 이들은 목적을 달성하기 위해 사회불안과 폭동을 발생시키기를 주저하지 않았다. 이들은 청색당(Blues), 녹색당(Greens), 적색당(Reds), 백색당(Whites) 등으로 나뉘어 있었는데, 이 가운데 청색당과 녹색당의 세력이 가장 강했다. 이들 양파들은 권력을 잡기 위해 황실의 총애를 받는 것이 한 가지 방법이었다. 따라서 황제가 이들 중 일파에 의해 지지를 받게 되면 다른 일파는 당연히 적대행위를 취하곤 하였다. 삼위일체 논쟁과 그 후 그리스도의 위격 및 본질에 관한 논쟁에서 녹색당은 일반적으로 이단사상을 지지하였으며, 청색당은 주로 정통적 입장에 서곤 하였다. 성상철폐 시비가 제기되자, 콘스탄티노플 시민들은 세 가지로 갈라졌다. 우상 철폐론은 곧 기독교 자체의 파괴와 마찬가지로 간주한 일단의 광신자들, 극단적 보수주의자들이 수도사들과 금욕주의자들의 지도를 받고 있었다. 또한 황제의 영도아래, 일단의 진보주의자들은 성상의 사용을 유치한 미신이자 우상숭배로 보고 방법을 가리지 않고 개혁을 추구하였다. 또한 이들의 중간에 무엇보다도 교회의 평화와 통일을 추구하던 온건파들이 자리잡고 있었다.

콘스탄틴 5세(Constantine V)는 보다 뜨거운 열심, 깊은 신학적 이해, 극단적 방법으로 성상철폐의 이상을 추구하였다. 340명의 주교들이 에베소의 테오도시우스(Theodosius of Ephesus)와 페르게(버가(Perge))의 파스틸라스(Pastillas)가

---

6) πρὸς τοὺς διαβάλλοντας τὰς ἁγίας εἰκόνας, I. 27: II. 12.

사회를 본 그의 종교회의에서는(753), 그리스도의 성화를 그리는 것은 네스토리우스주의자이거나 혹은 단성론에 의한 것이라고 판결하였다. 왜냐하면 네스토리우스는 인간 예수(Jesus)가 신인 그리스도(Divine Christ)를 운반하는 수단에 불과하다고 했으며, 단성론은 주님의 인성을 전적으로 부인하여 신성(Divinity) 자체를 인간의 형태와 동일화했기 때문이다. 그리스도의 초상을 사용하는 것은 정통일수 없다. 왜냐하면 신성을 표현하는 것은 불가능하기 때문이다. 성만찬이야말로 우리 주님을 정당하게 표현할 수 있는 유일한 수단이다.[7] 수도원들까지 금지되었으며, 건물들은 군인들을 위한 병영으로 이용되었다. 원래 수도사 출신이던 콘스탄티노플의 총대주교 콘스탄틴 2세(Constantine II, 754~766)는 그의 교회 내에서 자신의 권력을 부정해야 하는 경험을 맛보게 되었다. 레오 4세도 그의 아버지와 할아버지의 우상철폐 운동을 계속 수행하였다.

그러나 레오 4세가 사망하자 그의 미망인 아이린 여황(Empress Irene)은 10살 난 그의 아들 콘스탄틴 6세(780~797)의 이름으로 섭정하면서 세 명의 이사우리안 전임 황제들의 정책을 역전시켰다. 그녀는 아테네의 명문에서 태어난 헬라인으로서 성상숭배에 깊이 물든 인물이었다. 그녀는 우상철폐론자인 총대주교 바울 4세(Paul IV, 780~784)를 내쫓고 그 자리에 그녀의 국무장관이던 평신도 타라시우스(Tarasius, 784~806)를 앉혔다. 그는 로마와의 관계를 다시 회복하고 교황 아드리안 1세(Adrian I, 772~795)에게 종교회의를 소집하여 콘스탄틴 5세의 성상 철폐론적 교회법령들을 취소시키고, 기독교권에 다시 성상들의 위치를 공인하도록 해달라고 부탁하였다.[8] 아이린이 섭정으로 있는 동안 유명한 제2차 니케아 종교회의(787)가 개최되었다. 회의는 주어진 의제를 해결하는 데 최선을 다하였다.[9] 그러나 동서방 양교회가 모두 출석하였던 이 회의조차 논쟁을 즉각 종식시키지는 못하였다. 쉬운 해결을 바라기에는 이미 심각한 정치문제로 변해 있었다. 예를 들어, 군인들은 대부분 성상 철폐론을 지지하고 있었다.

아이린은 신학적 승리를 거둔 이후 정치부문에서도 자기 아들을 물리치고 승리를 거두었다. 790년 성년에 달한 콘스탄틴 6세(Constantine VI)는 어머니의 간섭

---

7) Mansi, XIII, 251 A, 255 A, 236 D, 258E, 259 B, 261~3, 283 C.
8) Ibid., 985 B, 986 A.
9) Ibid., XII, 951ff.

에 불만을 품기 시작하였다. 이때쯤 그는 이혼한 후 다른 여자와 재혼하였다. 이 때문에 교회 내의 보수파들과 반목이 생겼는데, 아이린을 지지하고 추종하던 이들은 바로 이 보수파들이었다.[10] 야심에 찬 이 여인은 자기 아들을 폐위시키고, 그녀가 그를 분만하고 그에게 젖을 먹였던 바로 그 침실에서 그의 눈알을 뽑아내고 스스로 로마 역사상 최초의 여황제로 정식 즉위하였다(797).[11] 그러나 그녀의 제위는 오래가지 못하였다. 5년이 못 되어 대신들 중 하나이던 니세포루스(Nicephorus)가 반란에 성공하였다.

뒤를 이은 무정부 상태(802~820)는 또 다른 우상철폐론의 시대를 도래시켰다. 비록 니세보루스 1세(802~811)는 이 문제에 관해 뚜렷한 종교적 확신을 가지고 있지는 않았으나, 국가가 종교의 우위에 서기 위해서 우상철폐론을 지지하는 입장을 취하였다. 같은 이름이던 그의 총대주교 니세포루스(806~815) 역시 별 문제를 일으키지 않고 황제의 입장을 수호했으며, 스투디움(Studium) 수도원장(759~826)이던 테오도레(Theodore)가 이끄는 수도승들의 광신적 반항을 진압하였다. 테오도레는 그의 상관이던 총대주교와 황제를 우회하여 로마에 항소하기까지 하였다. 불가리아족(Bulgars)에게 패배당한 마이클 1세(Michael I, 811~813)가 사퇴한 후 위에 오른 아르메니아인이라 불리우던 레오 5세(Leo V, 813~820)는 니세포루스 1세의 정책들을 계승하였는데, 니세포루스와는 달리 온건한 성품과 판단력이 결여되어 있었다. 이미 니케아 제2차 회의를 통해 일단락되었다는 이유로 총대주교 니세포루스가 성상에 관한 문제를 다시 취급하기를 거부하자 레오 5세는 그를 퇴위시키고 대신 성상 철폐론자 테오도타스 1세(Theodotas I, 815~821)를 대신 임명한 후 회의를 소집하여 제2차 니케아 회의를 취소하고, 콘스탄틴 5세가 주도했던 회의를 재공인하였다. 레오 5세가 살해당한 후 황제 위를 차지한 이사우리안 가문 출신의 마이클 2세(Michael II, 820~829, 흔히 말더듬이(stammerer) 마이클이라고 불리움) 역시 성상 철폐론자였으며, 그의 아들 테오필루스(Theophilus, 829~842) 역시 동일한 입장이었다. 마이클은 국민들이 공공장소에서 성상들을 사용하지 않는 한 개인적으로는 이를 간직하고 이용하는 것을 허락할 만큼 너그러운 인물이었다. 반면, 테오필루스는 그가 총대주교 존 7세(John VII,

---

10) Theophanes, *Chronographia*(Bonn, 1839~1841), I, 719.
11) *Ibid.*, 721~726.

832~842)로 임명한 친구 문법가 존(John the Grammarian)의 충고를 좇아 폭력을 사용한 핍박자였다. 그의 제위기간 중 주교들이 폭행 당하고, 수도사들은 투옥, 고문당했으며, 성상들을 사용한 죄는 유배로 다스려졌다.

성상들의 사용을 다시 허용하고 교회에 평화를 가져온 것은 테오필루스의 미망인이었던 테오도라(Theodora)였다. 성상철폐는 더 이상 종교적 문제가 아니었다. 일반 신자들의 경건성이 그 사용을 요구하고 있었으므로 이는 정치적인 문제였다. 이에 따라 3살 난 아들을 섭정하던 테오도라는 스스로 성상 사용을 원했을 뿐 아니라, 국민들 대다수가 요구하던 바대로 성상숭배를 용인함으로써 교회에는 평화가 찾아오고 논쟁은 끝을 맺었다. 그녀는 회의를 소집하여 존 7세를 폐위시키고, 대신 메소디우스 1세(Methodius I, 842~846)를 선출하였다. 이 종교회의는 또한 제2차 니케아 종교회의의 결정사항을 다시 확인하였다.[12] 제2차 니케아 종교회의에서는 성상들의 사용은 올바르고 정당하며, 예배를 위해 필요한 것이라고까지 정의한 바 있었다. 이는 성상들은 "경배와 존경"을 받기에 족하지만 "오직 하나님께만 속한 완전한 의미의 경배"를 받아서는 안 된다고 하였다. 이것이 바로 동서방 양교회가 오늘날까지 계속 유지하고 있는 입장이다. 양 교회 모두가 제2차 니케아 회의를 제7차 세계 회의로 공인하고 있다.

이 교리는 미사에 그리스도의 신체가 실제로 임재한다는 교리와 같은 성격을 지니고 있다. 동서방 양 교회 신자들은 모두 순수한 영적 존재에의 동반으로서 구체적이고 물질적이며 감자적인 것을 요구하였다.

2. 다마스커스인 존(John Damascene)

우상철폐론의 시대는 동방교회 최대의 신학자를 배출하였다. 다마스커스인 존이야말로 동방교회 출신의 거장들 중에도 특별한 위치를 차지한다. 비록 그는 오리겐과 견줄 정도의 독창성과 빼어난 창의력을 소유하지는 못했으나, 동시에 그는 이 사변적인 알렉산드리아의 천재와 같은 이단의 혐의를 받지도 않았다. 그는 또한 아타나시우스(Athanasius), 갑바도기아의 교부들(Cappdocian Fathers), 혹은 알렉

---

12) Mansi, XIV, 787~788. L. Bréhier, *La Querelle des images*, VIII~IX siècles(1904). K. Schwarzlose, *Des Bilderstreit*(1890).

산드리아의 시릴(Cyril of Alexandria)처럼 삼위일체, 그리스도의 위격과 본질 등 중추적인 교회에 관한 업적을 남긴 인물은 아니었으나, 그의 활동 범위는 동시에 이들처럼 전문화 혹은 축소되지 않고 다양하였으며 다채로웠다. 그는 선배들에게 허락되지 않았던 신학적 범위와 균형을 이룩할 수 있었다.

서방의 학자들 가운데 존에게 꼭 상응하는 인물을 찾기는 힘들다. 물론 어거스틴이 쉽사리 우리들 마음에 떠오른다. 왜냐하면 어거스틴은 과거의 교리사상들을 요약하여 그 후 중세의 발전을 위한 기초를 마련했기 때문이다. 그러나 어거스틴의 생각과 통찰력은 존보다 훨씬 깊고 예민하였다. 비록 어거스틴은 옛 사상들을 요약하였으나, 그는 창조적이었으므로 전통적인 교리들도 일단 그의 천재에 접촉하면 새로운 의미를 부여받았으며, 보다 풍부한 의미를 지니게 되었다. 따라서 존은 그의 위치에 채 미치지 못하지만, 존을 그레고리 1세에 비교하는 것도 공정하지 못한 소치이다. 존은 결코 천박한 대중 신학자는 아니었다. 그는 최소한 그가 무슨 말을 하는지 깨닫고 있었으며, 그의 해석은 많은 경우 헬라 사상의 규범적 위치를 차지하였다. 존 이후 동방교회는 신학에 있어서 그다지 뚜렷한 발전을 경험하지 못했다고 해도 과언이 아니다.

존의 해석능력은 특히 기독론(Christology)과 인론(anthropology)의 분야에서 뚜렷하게 드러난다. 적어도 이 분야에서는 존을 가리켜 심오하고 창조적이라고 평가해야 마땅하다.

첫째로 기독론(Christology)에 관해 살펴보면, 가장 중요한 요소는 존의 방법론이라 할 수 있다. 일단 이 방법론을 습득하면 마치 이미 정립된 실험실에서의 화학적 기술을 서로 다른 여러 가지 대상들에 적용하듯이, 한 가지 해석적인 세부사항으로부터 다른 부분으로 옮겨가는 것은 거의 기계적이다. 그의 방법론은 구분(distinction)에 관한 깊은 관심으로 구성되어 있다. 이는 철저하게 스콜라 학파적으로서 명백한 범주와 분류와 분리의 노선을 계속 따르고 있다. 철학적으로 분류해 본다면 존은 대부분의 선배 헬라 철학자들과는 달리, 플라톤적이라기보다는 아리스토텔레스적 경향을 보여 주고 있다. 따라서 그의 사고 가운데서는 정수들(essences) 및 이에서 비롯된 수많은 불완전한 개체화(individuation) 보다는 형태(form)를 표현하는 본질(substance)보다 우선적 위치를 차지하고 있다. 아리스토텔레스에 의하면 유(類, genus)는 모든 개체들(individuals)을 포함시키므로, 존은 삼위일체의 제2위격이 성육신(Incarnation) 속에서 자신을 측정한 인간과 연합시키지 않고 인간의 성질 자체를 취하여 이를 인수함으로써 개별화시켰다.

결과적으로, 이 인성(human nature)은 진정한 그 자체의 원질(hypostasis)을 소유하지 못하고 있으므로-즉, 개체화의 원칙이나 위격이 없으므로-그 원질, 다시 말해 위격(person)을 삼위일체의 제3위격으로부터 받았다. 그러나 동시에 이는 진정한 자체이므로 원질이 없다고 부정할 수 없을 정도로 그 위격 내에 독립성을 소유하고 있었다. 예수 그리스도 안에서의 신성과 인성의 연합은 원질화적인 것이었다. 따라서 예수님의 인성과 신성은 서로 분리되어 있으나, 이들은 특성을 함께 나누고 교환한다. 그리하여 예수님의 육체는 실제로 하나님이 되었고, 삼위일체 가운데 제2위격의 신성은 실제로 인간이 되어 인간의 최저 굴욕을 나누었다. 그리스도 예수의 한 원질은 우리들의 구속을 위해 십자가상에서 죽었고, 제3일에 우리들의 구세주로서 다시 부활하셨다. 그럼에도 불구하고 각 성질은 다른 성질과 분리되고 구분되어 있으므로 십자가 위에서도 신성은 그 본질(substance)에 있어서 인성에 의해 영향을 받지 않았다. 마치 도끼가 나무를 찍어 땅 위에 넘어뜨리더라도 그 위에 비추던 햇빛은 상처를 입지 않듯이, 그의 인간형태가 고통에 시달리며, 그 인격이 십자가상에서 종식했던 순간에도 주님의 신적 성질은 손상을 입거나 훼손당하지 않았다. 그러나 많은 이들의 눈으로 볼 때, 존은 칼케돈 기독론을 그리스도가 인간이라기보다는 마치 "센타우르"(centaur)나 "사티르"(satyr, 둘 다 반인반수의 괴물들)처럼 해석하는 것으로 보였다. 어떤 이들은 결국 아폴리나리우스 이단(Apollinarianism)이 존 때문에 동방교회에서 정통화되었다고 주장할지도 모른다.

둘째로, 인론(anthropology)에 관하여 존은 동방교회의 신학적 사고를 어거스틴의 예정론(predeterrninism, 혹은 선결론⟨先決論⟩)으로부터 이동시켜 인간 자유의 중요성을 강조하여, 오렌지 종교회의(529)와 기타 그레고리 이후 서방교회의 해석이 감히 미치지 못했던 차원으로 이끌어갔다. 가시적(물질적)인 것과 불가시적(영적)인 것의 연합인 인간 속에 있는 하나님의 형상은 사고의 능력(power of thought)과 의지의 자유(freedom of will)로 구성되어 있다. 타락 전 원래상태에서 영적인 부분은 인간으로 하여금 그의 하나님을 사랑하고 찬양할 수 있도록 만들었다. 한편 물질적, 육체적 부분은 인간으로 하여금 고통을 당하고 아픔을 느낄 수 있도록 하였으며, 결국은 이를 통해 그의 영적 특권을 완전히 이해할 수 있도록 하였다. 원래 무죄 상태의 인간은 온전한 은혜의 선물이라고 할 수 있다. 그러나 강제 하에서 행해진 모든 행위는 덕이 될 수 없으며, 육체적 존재는 본질상 영혼에게

마저 일련의 비합리적 요소를 부여함으로 진정한 자유는 마찬가지로 인간이 원래부터 받은 품성의 하나로서 오직 인간 자신만이 스스로 선하고 합리적인 방향으로 든지, 혹은 비합리적이고 악한 쪽으로 선택을 통해 이끌어갈 수 있었다. 인간은 계속 원래의 창조 상태-합리적이고 선한 상태-에 남아 있을 수 있는 능력을 부여받고 있었다. 비합리성(irrationality)과 악(evil)의 힘은 그의 성질 가운데 동면상태(dormant)로 잠재해 있었다. 그러나 인간의 자유는 인간으로 하여금 자발적으로 비자연적, 즉 합리적이고 선한 대신 비합리적이고 악하게 될 수 있도록 만들 수 있었다. 그리하여 인간은 이미 타락 상태에 있던 사단(Devil)의 유혹 가운데서 고의적으로 불가시적이고 영적인 것을 거부하고, 가시적이고 물질적인 것을 택하였다 (Tempted by the Devil, who had abeady fallen, man deliberately turned away from the invisible and spiritual to the visible and material). 인간은 이제 모든 관심을 하나님보다는 인간 자신에게 쏟게 되었다. 그는 더 이상 영원히 살기에 적당하지 못한 존재였으므로 그의 범죄의 결과 죽음이 도래하였다. 그리스도는 인간들을 가르치기 위하여, 인간들이 원래 무죄 상태에서의 모습이 어떠했는가를 보여 주기 위하여, 육체적인 것에 비교해 볼 때 영적인 것의 우월성을 확신시켜 주기 위하여, 원래는 이를 즐기도록 창조되었던 영생불멸의 선물을 다시 제시하기 위하여 오셨다. 이러한 그리스도의 제안에 대해 어떤 결정을 내릴 것인가 하는 것은 인간 자체의 선택에 달린 문제이다. 만사를 다 하나님의 섭리에 맡기는 것은 온당하지 못하다. 왜냐하면 "우리 능력 안에 존재하는 문제들은 섭리의 사건이 아니라, 우리들 자신의 자유의지의 사건이기 때문이다"(for that which is in our own power is not the affair of providence but of our own freewili).

헬라인들에게 있어서 인간 구원의 결정적 요소는 인간 자신의 자유였다. 이는 물론 라틴 사상과 대조되는 모습이다. 그 이유 가운데 빼놓을 수 없는 것은 바로 설득력 있는 다마스커스인 존의 해석방법 때문이었다. 존의 창조론은 독특하지만, 중요성에 있어서는 기독론이나 인론에 비해 떨어진다. 영원의 시간 동안 홀로 사변에 잠겨 있기를 원치 않았던 하나님은 그의 선하심으로 모든 우주만물을 창조하셨다. 인간은 동방의 어느 곳인가, 전체 지구세계보다 높은 한 지점에 위치한 낙원(Paradise)에 거하게 되었다. 그는 여기서 육체 속에 살면서 영으로는 하나님을 생각하고, 하나님과 함께 살도록 되어 있었다. 인간은 지식의 나무(Tree of Knowledge)의 과실을 먹지 못하도록 금지되어 있는데, 그 이유는 불완전한 존재들을 위해서 지식은 좋지 못한 것이며, 지식은 이를 소유한 존재로 하여금 스스로에 관한 생각에 몰두하도록 만드는 경향이 있기 때문이다. 아담은 따라서 그의 육체에 관해 걱정하는 실수를 범하게 되었다. 만약 그가 오직 하나님에 관해서만 생각했다면, 자신이 벌거벗었는지 여부에 그다지 큰 관심을 갖지조차 않았을 것이다. 인간은 원래 남성만으로 창조되었다. 여성은 하나님께서 인간의 타락을 예견하시고 계속 죽음에도 불구하고 살아남도록 조처하기 위해 창조된 결과였다. 따라서 성관계(sexual intercourse)는 죄악의 결과였다. 존의 나머지 작품들은 고전들을 요약한 것이다. 존은 아레오파지트(Areopagite)와 마찬가지로 하나님은 인간의 이해를 초월하는 존재라고 가르쳤다. 그러나 하나님은 우리들 각자의 내심에 그가 존재하신다는 것과 자연계가 그의 위대성의 능력을 반영하고 있다는 확신을 심어주셨다. 하나님은 구약의 선지자들, 시인들, 선견자들을 통해 부분적으로 자신을 계시하시고, 예수 그리스도 안에서 비로소 온전히 계시하셨다. 이에 따라 우리들은 그가 창조되지 않으셨으며, 변화할 수 없으며, 다른 존재와 섞이지 않았으며, 비물질이며, 눈으로 볼 수 없고, 감촉할 수 없으며, 영원하고, 무한하고, 전능하며, 전지전능하시며, 무소부재하시고, 그가 창조하신 모든 피조물들을 완전히 통솔하고, 계심을 알 수 있다. 존은 하나님을 분리되고 구별되지만 모두 평등한 성부, 성자, 성령의 세 위력으로 존재하신다고 생각함으로써 갑바도기아의 교부들을 좇았다. 삼위일체 전체와 각 위격에 관한 존의 저술을 아타나시우스 이후의 전통적 해석을 따른 것이었다. 그는 이 문제에 관한 한 아무런 새로운 이론을 첨부하지 못했다.

존은 인간의 자유와 그 구원을 위한 피조물인 자신의 책임을 과도하게 강조했으므로 그리스도의 사역에 관해서는 그다지 강조하지 않았다. 결과적으로 영생(Immortality)의 복고를 제외하고는 명백하고 구체적인 구속의 이론을 찾아볼 수 없다. 그리스도는 구세주라기보다는 우리들에게 좋은 모범을 제공하는 스승으로서 표현되고 있다. 그러나 이러한 경향은 그리스도의 위격이 주된 신학적 관심사였고, 그의 구속 사역은 별로 큰 관심을 끌지 않았던 동방의 전통과 일치하는 것이다.

존은 동방교회 출신답게 성스런 신비들을 강조하였다. 그는 성만찬에서 빵과 포도주는 초자연적으로 그리스도의 몸과 피로 변화한다고 뚜렷하게 가르쳤다. 또한 신성(divinity)이 완전하게 인간의 형태(human form)를 취하였으므로, 이들이 하나님의 몸과 피가 되었다고 얘기할 수 있는 것이다. 하나님은 그의 은혜를 전달하시기 위해 세례식에서의 물이나, 성찬식의 빵과 포도주 등 단순, 소박한 물질을 사용하신다. 왜냐하면 기이한 물질은 인간들을 겁주고 이를 받아들이기 힘들도록 만들기 때문이다. 그리스도의 몸을 함께 나누는 성만찬을 통해 신자들은 그저 한 몸으로 연합한다. 따라서 악인들은 예배의 성스런 의식으로부터 제외시키는 것이 매우 중요하다.

그는 하나님의 어머니로서 마리아의 영구한 처녀성을 주장하였다. 그는 신앙을 올바른 신조라고 정의함으로써 잘못된 교리를 부도덕, 죄악과 동일시하였다. 일단 교회의 교리들을 받아들이게 되면, 진정한 예배자들에게는 신앙이, 그의 기도가 응답되며, 하나님의 약속이 그의 생애 속에서 성취될 것이라는 자신으로 변화한다고 하였다. 선행이 진정한 선행이기 위해서는 신앙이 있어야 하듯, 신앙은 필수적으로 선행을 동반한다고 하였다. 존은 구원, 혹은 교회론에 대하여는 그다지 자세하게 다루지 않았다. 서방교회의 참회에 관련한 제도 역시 그에게는 그다지 큰 관심의 대상이 되지 못하였다. 그의 작품들은 외형적으로는 잘 조직되어 체계를 갖추고 있으나, 내부적인 발전의 통일성 혹은 일관되게 흐르는 형식의 주제 등은 결여되어 있다. 그러나 각 교리들이 그 자체로서 계시이며, 그 대상이 되는 문제, 과제들에 관한 한 최종적 진리로서 신적 권위에 기초하고 있다는 동방의 사고방식으로 볼 때에는 더 이상 필요한 것이 없었다.[13]

그의 교리적 작품들 뒤에 자리잡고 있는 생애에 관해서는 거의 알려진 것이 없다. 우리들은 그의 생일조차 모르고 있다. 아마도 670년부터 7세기말 사이, 676년경 다마스커스에서 출생한 것으로 보인다. 그는 제2차 니케아 종교회의(787)가 소집되어 성상에 관한 그의 이론을 공인하기 훨씬 전에 사망하였다. 사망 연도는 아마도 745~750년이었던 것으로 추측된다.

그의 가족들은 모슬렘 영내의 다마스커스에 거주했으며 생활은 유족한 편이었다. 존은 그의 부친이 사라센 정부에서 차지했던 관직을 계승하였다. 존은 레오 이사우리안이 존의 서명을 위조한 허위 서신을 조작하여 존이 다마스커스 시를 기독교군에게 넘겨 주고자 한다는 누명을 씌울 때까지는 세인들의 존경과 신뢰를 받고 있었다. 레오는 존이 자기의 성상 파괴론에 반대한 데 대해 복수하기 위해 문제의 편지를 존의 왕에게 전달했다. 이에 따라 존은 사라센 정부에서 반역자로서 재판을

---

13) MPG, vols. XCIV~XCVI. 특히, *De Fide Orthodoxa*(Eng. trans. S. D. F. Salmond, 1899), XCIV, 790~1228.

받게 되었다. 모슬렘 왕은 존의 오른손을 절단하는 처벌을 내렸다. 전설에 의하면 하나님의 천사가 존의 팔목을 다시 붙여 주어, 모슬렘 신도들에게 존의 무죄를 증명해 주었다고 한다.

존은 팔레스타인 성 사바스(St. Sabas)에 있던 라브라(Lavra) 수도원에 들어갔다. 처음에는 그의 상급자들이 그의 문필 활동을 일체 금지시켰으나, 하나님께서 상급자의 꿈에 나타나셔서 그 잘못을 깨우쳐 주셨다고 전해진다. 존은 주석가이자, 신학자이자, 시인이자, 찬송가 작가였다. 그가 당대 최고의 학자였다는 사실은 아무도 부정할 수 없으며, 아마도 헬라 교회에서 가장 영향력 있는 교사이기도 했다.[14] 그 후 동방교회의 신학은 그의 작품들에 관한 주석과 해석에 지나지 않았다. 그의 사상의 질이 혹시 약간 미흡하더라도 그의 저술이 미친 영향을 고려한다면, 가히 "동방의 토마스 아퀴나스"(The Thomas Aquinas of the East)라는 별명이 지나치지 않을 것이다.

3. 바울 당파와 수도원주의

우상철폐론으로 인하여 혼란이 거듭되던 동방교회는 또한 바울 당파(Paulicianism)라는 분파에 의해 시달리게 되었다. 이 당파의 기원은 확실치 않다. 대적들은 이 분파가 마니교로부터 비롯되었다고 주장하였는데, 처음 창시자는 칼리니스(Callinice)라는 여인과 그녀의 두 아들 바울과 존(Paul and John)이었다. 그러나 바울 당파 자신들은 창시자를 제7세기 중반 아르메니아 프리마 지방의 키봇사(Kibossa)에서 출현한 콘스탄틴(Constantine)이라고 주장하고 있다. 이들은 칼리니스와 그의 아들들 그리고 마니교의 창시자 마니(Manes)를 이단으로서 정죄하였다. 이들은 자기네들의 계보가 바울 사도에까지 거슬러 올라간다고 주장하였으며, 계속 핍박과 박해를 받아온 역사를 자랑하였다. 후에 실바누스(Sylvanus)라는 이름을 사용하였던 콘스탄틴은 27년간 활동한 후 사형에 처해졌다. 마찬가지로 디도

---

14) *Vita* by Michael of Antioch, trans. into Greek by John of Jerusalem, see M. Jugie, *La vie de Saint Jean Damscêne*, in *Echos d' Orient*(Paris, 39 vols, 1897~1942), XXIII, 137~161. *Ditionnaire de théologie catholique*(Paris, 1903~1950), VIII, 663~751.

(티투스, Titus)라고 이름을 사용하였던 그의 후계자 시므온(Simeon) 역시 유스티니안 2세(Justinian II)의 정부에 의하여 690년 화형에 처해졌다. 이들 바울 당파들은 지도자 게네시우스(Genesius)가 레오 이사우리안(Leo the Isaurian) 제위시 콘스탄티노플에서 신앙 문제로 심문을 받음으로써 처음 역사에 등장하게 된다. 게네시우스 자신은 콘스탄티노플에서 목격한 여러 가지 종교 현상 특히 정부가 주도하던 우상 철폐론에 적극 동의하여 기존 교회의 교리에 순복하였으며, 그 결과 교회의 일원으로 성찬에 참여하였다. 그러나 그의 추종자들의 입장은 판이하였다. 게네시우스의 동생 테오도레(Theofore)는 형을 즉각 배척한 후 성령의 이름으로 당파의 주도권을 잡았다.

바울 당파의 가장 유명한 지도자는 티키쿠스(Tychicus)라고 불리우던 세르기우스(Sergius)이다. 그는 801년에 공적 생애를 시작하였다. 그의 추종자들은 바울 사도가 일찍이 전도활동을 성공적으로 성취하였던 소아시아 지방의 동부지역에 급격히 퍼지게 되었다. 예를 들어, 니세포루스(Niseporus) 황제는 젊은 시절 이들에 의해 크게 영향을 받았으며, 그 결과 이들의 활동을 많이 후원하였다. 그러나 황제의 후계자들은 이들을 박해하였다. 레오 아르메니안(아르메니아인 레오, Leo the Armenian)은 이들을 가혹하게 탄압하였으며, 또한 테오도라 역시 죽음으로써 이들을 대하였다.

그 결과 이들은 제국령 밖으로 쫓겨가 사라센 쪽으로 이주하였다. 이들은 주로 골로새(Colossae)와 라오디게아(Laodicea) 지역에 거주하게 되었다. 이들이 도시들로부터 군대를 조직하여 제국의 병사들을 상대로 계속 게릴라전을 감행하였다. 이들의 세력은 항상 단결되지는 못하였으나(바울 당파 자체에도 교리적으로 서로 다른 분파들이 있었다), 그 항쟁은 줄기찬 것이었으며, 오랜 세월이 지나간 후에까지 제국 병사들, 특히 불가리아 출신들과 메소포타미아 지방 그리고 아르메니아 등지에서 이들의 흔적을 찾아볼 수 있다. 바울 당파의 주요한 신학적 교리들은 다음과 같다. (1) 하나님은 그리스도를 통하여 최초로 스스로를 계시하였다. 따라서 구약의 하나님은 단지 조물주(Demiurge)에 지나지 않으므로 인간들은 이로부터 벗어나야 한다. (2) 교회는 신약 전서와 함께 그리스도 안에서 계시된 진정한 하나님의 피조물이다. 이전에 존재하였던 모든 것은 아무런 효력이 없는 존재들이다. (3) 마리아는 하나님의 어머니로서 인정될 수 없다. (4) 마찬가지로 성만찬 역시 구세주의 몸과 피로 볼 수 없다. (5) 그리스도 자신만이 영생으로 이끄는 정화수(the cleaning water)이므로 세례는 인정될 수 없다. (6) 또한 신성(divinity)과 인간의 육체(human flesh) 사이에 진정한 연합을 부정하는 가현론적 성육신의 일원이 주장되었다.

바울 당파는 이와 마찬가지로 기존 교회의 계급조직을 완전히 부정하고, 신약의 가르침을 모든 이들에게 전수하며, 사도들의 교훈에 따른 단순한 신약적 교회조직으로 돌아가야 된다고 주장하였다. 초신자들을 위한 비밀의 지식과 예식을 비롯한 톤드라키안주의(Thondrakians), 영지주의 및 고대 아르메니아와 페르시아 지방의 미신적 사상들이 원래 바울 당파의 신조에 스며들어 갔다. 이들의 주요한 주장은 기도와 예배가 죄를 사함받기 위해 아무런 소용이 없다는 것이었다. 즉 극단적 금욕주의를 병행한 도덕적인 생활만이 하나님을 기쁘시게 한다는 주장이었다. 이러한 바울 당파를 통해서도 기독교권의 유기적 교리적 통일이 현실적으로 이루어진 적이 없다는 예를 발견할 수 있다.[15]

그러나 우상 철폐론이나 바울 당파의 존재에도 불구하고 동방교회는 그 세력을 확장해 갔으며, 헬라적 기독교의 영향력은 증대되었다. 가장 중요한 원인은 수도원주의, 즉 수도사들의 완강한 헌신과 정열 때문이었다. 이들이야말로 진정한 정통주의자들로서 보수당파의 기반을 이루는 존재들이었다. 이들은 일반 대중들의 생각을 자기들의 것으로 흡수시켰으며, 비록 때때로 광신적 경향을 띠기는 하였으나 교회와 국가를 이들이 정한 목표를 향해 이끌어갔다. 이미 살펴본 바와 같이 우상철폐론을 주장하는 제국정부에 의해 불법화되기도 하였고, 종교적 단체로서의 위치를 상실하기도 하였으나, 종래에는 수도원주의야말로 이에 대항하였던 황제들보다 그 수명이 길었으며 황제들까지도 부러워할 만큼 일반 대중들의 인기와 후원을 얻고 있었다. 제국정부는 수도원 운동을 파괴하거나 혹은 승복시킬 수도 없었으므로 결국은 정부 자체가 생존하기 위해서는 수도원주의와 타협할 수밖에 없었다.

당시의 수도원주의는 우리가 이미 1세기 전에 살펴보았던 헤라클리안(Heraclians) 시대와 거의 다름이 없었다. 비록 수도원주의가 서로 다른 지역에 독립적으로 존재하고 있었으나, 그 신학적 이해관계는 단일하였으므로 제국 전체의 생활에 큰 영향을 미칠 수 있었다. 이 시대의 수도원의 정신과 성격을 가장 잘 대변하는

---

15) MPG. CIV. 1239~1350; CXXX. 1189~1244; *Dictionnaire de tkeologie catholique*. XII(Pt.1). 56~62.

인물은 스투디움의 테오도레(Theodore of Studium)이다. 그는 수도원이야말로 세례, 성만찬, 안수, 죽은 자를 위한 장례 등과 마찬가지로 기독교의 본질적인 신비에 속하는 것이라 가르쳤다. 수도원은 그 자체로서 기도, 설교, 하나님의 말씀의 이해와 동일하게 성례적 성격을 지니고 있다는 것이다. 수도원주의는 일신의 정욕과 함께 일체의 세속적 재산을 포기하는 것을 의미하였다. 이들은 그 욕망을 완전한 포기와 자기 부정을 통한 사랑에 의해 실현하였다.

테오도레는 원래 귀족 가문 출신이었다. 그는 759년 콘스탄티노플에서 출생하여 총대주교 타라시우스(Tarasius)에 의해 안수받았으며, 콘스탄틴 6세의 이혼 및 재혼을 공개적으로 비난함으로써 사람들의 주의를 끌기 시작하였다. 그는 황제를 성만찬에서 제외시킬 것을 주장하였다. 숱한 태형(scourging)의 고문, 데살로니가 감옥에의 추방 및 투옥도 그의 기세를 꺾을 수는 없었다. 테오도레는 그녀의 왕위를 지키기 위해 그의 도움을 필요로 하였던 아이린(Irene)에 의해 그 명예를 회복하였다. 니세포루스와 레오 아르메니안 황제들은 계속 그를 적대하였다. 니세포루스는 그와 그를 추종하는 수도사들을 투옥시키기도 하였다. 테오도레는 결국 826년 성 트리포(St. Trrpho)에서 유배 중에 종신하였다. 다마스커스인 존이 성상 사용을 위해 담당한 역할을 스투디움의 테오도레는 정치적으로 수행하였다. 수도사들의 지도자로서의 그의 영향은 성상 숭배론의 승리를 위해 가장 중요한 요인 가운데 하나였다.

그는 마찬가지로 수도원운동의 개혁을 위해서도 큰 공헌을 하였다. 그는 스투디움(Studium)이 황무지화되었고, 수도사들은 아무런 종교적 관심이 없는 상태에 있음을 발견하였다. 그는 이 수도원에 개인들의 욕망보다는 공동체 전체의 복지를 지향하는 새로운 규칙을 시행하였다. 특히 사본들의 복사뿐만 아니라 교육-교부들과 성경의 지식-을 중요시하였다. 그는 또한 찬송가 작곡에 공헌하기도 하였다.

그는 다른 이들에게 지시한 사항들을 스스로 수행하였다. 그는 특출한 학자요 저술가였다. 따라서 성상 사용을 옹호하기 위한 신학적 논문들을 저술하였다. 그는 또한 설교를 통하여 교훈하였는데, 그의 설교집은 『대소요리 문답』(Large and Small Catechisms)이라 불리우고 있다. 그는 또한 경구들과 찬송가들, 그리고 첫 글자와 마지막 글자를 맞추면 또 다른 글자가 되는 시(acrostic) 등을 저술하였으며, 그가 남긴 수많은 편지들은 그가 살았던 시대를 이해하는 데 크게 도움을 준다. 그의 조직력은 또한 누르시아의 베네딕트(Benedict of Nursia)가 서방교회에

공헌한 만큼 또한 동방교회에 큰 도움이 되었다.[16]

이 시대에 교회들뿐만 아니라 수도원 역시 주교들로부터 독립하고자 하는 경향을 보는 것은 재미있는 일이다. 수도원들도 가능한 한 오직 총대주교의 지시만을 받고자 하였다. 이에 따라 예를 들면, 게르마누스(Germanus)는 총대주교의 특별한 인증을 받은 십자가(the patriarchalcross)와 재단 뒤에 그 설립 연대가 증명되어 있는 수도원들만이 직접 총대주교의 관할을 받도록 하였다. 나머지 수도원들은 각각 소재한 주교 관할 하에 들어가게 되었다. 더 이상 양성 수도원(남녀가 함께 거하는 수도원)의 설립은 금지되었으나, 기존 양성 수도원들은 계속 운영되게 되었다.

당시 교회의 대체적인 성격과 정신은 수도원적 경건주의로 표현될 수 있겠다. 특별히 예수님의 어머니로서의 마리아를 비롯한 성자숭배를 강조한 과장된 신비주의였다. 당시의 찬송가들을 보면 특히 다마스커스인 존 및 그의 추종자였던 만주마의 코스마스(Cosmas of Manjuma)의 작품들을 보면 과장된 문학적 상상력의 표출을 볼 수 있다. 성인들의 전설은 각종 기적으로 미화되었으며, 많은 성인들 및 그의 생애는 직접 전국으로 통하는 신비적 색채를 보여 주고 있다.

4. 중앙 유럽의 선교

이 시대의 동방 기독교의 활력은 특히 선교활동을 통한 새로운 지역에의 확장 및 선교활동에서 찾아볼 수 있다. 우리들은 이미 제국 서방 및 북방에 거주하고 있던 슬라브족들을 향한 헤라클리안 왕조의 관심을 살펴본 바 있다. 이러한 관심은 특히 제국군에 속해 있던 이 종족 출신 용병들을 중심으로 전개되었다. 물론 그 동기는 순수하지만은 않았을 것이다. 왜냐하면 기독교 복음을 통해 이들 병사들의 제국에 대한 충성을 강요할 수 있다고 생각하였기 때문이다. 또한 이들을 통하여 그 부족전체를 설복시킬 수 있다고 생각하였다. 물론 정부의 궁극적 목적은 정복에 있었다. 만약 기독교를 통하여 평화적 정복을 이룩할 수 있다면 이보다 더 바람직한 일이 또 어디 있겠는가?

이 시대 동방 기독교가 새로운 지역으로 진출한 주요한 두 가지 사건들은 9세기

---

16) MPG. vol. XCIX Orientalia Christiana(1926) VI. 1~87. Krumbacher, *op. cit.*, 147~151, 712~715.

에 발생하였다. 이들은 최소한 연대적으로 볼 때에는 우상폐지론 이후의 사건이므로 마치 교회가 이단의 분쟁으로부터 회복하여 보다 선교에서 그 활력을 찾는 것으로 보이기도 한다. 그러나 이 사건들을 통해 단지 교회의 관심의 방향이 바뀌었거나 혹은 근처에 있던 이교도들을 향한 교회의 항구적 관심이 다시 표현된 것이라고 해석하는 것이 보다 정확한 듯싶다. 예를 들어 모라비아인(Movarian)들은 헬라인들로부터 복음을 요청하였으며, 불가리아인들 역시 공식적 선교활동이 시행되기 이전 기독교에 대한 복음의 관심을 보이고 있었다.

이 두 가지 선교활동들 중 우선 모라비아인들을 향한 동방 기독교의 선교활동을 살펴보도록 하자. 모라비아인들은 제9세기 바바리아(Bavaria)와 드리나 강(Drina River) 그리고 남부 폴란드의 다뉴브(Danube) 및 타이르(Styre) 사이의 지역에 거주하고 있었다. 이는 오늘날의 체코슬로바키아에 해당하는 지역이다. 이곳에 거주하던 주민들을 종족별로 분류하면, 슬라브인들로서 그때까지 샤를마뉴 혹은 그가 라틴어로 수출한 기독교에 승복하지 아니하고 있었다. 이에 따라 863년 이들의 라티슬라브(Ratislav) 왕은 동방 황제인 방탕자 마이클(Michael the Drunkard, 842~867)에게 백성들을 가르치기 위한 선교사들을 파견해 달라고 요청하였다.

마이클은 즉각 그의 고문들과 이 문제에 대해 상의하였다. 그 결과 데살로니가에 주둔하고 있던 레온(Leon)이라는 장교에게 슬라브어를 알고 있는 두 아들 메소디우스(Methodius, 825~885)와 콘스탄틴(Constantine, 827~869)이 있음을 알게 되었다. 이에 따라 메소디우스와 콘스탄틴은 콘스탄티노플로 소환되어 임무를 부여받은 후 교회와 제국의 축복 아래 선교사들로서 파송되었다. 이들 두 형제는 주민들의 언어로 가르치고 설교하였다. 이들은 또한 원주민의 자녀들을 성직자로 교육시킬 학교도 설립하였다. 예배 역시 상용어로 행해졌다. 이에 따라 성경을 번역하고 예배 의식문을 작성하기 위해 슬라브어 알파벳을 발명하게 되었다. 바로 이것이 그 후 동방교회의 공식 선교정책으로 수립되었으니, 곧 인종 및 국가의 경계를 따라 고유한 특성을 보존하는 개별 독립적 교회를 조직하되, 그의 교리와 정신에 있어서는 단일성을 유지시킨다는 것이다. 이는 동일한 언어 및 전통을 고집하였던 로마 교회의 정책과 대조되는 모습이다.

그런데 이미 샤를마뉴가 공식적으로 살즈부르그(Salzburg) 교구에서 파견하였던 선교사들에 의해 이 지역에는 로마 교회의 영향력이 미치고 있었던 만큼 이 지역에는 양 교회의 정책들과 이해관계가 충돌하게 되었다. 그 결과 메소디우스와 콘스탄틴은 로마 교회에게 자기들의 활동을 공인해 달라고 요청하였다. 이러한 행동은 이 시대에 동서방을 막론하고 모든 교회들이 로마 교회와 우호관계를 유지하고자 하였던 기독교권의 통일성을 보여 주는 것이다.

868년 이들 형제들은 로마에 도착하여 교황 아드리안 2세(Pope Adrian II, 867~872)에 의해 주교로 임명받았으며, 계속 슬라브어로 선교활동을 수행할 수 있다는 허락을 받게 되었다. 그 후 시릴(Cyril)이라고 개명한 콘스탄틴은 869년 2월 로마에서 사망하였으나 메소디우스는 다시 모라비아로 돌아가 판노니아(Pannonia) 지방 시르미움(Sirmium)의 대주교가 되어 계속 교회의 조직과 선교 업무를 수행하였다. 그러나 그의 목회는 평화스러운 것이 못되었다. 계속 라틴어와 슬라브어 사용에 관한 분쟁이 일어나 10년 후 다시 교황 존 8세(John VIII, 872~882)에 의해 로마로 소환되었다. 존 8세는 원래의 공인을 완화시켜 예식이 먼저 라틴어로 행해진 후 슬라브어로 통역되어야 한다고 명령하였다.[17] 기독교는 모라비아 지방으로부터 보헤미아(Bohemian)로 들어간 것이 분명하다. 비록 845년 1월 1일 4명의 보헤미아 족장들이 레겐스부르그(Regensburg)에서 세례를 받았으나 이들의 통치자는 이 가운데 포함되어 있지 않았다. 보헤미아의 통치자 보르지보이(Borzivoi) 공작은 871년 모라비아 왕 스와토프룩(Swatopluk)를 방문하였다. 스와토프룩과 메소디우스가 보다 높은 식탁에 앉아 있는 동안 보르지보이와 그의 수행원들은 이교도들로서 마루에서 식사하게 되었다. 보르지보이는 메소디우스에게 만약 자기가 기독교로 개종하면 어떤 유익이 있느냐고 물었다. 메소디우스는 "모든 왕들과 족장들보다 더 높은 자리"가 주어질 것이라고 대답하였다. 이에 따라 보르지보이는 30명의 수행원들과 함께 세례를 받았으며, 그의 아내 역시 그 후 세례를 받게 되었다. 메소디우스의 약속처럼 그의 왕실은 모라비아보다 더 높은 자리를 차지하게 되었다. 왜냐하면 제10세기 모라비아는 독립국으로서의 위치를 상실하고 보헤미아의 일부로 병합되었기 때문이다.

메소디우스는 말년에 교회 내부의 분쟁의 쓰라림을 경험하게 되었다. 그는 885년 4월 6일에 사망하였는데, 그 후 그의 제자들은 이곳으로부터 축출되었으며, 교회에서는 슬라브어 대신에 라틴어만이 사용되었다. 따라서 그의 선교활동 전체가 로마 교회 조직 내에 흡수되었다. 이들 두 형제 콘스탄틴(시릴)과 메소디우스의

---

17) MPL. CXXVI. 904~905.

이름은 선교 역사에 길이 빛나고 있다. 전자는 철학자요 언어학자요 문명의 전파자였다. 후자는 행정자요 전도자로서의 역량을 발휘하였다. 이들은 개인적으로서도 유명한 인물들이었으나, 함께 공동작업을 폄으로써 오늘날까지도 길이 남긴 업적을 이룩하였던 것이다.[18]

　동방교회의 확장의 두 번째 모습은 불가리아 선교활동에서 찾아볼 수 있다. 실제로 모라비아에서 발생한 사건이 물론 약간의 변형은 있었으나, 거의 비슷하게 불가리아에서도 되풀이되었다. 모라비아의 라티슬라브가 방탕자 마이클에게 선교사들의 파송을 요청한 것과 거의 같은 시기에 불가리아의 보리스(Boris) 왕도 같은 부탁을 발하였다.

　보리스 역시 라티슬라브와 마찬가지로 그 이전의 사건을 통해 기독교의 복음을 받아들일 준비가 되어 있었다. 813년 불가리아인들은 제국영내에 침입하여 아드리아노플(Adrianople)로부터 주교를 포함한 일단의 기독교인들을 노예로 납치하였다. 이들 포로들은 그 후 거의 다 순교하였으나, 그 이전에 많은 불가리아인들을 기독교로 개종시킬 수 있었다.

　그로부터 거의 50년 후 콘스탄티노플 출신의 수도사로서 또 다른 포로였던 콘스탄틴 시파라스(Constantine Cypharas)가 그를 잡아온 자들에게 그리스도의 복음을 전하기 시작하였다. 861년 콘스탄틴 시파라스가 자유의 몸이 되어 돌아간 것과 거의 같은 시기에 인질로 콘스탄티노플에 잡혀 있던 왕의 여동생이 고국으로 돌아왔다. 그녀는 이미 콘스탄티노플에서 교인이 되어 세례를 받고 뜨거운 신앙을 간직하고 있었다. 따라서 바로 왕실에 그의 이교에 대항하는 기독교 신자가 생긴 셈이었다. 그녀는 당시의 비참한 기근 중에 백성들에게 기독교 하나님의 도움을 요청하도록 탄원하였다. 이에 따라 기근이 그쳤다. 전설에 의하면 그녀는 왕궁을 장식하기 위해 뛰어난 기독교 예술가를 구하였다고 한다. 이 예술가는 이들의 전통대로 사냥과 전쟁의 모습으로 벽화를 그리는 대신 최후의 심판(The Last Judgment)

---

18) CMH. IV. 215~229. Vita Constantini(original text and Latin translation by Ernst Dümmler and Franz Miklosich in *Denkschriften der kaiserlichen Arademie der Wissenschaften, philosophisch-historische Classe*. XIX. Vienna, 1870, pp. 205 ~248) and Vita Methodii(Latin Translation by Ernst Dümmler in *Archiv fur Künde österreichischer Geschichts*-Quellen, XIII. Vienna, 1854, pp. 156~163). C. H. Robinson, *The Conversion of Europe*(N. Y., 1971), pp. 292~301.

의 모습으로 궁정을 장식하였다. 그의 그림이 너무나도 생생하였는지, 이 그림을 본 보리스는 결국 결단을 내렸다고 한다. 최소한 그는 864년 혹은 865년에 기독교 세례를 받아들였다. 물론 이러한 이상적인 개종의 이면에는 보다 복잡한 정치적 책략이 숨어 있었는지도 모른다. 이미 서부의 프랑크족들과 동맹을 맺고 있던 보리스는 그의 군대가 원정나가 있는 동안 동방제국으로부터 침입을 받게 되었다. 그는 그의 왕국을 수복하는 대가로 서방과의 동맹을 포기하고 기독교를 받아들인 것이었다. 그는 포티우스 총대주교로부터 복음을 전해 받고 방탕자 마이클을 대부로 하여 세례를 받았다.

그러나 이러한 정치적 침략은 동방제국의 전유물이 아니었다. 보리스 역시 스스로의 야망을 가진 인물이었다. 그는 로마와 교섭을 개시해 라틴 교회로부터의 특사를 받아들였다. 만약 그의 요청대로 교황청이 그의 영토를 대주교구로 승격시키고, 동방의 대주교의 권위와 특권에 필적하는 메트로폴리탄을 허락하였다면 그는 계속해서 라틴 교회의 수하에 머물러 있었을지도 모른다. 그러나 로마 교회는 그의 권위에 도전할 가능성이 있는 어떤 존재도 용납할 수 없었다. 따라서 이러한 허락을 내린 것은 보다 영토의 확장에 민감했던 헬라족이었다. 870년 콘스탄티노플의 이그나티우스 대주교는 제8차 세계 종교회의(Eighth Ecumenical Council)에 따라 불가리아에 불가리아인 대주교를 임명하고, 그와 함께 새로운 대주교구를 운영할 10명의 대주교들과 많은 사제들을 파송하였다.

그러나 불가리아인들에게 기독교의 복음이 신속히 전해지게 된 것은 메소디우스의 선교사들이 보헤미아에서 추방되었을 때였다. 이들 선교사들 가운데 많은 숫자가 베니스 상인들에게 노예로 팔려가 유럽 각처의 시장에서 매매되었다. 동방 기독교인들은 이들 선교사들을 매수하여 다시 불가리아인들에게 선교사로 파송하였다. 원주민들의 용어로 교회의식을 번역하였던 메소디우스의 방법은 불가리아인들에게 다시 사용되었으며, 이에 따라 기독교 복음의 전파와 보조를 맞추어 슬라브어가 함께 퍼져 나갔다.

보리스는 그 후 장남 블라디미르(Vladimir)에게 왕위를 선양하고 작은아들 시므온(Simeon)을 수도사로 교육시킨 후 스스로 수도원에 입문하였다. 그러나 블라디미르가 왕국 전체를 이끌고 배교함으로써 그의 수도 생활도 일단 중단되게 되었다. 이에 따라 보리스는 수도사의 생활을 버리고 다시 전쟁터에 나아가 블라디미르를 참패시킨 후 그의 눈을 뽑고 감옥에 던져 넣은 후 수도사 시므온을 왕위에 다시 앉히고 계속 기도문을 낭송하기 위해 수도원으로 귀환하였다. 모라비아나 보헤미아가 아니라 불가리아가 그 후 슬라브 기독교의 중심지가 되었다. 시므온은 유능한 정치가로서의 능력과 정력으로 그의 아버지 보리스의 위업을 계승하였으니, 927년 그가 사망하였을 때 불가리아 전체가 명목상으로나마 최소한 기독교 국가였다.[19]

5. 포티우스의 분열과 비잔틴 문화

선교복음화에서의 헬라 기독교의 업적은 두 개의 추악한 분열에 의하여 훼손되었으며, 이에 따라 발생한 콘스탄티노플과 로마의 분열은 그 후 동방과 서방 기독교의 최고 결별을 예고하는 것이었다. 이러한 사건들의 장본인인 포티우스(Photius)는 지금까지도 논란의 대상이 되는 인물로서 그의 정확한 개인적 의도, 궁극적 목적, 구체적인 활동들은 서로 모순되는 해석의 대상이 되고 있다. 그는 그의 행적에 관한 기록들이 보존되고 있는 서방 교회들로부터 계속적인 배척을 받았을 뿐만 아니라, 그 자신의 총대주교구 내에서도 여러 분파들과 집단들 사이에 영속적인 적개심을 발생시킨 인물이다. 동방교회에서 나타난 여러 문학작품들도 그의 성격과 이념을 비난하고 있다.

그러나 역사가들이 과연 포티우스에 관하여 어떠한 태도를 취하든지를 막론하고, 한 가지 점에서만은 모두가 일치한다. 즉, 그야말로 탁월한 능력을 타고난 인물이었으며, 그 정력과 열심은 헤라클레스적이었다. 업적의 선악을 막론하고 그는 어떤 면에서 성공한 인물이다. 그가 지나간 기독교권의 윤곽은 종래와 다른 모습을 띠고 있었다. 그야말로 인류 역사상 가장 매력적인 성격을 지닌 인물로 보이는 바 그의 직접적인 개인적 영향을 받은 자들은 사이렌의 노래에 끌리듯이 스스로의 신병으로부터 벗어나 포티우스의 충실한 하인이 되어 그를 위해 봉사하고는 하였다. 한 가지 예를 들면 그의 위를 박탈하고 유배시켰던 황제가 그를 다시 불러들여 황궁에 거하여 자녀들의 교육을 맡겼을 뿐만 아니라 총대주교좌에 복위시킨 것을 볼 수 있다. 또한 그의 총대주교 즉위를 가리켜 불법의 정당한 질서에 대한 도전이라고 비난하였던 대부분의 성직자들이 더 이상 그의 지휘를 받지 않게 되자 교회에 대한

---

19) CMH, IV, 230~239. M. Spinka, *A History of Christianity in the Balkans*(Chicago, 1933), pp. 17~56.

관심을 잃고 무력해지거나 혹은 완강한 고집과 편견에 사로잡혀 그를 다시 총대주교좌에 복귀시킴으로써 겨우 동방교회의 활력과 통일성을 되찾을 수 있게 되었다.

포티우스의 출생과 양육과정에 관하여는 거의 알려진 바가 없다. 그는 815년에서 820년 사이 콘스탄티노플의 부유한 가정에서 출생하였다. 그의 부모들은 우상폐지론을 주장하였던 형제들의 분노로 인해 박해를 당하여 일찍이 사망하였으니, 포티우스의 표현을 빌리자면, "순교자의 왕관을 차지하였다." 그의 부모들과 포티우스 자신은 우상폐지론을 주장하였던 종교회의들에 의해 파문당하였다. 그러나 정부측의 처벌은 그의 재산을 몰수하는 데까지 이르지는 않았던 것으로 보인다. 왜냐하면 포티우스는 일생을 통하여 그 자신의 재산을 향유하였기 때문이다. 그는 어린 시절부터 서적들을 모으기 시작하였다. 그리하여 미처 성년에 이르기도 전에 이교도와 기독교 고전들을 읽고 섭렵하였으므로, 대부분의 학자들이 일생을 바쳐서도 이루지 못한 학식을 취득하였다. 의심할 바 없이 그는 당대 제일가는 지식인이었다. 그는 다마스커스인 존과 아울러 교부 시대 이후 헬라 기독교에서 가장 뛰어난 학자로서 일컬어지고 있다. 그는 또한 문화적으로 황폐하였던 십자군 시대를 뛰어넘어 콘스탄티노플의 함락 직전 발생하였던 르네상스를 가능하게 하였던 학식과 영감을 헬라인들에게 전수한 최후의 학자였다.

실제로 그가 읽고 공부하였던 280권들의 책들을 요약한 『비블리오테카』(Bibliotheca) 혹은 『미리오비블론』(Myriobiblon)이야말로 크테시아스(Ctesias), 멤논(Memnon), 코난(Conan) 등과 시클루스의 디오도루스(Diodorus of Siculus)와 알리안(Arrian) 등 뛰어난 학자들의 작품들을 오늘날까지 전해 주는 유일한 작품이다. 이 작품은 원래 총대주교 타라시우스(Tarasius, 784~806)의 권유에 의해 작성되었다. 이 책 가운데에는 신학자들과 철학자들뿐만 아니라 문법자들 그리고 물리학자들의 작품들까지 포함되어 있으며, 그리고 종교회의들, 순교자들, 성인들의 행적들과 그 평가도 들어 있다. 다행히 보다 유명한 작품들보다는 잘 알려지지 않았던 작품들에 더 많은 지면이 할애되어 있다. 이는 아마도 포티우스 시대에 이미 어떤 책들은 보다 구하기 힘들었던 점을 감안한 듯하다. 단지 운문(poetry)이 제외되어 있는 것이 특이한 점이다. 『비블리오테카』는 단순한 문집이 아니다. 이는 요약일 뿐만 아니라 비평으로서도 문학 비평사에서 고전으로 취급되고 있다.[20]

---

20) *Bibliotheca*(ed. I. Bekker, Berlin, 1824), 2 vols.

이 놀라운 인물은 또한 그에게 가장 헌신적인 제자였으며 진실한 친구였던 시지쿠스의 암필로시우스(Amphilocius of Cyzicus)를 위해서도 책을 저술하였다. 이 책은 암필로시우스가 제시한 각종 성경 및 신학적 난제들로 구성되어 있다. 『암필로키아』(Amphilocia)라고 불리우는 이 책은 성경 안의 모호한 점들을 해결하기 위한 것이다. 포티우스는 동시대의 다마스커스인 존에 이르기까지 여러 헬라 교부들의 저술을 많이 인용하였다. 따라서 이 작품들은 독창적이라고 볼 수는 없으나, 저자의 뛰어난 노력과 함께 『비블리오테카』에서도 볼 수 있듯 그의 탁월한 문장력을 보여주고 있다.[21] 이러한 두 작품들 외에도 아직도 그 일부가 남아 있는 많은 설교들과 연설문들을 썼다. 이를 통해 제9세기 동방교회의 웅변들에 나타난 거대한 구성, 화려한 표현, 상상력에 가득 찬 수사법들을 살펴볼 수 있다. 그 외에도 성경 주석들, 그 내용이 뛰어난 사전 그리고 가이사랴의 바실에게 바치는 세 편과 그리스도에게 바치는 아홉 편의 송시가 들어 있는 시집, 또한 편지들을 통해 그의 진정한 성품들과 성격이 잘 표현되고 있다. 제4세기 가이사랴의 작품들과 마찬가지로 이들이야말로 그 시대의 사건들을 이해하는 데 비교할 수 없는 가치를 지닌 작품들이다.[22]

그 작품들 가운데 가장 중요한 것은 논쟁집들이다. 왜냐하면 이들을 통해 정통과 이단을 구분하고, 헬라와 라틴 기독교의 기본적인 교리의 차이점들을 대조시키고 있는 동방의 신학적 사변의 조류를 찾아볼 수 있기 때문이다. 예를 들어 "마니교주의자들의 발흥"(on the Sprouting of the Manichaeans)[23]이라는 그의 논문을 보면, 이 가운데에는 바울당파들의 기원과 역사가 가장 상세하게 기술되어 있을 뿐만 아니라, 이들의 교리에 대항한 정통주의적 입장의 신조 및 성경에 기초한 가장 뛰어난 반론을 살펴볼 수 있다. 이와는 대조적으로 『정확한 결론과 증명』(Precise Conclusion and Proof)이라는 작품은 동방교회의 정치 및 치리에 관련된 작품이다. 이 저술은 로마측의 비난에 대항한 포티우스가 자기의 입장을 정당화시키고 있는 것이므로 주로 종교회의에서 비롯된 서류들과 역사적 문서들을 많이 인용하고 있다. 이 책은 『암필로키아』와 마찬가지로 문답 형식으로 되어 있다. 특히 그 방법론을 생각하면 재미있는데 포티우스는 단 한 번도 자기 자신의 입장을

---

21) *Amphilocia*(ed. C. Oeconomus, Athens, 1858).
22) MPG. CI. 1189~1254.
23) MPG. CI. 15ff.

직접적으로 표출하지 않은 채, 항상 간접적인 은유 및 암시를 사용하여 그 목적을 달성하고 있다. 따라서 이 책은 지엽적 경계를 뛰어 넘어 동방교회의 지휘 체계분야 전체를 취급한다.[24]

포티우스의 신학적 걸작품은 『성령의 신비에 관한 논문』(Treatise on the Mystagogia of the Holy Spirit)이라고 볼 수 있다. 이 가운데에는 성령의 발출(procession)에 관한 동방교회의 최종적 입장이 정밀하게 기술되어 있다. 이는 정통의 경계 안에서 다시 재론된 오리겐적 개념, 즉 삼위일체 내에서 성부 하나님의 위치가 우월(superiority)한 것이 아니라면, 최소한 우선(primacy)적이라는 사상을 표현하고 있다. 성령께서 성부 하나님과 성자 하나님으로부터 동시에 발출되었다고 이야기하는 것은 불합리한 것이다. 왜냐하면 모든 신적 생명은 성부 하나님으로부터 흘러나오기 때문이다. 다른 두 위격들은 이들이 표현하는 성명을 받아들인 존재들이지, 이를 부여한 존재들은 아니란 것이다. 따라서 성령은 성자 하나님으로부터 비롯될 수 없다. 그렇게 믿는 것은 삼위일체의 통일성을 파괴하는 동시에 신격 내에서의 등급을 조장하게 된다. 포티우스는 라틴 신경에 포함된 필리오케(filioque)가 이단적인 위험한 새로운 사상임을 증명하기 위하여 동방뿐만 아니라 서방교회 교구들의 가르침을 인용하였다.[25]

포티우스는 그의 탁월한 지적 능력으로 일찍이 콘스탄티노플의 학리학당의 교수직을 차지하였을 뿐 아니라, 곧 밀접한 인척관계를 통하여 황제 시위대장 및 제1국무상(First Secretary of State)을 역임하였다. 그는 현재 방탕자 마이클의 삼촌으로서 당시 실권을 장악하고 있던 바르다스(Bardas)의 처남이었다. 실제로 포티우스가 총대주교직을 차지하게 된 것은 바르다스가 이를 통해 세력을 차지하고 정권을 유지하고자 했기 때문이었다.

이 당시 콘스탄티노플의 정치적 상황은 1세대 전 아이린(Irene)의 전복 이후의 모습과 비슷하였다. 테오도라 태수는 마이클 3세(Michael III)에게 그 위를 선양하였다. 그녀는 계속 수석 고문으로서의 실권을 행사할 속심 아래 마지못해 그 위를 내준 것이었다. 그러나 그녀의 영향력은 적수였던 남동생 바르다스에 비해 급격히 약화되기 시작하였다. 이처럼 황실 내에서 알력과 반목이 생기게 되자, 이미 역사

---

24) MPG. CIV. 1219ff.
25) Edited by Hergenröther, Regensburg, 1857, MPG. CII. 279~400.

를 통해 무수한 전례를 발견할 수 있듯이 이를 기회로 반동파와 급진파들, 보수주의자들과 자유주의자들, 극단파와 온건파들 사이에 투쟁이 계속된 것은 당연한 일이다.

테오도라는 성상들의 사용을 영구적으로 공식화시키기 위해 스투디움의 수도사들이 이끌던 극단주의자들과의 동맹을 이룩하였다. 이에 따라 전임 황제의 아들이던 이그나티우스(Ignatius)라는 금욕주의자를 콘스탄티노플의 대주교로 승격시켰다. 이그나티우스는 왕국의 교만과 수도사의 열광적 경건성을 겸비했던 인물이었다. 그는 실제로 대중들의 상황을 이해하지 못하였으므로 당시의 혁명적 상황에 적응하는 데 실패하였고, 그가 목회하고 돌보아야 하는 책임이 있는 신자들의 복지에 직접 관련되는 사항들보다는 항상 추상적인 원칙을 고집하는 인물이었다. 또한 종교회의에 의해 후보자들이 추천되기 이전 테오도라가 독단적으로 그를 임명하였으므로 그의 임명 자체도 법적으로 문제가 있었다. 그는 또한 즉위식에서 시라큐스 주교 그레고리 아스베스토스(Gregory Asbestos)에게 그의 고집과 교만을 과시하였다. 그레고리는 당시 반대파이던 온건파(Moderates)의 일원으로서 그 자신이 콘스탄티노플 총대주교의 유력한 물망에 올랐던 인물이었다. 이그나티우스는 직접 그레고리에게 퇴장을 명령하였다. 모욕을 참지 못한 아스베스토스는 그가 들고 있던 불붙은 양초를 던져버리고 교회당으로부터 뛰어나와 교회가 목회자가 아니라 늑대의 손에 들어갔다고 소리질렀다.

따라서 테오도라의 실각과 함께 온건파들이 다시 정권을 잡게 되자 이그나티우스는 이 상황에 대처할 준비가 되어 있지 않았다. 황제가 세속정부 뿐만 아니라 교회의 최고 수장이었으며, 교회는 그 부수적 존재의 위치를 차지하였던 제정일치의 국가 내에서 이그나티우스의 고집과 교만은 복잡한 문제를 야기시킬 수밖에 없었다. 그의 완강한 저항으로 말미암아 교회와 황실간에는 위기가 발생하였다. 동방제국인들의 눈으로 볼 때에는 그의 완강한 저항은 실제로 반역에 해당하는 것이었다.

이그나티우스는 858년 주현절(Feast of Epiphany)에 공개적으로 바르다스가 성찬에 참여하는 것을 금지시켰다. 바르다스가 그의 아내와 이혼하고 며느리와 결혼하였다는 것이 그 이유였다. 또한 같은 해 가을에 테오도라 및 그녀의 딸들을 수녀로 만들어 공적 생활로부터 제거시키고자 했던 정부측의 요구를 정면으로 거부하였다. 마이클 3세와 바르다스가 생각해 볼 때에 총대주교가 항상 반대당과 연합하여 정부가 효과적으로 그 정책을 수행하는 것을 방해하는 것으로 보였다. 왜냐하면 교회야말로 그 강단을 통하여 국민들에게 가장 중요한 영향을 미치는 기관이었기 때문이었다. 또한 이그나티우스가 정부를 전복시키고 테오도라를 다시 복위시키고자 하는 음모에 실질적으로 가담하였거나 혹은 이를 묵인하였다는 소문이 돌았다.

따라서 정부측의 입장에서는 무언가 타개책을 강구하여야만 했다. 그 결과 이그나티우스는 총대주교직을 사임하였는데, 이것이 자발적인 처사에 의한 것인지 아니면 강압에 의한 것이었는지는 확실치 않다. 만약 그가 자발적으로 사임하였더라도 그는 곧 입장을 바꾸어 스투디움 수도사들 및 기타 극단파들과 입장을 같이 하여 강제로 그 직을 박탈당했다고 주장하였다. 또한 그의 후계자야말로 강도요 반역자로서 교회의 순수성을 훼손시키는 존재라고 비난을 계속함으로써 그리스도를 인해 핍박을 받는 성도나 순교자의 역할을 수행하였다. 이그나티우스는 858년 그 직을 박탈당하고 유배의 길을 떠났다. 종교회의는 그의 성직임명 자체가 무효라고 하였다. 이그나티우스 대신에 포티우스가 총대주교에 임명되었으며, 반대파들은 보다 친정부적인 인사들에 의해 대체되었다. 포티우스는 관례에 따라 교황을 비롯하여 다른 대주교들에게 자기의 입장 및 즉위의 경위를 밝히는 편지를 띄웠다. 또한 황제 역시 자기의 입장에서 본 상황의 편지를 교황에게 보내고 교황이 우상철폐 논쟁을 완전히 종식시키기 위한 콘스탄티노플 종교회의에 사절들을 보낼 것을 요청하였다. 니콜라스 1세는 로마에서 860년 동방제국의 사절들을 영접하고 두 편지들을 읽었다. 그는 우선 포티우스의 겸손한 모습에 깊은 인상을 받은 것으로 전해진다. 왜냐하면 포티우스는 그 편지를 통해 억지로 총대주교직에 선출되었으며 단지 의무감에 이를 받아들였다고 설명하였기 때문이다. 또한 그가 밝힌 교리적 입장은 교황이 볼 때에 완전히 정통적 입장에 부합하는 것이었다. 그러나 황제의 편지에는 의심의 여지가 있었다. 왜냐하면 그는 처음에 이그나티우스가 목회의 임무를 제대로 감당하지 않음으로써 종교회의에 의해 그 직을 박탈당하였다고 설명한 후 그 후에는 그가 스스로 사임했다고 기록하였기 때문이었다.

우상철폐 논쟁에는 그다지 관심을 두지 않았던 니콜라스 1세는 즉각 포르투스(Portus) 주교 로도알두스(Rhodoaldus)와 아나그니(Anagni) 주교 자카리아스(Zacharias)를 그의 사절로서 파견하였다. 교황은 이들에게 실제 상황을 면밀히 조사하여 직접 그에게 보고함으로써 이 문제에 관한 판결을 내릴 수 있도록 하라고 명령하였다. 그는 또한 로마야말로 모든 주교들의 직위 박탈에 관해 최종적 권한을 가지고 있으므로 최종 결정을 내리기 이전 먼저 교황에게 문의했어야 한다고 황제를 훈계하였다. 그러나 그는 동시에 만약 콘스탄티노플이 데살로니가와 시라큐스 등의 교구들을 로마에 넘겨주고 칼라브리아(Calabria)와 시실리(Sicily) 전체의 교황청 재산을 복귀시켜 준다면 이 문제를 덮어두겠다고 암시하였다. 그는 포티우스가 평신도의 신분으로서 총대주교의 직분을 받아들인 것을 훈계하였으나, 동시에 그 지위를 이용하여 황제가 그의 요구 조건을 수락하도록 힘쓰라고 요구하였다.

그러나 자기의 사절들에게 지시를 내리는 것은 교황의 권한에 속한 문제겠지만 이러한 지시사항들이 수행될 수 있는 상황들을 조성하는 것은 그의 능력 범위 밖에 있는 것이었다. 포르투스의 로도알두스와 아나그니의 자카리아스는 라틴 교회의 간섭에 대해 크게 반발한 헬라인들의 저항에 부닥치지 않을 수가 없었다. 헬라인들은 결국 교회의 통일에 대한 진정한 관심과 교황의 비위를 상하지 않고자 하는 마음에서 이 문제의 거론을 허락하였다. 그러나 사절들은 이러한 허락을 얻어내기 위해 포티우스 즉위의 합법성에 관한 종교회의의 판결을 받아들이지 않을 수 없었다. 이는 니콜라스가 내린 지시에 명백히 위반되는 행동이었다. 왜냐하면 니콜라스는 최종 결정권이 자기에게 있음을 분명히 선포하였던 것이다. 861년의 종교회의는 포티우스의 입장을 지지하는 결정을 내렸다. 사절들은 뇌물을 받은 것이었는지, 강제에 의한 것이었는지, 혹은 스스로 확신에서의 행동이었는지 모르나, 그 판결을 용인하고 회의의 진행에 동의하였다. 데살로니가나 시실리는 로마로 이관되지 않았다. 이에 따라 교황은 이 사건 전체를 통해 동방측의 계략에 넘어간 듯한 느낌을 금할 수 없었다. 그러나 실제로는 그의 입장에서 약간의 지리적 소유권을 상실했는지는 모르지만 동시에 최종 승리를 거둘 수 있는 거점을 확보한 것이었다. 왜냐하면, 헬라인들은 교황의 명예와 특권뿐만 아니라 교회 문제에 있어서 교황청의 우월성을 인정하였기 때문이었다. 포티우스 같은 경우에는 니콜라스가 요구한 문제들에 관해 자기 자신의 이름으로 감히 거절하지 못하고 단지 이 문제는 완전히 교황의 권한에 속한 것이라고 대답하였다.

그러나 눈앞의 손해에 냉철한 이성을 상실한 니콜라스는 당시의 상황 속에 포함된 보다 거대한 가능성을 깨닫지 못한 것이 분명하였다. 그는 성급하게 행동하였고, 이에 따라 그 자신이나 그의 반대자들이 해결할 수 없는 위기를 조성하였다. 862년 3월 그는 이그나티우스의 입장을 지지하여 포티우스를 탄핵하고 알렉산드리아, 안디옥, 예루살렘 등에 편지를 보내어 황제와 그의 총대주교뿐만 아니라, 동방 기독교 전체에 대한 그의 판결을 선포하였다.

그러나 그의 이러한 선포는 그에게 모욕을 가져다주었을 뿐이다. 포티우스와 황제는 그 판결을 완전히 무시하였다. 한편 그는 로마에서 콘스탄티노플의 테오그노스투스(Theognostus)라는 수도사를 접견하고 최초로 이 분쟁에 관한 이그나티우스의 입장에 동조하는 설명을 청취하였다. 이에 따라 니콜라스는 863년 4월의 공식회의에서 포티우스를 파문시켰다. 2년 후 865년 8월 황제는 그에게 편지를 보내어 이그나티우스에 동조하는 교황의 노력은 헛된 것이므로 그의 결정을 번복하고, 현재의 상황에 적응하도록 요구하였다. 황제는 이 편지를 통해 서방교회의 언어이던 라틴어를 가리켜, "야만족들과 스키티아족들의 언어"라고 야유하였다. 교황 역시 황제에게 응수하기를 만약 로마어에 대해 그처럼 느낀다면 그가 동로마 제국의 황제를 가장하는 우스운 짓이라고 하였다.

그러나 이러한 사태가 몰고 온 결과는 단순한 군왕들의 분노 이상의 것이었다. 교황은 포티우스를 파문하였으며, 포티우스는 교황을 파문하였다(867). 만약 정치적 사건으로 인하여 교회의 상황이 변화되지 않았다면 동서방 교회의 대분열이 야기되었을 것은 의심할 바 없는 사실이다. 그러나 마케도니아의 바실(Basil of Macedonia)이 바르다스(866)와 마이클 3세(867)들을 살해하고 스스로 제위에 올랐다. 이에 따라 바실 1세(Basil I, 867~886)의 등장과 함께 포티우스를 총대주교좌에 즉위시켰던 세력들은 완전히 무너졌으며, 이그나티우스는 다시 유배지에서 돌아와 영광의 대주교직을 차지하게 되었다.

그러나 이그나티우스 역시 포티우스와 마찬가지로 교황청에 순종할 만한 인물은 아니었다. 그는 불가리아를 로마에 넘겨주고, 그 왕국으로부터 모든 동방교회의 선교사들을 철수시키라는 요구를 묵살하였다. 어쨌든 그의 제2차 총대주교직 재임은 그다지 괄목할 만한 것이 못되었다(867~878). 그가 죽기 전 포티우스는 다시 황제의 총애를 받았으며(876), 황제의 가장 중요한 교회 문제 고문이 되었고 실질적으로 동방교회의 통치권을 회복하였다. 실제로 이그나티우스가 노년에 병상에 눕게 되자 포티우스는 정기적으로 그를 문안하였다. 이 시기에 이그나티우스는 포티우스의 친구가 되었는데, 이는 결국 최악의 적수까지도 친구로 감화시켰던 포티우스의 뛰어난 설복력이나, 혹은 자기에게 가장 가혹한 비극을 초래하였던 인물까지도 능히 용서할 수 있었던 이그나티우스측의 도량을 보여 주는 것이라 하겠다.

878년 10월 23일 이그나티우스가 사망하자 포티우스는 겨우 3일 후 10월 26일 다시 총대주교좌에 올랐다. 867년 포티우스의 몰락으로 인해 외부적으로나마 해결되었던 제1차 분열은 곧 로마와 콘스탄티노플 사이의 제8차 분열로 이어졌다. 교황 존 8세(John VIII, 872~882)는 전임자보다는 협상에 밝은 인물이었다. 그는 포티우스의 합법성을 인정하였을 뿐만 아니라, 또한 신경에서 필리오케 귀절을 삭제하여 니케아 신조의 순수한 모습으로 돌아가는 데에 동의하였다. 그러나 그는 동시에 콘스탄티노플이 그의 우월성을 인정할 뿐 아니라 이에 니콜라스가 요구하였던 바대로 교황청 및 불가리아에 대한 로마의 통치권을 주장하고 나섰다. 이는 참으로 난감한 요구조건이었으며, 또는 바로 이 시기에 있어서 세속적 유익을 위해 신조까지도 희생시켰던 로마의 모습을 보여 주는 것이다. 그러나 동방교회는 867년 당시 보다 더 로마에 대해 비협조적이었다. 어쨌든 879년 11월부터 880년 3월까지 콘스탄티노플에서 열린 회의에서 포티우스의 재취임을 승인하고, 교황 사절들도 이에 동의하였다. 존 8세는 이에 대해 861년의 니콜라스 이상으로 분노하였으며, 그는 포티우스의 총대주교직의 취임을 무조건 받아들였던 그의 사절들의 행위를 무효화하였다. 그가 실제로 포티우스를 파문시키고, 이에 따라 그의 추종자들과의 일체의 교제를 거부하였는지(이제까지 역사가들은 이렇게 믿어 왔다)는 현재 논란의 대상이 되고 있다. 만약 그가 그렇게 하였다면 포티우스는 이를 무시하였으며, 그 후 8년 동안 마치 자신이 교황인 양 통치하였다. 어쨌든 이미 제8차 세계 종교회의(Eighth Ecumenical Council, 869~870)에서는 콘스탄티노플 교구의 자치를 승인하고, 그의 그 총대주교를 로마 교황과 동등한 위치에 승격시킨 바 있었다.[26]

포티우스의 몰락은 서방교회와는 무관한 것이었다. 실제로 이는 정치문제로 인한 직접적 결과이었는데, 이미 우리가 살펴본 바와 같이 동방에서는 정치문제가 항상 종교문제와 관련되기 마련이었다. 자기가 가장 사랑하던 아들 콘스탄틴(Constantine)을 잃은 후부터 바실은 마음의 평온을 상실하였고, 이에 따라 포티우스는 교회뿐만 아니라 정부까지도 통치하게 되었다. 879년부터 886년까지 7년 동안 그는 마치 유대의 하스모니아 왕실(Hasmonians)처럼 신정정치를 수립하여 동방의 독재자로서 통치하였다. 그런데 그는 실질적으로 바실의 황제위를 계승하

---

26) J. Hergenröther, *Photius, sein Leben, seine Schriften, und das griechische Schisma*(Regensburg, 1867~1869), 3vols. F. Dvornik, *The Photian Schism* (Cambridge, 1948).

고자 음모했다는 혐의를 받게 되었다. 이러한 혐의가 사실이었는지에 대한 여부는 이제 가릴 수 없다. 어쨌든 바실의 아들이자 후계자 레오 6세(Leo VI, 886~912) 는 그렇게 생각하였다. 이에 따라 포티우스는 그 지위를 박탈당하고 강제로 사면되었으며, 886년 추방당하게 되었다. 5년 후(891) 그는 마치 처음 공생애를 시작하였을 때와 마찬가지로 학문과 명상에 잠겨 수도원에서 그 최후를 마쳤다.

그것이 본래의 의미에서 분열이라고 불리울 수 있을지 모르나 포티우스 시대의 두 분열들은 단순한 개인의 성격적 대결 이상의 의미를 지니고 있었다. 이들은 역사상에 나타난 두 가지 상반되는 정신의 표현이라 할 수 있겠다. 즉, 통일과 질서, 로마에 대한 복종을 주장하는 서방교회의 국제제도와 교회가 단지 국가의 일부였으며, 국민들의 정치적 사회적 갈망이 예배를 통해 표현되었던 동방제국주의의 대결이라 볼 수 있겠다. 양자간의 차이들은 교리적이라기보다는 정치적 사회적 양상을 보여 주고 있다. 포티우스 이후 동방과 서방의 결렬은 불가피한 것이었다. 그 직전의 시대와 같이 이 시대에도 역시 역사서는 저술되지 못하였으며, 단지 고백자 테오파네스(Theophanes the Confessor), 죠지 신셀루스(George Syncellus), 콘스탄티노플 대주교 니세포루스(Nicephorus),[27] 수도사 죠지 하마르토루스(George Hamartolus) 등에 의한 역대기가 남겨졌을 뿐이다. 이들을 기초로 하여 그 후에 역사가 기술되었다. 콘스탄티노플 총대주교였던 문법학자 존(John the Grammarian)은 그 학식의 범위와 다양성으로 깊은 인상을 남겼으며, 수학자 레오(Leo the Mathematician)는 헬라와 아랍 문화 사이를 연결하여 상호간의 교류를 가능하게 하였다. 비잔틴 역사상 최고의 여류 시인이었던 카이사(Kaisa) 역시 이 시대를 살았던 인물이다. 그녀는 거의 테오필로스 황제의 신부로 간택될 뻔 하였다. 그녀는 제국 전체에서 선출되어 온 다른 여인들과 함께 후보자로서 황제 앞에 서게 되었다. 그녀에게 마음이 끌린 황제는 선택의 표시로써 황금 사과를 주고자 하였다. 그러나 그의 물음에 대한 답변 중에 나타난 그녀의 뛰어난 재치와 용기는 오히려 황제의 마음을 떠나게 하였으니, 결국 황제는 그녀 대신 테오도라를 선택하였다. 아마도 다마스커스인 존에 의하여 집필된 것으로 보이는 『발람과 죠사파트』(*Barlaam and Josaphatf*)[28]의 로맨스는 제국민들을 기쁘게 하였으며, 후에 번역

---

27) MPG. C. 44~160, 169~1068.
28) Trans. by G. R. Woodward and H. Mattingly, N. Y., 1914.

을 통해 서구민들까지도 즐기게 되었다. 이는 인디아로부터 전래된 부다(부처 〈Buddha〉)의 생애에 기초하고 있다. 수많은 황제들의 성상폐지주의에도 불구하고 예술은 그런 대로 융성한 편이었다. 헬레니스틱한 모델들이 재흥되었으며, 아랍인들의 장식적 기술이 모방되었다. 데살로니가에 있는 몇몇 모자이크를 보면, 당시 예술가들의 기술을 짐작할 수 있고, 종교적 성화는 1세기이던 초기와는 달리 일반 서민들의 생활들을 묘사한 장면들이 왕궁과 공공건물들을 장식하였다. 불행히도 이 시대의 성유물의 대부분은 유실되었다. 제8, 9세기는 그 이후 계속될 제2차 비잔틴 문명의 황금시대를 위한 준비기였다.

*History of Christianity
in the Middle Ages*

제 6 장

동서방 교회의 분열
(882~1081)

교회의 역사에 있어서 1054년은 결정적인 해였다.
   그때까지 대부분의 기독교의 신자들은 서로 다른 관습과 언어에도 불구하고 동일한 교회 가족으로서 함께 예배드렸다. 비록 분열들이 발생하기는 하였으나, 한 지역에 국한되어 별다른 결과를 낳지 못하던지 혹은 광범위한 규모라 할지라도 일시적에 지나지 않았다. 로마와 콘스탄티노플 사이에 발생한 포티우스 시대의 제2차 분열까지도 외형적으로는 9개월 후 총대주교의 퇴위와 함께 해결되었다. 로마 교황은 "포티우스를 파문한 것은 마땅한 처사입니다"[1]라고 그에게 상세한 전말을 전달해 온 황제를 치하하였다. 이는 역시 라틴과 헬라를 망라하여 양측이 하나의 보편교회를 인정했음을 보여 주는 것이다. 교리 및 교회정치에 관한 결정들은 양교회의 참여 하에 세계 종교회의를 통해 이루어졌다. 이 소집은 콘스탄틴 시절과 마찬가지로 동방 황제들이 담당하였으나 항상 로마 교황들의 사후 동의를 받고는 하였다. 동서방을 막론하고 한 주님은 단지 한 신앙과 한 세례뿐만 아니라 한 교회를 또한 의미하였다.
   그러나 1054년 이후 상황은 급변하였다. 서로 다른 경로를 따라 너무 오랫동안 흘러오던 기독교권의 양진영은 서로 공개적으로 서로의 상이점들을 인정하였으며, 이러한 차이는 분열을 정당화 할 만큼 중요한 것으로 평가되었고, 이에 따른 교제의

---

1) Mansi, XVJ, 436 D.

단절은 다시는 영속적 교제의 수복을 불가능하게 하였다. 동서방 보편교회는 거의 두 개의 서로 다른 종교들처럼 되었다. 비록 이들은 과거 전통으로부터 실질적으로 동일한 전통을 이어받았으나, 이러한 교리의 의식적 표현은 상이하였으며, 이들은 서로 마치 적들이나 혹은 진정한 진리에서 개종이 필요한 이교들처럼 취급하였다.

이러한 대분열 이전의 1세기 반 동안의 기간은 동서방 역사가 큰 대조를 이루고 있다. 서방에 있어서 이 시대는 문자 그대로 암흑시대(the Dark Ages)라고 불릴 수 있는 기간이다. 학문의 심지는 잦아들어 거의 꺼지게 되었으며, 미신과 무지가 횡행하여 교육받은 인간은 마치 호기심의 대상처럼 취급되었다. 인간 시야의 넓이는 그 지주의 농토에 불과하였으며, 그 높이는 그 보호자의 성벽을 넘지 못하였다. 봉건제도란 단순한 사회체제가 아니었다. 이는 생활철학이자 문화였으며 문명이기도 하였다. 하층계급들은 그들이 탄생한 토지에 평생 묶여 사는 농노들(serfs)로 전락하였다. 상층계급들은 각 지방 귀족 혹은 기사들이 되었으니, 곧 지주나 기사들로서 농노들을 이용하여 특권과 영향력을 즐기고, 그의 무력이 허락하는 한 세력권을 확장하였다. 소귀족들과 기사들이 충성을 바쳤던 왕들은 그 신민들과 마찬가지로 협소한 가치관을 소유하였다. 말더듬이 루이(Louis the Stammerer), 뚱뚱보 찰스(Charles the Fat), 바보 찰스(Charles the Simple) 등 왕들의 별명이 시사하듯이 이들은 곧 주저와 나태, 그리고 무능력의 상징이었으니, 곧 정치적 안정의 와해와 사회적 질서의 붕괴를 초래하였다.

그러나 동방은 중세의 바로 이 시기에 제국의 급성장에 도달하였다. 마케도니아 왕조(867~1025)는 비잔틴 정부에 일련의 현명하고 성공적인 통치자들을 제공하였으니, 이들이야말로 전체 역사에 있어서 가장 뛰어난 인물들이었는지도 모른다. 제국의 국경은 확장되었으며, 여행과 교역은 증가되었고, 유럽과 아시아에서의 전쟁에 승리를 거두었다. 부와 재산은 증가했고, 도시들은 확장되었으며, 학문과 문화는 국민생활을 충족하게 하였다. 고대 아테네의 영광이 다시 콘스탄티노플을 찾은 듯하였다.

라틴과 헬라 양교회는 마치 거울처럼 그 시대의 상황과 업적을 반영하고 있다.

1. 포르노크라시(도색정치)

교황 존 8세의 참혹한 죽음은 그 후 거의 1세기(882~964)를 점철할 치욕과 비극의 불길의 징조였다. 재산을 노린 그의 친척들은 그에게 독약을 먹였는데 독이 금방 듣지 않자 이들은 망치로 그의 머리를 부수어버렸다.[2] 비록 "포르노크라시"(Pornocracy, 도색정치)라는 단어는 로마 교구의 소유자들이 곧 모든 악과 부정부패의 화신이었던 세르지우스 3세(Sergius III, 904)의 즉위로부터 존 12세(John XII, 964)의 죽음까지의 60년 동안만을 가리키는지는 모르지만, 사실은 전체 82년이 무능과 실패로 만연하였다. 교황의 자리는 이를 통솔하던 잔인한 귀족들의 장난감에 지나지 못했다.

존 13세의 죽음으로부터 9년 동안 3명의 교황들이 연달아 그 지위를 계승하였는데, 혹시 이들에게 능력이 있었더라도 그것을 발휘할 만한 시간이 주어지지 못했다. 이들 가운데 마틴 2세(Martin II, 882~884)는 그 개인의 능력이나 특징 때문이 아니라 다른 교구 출신감독이 교황 위를 차지했다는 점에서 특이하다. 이제까지는 항상 로마 성직자들 가운데에서 교황이 선출되곤 하였다.

세 교황의 무기력한 통치를 뒤이어 포르모수스(Formosus)가 그 위를 계승하였으니, 그는 니콜라스 1세의 휘하에서 교황 사절로 불가리아에 파견된 바 있었으며, 바로 보리스가 그의 초대 총대주교로 삼고자 요청하였던 인물이다.[3] 포르모수스는 엄격한 성품의 소유자로서 사생활은 금욕적이었으나 곧 생활에서는 위험하기 짝이 없는 음모가로서 책략과 술수에 능한 인물이었다. 그는 존 8세[4] 아래에서 박해와 굴욕을 받았으나, 마틴 2세에 의해 다시 복직되었는데, 마틴 2세는 그의 재판 및 정죄 기록을 소멸시켰다. 그는 타인의 명령을 받을 수 없는 종류의 인간이었다. 그는 고기와 꿀을 입에 대지 않았으며, 항상 기도에 몰두하였으나, 그의 추종자들은 항상 산적들과 암살자들로 구성되어 있었으며,[5] 그는 교회 문제에 있어서 마치 목적이 수단을 정당화시키는 양 행동하였다. 그는 교양을 갖춘 학문과 지식의 인간이었으나, 성실하게 목회에만 전념하기에는 너무나도 정치적 성향이 강하였다. 그는 교회회의들을 통해 평신도들이 종교문제에 간섭하는 것을 방지하고,[6] 제국에 평화

---

2) *Annales Fuldenses*, a.833, in MGH (1826).
3) LP, II, 185.
4) MPL, CXXVI, 675~679.
5) J. Regesta, 3041.
6) Mansi, XVIII, 122, 126; Flodoard, *Historia Remensis*, IV, 2, in MPL, CXXXV, 267ff.

와 정의를 주고자 하였다. 그러나 그 자신이 스포레토(Spoleto) 공작 람베르트 (Lambert)를 신성로마제국 때(894)에 임명했다가 대신 그 자리에 독일 왕 아눌프 (Arnulf, 896)를 임명하는 실수를 저질렀다. 그는 사후에나마 이 음모에 대한 비싼 대가를 지불하지 않으면 안 되었다. 폐위당한 람베르트의 어머니였던 무자비한 성품의 아질투드(Agiltude)는 그의 시체를 파내어 다시 교황복을 입히고 공공 법정에 재판을 걸었다. 그는 음모죄로 유죄판결을 받았다. 그가 기여한 성직과 그가 선포한 교회 법령들은 취소되고 무효화되었다. 그가 교황으로서의 축복을 베풀던 세 개의 손가락은 잘려 그의 의복과 문장(insignia)은 시체로부터 몰수되었다. 그의 시체는 로마 거리를 끌려 다니다가 결국은 티베르(Tiber) 강에 던져졌다.[7] 결과적으로 그가 교황직을 차지했던 5년 동안(891~896)은 계속 정치적 혼란과 분열이 그치지 않았으며, 그의 정치적 적수들과 여론은 그를 죄인으로 정죄하였다.

독일의 역사가 헤르겐뢰더(Hergenröther)는 포르모수스의 죽음과 함께 "로마 교구의 가장 치욕적인 역사가 시작되었다"고 기록하였다.[8] 896년부터 904년까지 10명의 교황들이 베드로의 보좌에 앉았으니, 그들 중 하나는 겨우 4개월, 다른 하나는 1개월, 또 다른 하나는 20일간 치리하는 기록을 세웠다. 그 후 세르기우스 3세(Sergius III)의 등장(904년 6월 9일)과 함께 속칭 "도색정치"가 시작되어 거의 60년 동안 교황청은 여인들의 치마폭에 휩싸이게 되었다.[9] 테오도라와 그녀의 두 딸들, 소테오도라(Theodora the Younger)와 마로지아(Marozia)는 그녀들의 요염한 미색과 창부적인 기질을 마음껏 동원하여 로마 및 서방교회 전체를 좌우하였다. 이들 여인들은 관직, 칭호, 토지 등 권력과 영향력을 얻을 수 있는 수단들을 쟁취하기 위해 육체를 팔았다. 그 음란과 사악한 지혜에 있어서 어머니를 능가하였던 마로지아는 정부들 가운데 교황 세르기우스 3세(Sergius III)를 포함하고 있었으니, 이들의 불륜을 통해 얻은 아들이 후에 교황 존 11세(John XI)[10]가 되었다.

---

7) Mansi, XVIII, 108, 109, 222~223. J. Regesta, 3481, 3486, 3500, 3501; MPL, CXXXVI, 804; Mabillon, *Museum italicum, seu collectio veterum scriptorum* (1724), II, 89.

8) J. Hergenrother, *Handbuch der allgemeinen Kirchengeschichte*(1924~1925), II, 202.

9) MGH, *Scriptores*, III, 714.

10) LP, II, 243.

그러나 하나님과 인간을 무서워할 줄 모르는 이 여인들에 의해 뿌려진 사악한 씨앗들은 결국 이들의 비참한 종국을 가져왔다.

마로지아는 쌍 안젤로(Sant' Angelo) 성이라 불리우던 하드리안의 석굴을 자기 자신을 위한 저택으로 개축하였다. 사람들은 그녀를 가리켜 돈나 세나트릭스(Donna Senatrix, 마담 세나티)라 불렀으니, 그녀는 마치 여황처럼 행세하다가 마침내 자신의 아들에 의해 밀려나고 말았다. 실제로 그녀는 아들 존 11세가 교황의 자리를 차지하고 있던 권력의 급성기에 그녀 스스로 황제위를 찬탈함으로써 서방제국의 황제로 등극하고자 하였다. 그녀는 이 음모를 보다 용이하게 성사시키기 위하여 황제위 후보자 중 하나였을 뿐 아니라, 부와 권력을 소유하고 있었던 프로뱅스의 휴(Hugh of Provence)와 결혼하였다. 바로 이 순간 그녀의 작은 아들 알베릭(Alberic)이 뛰어들었다. 그는 이미 그의 양부에게 공식석상에서 모욕을 받은 바 있었다. 이에 대한 복수로써 그는 프로뱅스의 휴를 로마로부터 축출하고 자신의 어머니를 투옥시켰는데, 그녀는 얼마 안 있어 의혹에 빠진 죽음을 맞았다. 그는 또한 이복형제 교황마저 체포하여 스스로 독재자의 자리에 올랐다. 그런즉 개인적으로 볼 때, 알베릭은 그의 어머니나 할머니보다는 나은 인간이었으며, 로마에서 인애와 정의로 통치하였지만(932~954), 그는 절대적으로 교황청을 통솔하였으며, 임종 시에 그의 아들 옥타비안(Octavian)을 교회에 남겼으니, 이야말로 최악의 유산이었다. 참으로 가증한 옥타비안이라는 인물 가운데에는 이 사악했던 가문의 모든 부도덕이 함께 뭉쳐 있는 듯하다.

알베릭이 죽기 전에 로마의 성직자와 시민들은 성 베드로의 바실리카에서 장려한 예식을 갖고 당시의 교황 아가페투스 2세(Agapetus II, 946~955)가 임종할 경우 옥타비안을 그의 후계자로 선출하기로 맹세하였다. 이는 알베릭이 사망한 지 1년, 옥타비안이 겨우 16세 되던 해였다. 이 새로운 교황은 존 12세(John XII, 955~964)의 칭호를 취하였는데, 이는 교황에 임명되는 인물이 그의 세례명을 고쳐 다른 이름을 택한 두 번째 예이다. 그러나 이러한 관습은 그 후 계속되었으므로 현재는 교황에 임명되는 인물이 새 이름을 선택하는 것이 일반적인 관례로 되어 있다.[11]

그러나 교황의 새로운 이름이 새로운 성품을 창조하는 것은 아니었다. 그는 옥타비안(Octavian)으로서 난조의 연회에서 사단에게 축배를 드렸으며, 존으로서도

---

11) MGM, *Scriptores*, III, 342.

계속 악마의 생활을 영위하였다. 존은 성직자로서의 임무를 수행하기 위해서만 교회를 방문하였으며, 대중 앞에 자주 드러났던 그의 개인적 사생활이야말로 추문의 연속이었다. 그러나 재미있는 것은 기록에 남아 있는 신앙에 관한 한 그의 칙령들은 흠잡을 데가 없었으며, 그가 발한 도덕적 교훈들 또한 그의 실제생활을 배척하는 것이었다. 최소한 그는 한 가지 죄를 범하지는 않았으니, 곧 자기 자신을 정당화시키고자 하지는 않았다는 것이었다.

이 젊은 패륜아는 자기 주위의 로마 귀족들은 통솔할 수는 있었으나, 얼마 안 되어 북쪽에서 일어난 독일 황가의 미움을 사게 되었다. 오토 1세(Otto I, 936~973)는 비록 야심에 가득 찬 인물이었으나, 동시에 고상한 이상을 지니고 있었으며, 존과 같은 배덕자가 기독교권의 가장 중요한 위치를 차지하고 있다는 데에 분노를 금치 못하였다. 오토는 존의 손으로 황제 위에 올랐으나(952), 곧 황제의 허락 없이는 아무도 장래 교황의 자리에 오를 수 없다는 카톨링가 왕조의 권리를 주장하였다.[12] 그의 사생활뿐만 아니라 정치생활에서도 신의를 지키지 못했던 존은 오토가 로마를 떠나자마자 곧 이전의 약속을 깨뜨리고, 오토의 숙적이었던 베렌가리우스 2세(Berenfarius II)와 야합하여 게르만족들이 로마를 공략할 구실을 제공하였다. 오토는 963년 11월 6일 성 베드로 성당에서 회의를 소집하고 존의 문란한 사생활에 관한 증언을 청취한 후 교황이 직접 출두하여 이러한 고발들에 대해 응답하도록 명령하였다. 존은 이를 거부하였다. 그는 기억하기를, "그대가 또 다른 교황을 선출하기를 원한다고 들었다. 만약 그리한다면, 우리는 전능자 이름으로 그대를 파문함으로써 그대들 중 누구도 성직자를 임명하거나 미사를 집전하지 못하게 할 것이다."[13] 이에 따라 회의는 존의 지위를 박탈하고 그 대신 레오 8세(Leo VIII)를 대신 임명하였다. 964년 2월 26일 존은 같은 장소에서 또 다른 종교회의를 소집하여 오토의 회의가 결정한 사실들을 취소하였다.[14] 그 후 얼마 안 되어 오토가 로마를 공략할 준비를 하고 있을 때에 존 12세는 아마도 그의 피해자들 중 하나에 의해 암살당하고 말았다.[15]

---

12) J. M. Watterich, *pontificum romanorum vitae*(1861), I, 52, 53.
13) J. Regesta, 3696, 3697.
14) Mansi, XVIII, 471.
15) C. Baronius, *Annales ecclesiastici*, a.964, n. 17. Mourret, *op. cit.*, III, 432~63.

바로 이 수치와 굴욕과 부패의 시대에 도덕적으로나 영적으로 흠잡을 데 없는 한 줄기 순수한 빛이 비추었다. 그 근원은 현 프랑스 중앙 지방인 아퀴테인(Aquitaine)이었다. 비록 처음에는 그 규모가 보잘것없었으나, 다음 세기가 다 지나가기 전에 이 빛은 그 개혁의 광채를 전체 서부 유럽에 밝혔다. 이는 곧 클루니 사원(Abby of Cluny)이었으니, 아퀴테인의 윌리암 공작(Duke William of Aquitaine)이 하나님의 영광과 자신의 영혼의 구원을 위해 설립한 것이었다. 이 경건과 헌신에 가득 찬 너그러운 선행은 909년 9월 세르기우스 3세(Sergius III, 904~911) 교황의 부패한 시절에 행해졌다. 가장 위대했던 수도원장 오도(Odo, 879~942)는 그 형제들에 의하여 초대 원장 베르노(Berno)의 후계자로 927년 선출되었으니, 바로 마로지아의 권력과 악이 최고조에 달했던 순간이었다. 윌리암은 외부로부터의 간섭 없이 베네딕트의 규율(the Rule of Benedict)에 따라 클루니 사원의 수도사들이 자기들의 수도원장을 선출할 수 있는 권리와 자유가 있음을 성문화하였다. 윌리암은 기록하였다. "하나님에 의해, 하나님과 그의 모든 성도들 안에서, 그리고 최후의 심판의 위협 아래 간절히 탄원하노니, 그 어느 세속 군주, 영주 혹은 주교들이라도 수도사들의 뜻에 역행하여 강제로 수도원장을 임명하지 말지어다."[16] 이러한 요청은 존중되었다. 얼마 안 되어 인근 귀족들과 지주들이 제공한 선물들과 유산을 통해 클루니의 유산들과 재산들은 급증하였다. 신분의 귀천과 재산의 유무를 막론하고 많은 사람들이 명상과 기도를 통해 평화의 왕좌를 섬기기 위해 이 사원의 벽 안으로 찾아들었다. 외부 세계는 수도사들로부터 충고와 교훈을 구하였다. 예를 들어, 오도는 알베릭 대신 세 번씩이나 로마를 방문하여 프로뱅스의 휴와 알베릭 사이의 분쟁을 조종하였으며, 알베릭의 영적 고백자가 되기도 하였다.

그러나 클루니는 이 시대의 전형이 아니라 예외라 할 수 있다. 교회가 그 지도자들의 타락과 부패에도 불구하고 살아남았을 뿐만 아니라 로마 교황들이 던져 넣었던 수치와 치욕의 구덩이를 헤쳐나왔던 것을 보면 무언가 인간 이상의 힘이 작용하였음을 느끼지 않을 수 없다.

---

16) *Recueil des chartres de l'abbaye de Cluny*(ed. Bruel, 1876), I, 124, 125. MPL, CXXXIII, 43~858. J. Regesta. I, 3598~3600, 3603, 3605.

2. 제국의 보호 아래에서의 교회

　독일 황가는 종교문제의 새로운 국면을 제시하였으며, 최소한 처음에는 교황들의 부정부패를 개선하고자 노력하였다. 오토 1세는 그 성품이 성자에 채 미치지 못하였으나, 전반적으로 볼 때에는 존경받을 만한 인물이었고 헌신적인 기독교인이었다. 또한 그는 가히 성녀(a saint)라고 불리울 수 있는 여인(아델레이드 여왕, Queen Adelaide)을 아내로 맞이하였으며, 또한 성녀를 그의 어머니(마틸다〈Matilda〉)로 갖고 있었고, 또한 성자라고 불리기에 부족함이 없는 형제(브루노〈Bruno〉)의 자문을 받을 수 있는 행운을 가지고 태어난 사람이었다. 이처럼 생활 가운데 신앙을 실천할 분위기 속에서 자라난 오토가 오랫동안 로마 성직자에 의한 위선을 참고 보고만 있을 수는 없었다. 오토 2세(Otto II, 973~983)는 비록 그 성격과 능력에 있어서 그의 아버지에는 미치지 못하였으나, 교회에 대해서 동일한 정책을 견지하였다. 그의 아들이었던 젊은이요 이상에 찬 모험가인 오토 3세(Otto III, 983~1002)는 겨우 14세 때에 왕위에 올라(994) 미처 스물두 살이 되기 전에 생을 마쳤으나, 이 짧은 기간 동안 그는 중세 교회에서 가장 뛰어난 두 명의 교황을 제공하였다.

　존 12세의 죽음으로 인해 오토 1세가 즉시로 교황청을 손에 넣을 수 있었던 것은 아니었다. 오히려 오토의 간섭에 저항감을 느낀 로마인들은 황제의 사전 지식이나 동의 없이 베네딕트 5세(Benedict V, 964~965)를 교황으로 선출하였다. 이에 따라 교황은 로마를 공격하였다. 시민들은 불운한 베네딕트를 적에게 넘겨 주어 그는 결국 독일로 사로잡혀 가게 되었다. 이에 따라 오토는 그가 추천한 레오 8세(Leo VIII)를 교황위에 올렸다. 9개월 후 레오가 사망하자 오토는 전 교황 존 12세의 조카를 합법적인 절차를 거쳐 존 13세(John XIII, 963~972)로 임명하였다. 존은 7년 동안의 교황직을 통해 비록 특기할 만한 위업을 이루지는 못하였으나 그런 대로 기풍을 지키어 사람들의 존경을 받았으므로 그의 묘비에는 "지혜롭고 주의 깊은 목자였다"[17]고 기록되게 되었다.

　로마와 독일 사이의 협상으로 상당한 기간이 지난 후에야 교황에 선출된 베네딕트 6세(Benedict VI, 973~974)가 바로 오토 1세가 사망(973년 5월 7일)할 당시

---

17) LP, II, 254.

의 교황이었다. 베네딕트 6세는 독일 황가의 압력에 대항한 이탈리아의 반란의 와중에 휩쓸린 불행한 희생자라고 할 수 있겠다. 일찍이 알베릭이 시행하였던 로마인에 의한 독재정치를 꿈꾸었던 크레센티우스(Crescentius)의 지원 아래 프랑코(Franco)라는 자가 스스로 보니페이스 7세(Boniface VII)라고 이름하였다. 그는 성품이 교만하고 건방지기 짝이 없는 인물이었으므로 사람들은 곧 그에게 분을 품게 되었다. 그가 거리를 지나가면 어린 아이들이 모여들어 그를 말페이스(Malface), 즉 악을 행하는 자라 불렀으니, 이는 곧 그의 이름 보니페이스(선을 행하는 자)에 대한 희롱이었다.[18] 제국 군대의 면전에서 프랑코는 바티칸의 보물들을 싣고 콘스탄틴으로 도주하였다.[19]

후세인들에게 흔히 오토 대왕(Otto the Great)이라고 불린 오토 1세는 실질적인 독일 국가의 창시자였을 뿐만 아니라 가장 위대한 통치가들 가운데 하나였다. 또한 그 이전의 샤를마뉴와 마찬가지로 기독교의 보호자였으며, 각종 문화와 예술가들의 후원자이기도 하였다. 비록 자신은 많은 교육을 받지 못하여 라틴어를 읽을 줄 몰랐으나, 『성자들의 생애』(The Life of the Saints)를 저술하고 복음서 및 모세오경에 대한 주석을 집필한 바 있는 그의 동생 브루노(Bruno, 925~965)의 학문을 자랑스럽게 생각하였다. 왕실은 A. D.888년부터 오토의 시절까지 이탈리아의 역사가 기록된 『안타포도시스』(Antapodosis)를 집필한 류트프란드(Liutprand, 922~972)의 역사적인 업적을 후원하였다. 류트프란드는 또한 비록 그의 자질은 뛰어나지 못했으나, 당시 문학작품으로 꼽히고 있는 『비타 오토니스』(Vita Ottonis)와 『레가티노 콘스탄티 노폴리타나』(Legatino Constantino politana)를 저술하기도 하였다. 베로나(Verona)의 라테리우스 감독(Bishop Ratherius, 887-974)은 이 시대 사람들의 습관과 사건들을 생생하게 기록하였으며, 새 코르비 사원(New Corbie Abbey) 출신의 위두킨드(Widukind, 973 사망)의 『레스 개스타이 색소니카이』(Res gestae Saxonicae)에는 삭소니 지방의 역사가 처음부터 기록되어 있다. 오토가 전사요 정복자로서 외국을 원정하는 동안 그의 동생은 독일에 남아 각종 소송문제를 조종하고, 공의를 행하며, 거의 지나치다 할 정도의 너그러운 자선을 가난한 자들에게 베풀었다. 아델레이드 황비는 오토의 숙적이었던 베렌가

---

18) LP. II. 257.
19) J. Regesta. 3823.

리우스 2세(Berengarius II)의 고아들을 양자로 삼아 마치 그녀 자신의 자녀들과 다름없이 양육하였다.[20]

비록 정치적 불안정과 반란, 그리고 자신의 성격적 결함 등으로써 점철되어 있기는 하지만 오토 2세의 10년간의 통치 기간 역시 최소한 프랑코의 도주 이후 그리고 교황 베네딕트 7세(Benedict VII, 974~983)의 즉위 이후의 기간은 로마의 교회 문제가 안정과 진보를 되찾은 때라 할 수 있겠다. 교회의 모든 이해관계에 대하여 세심한 주의를 기울였던 베네딕트의 세심한 성격과 온화한 성품은 특히 오토 1세의 독일식 전제정치에 대항한 이탈리아의 감정이 고조되었던 기간에 무엇보다도 긍정적인 효력을 발휘하였다고 볼 수 있겠다.[21] 당시 프랑크와 영국은 국가를 위협하는 봉건제도의 몰락으로 시달리고 있었으며, 이러한 생활은 교회생활에도 반영되고 있었다. 그러나 라임스 대주교 아달베로(Archibishop Adalbero of Rheims)와 켄티베리 대주교 둔스탄(Archibishop Bunstan of Canterbury)은 교회 내의 혼란과 성직매매, 족벌주의, 도덕적 타락, 수도원의 나태 및 탐욕, 기타 이들 국가들에게 기독교를 심각하게 위협하던 부정부패들에 방파제의 역할을 하였다.

983년 12월 7일 오토 2세가 객지인 로마에서 사망하였을 때, 그의 아들이자 후계자였던 오토 3세(Otto III)는 겨우 세살 반의 유아였다. 그리고 그 후 거의 11년간(983~994) 헨리 랭글러와 색슨가의 충신들 사이에 권력 투쟁이 계속되었다.

이 시기에 두 가지 중요한 사건들이 제국 밖에서 발생하였다. 이 당시에는 물론 토지의 소유권이 진정한 권력을 의미하였는데, 카롤링가가(Carolingian House)의 부주의한 경영으로 많은 토지를 상실하게 되었으며, 이에 따라 소유권을 잃게 되었다. 프랑스 귀족들은 유능하고 결단력이 있는 라임스의 아달베로(Adalbero of Rheims)가 대표한 교회의 동의 아래 꼼피에뉴에서 개최된 전국 회의에서 파리(Paris)의 백작 휴카페트(Hugh Capet)를 프랑스 왕으로 선출하였다(987). 그리하여 유명한 카페트 왕조(Capetian dynasty)가 시작되었다. 990년에는 잉글랜드의 왕 에텔레드(King Ethelred of England)와 노르만디공 리챠드(Duke Richard of Normandy) 사이에 흔히 "하나님의 화"(the Truce of God)라고 불

---

20) MGH, *Scriptores*, III, 264~363, 312~314, 408~467; IV, 63~65, 69~70, 252~275; VI, 347~349, 352.

21) LP, II, 258.

리는 조약이 맺어졌다. 이 조약은 기독교 지도자들 사이에 전쟁이 발생했을 경우 교회 및 가난한 자들의 재산을 훼손하거나 파괴할 수 없으며, 성직자, 순례자, 상인들, 여인들, 아이들 기타 가난한 자들을 괴롭히는 것을 금하였다. "하나님의 화"의 조약을 위반하는 자는 누구든지 하나님의 진노 아래 있을 것을 저주하였다.[22] 한편 제국 영내에서는 오토 2세의 사망 당시 교황이던 존 14세(John XIV, 983~984)가 콘스탄티노플에서 귀향한 보니페이스(Franco)[23]에 의해 투옥되어 결국에는 암살당하였으니, 보니페이스는 다시 교황위에 올라 자기 자신의 자리를 위해 재산을 오용하였다.[24] 에텔레드와 리챠드를 설복하여 하나님의 화의 조약을 맺게 하였던 장본인 존 15세(John XV, 985~996)에 관해서는 개인적으로나 11년간의 교황 제위기간들의 업적들이 그다지 잘 알려져 있지 않다.

오토 3세는 교회의 역사 가운데 특이한 위치를 차지하는 매력적인 인물이다. 그는 교황제의 보편적 성격을 감지하여 교황직 자체를 국제적 위치에 올려놓았다. 그때까지는 오직 이탈리아 성직자, 그리고 마틴 2세까지는 로마 성직자들만이 직위를 차지하였다. 오토 3세로 인하여 외국인들도 교황위에 오를 수 있게 되었다. 이리하여 그 후의 중세 시대에는 독일인들, 프랑스인들, 희랍인들과 스페인인들 그리고 영국인1명 등이 로마인들과 이탈리아인들과 마찬가지로 베드로의 보좌에 오를 수 있었다. 로마 교회가 서방교회에서 차지하던 보편적 통치의 종말—즉 종교개혁—과 함께 이러한 국제적 원칙은 소멸되었으며, 그 후 다시 뚜렷한 결정 없이 이탈리아인들이 교황위를 차지하는 것이 불문율처럼 되었다.

오토 3세는 중세가 제공할 수 있는 최고의 교육을 받은 인물들 중의 하나이다. 그의 스승들은 칼라브리아의 존(John of Calabria, 이탈리아인), 힐데샤임의 베른발트(Bernwald of Hildesheim, 독일인), 그리고 그 유명한 아우릴락의 게르베르트(Gerbert of Aurillac, 프랑스인) 등이었으니, 그의 훈련 자체가 그를 세계인으로 교육하기에 부족함이 없다고 하겠다. 따라서 그가 세계를 무대로 하는 교회와 제국이라는 긍지를 가지고 통치를 시작한 것은 당연한 일이다. 그는 두 개의 제국들이 함께 공존한다는 것을 용납할 수 없었으므로 그의 통치 아래서 동방과 서방을

---

22) MPL, CXXXVII, 843, 854~856.
23) LP, II, 259.
24) J. Regesta, 3825.

또한 연합하고자 하였다. 옛 로마가 아직 존재하는 한, 다른 로마가 있을 수 없었다. 또한 그의 어머니는 헬라 공주 출신이었으므로 그의 핏줄 속에는 이미 양측 황가의 피가 흐르고 있었다. 이에 따라 그는 이탈리아를 위해 독일을 포기하고 로마의 아벤틴(Aventine)에 그의 왕궁을 지었으며, 독일식 풍습과 언어가 야만적이라 하여 그 사용을 거부하고 로마식 의복을 선호하였으며, 스스로를 콘스탄틴과 유스티니안에 비유하였다.

존 15세(John XV)의 사망 직후 오토는 처음으로 로마를 방문하여 아직 젊은 그의 사촌 형 브루노(당시 겨우 24세였으나, 오토 보다는 7세나 더 많았다)를 교황에 선출, 임명하였다(996년 5월 3일).[25] 그레고리 5세(Gregory V)라는 칭호를 선택한 새로운 교황은 그로부터 18일후 오토를 황제에 임명하였다. 그리하여 교황청과 제국은 동일한 국적일 뿐만 아니라, 동일한 가문 출신들의 손에 떨어지게 되었다. 그레고리 5세는 최초의 독일인 교황이다.

가히 예상할 수 있듯이 이러한 교회문제의 혁신은 당연히 저항을 불러일으켰다. 크레센티우스(Crescentius)라는 자는 그레고리를 파비아로 쫓아내고 칼라브리아(Calabria) 출신의 헬라인 피아센자의 필라가투스(Philagathus of Piacenfa)를 그 자리에 임명하였으니, 황제는 이 문제를 해결하기 위해 불가불 이탈리아로 돌아갈 수밖에 없었다. 크레센티우스는 결국 황제의 손에 죽임을 당하였다. 교황과 황제는 필라가투스를 용서하였으나, 시민들은 그를 사로잡아 눈과 코를 자른 후 당나귀 등에 태워 로마의 거리를 돌아다니게 하였다.

그레고리의 한 가지 업적이라 한다면 교회의 법에 어긋나게 그 직을 박탈당했던 아눌프(Anulf)를 라임스로 다시 복귀시키고, 성직자였던 게르베르트(Gerbert)를 당시 비어 있던 라벤나(Ravenna)로 전직시킴으로써 10년 이상이나 계속되던 분쟁을 조정하여 카페트 왕가의 근심을 덜어준 것이라고 할 수 있겠다.[26] 그러나 이 문제를 통해 그레고리가 카페트 왕실을 기쁘게 했다는 동시에 로버트 파이우스(경건한 로버트, Robert the Pious)와 그의 가까운 인척 베르타(Bertha) 간의 결혼을 취소시켰을 뿐만 아니라, 그 처벌로 7개월간의 고행을 강요함으로써 또한 그들의 미움을 샀다. 그레고리 5세는 교황위에 오른 지 채 3년도 안 되어(996~999) 26세

---

25) MPL, CXXXVII, 880.
26) Hefele, *op. cit.*(Leclercq ed.), IV, 856~857, 884, 889.

를 일기로 아마도 독살된 것으로 추정되고 있다.

최초의 독일인 교황의 뒤를 이은 사람도 원래 라임스 대주교였다가 후에 라벤나 대주교로 옮겨갔던 프랑스인 아우릴락의 게르베르트였다. 그는 오토의 가장 중요한 스승이었다. 따라서 한 제국을 통하여 세계를 통일하려 했던 오토의 꿈에 동조하는 의미에서 그는 실베스터 2세(Sylvester II)를 그의 황제 칭호로 선택하였다 (실베스터 1세는 콘스탄틴 시절에 로마 감독이었다). 이제 새로운 콘스탄틴 오토 3세가 프랑스인 실베스터를 갖게 되자 로마인들의 황제를 더욱 미워하였다. 이에 따라 가장 유능한 교황들 가운데 하나였던 실베스터는 동시에 사람들의 멸시를 가장 많이 받은 인물들 중의 하나였다. 이 교황은 성직자였을 뿐만 아니라 정치가요 외교가의 수완을 발휘하기도 하였다. 그는 아달베로를 도와 휴 카페트를 프랑스 왕에 임명되도록 하였으며, 그의 가까운 친척들은 영적이라기보다 세속적인 취향을 가진 사람들이었다.

그는 또한 과학자이기도 하였다. 둥근 나무로 지구의를 만들고, 마치 오늘날 우리들처럼 지구의 회전을 표시하기 위하여 북극과 남극을 비뜸한 사선으로 연결하였다. 그는 또한 제법 기능을 발휘하는 망원경을 만들어 그 후 갈릴레오(Galileo)의 출현을 예고하였다. 의학을 공부하여 각종 질병들의 치료법 및 증상을 기록에 남겼다. 또한 증기의 성격을 연구하여 결국은 그 발견이 오늘날 증기 기관의 발명을 낳게 하였다. 자기 혼자 사용하기 위한 속기술을 만들어 내기도 하였다. 그뿐 아니라(비록 오늘날까지 남아 있지는 않으나) 실베스터는 찬송가를 작사 작곡하였고, 음악을 섭렵하였으며, 변증법과 시에 기초한 공공 연설의 이론을 연구하여 수사학의 발전에 공헌하였는데, 그는 효과적인 연설도 논리적이고 명백하고 확신에 차 있어야 할 뿐만 아니라 또한 설복적이고 생생해야 한다고 주장하였다.

이에 따라 샤를마뉴와 요크의 알퀸 시대보다는 훨씬 소규모적이었으나, 오토 3세와 실베스터에 의해 문명과 예술이 다시 부흥하였다. 연약했지만 아름다웠던 카롤링가 시대의 건축양식 대신 색조건물들이 들어서기 시작하여 제10세기 말부터 목조 지붕 대신 원형 석조 지붕을 사용한 로마네스크(Romanesque) 건축양식이 시작되었다. 라임스, 플루리(Fleury), 그리고 특히 클루니(Cluny) 등 대규모 학당들에는 학생들이 넘쳤으며, 비록 실베스터 자신의 차원에까지는 이르지 못했으나 상당수의 학자들이 배출되었다. 한 가지 예를 들어 라임스에서 그의 『히스토리아이』(*Historiae*)를 저술하였던 수도사 리처(Rioter)의 작품들은 생생한 현실감각으로 넘치고 있어 우리들에게 10세기에 관한 주요한 정보들을 제공하고 있다. 서방 기독교권에서 가장 유력한 기관은 힐데브란트(Hildebrand)의 선구자이자 그 후 개혁가들의 스승이었던 오딜로(Odilo)가 55년(994~1049) 동안이나 영도하였던 클루니 사원(Cluny Abbey)이었다. 9세기 후반 성 갈(Saint Gall) 수도원에서 일했던 음악의 천재 말더듬이 노트커(Hotter the Stammerer)의 추종자들의 영향 아래 새로운 형식의 가창과 작곡들이 출현하였다. 이제 노래와 운문들은 일반대중들의 언어로 표현되기 시작하였다.

  실베스터 2세는 과학과 예술을 후원하였을 뿐 아니라 정치가적 식견으로 교회문제를 감독하였다. 그는 폴란드에 기독교를 전파하였던 이들을 자문하고 격려하였다. 폴란드는 949년 경 크라카우(Cracow)에 교회를 세웠던 모라비아의 선교사들에 의해 처음 복음을 접했다. 폴란드인들의 지도자는 966년에 세례를 받았다. 실베스터는 서기 1000년 폴란드로 오토 3세를 보내어 아달베르트의 유물들에 경의를 표하게 하고, 또한 그네쎈(Gnesen)을 메트로폴리탄 교구로 조직하도록 하였다. 오토는 이때의 방문 중에 폴란드 공(the Duke of Poland)을 일체의 봉건계약으로부터 독립시켰으니, 폴란드는 이로부터 최초로 독립국가로서의 위치를 차지하였다. 실베스터 2세는 세계 국가라는 이념에 충실하게 헝가리의 왕관을 볼레슬라우스(Boleslaus)에게 주지 않고 대신 스테픈(Stephen)에게 하사하여 헝가리의 통치자들을 교황 교구에 복속시켰다. 이는 비록 라틴 이교들이 헝가리인들 사이에서 사역하였으나, 원래 헝가리의 초대 영주들이 콘스탄티노플에서 세례받은 것을 감안할 때(949) 서방교회로서는 큰 수확이라고 할 수 있겠다. 그는 또한 세 차례에 걸쳐 자기 자신이 강제로 물러났던 라임스 교구를 포함하여 프랑스 내에 주요한 교구들의 문제들을 조정하였다. 그는 또한 성지 이스라엘에 새로이 등장하였던 사라센 독재 아래 처한 기독교인들의 운명을 바로 예견하여 유럽인들에게 원정(a crusade)을 호소하기도 하였다. 실베스터는 또한 기독교인 황제를 수장으로 교회의 방패 아래 로마 제국의 옛 영광을 복고시킨다는 내용의 동맹을 오토 3세와 체결하기도 하였다.

  그러나 실베스터나 오토 양자들은 모두 동시대인들의 지지를 얻지는 못하였다. 이들은 반란과 저항에 부딪혀 로마를 버렸으나, 독일에서도 역시 국민들의 지지를 얻지 못한 채 남부 이탈리아인들의 호응을 얻어 볼 욕심으로 다시 이탈리아를 향해 떠났다. 그러나 이들은 결국 자기들의 이상을 달성할 시간을 얻지는 못하였다. 오토는 겨우 로마 근처 소라크테 산(Mt. Socrate)까지 이르렀을 뿐이었다. 그는 병고에 시달리고 용기를 잃은 채, 1002년 1월 23일 숨을 거두었다. 매혹적인 이상을 간직한 인물로서 위대하다고까지 묘사될 수 있는 그는 아직 소년의 몸으로 그의 업적을 이루어 놓았다. 오토가 죽었을 때 그는 겨우 22세였다. 채 2년이 안 되어 로마로 돌아왔던 실베스터 역시 무덤으로 그의 제자이자 친구를 쫓아갔다.[27] 그는 겨우 4년 반(999~1003) 동안 교회를 다스렸을 뿐이었다. 그러나 그의 통치는 뛰어난 것으로서 그의 교황 재임기간은 영원히 기억되고 있다. 그의 학식은 너무도 광범위하고 그의 이해력은 너무 날카로웠기 때문에 일반 대중들은 그가 마치 마법사인 듯 착각하였으며, 그 많은 지식의 대가로 아마도 영혼을 악마에게 팔았을 것이라고 생각하기도 하였을 것이다. 후세인들은 그를 암흑시대에 빛나던 한 줄기 광채로서 기억하고 있다.

오토 3세의 사망과 함께 교황청에 대한 제국의 고삐는 늦추어졌다. 그 후 3명의 교황들 존 17세(John XVII, 1003), 존 18세(John XVIII, 1003~1009)와 세르기우스 4세(Sergius IV, 1009~1012) 등은 모두 로마 출신 크레센티(Crescentii)가의 지원 아래 교황좌를 차지하였다. 마찬가지로 그 이후의 3명의 교황들, 즉 베네딕트 8세(Benedict VIII, 1012~1024), 존 19세(John XIX, 1024~1032) 그리고 베네딕트 9세(Benedict IX, 1032~1045) 등은 비록 독일 황가와 밀접한 관계를 맺고는 있었으나, 결정적으로는 이탈리아의 투스쿨룸가(Tusculum) 출신이었다는 이유 때문에 교황좌를 차지하였다. 이러한 42년간의 교황청 역사는 바로 이 두 유력한 이탈리아 가문들 사이의 투쟁을 반영하는 것이라고 생각할 수가 있다. 오토의 후계자들은 그와는 달리 우선 스스로들을 독일 왕으로서 생각하였고, 로마 황제라는 것은 부차적인 것이었다. 헨리 2세(Henry II, 1002~1024), 콘라드 2세(Conrad II, 1024~1039) 그리고 헨리 3세(Henry III, 1039~1056) 등은 모두 유능하고 정력적인 통치가들로서 국가의 복지와 교회에 충성하였다.

실제로 이 시대의 역사를 반추해 보면서 우리들은 서방 세속군주들과 로마 교황들 사이에 기이한 대조를 발견할 수 있다. 오히려 세속군주들은 그 사생활이나 그의 공적 임무 수행에 있어서 경건하고 공정하였는데 반해, 최고 성직자인 교황들은 겨우 시간이나 때우는 평범한 인재들이거나 아니면 공사생활을 막론하고 사악과 부정부패에 물든 자들이기 일쑤였다. 예를 들어 프랑스의 로버트 카페트(Robert

---

27) MPL, CXXXIX, 57~338: LP, II, 263~264: CMH, III, 209~214, 530~538.

Carpet, 996~1031)는 왕좌보다도 오히려 수도인에 알맞는 인물로서 하나님의 평화(the Peace of God)를 시행하고자 양심적으로 노력하였다. 그는 오를레앙에서 발생하였던 이단, 즉 구약과 성만찬에서의 임재, 마리아의 동정 등을 부정하고 선과 악의 영원한 공존을 주장하였던 신비종교를 진압하였으며, 그 경건한 생활을 통하여 로버트 파이우스(Robert the Pious, 경건한 로버트)라는 칭호를 획득하였다. 폴란드의 카시미르 1세(Casimir I)는 무정부 상태로부터 조국을 구하기 위해 수도원의 은둔을 버리고 전쟁터에 뛰어들어, 축복받은 자(Blessea)라는 이름을 얻기도 하였다. 제국 황제들 가운데에는 클루니 사원의 후원자였으며, 기독교적 기사도정신의 화신이었던 헨리 2세가 성자로 일컬어졌다. 그는 신혼 초야의 금욕을 맹세하여, 결혼한 몸으로서 마치 수도사와 같은 생활을 했다고 전해진다. 이러한 남편과 동거해야 했던 그의 아내 쿠니군디스(Cunigundis) 여왕 역시 성녀가 되었다.

이와는 대조적으로 교황제는 베네딕트 9세(Benedict IX, 1032~1045)의 치하에서 정치 사회적 무능력, 도덕적 타락, 파렴치한 탐욕, 영적 무능 등의 최하점에 도달하였다. 그는 겨우 12세의 소년으로 가족들의 야심과 탐욕, 그리고 로마 시민들과 제국들의 거의 범죄에 가까운 무관심으로 인하여 교황직을 차지하게 되었다. 이러한 비극이 발생하게 될 데에는 전임 두 교황에게도 일말의 책임이 있다고 하겠다. 베네딕트 8세(Benedict VIII, 1012~1024)는 일체의 세속적 책임을 그의 동생이었던 평신도 로마누스(Romanus)에게 일임하였으며, 베네딕트가 사망하자, 각종 부정이 탄로날 것을 염려한 베네딕트는 자신이 스스로 존 19세(John XIX, 1024~1032)로서 그 뒤를 이었다. 따라서 평신도가 기존의 교황위를 차지함으로써 교회법을 어겼으니, 방탕한 소년이 그 뒤를 잇는 것은 시간 문제였다. 베네딕트 2세는 어른들 못지않게 적수들을 물리치기 위해 전쟁터에 나섰으며, 그런 대로 각종 공식적 업무를 수행하였다. 그러나 그는 동시에 각종 음탕과 사악에 가득찬 생활을 영위하였고, 결국은 이와 같은 놀음에도 지친 나머지 그의 삼중관(티아라⟨tiara⟩-교황의 제관)을 가장 많이 지불하는 인물에게 팔기로 하였다. 이를 매수한 존 그라티안(John Gratian)이 그레고리 6세(Gregory VI, 1045~1046)로서 즉위하였다. 이 새로운 교황은 재주 있는 학자였으며, 교수였고, 수도사들과 개혁가들을 후원하기도 했으나, 그 자신이 성직매매의 죄를 이미 지고 있었다. 그는 헨리 3세에 의해 강제로 퇴위당하고 말았다. 클레멘트 2세(Clement II, 1046~1047)의 칭호를 택한 독일인 스위드거(Suidger)가 그 자리에 올랐다. 그의 뒤를 계승한 다마수스 2

세(Damasus II, 1048)는 겨우 수개월간 재위하였다. 따라서 2년간의 짧은 기간 동안에 반교황(antipope) 실베스터 3세(Sylvester III, 1044~1045)까지 계산하면 모두 5명의 교황들이 로마 교구를 차지하였다.[28]

그러나 이러한 로마의 타락에도 불구하고 서방교회는 이 시기에 약간의 진보를 경험하였다. 비록 전쟁은 법으로 금지되지 않았으나, 최소한 기사도를 통해 이를 기독교화하고자 하는 노력이 행해졌다. 스콰이어(squire: 기사의 종자)는 기사로 임명받기 전날 밤 제단 앞에서 철야하였으며, 직속 군주뿐만 아니라 하나님에 대해서도 충성을 맹세하였다. 독일 왕 헨리 2세와 프랑스 왕 로버트 파이우스는 국민들의 복지를 증진시켰다. 이들은 1023년 이보아(Ivois)에서 만나 성직자들을 개혁하고, 평화를 보장할 방법을 의논하였다. 이들은 함께 미사에 참예하고 같은 식탁에서 식사하였다. 로무알드(Romuald, 950~1027)의 영감과 감독아래 카말돌리 수도회(Camaldolese monk)가 창시되었다. 그는 20세 때 그의 아버지가 참혹한 결투를 벌여 적수를 살해하는 것을 목격한 후 수도원에 입문한 후, 평생 고기와 포도주를 입에 대지 않고 수염도 깎지 않았다. 이 수도회는 클루니가 프랑스를 위해 이룩한 업적을 이탈리아를 위해 이루어 놓았다. 긴 수염을 기르고 맨발에 하얀 옷을 입은 카말돌리 수도사들은 곧 사람들에게 익숙한 모습이 되었다.[29]

이 수도회 출신으로서 이 시대 유일한 예술가인 아레쪼의 귀도(Guide of Aregzo, 990~1050)는 전음계 형식을 좇아 그레고리의 찬송에 음부를 붙였다.[30] 가장 주요한 분야의 업적은 선교라 할 수 있겠다. 독일 왕 헨리 1세는 덴마크의 노고름(Gorm the Old)에게 덴마크 기독교도들에 대한 핍박을 중지하도록 하였고 (934), 972년에 덴마크의 하랄드 블루투스(Harald Bluetooth-푸른 이빨의 하랄드) 및 그의 휘하의 전체 병사들이 세례를 받았으며, 스웨인 왕(King Sweyn, 약 986~1014) 치하의 이교도반동 물결이 지난 후, 카누트(Canute, 1019~1035)는 덴마크 전체를 기독교에 귀속시켜 국민들에게 주기도문을 암송하도록 명령하고, 1년에 세 차례씩 성만찬을 행하였다. 노르웨이 왕 하콘(King Haakon, 935~961)은 잉글랜드에 거주하는 동안 기독교에 귀의하여 노르웨이로 돌아왔으나 곧 이교

---

28) CMH, V, 1~23.
29) MPL, CXLIV, 953ff.
30) MPL, CXLI, 375~444. Mourret, *op. cit.*, IV, 18~125.

와 혼합되었고, 977년 덴마크가 노르웨이를 정복할 때에야 비로소 대부분의 국민들 사이에 기독교가 실제로 퍼지게 되었다. 1000년경 국민들은 명목상으로 기독교인들이었으나, 진정한 기독교 교육은 훨씬 후(약 1016~1030) 안스가의 평화적 노력을 본받은 함부르크(Hamburg)로부터의 선교사들에 의해 행해졌다.

올라프 트리그바손(Olaf Triggvason, 995~1000) 왕은 노르웨이에 본격적으로 기독교를 설립한 인물이다. 스웨덴 최초의 기독교 군주는 1008년 지그프리드(Sigfrid) 주교에 의해 스카라(Skara) 근처 후사비(Husaby) 우물에서 세례를 받았던 올로프 스쾨트코눙(Olof Skötkonung, 993~1031)이었다. 그 후 최소한 5명의 주교들이 스웨덴의 브레멘(Bremen)에서 성직에 임명되었으며, 제11세기가 끝나기 전 이 나라는 완전히 라틴 교회에 속해 있었다. 기쑤르(Gissur)와 하이날티(Hinalti) 등 두 명의 아이슬랜드인들은 노르웨이로부터 토르무드(Thormud) 사제를 동반하고 귀국하여 그이전의 선교사들의 실패에도 불구하고 복음을 전하는데 성공하였다. 기쑤르의 아들 이스레이프(Isleif)는 에르푸르트(Erfurt)에서 교육 받았으며, 1056년 아이슬랜드 출신으로서 최초의 주교가 되었다. 얼마 안 되어 모든 이교도들은 그 나라에서 자취를 감추게 되었다.[31]

3. 동방교회의 절정

서방교회가 가장 깊은 암흑 속에서 고통하고 있는 동안 동방 교회는 그 영광의 극치에 도달하고 있었다. 흔히 동방교회를 분열시키고 정부의 환심을 사기 위한 경쟁상태로 몰아넣었던 교리적 분쟁은 극소에 불과하였다. 제국의 영토확장은 곧 교회의 성장을 의미하였다. 그 어느 사회 기반보다도 동방 기독교의 경건과 헌신을 대변하고 있는 수도원운동은 이 시대에 그 세력과 영향력의 절정에 이르렀다. 선교사들을 통한 새 신자의 획득이나, 혹은 기독교 영향권의 확장 역시 눈부신 바 있었다. 비잔틴 교회의 창조물이라 볼 수 있는 비잔틴 문화 역시 제2의 황금시대를 경험하고 있었다. 비록 마케도니아 왕조 시대의 예술 및 문학적 업적들은 유스티니안

---

31) CMH, III, 105~109: 215~339. K. S. Latourette, *A History of the Expansion of Christianity*(N. Y., 1938), II, 118~143. C. H. Robinson, op. cit., pp. 437~484.

시대처럼 창조적이고 독창적인 것은 못 되었으나 보다 넓은 공감대를 형성하는데 성공하였으며, 콘스탄티노플은 옛 아테네의 지적 영광과 옛 로마의 정치적 군사적 의욕을 종합하고 있었다. 비록 콘스탄티노플 총대주교와 황제 사이에 때때로 충돌이 있었지만, 이 때문에 교회의 이익이 훼손당하지는 않았다. 비잔틴 통치자들은 교회의 고위 성직자들 만큼이나 기독교의 안녕 혹은 전통적 신앙의 수호에 전력하였다. 교육이 증가하고 재산이 증가함에 따라 국민들의 생활수준도 일반적으로 풍족해졌으며, 교회조직은 보다 강력해졌고, 보다 많은 영향력을 행사할 수 있었으며, 역사상 그 어느 때보다도 예술적 형태와 표현도 발달하였다.

그 결과 오직 전통신앙(orthodoxy)만이 기독교의 유일한 합법적 표현으로 간주되었다. 따라서 동방교회와 제국은 함께 불가리아에서 번성하였던 보고밀(the Bogomiles) 이단에 대항하였다. 보고밀 이단은 927년부터 950년까지 불가리아인들 사이에서 사역하였던 테오필루스의 가르침으로 발생한 이원론적 종파였다. 이들은 보다 우월한(Superior) 하나님과 열등한 신(Inferior God)을 신앙하였다. 이러한 열등한 신의 이름은 사단나엘(Satanael)로서 천국에서 쫓겨나 새로운 자기의 영향권으로서 지구를 창조했다고 믿어졌다. 사단나엘이 아담을 창조하였을 때, 우월한 하나님은 아담에게 영혼을 부여함으로써 이 일에 간섭하였다.

그 결과 인간 내부에는 각각 우월한 하나님과 사단나엘에게 속하는 요소가 생기게 되었다. 우월한 하나님은 인간들을 사단나엘의 굴레로부터 구하기 위해 예수 그리스도를 보내셨다. 예수 그리스도께서는 사단나엘을 정복한 후 천국으로 돌아가기 이전 성령을 그 대리인으로서 이 세상에 남겨놓았다. 인간들은 멸망하지 않기 위해서는 성령에 의해 구원을 받아야만 한다. 이 처럼 구원받은 이들은 죽음에서 보다 공기 같은 육체들(ethereal bodies)로 변화하게 될 것이다. 이들 보고밀파들은 단지 신약과 시편만을 정경으로 인정하였다. 이들은 또한 성만찬, 결혼, 물에 의한 세례, 유아세례 및 주기도문을 제외한 모든 공식기도를 부정하였다. 이들은 또한 기존 교회의 조직을 부정하였으며, 기독론에 있어서는 양자론자(Adoptionist)들이었다. 이들은 불가리아의 교회를 약화시킴으로써 결국은 불가리아 국가를 쇠약케 하였다.[32] 이 시기에 아르메니아 교회(Armenian Church)와 코스모폴리탄 정통신앙(Cosmopolitan Orthodoxy) 사이에는 우호적 관계가 존재하

---

32) D. Obolensky, *The Bogomiles*(1948).

였다. 왜냐하면 아르메니아는 가장 우수한 제국 병사들을 제공하였기 때문이다.

따라서 비록 바실 2세(Basil II)가 아르메니아 영내의 경비대들을 외부적들로부터 방위하기 위하여 두 차례나 아르메니아에 침입하였으나(991과 1021년)그는 이곳 주민의 신앙에는 간섭하지 않았다. 비록 확실한 증거는 없으나 항상 소수의 추종자들밖에 없었던 시리아 지방의 자코바이트(Jacobites)는 아마도 정통교회의 관심의 대상이 되지 않았거나 혹은 개종의 대상으로 여겨졌던 듯하다. 이들이 끝내 개종을 거부하자 시리아가 제국에 병합된 이후 이러한 노력이 재개되었다. 이슬람 시아파(Shia sect of Islam)의 영향 아래 있던 이집트의 콥틱 교회(Coptic Church)는 허용된 종교의 자유 아래 계속 성장하였다. 이들의 대주교 에프라임(Ephraim, 977~981)은 성직자들 사이의 성직매매와 축첩을 금지시키고, 교회 성장을 위한 계획을 수립할 수 있었다. 그러나 아비시니아(Abyssinia)에 있던 그 지 교회는 양자 모두 알렉산드리아 대주교의 지원을 받고 있다고 주장하는 두 라이벌들이 벌이는 성직쟁취 투쟁의 무대가 되고 있었다. 마찬가지로 제국 영 외에 위치하였던 페르시아의 네스토리우스파(Nestorians)들은 1009년 2만 명의 터키인들과 몽고인들을 기독교회로 포섭할 수 있었다.[33]

콘스탄티노플의 동방교회는 이 시대에 현재의 유고슬라비아(Jugoslavia) 지방에 영향력을 행사하였다. 그 경로는 확실치 않으나, 891년경 세르비아(Servia), 크로아티아(Croatia)와 달마티아(Dalmatia) 지방은 완전히 정통신앙에 속하였다. 시릴과 메소디우스는 슬라브인들에게 알파벳을 제공함으로써 간접적으로는 또한 기독교 신앙을 전달할 수 있었다. 비록 세르족들(Serbs)은 시므온(Simeon, 893~927), 사무엘(Samuel, 976~1014) 두 불가리아 왕들의 치하에서는 종교적으로 불가리아의 통치를 받았으나, 양 왕들의 지배 사이와 그 후 13세기에 이르기까지는 비잔틴 교회의 통솔 아래 있었다. 그러나 불가리아와 비잔틴 양교회는 교리와 의식에 있어서(언어만을 제외하고) 동일하였으므로, 별로 큰 차이는 없었다.

교회의 기본 방향을 설정한 것은 콘스탄티노플 총대주교들이 아니라, 일련의 동방제국 황제들이었다. 포티우스가 두 번째로 그 위를 물러난 후(886년), 레오 6세(Leo VI, 886~912)는 그의 동생 스테픈(Stephen, 886~893)을 총대주교에 임명

---

33) Barhebraeus, *Chronicon Evvlesiasticum*(ed. Abbeloos and Lamy Lovanii, 1872~1877), III, 280~282.

하였으며, 50년 후 로마누스 1세(Romanus I, 919~944)는 자기의 아들 데오필랙투스(Theophylactus, 933~956)를 총대주교에 임명함으로써 같은 모습을 재연하였다. 이러한 두 가지 사건들은 정통신앙에 미친 아르메니아의 영향을 보여 주는 것이라 하겠다. 왜냐하면 아르메니아에서는 왕실 출신의 왕자가 최고 성직자에 임명되는 것이 관례화 되었기 때문이다.

포티우스와 마이클 셀루라리우스(Michael Cerularius) 사이의 기간 중 가장 유능했던 콘스탄티노플 대주교는 니콜라스 미스티쿠스(Nicholas Mysticus, 895~906)였다. 그는 당시 황제이던 레오 6세의 분노를 누그러뜨려야 한다는 어려운 임무를 맡고 있었다. 레오 6세(Leo VI the Wise)는 세 번 결혼한 경력이 있었다. 그는 항상 죽음으로 인하여 아내들을 상실하였다. 레오는 4번째의 결혼을 생각하고 있었다. 그러나 니콜라스와 이 문제를 의논했을 때, 총대주교는 상황을 막론하고 교회법이 파혼을 금지하고 있다는 이유로 이를 반대하였다. 이 결과 레오는 첩을 두어 아들을 보았는데, 그가 곧 장래의 콘스탄틴 7세(Costantine VII)이다. 레오는 유아 콘스탄틴이 세례를 받을 수 있도록 하기 위해 그는 더 이상 첩과 동거하지 않겠다고 니콜라스에게 약속하였다. 그러나 레오는 그 후 결국 그의 첩과 결혼한 후 어차피 합법적인 아내로 삼았으니 자기의 약속을 지킨 것이 아니냐고 주장하였다. 그러나 이는 역시 당시의 교회법에 정면으로 어긋나는 것이었다. 니콜라스는 이 새 아내 조에(Zoë)에게 황비의 관을 씌우기를 거절함으로써 이에 대항하였다. 이 때문에 황제는 스스로 자기의 아내에게 황관을 씌우지 않을 수 없었다. 이에 대해 총대주교는 레오가 조에의 "신랑이자 곧 주교"라고 야유하였다. 총대주교가 황제에게 교회 출석을 금하자, 레오는 일단 예배가 시작한 후 옆문으로 들어옴으로써 신자들의 흥미를 돋구기도 하였다.

결국 황실의 막강한 권력은 다른 동방교회 대주교들의 지원을 얻는데 성공하였으며, 니콜라스 미스티쿠스는 퇴위당하였다. 그 대신 자리에 오른 유티미우스(Euthymius, 906~911)는 공공이익을 이유로 레오의 뜻에 따랐다. 그러나 국민들은 호락호락 이에 순종하지 않았다. 이에 따라 교회 내에는 니콜라스당(Nicholatians)과 유티미우스당(Euthymites)의 두 파가 갈리게 되었다. 이러한 교회의 분열은 국가에까지 연장되었다. 결국 레오는 유티미우스를 퇴위시키고 유배중에 있던 니콜라스를 불러들여 다시 총대주교좌에 복직시켰다(911년).

남편의 죽음과 함께 조에는 아들과 함께 섭정직에 올랐다. 그녀는 총대주교의 모든 권한을 박탈하였다. 그러나 섭정직의 임자가 바뀜에 따라 니콜라스는 그 영향력을 회복하였다. 그는 920년 종교회의를 소집하여 네 번째 결혼의 불법성을 재주장하였다. 로마 교황은 다른 동방교회의 대주교와 함께 레오 6세를 지지한 바 있었다. 그러나 교황은 이 종교회의에 그 사절들을 파견하고 이들을 통해 자기의 먼저 입장을 철회함으로써 콘스탄티노플 총대주교의 입장을 완전히 지원하였다. 니콜라스는 그의 재즉위 이후 14년간 재임하다가 925년에 사망하였다.[34]

한동안 독립을 유지하던 교회는 다시 국가에 종속되기 시작하였다. 로마누스 레카페누스(Romanus Lecapenus, 919~944) 황제는 교회에 대한 지배권을 획득하였다.[35] 그러나 황제 교황주의(Caesaropapism)는 얼마 후 니세포루스 포카스(Nicephorus Phocas, 963~969) 치하에서 가장 완성된 모습을 보였다. 아마 이 황제는 다른 어떤 주교들보다도 자기가 교회를 더 잘 운영할 수 있다고 생각하였는지도 모른다. 개인적으로 볼 때 그는 참으로 독실한 신자로서, 자기 자신이 수도사가 될 것에 대해서도 생각한 바가 있었다. 그는 고행을 위해 머리털로 짠 셔츠를 입고 철야와 금식과 기도에 전념하였다. 그는 장군이었을 때에 아토스 산(Mount Athos)의 수도사들을 지원하였다. 그러나 이러한 그의 경향은 젊고 어여뻤던 그의 전임자 로마누스 2세(Romanus II, 959~963)[36]의 아내 테오파노(Theophano)와 결혼하면서 변화하였다. 그는 그의 대관식 1년 후 칙령을 내려 수도원의 신축이나 혹은 기존 수도원유지를 위한 새로운 재산 기부를 금지시켰다. 그는 마찬가지로 교회에서 운영하는 병원이나 나그네들을 위한 여인숙 혹은 주교나 감독들에게 선물하는 것도 금지하였다. 그는 종교적 이유에서 이러한 결단을 내렸다고 주장하였다. 즉, 자기가 볼 때에는 당대의 교회가 지나치게 물욕에 병들어 있었다는 것이다. 그는 즉 "하나님께서 증오하시는 욕망이라는 이름의 악"을 뿌리뽑고자 하였다. 그러나 물론 이 배후에는 사회적 요소가 개재되어 있음을 의심할 수 없다.[37] 즉, 그는 제국의 통치자로서 가난한 농부들을 날로 증가하는 수도원의 부동산 소유에서 보

---

34) MPG, CXI, 9~392. *Vita Euthymii*(ed. C. de Boor, 188).
35) MPG, CXVII, 635~926.
36) G. Schlumberger, *Un Empereur byzantin au dixième. siècel. Niéphore Phocas*(Paris, 1890), 366. Leo the Deacon, *Historiae*, 453, in CSHB.
37) K. E. Zachariä von Lingenthal, *Collectio librorum Juris graeco-romani ineditorum, Ecloga Leonis et Constantini*(Leipgig, 1852), II, 292~296.

호하고자 한 것이다.

그러나 여론은 그러한 그의 편을 들어주지 않았으며, 이 법령은 후에 바실 2세 (Basil II, 976~1025)에 의해 폐지될 수밖에 없었다. 바실은 이 법을 다음과 같이 표현하였는데, 이는 당시 국민들의 느낌을 잘 대변한 것이라 할 수 있겠다. "교회들과 병원들뿐만 아니라 바로 하나님께로부터 직접 분노를 사는 어리석은 법령이다."[38] 니세포루스 포카스는 진정한 헬라인으로서의 기질을 지니고 있었다. 그는 남부 이탈리아에 소재하였던 헬라령들인 아풀리아(Apulia), 칼라브리아(Calabria)에서 라틴어로 의식 행하는 것을 금지시켰다. 그는 또한 이교도들과의 전쟁에서 전사한 모든 병사들을 기독교 순교자로서 숭배하고자 했으나, 이 문제에 대하여 콘스탄티노플 총대주교의 반대에 부닥치고 말았다.

니세포루스 포카스와 그의 후계자 존 찌미스케스(John Tzimisces, 969~976) 양자는 모두 헬라 세계에서 제일가는 금욕적 경건과 영향력의 중심지가 된 아토스 산(Mount Athos)에 있는 공동생활을 하는 수도사들의 수도원과 관련이 있다. 마케도니아 지방에서 에게해(Aegean Sea)를 향해 남동쪽으로 뻗어 있는 험한 산지인 아토스 산은 이미 4세기부터 은자들의 안식처가 되고 있었다. 특히 성상폐지론자들이 등장하여 한창일 때는 많은 은자들이 자기들이 소중하게 아끼는 성물들을 휴대하고 형제들의 박해를 피해 이곳을 찾았다. 이들은 대부분 극단적 금욕주의자들이었으며, 대부분 혼자 독처하기를 좋아하였다. 따라서 이들은 쉽사리 아랍 해적들의 손에 잡히고 모슬렘 촌락들에서 노예 노동자들로 팔리기 일쑤였다.

그러나 963년 아타나시우스(Athansius)라는 수도사가 스투디움의 테오도레의 규칙을 좇아 수도사들의 공동생활을 하도록 설교된 대 라브라(Great Lavra) 수도원을 건립함으로써 이러한 상황은 크게 변하게 되었다. 이전에도 875년 콜로부 (Kolovou)에 수도원이 건립된 바 있었다. 그러나 이 수도원은 농부들로부터 은자들을 보호한다는 본래의 목적을 망각하고 농부들과 은자들 위에 군림하고자 하였기 때문에 결국 1세기 만에 소멸하고 말았다.

아타나시우스는 북해 연안 소아시아 지방의 항구 트레비존드(Trebizond)의 부유한 가문에서 출생하였다. 그는 950년에 다른 은자들과 마찬가지로 기도와 명상에 전념하기 위해 아토스로 이주하였다. 그는 다른 사람들이 본 모습을 알 수 없도

---

38) *Ibid.*, III, 303.

록 변장하고 세상을 등진 채 굴 속에 숨었다. 그러나 그는 이곳에서 후에 황제가 된 젊었을 시절의 친구 니세포루스 포카스 장군에게 발견되고 말았다. 니세포루스는 자기가 크레테(Crete) 섬에서 사라센군들을 물리칠 수 있게 기도해 달라고 부탁하였다. 아타나시우스는 만약 전쟁에서 이기면 수도사가 되겠다는 약속을 니세포루스에게 받아내었다. 그러나 니세포루스는 승리를 거둔 후에 물론 이 약속을 지키지 못하였다. 그는 아타나시우스에게 대 라브라 수도원을 지을 물적 자원을 공급해 줌으로써 서약을 이행하지 못한 것을 벌충하고자 하였다. 아타나시우스는 몇몇 수도사들에게 스투디움에서 시행하던 공동생활의 규칙을 받아들이도록 하는 데 성공하였다. 그는 돌로 건물을 짓고, 선박들을 위한 부두를 만들었으며, 운수와 농경을 위해 소들을 수입해 들이기도 하였다.

은자들은 아타나시우스와 그의 추종자들을 배척하였다. 이들은 니세포루스 포카스의 후계자 존 찌미스케스(John Tzimisces)에게 항소하여 아타나시우스가 하는 일이 거룩한 아토스산의 오랜 전통을 깨뜨리는 것이라고 비난하였다. 찌미스케스는 혼자 사는 은자들과 공동생활을 하는 수도사들이 이 거룩한 산에서 함께 공존하도록 명령하였다. 따라서 그 대라브라 이후에 많은 수도원들이 뒤이어 설립되었다. 아타나시우스가 사망할 당시(1000) 이곳 아토스 산에는 3,000명 가량의 수도사들이 있었다.

공동생활을 하는 수도원은 수도사들이 원장(abbot)에게 절대적으로 복종하도록 규정하고 있다. 이 원장은 수도원에 입문한 지 6년 이상된 사람들의 손에 의해 선출되는 종신직이다. 원장의 나이는 최소한 40세 이상이어야 했다. 그런데 아토스 근처에 많은 수도원들이 있었으므로 원장들끼리 모여 프로타톤(Protaton)이라는 회의를 소집했으며, 그 의장은 프로토스(Protos: 으뜸이란 의미)라고 불리웠다.

아토스 산에 소재한 수도원은 학문을 장려하였다. 마케도니아 왕조가 막을 내리기 이전 아토스 산은 비잔틴 제국뿐만 아니라 세계 문화의 중심지로 등장하였다. 그런데 이는 완전히 남성들로만 구성된 사회였다. 아마도 기독교가 시작된 이래 그 어떤 여성도 아토스에 발을 딛지 못했던 것 같다. 이제 10세기에는 드디어 그 어떤 것의 암컷도 이곳에 출입하는 것이 금지되었다. 왜냐하면, 동물들이 교미하는 것을 보면 명상과 영적 정화에 몰입하고 있는 순수한 영혼들이 오염된다고 생각하였기 때문이다. 전설에 의하면 동정녀 마리아가 아직 살아 있을 적에 이 반도를 그녀의 정원으로 지정하고 다른 여인들이 이곳에 근접하는 것을 금했다고 한다. 산들의 웅장한 아름다움과 언덕과 골짜기에 울창한 수풀들을 볼 때에 아토스야말로 세계에서 가장 아름다운 곳들 중 하나로서 기도와 명상을 위한 최적의 장소인 것을 의심할 수 없다.[39]

동방제국은 그 무력을 전역에서 과시하였다. 비잔틴 제국은 남부 이탈리아를 재점령하고 지중해의 제해권을 장악하였으며, 시리아, 아르메니아, 그리고 이베리아에서 계속 승리를 거두고, 소아시아 지방의 고토를 회복하였다. 동방제국은 또한 서쪽으로는 베니스, 나폴리 기타 소규모 이탈리아 제국령들과 북쪽으로는 러시아(Russia)와 우호조약을 체결하였다. 이전에 거의 동등한 위치에서 동방제국과 겨루었으며, 위대한 왕 시므온(Simeon, 893~927) 아래서는 거의 콘스탄티노플을 정복하였던 불가리아는 이제 참패당하고, 포로들의 두 눈은 멀게 되었으며, 그 백성들은 농노의 신세를 면치 못하게 되었다. 비잔틴 제국의 정치, 군사력은 49년간이나 통치하였던 바실 2세(Basil II, 976~1025) 아래에서 최고조에 달하였다.[40]

바로 이 시기에 제국은 사회적 책임감과 가난한 자들에 대한 관심을 더하여 상당한 정도의 인도주의에 도달하였다. 바실 1세는 특히 법률의 연구를 증진시켰으며, 그의 아들 현자 레오(Leo the Wise)는 역사상 잘 만들어진 비잔틴 법령집인 『바실리카』(Besilica)를 편찬하였다. 바실 2세는 구법을 개정하여 부유한 지주들이 가난한 자들의 세금을 부담하도록 하고, 효과적으로 이를 실행하도록 하였다. 그는 이 방법을 통해 막대한 불가리아 전비를 충당하였다.[41] 불행하게도 바실 이후에 이 정책은 그 빛을 잃고, 오히려 역행하는 모습을 보여, 서방에서는 이미 기정사실화되어 있던 농노제도가 동방에 수립되었다.

이 시기에 예술 역시 융성하였다. 처음으로 성화를 전문으로 그리는 황실 직속의 화가들이 등장하였다. 현재까지 남아 있는 가장 아름다운 성상들 가운데 일부는 바로 이들에 의해 콘스탄티노플에서 제작된 것이다. 10세기 말에서 11세기 사이, 다수의 뛰어난 예배당 및 아토스 산상의 수도원들이 건축되었다. 갑바도기아 지방

---

39) *Vie de Saint Athanase I' Athonite*, in *Analecta Bollandiana*(1906), XXV, P. Meyer, *Die Haupturkunden für die Geschichte der Athoklosters*(Leipzig, 1894), 1~153.
40) CMH, IV, 49~118.
41) CMH, IV, 712~725.

에 바위를 깎아 만든 원추형의 예배당 속에 들어 있는 웅장한 프레스코 등은 이 시대에 그려진 것이다. 이 시기의 예술 가운데에는 비잔틴 역사상 다른 어느 때보다도 생기와 다양성이 보이는 듯하다. 이는 고대 헬레닉 문화의 남성적 단순형태를 모슬렘 디자인, 화려한 색깔 및 장식형에 결합시킨 데에 그 일부의 이유가 있는 듯하다. 바실 1세의 황궁 건물과 이에 포함된 모자이크 등은 문명 세계의 불가사의 가운데 하나로 꼽히었다.

미술에 못지않게 문학도 융성하였다. 동부 전선에서 용감히 싸운 소아시아의 헬라 영웅에 관한 시들은 서방의(in the West) 로란드의 노래(Song of Roland), 니벨룽겐의 노래(Nibelungenlied)와 아르투리안 전설들(Arthurian Legends)에 견줄 만한 비잔틴 서사시가 되었다. 디게네스 아크리테스의 서사시(The Epic of Digenes Akrites)라고 불리운 이 작품은 『아라비안 나이트』(Arabian Nights)의 모범이 되었다. 유명한 인사들을 상대로 한 짧은 시편들은 우아한 스타일과 재치 있는 위트를 가미한 미틸렌의 크리스토퍼(Christopher of Mytilene)도 11세기 사람이다. 니세포루스 포카스, 찌미스케스 그리고 바실 2세와 동시대인이던 지오메트레스(Geometres)는 금욕주의를 찬양하는 시련과 성녀에게 바쳐진 찬양 등이 포함된 시집을 남겼다. 유명한 『수이다스의 사전』(Lexicon of Suidas)은 콘스탄틴 포필로게니투스(Constantine Porphyrogenitus, 913~959)의 치세 중에 편찬되었다. 가이사랴의 메트로폴리탄이던 아레타스(Arethas)는 플라톤, 루시안(Lucian), 유세비우스(Eusebius)의 작품들과 함께 비잔틴 최초의 요한계시록 주석을 남겼다. 시므온 메타프라스테스(Simeon Metaphrastes)는 성인들의 전기(Lives of the Saints)를 편찬하였으며, 콘스탄틴 카파라스(Constantine Kaphalas)는 『안톨로기아 팔라티나』(Anthologia Palatina)라고 알려진 이교도들의 고전과 기독교 시대의 짧은 시들을 모은 시집을 편찬하였다. 『제국의 행정에 관하여』(On the Administration of the Empire)와 『비잔틴 궁정의 의식들에 관하여』(On the Ceremonies of the Byzantine Court)라는 작품이 나타난 것도 콘스탄틴 포필로게니투스의 제위 중이었다. 특히 뛰어난 편지를 쓴 두 명의 황제들은 현자 레오(Leo theWise)와 콘스탄틴 포필로게니투스이다.

역사와 지리 역시 융성하였다. 집사 레오(Leo the Deacon)는 특별히 바실 2세의 불가리아 원정 및 전쟁사를 집필하였다. 콘스탄티노플 철학파를 영도하였던 콘스탄틴 셀루스(Canstantine Celus)는 아마도 비잔틴 문명이 낳은 최초의 역사가

일 것이다. 그는 학자요 저술가로서는 독보적인 존재였으나, 인간 그 자체로는 그다지 뛰어나지는 못하였다. 그는 궁정의 화려한 생활을 동경하여 수도원 생활을 저버렸는데, 수상직에까지 올랐다. 특히 아첨에도 뛰어났던 이 인물의 처세술은 탁월하여 무려 아홉 명의 황제들에게 영향력을 계속 행사했을 정도였다. 그는 1074년 사망하였다.

콘스탄티노플 학파는 기본적인 일곱 과목 외에도 특히 법과 철학에서 뛰어난 경지에 도달하였다. 그리하여 이들은 13세기 서방세계 대학들의 출현을 예고하고 있었다. 비잔틴 제국은 실질직으로 역사상 최초의 대학을 설립하였다.[42]

4. 러시아의 개종

이처럼 헬라 기독교가 급성장을 이루었던 이 시기에 가장 중요한 업적이라 하면, 역시 러시아의 개종을 손꼽을 수 있다. 스칸디나비아 지방으로부터 남으로는 흑해, 그리고 동으로는 폴란드로부터 코카서스 산맥(Coucasus mountains)에까지 이르렀던 이 거대한 지역은 바랑기아인들(Varangians)에 의해 점거되고 있었다. 원래 스칸디나비아 출신인 이들은 처음에는 북쪽 핀 만(Finnist Gulf) 내륙의 노브고로드(Novgorod)를 수도로 삼았다가 후에 남부로 내려가 우크라이나 지방의 키에브(Kiev)로 천도하였다. 바로 이 키에브에서 최초로 기독교인들과 정치적 접촉이 이루어졌다. 당시 콘스탄티노플이야말로 세계 상업의 중심지였으며, 바랑기아인들의 영역은 동방제국과 마찬가지로 북해에 연결되어 있었으니, 헬라인들과 러시아인들이 함께 섞이고 사업상 양국이 수도원을 방문하게 된 것은 당연한 일이라 할 수 있겠다. 10세기 중반에는 이미 키에로에 약간의 기독교 신자들이 거주하고 있었다.

러시아인들도 특별히 선교와 복음화의 좋은 대상이었다. 이들의 예배의식, 사회생활 규범, 자연숭배 등은 그 형태와 표현에 있어서 아직 미개한 상태였으며, 종교역시 미신적 다신교를 벗어나지 못하고 있었다. 이는 4, 5세기 서방제국에 침입하였던 야만족들의 영향으로 보이는데, 같은 모습을 보였던 스칸디나비아인들의 원주민들 가운데 일부는 이미 기독교로 개종하고 있었다.

처음 기독교로 개종한 인물들 가운데에서는 그의 아들이 아직 성년에 이르기 전

---

42) A. A. Vasiliev, *History of the Byzantine Empire*(1958), I. 361~374.

키에브에서 상당한 정치적 영향력을 행사하였던 태후 올가(Queen Olga)가 있다. 이 여인은 그의 남편 이고르(Igor, 913~945)가 용인하였던 키에브의 기독교인들로부터 상당한 영향을 받고 있었다. 남편의 사망 후 그녀는 양심의 명령을 좇아 신앙을 받아들였다(954). 그 후 그녀는 서방제국 황제 오토 1세에게 키에브로 라틴 선교사들을 보내주도록 요청하였다. 이러한 목적으로 마인쯔 대주교에 의해 임명을 받은 아달베르트(Adalbert)가 파견되었으나, 별 성과를 거두지 못하였다.

러시아 기독교의 진정한 창시자는 올가의 젊은 손자였던 블라드미르(Vladmir)라고 할 수 있겠다. 블라드미르는 그의 형을 살해하고 왕위에 오른 인물이다. 그는 생애의 대부분을 방탕으로 지새웠으나, 그는 국민들에게 기독교를 전했을 뿐만 아니라, 동방교회에 가장 강력하고 신자가 많은 교회를 제공하였으므로 교회는 결국 그에게 성인의 칭호를 하사하였다.

블라드미르는 각 종교의 장점을 알아보기 위해 이슬람, 로마 기독교(Roman Catholicism), 유대교(Judaism) 그리고 헬라 교회의 대표들을 초청하였다. 이슬람교나 유대교로부터는 별다른 인상을 받지 못하였다. 그러나 그는 라틴과 헬라 기독교 중 양자택일을 하는 데 큰 고심을 하였다. 이에 따라 그는 사절들을 로마와 콘스탄티노플로 파견하여, 이들이 보고 들은 바를 그대로 그에게 직접 보고하도록 하였다. 결국 성 소피아(Saint Sophia) 사원의 웅장함과 동방교회 의식의 아름다움이 이 문제를 헬라 교회편으로 결정지었다. 황제였던 바실 2세가 친히 러시아인들을 성 소피아 사원으로 안내하였는데, 이곳에도 화려하기 짝이 없는 예복을 차려 입은 성직자들과 공신들, 그리고 마치 천사들의 합창과 같은 음악, 또한 천국의 언어와 같은 예식이 이들을 기다리고 있었다. 사절들의 편지는 지금 읽어도 재미있다. "도대체 우리가 천상에 있었는지, 이 세상에 있었는지 알 수가 없었습니다. 왜냐하면 지구상에는 이와 같은 광경이 없으며, 이러한 아름다움이 존재할 수 없기 때문입니다. 도대체 그 모습을 인간의 언어로 묘사할 수는 없으나, 바로 그곳에 '하나님께서 인간들과 함께 거하신다'는 것은 분명한 것입니다."[43]

블라드미르는 자기가 끌리는 입장에서 헬라 기독교를 받아들이고 싶지는 않았다. 따라서 그는 제국을 패퇴시킴으로써 이를 쟁취해야 한다고 생각했다. 그 결과 그는 크리미아 반도에 있던 제국 도시 케르손(Kherson)을 포위하여 수원을 단절

---

43) *Chronique de Nestor*(Paris, 1884), 67~90.

함으로써 이를 단절시키고, 콘스탄티노플과 조약을 체결하여 스스로 기독교로 개종하는 동시에 황제의 여동생 안나(Anna)와 혼인한다는 데 동의하였다. 안나는 또한 오토 2세의 아내이자 오토 3세의 어머니인 테오파노(Theophano)의 자매이기도 하다. 블라드미르는 988년 세례를 받았으며, 그의 열 두 아들들 역시 아버지의 뒤를 따랐다. 실례로 너무도 많은 러시아인들이 세례를 받고자 원했으므로, 이들을 집전할 사제들이 부족한 형편이었다. 이에 따라 그들은 키에브 근처 드니에페르 강가에 모여 의식문의 낭독을 청취한 후 자기들 스스로 흐르는 물 속으로 뛰어들었다. 물론 저항이 없었던 것은 아니었으나, 기독교는 그 후 러시아의 중요한 교구들이 되었던 키에브, 노브고로드, 로스토프, 제르니고브와 비엘고로드 등으로 전파되었다. 블라드미르는 현명하게도 무력을 사용하여 기독교를 강요하지는 않았다. 대신 그는 기독교 학당들을 설립하고, 가능한 한 의무교육을 강력히 추진함으로써 젊은 세대들을 포섭하였다. 1015년 그가 사망하기 이전에 그의 국민들의 대부분은 기독교 신자가 되었다. 그의 아들 야로슬라브(Yaroslav, 1019~1054)는 충실히 아버지의 뒤를 이었다. 그는 성경을 슬라브어로 번역시키고, 밤낮 그 내용을 연구하고 명상하였다. 그는 복음에 접하지 못하고 사망하였던 삼촌들의 시체를 파내어, 그 뼈들이 세례를 받도록 하였다.

유명한 키에브 근처의 페트체르스키(Petchersky) 수도원은 아토스 산에서 수도한 바 있는 은자 안토니(Anthony)에 의해 1010년 설립되었다. 이 수도원의 수사들과 예배당은 지하를 굴착하여 건축한 것으로 해면보다 낮은 곳에 위치하고 있다. 아마도 이는 그 후에 나타난 러시아적 신앙심을 상징한 것인지도 모른다. 현실로부터 벗어나 신비주의적 명상에 잠기고, 이승의 개혁보다는 개인의 죄 문제에 몰입하는 것이 지금까지도 러시아적 신앙으로 남아 있다.[44]

5. 대분열

제11세기 중반 경 새로운 지역을 향한 기독교의 확장은 일단 중지되었다. 왜냐하면 유럽의 주요 국가들은 이미 공식적으로 기독교를 받아들였기 때문이다. 마지막으로 라틴적 기독교를 수용한 것은 스칸디나비아인들이었고, 동방 기독교를 받

---

44) CMH, IV, 200~210, Latourette, *op. cit.*, II, 251~255.

아들인 것은 러시아인들이었다. 그들과 유럽의 종교적 지도는 일단 고정되게 되었다. 서방교회의 경계는 폴란드를 건너 러시아의 스텝과 우크라이나의 밀밭에서 멈추었다. 동방교회의 영토는 물론 비잔틴 제국과 동일하였으므로 발칸인들의 대부분을 포함하고 남부 이탈리아에도 강력한 전초지를 소유하고 있었다.

그러나 어쨌든 이 두 교회는 계속 교류를 유지하고 있었다. 즉, 이들은 여전히 한 신앙을 지켰으며, 스칸디나비아나 러시아 혹은 콘스탄티노플이나 로마를 막론하고 모든 신자들은 스스로를 거룩한 보편교회의 일원으로서 생각했다. 교황 존 18세(John XVIII, 1003~1009)의 제위시절까지도 교황의 이름은 콘스탄티노플 교회의 이절판(diptychs)에 기록되어 있었다(1004).[45] 따라서 최소한 외형적으로는 조직적 통일과 행동적 협력을 일으키는 데 필수적인 기본 정신의 일치가 존재하고 있었다.[46]

그러나 이러한 기본정신의 일치는 사실 심층에까지 이르는 본질적인 것은 못되었다. 즉, 레오 6세(Leo VI, 886~912)의 치세 중에 발생한 사소한 처리적 문제, 즉 세 명의 전 부인들이 모두 사망하였을 때에 다시 네 번째 결혼할 수 있는가의 여부를 두고 총대주교와 교황이 교제를 끊었다는 것은 곧 양 교회 사이의 관계가 얼마나 피상적이었는지를 보여 주는 것이다.[47] 최종적 분열의 구실로 양 교회가 제시한 종교적 이유들은 현재 우리가 이해하기 매우 힘들다. 그러나 실상은 종교적인 이유들이 아니었다. 이들은 문화적, 사회적, 정치적이었다. 또 어느 정도는 개인적인 이유들이기도 하였다. 로마와 콘스탄티노플 최고 성직자들은 개인적으로 서로를 질투하였으며, 누구의 명예와 특권이 더 중요한가 하는 문제들이 그 교회의 통일성을 비롯한 그 어느 문제들보다도 우선적인 것이었다. 서로 사용하는 언어가 달랐던 관계로 예배의식이 또 다른 방향으로 발전하게 됨에 따라 동서방 교회들의 외형 역시 점차 간격이 생기게 되었다. 또한 헬라인들은 기독교가 전파되는 나라의 상황에 맞추어 원주민들의 언어로 예배의식을 번역하였다. 그러나 라틴인들은 그렇게 하지 못하였다. 따라서 기독교의 헬라적 표현은 점차 보다 국가적이요 자주적이었는데 반해, 라틴 기독교는 국제적이요 단일적이요 권위적인 모습을 띠게 되었

---

45) Baronius, *Annales*, a.10009.
46) Mansi, XVIII, 331~342.
47) MPG, CXI, 249 A.

다. 전통적으로 종교에 충성하는 헬라인들의 경향으로 말미암아 교회 역시 국가의 한 지체로 화하였다. 반면 라틴인들은 종교적으로 독립적이었으며, 어느 나라의 통치자이건 보다 교회의 사제들과 주교들에게 의지하도록, 그리하여 로마 교황에게 종속되도록 만들기를 원하였다.

분열을 낳게 한 장본인들은 로마 교황 레오 9세(Leo IX, 1049~1054)와 콘스탄티노플 대주교 마이클 세룰라리우스(Michael Cerularius, 1043~1058)였는데, 양자는 모두 고집이 센 개인주의자들로서 자기들의 목적을 달성하기 위해 사력을 기울이는 성격들이었다. 양자는 모두 결정적 사건들이 발생하기 이전 수년간 최고 성직을 차지하고 있었으므로 휘하 신자들의 폭넓은 지지를 받을 수 있었다. 레오 9세는 교황이 되기 전에 20년 동안이나 알사스 지방(Alsace)의 타울(Toul) 주교직을 역임하였다. 그 전에는 2년 동안 콘라드 2세의 궁정에서 황제의 종교 고문을 역임하였다. 교황직에 오른 후 그는 마치 순례자처럼 서부 유럽을 방랑하면서 성직매매와 음란을 정죄한 그의 로마 종교회의(Roman Synod, 1049)의 결정 사항들을 위해 여론을 모으는 데 힘썼다. 돈으로 성직을 매수하였던 수트리(Sutri) 주교는 거짓말로 이를 정당화시키려 하다가 마치 사도행전에 나오는 아나니아처럼 레오 앞에 거꾸러지는 사건도 있었다. 마찬가지로 그는 또한 빵과 포도주가 성만찬에서 몸과 피로 화체한다는 것을 부정하였던 투르의 베렌가리우스(Berengarius of Tours, 999~1088)의 교리적 이견의 문제를 성공적으로 처리하였다.

레오의 주도 아래 베렌가리우스는 투르 종교회의(1054)에서 레오의 사절인 힐데브란드(Hildebrand)와 게라르드(Gerard)가 배석한 가운데 그의 의견을 철회하도록 강요받았다. 그는 또한 수도원의 문을 열어 수도사들이 마치 교회 내의 도덕적 개혁을 위한 병사들처럼 이탈리아, 독일, 프랑스, 잉글랜드, 스페인까지 진출할 수 있도록 조처하였다. 레오 9세는 통치자들과 그 백성들을 위해 항상 자기의 위치를 십분 발휘하였다. 그는 헝가리 내란을 조종하고 독일 왕 헨리 3세의 침입을 막기 위해 현지까지 여행하기도 하였다. 그는 투스카니(Tuscany)와 만투아(Mantua) 여공으로부터 지방 종교회의에서 주먹다짐을 벌였던 일부 성직자들을 위한 사면을 받아내기도 하였다. 그는 로마까지 고행자로서 찾아온 스코틀랜드 왕 맥베트(Macbeth)를 너그럽게 용서하였다. 영국의 고백자 에드워드(Edword the Confessor)가 독일로 순례하겠다는 확약을 철회해 주고 그 대신 베드로를 위해 사원을 짓게 했으니, 이것이 오늘날의 웨스트민스터 사원(Westminster Abbey)이다. 마찬가지로 레오는 그의 병사들을 이끌고 남부 이탈리아 지방에 침입한 노르만 족에 대항하여 싸웠으며, 비록 전투에는 패배하였으나 그 후 얼마나 능란한 외교협상을 벌였던지 그의 언변에 감동한 노르만인들은 약탈을 멈추고 전투에서 사망한 레오의 병사들의 숫자만큼 자신들의 병사로 채워주기까지 하였다. 레오 9세는 그야말로 대중들의 인기를 독점한 지도자였다.[48]

그러나 동방의 총대주교 마이클 세룰라리우스의 업적 역시 이에 못지 않았다. 그는 총대주교직을 차지하기 전 콘스탄티노플의 유명한 교수이자 고관이었다. 자기에게 맡겨진 임무들을 얼마나 뛰어나게 처리하였던지 정부의 일각에서는 그에게 알리지 조차 않고 황제 및 황제의 형제에게 대항하여 반역 음모를 꾸미고 세룰라리우스를 황제로 추대하고자 하였다. 이 음모는 사전에 적발되었으며, 그 결과 세룰라리우스는 유배의 길을 떠났다(1040).

그러나 콘스탄틴 10세가 파플라고니안 왕조를 전복시킴으로써 세룰라리우스는 다시 귀환하였다(1042). 콘스탄틴은 비록 개인적으로 세룰라리우스와 친근한 사이는 아니었으나, 그 모습을 보고 깊은 감명을 받아, "이 인물이야말로 총대주교감이다"라고 결정하였다. 세룰라리우스는 1043년 3월부터 시작된 총대주교직을 통하여 두 가지 목적을 달성하고자 하였다. 첫 번째는 콘스탄티노플 총대주교좌를 교황과 맞먹는 위치에 올려놓자는 것이고, 두 번째는 동방교회를 제국정부로부터 독립시키려는 것이었다. 첫 번째 목적을 달성하기 위해서는 서방교회와의 분열이 불가피하였다. 마이클 세룰라리우스는 이 사실을 잘 자각하고 있었다. 그는 주의 깊게 모든 과정을 잘 준비하였다. 따라서 결국은 대 분열을 불러일으킨 첫 번째 움직임은 동방 대주교로부터 왔다. 그는 불가리아 대주교 오크리다의 레오(Leo of Ochrida)가 작성한 선언문을 출판시키고, 이를 "프랑스의 주요들과 사제들, 수도사들, 국민들 그리고 위대한 교황" 앞으로 보내는 공개장으로 발송하였다. 이 선언문은 라틴인들의 네 가지 심각한 실책을 비난하고 있었다. (1) 성만찬 시에 무교병을 사용하는 것, (2) (마치 유대인들처럼) 토요일날 금식하는 것, (3) 목 졸라 죽인 짐승들의 고기를 사용하는 것, (4) 사순절 기간 동안 알렐루야(Alleluiah) 찬송을 금지시키는 것. 교만하다고까지 표현될 수 있는 이 선언문은 다음과 같이 화를 돋구는 질문

---

48) *Analecta Bollandiana*(Paris and Brussels, 1882ff.), XXV, 258, 297. Bruno de Segni, *Vita S. Leonis* IX, in MPL, CLXV, 1116ff.

을 서방교회에 던졌다. "왜 일반 신자들을 개혁하려고 노력하는가? 너 자신들부터 개혁하라!"[49]

이러한 선언문은 다시 스투디움의 한 수도사 니케타스 스테타토스(Nicetas Stethatos)의 비난에 뒤이어졌다. 이 수도사의 라틴식 이름은 펙토라투스(Pectoratus)로서 "가슴이 넓은 자"라는 의미였다. 그는 동료 헬라인들에게 던지는 질문을 통해 라틴인들의 비난을 늘어놓았는데, 특히 다음과 같은 두 가지 사항이 서방교회 성직자들의 귀를 거슬렸다. (1) 헬라인들은 성령께서 성자를 통해 성부로부터 진전하신다고 믿고 있는데 반해, 라틴 교회는 니케아 신조를 수정하여 성령께서 성부와 성자로부터 동시에 발출하신다는 이단을 믿고 있다. (2)라틴 교회는 그 사제들이 결혼하는 것을 금지하고 있는 바, 이는 자연의 법칙에 어긋나는 것으로서 성직자들을 인간 이하의 차원으로 전락시킨다.[50]

마이클 세룰라리우스는 이와 같은 휘하 성직자들의 지지의 표시로써 콘스탄티노플 내에 있던 라틴 교회들의 문을 걸어 잠그고 자기 영내에 있는 라틴계 수도원들에게 헬라식 예식을 강요하였으며, 만약 거부할 경우에는 이들을 파문하였다. 또한 라틴식 성만찬에 사용되던 예품들이 땅에 던져져 사람들의 발에 짓밟히는 것을 허락하였다. 물론 이에 대해 레오 9세는 열렬한 항의를 발하였다. 즉, 로마 교회야말로 처음부터 전체 기독교권의 존경과 순종을 받을 자격이 있는 유일한 교회이다. 또한 로마 교회는 항상 너그럽고 이해심이 풍부하였기에 남부 이탈리아에 소재한 헬라 교회들이 스스로의 종교의식과 전통을 유지하는 것을 허용하였을 뿐만 아니라, 이를 적극 지지하기도 하였다. 어쨌든 로마 교회는 과거에나 현재에나 미래에나 교리상의 일체의 오류를 범할 수 없다.[51] 때마침 남부 이탈리아에 침입한 노르만족으로 말미암아 교황과 황제가 다 이 문제에 몰두하였으므로 양자간의 대결은 한동안 지연되었다. 황제는 총대주교에게 교황 앞으로 화해의 편지를 보내도록 강요하였으며, 교황 역시 이와 같은 내용으로 답장을 보내었다. 그 결과 레오 9세는 콘스탄티노플에 3명의 사절을 파견하여 라틴인들과 헬라인들 사이에 발생했던 이 모든 난제들을 해결하고자 하였다. 그러나 전투가 노르만인들의 패배로 끝나자 황

---

49) MPG. CXX. 385~386; MPL. CXLIII. 929.
50) MPG. CXX. 981.
51) MPL. CXLIII. 764.

제는 더 이상 교황의 지원이 필요치 않았다. 이 때문에 교황 사절들은 콘스탄티노플에서 냉대를 받게 되었다. 세룰라리우스는 이전의 비난을 재개하고 알렉산더 대주교에게 이절판들로부터 교황의 이름을 삭제하도록 명령을 하였다.

이에 대한 보복으로 1054년 7월 16일 교황 사절들은 성 소피아 제단 위에 공식적으로 마이클 세룰라리우스 및 그의 모든 추종자들에 대한 저주문을 부착시켰다. "이들 모두는 성직매매자들이나, 발레리나인이나, 아리우스주의자들이나, 도나투스파들이나, 니콜라당이나, 세베리안당이나, 마니교도들이나, 나사렛당과 기타 모든 이단자들과 함께 저주를 받을지어다 악마와 그의 천사들과 함께 저주를 받을지어다. 아멘, 아멘, 아멘."

4일 후(1054년 7월 20일) 같은 장소에서 마이클 세룰라리우스는 교황과 그의 추종자들을 파문시킴으로써 이에 보복하였다. 이제 동서방 교회의 분열은 기정사실화 되었다.

6. 그 후의 동서방 교회

분열 직후 양 교회에 발생한 영향들은 동방(1054~1081)과 서방(1054~1073)에 있어서 거의 동일하였다. 이 때문에 양 교회들은 모두 자기의 영향권 내에서만 활동할 수 있었으며, 자기들 문제들에 대해서만 관심을 집중하게 되었다. 이러한 활동과 관심의 내면화는 곧 양 교회들이 세속 정부의 제한과 감독으로부터 독립하고자 하는 모습으로 나타나게 되었다. 그러나 불행하게도 동방에서는 이러한 시도가 결실을 맺지 못하였다. 자주 독립을 향한 동방교회의 염원은 단지 염원에 그쳤을 뿐 구체화되지 못하였다. 반면 서방교회에 있어서는 이 문제에 관해 일단 성공을 거둔 듯이 보인다. 물론 이러한 성공이 금방 현실화 된 것은 아니었으나, 분열 후 20년의 기간 동안 벌어진 사건들은 대체적으로 서방교회의 미래의 모습을 예시해 주고 있다.

마이클 세룰라리우스는 분열 후 겨우 4년간 생존하였다(1054~1058). 그는 일단 교황의 굴레를 벗어버린 후에는 다시 제국 정부의 굴레로부터 벗어나려는 보다 어려운 작업에 몰두하였다. 그는 마이클 6세(Michael VI, 1056~1057) 대신 사람들의 인기를 끌고 있던 장군 아이작 콤네누스(Isaac Comnenus, 1057~1059)를 황제로 추대하였던 음모를 성공적으로 지원하였다. 이에 대한 보답으로 새 황제는 교회의 재산 및 재무관을 임명할 수 있는 자기의 권한을 총대주교에게 넘겨주었으며, 교회 내부의 일체 행정을 세룰라리우스의 손에 맡기었다. 그는 총대주교를 마치 아버지처럼 대우하여 항상 그의 자문을 구하였다. 만약 마이클 세룰라리우스가 교회 행정권에만 만족하였다면, 더 이상 아무 문제도 발생하지 않았을 것이다. 그러나 그는 단지 황제에게 충고할 뿐만 아니라 명령할 수 있게 되기를 원하였다. 세룰라리우스는 한때 분노로 제 정신을 잃고 황제에게 다음과 같이 소리를 질렀다. "바로 내가 너에게 제국을 제공하였다. 원한다면 당장 다시 당신으로부터 빼앗을 수도 있다." 아이작 콤네누스는 즉각 그의 총대주교직을 박탈하고 투옥시키는 것으로 이에 응답하였다. 그 후 얼마 안 되어 마이클 세룰라리우스는 절망과 신음 속에 사망하였다.

그와 함께 제국의 속박으로부터 교회를 해방하고자 하는 꿈도 사라졌다. 그 뒤를 이은 콘스탄틴 3세(Constantine III, 1059~1063), 존 8세(John VIII, 1064~1075)와 코스마스 1세(Cosmaa I, 1075~1081) 등은 개인적 성품은 어떠했는지 모르나, 역사적으로는 이렇다 할 공적을 남기지 못한 인물들이다. 이들의 지도 아래 교회는 국가의 한 기관이자 정부의 신하처럼 되었다. 황제들, 즉 콘스탄틴 10세(Constanitne X, 1059~1067), 로마누스 4세(Romanus IV, 1067~1071), 마이클 7세(Michael VII, 1071~1078), 그리고 니세포루스 3세(Nicephorus III, 1078~1081) 등은 물론 교회를 사랑하는 인물들이었으나, 동시에 교회 위에 군림하였다. 바로 이 시대에 그때까지 제국 내에서 항상 중요한 위치를 차지하기는 했으나, 결코 황제의 독재에는 미치지 못하였던 관료제(bureaucracy)가 보다 중요한 자리를 차지하기 시작하였다. 국사는 몇몇 아마츄어 학자들의 수중에 맡겨졌으며, 이들의 감독하에 제국 영토는 축소되기 시작하였다. 세금은 증가하고 정부의 공공사업은 감소하였으며, 봉건제도가 나타나기 시작하면서 무정부 상태가 나타나기 시작하였다.[52]

마이클 세룰라리우스는 비록 그 재능에 있어 포티우스에 미치지는 못하였으나, 교육적 배경, 죄인적 성향 그리고 야망에 있어서 그와 매우 유사하였다. 또한 이 양자는 동서 분열을 발생시킨 두 사람의 주요한 인물로서 손꼽히고 있다. 포티우스는 그 가능성을 발견하고 씨앗을 뿌리고 물을 주었던 인물이며, 마이클 세룰라리우

---

52) CMH. IV. 318~326.

스는 그 수확을 거두었다. 마이클과 개인적으로 가까웠던 궁신 프셀루스(Psellus)는 마이클이 이미 소년 시절부터 자기의 목표를 확실히 알고 있었으며, 평생 이를 이루기 위해 외골수로 노력한 인물이었다고 증언하였다. 그는 금욕주의자인 동시에 사람을 다룰 줄 아는 인물이었다. 그는 황제의 고발에 의한 소송사건 중에 사망하였다. 그렇지만 그의 영향이 너무나도 막대했으므로, 황제는 죽은 마이클에 대한 그의 깊은 존경심을 공적으로 표시해야 했으며, 그의 사후 용서를 구하고 그의 무덤에서 후회와 슬픔으로 눈물 흘리는 모습을 보였다. 마이클의 사망 후 1년도 채 안 되어 콤네누스는 뚜렷한 이유를 밝히지도 않고 양위하였다.

포티우스와 마이클 세룰라리우스는 중세 역사상 동방교회가 배출한 가장 뛰어난 총대주교들이다. 레오 1세는 그가 콘스탄티노플로 파견한 세 사절들의 임무가 끝나기 전에 사망하였으므로 분열의 사실을 모른 채 사망하였다. 그는 그와 세룰라리우스가 이전에 교환하였던 우호적 서신들이 좋은 결과를 맺은 줄로 알고 있었다. 그의 수석 고문관이었던 힐데브란드(Hildebrand)는 레오의 사망 당시 프랑스의 투르 종교회의에서 베렌가리우스 문제를 취급하고 있었다. 그는 이탈리아인을 교황에 임명하고자 하였던 이탈리아 성직자, 국민들과 황제 헨리 3세 사이에 분쟁이 발생하는 것을 피하기 위하여 즉시 로마로 귀환하였다. 비록 헨리는 그가 원했던 바대로 또 다른 독일인을 교황위에 앉히는 데 성공하였으나 그는 로마의 보호자라는 스스로의 칭호를 포기하였으며 선거 자체는 간섭하지 아니하였다. 실제로 황제가 총애하였고 자기 곁에서 떠나기를 원치 않았던 재상인 빅토 2세(Victor II, 1055~1057)가 선출되었다. 그는 또한 힐데브란드가 추천한 인물이었으며, 힐데브란드는 그에게 가장 신뢰받는 고문으로서 교회 내에서 가장 영향력 있는 인물이 되었다.

힐데브란드와 피터 다미안(Hildebrand and Peter Damian) 양자는 모두 클루니 및 그 수도사들의 이상을 좇았던 금욕주의자들인 동시에 개혁가들이었다. 이들은 모두 존 그라티안이 그레고리 6세(Gregory IV)로서 잠시 동안 교황위를 차지하였을 때에 중요한 위치로 부상하였다. 힐데브란드는 그라티안의 제자이자 개인 비서였으며, 항상 그를 수행하였다. 가말도리 수도사 출신이던 다미안은 정열적이고 격정적인 성품의 소유자로서 무슨 수단을 써서도 개혁은 실현하고자 하였다. 그는 스스로의 표현대로 힐데브란드의 천둥번개가 되었다.[53] 그와 힐데브란드는 서로

---

53) MPL. CXLIV. 273.

부족한 것을 보충하였다. 피터 다미안이 선동가라면 힐데브란드는 정치가요 외교관이었다. 이들 두 개혁가들은 세룰라리우스와 다름없이 국가의 감독으로부터 교회를 해방시키고자 하였으나, 만약 교회가 진정으로 그 독립을 원한다면 스스로의 문제를 제대로 처리할 수 있어야 한다는 것을 깨닫고 있었다. 따라서 이들은 내부의 도덕적인 개혁과 영적 부흥을 추구하였다.

빅토 2세(Victor II, 1055~1057)는 이들의 조언 아래 개혁을 위해 전국을 편력하였다. 헨리 3세는 교황의 품에서 그의 죄를 회개하면서 사망하였다(1056년 10월 5일). 이에 따라 피터는 한동안 재상으로서의 기능을 회복, 헨리의 미망인(아그네스 여왕)과 그의 6살 난 아들(헨리 4세)의 이름으로 제국을 통치하였다. 그는 1057년 7월 28일 여행 중에 사망하였다.

힐데브란드의 부재중에 독일 황실에게도 기별되지 않은 채 교황으로 선출된 스테픈 9세(Stephen IX)는 몬테카시노 수도원 출신으로서 외국의 영향력에 반발했던 이탈리아의 감정을 표시하는 것이었다. 그의 제위 기간은 겨우 8개월(1057~1058)에 불과했으므로 독일로부터의 독립을 성사시킬 만한 시간적 여유가 없었다. 그의 제위 기간 중 밀라노 시민들은 자기들 가운데 무능력하고 부도덕한 성직자들을 몰아내기 위하여 파타리(Patari : 농민들이라는 의미)라는 기관을 조직하였다. 만약 스테픈이 그가 원했던 바대로 자기의 친동생 고드프리 공작(Duke Godfrey)을 황제에 임명할 수 있었다면, 그 결과가 어떠했는지는 짐작하기가 힘들다. 과연 그의 영도 하에 이탈리아가 연합하여 독일의 침략을 막아낼 수 있었는지는 아무도 알 수 없다.

힐데브란드가 원했던 바대로 니콜라스 2세(Nicholas II, 1059~1061)가 교황위에 올랐다. 그와의 경쟁에서 패배한 반교황(antipope) 베네딕트 10세는 로마 내에 메리 메이저 교회 근처에서 그의 어머니와 함께 살았다. 피터 다미안에 의하면 이 반교황은 너무도 이해력이 부족하여 자기의 신변의 일조차도 분간할 줄 모르는 인물이었다 한다.[54] 니콜라스 2세는 힐데브란드의 진언을 좇아 다음과 같은 기준들에 의하여 장래의 교황들을 선출할 추기경단(College of Cardinals)을 조직하였다. (1) 교황의 죽음과 동시에 추기경들은 그 후계자를 선출한다. 그 후 성직자들과 국민들은 선출된 인물을 비준한다. (2) 만약 로마 성직자들 가운데 적당한 인물이 있

---

54) MPL, CXLIV, 104, 291.

을 경우에는 그 중에서 교황을 선출하도록 한다. (3) 교황 선거는 추기경들이 정하는 대로 어디서든지 이루어질 수 있다. (4) 혹시 대관식이 연기되는 경우가 있더라도 일단 선출된 교황은 완전한 권한과 기능을 행사할 수 있다. (5) 헨리 4세 및 그의 후계자들의 의견을 최대한 존중하도록 한다.[55]

니콜라스 2세가 사망한 후 바로 이 기준들에 의해 알렉산더 2세(Allexander Ⅱ, 1061~1073)가 선출되었다. 비록 헨리 4세는 이 결정에 크게 반발하여 1개월 후 자기 자신이 추천한 인물을 호노리우스 2세(Honorius Ⅱ)로 선출하였으나, 3년 후 (1064) 독일 종교회의는 알렉산더 2세를 추인하였으며, 이에 따라 반교황은 퇴위당하였다.[56]

이들 교황들은 모두 존경을 받을 만한 인물들로서 교회의 올바른 행정과 개혁을 위한 정열을 지니고 있었다.

---

55) Hefele, *op. cit.*, (Leclercq), Ⅳ. 1139~1165.
56) CMH, Ⅴ. 31~50.

제 7 장

용사들의 시대
(1073~1124)

    서방교회에 있어서 교황 그레고리 7세(1079)로부터 칼릭스투스 2세의 사망(1124)까지의 51년간 그리고 동방교회에서 37년간에 걸쳤던(1081~1118) 알렉시우스 콤네누스의 통치 기간은 기독교 역사상 파란만장하고도 결정적 순간이었다.
    라틴 교회는 이 시대에 마침내 세속 정권을 석권하고 종교 제국을 창조하는 데까지 이르기 위한 결정적 첫 걸음을 내디뎠다. 한편 항상 과거의 신학적 전통을 성실하게 고수해 왔던 헬라 교회는 이와 같은 교부들의 전통으로부터 서방교회가 벗어나는 것을 목격하면서 이에 대한 반작용이었는지 보다 전통에 밀착한 경향을 보였다. 헬라인들의 눈에는 마치 라틴인들이 기억상실증에 걸려 있는 것같이 보였으며, 라틴인들은 헬라인들이 현재 일에 무관심할 뿐 아니라 당시 상황에 필요한 조치를 취하는 대신 항상 영광스러운 과거의 회상에 사로잡혀 있는 것처럼 보였다. 세룰라리우스 시대의 분열로 양자간의 상이점은 더욱 두드러졌으나 이 때문에 서로들로부터 고립될 수는 없었으니, 양 교회 사이에는 경쟁이 심화되었으며, 최소한 질투와 시기는 불가피한 것이었다. 이 시대의 라틴 역사는 교황청과 신성로마제국 사이의 투쟁을 배경으로 전개되고 있으며, 헬라 역사는 특히 종교뿐 아니라 정치 사회 전반에 걸쳐 극심한 변화를 초래하였던 제1차 십자군 원정(The First Crusade)에 의해 그 방향이 결정되었다.
    이 시대는 진실로 용사들의 시대였다. 그리하여 평화를 대변한다고 할 수 있는 수도원운동이나 성당 부속 학당들까지도 그 호전적 기질의 영향을 받아 타인을 지배하고자 하는 경향을 나타내었다. 실제로 수도원운동은 개혁을 부르짖는 교황청이라는 반죽 속에 들어 있는 영적 누룩이었으며, 학자들의 학풍 역시 모험적이요 진취적이어서 완전히 새로운 사고방식을 창출해내었다. 누구든지 이 시대에서 중요한 인물이 되고자하는 자는 전사(a fighter)의 길을 걸어야 했다.

1. 그레고리의 개혁운동

25년간 힐데브란드는 수도사의 몸으로 서방교회를 통치하였다. 그는 6명의 교황들을 위한 수석 고문역을 담당하였는데, 최소한 이들 3명은 그가 개인적으로 선출한 인물들이었다. 물론 이러한 그의 영향력이 온전히 도덕적 설복에서 비롯된 것임은 의심할 바 없다. 이는 그의 지위 때문에 생긴 것은 아니었으며, 그가 현직 교황들에게 얼마만한 영향력을 행사할 수 있었는지도 일정치 않았다. 이제 추기경단에 의해 선출되었던 최초의 교황 알렉산더 2세(Alexander II)가 사망하자, 기독교권의 눈길은 다시 그레고리가 어떤 인물을 추천할 것인가에 집중되게 되었다. 이제까지 힐데브란드 자신은 전혀 교황위를 꿈꾸지 않고 있었다.

그러나 추기경단이 공식적으로 교황 선출에 들어가기 전에 로마 시민들이 직접 이에 뛰어들었다. 힐데브란드는 알렉산더 2세의 장례식을 집전하셨다. 시민들은 이를 기회로 하여 후계자를 선출하고자 하였다. 힐데브란드가 자기의 자격 없음과 이러한 선거방식의 불법성과 시기가 옳지 않음을 역설하였으나, 시민들은 실제 권력을 행사하는 자가 명목상으로도 책임을 져야 한다고 역설하여 그에게 교황위를 받아들이도록 강요하였다. 이에 따라 알렉산더 2세가 매장되던 날 군중들은 힐데브란드를 잡아 사슬의 성 베드로(St. Peter in Chains) 교회당으로 그를 끌고 갔으며, 강제로 그를 교황에 임명하였다.[1] 그로부터 한 달 후(1073년 5월 22일) 그는 사제로 임명받았으며,[2] 6월 30일에는 주교로 임명되어 성 베드로 성당에서 교황에 취임하였다.[3] 교황을 선출하기 위한 추기경단을 설치하였던 장본인이 다른 방법으

---

1) MPL, CXLVIII, 283, 285, 291, 400, 439, 566.
2) Bonizo of Sutri, *Liber ad amicum*, VII, in MGH, *Libelli de liteimperatorum et pontificum*, vol. II.
3) MGH, *Scriptores*, III, 203.

로 교황의 자리를 차지하였을 뿐만 아니라, 교황청과 제국의 법과 질서를 수립하고자 노력하였던 그가 비정상적인 방법으로 그 자리를 차지한 것은 아이러니칼한 일이라고 할 수 있겠다.

또한 그가 스스로 선택한 교황의 칭호와 특별한 그 선택 이유는 그가 수행한 역할과는 동떨어진 것이었다. 힐데브란드는 그의 옛 스승(존 그라티안)을 기념하여 그레고리 7세라는 칭호를 선택하였는데, 사실 그라티안은 베네딕트 9세에게 돈을 주고 삼중관을 매수하였으며, 이 때문에 그 후 성직매매 혐의로 폐위당한 바 있었다. 그러나 이러한 변칙적 선출로 인하여 그레고리가 기독교권 전체의 개혁이라는 그의 이상을 추호도 타협한 것은 아니었다. 이러한 이상은 두 가지 관심으로 나타난다. 첫 번째는 성직자들 사이의 부도덕과 성직매매로부터 교회를 정화시키는 것이며, 두 번째는 평신도들에 의한 성직수임으로부터 교구들 및 교회 기관들을 해방시켜 교회에 대한 세속 권력의 간섭을 방지시킨다는 것이었다. 이는 곧 해당지역의 왕들과 귀족들이 주교들과 신부들, 수도원장들의 임명에 전혀 간섭하지 못하도록 하는 것이었다. 교회의 입장에서 볼 때, 평신도에 의한 성직수임(lay investiture)이야말로 봉건제도가 낳은 최악의 모습이었다. 봉건제도 하에서의 사회에서 영적 지도자들이 세속적 책임을 수행하는 것이 불가피한 노릇이었으므로, 영주들은 자기구역의 성직자들이 특히 자기들의 뜻을 따르는 인물인가의 여부에 큰 관심을 쏟았다. 그러나 마찬가지로 교회의 복지 역시 성직자들이 얼마나 교회의 목적과 목표에 충실한가에 의해 좌우되기 마련이었다. 제1세기와 마찬가지로 제11세기에 있어서도 인간은 두 주인을 섬길 수 없었다. 성직자는 교황과 황제 둘을 겸하여 섬기는 것이 불가능하였다.

이러한 그레고리의 개혁정책에 적극적으로 동조한 것은 다름 아닌 수도사들이었다. 이들은 애초부터 평신도들의 간섭을 받지 않는 위치에 있었다. 예를 들어 클루니 사원의 원장은 그 어떤 외부 세력도 원장 선거에 개입하거나 또는 수도원 규칙에 따른 운영에 간섭하는 것을 금지시키고 있다. 수도원들은 그 본질상 세속의 시련과 다툼으로부터 떨어져 있었으므로 가장 탐욕스런 영주들까지도 대부분 이들을 건드리지 않았다.

당시 새로이 설립 된지 얼마 안 되는 세 수도원들이 특히 교황의 동맹자가 되었다. (1) 피스토이아(Pistoia) 출신의 귀족 존 구알베르트(John Gualbert)에 의해 이탈리아의 플로렌스에 1039년에 설립된 발룸브로 사원(the Abbey of Vallombrosa), (2) 50년 이상이나 유기된 상태가 1066년 아인지델른(Einsiedeln) 출신 12명의 수도사들에 의해 다시 부흥되었던 독일의 히르샤우(Hirschau) 수도원으로 이는 특히 남부 독일 일대에서 수도원 개혁을 확산시켰던 윌리암 원장 때문에 더욱 유명하다. (3) 프랑스의 그레노블(Grenoble) 근처 샤트르제(Chartreuse)에 브루노 하르덴파우스트(Bruno Hartenfaust)에 의해 1084년 시작된 카르투시안 수도회(the Carthusian order). 이들은 특히 동방의 본을 따서 행동보다는 순수한 명상을 추구하였으며, 개혁을 설교하기보다는 기도를 통해 공의를 추구하였다. 이들 카르투시안파 수도사들은 설사 몸은 혼돈 속에 섞여 있더라도 내면으로는 항상 하나님과 자신의 단 둘이 고립된 상태를 유지하였다.[4] 그러나 역시 그레고리 교황의 동맹자들 가운데 가장 큰 힘이 된 것은 제6대 수도원장 휴(Hugh)가 이끌던 클루니 사원이었다. 휴는 겨우 25세 때 동료 수도사들에 의해 만장일치로 선출된 인물이다. 그는 학식과 지혜와 이타적인 경건성에 있어서 특출하였을 뿐 아니라 그 용모와 언변이 뛰어난 인물이었다. 이들 수도사들은 교황의 정치적 의지를 실행하는 도덕적, 영적 병사들이 되었다. 그레고리는 우선 무엇보다도 성직자들의 개혁을 시도하였다. 그는 교황에 취임한지 채 1년도 되기 전에 개최하였던 회의(1074년 3월)에서 다음과 같은 칙령을 내렸다. (1) 성직을 매입한 교직자는 바로 그 사실만으로도 성직을 감당하기에 부족한 인간이다. (2) 교구를 맡기 위해 금품을 증여한 자는 그의 교구를 상실한다. 아무도 교회에 관련된 직함을 팔거나 사지 못한다. (3) 간음죄를 범한 신부는 즉각 성직자로서의 기능을 정지시킨다. (4) 교인들 스스로가 성직매매와 음란에 관한 교황의 칙령을 위반하는 성직자들의 목회를 거부해야 할 것이다.[5]

그러나 칙령을 발하는 것과 이 칙령을 뜻대로 수행하는 것은 다른 문제이다. 그레고리는 즉각 상당한 부분의 교직자, 아마도 서부 유럽의 성직자들의 반대에 부딪혔다. 프랑스의 경우 교회 지도자들은 파리에서 회의를 열고(1074년) 공개적으로 교황의 명령을 비합리적이라고 선포하였으며, 혹시 원한다 해도 이를 수행하는 것이 불가능하다고 주장했다.[6] 이러한 상황은 독일에서도 마찬가지였다. 비록 당시의

---

4) MPL, CLII 420ff.
5) MPL, CXLVIII, 752.
6) Mansi, XX, 442.

젊은 왕 헨리 4세는 아무런 반대 없이 이를 수긍하였으나,[7] 그 휘하의 성직자들은 개혁 종교회의를 완강히 반대하였으며, 그레고리의 명령을 준행하고자 했던 일선 성직자들 역시 강한 압력을 받게 되었다. 스칸디나비아 및 헝가리는 아예 그의 칙령에 무관심하였다. 비록 그레고리 7세는 노르망디와 잉글랜드 통치자였던 정복자 윌리암(William the Conqueror)이 그의 의사에 찬동한다고 생각하고 있었으나, 로우엔 대주교는 그의 교직자들에게 로마로부터 내려온 칙령을 전달하던 현장에서 쫓겨나고 말았다. 또한 일반 성직자들의 심적 상태를 간파했던 윈체스터의 랑프랑(Lanfranc at Winchester) 같은 이는 교황의 명령을 교구민에게 전하지 조차 않았다.[8]

따라서 교황이 그 개혁 의지를 관철하고자 한다면 무언가 다른 방법을 강구해야 한다는 것이 명백하게 보였다. 따라서 그레고리는 단순한 성직자들의 성직매매나 음란죄의 분야로부터 고개를 돌리고 이들을 낳게 한 기본적 이유인 평신도들에 의한 성직 수임제도를 뿌리뽑기로 작정하였다. 그레고리는 부도덕한 영주들이 자기들 같은 부류의 인간들을 고위 성직에 임명하는 이상 일체의 도덕적 영적 개혁은 불가능하다고 간파하였다. 따라서 교회를 개혁하는 유일한 방법은 오직 개혁가들로 성직을 채우는 수밖에 없었다.

당시 모든 국가 정부들이 외교정치 분야에서 교황청과 좋은 관계를 유지하고자 했던 것은 당연한 일이다. 그레고리의 교황 재임기간 역시 그 선임자들과 마찬가지로 각국 지도자들과의 끊임없는 협상 및 외교로 점철되고 있었다. 예를 들어 교황은 덴마크 왕에게 과부들, 고아들과 가난한 이들을 보호하도록 계속 충고함으로써 좋은 관계를 유지하였다. 그는 또한 노르웨이의 왕족과 귀족 자녀를 로마에서 교육시키도록 권고하였다. 그는 용감하게도 폴란드의 크라카우(Cracow) 주교 스타니슬라우스를 직접 살인한 볼레슬라우스 2세(Boleslaus II)를 파문시켰다. 그는 보헤미아, 헝가리아와 교황청간의 유대를 강화하였으며, 헝가리의 경우에는 내란이 종식될 수 있도록 원조하였다.

스페인을 위해서는 성직자들의 독신생활과 마찬가지로 평신도들의 결혼이 신성함을 주장하였으며, 이슬람 교도들에 대항한 전쟁들에 원조하였다. 그는 그가 동방

---

7) Mansi, XX, 459.
8) MPL, CXLVIII, 382, 383, 878; Mansi, XX, 442, 459.

제국과 교회로부터 회유해 온 달마티아(Dalmatia) 지방에 목회자들을 파송하였으며, 먼 거리에 있던 아르메니아(Armenia)에까지 교리적 문제에 관한 훈령을 보내었고, 아프리카 각처의 이슬람령 공국들에 신앙을 전파하기 위해 선교활동을 벌였으며, 심지어 이스라엘을 점령하였던 터키인들을 내쫓기 위한 원정까지도 계획하였다.[9]

그러나 이 모든 노력도 평신도들에 의한 성직수임 문제를 해결하는 데에는 아무런 도움이 되지 못하였다. 그레고리는 이미 1075년 2월 24일부터 28일까지 개최되었던 유명한 로마 종교회의를 통해 이 문제에 관한 그의 입장을 명백하게 밝힌 바 있었다.

> "앞으로 평신도들에게서 주교직이나 수도원장직을 받아들이는 성직자들은 교회에 의해 주교나 수도원장 등으로 간주되지 않을 것이다. 우리들은 그들이 축복받은 베드로 사도와 교제하는 것을 금한다. 이와 동일한 금령이 하급 성직들에도 그대로 적용된다. 만약 황제나 공작이나 후작이나 백작이나 기타 어떤 평신도가 성직을 수임하는 경우 그는 이를 용납하는 성직자와 똑같은 저주를 받을 것이다."[10]

이 선포야말로 기독교권 전체에 스며들어 있던 평신도에 의한 성직수임 문제의 뿌리에 던졌던 그레고리의 도끼였다. 이들 가운데 가장 큰 뿌리는 잉글랜드와 프랑스 그리고 독일이라 할 수 있겠다. 오토 1세를 비롯한 선조들과 당시의 헨리 3세가 황제의 칭호를 받고 있던 독일이야말로 이 문제에 관해 세속 정부와 교황청에 관한 가장 극심한 대결을 벌인 무대가 되었다. 특히 그레고리 7세의 생전에는 불꽃을 튀기는 접전이 벌어졌다. 평신도에 의한 성직수임 정책을 고집하였던 윌리암으로 인하여 그레고리와 잉글랜드의 정복자 윌리암 사이의 관계 역시 악화되었으나 정면 대결은 발생하지 않았다. 프랑스 왕의 미온적 지원밖에 받지 못했던 라임스 대주교는 성직매매 혐의로 한동안 교황으로부터 휴직 처분을 당하였다. 그러나 그레고리의 정책에 가장 큰 장애가 되었던 것은 독일의 헨리 4세였다. 물론 적수들 가운데

---

9) *Gregorii VII Registrum*, I, 18; II, 6~8, 53, 63, 70, 71, 73, 75; III, 18, 21; IV, 25; VI, 13; VII, 65, 203ff; in MGH, *Epistolae*, II(1920~1923).

10) MPL, CLIV, 277.

가장 강력했던 헨리 4세를 물리치는 경우, 그보다 약한 다른 군왕들을 한꺼번에 쓸어버릴 수 있으리라고 그레고리가 계산하였던 것은 말할 나위도 없다. 그 결과 교황의 도끼는 젊은 헨리와 그 궁정에 가차 없이 타격을 가하였다.

그때 마침 당시 독일의 상황은 교황이 공격을 취하기에 유리하였다. 헨리 4세는 장기간 미성년자로 왕위에 있었기 때문에(아버지의 임종 당시 그는 겨우 6살이었다) 왕실의 권위가 위태한 지경에 있었다. 그는 부왕 헨리 3세가 그의 보호자요 왕궁의 섭정가로 지명하였던 그의 어머니 아그네스 여황(Emperess Agnes)의 손에서 정적들에 의해 강제로 박탈당하여, 정권을 노리는 귀족들의 손에서 손으로 마치 장기의 말처럼 옮겨 다녀야만 했다. 동시에 각 영주들 사이에 거의 비슷하였던 세력으로 말미암아 빚어진 격심한 경쟁 상태는 독일 영내의 봉건제도를 고양시켰으며, 이에 따라 국가는 마치 소영주국들의 집합체로 화한 상태에 있었다. 반면에 클루니 개혁은 독일 성직자들 사이에 가장 널리 호응을 받았다.

쾰른(Cologne)과 마인쯔의 대주교구들은 클루니 출신들에 의해 점거되어 있었으며, 사람들의 존경을 받았던 여섯 명의 원장들이 계속 1세기 이상 그 직을 계승함으로써 근처에 있는 하급 성직자들에게까지 깊은 영향을 미칠 수 있었다. 또한 클루니 사원의 교리와 개혁정신을 본받았다고 볼 수 있는 헐스샤우 출신의 무수한 수도사들도 남부 독일의 양심에 큰 경각을 일으켰다. 비록 성직매매와 방탕의 악습에 젖은 고위성직자들은 그레고리 7세가 처음 제안하였던 교회의 내부적 개혁을 반대하기는 하였으나, 이들 역시 개혁의 대상이 타인들인 경우에는 큰 관심을 보이지 않았다. 따라서 자기들에게 더해졌던 압력이 주어지고, 대신 평신도 영주들이나 왕이 압력을 받게 되었을 때에는 구태여 이를 방해할 이유가 없었다. 왕 헨리 4세는 채 20세도 되기 전에 무력을 사용하여 삭소니 지방 봉건 영주들의 반란을 진압해야만 했으며, 수풀과 사냥터의 사용을 제안하였고, 파산 상태에 있던 국고를 유지하기 위해 세금을 증가시켜야만 했다. 당시의 반란은 너무도 치열하여 그는 귀족과·평민들을 막론하고 삭소니 주민들을 그의 개선 병사들 앞에 맨발로 행진시켜 이들이 그의 왕권에 완전히 굴복하였음을 선전하였다. 그 결과 삭손 주민들이 그를 격렬히 증오한 것은 물론이다.

바로 이때에 마치 청천하늘의 벽력처럼 평신도에 의한 성직수임의 문제가 그레고리의 칙령의 모습으로 헨리의 궁정에 떨어졌다. 당시 이처럼 적들에 의해 둘러싸여 있던 젊은 왕의 입장에서는 자기에게 충실한 신하들을 국내의 강력한 성직에 임명할 수 있는 성직수임권이 절대적으로 필요하였다. 이러한 특권이 없이는 자신의 왕위마저 위태로운 상태였다. 1075년 2월에 개최된 로마 종교회의의 칙령은 서신의 형식으로 그레고리 7세에 의해 헨리 4세에게 발송되었다. 당시 헨리 4세는 교황에게 알리지도 않고 이탈리아에 있던 페르모(Fermo)와 스폴레토(Spoleto) 교구들을 막 채워놓은 후였다. 그레고리는 이 문제에 관해 그를 심하게 질책하고 이 죄를 즉각 사제에게 고한 후 고행을 하도록 지시하였다. 그는 동시에 선지자 사무엘을 통한 하나님의 경고를 무시하였던 사울 왕의 운명을 기억하라고 상기시켰다. 그러나 동시에 교황은 친절하고 이해심 있는 태도로써 헨리가 이러한 개혁들에 협력할 경우 발생할 어떠한 문제라도 해결해 주겠다고 확신시켜 주었다.[11] 언젠가 교황에 의해 황제의 관을 받고 싶었던 헨리는 공손한 태도로 답장을 보내었으나, 그 후 그가 취한 행동들은 내심으로 그레고리에게 승복하지 않았음을 분명히 보여 준다. 그는 그 후 계속하여 테발도(Tebaldo), 밀란(Milan) 등의 중요한 교구의 감독들을 지명하였는데, 이 중 밀라노 교구는 당시 공백상태가 아니었다.[12] 또한 교황 자신이 크리스마스날 밤(1075) 납치당하는 사건이 발생하였는데, 로마에 있던 헨리 4세의 강력한 후원자가 꾸민 짓이었다. 이에 따라 1076년 1월 그레고리 7세는 독일에 3명의 사절들을 파견하여, 헨리가 2월 22일까지 직접 로마에 출두하여 교황과 교회 앞에서 그의 실책에 관하여 답변하도록 명령하였다. 만약 이 지시를 지키지 않을 때는 공식적으로 파문하겠다고 경고하였다.[13]

그러나 왕은 다른 문제를 끄집어내어 위기를 모면하고자 하였다. 그는 교황이 산출과정에서 불법이 있음을 지적하여 그의 퇴위를 요구하는 방향으로 반격을 개시하였다. 그는 이를 위하여 1076년 1월 24일 웜스(Worms)에서 독일 주교회의를 소집하여 그레고리를 정죄하여 그의 직을 박탈했을 뿐만 아니라 파문까지 행하였다. 헨리가 그레고리에게 보낸 서신은 다음과 같이 끝을 맺고 있다. "가짜 수도사 힐데브란드여…나 프랑스 왕 헨리는 하나님의 은혜 가운데 모든 주교들과 함께 그대들에게 명령하노니 '교황의 보좌들로부터 내려와 영원한 저주를 받을지어다.'"[14]

---

11) Gregorii VII Registrum, III, 10.
12) Bonizo of Sutri, op. cit., VII.
13) MGH, Scriptores, V, 241, 280, 431.
14) Ibid., p. 352.

그레고리는 헨리 및 그의 수하 26명의 주교들이 행한 결정의 소식이 전해졌을 때 마침 개최되고 있던 라터란(Lateran) 회의를 통해 답변을 발하였다. 비록 헨리의 어머니 아그네스 여황이 이 자리에 참석하고 있었으나 교황은 헨리를 파문시키고, 프랑스 국민들을 왕에 대한 충성 의무로부터 해제시켰다. 그는 그의 결정을 교서를 통해 최종 공식화하였다.[15]

교황의 결정은 철저한 정치적, 종교적 이상에 기초한 것으로서 그 범위에 있어서 국제적이었으며, 기존의 영적 지도자와 모든 세속 정부 통치자들 사이의 관계를 구체적으로 정의하고 있었다. 구체적으로 제시된 원칙들과 그 목적의 명료성에 있어서 이는 새로운 차원을 여는 것이었다. 이는 곧 교회와 국가 사이의 관계에 대한 그레고리의 생각, 즉 기독교권의 모든 지배자들이 하나님의 대리인 아래 속함으로써 이루어지는 제국 신정정치를 지향하였다. 오직 교황만이 모든 정부들을 간섭할 수 있었으며, 제국 문장을 사용할 수 있었고, 황제들의 위를 박탈할 권리가 있었으며, 그 어떤 개인이나 회의의 결정이라도 취소할 수 있는 권위를 소유하였고, 스스로 만인을 재판할 수 있었으나 그 누구의 제재도 받지 않았다. 또한 사악한 지배자들에 대해서는 국민들의 충성 의무까지 사면해 줄 권리까지 갖고 있었다.[16] 그레고리는 왕들과 영주들이 교황의 발에 입을 맞춤으로써 교황에 대한 절대복종과 순종을 상징적으로 표현하기를 원하였다. 만약 헨리가 로마에 왔다면 바로 이러한 요구를 받았을 것이다.

그레고리가 헨리를 파문시키고 그 국가를 성사 및 예배의 금령(interdict)에 처한 것은 전례를 찾아볼 수 없는 혁명적 조처라고 할 수 있겠다. 따라서 왕과 그 고문들은 미처 이에 대한 아무런 준비가 되어 있지 못했다. 영내 모든 교회들에서는 예배가 금지되었으며, 하나님의 교회의 적들로 간주된 그의 국민들에게는 성례가 집전되지 않았다. 그들의 신앙을 심각하게 받아들이고 있던 일반 국민들은 왕을 저주하였으며 거리에서 그에게 돌을 던졌다. 왕의 성은 약탈당하고, 그의 토지는 파괴되었다. 삭소니 지방은 다시 반란을 일으켰다. 따라서 그는 명목상 왕위를 유지하고는 있었으나 실상 그에게 복종할 국민이 없는 상태로 전락하였다. 급기야 그의 귀족들까지도 트리부르(Tribur, 1076년 10월)에서 회집하여 그의 공직수행을 일단

---

15) *Registrum*, III, 6.
16) *Dictatus papae*, in Registrum Gregorii VII.

정지시키고 그의 교회 출석을 금지했으며, 스파이어(Spireg)에서 개인 자격으로 거주하도록 명령하였다. 또한 추후 아우구스부르그에서 다시 회의를 소집하여 이곳에서 직접 그레고리 교황에 의해 재판을 받도록 결정하였다. 만약 이 자리에서 그레고리 교황을 만족시키지 못한다면 헨리를 퇴위시키기로 하였다.[17] 바로 이 트리부드에서 평신도 사신들이 교황이 내린 결론의 합법성을 공인하고 이를 수행하였던 것이다. 따라서 로마 교회야말로 최고의 위치에 있었다.

젊은 헨리는 당황하였다. 십중팔구 아우구스부르그에서 왕위를 박탈당하게 되리라는 것을 예상하지 않을 수 없었다. 그리하여 그는 교황의 권위에 대항하기 위한 또 다른 전략을 세워야만 했다. 정치적으로 교황을 물리치기가 불가능하였으므로 그는 영적 무기를 사용하기로 하였다. 이에 따라 스스로 회개하는 신자의 모습을 꾸미고 교황의 발 앞에 엎드려 자비와 용서를 빌기로 하였다. 그는 매서운 겨울의 추위와 여행의 위험을 무릅쓰고 그 가족과 약간의 수행원을 거느리고 알프스 산맥을 건넜다. 그는 당시의 마틸다 여백작(the countess Matilda)의 손님으로 투스카니 지방의 카놋사(Canossa in Tuscany)에 머물고 있던 그레고리 7세를 방문하였다. 헨리로서는 다행하게도 그의 대부 클루니의 휴(Hugh of Cluny) 역시 이곳에 손님으로 머물고 있었으며, 헨리는 휴가 교황에게 그를 용서해 주도록 간청할 것을 알고 있었다. 헨리는 사흘 동안 계속하여 아침부터 저녁까지 회개하는 신자의 초라한 행색으로 그레고리가 머무는 역관 앞의 눈밭에 맨발로 서서 그의 용서와 자비를 간구하였다. 이 경우 교황도 과연 어떤 조처를 취할 수 있겠는가? 만일 헨리를 용서해 버린다면 독일에서 쟁취한 교황청의 모든 이익을 포기하며 또한 이미 교회가 얻은 정치적 승리를 내던지는 결과가 될 것이다. 또한 이 경우에는 더 이상 재판해야 될 이유가 없으므로 아우구스부르그 회의는 회집되기도 전에 그 의미를 상실할 것이다. 그러나 헨리를 용서하지 않는다는 것은 모든 기독교 신자들의 목회자로서 그레고리 자신의 기품을 훼손시키는 결과를 가져오는 것이었다. 교회는 그 어떤 경우에도 진실로 회개하는 자의 얼굴 앞에서 문을 닫을 수 없다. 교회는 결국 죄인들을 용서하기 위해 존재하는 것이다. 어쨌든 그레고리가 그의 사제로서의 책임에 충실하기 위해 정치적 승리를 수행한 것은 그의 공적이라고 평가하는 것이 마땅하다. 그는 전형적 고해 신부의 입장에서 왕의 회개를 액면 그대로 받아들였다. 그러나

---

17) Manis, XX, 379.

바로 이것이 헨리가 노린 전부였다. 그는 실상 처음부터 이 문제에 관해 진실하지 못했다. 어쨌든 왕위를 지키게 되었다. 그는 다시 세력을 회복하고, 무력을 모으기 시작하였다. 1077년 1월 27일 헨리가 카놋사에서 용서받은 이 날은 교황의 자비와 왕의 위선이 교차하는 순간으로서 역사에 길이 남을 것이다.

그 후 8년 동안 교회는 형극의 길을 걷게 되었다. 클루니 및 교황청에 충실했던 인물들은 헨리에 대항하여 일어났으나, 그들에게 있어서 절호의 기회는 이미 카놋사에서 상실된 후였다. 포르취하임(Forchheim, 1077년 3월 13일)의 귀족회의에서 헨리 대신 왕으로 선출되었던 스와비아의 루돌프(Ruaolrh of Swabia)는 3년 후 (1080) 전투에서 입은 부상으로 사망하였으며, 이에 따라 더 이상 헨리와 왕좌를 겨룰 인물이 없게 되었다. 이에 따라 헨리는 1080년 6월 25일 브릭쎈(Brixen)에서 회의를 소집하고 그레고리 7세의 교황직을 취소시켰으며, 라벤나 대주교이던 귀베르트(Guibert)를 대신 선출하였다. 헨리는 곧 이탈리아에 침입하여 로마를 포위 함락시켰으며, 그레고리 자신은 귀스카르드(Guiscard)가 이끄는 노르만 병사들에 의해 구출되어 남부 이탈리아로 후송되었다. 그는 명목상으로는 손님이었으나 실제는 포로와 다름 없는 대우를 받았다. 헨리는 클레멘트 3세(Clement III)의 칭호를 택한 귀베르트에 의해 그의 진중에서 신성로마제국 황제의 관을 받았다. 그레고리는 1085년 5월 25일 살레르노(Salerno)에서 임종하면서 다음과 같은 말을 남겼다. "나는 공의를 사랑하고 불의를 미워하였기에 결국 유배지에서 죽는다."[18]

국제정치의 무대에서 그레고리 7세는 중세의 도덕적 영웅으로서 우뚝 서 있다. 그는 비록 일시적으로는 패배하였으나, 결국 승리한 운명이었던 이상을 옹호한 인물이었다. 그는 그 후에 같은 이상을 지니고 나타날 인물들의 승리를 위해 스스로 기꺼이 패배의 쓴 잔을 마셨던 인물이다. 그 누구보다도 그레고리 7세야말로 13세기에 있어서 교황 제국의 창시자였다.

2. 제1차 십자군 원정

유럽의 관심은 헨리 4세와 그레고리 7세의 성직수임을 둘러싼 분쟁으로부터 동방 모슬렘 제국을 향한 서방 기독교의 군사 원정으로 옮겨져 갔다. 그레고리 7세

---

18) Watterich, *Pontificum romanorum vitae*(1861), I. 340.

자신도 이러한 전쟁을 꿈꾸었으며, 몸소 이를 지휘할 생각까지 하고 있었다. 마케도니아 왕조가 비잔틴을 위해 확장한 영토는 바실 2세 이후에 상실되었으며, 1056년(테오도라의 사망)으로부터 1081년(콤네누스 왕조의 창시)까지의 25년 동안 이슬람은 마치 7, 8세기의 모습을 재연시키는 듯 줄기찬 정복을 계속하였다. 비잔틴군은 1071년 만지케르트(Mansikert) 전투에서 로마누스 황제 자신이 상처를 입고 사로잡히는 참패를 당함으로써 아르메니아를 상실하였다. 이슬람교도들은 소아시아 대부분을 정복하고, 에게해 연안까지 침입하였으며, 콘스탄티노플 자체도 위협을 받고 있었다. 이러한 정복의 주인공은 아랍 민족이 아니라 중앙 아시아에서 기원하여 10세기 경 페르시아 샤마니드인들(Shamanids)에 의해 이슬람으로 개종하였던 터키인들이었다. 이들은 (아랍인들이 정복했던 알레포〈Aleppo〉를 제외한) 팔레스타인과 시리아를 수중에 넣었으며, 이들의 세력은 파티미드인들(Fatimids)이 통치하던 이집트 국경에까지 이르렀다. 동방제국의 입장에서 볼 때에는 다행하게도 이들 터키인들은 통일되지 못하였으며, 같은 신앙을 가졌던 아랍인들 역시 진정한 우방은 아니었다. 당시의 여행객들은 각 도시들마다 서로 다른 통치자들이 존재하는 것을 목격하였다.[19]

그러나 어쨌든 이러한 동방제국의 변화된 상황은 이스라엘을 향한 기독교 순례자들에게 큰 고난을 안겨주었다. 터키인들은 원래부터 약탈과 도둑질에 능한 민족이었다. 무장 경비병들이 없이는 아무도 아나토리아(Anatolia) 지방을 통과할 수 없었으며, 시리아의 각 촌락들은 이곳을 통과하는 통행자들에게 통행세를 부과하였다. 이러한 고난을 겪고 돌아온 여행객들은 고국의 친지들에게 참담한 실정을 증언하였으며, 이에 따라 많은 이들은 거룩한 나라(the Holy Land) 이스라엘로부터 이러한 신성모독을 제거하고자 하는 종교적 열정에 불타게 되었다. 1081년에 즉위한 동방 황제 알렉시우스 콤네누스(Alexius Comnenus)는 터키인들에 대항한 전쟁을 위해 보다 많은 군대가 필요하였으며, 특히 앵글로 색슨족들로 구성된 서방제국으로부터의 용병들이 전투에 뛰어난 것을 보고 서방에 새로운 지원병들을 요청하였다. 그는 자기 군대의 증원을 목적으로 종교를 이용하기 위해 교황에게 직접 호소하였다. 그는 비잔틴 대사들을 교황청으로 파송하였다.

클루니 출신으로 그레고리 7세의 충실한 제자였던 교황 우르반 2세(Urban II,

---

19) William of Tyre, *Historia Rerum in Partibus Transmarinis Gesterum*. I. 8.

1088~1099)는 이러한 동방제국의 상황을 서방교회의 유익을 위해 이용하는 데 있어서 스승보다 오히려 뛰어난 수완을 보였다. 꾸부정하고 왜소한 체구에 다리가 짧았던 그레고리와는 대조적으로 그는 큰 키에다 준수한 용모의 소유자였다.[20] 그는 이러한 외모와 너그럽고 온화한 태도로 사람들의 주의를 끄는 인물이었다. 참으로 그는 우리가 흔히 매력이라고 부르는 바 말로 표현할 수 없는 그 무엇을 풍부하게 소유한 인물이었다. 그 목소리는 낮고도 풍부하였으며, 본능적으로 배우 기질을 지니고 있었다. 또한 언어 구사력까지 뛰어나 결국 역사상 가장 유명한 설교가들 중의 하나로 꼽히게 되었다. 게다가 외교적 수완까지 뛰어난 인물이었다.

반교황(antipope) 귀베르트가 로마를 점령하고 있었으므로 우르반은 순회전도자로서 북부 이탈리아와 프랑스를 순회하며 가는 곳마다 그의 친구들과 지원자들을 만들었다. 그는 자기의 적수들에게 승리하기 위해서는 그들보다 더 웅대한 목표를 내세워야 함을 자각하고 있었다. 이에 따라 그의 주장은 성지(the Holy Land)의 해방에 집중되었다. 그의 목표는 거대한 원정을 위해 서부유럽을 연합하는 것이었다. 만약 이 목표를 달성할 수 있다면 그의 교구를 위한 기독교권의 통일은 자동적으로 따라오는 것이었다.

이에 따라 오랜 기간의 주도면밀한 준비와 개인적인 선전을 거쳐 동방 원정 문제를 결정하기 위한 남부 프랑스 클레어몽트(Clairmont)에서 종교회의를 소집하였다. 이 의회는 1095년 11월 18일부터 11월 28일까지 10일간 계속되었는데, 11월 27일 화요일 도시 밖의 평원에서 수많은 대중들이 모인 가운데 열린 집회가 극적인 클라이막스를 이루었다. 우르반 2세는 이곳에서 교회 역사상 가장 감동적이었던 설교들 가운데 하나를 행하여 동방을 향한 서부유럽인들의 일련의 군사원정 중 제1차 원정을 시작할 수 있었다. 비록 십자군 원정은 전체적으로 볼 때에 원래의 목적을 성취하지는 못하였으나 최소한 비잔티움으로부터 서방으로 문명의 무대를 옮기는 데에는 일익을 담당하였다. 원정을 호소하는 우르반의 요청에 대해 대중들은 "하나님께서 원하신다!"라고 응답하였다. 르 푸이(Le Puy)주교 아드헤마르(Adhemar)가 이 성스러운 원정의 교회 책임자로서 선택되었다. 각계각층 신자들의 원조를 얻을 수 있도록 하기 위해 유럽의 의식에 불을 붙이기 위한 방법들이 강구되었다. 성모몽소승천 축일(the Feast of the Assumption: 1096년 8월 15일)

---

20) MGH. Scriptores. X. 474. L. Paulot. *Urbain* II(1903). 2~3.

을 출발일로 결정하였고, 콘스탄티노플이 군대들의 집결지로 인정되었다. 이 원정에 참가하는 자들을 위한 각종 면죄부 및 죄로부터의 용서, 천국에의 입장 등이 보장되었으므로 대부분의 사람들은 이에 참가하여 손해 볼 것은 없고 단지 유익만이 기다리고 있다고 생각하였다.[21]

교황 자신이 많은 영주들과 귀족들에게 서신을 띄웠으며, 주교들 역시 자기들 교구의 신자들과 접촉을 통하여 후원을 얻기에 광분하였다. 또한 수많은 선동 설교가들이 동원되었는데, 이들 가운데 가장 효과적이었던 인물은 은자 피터(Peter the Hermit)였다. 피터는 성지순례를 경험한 인물이었다. 따라서 그곳의 사정을 체험한 바 있었다. 또한 그의 뛰어난 언변은 이를 듣는 이들로 하여금 감정을 유발하기에 충분한 것이었다. 또 전형적 금욕주의자로서 포도주뿐만 아니라 빵과 고기까지도 입에 대지 않았다. 그는 작은 당나귀를 타고 다녔는데 그 후 바짝 마른 긴 얼굴은 바로 이 당나귀를 닮고 있었다. 그는 작은 체구에 까무잡잡한 안색으로 땀을 많이 흘리는 편이었으며, 목욕을 하지 않았고 의복을 갈아입는 것도 없었으므로 그의 체취는 그의 성품이나 메시지만큼 강렬하고 인상적인 것이었다. 그의 순회 설교여행을 따라 점차 증가하였던 병사들을 모든 사람들의 경탄 속에 그는 직접 영도하였다. 그의 순회 여행 마지막 지점인 라인 계곡(Rhine Valley)에 이르렀을 때에는 최소한 15,000명이 그 뒤를 좇고 있었다.

그러나 이처럼 감정에 이끌린 군중들은 계속적인 자극이 없는 한 곧 소멸되기 마련이다. 이들의 충성심을 계속 유지하기 위하여는 굳이 콘스탄티노플로 향할 수밖에는 없었다. 이와 비슷한 대중 설교가들의 활동으로 5개의 군대가 조직되어 모두 콘스탄티노플을 향해 떠났다. 그러나 이들 가운데 오직 두 행렬만이 목적지에 도착할 수 있었다. 이들 가운데 하나는 외국의 불신자들을 물리치기 이전 고국의 불신자들을 먼저 처리해야 한다는 생각으로 라인 계곡의 유대인들을 사냥하였으며, 이에 따라 저절로 해산되고 말았다. 콘스탄티노플에 도착한 군대는 각각 은자 월터(Walter the Penniless)와 은자 피터에 의해 영도 받고 있었다. 이들은 보스포루스(Bosphorus)를 건너 터키인들과 교전하였으며, 영주들의 군대가 도착하기 이전에 완전히 참패를 당하여 소멸하고 말았다. 햇빛 아래 말라가는 이들의 백골은 단순한 대중들의 만용과 무지를 증언하고 있었다.

---

21) Mansi, XX, 815~820.

이에 반해 영주들과 귀족들의 원정은 보다 성공적이었다. 교황 우르반의 호소에 최초로 응답한 이는 프랑스 왕 헨리 1세의 작은 아들로서 당시 집권중이던 필립 1세의 동생인 베르만도의 휴(Hugh of Vermandois)였다. 그는 귀족적 성품을 지닌 기사도적 인물로서 아마 모험을 찾아 원정에 오른 것으로 보인다. 두 번째는 샤를마뉴의 후손으로 헨리 4세의 가신이었던 부일롱의 고드프리(Godfrey of Bouillon)였다. 그는 과거에 그레고리 7세에 대항하여 자기 왕을 지원한 바 있었다. 아마 이 때문에 양심의 가책을 받았던 듯하다. 이리하여 그의 죄를 보상하기 위해 원정길에 올랐는지도 모른다. 그는 이 모험을 위한 군자금을 조달하기 위해 자기의 영지들을 정탐해야 했으므로 그의 동기는 아마도 진정 종교적이었던 듯하다. 그의 두 형제들도 그와 동행하였다. 그 중 형 유스타스(Eustace)는 사람들의 눈치에 밀려 원정길에 올랐으므로 항상 고국으로 돌아가고 싶어 했고, 동생 볼드윈(Baldwin)은 용기 있는 인물이었으나 이기적인 성품이었다. 볼드윈은 상속받은 토지가 없었으므로 아마 동방에서 영지를 마련하고 명예를 얻고자 했던 듯하다. 남부 이탈리아 출신의 노르만족 보헤문드(Bohemund)와 그의 조카 탄크레드(Tancred) 역시 재산을 목적으로 원정길에 올랐다. 이들은 이들 장군들 가운데 세 번째 위치를 차지하고 있었다. 네 번째로 떠난 것은 당시의 60세의 노인으로서 이미 스페인에서 무어족들과 전투를 벌였으며, 르 푸이의 아드헤마르의 가까운 친구였던 툴루즈의 레이몬드(Raymond of Toulouse)였다. 결국 레이몬드가 이들 무장들 가운데 지도적 위치를 차지하였다. 그런데 보헤문드 역시 지도자가 되고 싶어 했으므로 그와 레이몬드는 결국 적수로 화하게 되었다. 귀족들 가운데 마지막으로 떠난 것은 노르망디의 로버트, 즉 정복자 윌리암의 장남과 그의 처남이었던 블로아의 스테픈(Stephen of Blois)이었다. 로버트는 십자군 원정에 관한 열렬한 설교에 감동되어 신앙적 열정으로 떠났는데 반해 블로아의 스테픈은 자기 자신의 감정에 의해서가 아니라 그의 아내의 강권에 못이겨 원정길에 오른 인물이었다.

원래 그의 군대를 보강하기 위해 서방에 원조를 요청하였던 동방 황제 알렉시우스는 예상 밖의 대규모 군대들이 자기들 나름대로의 지도자 아래 진군해 오는 것을 보고 크게 당황하였다. 이에 따라 그는 이 군대들이 자기들의 영내에 통과하여 계속 진군하고 터키인들로부터 탈환한 성읍들을 제국 영토로 복귀시키는 데 전전긍긍하였다. 십자군 원정지도자들과 휘하 병사들이 동일한 시기에 도착하지 않았으므로 그는 이들이 오는 대로 각자를 상대로 담판을 벌였다. 이 중 베르만도의 휴가 처음 도착, 동방 황제에게 충성을 맹세함으로써 선례를 남겼다. 다른 이들은 처음 이에 대해 불평하였으나, 결국 알렉시우스의 요구에 승복하였다. 그러나 이들 중 툴루즈의 레이몬드는 예외로써 이러한 원정은 오로지 그리스도에게만 충성해야 한다고 주장하였다. 그러나 결국 황제에게 가장 충실하였던 것은 다른 누구보다도 이 레이몬드였다. 그는 탈환되는 모든 성읍들을 원래 합법적인 소유자에게 돌려줄 것을 주장하였다. 그 결과 그는 순례자로서 민족과 교회가 지시한 사명을 완수한 대가로 축복을 받았을 뿐 실제적 유익을 얻지는 못하였다.

최초로 함락된 도시는 니케아(Nicaea, 1097년 6월 19일)였는데, 이 도시는 34일간 십자군에 의해 포위된 후 직접 황제에게 항복하였다. 그 후 이들은 소아시아를 관통하여 도리레움(Dorylaeum, 7월 1일)을 함락시켰다. 아나토리아 사막을 건넌 후 볼드윈과 탄크레드는 주력으로부터 이탈하여 독자적인 정복활동을 개시하였다. 그 결과 에뎃싸(Edessa, 1098년 2월 6일)가 함락되어 볼드윈은 이 도시 및 유프라테스 일대의 지배자가 되었다. 주력의 목표는 안디옥(Antioch)이었다.

니케아 함락 후 블로아의 스테픈은 그의 아내에게 편지하였다. "만약 안디옥에서만 지체되지 않는다면 우리들은 5주 이내에 예루살렘에 도착할 것이오." 이 서신은 마치 예언과 같은 것이었으니, 안디옥에서야말로 이 전쟁에서 가장 참혹한 전투였다. 주력은 니케아 함락 후 4개월 하루만인 1097년 10월 20일 알레포 대로가 강변도로와 접하고 있는 철교(Iron Bridge)에 도착하였다. 성은 1098년 6월 2일 함락되었다. 도시 내의 터키인들 가운데 실피우스 산(Mt. Silpius)에 진지를 구축한 일부 외에는 모두 학살당하였다. 그러나 이 7개월 간의 공포기간 동안 그리고 그 후 8개월의 점령기간 동안 십자군들은 처참한 대가를 지불하였다. 이들은 각종 전염병과 기아에 시달렸으며, 굶주림을 면하기 위해 군마를 잡아먹었고, 서로의 오줌을 받아 마시기도 하였다. 남들을 감정적 설교로 흥분시켰던 은자 피터는 겁쟁이의 본색을 드러내어 야간도주를 감행하였다. 결정적 전투 전날 밤 블로아의 스테픈은 전선을 이탈하였다. 바로 이곳에서 십자군을 이끌던 가장 유능한 지도자이자 지혜로운 정치가이던 르 푸이의 아드헤마르가 사망하였다. 동방인들과 서방인들은 회복할 수 없는 분열 상태에 있었으므로 동방 황제의 도움을 기대할 수도 없었다. 가장 뛰어난 전략가이던 툴루즈의 레이몬드와 보헤문드는 서로 치열하게 경쟁하여 더 이상 서로 협력하고자 하지도 않았다. 거의 10만에 달하였던 용사들의 군대가 이제 몇몇 안 되는 병사들과 순례자의 집단으로 화하였다. 안디옥은 결국 계략을 써서 함락을 시켰으며, 마찬가지로 피터 바돌로매우(Peter Bartholomew)가 그리스도의 옆구리를 찔렀던 성스러운 창(Holy Lance)을 발견했다는 사기극을 벌임으로써 발생한 광신적 열정으로 겨우 터키 증원군을 물리칠 수 있었다. 그러나 역시 예루살렘이야말로 십자군들의 최종 목표였다. 일반 병사들은 무슨 수단을 써서도 이에 도달하기를 힘썼으며, 이에 따라 누가 안디옥에 남아 이를 통치할 것인가를 두고 논쟁을 벌이던 지도자들에게 진군을 강요하였다. 보헤문드가 뒤에 남아 안디옥을 통치하기로 하였다. 그러나 툴루즈의 레이몬드, 부일롱의 고드프리, 그리고 기타 소영주들은 예루살렘을 향해 진격하여 1099년 6월 7일 화요일 당시 파티미드족들의 수중에 있던 성도(Holy City) 예루살렘 성벽에 도착하였다. 십자군들은 두 개의 부교를 건축하여 7월 13일과 14일 성공적으로 성벽을 타고 넘었다. 모슬렘뿐만 아니라 유대인들까지도 성 안에 거주하던 모든 주민들은 학살당했다. 실례로 성전 근처에서는 피가 무릎에까지 차 올랐다 한다. 이러한 학살극은 일반 세속 역사에서도 그 예를 찾아 보기 힘든 것이다. 이처럼 도시를 숙청한 3일 후 이들은 성지를 다스릴 기독교 왕을 선출하기 위해 성묘 교회(the Church of the Holy Sepulcher)에 모였다.

툴루즈의 레이몬드가 가시관을 쓰셨던 이 도시에서 왕관 받기를 거절하였다. 그는 또한 다른 장군들이 자기를 원하지 않고 있음을 알았으며, 설사 그가 선출된다고 하더라도 그들을 통치하기가 거의 불가능하다는 사실을 깨닫고 있었다. 이에 따라 그만큼 유능하지는 못하나 보다 온화한 성품의 부일롱의 고드프리가 선출되었다. 그는 왕이라는 칭호 없이 기꺼이 이 자리를 받아들이고, 성묘 교회의 수호자라는 칭호를 붙였다.

우르반 2세는 예루살렘 함락 14일 후 십자군 소식을 듣기 전에 사망하였다. 그가 아드헤마르 대신 지명하였던 이탈리아의 사절은 무능한 자였다. 그의 이름은 디암베르트(Diambert)로서 예루살렘의 대주교직을 차지하였으나, 세속적 욕심과 욕망, 잔인으로 이를 더럽혔다. 그는 고드프리에게 가신으로서 충성을 강요했으며, 고드프리는 평화를 유지하기 위해 이를 응락하였다.

탄크레드를 제외한 소영주들은 고국으로 귀환하였다. 보헤문드는 터키인들에게 사로잡혀 아나톨리아 감옥에 갇혔으며, 툴루즈의 레이몬드는 콘스탄티노플을 향해 황제를 방문하였다. 이때 마침 고드프리가 사망(1100년 7월 18일)함으로써 자기 자신의 명예와 재산 권력 특권만을 추구하여 원정길에 올랐으며, 안디옥이나 예루살렘 전투에는 참가조차 하지 않았다는 에뎃싸의 볼드윈(Baldwin of Edessa)이 왕이 되었다(1100년 11월 11일). 그는 아무런 주저 없이 그 칭호와 권력을 차지하고 실제로 통치하기 시작하였다.[22]

그리하여(최소한 그 숫자와 규모에 있어서는) 중세 최대의 기독교 운동으로 시작하였던 십자군 원정이 결국은 이 세상에 또 하나의 왕국을 낳게 하는 데 그치고 말았다.

3. 동방의 기독교

동방에 미친 제1차 십자군 원정은 득실 양면에서 생각할 수 있다. 십자군들이 단지 성읍들 및 인근지역들을 함락시킨 후 이곳을 떠나 원래의 헬라 시민들 및 관리들에게 이곳을 계속 점령 통치하게 한 경우에는 유익하였다. 니케아의 경우 십자군들이 공격을 개시하기 직전 제국의 깃발이 날리기 시작하였다. 전투를 벌이는 경우 패배가 확실하다고 이곳의 터키 주민들이 밤 사이에 황제에게 항복한 것이었다. 알렉시우스 황제는 이들이 아무런 방해를 받지 않고 철수할 것과 여술탄(Sultana) 및 그 일행을 예우를 다해 대접할 것을 약속하였다. 그는 원래 성격이 친절하고 너그러운 인물이었다. 동방에서는 일단 전투가 끝난 후에는 적들에게 관대한 것이 보통이며, 이는 곧 향후 상황이 역전되었을 때에 같은 대우를 기대한다는 암시이기도 하였다. 알렉사우스가 생각해 볼 때 십자군이야 일시적으로 왔다가 가는 존재들이지만, 터키인들은 싫든 좋든 그가 항상 함께 살아야 할 이웃들이었다.

도리레움(Dorylaeum)의 경우 십자군들이 승리를 거둔 후 겨우 이틀을 머물렀다. 그 후 헬라인들은 옛 체제에 따라 도시를 재편성했으며, 헬라 교회 역시 이전의 자유와 지도적 위치를 회복하였다. 실제로 유프라데스 강 북쪽 소아시아 지방 전역에 걸쳐 제1차 십자군 원정은 곧 터키인들에 대항한 제국의 영토 확장을 의미하였다. 알렉시우스는 니케아 함락 후 최남단 안디옥에 이르기까지 소아시아 지방의 전체 해안을 다시 정복하였다. 그는 필로메리움(Philomelium)에서 승리를 거둔 후 터키인들과 강화를 체결하여 새로운 정복을 위한 준비에 들어갔다. 그의 제

---

22) S. Runciman, *A History of the Crusades*(Cambridge, 1953), vol. I. 참고 도서목록은 pp. 327~335, 342~360을 참조하라.

위가 끝날 무렵(1118), 제국은 아르메니아 국경에 있는 트레비존드(Trebizond)에 이르기까지 북해와 남안을 소유하고 있었다. 또한 제국은 북으로는 시놉으로부터 남으로는 시리아 국경에 이르기까지 지금으로 보면 서부 터키 대부분을 점령하게 되었다.

알리시우스는 그의 제국의 독립에 위협일 수도 있었던 원정 온 병사들을 이용하여 오히려 제국 영토를 확장한 것이었다. 그는 비잔틴 통치가들 가운데 가장 뛰어난 인물들 중 하나이다. 그는 제국의 영토가 축소되고 재정이 고갈되었을 때 왕위에 올랐다. 당시 발칸인들은 반란 상태에 있었다. 노르만족들도 이탈리아에 있던 헬라인들의 영토를 몰수하고 그리이스(헬라)의 본토 에피루스 및 코르푸(Corfu) 섬에까지 침입하였다. 이러한 군사적 장애 외에도 아드리아 해(Adriatic Sea) 건너편 베니스(Venice)가 무역에 눈을 떠 콘스탄티노플의 경쟁자로 등장하였다. 페트체넥(Petchenegs)의 지원을 받는 트라체의 보고밀족들(the Bosomiles of Thrace)도 제국을 상대로 전쟁을 걸어왔다. 그러나 이 모든 불리함에도 불구하고 그는 제국의 세력을 회복시킨 인물이었다.[23]

알렉시우스는 전형적인 헬라인이었다. 그는 작은 키에 딱 벌어진 몸매였으며, 그의 피부와 눈동자는 갈색이었고, 항상 기름을 먹여 반짝이는 검은 수염과 역시 검은 색의 굵은 곱슬머리를 소유하고 있었다. 수세기 전 그의 선조 콘스탄틴과 마찬가지로 그는 작은 키를 감추기 위해 왕좌나 말 위에 앉기를 좋아하였다. 그의 행동거지 역시 수염만큼이나 매끄러웠다. 그는 사람들에게 너그러운 찬사와 선물들을 주었으나, 이를 통해 나름대로의 반대급부를 항상 염두에 두고 있었으며, 그가 하는 모든 행동들은 나름대로 계산에 의한 것이었다. 그의 공적, 사적 행위들은 모두 그의 제국의 이해 관계에 연결되어 있었다. 그의 일견 너그러운 행동에 십자군들은 깊은 인상을 받았다. 블로아의 스테폰은 아내에게 편지하였다. "당신의 부친(정복자 윌리암을 의미함)은 사람들에게 많은 선물을 주었소. 그러나 이 인물에 비하면 아무것도 아니오."[24] 알렉시우스는 또한 쉽사리 속임수에 넘어갈 인물이 아니었다. 아름다운 금발의 미남이었으며, 제1차 원정군들 중 가장 뛰어난 전술가요 전략가이

---

23) CMH, IV, 327~350.
24) H. Hagenmeyer, *Die Kreuzzugsbriefe aus den Jahren* 1088~1100(Innsbruck, 1902), 138~140.

기도 하였던 노르만인 보헤문드는 그에게 아첨을 다하여 그 원정의 제국 총사령관 직을 얻어내고자 하였다. 그러나 알렉시우스는 처음부터 보헤문드를 불신하였고 내심 경멸하고 있었다. 한편 처음에 황제에게 충성을 서약하기를 거부한 툴루즈의 레이몬드가 결국은 그의 가장 의지할 만한 동맹자요 친구가 되었다. 알렉시우스는 사람을 볼 줄 아는 인물이었다. 그는 용사였을 뿐 아니라 외교관이요 행정가이기도 하였다. 그의 제위 37년 동안(1081~1118) 제국과 그 교회는 큰 번영을 누렸다.

알렉시우스는 그가 판단하였던 교회 및 제국의 이익을 위해 과격한 방법도 불사하였다. 예를 들어 그는 각 수도원들이나 종교 기관에 종사할 인원들을 일일이 배정하였으며, 그 숫자를 초과하는 경우에는 다른 국민들과 마찬가지로 세금을 물게 하였다. 그는 또한 부유한 수도원들의 수입에서 일정한 비율을 징수하여 그가 포상하고자 했던 귀족에게 주었다. 그는 특히 학식 및 교양에 있어서 높은 수준을 요구함으로써 성직자들의 숫자를 제한하였다. 성직자가 되기 위해서는 엄격한 시험을 거쳐야만 했다. 그는 단지 성직자들의 도덕을 개혁했을 뿐만 아니라 이단을 진압하고 정통신앙을 확립하고자 하였다. 그는 보고밀족들과 아르메니아인들을 상대로 토론을 벌여, 무미건조한 이탈루스의 이훈을 정죄하고, 동양의 영향을 너무 받았다는 이유로 닐루스(Nilus)를 또한 정죄하였다. 그는 모든 이단들을 반박하는 신학논문을 집필하기도 하였다.[25]

서방인들이 항구적으로 자기들의 영주국들과 국가들을 설치한 성읍들과 지역에서는 동방교회가 피해를 입을 수밖에 없었다. 에뎃싸가 그 전형적인 경우이다. 볼드윈은 이 도시의 지배자로서 아르메니아계 주민들에 의해 추대되었다. 그는 처음에는 이곳 제국 정부의 총독이던 토로스(Thoros)와 교분을 유지하였다. 그는 기이한 동방제국의 예식에서 토로스와 함께 커다란 셔츠 안에 들어가 서로의 벌거벗은 몸들을 비교함으로써 상호간의 우정과 충성을 약속하였다. 그러나 결국 볼드윈은 토로스를 그의 적들에게 넘겨주었으며, 곧 서방인들을 지도적 위치에 앉히고 교회 안의 헬라 정교나 아르메니아식 의식과 경쟁하도록 라틴 예식을 소개하였다.

안디옥 대주교 존 옥시테(John the Oxite) 같은 이는 그를 불신하였던 보헤문드에 의해 교구에서 쫓겨나기까지 하였다(1100). 그 자리에 대신 라틴 출신의 성직

---

25) Anna Comnena, *Alexiad*(ed. Refferscllied, Leipzig, 1884), 2 vols. CMH, 349~350.

자가 들어갔다.[26]

예루살렘 대주교이던 시므온이 사이프러스의 유배지에서 돌아오지 못하고 사망하였으므로 라틴 출신으로 평판이 좋지 않던 아누프(Arnuif)가 우선 공백을 채웠다가 그 후 다시 교황이 보낸 디암베르트(Diambort) 사절에 의해 대체되었다. 그리하여 기독교권에서 가장 오래되어 사람들의 존경을 받던 예루살렘에서는 라틴 예식이 헬라적 의식들을 대체하였다. 이 새 국가의 기독교 인구가 증가함에 따라 헬라 정교 네스토리우스주의자들 그리고 쟈코바이트들이 대량으로 라틴 교회에 유입되었다.[27]

제1차 십자군 원정의 결과 각종 기사단들이 다시 재생되었거나 혹은 신설되었다. 이들은 전투에서의 용기와 기도 및 자기 부정의 정신으로 금욕주의에 정진하였던 수도사들의 생활 태도를 혼합하였던 수도원운동과 기사도의 연합체라 볼 수 있겠다. 이들은 처음 순례자들을 안전하게 성지에까지 보호하고 이들이 이곳에 머무는 동안 안전과 보호를 제공하기 위해 생겨났다.

이들 가운데 가장 중요한 것은 호스피탈러(the Knights Hospitalers)라고 불리웠던 예루살렘의 성 존 기사단(Knights of Saint John of Jerusalem)과 템플러(Templars)라고 불리웠던 사원 기사단들이었는데, 이들은 후에 각각 옮겨 간 본거지를 따라 로데스 기사단(the Knights of Rhodes)과 말타 기사단(the Knights of Malta)이라고 개칭되었다. 이들은 모두 군인들과 같이 무장하였으며, 갑옷 위에 호스피탈러들은 검은 외투에 하얀 십자가를 그렸으며, 템플러들은 하얀 외투 위에 붉은 십자가를 표시하였다.

호스피탈러는 1048년 제1차 십자군 원정 이전 예루살렘의 일부 아말피(Amalfi) 귀족들과 상인들에 의해 기독교 순례자들과 병자들을 구원하기 위해 병원이 설립되었을 때 발족되었다. 텐큐의 제라드(Gerard of Tenque)가 이들 기사들에게 이교도들로부터 순례자들을 보호하고자 선과 구원을 행한다는 의무를 부여함으로써 특별한 의미의 종교적 단체로 발족되었다. 1113년 교황 파스칼 2세는 제라드가 규정한 바에 따라 이 단체를 비준하고, 로마의 감독 아래 두었다.[28]

---

26) *Echos d'Orient*, XXXIII 286~298.
27) L. Bréhier, *L'Eglise et l'Orient an Moven Age*(1907), p. 100.
28) MPL, CLXIII, 314.

그로부터 5년 후(1118) 페이엔의 휴(Hugh of Payens)와 성 오메르의 고드프리(Godfrey of St. Omer) 및 기타 6명의 기사 출신들에 의해 성전 기사단(Knights of the Temple)이 조직되었다. 그 후 프로벤스의 휴(Hugh of Provence)가 이에 합류하였고, 1128년에는 클레어보의 버나드(Bernard of Clairvaux)가 이들에게 헌장을 작성해 주었다. 이들은 빈곤, 정절, 복종 등 세 가지 수도사들의 서약 이외에도 순례자들의 보호를 위해 목숨을 바친다는 제사의 서약을 부가하였다. 이들은 또한 이교도들과의 전투에서 3:1 이상의 수적 열세에 물리지 않는 한 전쟁을 떠나지 않을 것을 서약하였다. 이들은 예루살렘 성전 지역에 본부를 두었으므로 템플러(Templers)라는 이름을 얻게 되었다.

그 후 독일에서는 튜톤 기사단(Teutonic Knights), 스페인에서는 카라트라바 기사단(Knights of Calatrava)과 검을 든 성 제임스 기사단(the Knights of St. James of the Sword) 등이 출현하였다.

제1차 십자군 원정으로 인하여 자기와 다른 종교 형태와는 기꺼이 경쟁을 불사하는 보다 적극적 라틴 기독교적 요소가 동방에 유입되었다. 그때까지는 동서방 교회의 분열이 일반인들에게는 그다지 미치지 않고 있었다. 예를 들어 십자군들이 도착할 때까지 안디옥의 존 옥시테는 아직도 로마와 교제를 유지하고 있었다. 또한 이들을 적극적으로 원조하였던 예루살렘의 시므온 역시 마찬가지였다. 그러나 제1차 십자군 원정 이후 로마와 콘스탄티노플 사이의 분쟁으로 시작된 동서방 교회의 분열은 동방제국 전체에 그 영향을 미치게 되었다. 헬라인들과 라틴인들의 접촉이 빈번해짐에 따라 상호간의 차이점은 이러한 분열을 더욱 강조하게 되었다. 헬라정교의 신자들은 이제 로마와의 접촉을 될 수 있는 한 회피하였다. 라틴 교회들이 있는 곳에서도 헬라인들 역시 자기들의 교회를 계속 유지하였다. 예를 들어 안디옥과 같은 경우에는 존 옥시테가 퇴위된 후 라틴과 헬라 대주교가 함께 공존하였다. 안디옥의 라틴 통치자 보헤문드는 콘스탄티노플을 공격하기에까지 이르렀으므로 알렉시우스는 그를 상대로 평화회담을 벌여야 했다.

대이슬람 전쟁과 헬라 영토 위에 세워진 라틴계 공국들의 존재에도 불구하고 알렉시우스 콤네누스 아래의 동방제국은 여전히 기독교권 최대의 국가였으며, 그 주민들의 문화와 이들 도시들에 간직된 예술품들은 명백히 타의 추종을 불허하였다. 십자군들의 무지와 거친 행동은 동방제국민들을 경악케 하였으며, 이에 따라 니케타스(Nicetas)가 묘사하였듯이, "은혜와 예술도 모르는 방랑 야만 부족들"의 본보기를 제공하였으며, 아름다운 음악은 이들에게 단지 "독수리들의 비명과 까마귀들의 부르짖음"에 지나지 못하였다.[29]

알렉시우스의 제위 당시 고대 헬라 문화에 대한 관심이 높아져 당시의 스타일은 주로 헤시오드(Hesiod), 호머(Homer), 기타 페리클레스시대의 극작가들, 철학자들, 연설가들의 모방이었다. 이러한 모방은 물론 부자연스런 작품들을 낳게 되었다. 아틱어(Attic)의 사용을 고수함에 따라 문어는 일상 국민들의 언어와 판이하게 다르게 되었다. 황제의 딸 안나는 그녀의 부친의 각종 위협을 서사시로 엮었다. 그녀의 남편 니세포루스 브리에니우스(Nicephorus Bryennius)는 정치가인 동시에 역사가였다. 그는 처가가 어떻게 권력을 잡게 되었는가를 회고록 형식으로 기록하였다.

알렉시우스 콤네누스는 이탈리아 출신들과 자기 제국민들 사이에 직접 접촉을 가능케 함으로써 비잔틴 문화를 서방에 전달하였다. 동서방을 대표하는 인물들간에 각종 문제들, 특히 신학과 교회에 관한 대화가 콘스탄티노플에서 이루어졌다. 이러한 정책은 그의 후계자를 통해 더욱 강력하게 추진되었다.[30]

4. 성직수임 논쟁과 그 결과

제1차 십자군 원정으로 인하여 서방 제국민들의 관심은 교황청과 제국간의 분쟁으로부터 떠났으며, 이에 따라 대결의 열기는 감소되었으나, 그렇다고 이 문제가 해결된 것은 아니었다. 왜냐하면, 십자군 원정으로 인하여 분쟁의 원인이 해소되지는 않았기 때문이다. 또한 이로 인해 그 분쟁의 주요 인물들에게 직접적인 영향이 미친 것도 아니었다. 소영주들과 성직자들, 평신도들이 십자가를 걸머지고 동방으로 떠난 사이 교황과 황제는 계속 그 자리에 머물러 있었다. 오히려 영적, 세속적 권력자 사이의 대결은 그 후 여섯 교황들의 제위 기간 중 그 정력을 고갈시켰으므로 1073년부터 1122년 사이의 기간은 분쟁의 그늘 속에 흘러갔다고 해도 과언이 아니다.

아마 그레고리 7세의 후계자야말로 교황들의 운명이 어떠해야 할 것을 예견했던

---

29) Nicetas Choniates, *Historia*(ed. I. Bekker, Bonn, 1835), 764, 791 in CSHB.
30) Vasiliev, *op. cit.*, II, 487~505.

인물이었는지도 모른다. 그는 동료 추기경들에게 자기를 선출하지 말아달라고 간청하였으나, 그럼에도 불구하고 교황에 지명되자 하나님의 은혜를 탄원하여 결국은 소원대로 죽음을 통해 이에서 탈출하였다. 즉, 몬테 카시노 원장이던 빅토 3세(Victor III)는 교황에 취임한 지 겨우 넉달 8일 만에 사망하였다(1087년 5월 9일 ~9월 16일).

제11세기 교황들이 스스로의 칭호들을 선택하지 않았다는 것은 흥미로운 사실이다. 물론 그레고리 7세의 경우처럼 본인의 의사를 존중하기는 하였으나, 대개 국민들 혹은 세속 통치자들에 의해 칭호가 붙여지곤 하였다.

해외에서 십자군 제1차 원정이 승리를 거둠으로써 영광에 찼던 우르반 2세의 정력적인 11년간의 제위는(1088~1099) 내부에서는 성직수임논쟁으로 점철되어 있었다. 이 문제의 무대는 더 이상 독일과 제국에만 국한되지 않았고 다른 나라들에서도 터지기 시작하였다. 이러한 사태는 스스로 클레멘트 3세(Clement III)라 자칭했던 반교황 귀베르트(autipope Guibert)의 음모로 야기되었다. 교황의 모든 적수들 가운데 헨리 4세의 종교적 도구였던 귀베르트보다 더 뜨거운 정열과 고집, 교만에 가까운 자신감을 소유한 인물은 없었다. 그는 세 차례에 걸쳐 로마에 침입하여 그의 적수들을 학대하였으며(하나는 눈을 뽑아내었고, 다른 하나는 돌로 때려 죽였다), 자기가 마치 실제 교황인 것처럼 종교회의를 소집하고 칙령까지 발하였다. 그는 우르반보다 1년 후에 사망하여(그의 저주를 영원까지 끌고 갔다)[31] 그의 자리에 후계자를 남길 만큼 그가 남긴 여파는 큰 것이었다. 테오도릭(Theodoric)이 그 자리에 선출되었으나 제국의 지지를 얻지 못한 채 곧 퇴위당하였다. 귀베르트 만큼이나 지독하였던 그의 잔당들은 다시 알베르트(Albert)를 테오도릭 대신 선출하였다. 그러나 그는 겨우 석달 만에 친구의 배반으로 로마 교구에 넘겨지는 몸이 되었다.

우르반 2세가 마음먹었던 과업은 그의 세 후계자들에 의해 계속 추구되었다. 파스칼 2세(Pascal II, 1099~1118), 겔라시우스 2세(Gelasius II, 1118~1119)와 칼릭스투스 2세(Calixtus II, 1119~1124) 등은 모두 성직 수임권 및 이에서 파생되는 문제들로 고심하였다. 따라서 이 논쟁 및 그 후의 사태 해결에 관한 한 네 명의 교황들을 한데 묶어 다룰 수 있겠다.

---

31) MPL, CXLVIII, 1018.

헨리 1세의 아들이던 프랑스 왕 필립 1세(Philip I of France)는 겨우 7살 때에 부친의 뜻을 좇아 프랑스 귀족들이 입석한 가운데 라임스 성당에서 대관식을 갖고, "그대들과 그대들에게 맡겨진 교회들의 법적 특권을 유지하겠다"고 선서하였다.[32] 그는 자기 영내의 교회 개혁을 완강하게 반대하였으며, 계속 성직을 매매하였고, 개인적으로도 추문 및 부도덕과 방탕이 그치지 않았다. 그는 조강지처 베르타(Bertha)를 버리고 요염한 자태로 그를 유혹하여 죄를 짓게 했던 베르트레이드(Bertrade)와 결혼하였다. 그 결과 필립 1세는 헨리 4세와 함께 파문당하고 말았다. 그 후 10년 동안의 필립의 생애는 비참한 것이었다. 그가 간음의 침대에서 얻은 쾌락은 공적 처벌의 지옥과 신자로서의 특권 박탈과 비교해 볼 때 아무것도 아니었다. 그가 가는 곳마다 일체의 종교행사들이 정지되었다. 하루 저녁에는 그가 어떤 촌락을 떠나려고 성문을 나서자 이제까지 쥐죽은 듯 고요하던 그곳에서 교회 종소리가 갑자기 우렁차게 울려 퍼지는 것을 들었다. 왕은 그의 고개를 돌려 아내에게 물었다. "베르트레이드여 국민들이 우리를 얼마나 혐오하는지를 알겠소?"[33] 필립은 파문기간 동안 왕관을 쓰거나 왕의 자주색 제복을 입지 않았으며, 공적 축제에도 참가하지 않았다. 그 이유는 국민들의 저주를 듣기 싫었고, 또한 돌에 맞아 죽을까 우려함이었다. 그와 베르트레이드는 1104년 12월 2일 교회의 권위에 굴복하였다.[34]

프랑스에서의 성직수임 논쟁은 독일에서처럼 격렬하거나 추악한 것은 아니었다. 한 가지 이유는 프랑스 교회들이 소유한 토지가 독일에서처럼 많지 못했기 때문에 세속 군주의 입장에서 볼 때에 반드시 교회를 통솔하는 것이 큰 관심의 대상이 될 수 없었다. 또 한 가지는 보다 다분화되어 있어서 독일에서보다 소규모 귀족들의 손에 교회 토지들이 들어 있었다는 것이다. 따라서 프랑스 왕의 입장에서 볼 때에는 자기와 이해관계가 상반되기 일쑤이던 이들 귀족들의 권리를 보호하기 위해 최선을 다할 필요성을 느끼지 못하였다. 그러나 이보다 더욱 중요한 이유는 프랑스에 있던 클루니 사원의 존재였다. 클루니의 원칙들은 국민들에게 깊은 존경을 받았으

---

32) *Historiens des Gaules*, XI, 32.
33) William of Malmesbury, *De gestis pontificum Anglorum*, V, 404, in MPL, CLXXIX, 1360.
34) MPL, CLXXXVIII, 617.

며, 이에 따라 대중들은 세속의 권리와 영적 의무를 보다 확실하게 구분할 줄 알았다. 이에 따라 문제는 저절로 해결되었다. 평신도들이나 혹은 하급 성직자의 참여 없이 성당 부속 참사회에서는 자기들의 주교를 선출하였으며, 일단 선출된 주교들은 형식적으로 왕에 의해 비준을 받았다. 주교는 교회에 의해 지명을 받은 직함으로써 왕에게 충실한 시민으로 행동하였다.

잉글랜드의 경우 주요한 교구들을 통치하기를 원하였으나, 동시에 성직자들의 개혁에 찬동하였던 정복자 윌리암(William the Conqeror) 대신 그의 둘째 아들 윌리암 루푸스(William Rufus)가 즉위하였다. 그는 정면으로 교황청에 대항하여 자기 뜻을 거슬리는 자들은 가차 없이 처단하였다. 재위 초기에는 그의 부친에 의해 켄터베리 대주교에 임명되었던 랑프랑(Lanfranc)의 영향 때문인지 그의 교만한 성품과 난폭한 성격이 그다지 드러나지는 않았다. 그러나 랑프랑의 죽음과 함께 영국왕 윌리암 루푸스의 독재자적 기질은 마치 화산처럼 터져나왔다. 그의 분노의 대상은 다름 아닌 랑프랑의 제자요 계승자였던 온전하고 얌전한 성품의 안셀름(Anselm)이었다. 루푸스는 가능한 한 많은 교구들을 공백상태로 남겨두어 거기서 나오는 수입을 국고로 귀속시킨다는 정책을 썼다. 이 교구들 가운데 하나가 바로 켄터베리 대교구였다. 그러나 한때 중병에 걸려 스스로 죽게 되었다고 생각한 왕은 성직자들이 추천한 안셀름을 이곳에 임명하였다.

안셀름은 세 가지 조건 하에 이를 수락하였다. (1) 왕이 그의 모든 죄를 다 고백할 것, (2) 그의 생활을 고치겠다고 약속할 것, (3) 주교들이 추천한 교회 개혁을 즉각 실행할 것. 루푸스는 이 모든 조건들을 수락하였다. 만약 그 직후 그가 죽어버렸다면, 만사도 순조로왔을 것이다. 그러나 문제는 그가 건강을 다시 회복한 후 자기의 행위를 후회한 데 있었다. 그는 우르반 2세와 반교황 귀베르트(antipope Guibert) 중 그 누구의 명령도 듣기를 거부하였다. 그는 안셀름을 유배시킨 후 공백 상태에 있는 그 어떤 교구의 주교도 보충시키지 않았다. 그러나 안셀름은 그의 왕을 끝까지 파문으로부터 보호했으며, 브리튼에 성내 금지령이 발동되는 것을 방지하였다. 윌리암 루푸스의 형제 헨리 1세는 아직 안셀름이 생존하여 켄터베리 대주교로 있는 동안 그 수입을 몰수하기까지 하였다.

그러나 마침내는 국민들 특히 평신도들로부터의 압력과 헨리의 아내였던 마틸다(Matilda)의 지혜로운 중재로 왕과 교황 사이에 협약이 맺어졌으니, 이것이 곧 런던 협약(Concordat of London, 1107년 8월 1일)이다. 이에 따라 교구에 선출된 인물은 실제 취임되기 이전 왕에게 충성을 맹세하도록 규정되었다. 그러나 우선적 선택의 권한은 교회가 갖게 되었다.[35] 이 결과 왕과 그의 대주교 사이의 분쟁은 조정되었다. 왕은 이제 경건한 인물들의 자문에 귀를 기울였으며, 그가 장기간 노르망디를 방문하는 동안 국사를 안셀름의 손에 맡기기도 하였다. 결국 스스로를 일컬어 "연약하고 늙은 양"이라고 불렸던 안셀름은 "그에게 영국교회라는 무거운 굴레를 씌웠던 강폭한 황소들을 누르고 승리하였던 것이다."[36]

성직수임권을 두고 처음 논쟁이 발발하였던 독일이 결국은 마지막으로 이 해결을 보았다. 그레고리 7세를 절망에 빠져 죽게 하였던 헨리 4세 자신도 음험하고 교활한 그의 아들 헨리 5세의 손에 최후를 맞았다. 헨리 5세는 마치 압살롬처럼 결국은 그의 차지가 될 재산을 성급하게 요구하였다. 그는 이 목적을 달성하기 위해 부친을 회담에 초청하고 이곳에서 그를 체포하여 투옥시키고 대신 통치를 시작하였다. 노왕은 도주하여 마치 걸인처럼 자기의 영토를 방황하였다. 그가 일찍이 특혜를 베풀었던 렌 지방의 성읍들에서만 환영을 받았다. 그는 결국 반란자와의 일전을 겨루기 전날 밤 사망하였다. 헨리 4세의 사망(1106) 후 헨리 5세(Henry V, 1106~1125)는 그가 가진 권리에 따라 왕위에 즉위한 후 그의 부친과 동일한 교회 종교정책을 보다 뛰어난 계책으로 수행하였다. 성직 수임권 문제를 결판내기로 마음먹었던 헨리는 교황 파스칼 2세에게 직접 독일로 와서 이를 위해 소집된 회의를 주재하도록 요청하였다. 그러나 왕의 간교한 성격을 너무도 잘 알고 있던 교황은 대신 프랑스 샬론(Chalons)을 그 장소로 지명하였다. 교황이 그의 선임자 그레고리 7세의 입장을 완강하게 고수하고 주교들이 헨리의 요구들을 거부하자 왕의 사절 바바리아의 웰프(Welf of Bavaria)는 주먹을 흔들며 소리 질렀다. "여기가 아니라 로마에서, 그리고 칼에 의하여 이 문제는 해결되어야 한다." 교황 역시 지지 않고 버티었다. "그리스도의 보혈에 의해 대속 받은 교회는 그 누구의 종도 될 수 없다. 만약 목회자들이 왕의 동의 없이 성직에 임명될 수 없다면, 교회는 종의 위치를 면치 못할 것이다."[37]

헨리는 4년을 기다려 기어코 그의 사절이 행한 협박을 실현하였다. 그리하여

---

35) Mansi, XX, 1227.
36) Montalembert, *Monrs of the West*, Gasquet trans. (London, 1896), IV, 217.
37) MPL, CLXXXVI, 1269.

1110년 그는 군대를 이끌고 직접 교황과 대결하기 위해 이탈리아에 침입하였다. 왕의 대리인들은 교회의 영지가 제국 안에 있으므로 당연히 황제가 성직 수임권을 가져야 한다고 논하였다. 교황의 사절들은 만약 그렇다면 교회는 모든 토지 소유권을 포기할 것이며, 오직 신자들의 십일조와 헌금에 의해 생활하겠다고 반론을 폈다. 다시 말해 교회는 일체의 봉건 토지권과 의무를 포기하고 이에 따라 주교와 수도원장들이 지녔던 영주로서의 권한을 폐지하겠다는 것이었다. 파스칼 2세는 다음과 같이 기록하였다. "우리들은 그 어떤 주교나 원장이라는 이러한 세속적 권한을 소유하는 것을 금지할 것이다. 즉, 일체의 도시 및 공국들, 광산 채굴권, 통행세, 기타 제국에 속한 일체의 재산 및 그 부속물을 포기하며 성을 소유할 권한이나 군대를 유지할 권한까지도 포기한다…." 이는 마치 모든 권한을 항복하겠다는 것으로 보였다. 이러한 교회측의 입장은 헨리에게조차 충격적인 것이었다. 그는 주교들이 그의 임명을 수락하는 한 영지를 소유하는 것을 반대하지 않았다. 이에 따라 그의 대리인들은 항변하였다. "왕은 이러한 폭력이 교회에 가해지는 것을 허용하지 않을 것이다. 그는 이러한 절도행위를 보아 넘기지 않을 것이다." 그러나 결국 이 원칙들이 수트리 협정(Concordat of Sutri) 속에 규정되었으니, 헨리는 이를 비준하였다.

그 후 헨리 5세는 신성로마제국 황제의 제관을 받기 위해 로마로 왔다. 1111년 2월 12일 그의 대관식 날 협약의 내용이 공포되었다. 그들이 영주로서 지녔던 모든 권리가 사라지는 것을 발견한 성직자들로부터 분노의 함성이 폭발하였다. 그레고리 파들은 파스칼 교황의 정책에 일관성이 없음을 지적하였다. 즉, 그는 주교들에게는 일체 세속적 권한을 포기할 것을 강요하면서 스스로는 교회령의 수장으로서의 주권을 계속 유지하도록 했던 것이다. 이에 당황했던 심약한 교황은 헨리의 대관식을 집전하기를 거부하였다. 그 결과 헨리는 교황 및 추기경들을 납치하여 로마 밖으로 끌고 갔다. 파스칼은 2개월 동안의 감금생활 후 성직수임문제에 관한 일체의 교황권을 포기한다고 발표하였다(1111년 4월 12일). 그리고 이 문제는 그레고리의 개혁은 평신도에 의한 성직 수임권 논쟁이 발생하기 이전 상태로 돌아간다고 선언하였다. 교황이 세속 군주에게 굴복한 이 문서는 현재까지 프리빌레기움(Privilegium)이라 알려지고 있다. 작가는 "나는 교회를 구하기 위해 폭력에 굴복하였다. 나는 나의 죽음을 불사하고라도 피하고자 하였던 것을 행했다"고 호소하였다.

그러나 그 누구도 역사의 시계 바늘을 되돌릴 수 없다. 교황까지도 지난 60년 동안 계속되어 왔던 클루니의 개혁정책을 완전히 무효화 할 수는 없었다. 비록 파스칼은 성 베드로 바실리카에서 헨리를 신성로마제국 황제에 임명(1111년 4월 13일)하였으나, 헨리가 이탈리아를 떠나자마자 곧 그의 행위를 철회하고 스스로 창피스런 행동에 대한 회개로서 교황직에서 물러나겠다고 발표하였다. 그러나 성직자들은 그의 요청을 받아들이지 않았으며, 그로부터 1년 후 라테란 회의(1112년 9월18일) 프리빌레기움은 공식적으로 취소되었다.[38] 그로부터 10년 후에야 이 논쟁은 보다 평화적으로 해결되었다. 독일 성직자들은 수트리 협정에 승복하기를 거부하고 있었다. 마침내 웜스의 협약(1122년 9월 23일)이 브리튼을 위해 런던 협약이 담당했던 역할을 수행하였다. 황제는 홀장(crozier)과 반지(ring)에 의한 성직 수임권을 포기하고, 교회가 자유스럽게 주교들, 원장들 기타 고위 관직자들을 선택할 수 있도록 하겠다고 약속하였다. 동시에 교회는 황제에게 이러한 선거들을 주재하고 후보자에게 그의 정치적 권리를 상징하는 홀을 수여할 수 있는 권리를 부여하였다.[39]

이는 물론 일종의 타협안이었다. 예를 들어, 황제의 눈에 후보자가 차지 않을 경우에는 그는 단지 그에게 홀을 수여하는 것을 거부하거나 혹은 황제가 요구하는 인물을 교회에서 선출하지 않을 경우에는 단지 선거 자체의 소집을 거부함으로써 자기의 뜻을 관철시킬 수 있었다. 반면에 선거권 자체는 역시 교회의 수중에 있었다. 따라서 후보자 지명과정에서의 황제의 간섭을 방지할 수 있었다. 그 후 장기적 안목에서 볼 때에는 교회에 유리하게 작용했다고 볼 수 있다. 왜냐하면 황제가 거부권을 행사하더라도 성직자들에 의해 지명된 후보자가 성직에 임명되지 못하도록 하는 것을 여론이 그냥 두지 않았기 때문이다. 교황은 다른 나라들에서는 독일, 프랑스, 영국 등과 같은 험한 시련을 받지 않아도 되었다. 교황의 적극적 지원 아래 아라곤(Aragon)과 카스틸(Castile) 등 스페인 지방들은 모슬렘의 굴레를 벗기 위해 싸우고 있었다. 또한 시실리는 노르만족과 모슬렘들 사이의 32년 사이의 전쟁 끝에(1060~1092) 다시 기독교권에 포함되었다. 교황은 노르만족들에게 성 베드로의 깃발을 보내었으며(1063), 톨레도를 중심으로 스페인 교회를 재조직하였다(1088). 따라서 스페인과 시실리는 교회에 대한 감사의 표시로 항상 그를 적극적으로 지지하였다.

어쨌든 최종적으로 평가해 볼 때에는 그레고리 7세의 원칙들이 승리했다고 볼

---

38) Mansi, XXI, 49~67.
39) MGH, *Leges*, XI, 75, 76.

수 있다. 그레고리 7세의 시절에 교회는 제국의 시녀였으나, 그가 제시한 원칙에 충실하였던 그의 후계자들은 결국 교회를 놓아 주었다.

5. 수도원운동의 만개

성직수임논쟁과 성지를 이교도들로부터 해방시키기 위한 십자군운동이 이 시대 기독교사의 전부는 아니다. 창을 들고 말을 타고 달리는 기사의 철갑 흉배 아래에는 그를 이러한 전쟁터로 이끌고 간 경건과 신앙의 고동이 맥박치고 있었다. 세속 군주들의 권력과 특권에 대항하였던 호전적인 교황들의 행진 뒤에는 항상 예배와 신앙생활에 전념하였던 신자들의 소박한 헌신들이 존재하고 있었다. 11세기의 제4사분기 및 12세기의 제1사분기에는 서부유럽 전체에 걸친 경건(piety)의 부흥을 볼 수 있으며, 그 결과 수도원운동이 활짝 꽃피게 되었다. 실제로 수도원이야말로 중세 전체에 있어서 종교적 표현의 가장 중요한 수단이었으며, 이를 통해 사회의 모든 계층으로 경건이 흘러간 통로라고 할 수 있다.

독일 영내에서 허샤우(Hirschau) 계통 수도원들이 적극적 확장 정책을 수행하자마자 신자들은 수도원들을 통해 종교생활에 관한 지침과 지도를 받았으며, 그들의 가정생활 가운데 수도원의 모습을 재연시키고자 하였다. 이것이 바로 평신도들 속에 반영된 수도원운동의 모습인 제3종 수도회(The Third Order)라 할 수 있겠다. 이제 본격적인 수도사들과 수녀들 외에 또 다른 계층이 첨가된 것이었다. 가정에서의 의무와 책임 때문에 실제로 수도원에 입문하지 못한 신자들이 가족들 내에서 마치 수도사들처럼 생활하고, 이들의 가정을 수도원 규칙에 의해 운영하고자 한 것이다. 또한 우르반 2세는 즉각 이러한 노력의 합법성을 인정하고 이를 격려하였는데 반해 독일의 헨리 4세는 이러한 움직임이 그의 종교 정책에 대한 위협이라고 간주하고 과격한 수단 방법을 다 동원하여 이를 억압하였다.

독일에서 이러한 가족 운동이 발생한 것과 때를 같이하여 프랑스에서도 두 개의 주요한 운동들이 나타나고 있었다. 하나는 완전히 전통적 수도원주의에 입각한 것으로서 두 개의 새로운 수도원을 설립하는 결실을 맺었다. 안제르(Angers) 대학의 신학 대학장직을 사임하고 안주(Anjou)에 가까운 크라온 산림(Craon forest)에서 은자의 생활을 영위하던 아르브리쎌(Aribrissel)의 로버트는 교황 우르반 2세로부터 순회설교를 행하라는 임무를 받게 되었다. 이에 따라 그는 투레인(Touraine),

안주(Anjou), 브리타니(Brittany) 그리고 노르망디(Normandy) 일대를 순회하면서 설교하였으며, 제1차 십자군 원정에 참가하지 못한 신자들을 조직하여 원정의 성공을 위한 기도에 전념하도록 하였다. 그는 이들을 한데 모아 포이티어의 폰테브롤트(Fontevrault)에 거주시켰으며, 근처의 부유한 귀족이 이들을 위해 수도원(1106)을 지을 때까지 남녀가 따로 임시 오두막집에서 거하도록 하였다(1096). 이와 마찬가지로 샹파뉴의 로버트(Robert of Chanpagne)와 20명의 친구들은 자기들이 생각하기에 수도사들의 생활이 충분히 경건한데 이르지 못했다고 생각되는 클루니 계통의 한 수도원을 떠나 디존(Dijon) 근처에 새로운 수도원을 설립하였다(1098). 이 수도원은 이 지역에 있던 많은 군수들로 인하여 시투(Citeaux)라 불리우게 되었다.[40] 바로 이곳이 시스턴 수도회(Cistercian Order)의 시초이다. 이들은 클루니와 마찬가지로 베네딕트의 규율을 따랐으므로 원칙적으로 새로운 것은 없었으나, 그 생활 및 경건이 엄격했던 점에서 특징을 찾아볼 수 있다. 이것이야말로 샹파뉴의 로버트가 생각하였던 바 60년 전 클루니 사원이 추구한 진정한 정신의 부흥이었다.

또 다른 프랑스에서의 움직임은 교회법에 관한 것이었다. 비록 그 주대변인은 샤르트르 대주교였으나 그 정신에 있어서는 수도원주의적이었으니, 왜냐하면 이 시대의 교회법은 수도사들의 이상을 규범으로 삼았기 때문이다. 샤르트르의 이보(Ivo of Chartres, 1040~1116)는 법률과 규칙들은 그 자체가 목적이 아니라 그리스도인으로서의 생활과 영혼의 구원을 확실히 달성하기 위한 수단에 지나지 않으므로 법률들은 적용되는 시간과 장소에 조화를 이루어야 한다는 원칙을 주창하였다. "만약 엄격한 법령들이 모든 곳에 적용되어야 한다면, 교회의 사제들은 그 직책을 버리고 세상으로부터 떠나야만 할 것이다."

샤르트르의 이보는 1094년과 1095년에 걸쳐 유명한 교회 법령집을 편찬하였다. 이는 세 부분으로 나뉘어져 있는데, 특히 파노르미아(Panormia)로 알려진 제3부는 여러 법령집들 가운데 중세 유럽에서 가장 널리 사용된 것으로 토마스 아퀴나스(Thomas Aquinas)의 유명한 신학서 『숨마』(Summa)에 대응하는 법률서적이라 할 수 있겠다. 샤르트르의 이보는 성직수임 논쟁에 있어서 교황청에 법적 지원을 제공하였다. 샤르트르의 모든 주교들 가운데 그가 바로 후세 가장 많은 영향

---

40) MPL. CLVII. 1269~1294.

을 끼친 인물로 꼽히고 있다.[41]

　수도원운동의 진정한 만개는 12세기 초에 이루어졌다고 볼 수 있다. 짧은 기간 동안 그 정신을 같이 하는 움직임들이 발생하였다. 예를 들어, 샴푸의 윌리암(William of champeaux)은 1113년 파리에 성 빅토의 정규 참사회(Canons Regular of St. Victor)를 설립하였으며, 그로부터 9년 후인 1121년에는 크산텐의 노베르트(Nobert of Xanten)가 라온(Laon) 근처에 프레몬스트라텐시안 수도회(Prémonstra tensin Order)를 설립하였다. 그로부터 겨우 1년 만에 피터 베네라블(Peter the Venerable)이 클루니에서 위대한 개혁 및 부흥운동을 주도하였다(1122). 이러한 세 가지 주요한 움직임을 이전 젊은 버나드(Bernard)는 시스턴 수도회에 가입한 바 있었다(1112). 따라서 십년 내에 중세의 영적 생활에서 가장 중요하였던 운동들 가운데 네 가지가 시작되었다.

　엄격한 전통적 의미에서 볼 때에 빅토린(Victorins-성 빅토의 참사회)이나 프레몬스트라텐시안을 수도회라고 규정할 수는 없었다. 양자 모두 세속 성직자들, 특히 성당 참사회원들을 그 구성원으로 하였다. 실제로 이 두 집단들의 창시자들은 세속 성직자들 가운데 우수한 인물들을 수도원적 규칙 아래 훈련시킴으로써 그들에게 기독교의 정수를 심어주고자 함을 공개적인 목적으로 하였다. 이들 두 수도회들은 수도원적 원칙들을 기사도의 그것과 혼합시켜 전사들로 하여금 그리스도를 위하여 수도사처럼 행동하게 했던 템플러 기사단의 모습에 비견될 수 있을 것이다. 샴푸의 윌리암이나 크산텐의 노베르트 양자는 세속 성직자들이 정규 성직자들을 부러워하는 데서 아무것도 얻을 것이 없다고 믿었다. 만약 사제 제도 보다도 수도원주의가 기독교 전파를 위해 보다 성공적이었다면, 사제들이 수도사들로부터 무언가 배울 점이 있다는 것은 명백한 것이었다. 따라서 이들의 임무는 세속 성직자들에게 정규 성직자들의 장점을 제공하는 것이라고 보았다.

　샴푸의 윌리암은 수도원운동에 투신하기 이전 1108년까지 파리에 있는 부속학당에서 철학과 변증법을 가르치고 있었다. 그는 세느 강 근처 성 빅터 교회에 거주하면서 그를 찾아오는 학생들을 교수하였다. 그는 1113년 샬론(Châlon) 주교에 임명되면서 이곳을 떠났으나, 그 전에 루이 왕(King Louis the Fat)으로부터 그 수도회를 위한 헌장을 얻어낸 바 있었다. 빅토린들은 주로 예배와 학문에 치중하였으

---

41) MPL, CLXI, CLXII.

나 육체노동도 게을리하지 않았다. 그들은 밤낮을 막론하고 교회법에 따라 기도 시간을 정했으며, 고전 사본들에 아름다운 스타일과 삽화를 넣어 복사하였다. 이들 수도회로부터 유명한 신비주의 신학파가 나타나게 되었다.[42]

크산텐의 노베르트는 독일 왕 헨리 5세의 사촌이며 담임 목사였다. 그는 비록 성직자였음에도 불구하고 생활은 세속적이고 방탕하였으니, 바로 군주들이 자기들의 목적을 달성하기 위해 고위 성직에 임명할 만한 인물이었다. 노베르트의 생의 목적은 제국의 수상이 되는 것이었다. 그러나 하루는 말을 타고 가는 도중 근처의 길에 벼락이 떨어져 나무가 뽑히는 것을 보았다. 놀란 말은 그를 지면에 내동댕이 쳤으며 노베르트 역시 공포에 떨었다. 그는 땅 위에 엎드려 있는 동안 지옥의 유황 냄새를 맡았으며, 다음과 같은 목소리를 들었다. "노베르트여, 노베르트여, 왜 너는 나를 박해하느뇨?" 이 경험을 통해 그는 진정한 생활의 변화를 맛보았다. 이에 따라 그는 수도사가 되어 머리털로 짠 셔츠를 입고 철야기도와 금식에 몰두하였다. 교황 게라시우스 2세가 그를 순회 전도자로 임명하였는데, 이 임무의 수행을 통해 프레몽트르(Prémontré) 수도원이 설립되었다. 이곳에 처음 입문한 원생들은 원래 라온(Laon)교구 성직자들이었다. 세속 성직자들 역시 이들의 가장 중요한 임무인 영혼의 구제를 포기해서는 안 된다고 확신한 그는 평신도들과 가족들이 자기 수도회와 밀접한 관계 맺는 것을 허락하였다. 프레몬스트라텐시안 수도원의 가장 큰 특징은 침묵의 계율이라 할 수 있다. 프레몬스트라텐시안 수도사들은 혼합한 군중들 사이에서도 완전한 침묵을 유지하곤 하였다. 30년 내에 같은 규칙을 지키는 약 30개의 수도원들이 이로부터 파생되었다.[43]

피터 베네러블(Peter the Venerable)의 사역은 철저한 개혁을 그 특징으로 하고 있다. 그레고리의 개혁운동을 초래하였던 클루니 사원은 10세기 초 설립 때부터 그레고리 7세와 우르반 2세와 동시대인이던 휴(Hugh)의 시대에까지 가히 성인들에 가까운 원장들을 배출하였으나, 폰스 드 멜구에일(Pons de Melgueil)이 원장에 취임하면서 사태가 급변하였다. 1100년에 원장의 홀장을 받아든 폰스 드 멜구에일은 클루니 사원의 이상보다는 수도원의 명성이 가져다 주는 명예에 더 집착한 인물이었다. 그의 마굿간에는 60필의 준마들이 들어 있었으며, 그의 행동은 신자

---

42) F. Bonnard, *Historie des Chanoines réguliers de Saint-Victor*(1906), I, ch. 1.
43) MGH, *Scriptores*, XII, 663~706.

들의 영혼을 돌보는 목회자라기보다는 세속 지배자와 흡사하였다. 이러한 그의 행동으로 계속 말썽이 야기되자 교주 칼릭스투스 2세는 그를 사임시키고 이스라엘 순례의 고행을 명하였다. 수년 후 피터베네러블이 클루니의 질서를 다시 정비하기 시작할 즈음에 폰스가 되돌아와 병사들을 동원하여 강제로 사원을 점령하고 수도사들을 축출하였다. 그 후 3개월 동안 클루니에서는 많은 악행들이 저질러졌다. 그러나 결국 폰스는 교회로부터 파문당하고 수도원장에 취임한 지 14년 만에 사망하였다.

피터는 다시 클루니의 엄격한 규율을 시행하기 시작하였다. 그는 화려한 의복을 금지시키고 음식도 질박하게 통제했으며, 수도사들이 마음대로 수도원을 떠나는 것을 금지하였다. 그가 클루니 사원을 지도한 방법은 마치 시투(Citeaux)의 그것처럼 준엄하였으므로, 그의 적수들은 피터가 시스턴 수도회를 흉내내고 있다고 비방하였다. 피터는 개인적으로 볼 때 노력과 재주를 겸비한 인물이었다. 그는 뛰어난 문장에 있어서 키케로(Cicero), 그의 시문에 있어서 버질(Virgil), 논리에 있어서 아리스토텔레스(Aristotle), 그리고 그의 온화한 성품에 있어서 대 그레고리(Gregory the Great), 해박한 지식으로는 암브로즈(Ambrose)에 비교되고 있다. 더욱이 사상의 깊이로는 어거스틴(Augustine)과 비유될 정도였다.[44] 그러나 역사상에 있어서는 단지 수도원운동의 개혁가로서 이름을 남기고 있을 뿐이다.

클레르보의 버나드(Bernard of Clairvaux)야말로 이들 네 사람의 수도원운동 지도자들 가운데 가장 위대한 인물이며, 그는 수도원 주의의 전체 역사상 누르시아의 베네딕트와 쌍벽을 이룬다고 일컬어지고 있다. 시스턴 수도회는 고상한 원칙과 흠잡을 데 없는 생활을 엄수하였으나 이곳을 찾는 수도사들은 많지 않았다. 당시 원장이던 영국인 스테픈 하딩(Stephen Harding)은 이 사실에 상심하여 자기의 지도력 부족을 이유로 사임하고자 하였다. 바로 이때 버존디 지방 폰테인(Fontaines) 출신의 젊은 귀족이 그의 사원에 30명의 친구들을 대동하고 문을 두드렸다. 바로 1112년 한 봄날이야말로 시투뿐만 아니라 전체 서방 수도원운동의 오순절이라 할 수 있다고 하겠다.

---

44) MPL, CLXXXIX, 61~1054. J. H. Pignot, *Histoire de l'ordre de Cluny depuis la foundation de l'abbaye jusqu' à la mort de Pierre-le-Vénérable*(1868), III, 47~609.

시투의 수도사들은 단지 야채와 식용유, 소금과 물만으로 식사하였다. 수도사들은 항상 촛불이 밝혀진 기숙사에서 언제라도 그 임무를 수행할 준비가 될 수 있도록 옷을 다 입은 채 잠을 잤다. 이들은 하루에 6시간 동안의 공공 기도회를 열고 있었다. 그러나 그때까지 원생들은 이러한 생활양식이 비합리적이요, 비현실적이라고 생각하였다. 그러나 버나드와 그의 친구들의 입문과 함께 이러한 분위기가 일변하게 되었다. 시투에는 이곳의 문을 두드리는 수도사 지망생들이 그치지 않았다. 얼마 안 되어 세 개의 새로운 수도원들이 설립되었다. 이 시스턴 수도회는 모사원이 절대적 권위를 유지하였던 클루니 사원과는 달리 모수도원에서 파생한 모든 지수도원들에게 자치권을 허락하였다. 1119년 12월 23일 교황 칼릭스투스 2세는 시스턴 수도원이 제시한 헌장을 비준하였다.[45]

서방 사회에 미친 수도원적 경건성의 영향은 심대한 바 있다. 이들은 특히 교황청의 조직 및 권위를 강화시키는데 큰 몫을 담당하였다. 크산텐의 노베르트, 피터 베네러블, 그리고 버나드 등은 수도사인 동시에 뛰어난 정치가들이었다. 교황에 대한 충성의 모습은 1102년 레이터란 종교회의에 참가한 주교들이 숭배하는 로마 교회가 승인하는 것은 찬성할 것이며, 정죄하는 것은 함께 정죄하겠다고 서약한 데에서 그 예를 찾아볼 수 있다. 또한 1123년 3월 18일 역시 칼릭스투스 2세의 주도로 개최된 또 다른 레이터란 회의에 참석한 300명 이상의 주교들은 그레고리 개혁운동의 원칙들을 엄숙하게 비준하고 이를 승인하였다. 성직자들의 축첩은 무조건 정죄되었다. 이제 교황은 6명의 주교와 28명의 사제들 그리고 18명의 집사들로 구성된 추기경단에 의해 정규적으로 선출되었다. 교황은 보통 이들 추기경들로부터 여러 가지 임무를 담당할 사절들을 선택하였다. 메트로폴리탄들은 비록 주교 임명식을 주관하고 문제가 생긴 선거들을 수사하며, 공백이 난 교구들을 감독하였으나 주교들을 지명하는 것은 금지되었고 모든 주교들은 직접 로마로 항소할 권리가 주어져 있었다. 주교구 내의 모든 교구들을 감독하고 십일조의 사용에 대한 최종 권리는 주교들이 가지고 있었다. 이러한 주교는 성당 참사회에 의해 선출되었다. 성당의 참사들은 주교에 의해 지명되던가 혹은 참사 회원들에 의해 선출되었다. 참사

---

45) Vita Prima, MPL, CLXXXV, 225~455: Vita secunda, MPL, CLXXXV, 469~524. AS, II, 109. P. Guignard, Les Monuments primitifs dela Régle cistercienne(1878), p. 82.

회원들은 그들의 회장들을 직접 선출하였다. 대부분의 성당들은 성 빅토 수도회(the Order of St. Victor)혹은 프레몬스트라텐시안 수도회(Prémonstratensian Order)의 감독을 받았다.

끓는 물에 손을 넣어 화상을 입는 여부를 보고 죄의 유무를 판결하였던 전례의 죄인 판결법(the ordeal)은 교황청에 의해 미신으로 규정되어 금지되었으며,[46] 면죄부 발행은 보다 빈번해졌다. 1116년 교회 역사상 최초로 교황 파스칼 2세에 의해 일반 면죄부가 허용되었으며, 그 이전에 우르반 2세는 프랑스 안제르의 성 니콜라스 교회에 이곳의 성지를 참배하는 이들에게 면죄부를 발행할 권한을 허용하기도 하였다. 사죄문의 형식은 탄원으로부터 선언형으로 바뀌었다. 이제 사제들은 죄를 회개하는 신자들에게, "나는 그대를 그대들의 죄로부터 용서하노라"고 말하였다.

이러한 수도원 정신에 의해 일반인들의 세속적 권익까지도 증진되었다. 사제들은 하나님의 평화를 실행하기 위해 교구들을 조직하였다. 두 명의 귀족들이 전투 상태에 들어가면 누구든 주교나 수도원장에게 청원하여 이들이 문제를 조정할 수 있도록 40일간의 휴전을 명할 수 있게 되었다. 만약 이들이 주교의 명령에 불응할 경우에는 일반인들이 무력에 의해 이를 수행하였다. 따라서 이는 일반인들의 이해를 증진하기 위해 사회일반에 하나님의 평화를 수행할 수 있는 방향으로의 한 걸음 전진이었다. 따라서 11세기의 각종 단체들은 조직원들의 이익을 보장하기 위한 공동체적 모임이라 볼 수 있겠다. 수도원주의는 따라서 사회 복음적 요소를 지니고 있었으며, 결국 이러한 혁명적 경향은 마침내 봉건제도를 타파하는데 공헌하였다.

6. 스콜라 신학의 시작

수도원주의의 부흥 이상으로 중요한 것은 스콜라 학파(scholasticism)라 불리던 새로운 철학의 발흥과 이 학풍이 신학의 발전 및 기독교 교리의 정립에 미친 영향이다. 이는 처음에 순수한 방법론으로 시작되었다. 그러나 결국은 그 경계 내에 시간과 존재를 포함하는 거대한 체제로 발전하였다. 암흑 시대의 오랜 동면으로부터 깨어나기 시작한 인간의 지성들은 마치 적과의 대결을 위해 준비운동을 하는 선수들처럼 본격적인 활동을 위한 준비를 하고 있었다. 우선 당면문제는 논리와 관련된

---

46) Hefele, *op. cit.*, (Leclercq), V. 480.

변증법으로서 무엇을 생각할 것인가의 사고의 대상보다도 어떻게 생각해야 할 것인가의 올바른 사고방법 자체를 추구하고 있었다.

이들 변증학자들이 초기에 부딪힌 문제는 보에티우스(Boethius)가 남긴 것이었으니, 즉 무엇이 본질적인가? 개체인가 혹은 보편인가 개별적 실체인가, 혹은 이들이 속해 있는 보다 넓은 부류인가? 전체와 이 전체를 구성하고 있는 부분들 가운데 무엇이 우선적인가? 등의 문제였다. 보편의 본질성을 주장하여 개체들은 그들이 구성하고 있는 보편적 범주로부터 그들의 존재와 정의를 파생받았다고 주장하는 이들은 실재론자(realists: 실념론자)들이라고 불리웠다. 반면에 오직 개체들만이 본질적 위치를 지니고 있으며, 보편들은 이를 구성하고 있는 실재들로부터 분리되어서는 아무런 존재를 가질 수 없다고 주장한 이들은 유명론자(nominalists: 명목론자)들이라고 불리웠다.

극단적 유명론을 주장한 가장 유명한 인물은 로스켈리누스(Roscellinus)였으니, 브리타니 지방의 사제요, 학자로서 그의 간결하고 정력적인 강의는 많은 학생들의 추종을 받았다. 그는 인간성이란 개체에 대한 우리들의 관찰과 집단 내의 유류들과의 상품에서 파생된 이지적 관념이라 가르쳤다. 류(類: genera)와 종들(種: species)은 단지 단어들에 불과하며, 실제로는 이에 상응할 아무것도 없다 하겠다. 결과적으로, 하나님은 단지 관념에 불과하며, 신적 실재는 삼위격, 즉 성부, 성자와 성령이라고 하였다. 그는 자신의 입에서 나온 말 "세 신적 위격들은 마치 세 친사들과 같이 분리된 세 존재들이다. 만약 전통적으로 이러한 표현이 허용될 수 있다면, 이들은 세 신들이라 할 수 있다"[47]에 따라서 삼신론으로 고발되어 정죄되었다. 그는 1092년 소아쏭 회의(the Synod of Soissons)에서 이단의 판결을 받았다.

한 방향으로의 극단적인 움직임은 또 다른 방향에서의 극단적인 반동을 낳기 마련이니, 이 점에서 실념론을 대표하는 것은 성 빅토 수도회의 창시자이자 파리 성당 부속학교의 유명한 선생이었던 샴푸의 윌리암이었다. 그는 이 세상에서 감각으로 느낄 수 있는 사물들에 있어서까지도 완전한 본질은 부류 혹은 집단 가운데서만 존재한다고 가르쳤다. 개체의 본질적 실재들은 파생적인 것이다. 개체들은 개체가 참가하여 부분을 이루고 있는 집단이 이를 정의하고 그 위치를 부여하지 않는 한 존재할 수 없다. 즉, 우선 인류가 존재하고 그 후에야 인간 개인이 존재하는 것이

---

47) MPL. CLXXVIII. 357~372.

다. 우선 하나님께서 존재하시며, 성부, 성자, 성령은 하나님 안에 참여하고 함께 이를 나누기 때문에 존재할 수 있다. 부류 혹은 집단(class)은 단일적 본질이다. 개체들은 그 본질의 특징 혹은 측면들에 불과하다.[48]

이러한 양극단적 입장을 부정하는 동시에 이들을 절충하였던 인물은 로스켈리누스와 샴푸의 윌리암 양자 문하에서 수학하였던 피터 아벨라르드(Peter Aberard)였다. 그는 수정되지 않은 원래 실념론은 결국 범신론에 이르게 되며, 유명론은 모든 기본적 관념들을 파괴하여 사고의 관계성을 소멸시킨다고 주장하였다. 물론 우리들은 보편적 차원에서 사고한다. 그렇지 않으면 어떻게 인간을 말이나 한 줌의 흙, 한 방울의 물로부터 구별할 수 있겠는가? 지각(perception)과 지성 사이에 필연적 연관이 존재한다는 사실은 곧 사물들 사이의 유사성, 이들의 통일성의 질 자체가 진실이라는 의미이다. 사물들이 창조되기 이전 보편은 하나님의 마음속에 사념으로써 존재하였다. 그 후에 이들은 유사성 혹은 특징적 상사성으로서 개체들 가운데 표출된 것이다. 최종적으로 이들은 우리가 이러한 유사성들을 관찰하여 개체들을 부류 및 집단들로 함께 분류할 때에 우리 마음속에 관념으로서 존재하는 것이다.

이러한 사변이 교회 안에서 출현하였으며, 일부 보다 평범한 사람들의 눈으로 볼 때에는 철학이 낯설 뿐 아니라 사악한 것으로까지 보였기 때문에 일부 대중이 허위와 실수를 교회 자체와 관련시키고 이에 따라 기독교 기관으로부터 벗어나 기독교 신앙을 추구한 것은 자연스러운 일이라 하겠다. 이들 가운데 탄켈름(Tanchelm)과 브루이의 피터(Peter of Bruys)를 들 수 있겠다. 피터는 망자들을 위한 기도를 정죄하고, 미사와 선행의 유효성을 야유하였다. 탄켈름은 교회 내의 성직자 계급제도 및 성례를 부정하였다. 두 사람 모두가 일반 대중들 사이에 많은 추종자들을 거느리고 있었다. 탄켈름은 특히 현재의 벨지움인 프랑스 북부에 그리고 브루이의 피터는 프랑스의 남부에서 큰 영향을 미쳤다. 그러나 이들의 운동은 역시 단명하였다. 전자는 프레몬스트라텐시안에 의하여 후자는 클루니 수도사들에 의하여 각각 정복되었다.

주지주의는 이제 교회 내에 항구적으로 자리잡게 되었다. 11세기 제4사분기의 안셀름과 12세기 제1사분기의 피터 아벨라르드의 천재에 의해 변증법은 신학에 적용되었다. 양자 모두 이성(reason)을 중시하였으며, 또한 종교의 이해 및 해석을

---

48) MPL, CLXIII, 1039~1072.

위해 이를 최대한 활용하였다. 그러나 그 결과는 동일하지 않았다. 안셀름은 이를 통해 스콜라 신학의 아버지(Fathor of Scholastic Theology)라는 영예스러운 칭호를 얻었으며, 반면 아벨라르드는 이단으로 정죄 당하는 신세가 되었다.

안셀름의 신학 이론 자체의 정·부에 관하여는 어떻게 생각하든지, 그가 기독교를 비합리주의와 비논리적이고 자기 모순적 명제로 인한 부조리로부터 기독교를 구했다는 점만은 평가되어야 한다. 예를 들어, 일부 기독교인들 가운데에는 하나님의 무한한 권능의 관념에 사로잡힌 나머지 그가 과거를 변화시킨다든지 사각형을 원으로 만든다든지 혹은 끝이 없는 유한한 막대기를 만든다는 등 무슨 일이든지 다 할 수 있다고 주장하는 자들도 있었다. 다름 아닌 피터 다미안과 같은 유명한 기독교지도자도 이런 의견을 개진하였다. 반면 안셀름은 우리가 신학하는 것을 후에 이해하기 위해서는 우선 믿어야 한다고 주장하였으나, 그럼에도 불구하고 신학의 기본적 명제들은 이성에 의해 증명이 가능하다고 하였다.

그는 하나님(God) 개념으로 시작하여 그의 『모노로기움』(*Monologium*) 가운데서 우회적이고 순환론법적 방법을 통하여 서로 다른 정도의 선(goodness)이 존재한다는 것은, 곧 필연적으로 이들을 심판할 기준이 되는 하나의 완전한 선(one perfect good)을 시사하는 것이며, 마찬가지로 서로 다른 실재(reality)의 정도들은 곧 필연적으로 이들이 그 안에서 다 함께 존재하는 하나의 실재(one reality)를 필요로 한다고 증명하였다. 동일하게 완전한 몇몇 성질(several natures)이 존재의 극치를 소유한다는 것은, 곧 이들의 동일성이 그들이 공동으로 소유한 것 가운데 있음을 인정하는 것이다. 만약 공동의 성질이 이들의 성질이라 하면 이들은 동일하다. 왜냐하면 동일한 성질을 소유하고 있기 때문이다. 만약 그것이 이들의 성질과 다른 것이라면 이러한 공통의 요소는 그 자체가 이들보다 우월한 또 다른 성질이며, 그 자체로서 완전의 극치를 이룬다. 어디엔가 선의 서로 다른 정도의 일련된 연속 가운데 끝에 도달해야만 한다. 마찬가지로 우주는 서로 다른 몇 가지 원인들로부터 파생될 수 없다. 왜냐하면 몇 가지 원인들은 서로 사물들을 발생시키는 원인이 되거나 혹은 자기 자신들로서만 존재하기 때문이다. 존재하지 않는 사물이 그 자체가 무존재인 그 어떤 것에 의해 창조된다 하는 것은 논리적으로 불가능하다. 또한 사물들이 그 자체들로서 존재할 수는 없다. 왜냐하면 이는 곧 이들이 공통으로 가지고 있는 것은 자존(self-existence)의 요소이며, 바로 이 기본적 요소 자체가 이들의 원인이 되는 원칙이기 때문이다. 우리는 무엇인가 선한 것을 보면 이를 보다 더 좋은 것들과 비교할 수 있다. 그리하여 우리는 결국 최선에 이르기까지 정도에 따라 판단하는 것이다. 모든 선들 가운데 최고는 이보다 못한 선들이 그 가치를 소유하기 위해서는 반드시 참여해야만 하는 그것이다. 그리하여 안셀름은 『모노로기움』에서 하나님의 존재를 증명하기 위해 우주론적(cosmological), 목적론적(teleological) 논법들을 삼중적으로 종합하였다.

결국 하나님이 완전한 선(perfect good)의 존재로부터 그의 속성에 도달하는 것은 단지 영역의 과정을 따르면 되는 단순한 문제였다. 창조(creation)는 그 어떤 존재로부터 비롯된 것이다. 하나님이 존재하는 모든 것들을 무로부터 만드셨던지 아니면 존재하는 사물들은 하나님의 일부분이다. 그런데 우리는 후자를 인정할 수는 없다. 왜냐하면 피조세계의 불완전성은 결국 이들이 일부를 이루고 있는 신적 존재의 성질에 불완전성을 유입시키기 때문이다. 이에 의하여 범신론이 배제되었다. 우주는 하나님에 의해 창조되었으므로 하나님 혼자만이 진정한 의미에서 실재(real)이며, 다른 모든 것들은 부수적인 것이다. 즉, 이들은 그의 창조력으로부터 파생된 것이다.

개체의 문제와 관련하여 진리란 보고된 목적물과 보고의 일치성이라 할 수 있다. 그러나 그 기본적 표현에 있어서 진리란 보편적, 포괄적 진실인데 이것이 곧 하나님이니, 곧 모든 것의 유일한 진리이다. 인간은 그가 유용하고 유익하다고 생각되는 방향으로 그의 행동을 이끌어가는 경향이 있는 의지를 부여받고 창조되었다. 원래 그가 창조되었을 때에 그는 이것을 정의요 공의라고 평가하였다. 그는 아직도 이러저러한 결단을 내릴 수 있다는 점에서는 자유를 소유하고 있다. 그러나 타락 이후 그는 이 자유를 그 창조된 목적을 위해 사용하지 않는다. 그는 구체적 결정들을 내리지만 이들은 공의와 정의와는 상반되는 것이다. 그는 구속받은 후에야 하나님께서 의도하셨으므로 올바르고 선한 목적들에 공헌할 수 있는 선택을 자유스럽게 내릴 수 있다.

안셀름의 기본적 질문에 대한 해답은 구속(redemption)이었다. 왜 하나님께서 성육하셨는가? 혹은 왜 신인(the god-man)이어야 하는가? 인간은 하나님의 형상으로 창조되었다. 그는 모든 것에 관해 그의 창조주에게 빚지고 있으며, 하나님의 은혜를 얻기 위해서는 그의 창조주가 기뻐하시는 대로 완전한 생활을 하여야만 한다. 그런데 그는 이대로 하지 못 하였다. 그가 이러한 의무를 이행하지 못했으므로 무한한 처벌을 받아야 할 처지에 놓이게 되었다. 이 처벌은 죄로 인해 피해를 받은 존재의 명예와 가치에 동일해야 한다. 또한 인간만이 인간의 빚을 갚을 수 있다. 그러나 동시에 하나님만이 하나님의 용서를 얻기에 합당한 대가를 지불할 수 있다. 따라서 하나님 자신께서 인간이 저지른 무한한 죄에 대한 만족을 지불하기 위해 인간이 되셨다. 이것이 바로 안셀름이 교회에 제공한 대속에 관한 전형적 만족설(the satisfaction theory)의 표현이었다.

그가 신학에 기여한 커다란 공헌은 하나님의 존재에 관한 본체론적 증명이라 할 수 있다. 그는 하나님이란 그 의미 자체가 그보다 더 위대한 존재(a being)를 상상할 수 없는 대상이라고 하였다. 그러나 진정한 존재(the real existence)가 동반하는 이러한 개념은 진정한 존재가 없는 마음속의 단순한 개념보다 위대한 것이다. 따라서 이보다 더 위대한 존재가 존재한다고는 생각할 수 없는 존재, 이것이 곧 하나님이다.

안셀름의 동시대인이던 가우닐로(Gaunilo)는 인간이 단지 바다 한가운데에 있어 그 행적을 찾을 수는 없으나, 그 어떤 다른 섬들보다도 더욱 풍부하고 완전한 복된 섬(the blessed isle)을 생각한다고 해서 이 섬이 실재하는 것은 아니라고 응답하였다. 마찬가지로 하나님에 관해서도 사고 밖에 있는 존재를 증명하기 위해 사고에 의지할 수는 없다고 하였다. 안셀름은 개념으로부터 실재로의 이전을 필요케 하는 유일한 사고는 그가 생각하는 것이 가능한 가장 위대하고 가장 선한 사고라고 하였다. 이러한 안셀름의 입장이야말로 오직 정의(a definition)에 따라 운용되는 변증법의 가장 뛰어난 예이다. 완전과 함께 연계될 때에 존재의 힘은 너무도 거대하여 이를 사변하는 자로 하여금 그 존재를 인정하도록 강요하는 것이다.[49]

안셀름의 신학적 철학은 샴푸의 윌리암의 사상들을 특징짓는 것과 동일한 실념론—즉 일반명제의 사용—에 의지하고 있다.

안셀름과 아벨라르드와의 차이는 일반적으로 그 대속의 문제와 하나님을 향한 상반된 태도에서 잘 표현되고 있다. 양자는 모두 대 그레고리의 속전설(the ransom theory)이 하나님이 창조하신 다른 만물과 마찬가지로 피조물에 지나지 않는 악마에게 지나친 중요성을 부여한다는 이유에서 이를 부정하였다. 그러나 안셀름이 하나님의 정의와 명예가 만족되어야 하며, 그리스도의 죽음이 인간의 대속을 위해 필요했다고 가르친데 반해 아벨라르드는 하나님은 그 본질상 항상 용서하

---

49) MPL. vols. CLXIII and CLIX.

시는 분이며, 그의 자비를 촉발하기 위한 일체의 역사적 행위를 요구하시지 않는다고 주장하여, 그리스도의 죽음은 하나님에게는 아무런 영향도 미치지 않았다고 가르쳤다. 단지 그리스도의 죽음은 인간을 자극하여 선으로 이끌며 그로 하여금 용서를 구하게 하고 전심을 다해 하나님을 사랑하게 만든다는 것이다. 이는 대속에 관한 도덕적 영향설(the moral influence theory)의 고전적 예이다.

이러한 대속론은 곧 아벨라르드의 윤리학을 이해하는 관건이 된다. 선과 선행과 마찬가지로 죄와 범죄도 그 행동 자체가 아니라 행동 배후에 있는 동기 혹은 의도에 달려 있다는 것이다. 물론 인간은 악을 생각할 수 있으며, 이 생각을 행동으로 표현하기 전까지는 실제 죄를 구상하지 않는다. 마찬가지로 일단 행동이 범해진 후에도 그의 평가는 범죄자의 동기 혹은 의도에 전적으로 달려 있다는 것이다. 기독교 순교자들을 살해한 이교도 박해자들도 만약 그들이 기독교도들을 살해한 동기가 선한 것이었다면 죄를 짓지 않았다는 것이다. 마찬가지로 주님을 살해한 범인들도 그들이 진실로 그리스도가 악인이라고 생각하고 있었다면 범죄행위를 구성하지 않는다는 것이다. 따라서 아벨라르드가 그 동기가 선하였고 행위가 고상하였던 많은 이교도 철학자들과 교사들을 구원받은 자들의 범주에 포함시켰던 것은 놀라운 일이 아니다. 그의 신관이란 하나님이 완전하고 전지전능하시며 자애스러운 존재라는 것이었다. 1121년 소아쏭에서 정죄 받은 그의 삼위일체론은 하나님은 삼위일체적으로 권능(성부), 지혜(성자), 자비(성령) 등으로 표현된 단일 존재라는 것이었다. 비록 아벨라르드는 그의 검사관들 가운데 많은 이가 이를 삼신론이라고 생각하였다고 증언했지만 이는 의심할 바 없이 일종의 사벨리우스주의였다. 삼신론의 오해가 생긴 것은 로스첼리누스가 삼신론으로 정죄 받았으며, 아벨라르드가 샴푸의 윌리암의 실재론(실념론)을 부정했으니만치 그의 적수들은 그가 당연히 우주적 정수의 개념보다는 하나님의 개별적 표현이라는 관점을 취할 것으로 생각했기 때문인 것으로 보인다. 어쨌든 아벨라르드의 삼위일체 이론이야말로 중세 역사상에 나타난 가장 전형적인 사벨리우스주의의 예이다.

우리가 가히 짐작할 수 있듯이 아벨라르드는 신학문제를 취급하는 데 있어서 인간 이성을 가장 중요시하였다. 의심하는 것은 좋은 것이다. 왜냐하면 의심은 탐구를 낳고, 탐구는 이해에 이르게 하며 이해야말로 진정한 확신을 가져오기 때문이다. 그의 저서 『시크 에트 논』(Sic et non: 긍정과 부정)에는 158개 조항이 명제들에 관해 교회 내의 교구들간에 서로 상종하는 견해들이 존재해 왔음을 보여 주고 있다. 따라서 우리들은 맹목적으로 교부들의 교훈은 좇아서는 안 된다는 것이다. 우리들 각자는 스스로를 위해 합리적으로 사고해야 하며, 성경을 기본적 권위로서 받아들여야 한다는 것이었다.

아벨라르드의 성경의 영감에 관한 이론은 동시대인들 보다 훨씬 앞선 것이었다. 하나님은 인간들에게 외부로부터 진리를 나누어 주시지는 않았다. 그도 인간들의 마음을 계몽시켜서 이들이 스스로 진리를 발견할 수 있도록 하셨다. 그런데 성경 기자들만이 이러한 영감을 전유물처럼 소유했던 것은 아니다. 수많은 헬라인들도 영감을 받고 있었다. "신학 서론"(Introduction to Theology)이라고 제목이 붙은 아벨라르드의 신학 논문은 주제들을 세 부분으로 나누어 신앙(faith), 자애(charity), 성례(sacraments)라 분류하고 있다. 그는 신앙을 보지 않은 사물들에 관한 의견 혹은 판단이라고 정의하였다. 그는 자애란 하나님을 향한 사랑으로 그를 통한 그의 피조물과 자아에 대한 사랑으로 연결되는 것으로서, 기독교인들의 모든 행동의 유일한 동기라고 주장하였다. 그는 또한 성례를 가리켜 보이지 않는 하나님의 사랑의 보이는 상징이라 정의하였다. 진정한 신앙은 지식과 이해를 통하여 획득되어야 한다. "쉽사리 믿는 자는 경솔한 인간이다"라는 것이 그의 주장이었다.[50]

따라서 아벨라르드는 자유스러운 탐구를 위한 인간의 권리를 주장하였다. 그는 누구든지, 설령 가장 명백한 이단에게라도 정통을 강요해서는 안 된다고 믿었다. 그러나 어쨌든 그 자신은 삼위일체에 관한 그의 작품을 불에 태워야만 하는 처분을 받았다.

이들 양자의 주된 활동을 시기로 분류할 때 안셀름은 아벨라르드보다 한 세대 앞선 인물이다. 아벨라르드는 12세기가 시작되던 해 21살이었으며, 안셀름은 1109년 4월 21일 사망하였다. 양자 모두 프랑스인으로서 안셀름은 노르만의 아벨라르드는 브리튼 출신이었다. 안셀름은 영국으로 이주하여 켄터베리 대주교로 임명되었으며, 그 이전에 이미 랑프랑의 가장 뛰어난 제자요 벡 사원(the Abbey of Bec)의 후계자로 지명된 바 있었다. 아벨라르드는 파리로 이주하여 성단 부속 학당에서 그의 스승 샴푸의 윌리암을 지적으로 능가하여 유럽에서 가장 인기있고 유명한 교사가 되었다. 또한 이 두 사람은 모두 신앙 문제를 취급하는 데 있어서 이성에 의지하였다. 그러나 안셀름이 그가 이미 신앙을 통해 믿은 사실들을 증명하거

---

50) MPL. vol. CLXXVIII.

나 확인하기 위하여 이성을 사용한데 반해, 아벨라르드는 신앙의 내용 자체를 이성이 분석하고 평하는 대상으로 삼았다. 보다 나이 많던 안셀름은 항상 스스로를 숨기는 겸손한 성품으로 자신의 능력을 과대평가하지 않았던데 반해, 젊은 아벨라르드는 교만한 성품이 있으며, 남들의 기분을 상하게 할 언행을 서슴치 않았다. 그는 타인들의 명성이 어떻게 되든지에 상관없이 스스로의 의견을 주장하였다. 그는 자신의 능력을 절대적으로 믿었으며, 논적들의 능력은 단지 그의 경멸의 대상에 불과하였다. 그는 당대 가장 유명하던 신학자(라온의 안셀름)을 가리켜 아무런 생각 없이 말만 많은 인간이라고 불렀다. 안셀름은 영혼의 기원에 관한 작품을 채 마무리할 시간이 없음을 후회하면서 종생하였다. 아벨라르드는 경솔한 자신감에 넘쳐 생을 보냈으며, 이에 따라 스스로의 생애를 망치고 말았다. 그러나 이 두 사람은 모두 그 나름대로의 방법으로 제12세기의 르네상스를 예비하였다.

제 8 장

제12세기
(1124~1198)

제12세기에 혁신을 이룬 약 75년간의 기간은 아마도 변동의 시대라고 불리울 수 있겠다. 비잔틴 제국은 외부의 화려한 모습과는 달리 점차 약화되기 시작하였으며, 마찬가지로 아직까지 라틴 교회에 비해 문화적으로 우월하였던 헬라 교회는 서방측의 여러 가지 변혁들을 점차적으로 혐오하고, 고대로부터의 전통에 완고하게 집착하는 모습을 보였다. 반면에 현실을 중요시 했던 서방교회는 변화하는 사회의 문명에 민감할 수밖에 없었다.

이들은 비로소 암흑시대의 기나긴 밤으로부터 완전히 깨어나 있었다. 이들은 바로 이 시기에 다음 세기를 장식한 찬란한 문명을 예기할 정치적, 문화적 르네상스를 경험하였다.

1. 콤네누스 아래에서의 동방 기독교권

동방교회와 제국은 12세기에 두 차례에 더 걸쳐 서방으로부터의 십자군 원정에 시달렸다. 제1차 원정에 맛을 들인 서방교회는 동방측의 요청 없이 제2차, 제3차 원정을 시행하였다.

이들은 그 설립이나 유지를 동방제국이 원하지 조차 않았던 동방에 소재한 라틴 국가들을 원조하기 위한 서방측의 군사작전이었다. 교황 유제니우스 3세 (Eugenius III, 1145~1153)는 그의 신하들로부터 헬라인들에 관한 불평을 청취하였으며,[1] 라틴계의 에뎃싸(Edessa)시가 터키인들에 의해 함락 당하자 곧 원정의 시작을 선포하였다.[2]

교황 파스칼 2세(Paschal II, 1093~1118)와 알렉시우스 콤네누스(Alexius Comnenus, 1081~1118) 황제 사이에 시도되었던 동서방 보편교회의 재결합을 위한 회합은 결렬되었다. 비록 알렉시우스는 자기가 스스로 로마와 신성로마제국 황제의 관을 받음으로써 헨리 5세의 손에서 교황을 구하겠다고 제안하였으나, 파스칼은 역시 동방교회가 로마에 무조건적으로 귀속하는 것을 조건으로 내세웠으니 자존심 강한 헬라성직자들이 이에 승복할 리가 없었다. 이 문제는 라틴 교회를 대표하는 밀란 대주교와 헬라측을 대표하는 니케아 메트로폴리탄 사이에서 공적 토론의 대상이 되기도 하였으나 토론 이상의 결실을 거두지 못하였다. 이러한 토론은 1112년과 1113년에 시도되었다.[3]

12세기 전체에 걸쳐 계속되었던 재결합의 시도 역시 비슷한 길을 걷고 말았다. 존 콤네누스(John Comnenus, 1118~1143) 역시 칼릭스투스 2세(Calixtus II, 1119~1124)와 호노리우스 2세(Honorius II, 1124~1130)를 상대로 협상을 벌였으나 뚜렷한 성과를 얻지 못하였다. 콘스탄티노플과 로마 사이의 협상들은 10년 이상 계속되어(1124~1136) 결국에는 하벨베르그의 안셀름(Anselm of Havelberg)과 니코메디아의 니케타스(Nicetas of Nicomedia) 사이에 서로를 헐뜯는 독설을 발하는 것으로서 끝을 맺고 말았다.[4] 비록 이로부터 23년 후 교황 알렉산더 3세와 황제 마뉴엘 콤네누스(Manuel Comnenus, 1159) 사이에 협상이 재개되었을 때는 상황이 보다 호전된 듯하였으나, 그 결과는 11년 전에 비해 조금도 나은 것이 없었다. 협상 초기에 교황은 프레데릭 바바로싸(Frederick Barbarossa)[5]에 대항하기 위해 동방 황제의 원조를 필요로 하였으나 이러한 위협이 일단 지나가자 재결합에 대한 교황의 열의도 함께 식어버렸다. 동방제국에서 신성로마제국의 황제 위

---

1) Hefele, *op. cit.* (Leclercq), V, 797.
2) Otto of Freising, *Chronicon*, VII, 28.
3) CMH, IV, 600.
4) L. d'Achery, *Spicilegium sive collectio veterum aliquot scriptorum* (Paris, 1655~1677), I, 161.
5) LP, II, 403.

를 재결합의 조건으로 내세우자(1166).⁶⁾ 로마에서는 황제가 서방으로 옮겨와 이곳에 거주해야 한다는 대항 조건을 내세우게 되었다. 1170년 마뉴엘은 재결합을 위한 최후의 노력을 기울여 보았으나, 역시 허사로 끝나고 말았다. 그와 교황은 최후까지 우호적 관계를 유지하였으나 헬라 성직자들은 라틴인들을 불신하였으며, 총대주교 마이클 안키알루스(Patriarch Michael Anchialus)는 황제의 계획을 방해하기 위해 온갖 노력을 다 기울였다(1169~1177).

이러한 재결합을 위한 협상들은 반역자 안드로니쿠스 콤네누스(Andronicus Comnenus, 1183~1185)가 그 전임자들의 노력을 일체 무시하고 일반 백성들의 분노를 방임함으로써 가공할 결론으로 끝맺게 된다. 이미 반란 1년 전 마뉴엘의 미망인이 그녀의 열두 살 난 아들 대신 섭정하고 있을 때에도 헬라인들은 콘스탄티노플에서 상당수의 라틴인들을 학살한 바 있었다(1182).⁷⁾ 이러한 무자비한 행위는 곧 동서방의 기독교권 사이의 불화를 노골화시켰으며, 이에 따라 정치적, 군사적 무력이 연관되게 되었다. 시실리의 윌리암 2세는 1189년 데살로니가(Thessalonica)를 공략하였다. 1년 후인 1190년에는 프레데릭 바바로싸가 동방을 향해 진군하였다. 1191년에는 영국 왕 사자 심장의 리차드(Richard the Lion Hearted of England)가 사이프러스를 정복하였다. 거의 같은 시기에 동방 황제는 서방에 대항해 모슬렘의 살라딘(Saladin, 1189)과 동맹을 맺었다.⁸⁾

그런데 이처럼 협상이 결렬된 것은 재결합을 노리는 양자의 동기에 처음부터 문제가 있었기 때문이었다. 동서방 그 어느 쪽도 재결합 자체를 위해 재결합을 추구한 것은 아니었다. 재결합은 결국 목적에 달성하기 위한 수단에 불과하였으니, 서방에서는 동방의 성지들을 기독교인의 수중에 다시 수복하고 로마 교구를 세계 교회 전체를 장악한 최고의 통치 기구로 올려놓고자 하였으며, 동방은 동방대로 재결합을 통하여 제국의 안보와 번영, 그리고 그 옛날 영토의 수복을 노리고 있었다. 따라서 이들이 공식적으로 내세운 신학적 상이점들은 실질적으로 그다지 중요한 것이 못되었다. 교황들까지도 헬라인들이 자기들 스스로 전통과 예배의식을 보전할 권리를 가지고 있었음을 인정하였다. 이에 따라 성령강림절의 행렬 혹은 무교병

---

6) LP, II, 415.
7) Cinnamus, Vl, 4, CSHB, p. 262.
8) CMH, IV, 603.

이나 유교병의 사용 또는 연옥에서의 고통에 관한 상이한 견해들에 관해 서로의 차이점을 인정하는 언약이 성립하기도 하였다. 이들은 실제로 정치적인 목적을 위하여 신학적 상이점들을 강조하는 것이 보통이었다. 켄터베리의 안셀름까지도 이러한 신학논쟁에 휩쓸렸으며, 헬라 신학자들은 그들의 신학과 정력 대부분을 이에 소비하였다. 그러나 가장 근본적인 분열의 원인은 전혀 신학적인 것이 아니었다. 이는 독립된 교회를 원하는 헬라인들의 자주성과 정치적 상황에의 적응성에 상반되는 라틴 측의 교회의 동일성 유지, 교황의 절대적 권위 그리고 일체의 세속적 권력으로부터 교회의 독립을 고집하는 라틴 측의 입장 때문이었다. 헬라인들은 정부와의 협력 아래 교회의 지방 자치제를 요구하는 경향을 보였으며, 라틴 측은 교회의 보편성과 아울러 세속 정부에 대한 교회의 우월성을 주장하였다.[9] 그 결과 클레르보의 버나드 및 수거(Suger) 등 서방의 유명한 많은 성직자들이 무력에 의한 교회의 통일을 외치게 되었다.

 1146년 부활절에 행해진 버나드의 설교에 자극을 받아 시작된 제2차 십자군 원정이 제1차 원정과 사뭇 다른 양상을 보이는 것은 당연한 일이다. 동방 황제는 이들의 동맹자라기보다는 오히려 대적이라는 입장을 취했다. 각각 7만 명의 기사들과 무수한 대열의 보병들로 조직된 두 대서방 군단들은 동방 기독교인들로부터 적대적인 대접을 받았다. 실제로 동방을 향해 진군하는 도중 트라스(Thrace)를 함락시킨 독일군들은 아드리아노플에서 동방제국군의 습격을 받고 패퇴하였다. 이들은 군율을 상실한 패잔병들로 전락하여 이코니움(Iconium)에서 터키인들에게 진멸당했다. 프랑스 왕은 이러한 위험을 피하기 위해 그의 병사들을 소아시아 해안을 따라 서머나(Smyrna), 에베소(Ephesus), 라오디게아(Laodicea) 등으로 진군시켰다. 그러나 그는 헬라인들의 손을 피할 수는 있었으나 터키인들의 수중에 떨어지고 말았다. 그는 예루살렘에 도착하기도 전에 거의 목숨을 잃을 뻔하였다. 이 원정의 목적이었던 에뎃싸의 수복은 확실히 불가능한 것이었으므로 두 왕들은 예루살렘에서 만나 즉각 다시 고국으로 귀환하였으니, 이들의 자랑스런 노력은 참혹한 실패로 끝나고 말았다.[10] 프랑스 왕 루이 7세는 서머나로 가기 위해 콘스탄티노플에서 마뉴엘 콤네누스 황제의 궁중의 손님으로 머물고 있는 동안에 랑그레(Langres) 주교로

---

9) CMH. IV. 594~597.
10) CMH. IV. 366~368.

부터 콘스탄티노플을 정복하여 다시 원정을 시작하자는 제의를 받았으나 이를 거절하였다.[11] 그러나 시실리의 로져 2세는 그만큼 양심적인 인물이 못되었다. 그는 십자군 원정들을 통해 제국이 약화된 것을 알자 스스로 정복을 시작하고자 하였다. 그는 이미 헬라 도시들에 해상 공격을 가하였으며, 당시 코르푸(Corfu)를 일시적으로 점령하고 있었다. 그러나 그의 이러한 계획은 실현되지 못하였다.[12] 제2차 십자군 원정(1147~1149)은 군사적, 정치적으로 대외적인 실패였다.

제12세기는 또한 비잔틴 제국 내에서 문학적 예술적 활동이 고조되었던 시기라 할 수 있다. 헬라인들은 그 후 서부 유럽에서의 철학, 신학, 예술의 부흥을 가져온 대부분의 자료들을 라틴인들에게 제공하였다. 유명한 블라케르네이(Blachernae) 황궁은 콘스탄티노플의 금각(goldenhorn) 끝에 건축되었다. 이 시기에 많은 교회당들이 건축되었으며, 특히 존과 마뉴엘 콤네누스가 묻혀 있는 정교한 아름다움을 자랑하는 판토크레토(Pantocrator) 예배당도 바로 이때 건립되었다. 각종 도자기, 유기 공예품, 정교하게 조각된 보석들과 상아 제품 그리고 무엇보다도 사람들의 마음을 사로잡는 모자이크 및 프레스코 벽화들이 바로 이 시기에 동쪽으로는 갑바도기아(Cappadocia)로부터 북서쪽으로는 러시아의 키에프(Kiev)와 노브고르드(Novgord) 지방 일대에서 제작되었다. 베니스의 성 마가 대성당(1095)은 서방에 옮겨 놓은 비잔틴 건축의 모방이다. 이는 콘스탄티노플에 있는 사도들의 교회의 도면에 따라 건축되었는데, 그 중에서도 비잔틴식 모자이크는 서방 세계의 경이로 알려지고 있었다.[13]

마뉴엘 콤네누스는 교회의 비판에 대항하여 점성술을 변호하는 논문을 썼다. 그의 제수였던 이레네(Irene)는 시문에 뛰어난 재주가 있었으며, 그녀의 후원 아래 데오도레 프로드로무스와 콘스탄틴 마나세스가 시작에 전념하였으니, 이들의 많은 작품들이 그녀에게 헌정되고 있다. 존과 마뉴엘의 치세는 헤로도투스(Herodotus)와 크세노폰(Xenophon)의 스타일을 따랐던 존 킨나무스(John Cinnamus)의 사기 가운데 보존되어 있다. 한편 12세기 대부분을 망라하는 역사가 콤네누스 시대에 출현하였던 비잔틴 최고의 역사가 니케타스 아코미니타스(Nicetas Acominitas)에

---

11) MGH, *Scriptores*, XXVI, 16.
12) CMH, IV, 368, 369, 601.
13) C. Diehl, *Manuel d'art byzantin*(Paris, 1925), II, 561~563.

의해 기록되어 있다.[14] 서민들의 일상생활은 티마리온(Timarion)의 저자에 의해 생생하게 묘사되어 있는데, 특히 데살로니가 장터의 풍경은 뛰어난 것이다. 역사서들과 아울러 호머(Homer)에 주석을 달았던 존 쩨쩨(John Tzetze)와 그의 동생이었던 철학자 아이작은 모두 재능은 없었으나 노력형들이었다.

이 시대의 문화적 업적은 마케도니아의 그것과 비교될 수는 없다. 12세기 대부분의 문학작품들은 "한심할 정도로 주제가 부족하였으며," 예술품들은 비록 웅장하였으나 과거 형태의 모방에 불과하였다. 특별히 이러한 모습은 신학에서 두드러진다. 역사가 니케타스의 동생인 마이클 아코미니타스(Michael Acominitas)는 30년간이나 아테네 대주교를 지냈다. 그의 설교들과 연설들은 너무나도 인위적이고 과거에 대한 암시로 가득 차 있었으니, 아마 당시의 교인들은 그의 설교를 제대로 알아듣지 못하였을 것이다. 가장 뛰어났던 신학 작품은 불가리아 지방 헬라대주교였던 테오필랙투스(Theophylactus)[15]의 『라틴인들의 실수에 관하여』(On the Error of the Latins)이다. 이 작품은 비판적이면서도 라틴 카톨릭주의를 제대로 이해하고 있다. 그는 상대방의 잘못된 점들을 꾸짖는 동시에 화해를 추구하는 모습을 보이고 있다. 콤네누스 왕조 황제들은 모두 열렬한 아마츄어 신학자들이었으며, 마치 유스티니안과 같이 신학적 논쟁에 뛰어들기를 좋아하였다. 이들은 자기들의 의견을 강렬하게 내세워 당시의 신학사조에 영향을 미치곤 하였다. 그러나 이들의 의견이나 이론에는 중요한 것은 거의 없다.

정통을 숭상하고 과거 위대한 종교회의들의 찬란한 기억 속에 사로잡혀 있던 헬라 교회들은 새로운 사상으로 교리적 전통을 보완할 생각을 하지 않았으며, 또한 교회 의식의 개혁이나 조직의 정비에도 관심이 없었다. 이에 따라 이들의 역사는 그 내부로부터 용솟음친 정신이나 자체의 창조적 충동에 의해 형성되지 못하고 오히려 피할 수 없이 봉착해야 했던 외부적 사건들에 의해 좌우되었다. 이들은 항상 변화에 대항하였으며 전통에 충실하고자 하였다. 마뉴엘 콤네누스는 당시 서방인들의 수중에 있던 안디옥 대주교가 콘스탄티노플 출신 성직자들 가운데서 임명되어야 한다고 주장하였다.[16]

---

14) Nicetas Choniates, *Histaria*(ed. I. Bekker) in CHB.
15) MPG, Vol. CXXVI.
16) Nicetas, *Historia*, I, 11.

러시아 대주교직은 비잔틴 제국의 수도 출신인 헬라인 성직자들이 맡고 있었다. 그러나 러시아 교회는 그 지역의 특징에 충실하였으며, 제국교회가 황제의 뜻을 받들었듯이 집권왕조의 눈치를 보기에 전력을 다했다. 비록 그 관록과 연륜은 전통적 교구들에 미치지 못하였으나, 그 영향력과 권력에 있어서 러시아 대주교는 점차 동방 기독교권 내에서 높은 위치를 차지하기 시작하였다. 비록 키에프 대공국(the Grand Princedom of Kiev)은 약화되기 시작하였으며, 원래 유랑적인 기질이 있던 러시아인들은 북동, 북서, 남서의 세 방향으로 동시에 흩어지기 시작하였으나 교회는 계속 이들에게 강력한 영향을 미쳤다. 종교적 영향력은 정치적 그것과 함께 이동하였다. 키에프의 주도권은 12세기 말에 완전히 와해되었으나 아직 모스크바(Moscow)에 새로운 권력의 중심지가 형성되지는 못한 상태에 있었다. 국민들은 상당한 자유를 누리고 있었으니, 예를 들어 노브고르드 시민들은 성 소피아 대성당의 종소리를 신호로 소집되어 그들의 의견을 표시하였다. 이들은 광장에 모여 그들 앞에 제시된 문제에 관해 큰 소리로 고함을 지름으로써 찬성과 반대를 나타내었다.

그러나 러시아를 비롯한 그 어느 지방의 교회도 비잔틴 정부와 유착한데서 빚어진 헬라 카톨릭 교회의 마지막 치욕과 불명예를 방지하지는 못했다. 12세기의 마지막 15년간은 참혹한 멸망을 예고하는 모습을 보이고 있다. 1185년 콤네누스가(Comnenus House)의 마지막 남자이던 안드로니쿠스(Anaronicus)는 앙겔루스가(the House of Angelus)의 처음 통치자 아이작에 의해 계승되었다. 이 자는 방탕한 기질로서 그 인품이 조악하였다. 그는 심지어 국사를 의논하는 동안 보좌에 앉아 잠이 드는 추태를 연출하기도 하였다. 그는 거짓 선지자인 아첨꾼에게 콘스탄티노플 총대주교직을 제수하였으며, 리바누스 산(Mount Libanus)으로부터 유프라데스 강까지의 정복이라는 망상에 사로잡히기도 하였다. 정복은 커녕 불가리아를 상실하였으니, 불가리아는 170년간 제국에 종속되었던 과거를 씻고 다시 독립을 회복하는 동시에 헬라 교회와의 관계를 단절하였다. 아이작의 무능한 손아래에서 동방제국과 함께 헬라 교회는 먼지 속에 무릎을 꿇고 있었다.

2. 서방 클레르보의 버나드 아래에서의 서방 기독교권

동방과도 대조적으로 12세기의 서방 기독교권은 중세 전체에 걸쳐 가장 절정에 달하기 직전의 모습을 보이고 있다. 이러한 전진대열의 선위에 선 이가 곧 시스턴 수도회 출신으로서 클레르보 수도원장이던 버나드였으니, 그는 최소한 23년 동안 (1130~1153) 서방교회 문제에 있어서 실제적 독재자로 군림하였다. 1124~1153년간 로마 교황청에서 베드로의 보좌를 차지하였던 5명들 가운데 최소한 4명이 그에게 전적으로 의지하고 있었으며, 최소한 그의 지혜를 숭상하여 그의 충고를 마치 하나님의 말씀인 양 받아들였다. 이들 가운데 하나는 실제로 그의 제자였다. 흔히 와윅 백작(The Earl of Warwick)은 영국의 "제왕 제작자"(kingmaker)라고 불리워진다. 그러나 버나드는 그보다 한층 더 높은 차원에 있었다. 그야말로 로마 카톨릭 교회의 "교황 제작자"(popemaker)였다. 그는 이노센트 2세와 아나클레투스 2세가 교황위를 놓고 다투던 호노리우스 2세의 죽음 직후(1124~1130) 어지러운 시기의 무대에 등장하였다. 호노리우스 자신이 교황에 선출된 과정도 변태적인 바 있었다. 그는 원래 추기경들에 의해 선택되지 못하였다. 그러나 추기경단이 선출하였던 셀레스틴 2세(Celestine II)는 당시 유력한 이탈리아가문이던 프란기파니가(Frangipani)의 로버트(Robert)와의 충돌을 피하기 위해 물러났으며, 로버트는 그의 어깨에서 교황의 망토를 벗겨 그의 적수에게 씌워주었다. 비록 이처럼 억지로 그 자리를 차지했으나, 호노리우스는 6년 동안 교회를 잘 통치하였다. 합법적으로 선출되었던 서플린버그의 로타이르(Lothaire of Supplinburg)가 독일을 통치하도록 보장하였고, 뚱뚱보 루이(Louis the Fat) 왕과 그의 프랑스인 성직자들사이에 평화를 유지시켰으며, 영국의 켄터베리 교구와 요크 교구 사이의 차이점을 조정하였다.

추기경들은 호노리우스의 죽음 직후 8명이 모이면 새로운 교황을 모실 수 있다고 의결하였다. 선거에 14명이 참석하여 만장일치로 이노센트 2세를 선출하였다. 그런데 같은 날 오후에는 다시 20명의 추기경들이 모여 프란기파니가의 적수이든 피에르레오니가(Pierleoni family)의 사주 아래 아나클레투스 2세를 다시 교황으로 선출하였다. 피에르레오니가에서 흘러나온 황금으로 매수된 로마 시민들은 아나클레투스 2세를 지지하였으니, 이에 따라 이노센트 2세는 프랑스를 도주하여 뚱뚱보 루이에게 피신하였다.

전체 서부유럽의 관심이 집중되어 있던 이 상황의 한가운데에 클레르보의 버나드는 출현하였다. 왕은 에탐페스(Ethampes)에 종교회의를 소집하였으며, 이 자리에 모인 대표들은 만장일치로 버나드가 이 문제를 해결하도록 위임하였다. 다시 말하자면 그 자리에 모인 대표들은 당시 모든 프랑스인들의 자랑이던 한 인물의 경건과 판단력에 이 중대사를 맡긴 것이었다.

버나드는 세 가지 점을 고려하여 이 문제를 해결하였다. (1) 둘 가운데 누가 더 나은 인격을 가지고 있는가? (2) 누가 더 고상한 인품을 지닌 사람들에 의해 선출되었는가? (3) 누가 보다 합법적으로 선출되었는가? 그 결과 그는 이노센트 2세를 정당한 교황으로 지명하였다. 그리하여 독일 왕을 동반해 이탈리아에 들어가 이노센트를 로마 교구에 옹립하였다.[17] 버나드는 병사가 아니라 설교자로서 이노센트 2세의 입장을 남부 이탈리아 주민들에게 성공적으로 부각시킨 것이었다. 그는 또한 피사 종교회의에서 목소리를 높여 이노센트가 완전히 교황의 권위를 행사할 수 있도록 만들어 분열을 종식시켰다. 그 영광스러운 결과는 1139년 라터란 종교회의 (Lateran Council)였으니, 이곳에 모인 거의 1천 명의 고위 성직자들은 교회에 경의를 표하였다. 이노센트 2세는 말하였다. "그대들이 아는 바와 같이 로마 교회야말로 전 세계의 머리이다. 그러나 그대들이 또한 잘 알고 있는 바와 마찬가지로 로마 교회는 분열된 이들과 다시 화해하고자 하는 선의를 지니고 있을 뿐이다."

그러나 이노센트는 이미 자기에게 화해를 요청하였던 이전의 적들에게 복수를 감행하여 일부의 성직을 박탈하였다. 버나드는 이에 대해 교황을 책망하였으나, 아무런 결실을 볼 수 없었다. 물론 당시에 버나드 외에도 기독교 발전을 위해 공헌을 한 인물들이 있었다. 패트릭 이래 아일랜드의 최고적 인물이라 불리우는 수도사 말라키(Malachy, 약 1094~1148)는 특정 교구의 성직을 한 가족이 대대로 독점하였던 제도를 철폐하고 주교들과 하위 성직자들 사이의 경쟁을 해소시켰으며, 평신도들의 성직과 지배를 폐지시켰다. 버나드 자신도 말라키를 이상적인 주교의 모습으로 생각하였는데, 왜냐하면 그가 아일랜드 교회를 로마에 귀속시켰을 뿐만 아니라 아일랜드 교회 내에 질서와 치리를 정착시켰기 때문이었다.[18]

클레르보의 아폴로기아(Apologia)를 읽다가 개종한 버나드의 모국인 슈거(Suger, 약 1081~1151)는 후에 세인트 데니스의 수도원장까지 되었으나, 세속 관직을 버리지 않은 채 루이 6세와 루이 7세 아래서 수상직을 역임하였다. 그는 또한

---

17) LP, II, 321; J. Regesta, 7413; Bernard, Epp. 45, 46, 47, 124; Mansi, XXI, 333; Hefele, *op. cit.*(Leclercq), V, 676~680, 681 n.1.; *Historiens des Gaules*, XII, 366~368, 395~397.

18) MPL, CLXXXII, 1073~1118; CLXXXIII, 481~490.

루이 6세의 전기를 저술하였으며, 후세인들에게 가난한 자를 구제하였고, 폐허화되었던 파리시를 복구한 인물로서 기억되고 있다. 버나드는 그를 교회의 가장 위대한 종이요, 프랑스의 영광으로 생각하였다. 루이 7세는 실제로 그에게 "우리 나라의 아버지"(Father of our Country)라는 칭호까지 하사하였다.[19] 볼로냐(Bologna)에서 법률학을 교수하던 카말도리파 수도사 그라티안(Gratian, 1179 사망)은 1140년과 1150년 사이에 교회 법령집을 출판하였는데, 이는 획기적인 사건이었다. 이에 따라 대학의 교과목들 가운데 교회 법령이 독자적 위치를 차지하게 되고, 교회에 보다 법률적이고 규칙적인 성격을 부여하게 되었다. 이 작품은 크게 세 부분으로 나뉘어 있다. 제1부에서는 일반적 법률들을 다루고 있으며, 제2부에서는 교회 문제들을, 제3부에서는 교회의 예식을 취급하고 있다. 이 책은 곧 표준 교과서가 되었으며, 그 후 모든 교회 법정에 관한 강의들과 연구들은 이 위에 기초하게 되었다.[20]

버나드의 시대는 혁명적 사건들로 점철되어 있었으니, 이들 가운데 특기할 만한 운동은 브레스키아의 아놀드(Arnold of Brescia)와 연관되어 있었다. 이탈리아는 종래 여타 유럽 지역과 같은 정도로 봉건화되지는 않았다. 이탈리아에는 아직도 큰 도시들이 있었으며, 이들 가운데 일부 특히 북부에서는 그 주위의 영토로 소영주국들을 구성하게 되었다. 특히 이런 곳에 거주하는 일반 시민들은 자신의 위치를 자각하고 그 권리와 특권들을 주장하게 되었다. 이에 따라 "뚱뚱보들"(부자들)과 "말라깽이들"(가난한 자들) 사이에 투쟁이 생기게 되었다.

이러한 움직임은 로마 자체에서도 볼 수 있었는데, 브레스키아의 아놀드는 여기에 종교적 색채를 가미하였다. 그는 성직자들의 부정부패가 세속적 재산과 권력에서 비롯된 것이라 주장하였다. 아놀드는 성직자들이나 수도사들은 토지를 소유해서는 안 되며 만약 그렇게 하는 경우는 구원받을 수 없다고 가르쳤다. 따라서 당시처럼 부와 권력 위에 구성된 교회는 진정한 교회가 아니었다. 따라서 신자들은 이러한 교회로부터 성례를 받아서는 안 되며, 자기들끼리 서로의 죄를 고백하고 선량한 생활을 할 수 있도록 상호격려하고 고무해야 한다고 가르쳤다. 브레스키아의 아놀드는 프랑스 전역을 방랑하였고, 그러던 도중에 아블라를 원조하기도 하였다. 그

---

19) Suger, *Oeuvers Complètes*(ed. A. Lecoy de La Marche, 1867).
20) MPL, Voi. CLXXXVII.

는 결국 로마로 돌아와 교황에 대항한 반란에 참여하였으니, 이 사건은 그 후 40년 간이나 계속되었다. 그 이전에 혁명가들에 의해 로마에서 쫓겨났던 교황 유제니우스 3세가 1146년 초 다시 귀환하자 브레스키아의 아놀드는 시대에 이어 경쟁되는 통치제도를 마련하였으니, 이는 거의 10년간이나 계속되었다. 그는 마침내 프레데릭 바바로싸에 의해 체포되어 교수형에 처해졌고, 그의 시체는 화형을 당하여 재는 티베랴 강에 뿌려졌다(1155). 버나드는 그가 살아 있는 동안 모든 혁명적 경향에 대항하였다. 그야말로 사회 정치 종교적 보수주의의 방파제였다. 그는 교회와 국가에 걸쳐 기성체제를 보전하였다.[21]

버나드의 보수주의는 특히 신학의 영역에서 가장 뚜렷하게 드러나고 있으며, 그는 개인적 경건성에도 불구하고 이단들을 끝까지 사냥하여 처치하곤 하였다. 그는 설교를 통하여 오직 성경만을 신앙의 규범으로 인정하고, 유아세례와 아울러 성도의 교제에 대한 신앙을 부정하였던 아나뱁티스트들의 전신인 쾰론의 이단들(Cologne heretics)을 공격하였다. 그는 프랑스 남부 지방에서 브루이의 피터(Peter of Bruys)에 의해 널리 전파되고 있던 이들의 주장을 무력으로 억제하도록 세속 정부를 재촉하였다.[22] 뛰어난 머리로 널리 알려졌던 포이티어 감독 길버트 드 라 폴레(Gilbert de la Porrée)는 극단적 신념론을 주장하여 프랑스 교회에 수치를 안겨 주었다. 그는 마치 인간과 인간(man)이 참여하고 있는 인간성(humanity)을 구별할 수 있는 것처럼 하나님(God)과 그의 신성(Divinity)을 구별할 수 있다고 하였다.[23] 그의 이론은 라임스(Rheims)에서 정죄되었으며(1148), 길버트는 유제니우그 3세 교황 앞에서, "만약 당신께서 달리 믿고 계신다면 나는 무조건 당신이 믿는 것을 따르겠습니다"라고 고백하였다.[24] 그러나 버나드는 직접 삼위일체를 체득하여 특별한 개인적 계시의 결과 하나님의 본질, 창조, 대속 등을 설명할 수 있다고 주장하였던 수녀 힐데가드(Hildegard)를 적극 지지하였다. 힐데가드는 1179년에 사망하였을 때에 후손들에게 세 권으로 된 그녀의 계시를 남겨놓았다.[25] 버나

---

21) Otto of Ferising, *Chronicon*, VIII, 27; J. Regesta, 8807, 8808; LP, II, 387.
22) MPL, CLXXXII, 293~295, 361~365, 434~436.
23) MPL, LXIV, 1255~1412.
24) Hefele, *op. cit.*, V, 838.
25) MPL, vol. CXCVII.

드는 또한 유명한 피터 아벨라르드를 이단으로 정죄하는데 성공하였다. 아벨라르드는 번뜩이는 재치로 다른 적수들을 침묵시킬 수는 있었으나, 버나드의 정통성에 대항하지는 못하였다.

버나드는 그 생애의 절정이던 56세 사이에 열렬한 설교를 통해 제2차 십자군 일정을 낳게 되었다.[26] 그러나 그 찬란한 군대들이 참패당하고 지도자들이던 독일과 프랑스 왕들이 패잔병들을 이끌고 귀환하자 사람들에게 십자군 원정의 결과는 하나님의 정의와 심판의 결과라고 확신시킴으로써 이러한 군사적 실패를 영적 승리로 전환시켰다.[27] 그 전체 생애를 통해 평가해 볼 때 버나드는 도덕적 개혁가였으니, 건전한 교회는 동시에 건전한 전체 사회를 의미하는 것이며, 교회에 해를 끼치는 요소들은 인간 생활 전체를 상하게 한다고 믿었다. 이노센트 2세 교황(1130~1143)은 버나드를 그의 구원자로서 존경하였다. 아벨라르드의 제자였던 셀레스틴 2세(Celestine II, 1143~1144)는 겨우 다섯 달 동안 재위하였으니, 만약 그가 원했다 하더라도 버나드의 지도자적 위치를 위협할 수는 없었다. 독일 주재 교황 사절 출신이던 루시우스 2세(Lucius II, 1144~1145)는 버나드를 지혜롭고 사리에 맞는 자문으로 생각하였다. 버나드 자신의 제자이던 유제니우스 3세(1145~1153)는 그의 옛 스승을 마치 아버지처럼 존경하였다. 이 두 사람은 1개월 내의 기간 동안에 함께 사망하였는데, 젊은 제자가 먼저 무덤의 문을 열었다.

버나드는 일체의 세속적 관심을 포기한 인물이었다. 그러나 그만큼 세속사에 큰 영향을 미친 인물도 드물 것이다. 개인적 성품으로는 수줍음을 잘 탔으며, 시인의 가슴을 지녔고, 은둔하여 명상에 잠기기를 원했던 외소한 체구의 이 수도사는 그가 살던 시대의 상황이 요구하는 바에 따라 인간들을 통치하였고, 교회 안에서 실질적인 독재자의 권위를 차지하게 되었다. 군사나 돈도 없이 순전히 그의 내부에서 우러나오는 영향력과 그가 가진 신념을 통해 인간들을 설복하여 인류 역사상 겨우 수명의 군주들이 버금할 수 있으며, 가장 잔인한 독재자들까지도 질투하기에 충분하였던 권력을 행사하였던 것이다.

---

26) Otto of Freising, *Gesta Frederici*, I, 34.
27) Bernard, *De Consideratione*, II, 1.

3. 교회와 왕권 사이의 투쟁

교황들뿐 아니라 왕들까지도 통솔하였으며, 교회의 정책에 따라 전 유럽을 통합하였던 클레르보의 버나드 이후 절대주의를 부르짖는 두 명의 군주들이 나타나 그가 이룩한 업적을 무효화시키고자 하였다. 이들 양 군주들은 모두 존경받을 만한 인물들이다. 이들은 진실로 교회의 세력이 정치적 영역을 압도하는 것을 두려워하고 있었다. 둘은 모두 그들의 왕직을 고양시키고자 했으며, 그 통치권 아래 있는 모든 영역들을 실제로 지배하고자 하였다.

그 하나는 독일의 프레데릭 1세로서 곧 프레데릭 바바로싸(Frederick Barbarossa) 혹은 "붉은 수염"이라고 불린 인물이며, 또 다른 하나는 영국 왕 헨리 2세였다. 외모에 있어 양자는 좋은 대조를 이룬다. 프레데릭은 큰 키에 마른 모습으로 뛰어난 인물을 자랑하였다. 그는 6피트가 넘는 키에 잘 다듬어진 수염을 길렀으며, 몸치장에 많은 신경을 썼고 흠잡을 데 없는 매너를 소유한 인물로서 공식 석상에서의 행동거지는 가히 일반인들의 존경을 받기에 충분하였다. 어떤 의미에서 볼 때 그는 중세에 나타난 독일 황제 권력의 가장 뛰어난 화신으로서 프레데릭 대제(Frederick the Great) 혹은 비스마르크(Bismark) 등 후세 영웅들의 전신이라 할 수 있겠다. 이에 비해 헨리는 작은 체구에 뚱뚱하였고 근육으로 뭉친 모습을 하고 있었다. 그는 마치 불독과 같은 머리와 목을 가지고 있었다. 그의 손가락은 마치 농부의 그것처럼 굵고 짧았다. 그는 전혀 의복이나 치장에 신경쓰지 않았으며, 목욕을 하거나 옷을 갈아입는 일도 거의 없었다. 그는 예의범절에는 아예 신경을 쓰지 않는 인물이었다. 아마 그야말로 역사상 공식 석상에서 가장 무신경하게 행동했던 군주일 것이다. 그러나 양자는 모두 뛰어난 육체적 능력과 운동신경을 겸비하고 있었다. 프레데릭은 달리기 선수 혹은 원반던지기 선수의 모습이었으며, 헨리는 레슬링 선수를 연상시켰다. 양자는 모두 권모술수에 밝은 외교가였고 유능한 행정가였으며 뛰어난 정치가들이었다. 그런데 프레데릭은 왕일 뿐 아니라 신성로마제국 황제로서 서부 유럽 전역을 활동 무대로 하였는데 반해, 헨리의 영역은 잉글랜드에 국한되어 있었다. 그 결과 헨리는 단지 일개 대주교구에 파란을 일으킨 데 반해 프레데릭은 교황청 자체를 흔들어 놓았다.

프레데릭이 처음 이탈리아를 방문하였을 때 베드로의 보좌를 차지하고 있던 인물은 아드리안 4세(Adrian IV)였으니, 그는 원래 이름을 니콜라스 브렉스피어(Nicholas

Breakspear)라고 했던 바, 영국인으로는 유일하게 교황 위를 차지한 특출한 인물이었다. 아드리안은 고생을 많이 한 인물이었다. 그는 극도의 가난 가운데 유년과 청년시절을 보내었다. 그는 영국에서 프랑스로 이주하여 걸인 생활을 시작했으며, 후에는 아비뇽 시의 성 루피스 수도원장직에까지 올랐다.[28] 그는 원장 시절 무능하다는 고발을 받고 스스로를 변호하기 위해 로마로 가서 교황 에우게니우스 3세를 만났다. 그는 자기의 입장을 변호하는 데 성공하였을 뿐만 아니라 교황에게 깊은 인상을 주어, 그의 명으로 로마에 남게 되었다. 안나스타시우스 4세(Anastasius IV, 1153년 7월~1154년 12월)의 짧은 재위가 끝난 후 그는 만장일치로 교황에 선출되었다. 그는 특히 스칸디나비아에 교황의 사절로 파견되었을 때 보여준 특출한 재능으로 일반인들의 주목을 끈바 있었다. 그는 트론드하임(Trondheim)에 노르웨이의 대주교구를 설치하고, 웁살라(Upsala)를 스웨덴의 중앙 교구로 조직하였다. 그는 즉위 당시 이미 교황의 임무가 얼마나 어려울 것인가를 잘 깨달았던 것 같다. 그는 다음과 같이 탄식하였다. "나의 앞길은 가시덤불로 싸여 있으나, 내 어깨 위에 놓여진 교황의 망토는 여기저기 찢어져 상처투성이인데도 불구하고 힘센 장사를 꺼꾸러뜨릴 만큼 무겁구나."[29]

브레스키아의 아놀드가 이끄는 반란자들에 의해 로마에서 쫓겨난 교황 아드리안은 수트리(Sutri)에서 프레데릭을 만났다. 그러나 처음부터 양자간의 대면은 원만한 것이 못 되었다. 프레데릭은 관례대로 교황이 말에 타고 내릴 수 있도록 그의 말고삐를 잡아주기를 즐겨하지 않았으며, 교황 역시 황제에게 평화의 키스를 내리기를 주저하였다. 그러나 양자는 서로의 상황을 심사숙고한 후 이러한 전례의 관례를 따르기로 하였다. 그 결과 프레데릭은 로마에서 반란군을 축출하였으며, 교황에게서 황제의 관을 받았다(1156년 7월 18일).[30]

그 후 양자 사이의 관계는 그다지 순조로운 것이 못 되었다. 아드리안은 프레데릭의 만류에도 불구하고 시실리 왕 윌리암과의 협상에 임했으며, 한편 프레데릭은 교황령 토지를 그의 신하들에게 나누어 주었고 웜스의 화약에 따라서 교황의 공직자 임명권을 무시하였다. 또한 불행하게도 아드리안이 독일에 파견하였던 두 사절

---

28) LP, II, 388.
29) John of Salisbury, *Policraticus*, Book VIII(ed. Webb, Oxford. 2 vols, 1909).
30) Otto of Freising, *op. cit.*, II, 22.

들의 임무도 실패로 돌아가 이들은 프레데릭에 의해 쫓겨나는 봉변을 당하였다. 이 사절들 가운데 하나는 로란드 반디넬리(Roland Bandinelli) 추기경이었다. 이러한 결렬의 원인 가운데 하나는 라틴어 단어를 독일어로 번역하는 과정에서 실수가 생겼기 때문이었다. 아드리안은 프레데릭에게 교회가 그에게 베푼 호의들을 생각해 보라고 권면하였는데, 이 단어가 공토(fief)로 잘못 번역되었다. 이는 마치 프레데릭이 아드리안의 덕분으로 토지를 소유하고 있는 것 같은 인상을 주었다. 그때까지 잘못된 번역이라는 사실을 이해하지 못하고 있던 로란드 반디넬리는 다음과 같이 물었다. "그렇다면 만약 교황으로부터가 아니면, 황제는 누구의 권위에 의해 그 특권과 영광을 누리고 있단 말인가?" 황제는 대답하였다. "만약 우리가 교회에 있지만 않았다면, 독일의 칼날이 얼마나 무거웠는지 내게 가르쳐 주었을 것이다." 황제의 수행원들 중 하나는 그 자리에서 로란드의 목을 베고자 하였다.[31]

프레데릭은 자기의 입장을 관철시키기 위해 법률의 힘을 빌리기로 하였다. 그는 법학 연구로 그 이름이 높았던 볼로냐 학파의 힘을 빌렸으며, 황제의 사주를 받은 지방의 총독들은 수 백년 간의 기독교적 관습을 무시해 버리고 고대 로마 제국의 법률을 황제의 입장에 유리하도록 개정하였다. 그 결과 론카글리아 법전(Code of Roncaglia, 1158)이 마련되었으니, 동법전은 영토에 관련된 일체의 주권을 황제의 수중에 둔다고 규정하였다.[32] 이는 곧 교회 및 반독립적(semiindependent)인 이탈리아의 도시들까지도 황제의 수중으로 들어가 그가 자기의 재량권에 의해 이들을 자의로 처분할 수 있음을 의미하였다.

그러나 론카글리아 법전은 결과적으로 프레데릭에게 불리한 결과를 가져왔다. 아드리안 4세가 아나그니에서 사망하자(1159) 추기경들은 황제에 대한 반항의 표시로써 로란드 반디넬리를 후계자로 지명하고, 알렉산더 3세(Alexander III, 1159~1181)의 칭호를 수여하였다. 선거현장에서 추기경들 가운데 프레데릭을 지지하던 옥타비안(Octavian)은 반디넬리로부터 교황의 망토를 벗겨내어 자기의 어깨에 두루기도 하고, 또한 그 후 17년 동안이나 교황과 황제 사이에는 전쟁이 계속되기도 하였으나, 결국 알렉산더 3세가 프레데릭 1세를 물리치게 되었다.

교황은 각 지방인들의 자존심을 자극하고 독립과 자주를 열망하던 도시들을 자

---

31) Mansi, XXI, 709~710, 789~790.
32) MGH, *Scriptores*, XX, 449.

극하는 작전으로 황제에 대항하였다. 그 결과 베로나 연맹(the League of Verona)과 롬바르드 연맹(the Lombard League)이 연합하여 프레데릭에 대항하였다. 또한 독일의 강성을 두려워하였던 프랑스 역시 교황의 편을 들었다. 비록 프레데릭은 계속하여 3명의 반교황들(antipope), 빅토 4세(옥타비안), 파스칼 3세(크레마의 귀도), 칼릭스투스 3세(스투루마의 존)들을 선출하기도 하였으나, 그는 다른 군주의 도움을 일체 받지 못하였으므로 알렉산더에 대항한 그의 노력은 수포로 돌아갔다. 그는 로마를 정복하고 북부 이탈리아 도시들을 황폐화시켰으며, 길이 역사에 오명을 남긴 잔학한 행위들을 저지르기도 하였다. 그는 도시들로부터 인질로 취해 온 어린 아이들을 각종 공성기들 앞에 매달아 성을 공략할 시에 이들이 자기들 부모의 손에 먼저 죽도록 만들기도 하였다. 그러나 그가 로마를 정복하고 (1165년 11월 23일) 알렉산더가 순례자로 변장하여 이에서 도망한 뒤 엄습한 전염병은 그의 군대에 처참한 타격을 주었다. 프레데릭의 병사들은 수천 명씩 쓰러져갔으며, 반면 이를 하나님이 그에게 내린 징벌로 아는 적들의 사기는 높아져 갔다. 결국 그는 최후의 결전에서 롬바르드 연맹군에게 참패당하여 알렉산더가 내세운 조건대로 화약을 맺고(베니스 협정, 1177년 8월) 또한 롬바르드 연맹에까지 굴복할 수밖에 없었다(콘스탄스, 1183년 6월).[33] 독일 황제는 제3차 십자군 원정을 떠남으로써 38년의 긴 재위 기간(1152~1190)의 끝을 맺었다.

대륙에서 프레데릭 1세와 알렉산더 3세 사이에 벌어진 사건은 잉글랜드에서 헨리 2세(Henry II, 1154~1189)와 켄터베리 대주교 토마스 아 베케트(Thomas à Becket) 사이에 되풀이 되었다.

헨리는 겨우 22세의 나이로 왕위에 올랐다. 그는 당시 켄터베리의 젊은 집사였던 토마스에게서 그가 원하던 자질과 능력을 발견하였다. 그는 토마스를 교회의 성직으로부터 세속 정부로 이관시켰다. 이에 따라 토마스는 젊은 나이(그는 헨리보다 겨우 9년 연장이었다)에 왕국의 수상직에 올랐다. 만약 토마스가 그의 여생을 세속 관직에서 보냈다면 모든 문제는 순조로웠으리라. 그런데 그는 그가 섬기는 기관에 완전한 충성을 바치는 인물이었다. 헨리는 그의 친구의 이러한 성격을 간파하지 못한 것이 분명하다. 왜냐하면 그는 토마스를 켄터베리 대주교에 선출되도록 함으로써(1152년 6월 3일) 교회에 대한 완전한 통치권을 행사하도록 하였다. 다시 말해

---

33) Mansi, XXII, 122.

서 그는 국가를 장악하였던 완전한 권력을 교회에 행사하고자 하였던 것이다.

당시 잉글랜드 교회는 왕의 엄격한 통제가 필요한 상태에 있었다고도 볼 수 있겠다. 치리는 제대로 행해지지 않았으며, 경영도 부실하였고 성직자들의 생활도 엉망이었다. 예를 들어 일반 국민들 같으면, 교수형에 처해졌을 범죄를 저지르고도 성직자는 일정 기간의 금식과 기도 외에 아무런 처벌도 받지 않았다. 또한 이러한 상태 가운데에서도 계속 성직자로서의 임무를 수행하기도 하였다.

이에 따라 헨리는 성직자나 수도사가 교회 법원에 의해 유죄판결을 받으면 그 처벌을 위해 세속 법원으로 이송될 것을 명령하였다. 또한 교회 법원의 절차 과정에 세속 판사가 배속할 것을 주장하였다(1163년 10월 1일). 토마스는 이러한 조처에 대해 격렬하게 반대했으며, 이에 따라 헨리와 그의 대주교 사이에는 5년간에 걸친 분쟁이 야기되었다. 교황은 처음에는 토마스를 지원하여 그를 잉글랜드 주재 교황 사절에 임명하였다(1166년). 그러나 그는 2년 후 그의 지원을 취소했을 뿐만 아니라 대주교의 집권을 일시 정직시키기까지 하였다. 왕은 뇌물만 주면 어떤 추기경이든 매수할 수 있으며, 교황 역시 그의 손아귀에서 놀아나고 있다고 자랑하였다.

양자간의 경쟁은 왕의 뜻을 집행한다고 생각하였던 네 명의 기사들이 대주교를 살해함으로써 끝을 맺게 되었다(1170년 12월). 그러나 토마스의 죽음은 동시에 그의 승리이기도 하였다. 왕에 대한 국민들의 원성과 증오들이 너무나도 뿌리 깊었기 때문에 1174년 토마스가 죽은 지 4년 만에 헨리는 고행자의 모습으로 그의 무덤을 찾아 상체를 벗고 고백에의 의미로 자상을 받아야만 했다. 독일의 프레데릭과 마찬가지로 잉글랜드의 헨리 역시 교회의 의지에 고개를 숙이었다.[34]

알렉산더 3세는 라테란에 종교회의를 소집함으로써 그의 제위를 시작하였다(1179년 3월 5일~19일). 서방 기독교권에서는 동회의가 제11차 세계 종교회의로 기록된다. 이 회의에서 교황에 선출되려면 전체 추기경들의 삼분지 이의 찬성을 얻어야 한다고 규정되었다. 성당마다 수업료를 받지 않는 학당을 설치하여 이제까지 제대로 시행되지 않았던 샤를마뉴의 지시를 부활시켰으며, 문둥병자들을 돌볼 사제들을 마련하였고 교회는 기독교권 내의 이단들과 사라센 이교도들에게 대항해야 한다고 결정하였다. 교황이 직접 주재한 이 회의에는 거의 천 명의 고위 성직자들

---

34) J. C. Robert, *Materials for the History of Thomas à Becret*(1875~1885), 9 vols.

이 참석하였다. 알렉산더는 교황청이 시성(canonization)의 권한을 가지고 있다고 선포함으로써 동 종교회의의 소집 이전 그가 토마스 아 베케트(1173)와 클레르보의 버나드(1174) 등을 성인으로 추앙한 사실을 기정화 하였다.[35] 잉글랜드의 순교자 베케트는 세계적으로 유명하였던 그의 프랑스인 선배 버나드보다도 1년 앞서 시성되었다.

그 후 12세기의 남은 기간 동안 알렉산더 3세의 뒤를 이었던 5명의 후계자들―루시우스 3세, 우르반 3세, 그레고리 7세, 클레멘트 3세 그리고 켈레스틴 3세 (1181~1198) 등―은 그에 비해 능력이 뒤떨어지는 인물들이었다. 이들 가운데 루시우스 3세와 켈레스틴 3세는 교황위에 오를 때 이미 노령이었다. 그러나 알렉산더의 업적은 너무나도 그 기간이 굳었기에 쉽게 무너질 수 없었다. 교황청은 또한 프랑스의 필립아우구스투스(Philip Augustus, 1180~1223)와 그의 경건한 덴마크 출신인 아내 사이의 결혼 문제를 조정해야만 했다. 그녀는 프랑스어를 전혀 할 줄 몰랐으나, 남편의 부정을 발견하고는 "로마! 로마!"라고 부르짖어 그녀의 뜻을 표현하였다. 독일의 젊은 왕 헨리 6세(1190~1197)는 부왕 프레데릭 1세의 뒤를 이어 계속 교황청을 괴롭혔다. 레온(Leon)의 알폰소 9세 역시 두 차례에 걸친 근친 결혼을 통해 교황을 괴롭게 하였다. 그러나 이러한 사건들은 이미 과거의 교황들이 겪은 고난에 비하면 아무것도 아니었다. 12세기의 교황청은 성공적으로 세속 왕국들의 문을 엶으로써 13세기의 교회가 그 안으로 진군할 수 있는 전기를 마련하였다.

4. 카타리와 종교재판의 시작

교회는 또한 내부에서 일어난 이단으로 괴로움을 겪었다. 교회사를 살펴보건대, 교리 문제에 있어서 완전한 통일을 이루었던 시대는 없는 듯하다. 특별히 기나긴 지적 동면으로부터 지성이 다시 깨어났던 11세기 말에서 12세기 초에 걸쳐 다양한 종교적 해석이 만발하였으며, 이에 따라 정통의 범주 안에 서로 거리가 먼 기독교의 표현이라고 볼 수 있는 신비주의와 스콜라 신학이 공존하였다. 그러나 또한 이단 사설이 발생하는 것이 당연한 일이라 볼 수 있겠다.

---

35) MPL, CXLVI, 1279~1430. Hefele, *op. cit.*, V, 1086~1112.

이들 가운데 가장 널리 퍼졌을 뿐 아니라 가장 많은 해독을 끼친 것이 다름아닌 그 옛날 마니교와 동방제국에서 일어났던 바울 당파의 중세적 표현이라 볼 수 있는 카타리(Cathari)였다. 카타리파의 기본적 주장은 각각 그 범위에 있어서 우주적이고, 그 원인에 있어서 영원한 두 가지 원칙—선과 악의 원칙들—이 우주와 생명 가운데서 역사하고 있다는 것이었다. 양자 모두 시간을 초월하는 것이므로 어느 한 쪽도 다른 것에 비해 우선일 수가 없었다. 한 쪽이 다른 쪽에 비해 우월한 것은 물리적 힘이나 정복에 좌우되는 것이 아니라 한쪽에서 비롯되는 우월한 생명의 질에 달려 있다고 보았다. 즉, 선을 선택하는 것은 선하게 되는 것이며, 선은 그 자체로서 보상이라고 생각되었다.

이에 따라 카타리파 안에는 아직 진리를 배우는 상태의 초보자들(hearers)과 그들이 신봉하였던 순수한 선의 근원을 따라 생활하는 완전한 상태에 도달한 자들(good perfected) 사이에 많은 계층이 있었다. 소위 이들 완전자들은 완전히 자신을 부정하는 생활을 하였으며, 일체의 성적표현을 삼가 했고 육체와의 접촉을 피하였다. 예를 들어 엄격하게 이 계율을 지키는 아내는 남편이 죽은 후에도 그 시체에 손대기를 거부하였다. 카타리들은 고기, 우유, 달걀, 버터, 치즈 혹은 기타 짐승들의 생식과 관련된 일체 음식물을 입에 대지 않았다. 이들은 채식주의자들이었다. 그런데 신기하게도 생선은 먹었는데 이는 아마도 생선 역시 성관계를 통해 번식하는 것임을 몰랐기 때문인 것으로 보인다.

마치 초기 기독교인들의 생활에 관해 무지했던 로마인들이 각종 유언비어와 헛소문을 퍼뜨렸듯이 이들에 관한 기묘한 이야기들이 퍼지게 되었다. 완전자들은 결혼생활을 하지 않는 것이 보통이었으므로 카타리들은 모든 등불을 꺼버리고 집단적 난교를 일삼는다는 헛소문이 돌았다. 또한 그들의 성찬식은 썩은 고기를 태운 것으로 누구든지 이를 먹는 자는 제정신을 잃고 카타리들의 신조와 규칙에 순종하게 된다는 이야기도 나돌았다. 물론 이러한 소문들은 근거 없는 것이었다. 우리가 현재까지 알고 있는 한 이 집단의 도덕생활은 금욕주의였으며, 순수하였고 자기 부정의 정도에 있어서는 가장 엄격했던 수도원들을 능가하였다. 이들은 또한 깊은 육체적 고통을 경험할수록 보다 많은 영적 보상을 획득한다고 믿었다. 모든 선행들 가운데 가장 뛰어난 것은 순교자로서의 죽음이었다. 이에 따라 이들의 자녀들은 노령의 부모들을 질식시켜 살해하는 예도 있었고, 또한 어떤 자들은 일부러 가장 고통스런 방법의 자살을 택하기도 하였다.

카타리파의 종교 계급은 네 가지로 나뉜다. (1) 주교, (2) 대필리우스(Filius Major), (3) 소필리우스(Filius Minor), (4) 집사(Deacon) 등이었다. 집사직은 다른 계급을 보조하는 행정직이었다. 소필리우스들은 심방을 담당하였으며, 대필리우스들은 회중 전체에 의해 선출된 목회자들이었고, 주교들은 전체 행정의 수장으로서 공백이 생길 때마다 대필리우스 출신들로 메꾸어졌다. 추종자들은 "콘솔라멘툼"(consolamentum)이라는 안수 예식을 통해 카타리에 가입하였다. 성찬식은 회중들이 탁자 주위에 둘러서서 주기도문을 크게 낭송하는 가운데 대필리우스가 빵을 나누는 단순한 것이었다.

카타리파는 기성 성직체제를 거부하였다. 이들은 교회 출석을 거부하였으며, 기존 체제를 약화시키기 위한 행동들을 서슴치 않았다. 이들의 운동은 12세기에 급속히 번져가기 시작하였다. 12세기 말 카타리들은 독일, 잉글랜드, 이탈리아 그리고 특히 남부 프랑스 지방 등에 상당수가 흩어져 있었다. 이처럼 세력이 커지게 되자 사람들의 눈에 띄게 된 것은 당연하였다. 이들의 존재를 묵인하는 것은 이미 조직된 기존 기독교의 발전에 장애를 초래하는 것이었다.[36]

종교재판(Inquisition)은 원래 바로 이 카타리파를 분쇄하기 위하여 시작되었다. 이는 이단을 발견하고 제거하기 위한 교회의 기관이었다. 이단자들을 살해하여 이단을 제거하려는 노력은 원래 교회 조직으로부터 시작된 것은 아니었다. 이는 너무도 감정에 휩쓸려 행동하였기에 제대로 통솔할 수 없었던 폭도들의 결정으로부터 비롯되었다. 폭도들은 카타리파 신도들을 사로잡아서는 그들의 팔다리를 뜯어내고 불태우고 물에 빠뜨리는 등 각종 폭행을 자행하였다.

처음 교세는 이단을 처리하는 데 있어 폭력의 사용을 금지하였다. 버나드 자신도 이단자들은 칼에 의해서가 아니라 설복에 의해 개종되어야 한다고 충고하였다. 그러나 카타리파가 너무도 급속히 성장하고 이들에게 넘어가는 신도들의 수가 급증하여 교회의 안위가 문제됨에 따라 교회는 대중들의 요구에 굴복하여 종교재판을 시작하였으니, 이단을 제거하고 정통을 수호해야 할 필요가 있는 교구마다 종교재판소가 설치되었다. 이는 원래 교구 재판이라고 불리웠다. 교구 재판소가 설치되

---

36) Rainer Sacconi, *Summa de Catharis et Leonistis*, in *Thesaurus Novus Anecdotorum*(Paris, 1717), V. collections, 1759~1776. S. Runciman, *The Medieval Manichee*(1947), pp. 116~170.

기 이전 1179년 라테란 회의를 비롯하여 몇몇 종교회의들은 세속 군주들이 무력을 동원하여 이단을 탄압하는 것을 허락하였다.[37] 종교 재판법은1184년 11월 4일 교황 루시우스 3세에 의해 설립되었으며, 그는 이를 통해 위험지역의 주교들이 최소한 1년에 한 번씩 교인들을 검사하고 모든 교인들의 선서 하에 그들의 정통성을 고백할 것을 의무화시켰다. 마찬가지로 신도들은 선서 아래 자기가 알고 있는 이단자들은 밀고할 책임을 지게 되었다. 누구든지 이단자들을 보호하는 자들은 이단과 같은 죄가 있으므로 파문당하는 처분을 받았다.[38]

5. 제3차 십자군 원정

이처럼 교리의 순수성과 조직의 통일성을 유지하기에 바빴던 교회로서는 동방에 소재한 기독교 영주국들의 문제에 신경을 쓸 시간이나 정력이 없었다. 서방 기독교 권으로는 자기들의 안위 문제에 급급하여 제1차 십자군 원정의 고통과 희생을 곧 망각할 수밖에 없었다. 한편 성지(the Holy Land)로부터 귀환한 순례자들은 그곳의 생활에 관해 각종 진기하고 매혹적인 이야기를 전하였다. 이들이 전하는 이야기는 자존심강한 서방의 군주들로 하여금 질투심이 가득 차게 하기에 충분한 것이었다. 그가 날마다 그의 농노들을 감독하고 수하의 가신들을 돌보며, 권력을 위해 경쟁하고 그의 성을 수비하고 교회에 세금을 바치는 동안 동방에 있는 그의 동료들은 무거운 기사의 갑옷 대신 아라비아산 비단에 몸을 감고 동방의 모든 고량진미에 가득 찬 사치를 즐긴다는 것이었다. 물론 에뎃사는 이미 함락되었고, 제2차 십자군 원정을 통해서도 이를 회복할 수는 없었다. 그러나 그럼에도 불구하고 아크르(Acre), 타이르(두로〈Tyre〉), 트리폴리(Tripoli) 그리고 안디옥 등은 온전하게 남아 있었다. 또한 "정교하게 지어진" 예루살렘 역시 평화를 구가하고 있다는 것이었다. 이 모든 동방 영주국들은 영원히 기독교인들의 수중에 남아 있을 것처럼 보였다.

따라서 성도(Holy City) 예루살렘이 이교도들의 손에 함락되었다는 믿기 어려운 소식이 전해졌을 때 서방에서의 충격은 가히 짐작할 수가 있다(1187년 10월 2

---

37) Mansi, XXI, 532, 718: XXII, 209~468.
38) Hefele, *op. cit.*, V, 1124.

일). 기독교 영주들의 연합군은 갈릴리 바다 근처 히틴 호른(Horns of Hittin)의 대결전에서 참패했으며, 더 이상 예루살렘을 수호할 여력이 남아 있지 않았다. 전쟁터에서 뼈가 굵은 역전의 노장이며 당시 그의 해군을 동원하여 비잔틴 제국의 안전을 위협하고 있던 시실리 왕 윌리암 2세(William II)는 이 소식을 듣자 그의 보좌에서 몸을 떨며 어린애처럼 통곡하였다고 한다. 그는 자기가 가진 모든 것을 바쳐 성지를 수복하겠다고 맹세하였다. 또한 늙은 교황 그레고리 8세에게도 이 소식은 너무도 가슴 아픈 것이었다. 그는 교황 위에 오르기 전날(1187년 10월 19일) 이 소식을 들었다. 그는 결국 이 충격을 이기지 못한 채 죽음에 이르게 되었다(1187년 12월 17일). 이 소식에 접한 잉글랜드의 헨리 2세와 프랑스의 필립 아우구스투스 역시 그들의 의무를 감지하였다. 이들은 상호간 전쟁을 계속해 온 숙적이었으나, 기소르(Gisors)의 느릅나무 아래에서 화약을 체결하고 평화의 입맞춤을 나누었다(1188년 1월 21일). 평생 동안 교황청과 그 동맹자들을 향해 전쟁을 벌였던 늙은 황제 프레데릭 1세까지도 이러한 비상사태를 당하여 기독교권의 명예를 그의 제국의 안위보다 우선적으로 생각하고 하나님에게 종군할 것을 맹세하였다.

물론 서방에서 가장 강력하였던 군주 프레데릭이 제1차로 진군해야 했다. 그는 역사상 가장 잘 장비를 갖춘 것으로 보이는 대군을 이끌고 동방으로 진격하였다. 그는 미리 헝가리 왕, 비잔틴 황제, 그리고 셀주크의 술탄(Seljuk Sultan)과 협상을 맺고 자기들의 군대가 이들의 영토를 안전하게 통과할 것을 약속받았다. 그 결과 헬라인들과 약간의 분쟁이 있었고, 술탄은 그의 약속을 전혀 지키지 않았음에도 불구하고 그의 군대는 원래의 전투력을 유지한 채 계속 전진할 수 있었다. 아마도 이 군대야말로 예루살렘을 기독교인의 수중에 다시 탈환하고 이 작은 왕국을 모슬렘 교도들의 한가운데에서도 오랫동안 보존할 수 있는 능력을 갖춘 유일한 존재였는지도 모른다. 그러나 예기치 않은 사건으로 그 계획은 실현되지 못하였다. 군대의 선두에 섰던 노 황제는 타르수스(다소〈Tarsus〉) 서쪽의 셀리프케(Selifke) 근처 개울에서 익사하고 말았다(1190년 6월 10일). 그의 젊은 아들 스와비아의 필립(Philip of Swabia)이 지휘권을 이어받았으나, 그는 황태자도 아니었고 경험과 판단력도 부족하였기에 많은 병졸들은 자신을 잃고 고국으로 귀환해 버리고 말았다. 이 소년은 부왕의 뜻을 이루기 위해 필사적으로 노력하였다. 그는 아버지의 시체를 식초에 담아 병사들과 함께 운반하였다. 그러나 시체는 부패해 갔고, 이와 함께 원정의 꿈 역시 무산되었다. 프레데릭의 남은 유해는 그의 이루지 못한 소망과 함께 안디옥의 성당에 안치되었다.

  그 결과 원정의 무거운 짐은 이제 잉글랜드인들과 프랑스인들 어깨에 떨어지게 되었다. 잉글랜드의 리챠드 1세(Richard I, 1189~1199)와 프랑스의 필립 아우구스투스(1180~1223)가 원정을 이끌게 되었다. 당시 리챠드는 33세였으며, 필립은 그보다 여덟 살이나 아래였으나 그는 리챠드에 비해 10년이나 일찍 왕위에 오른 바 있었다. 객관적으로 생각해 볼 때 경험, 판단력의 완숙함, 책략, 행정기술, 권모술수 등에 있어서 그는 리차드보다 월등한 인물이었다. 필립 아우구스투스는 건장한 체구와 체질의 소유자이다. 그러나 리챠드는 그 체력과 무술에 있어서 당할 자가 없는 특출한 인물이었다. 그는 장신에 거대한 체구였으며, 보기 드문 미남이었다. 그 결과 오히려 필립이 그 적수가 되지 못하였다. 이 프랑스인은 체구에 있어서 우선 영국인에게 훨씬 뒤떨어졌으며 내심 리챠드를 무서워하고 있었다. 필립은 야비하고 이기적이고 진실하지 못하고 잔인한 인간이었으나 뛰어난 통치자였는데 반해, 리챠드는 매력적이고 정직하고 유쾌한 성품을 지녔으나 훌륭한 왕으로서의 이름을 남기지는 못하였다.

  어쨌든 프랑스와 영국인 병사들은 예루살렘 함락 후 4년만에야 임전태세를 갖출 수가 있었다. 그들은 시실리에 잠깐 들렸는데, 이곳에서 리챠드는 윌리암 2세의 후계자를 괴롭히기도 하였다. 리챠드는 다시 사이프러스에서 지체하여 비잔틴 제국의 황위를 넘보던 아이작 콘네누스를 제거하였다. 이들이 최초로 모슬렘 교도들을 상대로 싸움을 벌인 것은 아크르의 포위에서였다.

  비록 아크르는 1191년 7월 31일 기독교인들의 수중에 떨어졌으나 원정은 아직 그 목적을 달성한 것은 아니었다. 원정 초기부터 병고에 시달렸으며 개인적으로는 실상 원정에 그다지 애착이 없었던 필립 아우구스투스는 해로로 고국에 귀환하였다. 리챠드는 1192년 10월 9일까지 머물렀다. 그러나 그는 만약 예루살렘을 탈환한다 하더라도 뒤에 남은 잔류 병사들로는 이를 계속 수호할 수 없음을 꿰뚫어 보았다.

  이에 따라 그는 모슬렘 술탄 살라딘(Saladin)과 평화조약을 체결하고(1192년 9월 2일) 기독교 신자들이 성지에서 마음 놓고 예배할 것과 안디옥에서 자파(Jaffa)에 이르는 해안선을 따라 기독교인들의 도시와 영토의 안전을 보장받은 후 귀환하였다. 아직까지 예루살렘 왕국이라고 불리우던 기독교 영주국은 10마일 넓이에 90마일 길이었다. 리챠드는 무능한 루시그난의 가이(Guy of Lusignan) 대신 그의 조카 샴퍄뉴의 헨리(Henry of Champagne)를 예루살렘 왕으로 임명하였다.

당시 이 십자로 원정군을 대립한 것은 지혜롭고 자비로웠던 살라딘(Saladin)이었다. 그는 비록 서방에서는 적그리스도로 알려졌으나 실제는 정의롭고 신을 두려워하는 인물로서 그의 성실성은 거짓과 책략을 일삼던 기독교인 장군들을 부끄럽게 하였다. 그는 적이나 친구들과의 관계를 불문하고 단 한번도 약속을 배반하거나 신의를 저버린 일이 없는 인물로 알려지고 있다. 그는 리챠드와 평화협상을 체결한 후 군사정부를 수도 다마스커스(Damascus)로 옮겨 그동안 게을리했던 내정을 처리하였다. 그 후에는 이집트를 방문하고 메카를 순례할 예정이었다. 그러나 그의 계획은 결국 이루어지지 못했다. 그는 전쟁에 지쳐 55세를 일기로 사망하고 말았다. 1193년 3월 3일 다마스커스의 카디(Cadi: 모슬렘의 하급율법사)가 "알라 외에는 신이 없으니, 나는 그를 의지하노라"는 코란의 한 구절을 읽자 살라딘은 그의 눈을 뜨고 웃음을 지으면서 이 세상을 하직하였다.

리챠드는 그보다도 6년이나 더 오래 살았다. 그는 해로로 이탈리아에 도달하여 변장한 채 남부 독일을 횡단하고자 하였다. 그러나 비엔나 근처의 한 술집에서 발각되어 오스트리아 공작(the Duke of Austria)의 손을 거쳐 독일의 헨리 4세에게 인도되었다. 헨리 4세는 그를 전쟁포로로서 감금하였다. 엄청난 몸값을 지불하고야 1194년 3월에 풀려날 수 있었다. 그는 고국에 돌아와 그의 동생 존(John) 왕의 문제를 처리한 후 프랑스 왕을 상대로 전쟁을 시작하였다. 그는 1199년 3월 26일 아직 40대 초반에 전쟁터에서 화살에 맞아 사망하고 말았다. 비록 그는 용감하고 뛰어난 무장이었으나 그의 부친 헨리 2세에게는 불효한 자식이었고 불성실한 남편이며 뛰어난 왕도 되지 못하였다. 그는 마치 제3차 십자군 원정의 화신인 양 화려하고 영웅적이었으나 결국은 실패로 끝난 일생을 살았다.[39]

6. 사색과 신비주의

갑옷과 투구를 번쩍거리는 십자군 원정 병사들이나 교황들과 황제들의 정책들보다도 더 오래 후세에 영향을 미치는 것은 철학자들과 신학자들의 사색이었다. 후세

---

39) S. Runciman, *A History of the Crusades*, III, 3~75. 훌륭한 참고문헌은 *ibid.*, 439~503에 열거됨.

인들의 눈으로 볼 때에는 너무도 희미하지만 이들은 당시 학파들을 만들고 최고 지성인들을 학자로 육성하여 제13세기의 위대한 철학체계로 이르는 길을 열었다. 안셀름과 아벨라르드는 모두 그들의 추종자를 남겨놓았다. 이들 추종자들은 스스로를 제자라고 지칭했기 때문이 아니라 보다 깊은 의미에서 기본적 전제와 방법론에 있어서 두 사람의 영향을 받았으며, 이를 통해 다른 이들의 사고에 영향을 미쳤고 각종 철학적 문제들을 제시하였다. 예를 들어, 안셀름은 신념론자(실제론자 〈Realistist〉)였다. 샤르트르의 버나드(Bernard, 약 1130 사망)에 의해 유명해진 샤르트르 성당 학파들의 교사 역시 마찬가지였으니, 이들의 기본적 개념은 플라톤적이었다. 물론 그나 그의 제자들이 직접 플라톤을 공부한 것은 아니었다. 플라톤은 티매우스(Timaeus)의 일부 번역과 이에 대한 칼시디우스(Chalcidius)의 주석 및 보에티우스(Boethius)의 저술들에 의해 알려지게 되었다.

샤르트르 학파 최초의 인물은 길버트 드 라 폴레(Gilbert de la Porrée)라고 할 수 있다. 그는 부수적 형태들(장소, 시간, 상황, 관습, 행동, 열정 등)과 고유 형태들(본질, 양질, 관계)을 구별하고 후자는 철학적 사고의 대상이 되는 실제의 성질에 본질적으로 소속되는데 반해 전자는 그의 변화하는 관계들과 연루된다고 하겠다. 비록 관계를 소유하는 것은 모든 실재의 성질상 기본적인 것이나, 그의 관계는 어느 정도 특정한 시기에 어디 소재했는가에 달려 있다고 하였다. 그러나 부수적 요인들과 고유 요인들은 아벨라르드가 주장한 것처럼 단순한 범주들은 아니다. 길버트의 플라톤적 신념론은 그가 실체(subsistence)를 가리켜 단지 추상적 속성으로서 그 성질상 우유성(accidents)의 필요가 없는데 반해, 본질(substance)이란 실제로 존재하는 개별적 실재(entity)로서 특정한 우유성(accidents)을 소유한다고 해석한 데서 더욱 뚜렷하게 드러나고 있다. 예를 들어, 류(類, genera)들과 종(種, species)들은 실체들이다. 왜냐하면, 우유성 없이 존재하고 있기 때문이다. 인류(mankind)는 아무런 조건없이 인류이나, 반면에 인간은 그 아래 속한 것으로서 특정한 우유성들이나 조건들을 구성하고 있으므로 그는 본질(substance)이다. 따라서 본질은 반드시 실체(subsistence)이어야 하지만, 실체는 반드시 본질일 필요는 없다. 특정 사물들이 존재할 때에는 이들을 만들기 위해 세 가지 요소들이 참여한다. (1) 아직 형태화되지 않은 물질, (2) 그의 존재를 가진 제작자, (3) 만들어질 사물의 개념, 사물은 구체적으로 물질화되지 않는다. 단지 개념의 모델만이 특정 실체를 형태화하고 이에 참여하여 사물을 제작해내는 것이다. 따라서 형태란 언제나 본체들이며, 바로 이 본체들을 통해 본질들은 출현하여 존재하게 된다. 마찬가지로, 각 개체는 우유성들을 포함하는 특정 본질뿐만 아니라 동일한 종류의 모든 개체들을 관련하는 종류적 실체에 의해 결정되므로 전자(the former, 실체들⟨subsistences⟩)들은 항상 복수이다. 지성은 추상적 사고를 통해 현실 내에 전체로서 주어진 것을 검토하고 다른 특정 실체들 가운데에 있는 전체의 유사성을 발견할 수 있다. 솔즈베리의 존은 길버트 드 라 폴레에 관해 다음과 같이 말했다. "그는 보편성을 추출된 형태들에게 돌리고 그들의 일치를 이루기 위해 노력하였다." 모든 피조된 사물들 안에서는 존재하는 사물과 이들 특정한 성격을 띠고 존재하게 한 원인이 되는 원칙 사이를 구분하는 것이 가능하다. 단지 하나님 안에서만 이 두 가지는 일치한다. 따라서 그야말로 절대적으로 순수한 존재이다. 즉, 하나님의 존재와 하나님의 존재를 낳은 원칙(신성)은 동일한 것이다(What God is and the principle by which God is ⟨divinity⟩ are the same).[40]

버나드의 동생이자 샤르트르에서 길버트를 계승한 티에리(Thierry, 약 1155 사망)는 특히 우주 진화론을 전공하였던 특이한 천재였다. 그 역시 플라톤적 신념론의 경향을 보여 동일(unity)만이 절대적으로 안정되어 있으며, 부동(immorable) 상태이므로 영원하다고 주장하였다. 변화란 시간에 속한 것으로 창조의 영역이다. 따라서 완전한 통일체인 하나님이야말로 유일한 완전 존재이며, 따라서 진리 자체이다. 만물은 그를 통해 존재하므로 모든 사물의 형태이다. 티에리는 다음과 같이 창세기 1장을 설명하였다. 여기에는 네 가지 기본적 원인들이 있다. (1) 창조의 유효한 원인은 하나님이다. (2) 그 형식적 원인은 하나님의 지혜 혹은 말씀이다. (3) 물질적 원인은 불, 공기, 혼, 물 등 네 가지 요소로 나타난 기본 물질들이다. (4) 최종적 원인은 사랑 혹은 자비(benevolence)이다. 하나님은 인간들이 그 자비에 참여할 수 있도록 만물들을 인간을 위하여 참여시켰다. 티에리는 불을 제1의 요소로 규정하여 창조 제1일에 빛을 주고, 물을 수증기로 변화시켜 궁창을 구성할 열을 발생시켰다고 하였다. 그는 이에서 출발하여 특이한 방법으로 창조의 순서 가운데 나타난 피조 목적물들을 하나씩 설명해 나아갔다. 그는 중세의 플라톤주의자는 또한 기계론자(mechanist)일 수도 있음을 우리에게 보여 주었다.[41]

---

40) MPL, LXIV, 1255~1412.
41) *De sex Dierum Operibus*(ed. B. Hauréau) in *Notices et extraits des Manu-*

티에리의 제자였던 아라스의 클라렌보드(Clarenbaud of Arras)는 계속 그 스승의 이론을 발전시켰다. 그는 하나님의 의미를 만물의 형태라고 설명하였다. 물질은 가능성으로 존재한다. 완전한 형태인 하나님은 순수 행동(pure act)으로써 스스로를 표현하기 위해서 자기 이외에 아무런 수단도 필요로 하지 않는다. 우리는 검은색 혹은 하얀색을 볼 때, 흑(black) 혹은 백(white)의 형태가 거기에 있음을 알 수 있다. 사물이 존재하는 곳에는 존재의 형태가 있는 것이다. 하나님은 바로 그러한 존재의 형태이며, 따라서 하나님은 본질적으로 무소부재하시다. 이 작용형태는 다른 모든 사물을 발생시키는 제일차적 실재(the prime entity)이다. 그는 또한 철학을 아래와 같이 세 가지 범위로 나누었다. (1) 이론적 혹은 사변적, (2) 실제적, (3) 논리적 등이다. 또한 이론적 철학은 다시 세 가지로 세분될 수 있다. ① 물질 내의 형태들을 취급하는 물리학, ② 이러한 목적물들과는 별도로 목적물들의 물리적 고유성들을 취급하는 수학(mathematics), ③ 물질로부터 분리된 형태를 다루는 신학(theology) 등이다.[42]

이론의 정밀성은 떨어지지만 보다 많은 이들에게 영향을 미치고 표현력이 뛰어났던 이는 샤르트르 학파의 마지막 인물인 영국인 살리스베리의 존(John of Salisbury, 1125~1180)이라 할 수 있겠다. 그는 8세기에 요크의 알퀸과 마찬가지로 프랑스로 이민하였다. 그는 보편성의 문제에 대한 해결책으로 다섯 가지의 가능성을 생각할 수 있다고 하였다.

(1) 보편성은 오직 개별성 안에서만 존재라는 성격이다. (2) 보편성이란 마치 수학적 단위처럼 개별체들로부터 분리된 형태들이다. (3) 보편성이란 아무런 실질적 의미를 갖지 못한 단어들에 불과하다. (4) 보편성이란 일반적 관념이다. (5) 보편성이란 그 자체로서 실제적인 것이며 개별체들은 그 가운데에 참여함으로만 존재할 수 있다. 그런데 이러한 관점들은 모두 일리가 있으므로 일단 그 판단을 보류하고 보편성이 우리가 모른다고 얘기하는 것이 가장 바람직하다고 하였다. 실질적으로 우리가 해결하지 못한 문제들이 많이 있는데, 이들에 관하여 우리가 취할 수 있는 유일한 태도는 겸손한 불가지론(humble agnosticism)이라고 하였다. 따라서

---

scrites de la Bibliothèque Nationale(1888) XXXII, 167~186.

42) De Trinitate, in W. Jansen, Der Kommentar des Clarenbaldus von Arras zu Boethius De Trinitate(Breslau, 1926).

"나는 모른다"라고 말하는 것은 죄가 아니라고 하였다. 우리들은 예를 들어 영혼의 기원, 숫자의 무한성, 우연성, 자유의지 등 여러 문제들에 대하여 판단을 보류하는 것이 마땅하다는 주장이었다. 동시에 우리는 우리의 감각들이 교훈하는 사실들과 이성을 통해 발견할 수 있는 진리들과 무엇보다도 신앙을 통해 아는 지식들을 받아들여야 한다고 하였다. 하나님만이 유일한 진정한 지혜이므로 진정한 철학은 하나님에 대한 사랑이다. 따라서 살리스베리의 존으로부터 한 걸음만 더 나아가면 신비주의자들과 다름이 없게 된다.

그런데 신비주의자들을 논하기 이전에 잠깐 아벨라르드의 제자들에 관해 알아보는 것이 필요할 듯하다. 아벨라르드는 이미 이단으로 정죄되었으므로 그의 영향은 이론의 내용이 아니라 대부분이 방법론에 불과하게 되었다. 교황 알렉산더 3세는 그의 제자였으며, 교황 위를 차지하기 이전 철학을 공부한 인물이었다. 예를 들어 그는 그 스승이 주장한 신학의 세 가지 범주 즉, 신앙, 사랑, 성례를 받아들였는데, 마지막 두 가지(성례와 사랑)를 사랑이 신앙과 성례의 산물이라는 이유에서 그 순서를 바꾸어 사용하였다.[43]

어쨌든 아벨라르드의 제자들 가운데 가장 큰 영향을 미친 것은 피터 롬바르드(Peter the Lombard, 1100~1160)였으니, 그의 『센텐스』(The Sentences)는 중세에 있어 표준 신학 교과서의 위치를 차지하였다. 피터는 심리학적, 변증학적 혹은 순수철학적 문제들에 관해서는 전혀 관심이 없었다. 그는 계시에 반해 신앙의 의미라든지 신앙과 이성의 관계 혹은 자연신학의 범주 등은 별로 취급하지 않았다. 그의 관심은 오직 교부들 및 기타 신학자들의 주장을 인용하여 전통적 신조들을 하나씩 개진하고 이에 관한 자기의 해석을 덧붙이는 것이었다. 그러나 그의 작품은 너무도 잘 정리되어 있었고, 내용이 풍부하였기 때문에 사람들은 제1차적 자료들을 연구하는 대신 피터의 『센텐스』를 교본으로 사용하였다. 피터는 우선 상징들(signs)과 사물들(things)을 구분하였다. 후자는 그 자체로서 목적인데 반해 전자는 그 스스로를 뛰어넘어 보다 궁극적인 존재들을 가리키고 있다. 예를 들면, 성례들은 상징들이다. 피터는 이들의 숫자들을 일곱으로 고정시켰으니, 이에 따라 로마 카톨릭 교회가 전통적으로 받아들인 교리로서 정립되게 되었다. 어거스틴은 성례들은 은혜를 전달하는 모든 사물들이므로 숫자를 정할 수 없다고 하였다. 아벨라르

---

43) MPL. CXCIX. 1~1040.

드는 성례들의 숫자를 열(ten)이라고 가르친 바 있었다. 피터는 헬라인 다마스커스의 존의 예를 좇아 그의 『센텐스』를 네 부분으로 나누었다. (1) 삼위일체(Trinity), ① 하나님의 지식(신론: the knowledge of God), ② 섭리(providence), ③ 예정(Predestination) 등을 취급한다. (2) 창조(creation)-이 가운데는 ① 천사들(angels), ② 인간(man), ③ 타락(the fall), ④ 은혜(grace), ⑤ 자유의지(free will) 등을 취급한다. (3) 성육신(The Incarnation)-여기서는 ① 그리스도의 위격(the person of Christ), ② 그리스도의 사역(the work of Christ), ③ 신앙, 소망, 사랑(faith, hope, love), ④ 덕과 부덕(virtue and vice) 등을 다룬다. (4) 성례들과 종말론이었다. 롬바르드 이후 조직신학은 계속 이러한 네 가지 범주를 답습하고 있다.[44]

알렉산더 3세와 파리의 주교가 된 피터 롬바르드는 그들의 작품들 가운데 아벨라르드의 사상들을 많이 포함시킴으로써 이단으로 규정되었던 그의 사상은 그 후 교회의 공식적 신조 가운데 스며들게 되었다. 이와 동시에 12세기의 사상 가운데에는 신비주의적 경향들이 두드러지고 있다. 예를 들어, 클레르보의 버나드는 신앙의 신비성 속에서 희열을 찾고 이성으로는 도저히 도달할 수 없는 위대한 진리들을 명상하였다. 그는 단지 교회가 그에게 가르치는 내용을 기꺼이 받아들이는 데 만족하였으며, 이러한 교리들이 증명될 수 있는지의 여부에 관해서는 별로 관심이 없었다. 그러나 기독교가 제시하는 영혼과 하나님과의 결합이야말로 그의 생애의 열망이었다. 물론 이러한 결합은 개인이 신성 속으로 포함된다는 신플라톤적 혹은 범신론적 의미라기보다는 하나님을 아는 지식이 하나님의 속성을 닮게 이끌어간다는 의미에서의 정적, 도덕적, 영적 합일을 의미하였다. 그에게 있어 사랑이란 곧 기독교와 동일한 의미를 지녔다.

이 사랑에는 네 가지 단계가 있다. (1) 우리는 우리 스스로를 사랑한다. (2) 우리는 스스로를 사랑하기 때문에 하나님을 사랑한다—즉 이 사랑을 통해 우리에게 주어지는 유익 때문에 하나님을 사랑한다. (3) 우리는 하나님 자신만을 위해 하나님을 사랑한다. (4) 우리는 하나님을 위해서 우리들을 사랑한다. 즉 우리가 창조된 목적을 충족시키기 위해, 우리가 그에게 봉사할 수 있기 때문에, 이를 위해 우리자신을 사랑하게 된다는 것이다. 이러한 사랑은 신앙인들 간에 원수가 있을 수 없도

---

44) MPL, Vols. CXCI, CXCII.

록 만든다. 우리들은 우리들의 기독교인 이웃들을 우리 자신처럼 사랑하게 된다. 그러나 아직 기독교인이 아닌 자들은 그들이 어느 때엔가 기독교인이 되리라는 소망 안에서 사랑할 수 있다. 그러나 그들이 계속 하나님의 목적을 훼방한다면, 이들이 하나님의 적들이기 때문에 곧 우리들의 적이 되어 우리는 하나님을 위해서 그들을 증오하게 된다. 버나드는 그가 아벨라르드에 대해 취했던 태도를 논리적으로 정당화시킬 수 있었다.[45]

클레르보의 버나드는 원래 진정한 의미의 신학자는 아니었으나, 그보다 젊은 동시대인이었던 성 빅토의 휴고(Hugo of St. Victor, 1196~1141)는 명실공히 학자의 위치를 차지한다. 휴고는 신앙을 이지(intellect)와 의지(will)의 공동작업이라고 정의하고 그 내용은 정밀한 지식과 단순한 의견의 중간이라고 보았다. 신앙은 단지 확신의 주장뿐만 아니라 자신을 헌신하는 데까지 이르게 한다. 따라서 신앙에는 세 가지 단계가 있다. (1) 아무런 생각 없이 무조건 교회의 교훈을 받아들이는 단계, (2) 우리의 신앙에 관해 지적으로 추구하는 단계, (3) 이성을 뛰어넘어 우리가 신앙하는 대상과의 신비적 결합에 이르는 단계. 바로 이것이 엑스터시(ecstasy; 절정)이다. 따라서 세 가지 다른 종류의 눈들이 있다. 외부적 세계를 보는 육체의 눈, 내부적 세계를 보는 이성의 눈, 그리고 하나님과 하나님에 관한 사물들을 볼 수 있는 신앙의 눈 등이다. 하나님께 전적으로 헌신한 이들에게만 제3의 눈은 주어진다. 휴고는 원래 철학자였으므로 기독교적 입장에서 존재의 전체 문제를 탐구하였다. 그는 모든 학문들―수학과 논리학, 농업과 항해술에 이르기까지―의 서문을 기술하기도 하였다.

그러나 그는 역시 신학자로서 가장 높은 명성을 획득하였다. 그는 구속의 교리를 신학을 통일하는 원칙으로 제시하였다. 그는 『기독교 신앙의 성례들』(Sacraments of the Christian Faith) 가운데에서(마치 어거스틴처럼 휴고는 생명 전체를 성례로 파악하였다), 그는 신학을 두 가지 부문으로 나누고 일반적 생활이 관련된 성육신 이전의 섭리(창조, 하나님에 관한 일반적 지식, 천사들, 인간들, 타락, 죄, 신앙, 자연법, 십계명, 일반섭리의 성례들)와 기독교인들의 생활, 즉 성육신 이후의 구속(교회, 성직자들, 교회의식, 윤리학, 용서, 종말론)으로서 구분하였다. 그는 두 번째 부분에서 오늘날 우리가 흔히 교회 정치 혹은 교회론이라고 부르는 실제적 문

---

45) MPL, Vols. CLXXXII~CLXXXV.

제들을 취급하고 있다. 그는 교부들이 아니라 성경 자체를 권위의 근거로서 사용하였다. 비록 그의 주제는 항상 인간의 구속이었지만 그는 동시에 어떻게 인간이 타락하였는가와 타락 이전 인간의 상태를 먼저 다루지 않으면 안 되었다. 인간의 영혼은 하나님을 위하여, 인간의 육체는 그의 영혼을 위하여, 이 세상은 그의 육체를 위하여 창조되었다고 하였다. 즉, 세상 만물은 인간이 하나님을 사랑하고 그를 즐거워할 수 있도록 하기 위해 하나님이 창조하셨다는 것이다.[46]

성 빅토의 리챠드(Richard of St. Victor, 1173 사망)는 12세기 신비주의의 정수라고 할 수 있는 사랑의 용어로 삼위일체를 해석했다는 점에서 특이한 존재이다. 자기 자신만을 사랑하는 것은 이기주의에 지나지 않으며, 반면에 다른 한 존재만을 사랑하는 것은 자애심의 반영에 불과한 경우가 많다. 따라서 진정 서로를 사랑하기 위해서는 그 경험 가운데에서 제3자가 포함되어야 한다. 즉, 두 사람이 서로를 사랑할 뿐만 아니라 제3자를 사랑할 수 있도록 서로 허용하며, 그 제3자는 또 원래의 두 사람을 다시 사랑한다는 것이다. 이러한 관계는 가족 안에서 가장 잘 볼 수 있다고 하였다. 남편은 아내를 사랑하고, 아내는 남편을 사랑하지만 동시에 이 양자는 자녀들을 사랑하며, 자녀들은 또한 부모를 사랑한다. 바로 이 사랑의 본질 자체가 삼위일체를 시사한다고 하였다.[47]

성 빅토의 아담(Adam of St. Victor)은 클레르보의 버나드와 함께 신비주의의 시인으로 불리운다. 그가 저작한 찬송가들 가운데 50편이 아직 남아 있는 바 이들 중 많은 부분이 실제로 교회에서 사용되고 있다. 교회의 영창에 각운을 달기 시작한 것은 바로 아담이 처음이었다. 그는 시인 이상의 인물로서 음악가이기도 하였으니, 자기의 시편에 곡조를 붙이기도 하였다.[48]

신비주의는 결국 철학에 영향을 미쳐 12세기 판 플로티누스(Plotinus) 사상의 부흥을 야기시켰다. 철학에 관해 무식하였을 뿐 아니라 이를 배척하였던 클레르보의 버나드도 그의 시스턴파 수도회에 철학이 스며들어 오는 것을 막을 수는 없었다. 버나드가 사망한 후 12세기 후반 신비주의 신학을 대변한 것은 바로 시스턴파 출신의 험버어트(Humbert)였다. 만약 버나드가 아직 살아 있었다면, 특히 삼위일체를

---

46) MPL, Vols. CLXXV~CLXXVI.
47) MPL, CXCVI, 1~1378.
48) L. Gautier, *Ouevres poétiques d' Adam de Saint-Victor*(Paris, 1858), 2 vols.

단자(Monad, 單子)의 확장으로 파악하였던 험버어트를 정죄했을 것이 분명하다.

리르의 알란(Alan of Lille)으로 불리우기도 하는 험버어트는 이슬람에 대항하는 최초의 기독교 변증가였다. 그는 십자군 원정가도 아니었고 기적을 행한 일도 없으므로, 외부적 현상으로 모슬렘들을 개종시킬 수는 없었다. 따라서 그는 이성에 기초하여 그들을 설복시키기로 작정하였다. 이에 따라 그는 이미 자명한 것으로 받아들여진 수학적 공리(axioms)들과 공준들(postulates)로부터의 논리적 영역을 통해 유클리드의 기하학적 모형을 따른 신학을 구성하였다. (1) 원인의 원인은 동시에 그 결과의 원인일 수밖에 없다. (2) 자연적으로 본질의 원인은 본질의 우유성의 원인일 수밖에 없다. (3) 그 스스로를 만들 수 있는 것은 없다―즉 스스로의 존재의 원인일 수는 없다. (4) 물질은 형태 없이 존재할 수 없으며, 형태 역시 물질 없이 존재할 수 없다. (5) 따라서 형태와 물질의 결합은 본질의 원인이 된다. 이 마지막 공준(postulates)은 중용이었다. ① 물질과 형태는 결합하여 본질을 구성함으로, 물질과 형태는 공동으로 그 원인이 된다. ② 그러나 물질과 형태는 존재하기 위하여 서로를 필요로 하므로, 따라서 양자는 그들의 결합으로 말미암아 실질적 존재를 소유한다. ③ 따라서 이들의 결합은 이들의 존재의 원인이 된다. ④ 그러나 그들의 존재가 본질의 원인은 아니다. ⑤ 따라서 원인의 원인은 그 결과의 원인이므로 형태와 물질의 혼합이 본질의 원인이다. 알란은 비록 자연과 신학이 서로 다른 방법으로 접근하지만, 서로 모순되는 일은 없다고 주장하였다. 자연은 이성으로부터 신앙으로, 신학은 신앙에서 이성으로 전개되지만, 궁극적으로 그들의 결론은 동일하다. 하나님은 통일이시다. 이 통일로부터 복수성 혹은 변이성이 비롯된다. 따라서 존재에는 세 가지 구별되는 계급이 있다. (1) 초천상적 질서(supercelestial order)―하나님, (2) 천상적 질서(celestial order)―천사들, 이들은 변이가 가능하다. (3) 천상 하부의 질서―복수적 집단들이다. 물론 존재가 있는 곳은 어디나 약간의 통일이 있다. 통일의 복구가 창조의 궁극적 목적이다. 우리는 받은 은혜를 통해 하나님과의 통일로 복구된다. 바로 여기서 리르의 알란이 주장한 신비주의는 아벨라르드적 특색인 지적 모험성을 상실함이 없이 샤르트르 학파의 플라톤적 정신과 유착되는데, 그 철학적 결과는 이들이 시사한 그 무엇과도 판이하였다.[49]

중세의 학과목들은 트리비움(trivium: 문법, 수사학, 변증학)과 쿼드리비움

---

49) MPL. CCX 111~118; 305~482; 485~576; 621~684.

(quadrivium: 대수, 기하, 천문학, 음악) 등으로 이루어져 있었다. 이러한 교과과정은 12세기 중반에 확립되었으며, 이들 일곱 개의 인문과목을 교수하기 위한 교과서들까지도 고정되어 여러 성당 및 수도원 부속 학당들에서 사용되었다. 예를 들어, 샤르트르 학당에서는 문법 교과서로는 도나투스(Donatus)와 프리스키안(Priscian)을, 수사학을 위해서는 키케로(Cicero)와 마르키아누스 카펠라(Marcianus Capella)를, 변증학을 위해서는 보에티우스(Boethius)와 아리스토텔레스의 『오르가눔』(*Organum*)을 각각 사용하고 있었다. 이들 인문 과목들보다 한층 높은 것으로 취급되었던 신학 교과서들은 역시 피터 롬바르드의 『센텐스』가 가장 널리 사용되었다.

제12세기에는 또한 상징성이 극도로 중시되었다. 성경의 언어들과 사건들은 그 자체의 의미가 아니라 이를 통해 보다 은밀한 그 무엇을 상징하는 것으로서 탐구되었다. 이러한 상징성은 또한 각종 예술품이나 건축물에서도 찾아볼 수 있다. 고딕식 건축 양식은 교회의 수단이었다. 모든 장식, 치장, 직선과 곡선들은 나름대로의 상징적 의미가 있었다. 감각적 사물들은 영적 의미를 가리키고 있었다. 즉, 구체적인 모든 물질들은 형태가 없는 존재의 대변이었다. 아리스토텔레스의 발견과 이에 따른 아라비(Araby)의 학문을 제외하고는 3세기의 기독교 문화를 구성한 모든 요소들은 이미 12세기에 발굴되었다.[50]

---

50) E. Gilson, *History of Christian Philosophy in the Middle Ages*(N. Y., 1955), pp. 139~153, 164~178.

*History of Christianity
in the Middle Ages*

제 9 장

지상의 전투교회
(1198~1303)

13세기는 극단적인 대조와 다양성을 보여 주는 시대이다. 전반적으로 볼 때 서방은 중세 시대 중 절정에 도달한데 반해, 동방은 비잔틴 제국의 장구한 천 년 역사상 가장 낮은 위치에 떨어져 있었다. 로마의 교황청은 정치적 영향력과 권력에 있어 유럽에서 최고의 위치를 점했는데 반해 헬라 교회는 동방 제국과 함께 가장 무능하고 어지러운 모습을 보여 주고 있다. 비잔틴 제국의 멸망과 헬라 교회의 몰락을 초래한 중요한 요소들은 이교도 모슬렘 신자들이 아니라 서방으로부터의 십자군들이었다. 기독교 신자들이 신자들을 상대로 전쟁을 벌였으며, 찬란했던 헬라의 문화적 유산은 라틴 병사들에 의해 파괴되었다. 따라서 십자군 원정은 완전히 그 의미를 상실하게 되었다. 반면 이슬람은 그 세력과 그 영향력이 최고도로 부흥되었다. 종교기관으로서 기독교회의 영광은 완전히 서방에만 국한되었다. 정치적으로 볼 때 지상의 전투교회는 거의 로마 교황청과 존재를 같이 하고 있었다.

1. 이노센트 3세의 치세

1198년의 교황 선출은 노인 대신 청년을 그 자리에 소개하였다. 셀레스틴 3세는 교황으로 임명되었을 당시 나이가 85세였다. 그의 후계자는 겨우 37세였으니, 교황은커녕 추기경이 되기에도 너무 젊은 나이였다. 이노센트 3세(Innocent III)라는 칭호를 선택한 지오반니 로타리오데 콘티 디 세그니(Giovanni Lotario de' Conti di Segni)는 귀족 스콧티(Scotii)가의 출신이었으며, 로마, 파리, 볼로냐 등지에서 수학하였고, 그 경우에는 다행히도 지식이 지혜로 연결되고 있었다. 그는 학생 시절 전 과목에 걸쳐 월등한 모습을 보였다고 전해진다. 즉, 법학뿐만 아니라 문학, 그리고 철학, 신학과 아울러 과학에도 뛰어난 재능을 보였다. 이는 마치 그의 교황으로서의 활동이 어떠할 것이라는 것을 미리 보여 주는 조짐과 같았다. 그는 문자 그대로 교회 전반의 문제에 걸쳐 능력을 발휘하였다. 이는 광범위한 교황의 직책을 고려해 볼 때 참으로 이상적인 모습이라고 할 수 있겠다. 예를 들어, 제4차 십자군 원정과 같은 경우를 보더라도 비록 그의 명령들은 제대로 준행되지 못했고, 그의 원래 계획 역시 그대로 실행되지 못하였으나, 그는 그 가운데에서도 자기의 궁극적 목적을 달성할 줄을 알았다. 이 경우의 이러한 적응은 오히려 원래 계획보다 효과적인 것이었으며, 이에 따라 로마 교회의 위치는 한층 고양되었다. 이노센트는 상황을 요리할 줄 아는 인물이었다. 그야말로 적당한 시간, 적당한 장소에 등장한 적당한 인물이었다.

그의 신체적 특징 역시 공공생활에서 수행해야 할 그의 임무와 보조를 맞추고 있었다. 그는 작달막한 키에 거의 사각형으로 보이는 건장한 체구였다. 그는 아마도 교황이 감당할 4중적 임무를 육체적으로 표현하고 있었는지도 모른다. 그의 완강한 턱은 결단력을 표시하고 있었고, 직선으로 내리 뻗은 코는 행동의 일관성을 암시하고 있었다. 조그맣게 꼭 다문 입술은 명령의 효율성을 표현하였다. 즉, 그는 자기의 의도를 수행할 능력이 갖추어졌을 때에야 명령을 내리는 인물이었다. 마치 부엉이처럼 커다란 그의 눈은 그가 가진 이상의 광범위함과 원대함을 나타내었다. 이노센트는 외형뿐 아니라 행동거지도 절도가 있었으며, 취임 초부터 뚜렷한 계획뿐 아니라 이를 실행할 정력과 지혜를 갖추었음을 뚜렷이 보여 주고 있었다.

그의 임무는 크게 넷으로 대별할 수 있다. (1) 교황령을 내외부적 간섭으로부터 해방하여 직접 감독하도록 하는 것, (2) 사회 일반, 특히 신성로마제국을 로마 교회의 정책에 맞추어 재구성함으로써 국민들과 아울러 정부들을 로마 교구의 감독 아래 두는 것, (3) 이단을 물리치고 순수한 교리를 보장하며 올바른 치리를 행하는 것, (4) 모슬렘 이교도들의 세력에 대항하여 기독교 영향권을 확장하는 것, 이노센트는 19년 동안 이러한 임무들을 수행하기 위해 그의 정력을 기울였다. 그리하여 이 네 가지 범주 모두에서 괄목할 만한 성공을 거두었다. 그의 치세 결과 교회는 교회 밖에 미치는 세력에서 가장 강력한 시대를 구가하였다.

이노센트가 교황위에 올랐을 때의 상황 역시 그가 교황령을 다스리는 데 있어 마음껏 권위를 행사할 수 있도록 무르익어 있었다. 당시 독일에서는 왕위를 놓고 두 명의 후보자가 치열한 경쟁을 벌이고 있었으므로 로마에 파견된 독일 정부의 사절은 어느 쪽을 대변해야 하는지 모르는 실정이었다. 또한 브레스키아의 아놀드가 실각한 이후 아무도 그 자리를 메울 만한 인물이 나타나지 않았다. 귀족들간에 분열이 있었으며, 이노센트의 가족은 이들 중 막강한 집안들 가운데 하나였다. 따라서 이노센트는 여러 사람들에게 호의와 선물을 베푸는 것으로 시작하였다. 이에 따라 그는 시민들의 지지를 얻었으며, 독일 사절단과 귀족들 역시 그 이익과 안전을 위해 그를 좇게 되었다. 비록 그는 1203년과 1204년 일시적으로 로마에서 쫓겨나기도 하였으나, 마침내 스스로를 중심으로 질서를 회복하고, 독일 세력으로부터 북부 이탈리아를 해방시켰다. 1208년 이노센트는 이탈리아 전체를 완전 장악하게 되었다. 마찬가지로 교황은 적극적으로 독일 내정에 간섭하였다. 그는 비록 그 나라가 선거인단을 통해 자기들의 통치자를 선출할 권한이 있음을 인정하였으나, 동시에 그가 신성로마제국을 지배하고자 한다면 로마 교구의 승인을 받아 마땅하다고 하였다. 역사적으로 볼 때 동방제국은 교황이 샤를마뉴에게 황제위를 제수함으로써 시작되었다는 것이다. 따라서 교황은 황제 후보자에게 황제위를 제수하기 이전 문제의 후보자를 심사할 권한이 있다는 것이었다. 황제는 또한 교황청의 수호자였으므로 교황으로서는 문제의 인물이 그 막중한 임무를 감당하기에 적당한지를 평가해야 된다는 논리였다.

이노센트는 스와비아의 필립(Philip of Swabia) 대신 1208년 6월 21일 오토 4세를 선택하였다. 그러나 오토 4세가 이탈리아 영토 안에서 통치하고자 하고 또한 시실리를 자기 영토 내에 부속시켜 웜스 화약을 위배하였으며, 교황에게 반항하게 되자 이노센트 3세는 그를 파문시키고(1210), 그의 식민들에게 황제에 대해 충성의무를 해제시켰다. 또한 프랑스에게 그를 대항하여 전쟁을 일으키도록 명령하였다. 그 결과 독일은 패전하였으며, 오토는 전쟁터에서 도망하였고 신성로마제국의 용을 수놓은 깃발(the dragon banner)은 먼지 속에 뒹굴게 되었다. 이에 따라 교황의 지지를 받던 젊은 프레데릭 2세가 대신 위에 올랐다(1212). 비록 오토는 죽는 날까지(1218) 그의 세력을 탈환해 보고자 안간힘을 썼으나, 별다른 성과를 거두지 못하였다. 교황청은 그를 완전히 패배시키고 말았던 것이다.

프랑스의 필립 아우구스투스는 신조에 있어서 정통적이었으며, 공식적으로는 로마에 충성하였으나 그의 개인과 가정생활은 계속해서 로마교황청에 두통거리를 안겨주었다. 그는 아내였던 덴마크 출신의 잉게부르그(Ingeburg)와 사이가 원만치 못하였다. 그러나 이 문제를 해결하기 위해 회의가 소집되자(소아쏭, 1201년 3월 2일) 필립은 그 결과가 자기에게 불리할 줄로 미리 짐작하고, 회의가 소집되기도 전에 잉게부르그를 말에 태우고 도주하였다. 그는 후에 그녀를 투옥시키기까지 하였다. 결국 그의 정부가 사망하고 영국과의 전쟁이 임박함에 따라 그는 교황의 결정에 순복하였다. 그 후 10년간 그는 그녀를 왕비로서 예우하였다(1213~1223). 그리하여 이노센트는 여기서도 자기의 뜻을 이루었다.

이노센트의 노선을 충실하게 따랐던 카스틸, 나바르, 아라곤 등 스페인 지배자들과 포르투갈은 모슬렘 교도들을 상대로 큰 승리를 거두었으며(1212년 7월 16일), 이에 따라 스페인은 통일되고 이들의 영토는 보다 로마 교구와 밀접한 관련을 맺게 되었다.

계속 내란에 시달렸고 귀족들간의 내분과 왕위를 노리는 두 형제의 불화로 국토가 양분될 지경에까지 이르렀던 헝가리(Hungary)는 교황청으로서도 큰 골칫거리였다. 그러나 이노센트는 결국 그 나라의 통일을 유지하는 데 성공하였다. 이노센트는 또한 발칸 반도에 거하던 슬라브족들을 헬라 교회로부터 분리시키는 데 성공하였다. 실제로 교황의 사절이던 카사마리스의 존(John of Casamaris)은 불가리아의 왕좌에 올랐으며, 이노센트는 그 나라 모든 고위 성직자들의 임명식을 주관하였다. 세르비아와 갈리키아 역시 내란 및 폴란드와 러시아에 대항한 독립전쟁 끝에 로마 교회의 세력권으로 흡수되었다.

전통적으로 고립주의였으며, 독립적이었던 잉글랜드마저 그 통치자가 파문을 당하고 전국이 성내 금지령에 묶이게 되자 실질적으로 그 주권을 포기하고 로마 교구의 봉신이 되었다.

1213년 5월 15일 존 왕은 그 왕관을 교황이 파견한 사절들의 손에 넘겨 줌으로써 자기 개인의 영혼의 구제와 왕국을 교환하였다. 그 결과 잉글랜드와 아일랜드는 사도 베드로의 유산의 일부가 되었으며, 매년 로마에 순은 1천 파운드의 세금을 바치게 되었다. 이러한 혼란의 와중에 전국회의(25명의 귀족과 왕으로 구성됨)의 동의 없이는 세금을 부과할 수 없으며, 모든 자유민들에게 그의 동료들에 의해 구성된 배심원에 의해 재판받을 권리를 부여한 마그나 카르타(Magna Carta)가 성립하게 되었다(1215). 대헌장이라 불리우는 마그나 카르타는 교회의 간섭 없이 존 왕에게 반항하여 일어난 귀족들의 요구였다. 이노센트는 이러한 행동을 용인하지 않았으며, 마그나 카르타를 무효라고 선포하였다(1215년 8월 24일).

이노센트의 또 다른 업적은 교회 내부의 이단들을 숙청한 것과 교회 밖의 이슬람 교도들에게 대항한 원정이라고 볼 수 있겠다. 전자는 잔인한 살륙의 양상을 띠게 되어, 처음 이를 시작하게 되었던 교황청이 그 잔인성을 종식시키기 위해 최선을 다하게 되었으며, 후자는 본래의 의도와는 달리 기독교인들간의 전쟁으로 화하였다.

카타리파의 주장은 특별히 알비젠시안 운동(Albigensian movement)을 통해 남부 프랑스에서 큰 호응을 얻고 있었다. 그 명칭은 특히 알비(Albi) 지방에 추종자가 많았던 데에서 유래한 것이었으니, 이들은 그곳의 베지에르 자작(viscount of Béziers) 로저 트렌카발(Roger Trencaval)의 지원을 받고 있었다.

교회에 의해 박해를 받은 또 다른 이단은 왈덴시안(Waldensian)파였다. 이들의 주장은 알비젠시안의 그것과는 완전히 다른 것이었다. 지도자 피터 왈도(Peter Waldo)의 이름에서 유래된 왈덴시안들은 리용(Lyons)에서 시작되었는데(1170년), 이들은 "리용의 가난한 자들"이라고 불리우고 있었다. 이들은 카타리-알비젠시안 이단들의 이원론과는 전혀 다른 모습이었다. 실제로 이들은 단순히 순수한 신약의 가르침을 좇고자 했던 인물들로서 연옥 및 화체설 등 중세교리들을 거부했으며, 기성 종교계급 및 성직제도 그리고 성자숭배들을 반대하고 있었다. 이들은 원시 기독교의 소박한 모습을 재현시킴으로써 카톨릭교를 정화하고자 하였다. 기존 종교로서는 이러한 단순화가 실질적으로 교회의 파괴를 가져올 것이라고 생각할 수밖에 없었다. 왈덴시안들은 알비젠시안들이 많이 거주하고 있던 남부 프랑스로 옮겨감으로써 알비젠시안주의를 제거하고자 하였던 교회의 노력은 왈덴시안주의자들에게도 큰 피해를 주었다.

알비젠시안들을 후원하였던 인물은 툴루즈의 레이몬드(Raymond of Toulouse)였으니, 그는 곧 같은 이름을 가졌던 제1차 십자군 원정 지도자의 후손이었다. 그는 이들을 보호하고 적극적으로 원조하였다. 이들을 극복하고자 하였던 노력은 우선 전도 및 설교를 통해 이루어졌다. 도미니코는 1203년의 전도운동을 통해 이들에게 설교하였다. 이노센트 3세까지도 처음에는 툴루즈의 레이몬드를 설복, 회유하다가 후에는 위협의 방법까지 동원해 보았다. 그러나 레이몬드는 교황 사절 카스텔나우의 피터(Peter of Castelnau)에게 "경고하거니와, 육지로 가든 바다로 가든 내가 당신을 주시하고 있음을 명심하라"고 응답하였다. 그로부터 5일 후 카스텔나

우의 피터는 살해당했는데(1208년 2월 16일), 모든 증거들은 레이몬드가 그 배후 조종자라는 점을 밝히 보여 주고 있었다.

그러자 이노센트는 알비젠시안들과 그 동조자들에게 무력을 동원하였다. 이노센트의 군사 정벌은 성공적이어서(1209), 몬트포르트의 시몬(Simon de Montfort)은 로져 트렌카발의 영지를 점령하고, 툴루즈의 레이몬드를 대상으로 전쟁을 벌였다. 그런데 시몬은 열광적이고 완강한 정통파였을 뿐만 아니라 이기적이고 야욕에 가득 찬 인물이었다. 1209년부터 1212년에 이르기까지 그는 랑구에독(Languedoc) 대부분을 정복하였다. 단지 툴루즈와 몬타우반(Montauban)만이 아직 대항하고 있었다. 툴루즈의 레이몬드는 결국 교황의 명령에 전적으로 순종하기로 하였다. 그러나 시몬의 행동은 아무도 걷잡을 자가 없었다. 이에 반발한 아라곤 왕 피터 2세까지도 레이몬드의 편을 들었다(1212). 이노센트까지도 그의 주교들 가운데 하나에게 다음과 같이 편지해야 할 정도였다. "이단에 대한 전쟁을 빙자하여 기독교 신자를 자극하는 소행을 멈추도록 하라"(1212).

알비젠시안들을 축출하기 위한 교황의 노력은 지나치게 성공적이었다고 볼 수 있겠다. 이단의 정벌은 죄인들과 무죄한 자를 가리지 않고 대량으로 살륙한 데까지 이르렀다. 또한 이노센트의 치세가 끝난 후 12년 전체 16년 동안이나 계속되었다.[1]

제4차 십자군 원정 역시 실패라고 볼 수 있겠다. 이노센트 및 네윌리의 풀케스(Foulques of Neuilly), 영창자 피터(Peter the Chanter), 피터 보라키우스(Peter Voracious) 등 그의 설교가들에 의해 자극된 이 불운한 전쟁은 베니스인들의 손에 의해 농락당하였다. 베니스인들은 십자군 병사들을 우선 달마티아(Dalmatian) 해안의 자라(Zara) 항으로 이송하여 자기들의 경쟁자들을 제거하도록 조정하고 그 후에야 콘스탄티노플로 이동시켰다. 십자군들은 콘스탄티노플에서 황제를 퇴위시킨 후, 그의 적수를 제위에 앉혔다가 다시 그마저 폐위하고, 비잔틴 제국을 서방의 손아래 두었다. 이것이 곧 동방에 설치된 라틴 제국의 시작이다. 원래 의도와 다른 모습으로 전개된 상황을 본 이노센트는 이를 통해 동서방교회의 재결합을 이룩하고자 시도하였다. 그러나 그는 그의 정복지에서 동방교회의 예식을

---

1) C. Douais, *Les sources de l'histoire de l'inquisition dans le midi de la France*(1881); *Documents pour servir à l'histoire de' l'inquisition dans Languedoc*(1900), 2 vols.

몰아내는 데 성공하였을 뿐이었다. 모슬렘의 위력은 제4차 원정으로 아무런 영향도 받지 않았다. 이들의 습격과 약탈은 그칠 줄 모르고 계속되었다.[2]

이 정력적인 교황의 치세는 최후를 세계 종교회의로 장식하였다. 동회의는 서방교회의 계산으로 제12차이며, 흔히 제4차 라터란 회의(Fourth Lateran Council)라 불리우는 것이다(1215). 이 회의에서는 알비젠시안 교리들을 정죄하고, 교황청을 중심으로 한 기독교권의 계급적 조직 체제를 승인하였으며, 오늘날까지 계속 사용되고 있는 교회행정의 치리 절차를 성립시켰다.[3]

이노센트는 회의가 끝난 후 얼마 안 되어 급작히 서거하였다(1216년 7월 16일). 당시 그는 겨우 56세였다. 그러나 그는 18년 반 동안의 치세를 통하여 그레고리 7세의 모든 이상을 성취하였으며, 개인적으로는 황제의 의무와 하나님의 종들이 갖는 책임을 동시에 수행하였다.[4]

2. 탁발 수도회들

이노센트 3세 시대에 발생한 가장 중요한 사건은 정작 이노센트가 이룬 업적은 아니었다. 이는 그의 전반적 계획에 들어 있지도 않았으며, 그가 특별한 위기를 타개하기 위해 마련한 전략의 결과도 아니었다. 탁발 수도회들의 출현은 당시 사회가 처했던 도덕적, 영적 욕구에 대한 교회의 응답이라고 할 수 있겠다. 당시 신자들은 이단으로 말미암아 사분오열되었으며, 부와 권력에 집착한 지도자들의 행패는 만연하였고, 성속을 막론하고 도덕적 타락을 도처에서 발견할 수 있었으니, 무언가 시급한 대책이 필요하였다. 이러한 응답은 일체의 세속을 떠나 오직 예수 그리스도 안에서 위로를 찾고 남들에게 나누어 주기 위해 자신의 재산과 명예를 포기하였으며, 오직 하나님 안에서의 안정을 누리고자 하였던 인물들을 통해 제시되었다. 이러한 수도회들의 창시자들은 교황들이나 추기경들은 아니었다. 이들은 실제로 가난한 계층의 태생이 아니면 스스로 가난하게 된 바 심령이 가난한 자의 계급에 속

---

2) S. Runciman, *A History of the Crusades*, II, 107~131.
3) Mansi, XXII, 903ff.: supplem. II, 861ff.
4) MPL, Vols. CCXIV~CCXVII. A. Luchaire, *Innocent III*(Paris, 1904~1908), 6 vols. CMH, IV, 1~79, 219~225, 285~296, 393~413, 422~472.

해 있었다.

　이들 수도회들 가운데 최소한 하나는 십자군 원정으로 말미암아 비롯되었다. 발로아의 펠릭스(Felix of Valois)와 마타의 존(John of Matha)은 삼위일체 수도회(Order of the Holy Trinity)를 창설하였는데, 동수도회의 목적은 십자군 원정에 참석하였다가 포로로 잡힌 기독교 병사들의 몸값을 마련하는 것이었다. 이들의 제복은 흰 양털 외투에 푸른색 혹은 붉은색 십자가를 그려 넣은 것이었다. 이들은 또한 해외의 이교도들뿐 아니라, 기독교 신자들 사이의 이단에 대항하고 선행을 행하는데 열심이었다. 이 삼위일체 수도회는 교황 이노센트 3세의 허락을 받았다.[5]

　가난한 카톨릭(The Poor Catholics) 수도회는 두란 드 후에스카(Durán de Huesca)의 후계자들이다. 이들 역시 이노센트 3세의 허가를 받았다. 이들은 자기들이 다시 교회로 개종시키고자 했던 왈덴시안들에 대항하여 가난을 경주하였다. 가난한 카톨릭 수도회에 속한 수도사들은 모든 재산을 포기하고 마루바닥에서 잠 잤으며, 금은의 선물들을 거부하였고 문자 그대로 내일 걱정은 하지 않는 인물들이었다. 이들은 1207년에 시작되어 1209년에는 아라곤, 나르본, 베지에르(Béziers), 우제스(Uzès), 카르카손(Carcassonne), 나임(Nimes) 등지에 공동체를 조직하였다. 불행하게도 이 운동은 단명하였다. 세속적 성직자들은 이들의 존재를 싫어하였으며, 기사들은 귀찮아했다. 칼로 이단자들을 해치우는 것이 훨씬 손쉽고 빠른 길인데, 왜 구태여 그 많은 시간을 바쳐 이들을 개종시키고자 할 필요가 있는가 하는 생각이었다. 가난한 카톨릭 수도회는 눈깜짝할 사이에 사라진 듯이 보인다. 이들은 1237년 교황청에 의해 기존 수도원에 가입하라는 명령을 받았다. 1247년에는 일체의 설교 금지령이 내려졌다. 가난한 카톨릭 수도회는 도미니크 수도회와 프란시스코 수도회들의 전신이라고 볼 수 있다.[6]

　도미니크 수도회는 전적으로 한 개인의 정신과 인격의 산물이었다. 이 인물은 다름아닌 흔히 도미니크(Dominic)라고 알려진 스페인 출신 도밍고 드 구쯔만(Domingo de Gvzmen)이라는 인물이다. 그는 1170년 카스틸 지방에서 출생하였다. 펠렌시아(Pelencia) 지방의 학교들에서 상당한 수준의 인문과학과 신학을 수업

---

5) Potthast, *Rogesta pontificum romanorum*, III, 483.
6) Innocent III, *Regesta*, XI, 98; XII, 67, 69; XIII, 63, 78, 94; XV, 90~93, 96, 137, 146. Berger, *Régistres d' Innocent IV*, No. 2752.

하였는데, 그는 일찍부터 스스로를 희생하는 정신을 보여 주고 있었다. 겨우 21세의 나이에 그 지방에 기근이 엄습하자 애지중지하던 책들을 비롯하여 전 재산을 팔아 가난한 자들을 구제하였다. 그로부터 10년 후에는 그의 주교와 동반하여 피레네 산맥을 넘어 남부 프랑스 랑구에독(Languedoc) 지방에 들어가 알비젠시안들을 개종시키는데 조력하였다. 그는 툴루즈에 머물렀을 때 우연히 한 이단자의 집에 잠자리를 하게 되었다. 그는 밤새도록 집주인을 카톨릭 정통신앙으로 개종시키기 위해 열변을 토하기도 하였다. 그의 주교 디에고(Diego)가 스페인으로 돌아가 사망한 후에도 도미니크는 계속 랑구에독에 남아 있었다. 그는 거의 6년간 이곳에 머물면서 플루일(Prouille) 수도원을 설립하고(1206년), 가난한 소녀들을 교육시키기 위해 수녀원들을 세워 이단사상을 주입하였던 알비젠시안들의 영향에 대비하였다.

그는 알비젠시안들과 마찬가지로 한 사회의 미래를 결정짓는 것은 교리에 달려 있음을 알고 있었다.[7] 다행히도 동시대인이 묘사한 젊은 도미니크의 모습이 오늘날까지 전해진다. "그 키는 보통이었으며, 얼굴은 아름다웠다. 그의 머리털과 수염은 옅은 금발이었다. 그는 고통당하는 이웃을 보고 슬픔에 잠길 때를 제외하고는 항상 명랑하고 쾌활하였다."[8] 그는 구두도 샌달도 신지 못한 채 노변이나 촌락의 시가에서 전도하였으며, 마치 거지처럼 빵을 구걸하였다. 비록 사람들은 그를 업신여기고 적들은 갖은 박해까지 가했으나, 이에 굴하지 않고 1208년 이노센트의 명령에 의해 무력이 동원될 때까지 평화적인 설복으로 이단들을 개종시키고자 하였다. 1208년 이후 그는 수년간 역사의 무대에서 사라지게 된다.

그 후 1214년 도미니크는 그의 중대한 장래를 시사할 아무런 모습도 갖추지 않은 채 평범한 44세의 중년으로 다시 등장한다. 그때 도미니크는 툴루즈 출신의 부유한 상인 피에르 셀라(Pierre Cella)의 도움을 받게 되었는데, 셀라는 그의 사역을 위해 나르본내 성(Chateau Narbonnais) 근처에 저택을 마련해 주었다. 이곳에 같은 이상과 열정을 지닌 인물들이 모여들어 자그마한 공동체가 조직되었다. 이들에게 좋은 인상을 받고 있던 툴루즈 감독 폴케(Foulques)는 당시 광신적 상태에 도달했던 알비젠시안 이단들에 대항하기 위해 이들에게 자기 교구 십일조의 육분의 일을 배당해 주었다. 이들은 말씀의 선포만이 이단들과 이교도를 개종시킬 수

---

7) Innocent III, *Regesta*, IX, 185. N. de Trivette, *Chronico*, a. 1205.
8) J. B. Lacordaire, *Vie de S. Dominique*(1888), p.219.

있는 유일한 수단이라 믿고 설교를 사역의 중심으로 삼았다. 이에 따라 폴케 감독은 금전 외에도 서적들을 제공하였다. 시몬 드 몬트포르트(Siomon de Montfort)의 칼날 아래 알비젠시안들이 처참하게 살륙되는 와중에서 도미니크와 그의 동지들은 기독교 신앙의 진리로 이들을 인도하고 교육시키기에 전념하였다. 다른 모든 진정한 전도자들과 마찬가지로 도미니칸들은 오직 사랑, 동정, 봉사만을 무기로 사용하였다.

이들 소수의 도미니칸들이 간직한 이상의 중요성을 간파한 툴루즈의 폴케는 도미니크를 로마로 데려가 라테란 회의에서 교황의 허락을 얻어주고자 하였다. 그러나 라테란 회의는 새로운 수도회 설립을 금지한다는 칙령을 발했다. 이는 곧 도미니크 및 그 동지들이 이미 존재하고 있던 수도회들의 계율을 받아들여야 함을 의미하였다. 이에 따라 그는 그가 젊은 시절 스페인에서 입문하였고, 그를 남부 프랑스의 랑구에독으로 파견하였던 어거스틴파 계율을 채택하였다. 원래 교황 이노센트 3세는 두란 드 후에스카가 이끌던 가난한 카톨릭들의 실패에 실망한 나머지 도미니크를 받아들일 용의가 전혀 없었다고 전해진다. 그러나 일부의 전하는 바에 의하면 그는 꿈 속에서 계시를 받고 도미니크의 활동을 인정하였으며, 그의 후계자 호노리우스 3세는 전체 교회의 한 기관으로서 도미니크 수도회를 공인해 주었다(1216년 12월 21일).

이에 따라 도미니크는 즉시 툴루즈로 귀환하였다. 그는 이곳으로부터 제자들을 전략적 요충지에 파견하고 다른 이들을 또한 훈련시켜, 설교와 교육을 행할 수 있도록 만든다는 대규모 전도 계획을 실행하기 시작하였다. 그가 처음 플루일에 모집하였던 형제들은 전세계를 대상으로 전도활동을 벌이기에 참으로 적당하게 구성되어 있었다. 이들은 처음부터 코스모폴리탄적 집단이었으니, 카스틸, 나바르, 노르만디, 프랑스, 랑구에독, 독일을 비롯하여 잉글랜드 출신까지도 끼어 있었다. 그러나 이들의 전체 숫자는 겨우 16명에 불과하였다. 이들은 성 어거스틴 수도회의 계율에 맞추어 이들 중 하나였던 마티우 르 갈로이스(Mattieu le Gaulois)를 수도원장으로 선출하였다. 그러나 수도사들은 항상 각지로 옮겨다녔으며, 도미니크가 실질적 지도자였으므로 원장의 직위는 그다지 중요한 것이 아니었다. 후에는 조직의 형태를 완전히 바꾸어 마티우 르 갈로이스는 동수도회의 최초이자 최후이며 유일한 수도원장이 되었다.

이 소집단은 각 지방으로 퍼져서 일부는 파리로, 일부는 스페인으로, 일부는 볼

로냐로 향했으며, 도미니크 자신은 로마로 갔다. 처음에는 이러한 계획이 어리석은 것으로 보이기도 하였다. 어떻게 겨우 16명이 설교만을 가지고 서유럽 전체를 복음화시킨단 말인가? 그러나 당시로부터 12세기 전 12명과 바울 사도가 전체 로마제국의 개종을 시작했음을 상기할 필요가 있다. 복음의 부흥은 원래의 선포만큼 효과적일 수가 있지 않겠는가? 그로부터 4년 후 이 새 수도회는 여덟 개 국가-스페인, 프로뱅스, 프랑스, 잉글랜드, 독일, 헝가리, 롬바르디-와 교황령에 조직되었으며 60명의 인원을 자랑하고 있었다.

도미니크가 수립한 조직 계획은 참으로 놀라운 바 있다. 그는 수도회를 지방으로 나누어, 각 지방마다 이를 통괄하는 부원장을 두었다. 수도회의 최고 통치자는 총수도회장이었다. 이들 직위들은 선거에 의해 선출되었으며, 그 임기는 특별한 잘못이 없는 한 종신이었다. 모든 수도사들은 상급자에게 절대적으로 복종하도록 규정되었다. 이 집단은 마치 군대처럼 완전한 기동성을 유지하였다. 문제가 발생하는 지역에는 즉각 회원들을 파견할 수가 있었다. 실제로 이들 회원들은 자신들을 그리스도의 병사들이라고 묘사하였다. 이들은 수도사처럼 생활하였으나, 수도원에 거주하지는 않았다. 이들의 활동 무대는 인간들이 사는 세상이었다. 이들은 열심히 공부하고 독서하여, 많은 숫자가 위대한 학자가 되었으나, 항상 실제적 목적을 염두에 두고 있었다. 이들의 목적이란 곧 효과적인 설교를 통해 사람들을 예수 그리스도에게로 개종시키는 것이었다.

이들의 명칭은 거의 우연히 얻어진 것으로 보인다. 이노센트 3세는 도미니크와 그의 동료들에게 편지를 보내었다. 비록 교황은 "도미니크 형제와 그와 동거하는 설교자들에게"라는 말로 서두를 열었으나, 곧 이를 "도미니크 회장과 설교자 형제들에게"라고 고치었다. 그들은 이 칭호를 바람직하게 받아들여, 곧 스스로를 설교가 수도사들이라고 부르기 시작하였다.

비록 도미니크는 수도회의 설립(1221년) 이후 얼마 안 되어 사망하였으나, 그가 남겨놓은 조직은 너무도 치밀하게 구성되었으므로 그 자체로써도 무기한 작동하였다. 얼마 안 되어 당대 최고의 지성인들이 도미니크파에서 배출되기 시작하였다. 도미니크가 타계한 지 겨우 32년 후인 1243년에 학식으로 명성이 높았던 수사 비엔나의 휴(Hugh of Vienna)는 추기경에 임명되었다. 도미니크 사후 겨우 50년 만인 1276년 수사 타렌테이즈의 피터(Peter of Tarentaise)는 알렉산더 5세(Alexander V)로서 교황위에 올랐다. 동수도회에 보내진 일반인들의 존경과 경배는 깊고도 뜨거운 것이었다. 그러나 정작 도미니크의 시성은 늦게야 이루어졌다. 비록 아씨시의 프란시스(Francis of Assisi)는 사후 겨우 2년 만에 시성되었으나(1228년), 도미니크는 사후 13년만에야 성자로 추대되었다(1234년 7월 3일). 그는 볼로냐에서 남의 침대에 누워 남의 가운을 입은 채 죽어갔다. 그러나 그와 동시대, 그리고 그 후에 걸쳐 무수한 사람들이 그를 통해 천국에 이르는 길을 찾게 되었다.

도미니칸은 학문을 기초로 한 중세 최초의 수도회였다. 이들이 세운 기숙사마다 최소한 1명의 박사가 배치되어 수하의 수도사들에게 말씀의 설교를 통해 기독교 진리를 사람들에게 전파하는 방법을 교훈하였다.[9]

반면 프란시스코 수도회(Franciscan order)의 기초에는 또 다른 존재 이유가 자리잡고 있다. 그 설립자는 기도하였다. "오 예수님이시여, 제가 하늘 아래 아무 것도 소유하지 않게 해 주시고 남들로부터 구제받은 최소한의 물질을 통해 육체의 생명을 유지하도록 허락하여 주소서."[10]

프란시스가 그 제자들을 위해 마련하였고 그리스도에게로부터 직접 받았다는 이유에서 교황 호노리우스 3세의 요청에도 불구하고 한 단어도 고치기를 거부하였던 계율은 일견 참으로 단순한 것이다. 이 규칙에 의하면, 각 수도사는 오직 복음에 의해 생활할 것이며 아무것도 소유해서는 안 된다. 수도회에 가입하려고 하는 자는 오직 그가 가진 모든 것을 팔아 가난한 자들에게 나누어 준 후에야 비로소 입회의 적격여부를 심사받을 수 있다. 그는 갈아입기 위해 옷 한 벌을 여벌로 가질 수 있으나, 이들 두 벌 옷은 모두 거친 천으로 짠 것이어야 하고, 비싼 것이어서는 안 된다. 프란시스는 검약(vile)해야 한다는 묘사를 썼다. 프란시스는 이와 벼룩으로 들끓는 옷을 입음으로써 그 의미를 명백하게 보여 주었다. 프란시스칸들은 일체의 교통기관을 사용하지 못한 채 걸어서 여행했으며, 병자들을 돌보기 위한 헌금과 극심한 기후에 대비하기 위한 의복 외에는 아무것도 구제받지 못하도록 되어 있었다. 이들은 중노동 후에도 겨우 음식과 잠자리 등 최소한의 대가만을 받았다. 수도사들

---

9) F Balme and P Lelaidier, *Cartulaire ou histoire diplomatique de St. Dominique*(1891~1901), 3 vols. M. H. Laurent, *Monumenta Historica S. P. N. Dominici in Monumenta Ordinis Fratrum Praedicatorum Historica*, vol. XV(1933) and vol. XVI(1935). p. Mandonnet.St. *Dominique*(1937), 2 vols.

10) Francis, *Collat. Monast.*, 5.

은 구걸하면서 이 곳 저 곳을 전전하였다.

동수도회는 처음부터 학문과 설교의 중요성을 부정하였으므로 그 전도의 방법은 교훈을 통해서가 아니라 모범을 보여 주는 것이어야 했다. 프란시스 및 그 추종자들은 구제가 필요한 곳을 찾아다니면서 사람들을 위해 노동하였다. 일체의 물질적 소유를 거부한 가운데 빛났던 정신과 완전한 행복의 모습은 하나님의 왕국이야말로 추구할 만한 가치가 있는 유일한 것이라는 교훈을 보여 주는 것이었다. 그것만 소유할 수 있다면 필요한 모든 것을 가진 것이었고, 그 모든 것은 또한 아무것도 아니었으니, 왜냐하면 하나님의 왕국 자체가 모든 것이었기 때문이었다.

프란시스는 말하였다. "완전한 희열은 기적 이사를 행하거나 병자를 고치거나 귀신을 쫓아내거나 죽은 자를 살리는 데 있지 않다. 모든 지식과 학문에 달려 있는 것도 아니며, 세상을 개종시킬 수 있는 유려한 언변에 좌우되는 것도 아니다. 단지 모든 역경과 고난과 불의와 처참한 상황 속을 인내와 겸손으로 참고 견디는 데 있다." 절대적인 가난이야말로 기독교와 동의어인 완전에로 이르는 유일한 통로였다.

도미니칸들이 무엇인가 해보려고, 즉 연구를 통해 하나님의 말씀을 이해하고 이를 효과적으로 설교함으로써 사람들을 복음화 하고, 개혁시키기 위해 설립되었다면, 프란시스칸들은 아무것도 하지 않기 위해 설립된 것이었다. 이들의 존재 목적은 단지 생활의 모습 자체를 보여 주기 위함이었다. 따라서 그들은 가난의 사도들로서 자발적으로 생명을 버리는 것이 곧 생명을 얻는 길이라는 확신의 모범들이라 할 수 있겠다.

프란시스의 개인 생활은 또한 그 수도회의 이상의 화신이라 할 수 있겠다. 그는 이탈리아인 아버지와 프랑스인 어머니 사이에 출생하여(1182) 부유한 상인의 아들로 성장했음에도 불구하고, 자기가 상속할 재산을 버리고 부친과 결별한 후 남에게 빌린 의복만을 걸친 채, "나는 왕의 아들이라네"라는 노래를 부르며 세상을 향해 나아갔다. 그는 도미니크와 같이 라테란 회의에서 그의 사역을 위한 교황의 용인을 구하였다. 그러나 이노센트는 이 더러운 거지의 모습과 냄새에 질려 버렸다. 그는 꿈속에서 경고 받은 후에야 프란시스의 사역을 축복하였다. 그는 꿈속에서 라테란의 성 존 교회당이 거의 무너질 지경에 있는데, 그 중심 기둥들이 오직 왜소한 체구의 거지에 의해 지탱되고 있음을 보았으며, 그는 이때 본능적으로 프란시스야말로 하나님이 지정하신 사역을 위해 직접 지정하신 인물임을 알았다. 그는 이 가난한 자를 축복하고 그와 그의 동료들이 사역을 완수하도록 파견하였다.

프란시스의 영향은 도미니크보다도 직접적이고 장구한 것이었다. 비록 그는 현대인의 눈에 바보처럼 보이지만—그의 가난한 생활과 행동거지는 너무도 극단적으로 과장되어 있는 것처럼 보이기도 한다—그와 그의 제자들과 나머지 사회 간의 대조가 너무도 엄청났으므로 이들의 특이한 점이 곧 영향력의 근본이었다. 이에 대해 사람들은 열렬한 성원과 지지를 보낼 수밖에 없었다. 만약 하나님이 진정한 하나님이라면, 그는 우리들의 모든 것을 요구하실 것이 분명하다. 바로 이것이 프란시스코 수도원의 부르짖음이었다.

이들은 스스로를 일컬어 "소형제들"(the Little Brothers: Friars Minor)이라 불렀다. 이들은 설립자와 마찬가지로 문둥병자들과 함께 먹고 이들의 상처를 돌보았으며 사랑을 베풀었다. 프란시스가 죽을 때쯤(1226) 그의 추종자들은 세계 각처에 흩어져 있었다. 프란시스는 임종 직전 아무것도 걸치지 않은 벌거벗은 몸으로 창조주를 만나기 위해 자기의 모든 옷을 벗겨달라고 부탁하였다. 그러나 그는 세상에 너무도 뜨거운 친절과 사랑을 베풀어 죽은 지 2년 후에 그의 이름은 교회의 축일에 다른 성인들과 나란히 놓이게 되었다(1228). 프란시스는 죽기 전 소형제단과 동일한 원칙 아래 여성들을 위한 수도회를 조직하였다. 작은 형제들뿐만 아니라 작은 자매들 역시 가난을 통하여 하나님 왕국의 부요함을 받을 권리가 있다고 생각했기 때문이다. 프란시스는 그가 만났던 젊은 여인 클라라(Clara)에게 가난한 생활의 지혜를 확신시켰다. 그녀가 1212년 종려주일(Palm Sunday)과 성 월요일(Holy Monday) 사이에 부모님의 뜻을 저버리고 집을 떠남으로써 그는 결국 결단을 내리게 되었다. 프란시스는 클라라의 머리털을 자르고 일체의 여성용 장신구를 박탈하였으며, 그녀에게 다른 남성 수도사들과 마찬가지로 남루한 의복을 입혔다. 그녀의 자매 아그네스(Agnes)와 다른 여인들이 합류함으로써 여성들을 위한 별개의 수도회가 설립되었다.[11]

프란시스와 도미니크는 우리가 이미 살펴본 바와 같이 전세기 수도원운동에 관련된 제3종 수도회(The Third Order)의 계획을 실행하였다. 이에 따라 그들의 가족과 세속적 책임을 포기하지는 평신도들도 두 수도회와 관계를 맺게 되었다. 이를 통해 수도회의 이상과 정신은 보다 용이하게 세속 가정생활 가운데 주입되었다. 고

---

11) *Analerten zur Geschichte des Franciscus von Assisi*(ed. H. Boehmer, 1904). Paul Sabatier, *Francis of Assisi*(Eng. transl., 1894).

해의 형제 자매단(The Brothers and Sisters of Penitence, 1221년에 용인됨)은 프란시스코 제3종 수도회이며 그리스도의 병사(Soldiery of Christ), 혹은 밀리티아 예수 크리스티(Militia Jesu Christi)는 도미니크의 제3종 수도회이다. 이에 따라 평신도들도 성직자들의 책임과 축복에 참여하게 되었다. 프랑스 왕 루이 9세는 프란시스코 3종 수도회의 일원이 되었다.

도미니칸(Dominicans: 도미니크 수도회)과 프란시스칸(Franciscans : 프란시스코 수도회)들 외에도 카멜라이트(Carmelites: 갈멜 수도회)[12]와 성 어거스틴의 은자 수도회(the Friar Hermits of Saint Augustine)[13] 등이 있었다. 전자는 1210년 예루살렘의 십자군 왕국에 설립되었던 은자들의 공동체로서 그 후 서방으로 옮겨온 것이었다. 이들은 바실의 규율을 좇았다. 그러나 이들은 일단 서방으로 옮겨온 후에는 원래의 엄격했던 은둔주의적 성격을 프란시스칸 노선에 따라 보다 완화하였다. 이들 수도사들에게는 설교하고 구걸하는 것이 허락되었다. 후자는 이미 존재하고 있던 다수의 은자들을 한데 모은 것이었다. 오스틴 수사들(성 어거스틴의 은자 수도회원들: the Austin Friars)의 관심은 이론적이라기보다는 실제적이었다. 이들은 윤리학과 정치학에 관한 저술을 많이 남겼다. 양 수도회는 이노센트 4세의 치세 중 공인되었으므로 도미니칸과 프란시스칸의 형태로서 많은 것을 배울 수 있었다. 흔히 그들의 제복에 따라 구별되었던 4대 수도회는 다음과 같다. (1) 흑수사들(the Black Friars: 도미니크 수도회⟨Dominicans⟩). (2) 회수사들(the Grey Friars: 프란시스코 수도회⟨Franciscans⟩). (3) 백수사들(the White Friars: 갈멜 수도회⟨Carmelites⟩). (4) 어거스틴 수도회(Augustine Friars).[14]

탁발 수도회의 출현은 가히 혁명적이었다. 이들은 진정 기존 수도원 운동에 전혀 새로운 원칙을 소개하였다. 과거 수도사들의 자기 부정은 자기 구원을 위해 수단화되었다. 수도사들은 세속 안에서 스스로를 구원할 수 없으므로 세상을 등진 것이었다. 즉, 이들은 육체의 정욕과 세상의 욕망을 그 안에서는 감당할 수 없었던 것이었다. 그러나 탁발 수도사들의 이상은 그 차원을 달리한 것이었다. 이들은 수

---

12) Ordinaire de l'ordre de Notre-Dame du Mont-Carmel par Sibert de Bera, vers. 1312(ed. B. Zimmerman, Paris, 1910).

13) *Bullarium Ordinis Eremitarum S. Augustini*(ed. Empoli, Rome, 1628).

14) CMH, VI, 727~762.

도원운동의 정신과 규율을 세상 한가운데로 다시 이끌어내었다. 이들은 세상을 구원하기 위해 능동적이고 용기 있게 그 가운데로 뛰어들었다.

이들 탁발 수도회들—특히 도미니칸과 프란시스칸 수도회들—이야말로 제13세기 혹은 아마도 중세 전체에 걸쳐 가장 고상하였던 사회 운동이라고 볼 수 있겠다.

3. 십자군 원정들

이미 살펴본 바처럼 이노센트 3세는 제4차 십자군 원정의 양상에 실망하지 않을 수 없었다. 베니스 상인들은 그보다 한 수 위였으며, 그는 처음에는 콘스탄티노플의 정복을 통해 동서방 교회의 연합이 다시 이루어질지도 모른다는 기대를 품고 있었으나, 곧 상인들의 야욕과 병사들의 물욕은 교회에 아무런 유익을 주지 못한다는 것을 깨닫게 되었다. 또한 라틴 병사들로부터 계속 학대를 받던 헬라인들은 서방교회를 더욱 증오하게 되었다. 서방에서 파견된 원정 기사들은 동방에서 새로이 얻은 영지들을 즐기는데 바빠서 더 이상 성지 탈환을 생각조차 하지 못하였다. 이는 오히려 팔레스타인에 있던 기독교 영주국으로는 잘된 일이었다. 이들은 모슬렘 이웃들과 평화협정을 체결하고, 당시 60세의 노령에 17세의 신부를 왕후로 맞았던 브리엔의 존(John of Brienne)의 통치 아래 한동안 평화를 구가하였다. 그의 아내는 딸을 낳은 후 산욕으로 사망하였다. 만약 서방인들이 더 이상 십자군운동을 꿈꾸지만 않았더라도 이 소왕국은 계속 안정을 누렸을 것이다.

그러나 이노센트 자신은 한번 마음먹은 바는 결단코 이루고 말겠다는 성격의 인물이었다. 따라서 1204년에 실패했던 원정을 다시 재개할 기회를 노리고 있었다. 그러나 그는 결국 생전에 성취를 보지 못하였다. 제4차 라터란 회의에서 새로운 원정이 명령 계획되었으나, 이노센트 3세는 제노아(Genoa)와 피사(Pisa) 사이의 분쟁을 수습하러 북쪽으로 갔다가 현지에서 사망하고 말았다. 이노센트가 양도시의 분쟁을 수습하고자 했던 것도 결국은 이들로부터 십자군 병사들을 운송할 선박들을 얻어내기 위함이었다.

그러나 그의 치세 중 계속 자극되었던 원정에의 갈망은 처참한 종말을 맞은 어린이 십자군 원정(Children's Crusades)이라는 비극을 초래하였다. 1212년 5월 아직 채 열 두 살도 되지 않은 스테픈(Stephen)이라는 목동 아이가 원정을 명령하는 그리스도의 편지라는 것을 가지고 프랑스 왕 필립 아우구스투스를 찾아왔다. 왕은 이 소년의 주장을 묵살하였으나 당시 일부 소년들이 어른들은 비록 실패했지만 순수한 자기들은 신앙의 힘으로 승리를 거둘 수 있으리라 믿고 약 2만 명이나 스테픈의 뒤를 따르게 되었다. 이들은 결국 사라센인들에게 노예로 팔리거나 혹은 지중해에 깊이 수장되는 운명을 맞게 되었다. 이들을 성지까지 무료로 운송해 주겠다고 속인 마르세이유의 상인들은 소년들을 이집트의 노예 시장으로 데려가 상당한 이익을 남기고 팔아치운 것이었다. 독일소년들로 구성된 또 다른 일단이 로마까지 행진해 왔으나, 이노센트는 이곳에서 그들을 영접하고 그 돈독한 신앙심을 치하한 후 집으로 돌려보냈다.

원래는 이노센트가 계획하였으나 실제로는 노령의 호노리우스 3세에 의해 실행되었던 제5차 십자군 원정은 실질적으로 두 개의 독립된 원정으로 이루어져 있다. 사이프러스 왕 휴의 원조를 받은 헝가리 왕 앤드류와 오스트리아 공 레오폴드(Leopold) 등은 아무 소득도 얻지 못하였다. 이들의 군대는 뚜렷한 목적도 없이 갈릴리 일대를 방황하였다(1217). 휴 왕은 젊은 나이에 갑자기 죽고 말았다. 앤드류 왕은 예수님이 가나에서 첫 번째 기적을 행하셨을 때 사용했다고 전해졌던 물동이 하나와 최초의 기독교 순교자 스데반의 해골을 얻고서는 고국에 귀환하였다. 교황사절 펠라기우스(Pelagius)와 예루살렘의 존 왕이 이끌었던 2차 원정군은 이집트로 진군하여 다미에타(Damietta)를 함락시켰으며, 만약 펠라기우스와 존 왕이 협력할 수 있었고, 병사들이 그들의 지도자들을 신뢰하기만 했다면, 카이로까지도 정복하였을 것이다. 이 원정에 따라갔던 아씨시의 프란시스는 이집트의 술탄에게 복음을 전하여 기독교적 평화를 이룩해 보고자 노력하였다. 술탄은 물론 그가 미쳤다고 생각하였다. 그러나 동시에 그의 생활태도와 언행을 재미있다고 생각하였다. 결국 신앙을 받아들이지는 않았으나, 십자군들이 마침내 이집트를 떠날 때 예수님이 돌아가신 진짜 십자가를 기독교인들에게 주겠다고 제의하였다. 그러나 그 후 이 십자가가 어떻게 되었는지는 아무도 모른다.

제5차 십자군 원정 전체에 걸쳐 이집트에 진주한 기독교 병사들은 젊은 황제 프레데릭 2세가 이끄는 독일 군대의 일조를 받게 될 것이라는 약속을 믿고 있었다. 프레데릭 2세는 고(故) 이노센트 3세로부터 시실리 왕관을 하사받는 등 많은 은혜를 입고 있었다. 또한 당시의 교황 호노리우스 3세는 그의 스승이기도 하였다. 그러나 프레데릭은 종내 오지 않았으니, 제5차 십자군 원정이 실패한 가장 큰 원인이 그 지도자들이 프레데릭의 도착을 기다리느라 지연한 때문이었다. 만약 다미에타 함락 이후 자기들만의 힘으로 계속 진격하였다면, 당시 나일 계곡 일대에 큰 흉년이 들었고 적들은 사분오열되어 있었으므로 판도는 달라졌을지도 모른다. 그러나 이들은 보다 강력한 제국 군대의 도착을 기다리느라고 쓸데없이 지체하였다. 프레데릭만이 분열된 지도자들을 통일시키고 모든 병사들로부터 신뢰를 받을 수 있는 유일한 인물이라고 간주되고 있었다. 아마 그가 끝내 참전하지 않은 이유는 제5차 원정에서 그가 개인적으로 얻을 이익이 아무것도 없었기 때문이었을 것이다. 그러나 그 후의 변화된 상황은 그가 마침내 십자가를 지지 않을 수 없도록 만들었다. 제6차 원정은 프레데릭의 것이다.

결혼에 의해 왕위에 오른 후 실질적으로는 딸을 위해 섭정에 지나지 못했던 예루살렘 왕 존은 흔히 요란다(Yolanda)라는 이름으로 불리웠던 열한 살 난 이사벨라(Isabella)에게 마땅한 신랑감을 구하기 위해 유럽을 방문하였다(1222). 존의 나이는 이미 70을 넘고 있었으므로 보다 젊고 강력한 인물이 필요하고 있음을 알고 있었다. 그가 로마에 도착했을 때 마침 프레데릭이 아내를 잃고 상중에 있었다. 그의 아내는 4개월 전에 사망했던 것이다. 프레데릭이 요란다와의 혼인에 참여하므로 존의 기쁨은 말할 수 없었다. 이제 그의 어린 딸은 기독교권 최강의 왕자와 결혼할 터였다. 존은 그의 오랜 후원자이자 친구였으며, 그의 왕좌를 마련해 준 장본인인 필립 아우구스투스 왕을 만나러 프랑스로 갔다. 물론 필립은 혼사에 찬성하지 않았으며, 존이 동족 프랑스인 가운데서 사위를 골라야 한다고 주장하였다. 그러나 어쨌든 그는 옛 친구를 다시 만나게 된 것을 기쁘게 생각하고 유언장 가운데 존과 예루살렘 왕국을 위해 상당한 재산을 남겨 주었다.

신성로마제국의 황제 프레데릭과 예루살렘 왕국의 여왕 이사벨라(요란다) 사이의 결혼식은 1225년 11월 9일 브린디시 성당(the Cathedral of Brindisi)에서 거행되었다. 당시 프레데릭은 31세였으며 요란다는 겨우 14세였다. 결혼과 함께 그녀의 불운은 시작되었다. 결혼식 다음날 프레데릭은 그의 신부를 데리고 몰래 브린디시를 떠났는데 그녀의 아버지가 그 뒤를 좇아 그들과 만나게 되었을 때, 그녀는 남편이 신혼 초야에 그녀의 사촌 중 하나를 유혹했다고 울면서 호소하였다. 존은 분개할 수밖에 없었다. 프레데릭은 그의 섭정직을 박탈하고 프랑스의 필립 아우구스투스에게서 받은 유산까지 빼앗아 버렸다. 존은 로마로 도망하여 교황 호노리우스 3세에게 프레데릭의 악행을 호소하였으나 교황은 그의 옛 제자가 그런 짓을 저질렀다는 것을 믿지 못하였다. 요란다는 시실리 섬 팔레르모에 있던 황제의 하렘

(harem)에 유기되었으며, 그곳에서 아들을 낳은 후 17세의 나이로 사망하고 말았다. 그녀의 아버지는 콘스탄티노플의 라틴인들에게 돌아가 어린 황제 볼드윈 2세(Boldwin II)의 섭정을 맡았다. 그는 카스틸 왕 페르디난드 3세(Ferdinand III)의 여동생과 결혼하여 그 사이에 낳은 네 살짜리 딸은 볼드윈 2세와 약혼시켰다. 실제로 존은 그가 죽을 때까지 스스로 황제의 칭호를 사용하였다(1237).

프레데릭의 원정 모습은 그의 성품을 잘 나타내 주고 있다. 그는 어떤 원칙이나 이상을 위해서가 아니라 국가적 정책이기에 할 수 없이 원정을 일으켰다. 그는 그의 선임 원정가들과는 달리 교회의 축복 대신 저주를 받으며 출발하게 되었다. 1227년 3월에 사망한 호노리우스 3세의 뒤를 이은 로마의 바로는 독일의 요셉을 잘 몰랐거나 혹은 반대로 그의 내심까지 꿰뚫어 보는 인물이었다. 그레고리 9세(Gregory IX)는 마치 호노리우스처럼 프레데릭에게 호락호락 속아 넘어 갈 인물이 아니었다. 황제는 1227년 9월 8일에 항해를 시작하였는데, 곧 군대 내에 전염병이 돌았다. 그 결과 튜링기아의 루이(Louis of Thuringia)가 사망하고 프레데릭은 병후의 회복을 위해 포쭈올리(Pozzuoli)의 온천으로 돌아갔다. 그러나 그레고리는 프레데릭이 루이를 살해한 것으로 짐작하고 그를 파문시켜 버리고 말았다. 따라서 그가 1228년 6월 28일 다시 원정길에 올랐을 때 그의 위치는 미묘한 것이었다. 즉, 스스로 기독교인으로서의 대우를 받지 못하는 위치에서 기독교를 위한 원정을 떠난 인물이 된 것이다.

그의 원정은 전투 대신 외교로 이루어졌다. 그는 시실리에서 성장하였으므로 아랍인들의 사정에 밝았다. 이에 따라 그는 그들을 능숙하게 다룰 수 있었다. 그는 예루살렘을 다시 기독교인들에게 회복시켜 주기로 하는 협정을 받아냈다. 그러나 이는 마치 한 줄기 가느다란 통로를 따라 해안에 자리잡은 기독교 영토에 연결된, 모슬렘 신교도들의 회자에 둘러싸인 성과 같았다. 군사적으로 볼 때 이를 방어한다는 것은 불가능한 것이었다. 프레데릭은 요란다의 아들 콘라드(Conrad)의 아버지라는 사실 외에는 기독교 영주국의 왕좌에 대한 합법적인 권리가 없었다. 그러나 그는 성묘 교회(The Church of the Holy Sepulcher)의 갈보리 제단에서 예루살렘 왕관을 받았다(1229년 3월 18일 일요일). 그는 당시 교회에서 파문당한 상태에 있었으므로 대관식을 주관할 감독이나 사제조차 없었다. 따라서 자기의 병졸들이 지켜보는 가운데 스스로 왕관을 들어 자기 머리에 얹었다. 이러한 그의 행동은 성지의 기독교 영주들에게 큰 충격과 분열을 자아내게 하였다. 그가 유럽으로 귀환

(1229)함으로써 끝난 그의 원정 결과 심각한 무정부 상태가 계속되었다. 귀족과 장군들은 자기들끼리 그리고 황제의 대리인을 상대로 끊임없는 유혈극을 벌였다. 프레데릭이 아크르(Acre)를 떠나는 날 시민들은 그에게 욕을 퍼붓고 대소변과 쓰레기를 집어던졌는데, 이 장면은 그의 원정이 남긴 유산을 상징하는 듯하였다. 이제 기독교인들은 기독교인들을 상대로 싸웠으며 거룩한 도시 예루살렘은 교황이 발한 성례 금지령의 저주 아래 놓여 있었다.

그러나 그의 사촌이던 전 교황 이노센트 3세에 못지않게 정력적이던 그레고리 9세가 스스로 또 하나의 십자군 원정을 시작한 것은 당시의 상황에 아무런 도움도 되지 못하였다. 비록 그는 이를 위해 강력한 왕들의 참가를 유도하지는 못하였으나, 마치 제2차 원정 지도자들의 신분에 비교될 수 있는 소영주들을 소집할 수 있었다. 그러나 그의 생각으로 볼 때 제1차 원정이 결국은 동방에의 모든 원정 가운데 가장 성공적이었다. 만약 그 상황이 재현되기만 한다면 교황의 높은 소망은 실현될 것이었다. 이에 대한 응답은 프랑스로부터 왔다. 원정의 선두에 선 것은 나바르의 왕 샴파뉴의 티발드(Tibald of Champagne)였으며, 그와 함께 버건디 공(the Duke of Burgundy)과 브리타니, 바르, 네베르, 몬트포르트, 죠이그니, 산세르 백작들과 기타 소귀족들이 동반하였다.

그러나 이들이 이룬 업적은 프레데릭이 교섭한 평화를 망친 것에 불과하였다. 이들은 비록 부포르트, 사페드 그리고 아스칼론(Ascalon)등을 수복하였으나 이들의 계약 위반은 모슬렘들로 하여금 기독교도들과 맺은 약속은 아무런 가치가 없는 것이며, 동방에 있는 기독교인들의 존재는 해독에 불과하다는 결론을 내리게 하였다. 1239년에 시작된 이 원정은 1240년에 끝났으며, 그 후에 다시 1241년 아크르에 도착한 콘월의 리챠드(Richard of Cornwall)가 황제의 이름으로 정부를 수립하였다. 그러나 이 정부는 그가 떠나자마자 곧 무너졌으며, 3년 내에 크와리스미안(Khwarismian) 기마대에 의한 예루살렘의 유린이 자행되었다. 이들 크와리스미안족들은 신부들을 학살하고 왕들의 시체를 파내었으며, 성묘 교회에 불을 질렀다(1244). 3년 후(1247) 아스칼론은 이집트 군대에게 점령당했고 기독교 영주국은 제3차 원정 말의 상태로 되돌아가게 되었다.

사라센인들의 세력에 시달리는 성지의 라틴 국가들을 돕고자 하는 서방의 마지막 노력은 프랑스 왕 루이 9세의 원정이었다. 이는 제5차 원정을 본떠 계획되었으며, 군대의 진주로 역시 그와 흡사하였다. 루이는 적들에게 반격할 여력을 남겨둔

채로 사라센인들의 전초 기지만을 분쇄하고 비록 예루살렘이라고 할지라도 이곳 저곳의 도시들만을 정복하는 것은 의미가 없는 것이라고 생각하였다. 따라서 그는 아유브 술탄 왕조의 수도이던 카이로를 목적지로 정했다. 그는 1248년 8월 12일 파리를 떠나 동방으로 진격하였다. 그러나 1249년 5월 13일에야 120척의 전선들과 그 밖에 수다한 소형 선박들을 사이프러스에 모을 수 있었다. 6월 4일 루이 왕과 그의 함대는 이집트 다미에타 해안에 도착하였다. 팔레스타인에서 전투가 벌어질 것을 예측한 술탄은 병사들을 모으기 위하여 시리아(Syria)에 가 있는 도중이었다. 술탄은 결핵으로 지친 몸을 이끌고 곧 귀환하여 늙은 대신 파크르 아드 딘(Pakhr-ad-Din)에게 다미에타 지휘권을 맡겼다. 루이는 6월 5일 쉽사리 상륙하였다. 프랑크인들은 다미에타를 점령하였으며, 12월에는 카이로를 향해 남쪽으로 진군하였다.

당시의 국면은 루이에게 유리한 듯하였다. 술탄은 사망하였고 후계자인 그의 아들이 디아베키르(Diabekir)로부터 올라와 왕위를 계승하기까지 백성들이 이 사실을 알지 못하도록 했던 그의 미망인은 스스로를 섭정인으로 지명하는 허위문서를 조작하고 파크르 아드 딘을 총사령관에 임명하였다. 사라센군들은 프랑크인들을 조우하기 위해 만슈라(Mansourah) 밖에 진을 쳤다. 양편 사이에는 커다란 운하가 가로지르고 있었다. 이들은 프랑스 병사들이 운하를 건너기 전에는 전투가 없으리라 짐작을 하였다. 그러나 루이의 성급한 동생 아르토의 로버트(Robert of Artois)는 기습을 감행하기로 작정하고 운하를 건넌 선두만을 이끌고 공격을 개시하였다. 템플러의 기사들이 그 뒤를 따랐다. 적들은 전투준비가 되어 있지 않았으며, 와중에 노령의 사령관을 잃고 말았다. 이에 따라 십자군들은 만슈라 안에까지 진입할 수 있었다. 그러나 아르토의 로버트의 성급함은 곧 허점을 드러내게 되었다. 만약 그가 승리를 거둔 후 루이가 도착하기까지 기다렸다면 만사는 순조로웠을 것이다. 그러나 곧 모슬렘이 모여들었고 시내의 좁은 골목에서는 십자군들이 마음대로 용병할 수 없었다. 결국 이들은 참패당하였으며, 290명의 기사들 가운데 겨우 5명만이 살아남았다. 로버트 역시 이곳에서 전사하고 말았다(1250). 이 때문에 루이의 전력은 심히 약화되었다.

이제 루이가 취할 수 있는 조치는 거의 없었다. 그는 궁중 혁명이 나서 모슬렘의 전력이 약화되기를 헛되이 기다리며, 8주 동안 만슈라 밖에서 야영하였다. 결국 궁중 혁명은 발생하였으나 루이에게는 너무도 뒤늦은 것이었다. 질병과 기근이 그의 병사들을 쓰러뜨렸다. 그는 다미에타와 예루살렘을 교환하는 협상을 벌이고자 하였으나, 모슬렘 교도들은 시간이 자기의 편에 서 있음을 이미 깨닫고 있었다. 그들은 질병과 피로가 자기들 대신 전쟁을 치러 줄 것을 알고 있었다. 따라서 루이로서는 다미에타로 철군하는 수밖에 없었다.

그러나 가장 큰 재난이 아직도 그의 후퇴를 기다리고 있었다. 그는 중병에 걸려 넘어지게 되었다. 몬트포르트의 필립이 루이 대신 적들과의 화해 협상을 벌이는 도중 겨우 상사에 지나지 않던 마르셀(Marcel)이라는 이름의 배반자가 진영에 돌아다니며, 루이가 무조건 항복하였다는 거짓 소문을 퍼뜨렸다. 이로 인해 대군이 무너지게 되었다. 루이는 엄청난 몸값이 걸린 채 투옥되었다. 모슬렘은 같은 목적으로 귀족들을 살려두었다. 그러나 십자군 병사들의 막대한 숫자들에 질린 이교도들은 이들을 다 경비할 수 없음을 깨닫고 모든 병자들과 소용없는 자들을 즉석에서 처단하였다. 이들은 일주 동안 매일 저녁 300명씩 목을 잘랐다. 루이의 몸값은 그의 아내와 그의 템플러 기사들에 의해 지불되었다. 당시 해산 중이던 마가렛 여왕(Queen Margaret)은 다미에타에서 영웅적으로 기풍을 지켰다. 불운한 왕 부부는 이집트를 떠나 아크르로 향했으며, 그들은 이곳에서 다시 기독교 왕국을 재정비하고 이집트에 아직 잡혀 있는 프랑크인 포로들의 석방을 위해 4년을 보냈다.

루이는 자기가 원해서가 아니라 왕국의 사정이 급박해졌기에 프랑스로 귀환하였다. 그는 6년을 원정길에 보낸 셈이다. 그러나 그의 마음은 동방에 남아 있었다. 그는 16년 후 제2차 원정을 시도하였다. 야심에 찬 그의 동생 안주의 찰스(Charles of Anjou)는 그가 원정길에 북 아프리카의 튜니스(Tunis)를 점령하도록 유도하였다. 그는 이곳에서 최후를 맞는데(1270년 8월), 임종의 마지막 순간까지 "예루살렘, 예루살렘"을 부르짖었다. 모든 십자군 원정 지도자들 가운데 루이야말로 동기와 생활에 있어서 가장 고상한 인물이었다. 그는 사자 심장의 리챠드가 소유하였던 용기와 함께 리챠드로서는 꿈도 꾸지 못했던 기독교인의 성품을 아울러 지니고 있었다. 그러나 루이의 원정 역시 실패작이었다.

그 후 두 가지 큰 이유에서 동방을 향한 라틴 국가들의 군사적 노력은 크게 약화되었다. 첫 번째 이유는 신학적인 것이었다. 만약 하나님께서 프랑스의 루이 왕을 도우시지 않았다면 그가 과연 누구를 도우실 것인가? 다른 원정가들은 그들의 죄와 불순한 동기로 인해 실패했다고 평가될 수 있었다. 그러나 루이만은 성자였다. 따라서 하나님은 결국 기독교인들이 성지들을 정복하기를 원치 않으시는지도 모른다. 만약 그가 원하지 않으신다면 아무리 동기가 순수하고 무력이 강성하더라도 그의 뜻에 거슬려 성공할 수는 없는 것이었다. 또 다른 이유는 정치적인 것이었다. 시리아를 정복하여 모슬렘의 세력확장을 저해하였던 몽고인들은 이집트 출신의 아랍인 마멜룩(Mameluk)에 의해 패배당했으며(1260), 아랍 역사상 새로운 시대가 열리고 있었다. 그의 군주를 암살하고 왕위에 오른 술탄 바이바르스(Baibars)는 역사상 모슬렘 정복자들 가운데 가장 성공적인 인물이었다. 그의 치세 17년 동안 (1260~1277) 라틴 왕국은 아크르, 두로(Tyre), 시돈, 트리폴리, 자바일, 토르토사 등 6개 도시로 축소되었다. 아라곤 제임스 왕의 서자들이 지휘한 원정군은 너무나도 약하여 아크르의 도시들이 도움을 받기는커녕 오히려 도와주어야 할 형편이었다. 잉글랜드의 에드워드 왕자는 독을 바른 단도에 찔려 귀국하였다. 그레고리 9세 교황은 리용 회의에서 다른 원정에 대한 원조 약속을 받았으나, 이는 끝내 실현되지 않았다. 따라서 바이바르스 혹은 그 후계자들의 손에 의해 라틴 왕국이 정복당하는 것은 시간 문제였다. 예루살렘 라틴 왕국의 최후가 1291년 5월 18일 아크르의 함락과 함께 찾아왔다. 도시 자체가 조직적으로 파괴되었다. 템플러 기사들은 토르토사 해안 근처의 한 섬에 새로이 기지를 정했으나 나머지 대륙의 모든 영토들은 8월 14일 완전히 모슬렘 수중으로 넘어갔다. 라틴인들의 죽음 혹은 도주로 라틴 기독교는 파괴되었다. 원주민 출신 기독교인들 — 헬라인, 콥틱인, 쟈코바이트, 그리고 네스토리우스주의자들 — 은 마치 노예와 같은 취급을 받았다.[15]

1095년 그토록 영광스럽게 시작되었던 십자군 원정은 2세기 후 1291년에 성지를 위해 아무런 성과도 거두지 못한 채 막을 내리고 말았다. 시리아와 팔레스타인에서 기독교의 상징인 십자가는 모슬렘의 초승달에게 패배한 것이었다.

4. 동방의 제국들

제4차 십자군 원정은 비잔틴 제국의 최후를 의미하였다. 마찬가지로 이는 헬라 교회에게도 치명타였다. 그 사건 이후 중세 시대를 통해 가장 강력하고 문화적으로 앞서 있던 정치기구는 겨우 민족주의적 영주국의 모습으로 생존하였으니, 이는 전

---

15) MPL. CCXV. 699~702. S. Runciman, *A History of the Crusades*. III. 132 ~423, 493~1503.

날 영광의 그림자에 불과하였다. 한편 중세 초부터 "세계 교회의 대주교"라고 자칭하였던 콘스탄티노플 총대주교들은 형식적 영예에 있어서는 어떠했는지는 몰라도 실제 권력에 있어서 제3의 로마로 등장한 모스크바 대주교에 의해 대체되고 있었다. 알렉시우스 3세는 그의 형 아이작 앙겔루스를 폐위하고 눈을 멀게 한 후 투옥하였다(1195). 그러나 앙겔루스의 아들 알리시우스 왕자는 유럽의 군주들을 방문하고(1201~1202) 자기의 왕위를 복구시켜 달라고 호소하였다.

콘스탄티노플에 입성한 십자군들은 반란자 알렉시우스 3세가 이미 도망하고 옛날의 황제 아이작이 다시 보좌에 앉아 있음을 발견하였다(1203). 헬라인들은 대규모 전쟁을 피하고 도시를 약탈과 유혈로부터 구하기 위해 그를 다시 불러온 것이었다. 그러나 아이작의 아들 알렉시우스 4세는 십자군들과 맺은 계약을 제대로 이행하지 못하였다. 그는 라틴 카톨릭교와의 재결합을 성취하는 데 실패하였을 뿐만 아니라 십자군들이 원조의 대가로 요구했던 보상금도 지급하지 못했다. 또한 그의 과중한 세금과 라틴인들을 향한 비굴한 행동에 환멸을 느낀 공민들은 그를 폐위시키고, 알렉시우스 3세의 사위들 중 하나였던 무르트프플로스(Mourtzouphlos)를 황제로 선출하였으니, 이가 곧 알렉시우스 5세이다. 알렉시우스 4세는 지하 감옥에 갇혔다가 곧 목을 졸려 죽고 말았다. 그 아버지 아이작은 물론 소경으로서 국정을 돌볼 수 없었으며, 대환난을 예고하는 점성술사들과 어울려 이럭저럭 시간을 보내다가 아들의 비극적 죽음을 통보받고 그 뒤를 따라 저승길을 향하고 말았다. 십자군들은 이 사건을 계기로 헬라인들에게 선전을 포고하고, 콘스탄티노플을 정복해 버리고 말았다(1204).[16]

이때 자행된 약탈과 만행은 역사상 가장 참혹한 광경 중 하나로 기록되고 있다. 콘스탄티노플은 무려 900년 동안 기독교권의 가장 중요한 도시로서의 위치를 점하고 있었다. 그러나 불과 수일 동안에 무지한 프랑스인들은 궁정과 박물관들을 약탈하고 각종 조각 건축물을 파괴하였으며, 여인들을 농락하고 남녀노소를 가리지 않은 채 학살하였다. 이들은 성 사도들의 교회(the Church of Holy Apostles)의 묘지에 묻혀있던 기독교 황제들의 시체를 파내어 관 속에 들어 있던 장식물들을 훔쳤으며, 술 취한 병사들은 성 소피아 사원의 비단 휘장들을 뜯어 내렸고, 창녀들은 총대주교의 보좌에 앉아 음탕한 노래를 부르고 있었다. 불과 3일 만에 문화와 학문

---

16) CMH, IV, 415~420.

의 중심지였던 영광스러운 수도 콘스탄티노플은 폐허가 되었다.[17]

　콘스탄티노플의 약탈에 뒤이어 동방에 라틴 제국을 수립할 계획이 착착 실행에 옮겨졌다. 원정에 참가했던 귀족들은 그들의 점령지를 삼분하기로 이미 결정되어 있었다. (1) 비잔틴 제국의 사분의 일은 십자군들이 선출하는 라틴 황제에게 주어진다. 그 나머지 사분의 삼은 (2) 베니스 상인들에 대한 보수와 (3) 원정에 참가한 기사들을 위한 봉토로써 균등하게 반분된다.[18] 여섯 명의 프랑크인들과 여섯 명의 베니스인들로 구성된 위원회가 황제와 총대주교를 선출하기로 하였다. 비록 제4차 원정의 지도자는 이들 가운데 가장 유능하였던 몬트페라트의 보니페이스(Boniface of Montferrat)였으나, 플란더스의 백작 볼드윈(Boldwin, Count of Flanders)이 황제로 선출되었다. 이들은 볼드윈을 위로하는 의미에서 수도 데살로니가와 함께 마케도니아 왕국을 그에게 주었다. 이들은 수치도 모르고 이 모든 악행들이 "하나님과 교회와 제국의 영광을 위해" 행해졌다고 선언하였다.

　1204년 5월 16일 볼드윈은 성 소피아 사원에서 새로이 선출된 베니스 출신의 주교 토마스 모로시니(Thomas Morosini)에 의해 황제에 임명되었다. 10월 1일에는 궁에서 가신회의를 소집하고 그의 봉신이 된 약 600명의 기사들에게 봉토를 나누어 주었다. 그러나 볼드윈은 일찍이 헬라 황제들과 같은 효과적 독재권을 행사할 수는 없었다. 그는 황제를 겨우 동료들간의 조종자보다 약간 높게 우대한 헌법에 따라 통치해야만 했다. 그의 영토 역시 제국이라기보다는 서방에서 동방으로 직수입된 봉건 영지들의 연맹에 불과하였다. 새로운 제국은 이름과는 달리 배후국에 지나지 못했다. 군대까지도 황제의 명령을 거부할 수 있는 참모들(tenants-in-chief)이라는 기관에 의해 통솔되었다.[19]

　이러한 국가는 오래 지속될 수 없었다. 그 전체 역사는 겨우 50여 년에 지나지 못한다. 유능하고 효과적인 지도자도 겨우 하나밖에 배출되지 못하였으니, 곧 플란더스의 헨리(Henry of Flanders, 1206~1216)였다. 그러나 이러한 난세에 위업을 성취하기에는 10년도 충분하지 못하였다. 1222년 데살로니가 라틴 왕국은 에피

---

　17) Nicetas Acominatus, *Historia*, CSHB, 757~763. Villehardouin, *La Conquête de Constantinople*(éd. Faral, Paris, 1938~1939), II, 52~58.
　18) Villehardouin, *op. cit.*, II, 34~36.
　19) *Ibid.*, 66~68.

루스(Epirus)가 헬라인들에게 굴복하였으며, 이들은 다시 1246년 니케아 헬라인들에게 병합되었다. 아나톨리아(Anatolia)의 라틴 영지들은 이미 사라져버렸으며(1224년), 그리이스 연안의 섬들은 하나씩 니케아의 수중에 떨어지게 되었다. 겨우 콘스탄티노플만이 베니스의 한 함대 덕분으로 서방인들의 수중에 유지될 수 있었다. 그러나 함대가 인근 지역을 공략하기 위해 잠시 금각(Golden Horn)만을 비운 사이에 헬라 출신의 장군 알렉시우스 스트라페고풀루스(Strafegopulus)는 이렇다 할 저항 없이 도시를 정복하였다(1261년 7월 25일). 그의 황제가 입성하여(8월 15일), 다시 성 소피아 사원에서 제관을 쓰게 되었다. 볼드윈 2세는 이미 라틴 총대주교와 함께 도주한 후였다.[20]

이 소제국의 역사 가운데 헬라인 성직자들 대신 라틴인들이 들어서고 이에 따라 로마의 지존권을 인정하게 되었다는 사실밖에는 교회사를 위해 아무것도 기록할 것이 없다. 이들의 유일한 업적이라면, 한 제국과 혹은 한 문명으로서의 비잔티움(Byzantium)을 파괴시켰다는 것이다. 그 후 라틴 침략자들을 물리칠 수 있었던 헬라인들도 결국은 보다 수가 많고 강력한 적수들을 격퇴할 수는 없었다. 라틴인들이 하는 짓이란 이교도 터키인들의 침략에 대한 헬라인들의 저항력을 약화시켜 정복의 길을 터 주는 것뿐이었다. 또한 이를 통해 터키인들로부터 서부 유럽을 방어해 줄 수 있었던 유일한 방파제를 스스로 제거시켜버린 셈이었다. 라틴인들의 동방제국 정복이야말로 인류 역사상 가장 어리석었던 광대들 가운데 하나로 기록되고 있다.

콘스탄티노플의 함락 이후(1204) 비잔틴 제국은 서로 경쟁 상태에 있었고, 때로는 전쟁까지 벌였던 세계의 국가들을 통해 생존하였다. 유럽에서는 앙겔루스의 서자가 에피루스에 정부를 세웠는데, 우리가 살펴본 바와 같이 이들은 그 후 마케도니아의 라틴 왕국을 멸망시킬 정도로 강성해졌다. 동 아나톨리아 지방에서는 콤네누스 왕조 마지막 왕이던 안드로니쿠스(Andronicus)의 두 손자들이 북해 연안 트레비존드에 건국하였다. 세 번째 왕국은 알렉시우스 3세의 둘째 사위이던 테오도레 라스카리스(Theodore Lascaris) 아래 니케아에 건국되었다. 그의 동서이던 무르토주플루스가 콘스탄티노플로부터 쫓겨왔을 때, 그는 대신 황제로 선출되었으나, 그는 당시 그 영예를 차지하기를 정면으로 거부하고 패잔 헬라인들을 모아 군

---

20) CMH, IV, 421~431.

대를 조직하였다. 그는 지도자로서 이들의 존경을 얻게 된 후에야 니케아에서 제위에 올랐다(1206). 이 세 개의 소왕국들은 모두 스스로를 비잔틴 제국의 후예로서 자처하였으며, 제국의 칭호를 사용하였다. 니케아는 제1차 세계 종교회의가 열렸던 곳으로 셀주크 제국(Seljuk Empire)의 수도였으며, 제11세기 십자군들이 이교도들에게서 탈취한 첫 번째 도시이기도 하였다. 니케아는 성벽으로 둘러싸인 도시로서 정부를 수립하기에도 중요한 요충지였다. 이곳은 직접 해안선에 위치하지 않으면서도 바다를 이용한 유익을 얻을 수 있다. 근접한 아스카니아(Askania) 호수는 아름답고도 유용하였으며, 비시니아의 비옥한 평야에서는 옥수수와 포도주가 풍성하게 산출되었다. 동시대인의 말을 빌리자면, "안전과 아름다움을 골고루 갖춘" 도시였다.[21] 이곳의 제국은 마치 자석처럼 방방곡곡의 헬라인들로부터 지원과 호응을 받게 되었다. 이미 공부한 것처럼 이들은 에피루스의 경쟁 제국을 병합하였다. 비록 동방 트레비존드 제국은 그 후 8년이나 계속되었지만 그 비유는 힘에 의한 방어가 아니라 처음에는 셀주크 술탄들에게(1240), 그 후에는 몽고인들에게(1253) 예속되는 왕국이 되었기 때문이다. 이들은 결국 오토만 터키인들에 의해 최후로 정복당하고 자취를 감추어버리고 말았다(1461).[22] 따라서 콘스탄티노플의 진정한 후계자는 니케아뿐이었으니, 이들은 그 후 라틴인들을 물리치고(1261) 콘스탄티노플을 탈환하였다.

니케아 제국 초기는 그다지 괄목할 만한 것이 못 되었다. 헬라인들끼리의 싸움이 그치지 않았으니, 만약 유럽의 불가리아족이 콘스탄티노플의 프랑크족들을 상대로 전쟁을 벌여 소아시아 지방에서 헬라인들에 대한 라틴인들의 압력을 경감시켜 주지 않았다면 이들의 운명은 전쟁의 연기로 화했을지도 모른다. 또한 라스카리스의 장인 알렉시우스 3세가 돌아와 자기의 제위를 되찾기 위해 셀주크 술탄의 도움을 요청하였다. 술탄은 전쟁에 패하고 전사하였으며, 알렉시우스는 포로로 잡혀 라스카리스에 의해 두 눈을 뽑히고 감옥에서 죽고 말았다.[23] 그는 결국 그가 그의 형제 아이작 2세에게 가했던 폭형을 그대로 받은 셈이다. 아이작 2세는 또한 그전

---

21) Theodorus Metochites, *Niraeus*, in K. N. Sathas, *Mesaionire Bibliothece. Bibliotheca graeca medii aevi*(Venice and Paris, 1827~1894), I, 140.
22) CMH, IV, 514~516.
23) CMH, IV, 484.

에 콤네누스 왕조의 마지막 황제였던 안드로니쿠스의 사지를 참혹하게 절단 살해한 후 왕좌에 오른 인물이었다.[24] 따라서 당시 황제위의 소유권을 놓고 잔인한 연쇄반응이 한동안 계속되었다고 볼 수 있겠다. 라스카리스(1206~1222)는 엄격한 통치자였다. 그는 예술과 문화를 장려하고 후원하였다. 철학 역시 다시 고개를 들었으니 그 중에서도 서머나에 자리를 잡고 논리학을 가르쳤던 데미트리우스 카리케스(Demetrius Karykes)가 유명하며, 동시에 시와 수사학도 번성하였다. 그러나 이 황제는, 헬라인들의 사변적 지성에 접촉할 경우 분열과 당파를 조장하기 일수였던 신학만은 장려하지 않을 정도의 상식을 갖추고 있었다.[25]

그의 후계자 존 바타체스(John Vatatzes, 1222~1254)는 불가리아의 짜르(Tsar) 존 아센 2세(John Asen II)와 동맹을 맺었다. 그는 그 대가로 트르노보(Trnovo) 교회가 현재 니케아에 소재하고 있는 총대주교로부터 독립하는 것을 인정하였다. 불가리아를 자기 로마 교회의 수하에 포함시키고자 했던 교황 그레고리 9세는 바타체스를 "하나님과 교회의 적"이라고 규정하였다.[26] 바타체스는 마찬가지로 에피루스와 니케아 두 교회 사이의 분열을 조정하고자 했으나 뜻을 이루지 못했다. 이는 그 후 두 국가의 병합을 통해서만 가능했으니, 이는 곧 세속 국가에게 크게 의지하고 있던 헬라 기독교의 민족주의적 특성을 보여 주는 것이다. 에피루스는 정치적 통일 이후에도 대주교직의 독립을 계속 유지하였다. 세르비아와 불가리아 교회는 모두 독립된 위치를 누리고 있었으므로 총대주교의 주권 범위는 상당히 제한되어 있었다. 바타체스는 수도원들과 교회들에 많은 재산을 하사하였으며, "총대주교를 마치 하나님처럼 예우하였다." 그는 학문을 장려하여 그의 재위 기간 동안 일단의 역사가들이 출현하였으며, 헬라인들은 라틴인들과의 학문적 경쟁에서 우위를 점하였다. 1세기 이후 바타체스는 헬라 교회에 의해 신성시되었다. 그의 아들은 수학으로부터 철학에 이르기까지 여러 방면에 관심을 가지고 있었다. 그러나 불행하게도 그의 지식은 지혜로 연결되지 못하였으니, 테오도레 2세(1254~1258)는 헬라 역사상 별로 중요한 위치를 차지하지 못한다.[27]

---

24) CMH, IV, 384.
25) CMH, IV, 486.
26) *Les Régistres de Grégoire* IX(éd. Auvray, Paris, 1896~1910), II, 217.
27) *Byzantinische Zeitschrift*(Leipzig, 1892 ff.), XIV, 217~232.

그러나 그의 후계자 마이클 팔래오로구스(Michael Palaeologus, 1261~1282)는 특기할 만한 인물이다. 그는 원래 테오도레의 무장들 중 하나로서 국민들이 테오도레의 여덟 살 난 아들을 섭정하였던 죠지 무잘론(George Muzalon)을 배척한 틈을 타 왕위에 올랐다. 당시 겨우 서른여섯 살이던 테오도레는 수도사의 제복을 입고 그와 그의 간신이던 미틸렌 주교(Bishop of Mitylene)의 죄를 회개하면서 사망하였다.[28] 무잘론은 예배시간 중 교회에서 그의 형제들과 함께 능지처참을 당하였다. 비록 마이클 팔래오로구스는 당시 소년이던 콘 4세(1258~1261)에의 충성을 서약하였으나, 그 후 그를 투옥하고 당시 일반 정적에게 행해지던 관례대로 그를 소경으로 만들어 버렸다. 그러나 마이클은 그의 총대주교 아르세니우스(Arsenius)와의 갈등이 극에 달했던 때에도 교회를 원조하였으며, 콘스탄티노플을 탈환했을 때 성모 마리아의 성상을 따라 무릎을 꿇고 입성하였다. 그는 이처럼 원래의 헬라인들에게 콘스탄티노플을 되돌려줌으로써 정치적이 아니라 종교적으로 길이 이름을 남기게 되었다.[29] 당시 그가 다스리던 제국 영역은 라틴족들의 정복 이전에 그의 선임자들이 다스리던 영토에 비해 상당히 축소되어 있었다. 터키인들은 아탈리아(Attalia) 항구를 비롯하여 겨우 피시디아 해안만을 장악하였으므로 아시아에서는 서부 아나톨리아 지방을 대부분 소유하고 있었고, 북쪽으로는 북해 연안의 시노프(Sinope)를 포함하여 파플라고니아(Paphlagonia) 해안까지 이르렀다. 유럽에서는 겨우 트라스와 대도시 데살로니가를 포함한 마케도니아 일부 그리고 로데스, 레스보스, 사몬트라스, 임브로스 섬 등을 소유하고 있었다. 마이클의 장기는 협상과 권모술수였다. 그는 용사는 아니었으며, 군대의 지휘권까지도 외국용병 출신들에게 넘겨주어 결국 제국의 영향력을 약화시켰다.

그의 아들 안드로니쿠스 2세(Andronicus II, 1282~1328)의 긴 치세 중 전반부는 13세기에 포함된다. 그는 아마도 총대주교직을 임명하고 빼앗는 것을 주된 낙으로 삼았던 인물인 듯하다. 그가 황제로 있는 동안 무려 9명의 총대주교들이 콘스탄티노플에서 교체되었다. 국민들을 통치해야 하는 황제 본연의 임무를 버리고 신학적·교리적 논쟁으로 소일하였으니, 그가 차라리 수도원에 입문하였다면 제국으로서는 오히려 다행이었는지도 모른다.

---

28) CMH. IV. 501~506.
29) CMH. IV. 507~513

13세기 중 헬라 황제들의 가장 주요한 종교 활동은 헬라와 라틴 카톨릭의 재결합을 위한 노력이었다. 그러나 헬라측의 동기는 완전히 정치적이었으며, 이에 따른 황제들의 노력은 국민들과 성직자들간에 별로 호응을 얻지 못하였다.

예를 들어, 알렉시우스 4세는 자기의 왕위에 복귀하기 위해 교회의 통일과 십자군 원정을 약속하였다. 그러나 그는 어느 한 조건도 지키지 못하였다. 라틴 제국 역시 통일을 이루지 못하였으며, 단지 동방교회에 서방 출신 성직자들을 배치하는 데 불과하였다. 온건파 헬라 종교 지도자들은 이노센트 3세에게 세계 종교회의 석상에서만 화합을 모색할 것이며, 교회의 통일을 위해 무력이 사용되어서는 안 된다고 충고하였다(1213). 그러나 콘스탄티노플에 주재하던 이노센트의 사절 펠라기우스의 추기경(Cardinal Pelagius)은 헬라인들과 라틴인들 사이의 회의를 제대로 마련하지 못하였다. 물론 그는 형식적으로 회의를 열고 니케아 제국대표로 온 에베소의 메트로폴리탄 니콜라스 메사리테스(Nicholas Mesarites)를 융숭하게 영접하였다. 그러나 그의 태도가 너무나도 건방지고 교만하였으므로 토론은 아무런 결실도 맺지 못한 채 일주 안에 끝나고 말았다. 따라서 헬라인들이 다시 로마 교구에 귀속되었다는 라터란 회의의 선언은 정확한 것이 아니다. 겨우 라틴 제국 안에서만, 그것도 부분적으로 이루어졌던 이 귀속은 강압에 의한 것이었다. 또한 그 안에 속해 있던 헬라 성직자들은 라틴 성직자들의 손으로 세례를 받은 유아들에게 재세례를 베풀었고, 라틴 성직자들이 사용한 제단은 반드시 정화과정을 거친 후에야 자기들이 사용하였다. 재결합을 향한 적극적인 노력은 헬라인들에 의해 이루어졌다.

테오도레 라스카리스(1219)는 그의 총대주교로부터 나우팍투스의 메트로폴리탄으로 보낸 편지를 통해 교회의 분열을 종식하기 위해 니케아에서 세계 종교회의를 개최할 것을 제안하였다. 그러나 불행하게도 그는 성직자들의 동의를 얻지 못하였다. 1232년 에피루스의 폭군 마뉴엘(Manuel)은 데살로니가를 정복한 후, 니케아 제국의 보복을 두려워하여 교황 그레고리 9세에게 귀순하였다. 존 바타체스는 콘스탄티노플을 재점령하고 모든 교회에 헬라 성직자들을 다시 복귀시켜 주기만 한다면, 교회의 지존권을 헬라 성직자들에게 교황에 대한 충성을 맹세시키고, 교황의 이름을 동방교회의 이절판(diptychs)에 올릴 것이며, 교황이 종교회의를 소집할 권한을 인정하겠다고 제안하였다. 그런데 마침 이때 존 바타체스와 교황 이노센트 4세가 다 사망하였다(1254). 교황청의 정책은 제국에 비해 보다 획일적이고 안정되어 있었으므로, 전임자의 업무를 계승한 교황 알렉산더 4세는 데살로니가에 사절을 파견하여, 테오도레 2세에게 헬라 성직자들을 로마에서 열리는 회의에 보내주도록 요청하였다(1256). 그러나 당시 테오도레는 협상을 계속할 용의가 없었다.

교회의 재통일에 가장 가깝게 접근할 수 있었던 것은 마이클 팔래오로구스의 긴 치세기간 동안이었다. 이는 마이클이 그의 전임자들보다도 교회의 통일에 더 큰 애착을 가지고 있었기 때문이 아니라, 당시의 상황이 그 어느 때보다도 제국을 위해 통일을 요구하였기 때문이었다. 이는 새로운 시실리 왕 안주의 찰스(Charles of Anjou)의 강성해지는 무력으로부터 자기 제국을 보호하고 헬라인들에 대한 또 다른 십자군 원정을 방지할 수 있는 유일한 수단이었다. 몇 차례의 시도가 수포로 돌아간 후 마이클과 그레고리 10세는 1974년 7월 6일 리용 회의(Council of Lyons)에서 공식적으로 통일을 비준하였다. 헬라 성직자들은 교황의 기존권에 동의하고 그의 이름을 다시 이절판에 올리기로 하였으며, 로마에의 항소권을 인정하였다. 리용에서 게르마누스(Germanus)가 이를 선언하는 순간 교황은 "테 데움"(Te Deum)을 찬양하였다. 불가리아와 세르비아 역시 비잔틴인들의 행동에 보조를 맞추었다.

그러나 이러한 통일은 오래 지속되지 못했다. 비록 마이클은 황제였으나 많은 헬라 성직자들에게 로마에 대한 충성을 강요할 수는 없었다. 니콜라스 3세가 헬라 신경에 필리오케(filioque)의 삽입을 명령하고 헬라 교회의 법령을 제정할 권한을 요구함으로써 양자간의 평화는 깨어지고 다시 분열과 대결 상태로 돌아갔다.

마이클의 죽음 직후 그의 아들 안드로니쿠스 2세(Andronicus II)는 통일을 취소하고, 존 베쿠스(John Beccus)를 퇴위시킨 후 이 문제에 있어 부친의 가장 강력한 반대자였던 요셉(Joseph)을 총대주교에 임명하였으며, 신앙 문제로 타협하기보다는 차라리 제국을 상실하는 것조차 마다하지 않던 수도사들의 지원을 요청하였다.[30]

헬라 제국과 교회가 무력하였던 13세기는 세계 각국의 헬라 카톨릭교가 국가적 노선을 따라 발전하였다. 특히 이는 불가리아와 세르비아의 경우 더욱 뚜렷한 모습을 보였다. 장래 가장 강력하고 거대한 헬라 기독교의 대변자의 역할을 할 러시아 교회는 당시 몽고인들과 타타르인들의 침입에 시달리고 있었다. 1281년까지는 키에프(Kiev)가 가장 중요한 교구였으며, 그 후에는 14세기까지 블라디미르가 그 지위를 이어받았다.

---

30) CMH. IV. 607~614.

교황청은 안디옥 교회에게 만약 이들이 로마의 우월성을 인정하기만 한다면 일체의 예배의식과 종교적 특권을 보장하겠다고 제안함으로써 이들을 니케아와 콘스탄티노플의 영향에서 떼어놓고자 하였다. 대주교 데이비드(David)에게는 로마에서 일체의 경비를 부담하는 조건으로 교황청에 사절을 파견하는 것을 종용하였다. 그러나 이러한 접근 역시 콘스탄티노플을 상대로 한 협상과 마찬가지로 그다지 큰 효과를 얻지 못하였다.[31] 제국의 패망에도 불구하고 헬라인들의 기질은 꺾이지 않았다. 에피루스와 니케아에서 문학적, 문화적 활동이 활발히 전개되었으며 라틴 제국에 속한 헬라인 식민들 역시 계속 헬라인으로서 생각하고 저술하였다. 당시 가장 중요한 문학인들은 성직자들이었다.

나우팍투스의 메트로폴리탄 존 아포카우쿠스(John Apocaucus)는 그의 서신들과 교회법에 관한 저술을 통하여, 그리고 코르키라(Corcyra) 메트로폴리탄 죠지 바르다네스(George Bardanes)는 『교회 연륜』(Ecclesiastical Annals)을 통해 우아한 스타일로 에피루스의 역사와 상황을 기록하였다. 불가리아 대주교 데미트리우스 코마티아누스(Demitrius Chomatianus)는 데살로니가에 관한 짧은 역사를 남겼다. 라틴 제국의 헬라인들은 『벨탄드로스』(Belthandros)와 『크리스탄짜』(Chrystantza)라는 로맨스를 낳았으니, 이는 곧 13세기 서방의 음유시인들과 국가적서사시에 비견할 수 있는 비잔틴인의 문학작품이었다.

동방에 여러 제국들이 공존하였을 시에 니케아는 콘스탄티노플 대신 문학의 중심지로 등장하였다. 존 메사리테스(John Mesarites)는 시편 주석과 아울러 서방과의 종교적 협상에 관한 동방인의 관점을 잘 표현한 신학논문들을 저술하였으며, 그의 동생 니콜라스(Nicholas)는 콘스탄티노플에 있던 성 사도들의 교회(the Church of the Holy Apostles)를 묘사한 기록을 남김으로써 후세인들이 기독교권에서 가장 우아한 건축물 가운데 하나였던 동교회당에 관해 알 수 있도록 하였다. 테오도레 라스카리스 황제 역시 무수한 편지와 약간의 찬시들 그리고 교회 신학, 철학의 주제들에 관해 약간의 논문들을 남겼는데, 이를 읽어보면 그가 수학 및 자연과학 등에 뛰어난 지식을 가졌던 인물임을 알 수 있다. 서방 군주들 가운데에서는 학식의 깊이와 넓이에 있어 아마 프레데릭 2세가 그와 비교될 수 있을 것이다. 게오르기우스 아크로폴리타(Georgius Acropolita)는 콘스탄티노플의 함락

---

31) *Regesta Honorii Papae* III. 5567~5570.

(1204)으로부터 수복(1261)까지의 니케아 제국 역사를 기록하였다. 콤네누스 시대의 역사가였던 니케타스 아코미나투스는 콘스탄티노플로부터 니케아로 이주한 후 역사학을 버리고 신학을 연구하여 『정통의 보고』(A Treasury of Orthodoxy)를 저술하였다.

이 시대의 가장 위대한 저술가는 니세포루스 블렘미데스(Nicephorus Blemmydes)이다. 그는 두 권의 자서전적 작품을 집필하여 그 시대의 재미있는 세부 상황들을 묘사하였으며, 또한 그가 집필한 『제국의 법률』(The Imperial Statute)이라는 작품은 플라톤의 『공화국』(Republic)의 스타일을 본따 제국 정부에 관해서 논한 것이다. 그는 이외에도 두 권의 지리 교과서와 각각 "논리학"(Logic)과 "물리학"(Physics)이라고 이름붙인 철학 논문들을 후세에 남겼다. 블렘미데스는 수도사였으나 궁정에 거주하기도 하였고 황제의 명을 받아 해외로 파견되기도 하였다. 그는 신학적으로는 철저하게 정통교리를 수호하고 있다.[32]

5. 서방의 교황제국

이 시대 라틴 교회의 변천은 헬라 교회와는 극단적인 대조를 이룬다. 동방 기독교권이 분열되는 위험에 처해 있을 때 서방교회에는 막강한 영향력과 정력을 과시하였다. 이노센트 3세는 한창 일할 나이에 갑자기 객사하고 말았다. 그의 뒤를 이은 두 명의 교황들은 모두 나이가 많았다. 첫 번째, 호노리우스 3세(Honorius III, 1216~1227)는 도회인적인 성품의 세상물정에 밝은 인물이란 정평이 나 있었으나 교황이 된 후에는 별로 이렇다 할 업적을 남기지 못하였다. 그는 무언가 큰일을 이루기에는 너무나도 양순하고 온건한 성품이었다. 그는 뛰어난 전임자의 위업을 능가하지는 못했으나 그렇다고 그가 얻은 것을 상실하지도 않았다. 그의 치세는 기품 있는 정체 상태였다고 묘사할 수 있을 것이다. 그 이유는 쉽게 알 수 있다. 동서방을 막론하고 교황의 정책을 수립하는 데 가장 큰 장애가 되었던 것은 황제 프레데릭 2세였다. 무언가 그에 대한 조처를 하지 않는 한 교회의 활동 반경은 제한될 수밖에 없었다. 그의 옛 스승이던 호노리우스 3세는 그의 온건한 성품으로 프레데릭을 귀여워 하였으므로 11년 동안 프레데릭은 그가 마치 교황에게 가장 충실한 아

---

32) Vasiliev, op. cit., II, 548~563.

들이며 동맹자인 양 가장할 수 있었다. 그는 이탈리아 교황의 식민들을 핍박하고 또한 로마의 봉국으로서 자기가 통치하던 시실리인들을 압제하였을 뿐 아니라, 나폴리 일대를 위협하기도 하였다. 그럼에도 불구하고 호노리우스는 그에게 신성로마 황제의 관을 내려주었다(1220년 9월 22일).[33]

그레고리 9세(Gregory IX, 1227~1241)는 취임 당시 80대였음에도 불구하고 역사상 가장 정력적이고 적극적이었던 교황들 가운데 하나로 꼽힌다. 그는 프레데릭 2세를 제2의 헨리 4세로 간주했기에 스스로 그레고리라는 이름을 택함으로써 자신의 역할이 힐데브란드(Hildebrand)와 동일할 것임을 시사하였다. 그는 무슨 일이 있어도 이노센트 3세의 정책들을 실현하기로 결심하고 있었다.

당시 프레데릭은 30대 초반이었다. 그는 비록 할아버지 프레데릭 바바로싸(Frederick Barbarossa)만큼 키가 크거나 준수하지는 못했으나, 또 다른 의미에서 유능한 인물이었다. 그는 중키에 단단한 근육질이었다. 그는 호헨스타우펜스(Hohenstaufens) 가문 출신답게 건강한 체질이었다. 그는 막 대머리가 벗겨진 상태였으며, 안색은 부드럽고 매끄러웠으며, 입은 크고 입술은 붉고 두꺼워 정색적이었다. 그는 항상 웃음을 띠고 있었으므로 일견 친절한 성품으로 보였다. 그러나 그의 차가운 초록색 눈을 자세히 들여다본 적이 있는 사람들은 프레데릭이 냉혹하고 무자비한 인물임을 본능적으로 느끼지 않을 수 없었다. 실제로 그의 성격은 극단적으로 이기적이었으며, 남의 고통과 불행에 전혀 무관심하였다. 그는 동시에 뛰어난 지능의 소유자였다. 독일어, 프랑스어, 이탈리아어, 아랍어뿐만 아니라 고전 헬라어와 라틴어를 유창하게 구사하였다. 그는 열심히 철학과 과학을 공부한 바 있었다. 자연, 역사, 의학, 지리 등에 관한 그의 지식은 놀라운 바 있었다.

그는 신학에도 조예가 깊은 인물이었다. 그는 자기가 마음이 너그러운 사람으로서 다른 종교들의 교리 가운데서도 좋은 것은 택할 줄 아는 능력이 있다고 주장하였다. 자기보다 사라센인들의 심성과 개성을 잘 이해하는 서방인은 없다고 하였다. 그는 동서방 교회의 분열을 전혀 마음 아프게 생각하지 않았다. 헬라인들이 교황의 지존권을 인정하지 않는다는 사실은 자기로서는 상관없는 일이었다. 내심으로는 그 역시 헬라인들에 동의하고 있었다. 그의 생각은 서방인들이 이해하기에는 너무

---

33) LP, II, 453. Hefele, *op. cit.*(Leclercq), V, 1409~1466. Watterich, *Pontificum romanorum vitae*, I, 71~84.

도 극단적이고 엉뚱하였다. 그는 독일인과 노르만인 사이의 혼혈이었으나 시실리적 환경 속에서 성장하였다. 그는 헬라인들과 아랍인들을 가장 잘 이해하고 있었다. 왜냐하면 바로 이들이 시실리 섬의 주인구였기 때문이었다. 그러나 프레데릭은 그의 뛰어난 재능에도 불구하고 사람들에게 존경을 받을 수 있는 인물은 아니었다. 사랑은 커녕 증오와 경멸의 대상이 될 존재였다. 그는 친구로서 신의가 없었으며, 적들에게는 한치의 용서도 없이 잔인하게 보복하였다.[34] 프레데릭은 위험한 인간이었다. 교황 그레고리 9세는 이 사실을 잘 알고 있었다.

양자간의 결별은 전격적이었다. 그레고리는 프레데릭이 십자군 원정을 지연시킨다는 이유로 파문시켰다(1227). 그러나 진정한 이유는 그레고리가 프레데릭을 기독교인으로조차 간주하지 않았기 때문이었다. 문란의 극치에 달한 황제의 생활은 방탕하기로 악명 높았던 동방인들까지도 충격을 받을 정도였다. 실제로 그는 각종 변태적인 성행위에 몰두하고 있었다. 그는 항상 무엇인가 새롭고 특이한 모든 것에 흥미를 느꼈던 인물로 보였다. 그는 자기가 모든 방면에 있어서 최초의 인물이 되고 싶어했다.

교황의 행동에 대한 복수로 프레데릭은 그레고리를 페루기아(Perugia)로 쫓아내었다(1228). 그는 당시 성지에 있었으나, 프랑기파니 일가를 비롯하여 로마의 귀족들을 자기편으로 끌어넣었다. 다행히 당시 이탈리아에 있던 브리엔의 존 교황군을 이끌고 반란군을 물리쳤다. 산 게르마노(San Germano) 화약(1230)으로 교회는 6년 동안 평화를 누렸으나, 1236년 프레데릭은 다시 로마를 공략하기 시작하였다. 그는 교황에게 사절을 보내 모든 문제에 관해 사죄하겠다고 교황을 속이면서 동시에 사루비니아와 루카에 침입하였다.

그레고리는 프레데릭에 대항하는 회칙을 선포하여(1239년 6월 20일) 유럽의 영주들과 왕들이 그를 대적하도록 호소하였다. 그러나 교황의 신하들만이 그에게 무력을 제공하였다. 그럼에도 불구하고 그레고리는 로마를 수복하고, 프레데릭 문제를 해결하기 위해 회의를 소집하였다. 그가 생각해 볼 때 프레데릭은 도덕적으로 패륜아였을 뿐 아니라 불가지론자였다. 그는 모세(Moses), 모하멧(Mohammed) 그리고 그리스도(Christ) 셋을 모두 사기꾼이라고 부른 바 있었다. 그는 또한 성찬예품을 나르는 신부를 바라보면서, "도대체 얼마나 더 이 우스꽝스러운 희극이 계

---

34) E. Kantorowicz, *Fredericr the Second*(London, 1931), 366~368.

속되어야 할 것인가?"라고 야유하기도 하였다.[35] 프레데릭은 성직자들이 회의에 참석하는 것을 방지하기 위해 이탈리아로 들어가는 통로들을 폐쇄하였다. 그는 또한 성직자들이 탄 선박들을 나포하기도 하였다. 이 사태를 당해 그때까지 사건에 말려들지 않고 있던 프랑스 왕이 포로들의 석방을 요구하고 나섰다.

그러나 물론 그레고리 9세의 기나긴 치세가 단지 프레데릭과의 대결로 국한되어 있는 것은 아니었다. 다른 긍정적인 모습도 많이 있었다. 예를 들어, 무어족은 스페인에서 패퇴당했으며, 카스틸과 레온의 왕은 코르도바, 세빌, 카디즈 등을 점령하였고, 아라곤 왕은 발렌시아(Valencia), 마조르카 등을 수복하였다. 아비스(Avis), 성 제임스(St. James), 알칸타라(Alcantara), 칼라트라바(Calatrava) 등 네 개의 유명한 스페인 기사단은 효과적으로 모슬렘 세력 확장을 저지시켰으며 세빌의 페르디난드 3세(1217~1252)는 국가와 교회에 뛰어난 성자로서의 모습을 보여 주었다. 그는 자기 영토 내를 순회하면서 문제들을 조정하고, 가난하고 압박받는 자들을 대변하였다. 그는 고백하기를, "나는 무어족의 모든 군대들보다도 가난한 여인의 저주를 받는 것이 더욱 두렵다"고 하였다. 페르디난드는 전쟁터에 나가기 전날 제단 앞에서 밤새철야기도를 하였으며, 마치 수도사처럼 머리털로 짠 셔츠를 입고 있었다. 비록 그는 죽기 직전까지 무어족들을 정벌하여 그라나다(Granada)한 군데만이 아직 수복하지 못한 상태였으나, "주여 제가 당신을 위한 신앙만을 소중히 생각하였으며, 언젠가 쓰러져버릴 정복에 마음 두지 않았음을 알고 계시나이다"라는 유언을 남겼다.[36]

이러한 스페인의 페르디난드 3세의 성자적 성품은 그의 사촌이었던 프랑스 왕 루이 9세에게서 반복되었다. 루이는 교회를 사랑하였으나, 제국과 교황청 사이의 전쟁에는 간섭하지 않았다. 왜냐하면 적들이 싸우는 틈을 타 이익을 얻기보다는 이들을 화해시키는 것이 그의 정책이었기 때문이다. "역사상 세속 군주들 가운데 그만큼 고상한 인격을 지닌 자는 드물었다…그는 두 가지 원칙에 의해 그의 나아갈 길을 정하였으니, 곧 정의와 구원이었다."[37] 루이는 44년(1226~1270)의 오랜 기간 동안 치세하였는데, 그 중에 처음 10년(1226~1236)은 아직 어렸기 때문에 다재다

---

35) Hefele, op. cit.(Leclercq), V, 1590, 1591.
36) J. Laurentie, Saint Ferdinand(1910), 51, 62.
37) E. Lavisse, Histoire de France(1910~1911), III, ii, 37, 38.

능했던 그의 어머니 카스틸의 블랑세(Blanche of Castile)가 섭정하였다. 루이는 그 후에도 그의 어머니의 도움 아래 12년 동안(1235~1248) 프랑스를 다스렸으며, 십자군 원정에 참여하면서 다시 어머니 손에 국정을 일임하였다. 그는 6년 후 돌아와 다시 15년간 통치하였으며(1254~1269), 또 다른 원정군을 일으켰는데 결국 그는 이 원정 중에 최후를 맞았다(1270).

루이는 프랑스의 사법 체계에 일대 개혁을 단행하였다. 그는 귀족과 주교들의 손에서 사법권을 인수하여 이를 직접 국왕의 지휘를 받는 전문적 판사들과 법률가들 손에 이관시켰다. 그는 프랑스 내의 개인적 전쟁들을 일소했으며, 봉건제도를 폐지하고 절대주의 왕권 형태로 중앙집권적 국가를 지향하였다. 그의 치세는 가히 황금시대라 불리울 수 있겠다. 16년간(1254~1270) 프랑스는 평화와 번영을 누리게 되었다. 아미엥(Amiens), 부르지(Bourges), 부베(Beauvais) 등의 장려한 고딕식 성당들이 건축되었고, 왕은 그가 소장했던 소중한 성유물인 그리스도의 가시관을 안치하기 위해 성-샤플(Sainte-Chapelle)을 짓기도 하였다. 그야말로 프랑스 내에서 아무도 견줄 자가 없이 인기와 신망을 한 몸에 받았다. 샤를마뉴 이래 프랑스에서 나타난 가장 위대한 군주였으며, 실제로 그 치세의 모든 면들을 종합해 본다면 중세 역사 전체에 걸쳐 그만큼 위대했던 인물은 없을 것이다. 그는 진정한 국가의 통치자로서 부끄러움이 없는 기독교의 거의 완전한 화신이었다. "역사는 잔인하게 꿈과 이상을 짓밟기도 한다. 그러나 성 루이의 경우에 있어서 역사와 전설은 일체가 되었다. 이 인물의 명성은 그의 고결한 인품만큼이나 높고도 넓은 것이었다."[38]

페르디난드 3세나 루이 9세와 같은 위대한 인물들이 출현했던 반면, 종교재판이 본 궤도에 오르게 된 것 역시 그레고리의 재위 기간중이었다. 그레고리는 종교재판의 본격화와 체제 정비에 전심전력을 다 쏟았으므로 일부 사가들은 마치 그가 종교재판을 시작한 인물로 오해하기도 하였다. 예를 들어, 툴루즈 회의(Council of Toulouse, 1229년 11월)는 이단자들의 색출과 처벌을 위한 절차를 세밀하게 수집하였다. 그 후 수세기를 걸쳐 양심을 유린하고 인간 지성을 효과적으로 짓밟았던 종교법원이 바로 이때 설립되었다. 특별한 훈련을 받은 종교 재판관(inquisitors)들이 프랑스, 카스틸, 아라곤, 기타 이들을 받아들일 국가로 파견되었다. 로마에서는 종교재판 절차가 지방법에 삽입되었으며, 교회는 자체의 감옥을 가지게 되었다. 종

---

38) J. W. Thompson, *The Middle Ages*(1932), I, 540.

교재판에 관련한 교회와 국가의 서로 다른 임무들이 상세하게 정의되었다. 즉, 교회는 이단들을 색출하고 교리 문제에 관한 유죄를 입증하면 국가에서 이들을 화형시킨다는 것이었다. 일부 수도회는 특정 지역에서의 종교 재판권을 인정받고자 하였다. 이에 따라 수도회 중 최초로 프로뱅스 지방의 도미니칸들이 그레고리로부터 종교 재판권을 수여받게 되었다(1232년 4월 20일). 그레고리 9세는 비록 종교재판의 불꽃을 처음 붙인 인물은 아니었으나, 이에 부채질하여 그 후 수백 년간 전유럽에서 무자비하게 타오르도록 한 장본인임에는 틀림이 없다. 1229년부터 1240년까지 그는 이단을 압제하기 위한 일련의 방법들을 강구함으로써 후계자들에게 모범과 방법을 마련해 주었다. 따라서 비록 그레고리가 종교재판을 처음 생각한 인물은 아니었으나, 현대인들이 생각하는 종교재판의 모습은 실상 그에게로부터 비롯되었다.

바로 이 그레고리가 또한 아씨시의 프란시스가 그 추종자들에게 요구한 가난의 범위를 보다 완화시켜 금욕주의자들 가운데서도 일부 극소수를 제외하고는 지키기가 불가능하였던 계율로부터 벗어나 계속 생존하고 사역할 수 있도록 조처하였다. 그레고리는 가난의 이상을 유지하기 위해서도 약간의 재산이 필요함을 알고 있었다. 따라서 수도회원들이 실행한 가난은 그 후 후원자들에 의해 기증된 재산과 타협되어야 했다. 그는 마찬가지로 도미니칸 계율에 대한 페나포르트의 레이몬드(Raymond of Penafort)의 개혁 작업을 승인하고, 1239년, 1240년, 1241년 세 차례에 걸쳐 이들의 헌장을 단계적으로 비준하였다.

그러나 그레고리의 관심은 단지 교회조직의 강화나 영향력 증대에만 국한된 것은 아니었다. 그는 또한 철학과 신학을 깊이 이해하고 있었다. 그는 아리스토텔레스 연구의 형태로 나타난 새로운 학문의 존재를 인정하였으며, 이에서 비롯된 지식들이 교회의 가르침과 일치하도록 하는 조처를 마련하였고, 이에 따라 정통신학을 지원하도록 유도하였다. 그리하여 그는 학문이 종교의 동맹자이며, 조정한 세상의 지혜는 천상의 진리와 일치한다는 것을 인정하였다. 잘못된 과학을 극복하는 방법은 무지가 아니라 진정한 과학으로부터 비롯된 보다 깊은 이해인 것이다. 따라서 그레고리 9세가 파리 대학교(University of Paris)의 헌장을 하사한 것은 놀라운 일이 아니다(1231). 이리하여 그는 아리스토텔레스를 이교도로 배척하고, 그의 작품에 대한 아랍어 주석들을 금지시켰던 당시의 경향을 금지시켰다. 예를 들어, 파리 회의는 1210년 공사석을 불문하고 아리스토텔레스의 자연철학을 읽는 것을 금지시켰다. 5년 후 프랑스의 교황 사절은 이러한 금지 조항에 그의 형이상학까지도 포함시켰다. 그러나 그레고리가 이 문제를 지혜롭게 처리함으로써 알베르투스 마그누스(Albertus Magnus)나 토마스 아퀴나스(Thomas Aquinas)와 같은 심오한 지성인들이 교회를 봉사할 수 있게 되었던 것이다.

대부분의 사람들이라면 이미 죽었거나 망령들었을 나이에 기독교권에서 가장 중요하고 막중한 임무를 맡게 된 이 특이한 노인은 이노센트 3세보다 오히려 더 오래 재임하였으며, 그에 못지않은 위대한 업적을 남겼다. 그레고리 9세야말로 어떤 이들의 "노령은 명예와 책임으로 가득 차 있다"는 옛말을 증명한 셈이다. 그리하여 그는 레오 1세, 그레고리 1세, 니콜라스 1세, 레오 9세, 그레고리 7세 그리고 이노센트 9세와 함께 가장 위대한 일곱 교황들 가운데 하나로 꼽힌다.

그레고리 9세는 그의 숙적 프레데릭 2세가 로마를 공격하고 있는 와중에서 사망하였다.[39] 황제의 방해로 다음 교황의 선출은 2년간 지연되다가 이노센트 4세(Innocent IV, 1243~1254)가 그 자리에 올랐다. 그는 로마를 버리고 루이 왕의 보호를 받을 수 있는 프랑스 국경 근처 리용에 자리잡았다. 그는 리용에서 그 전임자가 계획하였던 세계 종교회의를 소집하였다. 1245년 6월에는 당시 라틴인들의 손에 있던 콘스탄티노플과 안디옥 대주교들을 포함하여 서방교회의 주요 성직자들이 모여 들었다. 동회의는 프레데릭을 파문하였으며(루이 9세의), 원정을 선언하고 결투 및 마상 창 시합을 금지시켰다. 프레데릭은 1250년 12월13일 사망하였으나, 교황은 계속 그의 아들들인 독일인 콘라드 4세와 시실리 및 이탈리아의 만프렛(Manfred)을 상대로 전쟁을 계속하였다. 이 전쟁으로 인한 경비의 지출은 막대하였으나 이노센트는 특별 세금을 징수하여 1254년 5월 29일 콘라드가 죽고 다시 같은 해 12월 7일에 교황 자신이 사망하기까지 이를 계속 감당하였다. 이노센트 4세는 이노센트 3세의 업적에는 미치지 못하였다. 그러나 1241년 교황 선출에 관련된 주요한 변화가 이루어졌다. 추기경들은 교황 선출을 위해 특정한 방 안에 들어간 후 실제로 교황을 선출하기 전까지는 나오지 않기로 하였다. 이 회의는 콩클레이브(Conclave)라고 불리운다.[40]

교황 이노센트 4세의 죽음 이후 40년 동안(1254~1294) 서방에서는 중세 전체

---

39) *Les Régistres de Grégoire* IX(ed. Auvray, 1896~1910), J. Felten, *Papst Gregor IX*(1886).

40) Hefele, *op. cit.*(Leclercq), V, 1613, n. 2: 1642~1678.

를 통하여 가장 뛰어난 지적, 문화적 업적을 이루었으나, 교황청의 역사에는 특기할 만한 것이 없었다. 이 시기에는 어떤 뛰어난 인물이 베드로의 보좌를 차지하지 못하였다. 또한 교황들의 재임기간도 짧았으며, 교황위가 공석되는 경우도 많이 있었다. 우리가 이미 13세기 전반을 통해 살펴본 바와 동일한 외교적, 정치적, 사회적 문제가 새로운 인물들과 사건들을 통해 재현되었다. 비록 당시 독일 제국의 기력은 쇠하여 더 이상 교황청에 심각한 위협이 되지 못하였으나 새로운 시실리 왕이던 프랑크 출신의 안주의 찰스(Charles of Anjou)가 세계 정복을 꿈꾸고 나서게 되었다. 그는 베네벤토(Benevento) 전투에서 만프렛을 퇴패시키고 살해함으로써 호헨스타우펜스 왕조를 종식시켰으며, 프레데릭 2세의 손자 콘라딘(Conradin)을 나폴리 광장에서 공개 처형하였다(1268년 10월 29일). 그는 무력으로 콘스탄티노플과 예루살렘을 정복하고, 통일된 세계 제국을 통치하였던 제2의 콘스탄틴이 되고자 꿈꾸었다. 그러나 그의 야망은 오토 3세나 프레데릭 1세, 그리고 프레데릭 3세와 마찬가지로 헛된 꿈에 지나지 못했으며, 프랑스인의 세계 정복시에도 역시 독일인들의 그것과 마찬가지로 무산되었다. 이 시기에 교황들의 업적 중 뚜렷한 것은 그레고리 10세(1271~1276)가 리용에 제2차 종교회의를 소집한 것이라 할 수 있겠다(1274). 동회의는 마이클 팔래오로구스와 협상하여 220년에 걸친 동서방 교회의 분열을 일시적으로나마 해결하였으며, 헬라인들과 라틴인들 사이의 정치적 평화를 수립하였고, 이교도들에 대항한 비잔틴 제국과 서방인들의 연합원정을 위한 계획까지 세웠다. 그러나 불행하게도 그레고리의 업적은 당대에 그치고 말았다.

1254년부터 1294년까지 12명의 교황들은 미처 원대한 계획을 세울 만한 식견이나 소양을 갖추지 못했으며, 상황 역시 이를 허락하지 않았다. 이들은 단지 위대했던 선임자들인 이노센트 3세와 그레고리 9세의 타성에 밀려가는 모습을 보였다.

제13세기의 마지막 교황 보니페이스 8세(Boniface VIII, 1294~1303)는 보니페이스 1세와 마찬가지로 정력적이고 모험적이었으며, 교황위의 권위를 세우기 위해 노력한 인물이었다. 그러나 그의 노력 역시 큰 성과를 거두지는 못하였다. 이미 시대가 변하기 시작하였던 것이다. 하나의 제국을 이상으로 추구하던 통일주의는 겉잡을 수 없는 민족주의에 의해 뒷전으로 밀리고 있었다. 교회와 국가 사이의 분쟁의 중심지는 독일로부터 프랑스로 옮겨가고 있었다.

필립(미남 필립〈Philip the Fair〉)은 흔히 당시 유럽에서 발흥하였던 민족주의 (혹은 국가주의)의 화신이라고 불리운다. 그는 법률가들을 동원하여 중세 특유의 봉건적이고 교회 중심적이었던 법률들 대신 로마법을 사용하도록 하였으며, 왕은 하나님의 주권 아래 직접 통치한다고 주장하였다. 따라서 왕의 권력은 교회의 승인 여부에 제약을 받지 않으며, 국민들은 보편적 기구인 교회가 아니라 각 국가의 원수들에게 궁극적 충성을 바쳐야 한다는 것이었다. 모든 소유권은 국가에 속하여 있으며 일체의 국가 재산은 왕의 처분 아래 있었다.

사람은 좋았으나 우유부단했던 셀레스틴 5세 대신 교황위에 오른 보니페이스 8세는 필립에 대항하여 두 개의 유명한 교서를 발표하였으니, 이것들은 중세 제국교회의 이상을 가장 완전하게 표현하고 있다. 1296년 2월 25일 선포된 "클러리키스 라이코스"(Clericis Laicos)는 일체의 세속기구, 통치자, 혹은 국가들을 위해 성직자들이나 교회 기관에 세금을 부과하거나 혹은 선물을 강요하는 평신도들은 파문시킨다고 규정하였다. 1302년의 우남 상크탐(Unam Sanctam)은 교회는 영적, 세속적 두 개의 검을 맡아 가지고 있다 하였다. 첫째 검은 교회에 의해 사용되며, 오직 성직자들의 수중에 들어 있다. 후자는 비록 세속 군주들의 손에 있으나, 교회에 의해 심판을 받아야 한다. 만약 세속 권력이 잘못 흘러갈 때는 영적 권위에 의해 판단되어야 한다는 것이다. 반면에 영적 권력은 오직 하나님에 의해서만 직접 재판을 받을 수가 있다. 구원을 받기 위해서는 모든 인간들이 반드시 로마 교황에게 복종하여야만 한다.

보니페이스는 이미 이러한 주장을 행동으로 실현하고자 한 바 있었다. 그는 당시 분쟁 상태에 있던 잉글랜드와 프랑스 왕들 사이를 조정하여 유럽 전쟁을 방지하고자 하였다. 그러나 이와 비슷한 상황에서 성공을 거두었던 이노센트 3세와는 달리 그의 행위는 아무런 성과도 얻지 못하였다. 한때 가장 교만했던 왕자들까지도 굴복시켰던 교회의 권위가 이제는 군주들뿐만 아니라 일반 평민들로부터도 경원과 미움을 받는 모습을 보였다. 그 결과 유명한 아나그니 폭행사건이 발생하였다. 일단의 프랑스인 폭력배들이 교황을 잡아 난폭하게 다루었을 뿐 아니라 구타까지 하는 광경이 벌어졌다. 당시 교황은 86세였다(1303년 9월 7일). 그는 한 달 후 사망하였으며(1303년 10월 11일), 그의 죽음과 함께 제국 교회의 꿈도 사라지고 말았다.[41]

---

41) G. Digard, M. Faucon, A. Thomas, R. Fawtier, *Les Registres de Boniface VIII*(1904~1939), 4 vols. Potthast, *op. cit.*, 24291, 25189. Mourret, *op. cit.*, IV, 520~568; V, 20~53.

*History of Christianity
in the Middle Ages*

제 10 장

서방 중세 기독교 문명의 극성
(1198~1321)

　서방에서 교황청을 머리로 한 정치적 단위로서의 종교 제국보다도 더욱 오래 지속된 것은 그 아래에서 산출된 지적, 영적 과업들이었다. 실제로 만약 13세기를 중세 중 라틴 기독교 최고의 시대라고 한다면, 이는 바로 이 시기에 그동안 계속 발전되어 온 사상과 예술적, 문학적, 문화적 표현들이 이 시기에 열매를 맺었기 때문이었다. 이들은 모두 공통적 근원을 가지고 있었다. 바로 이 시대에 전무후무한 다양성 속의 통일과 통일 속의 다양성이 성취되었다. 따라서 이 시대는 역사 안에서 특별한 의미를 지닌다. 서방 문화는 기독교에 의해 주도되었다. 문명은 교회가 창조한 산물이었다.

1. 스콜라 신학의 집대성

　이러한 모습은 특별히 철학에서 살펴볼 수 있다. 초대교회의 경우 기독교 신학은 세계를 파악하는 이교도적 개념과 경쟁 상태에서 존재하였다. 계시의 교의들(dogmas)은 일반 지성의 신조들과 상극처럼 취급되어 신학의 전제들은 철학의 그것과는 상이한 것으로 인정되었다. 물론 교부들은 교회 밖에서 가르쳤을 뿐만 아니라 이들로부터 영향을 받기도 하였다. 따라서 이교사상은 기독교에 그 흔적을 남겨 놓았다. 그럼에도 불구하고 신학이 철학적 표현을 추구하기 시작하였을 때 이는 본질적으로 별개의 범주에 속하는 것으로 생각되었으며—특히 스토아학파, 플라톤주의 혹은 플로티누스의 신플라톤적 신비주의-이 모든 표현들은 부분적이요 고립된 것으로 취급되었으니, 다시 말해 전체 복음의 계시보다 부족하다는 것이었다. 철학과 신학은 조심스레 구별되었다. 그러나 12세기 이래로 이러한 차별은 사라지게 되었다. 13세기의 대학자들에게 있어서 신학과 철학은 명실공히 동일한 것이었다. 이는 기독교가 다른 것과 구별되는 자체의 철학을 창조하였기 때문이었으니 제13세기의 스콜라 학풍은 완전히 교회에 속하는 것이다. 안셀름은 11세기 철학자였다.

그러나 그는 몇 가지 개별적 신조의 정당성을 증명하기 위해 자연 이성을 수용하였으며, 12세기의 아벨라르드는 동시대 철학자들과 마찬가지로 거의 방법론의 정도에 머무르고 있었다. 이들은 실질적으로 통일된 기독교 사상 체계를 마련하지 못했던 것이다. 그들에 반해 13세기 학자들은 명실공히 체계를 이룩한 사람들이었다. 이들은 완전 기독교적 입장에서 파악한 현실의 전체적이고 완전한 모습을 제공하고자 노력하였다. 이들은 이교도적 범주들을 수용하였으며, 기독교 이전 헬라인들로부터 많은 것을 빌려 왔다. 그러나 이들은 일단 빌려 온 것은 완전히 자기들의 것으로 만듦으로써 대가를 지불하였다. 마치 건축물에 쓰이는 원자재들처럼 헬라적 개념들은 기독교적 사용을 위해 적당하도록 재구성되었으며, 인과율에 관한 아리스토텔레스의 원칙들은 토마스 아퀴나스에 의해 하나님의 존재를 신앙하는 이유들로써 전환되었다.

이러한 새 철학은 진정한 아리스토텔레스의 발견이 이루어짐으로써 가능하였다. 이면에서 서양은 이교도들에게 빚을 졌다고 볼 수 있다. 아리스토텔레스는 아랍인들을 통해 그들이 작성한 해석과 주석서들과 함께 전달되었다. 바로 이것이 교회가 이를 발견하였을 때 순간적으로 경악하였고, 파리에서 교황 사절에 의해 이 스타기라인(Stagirite-마케도니아 지방의 도시로서 아리스토텔레스의 출생지)의 작품들을 금지시킨 이유였다. 실제로 오랜 기간을 두고 이 문제에 관해 학자들간에는 지적 논쟁이 그치지 않았다. 어떤 이들은 아리스토텔레스주의를 기독교에 상반되는 지적 적수로서 정죄하였다. 어떤 이들은 이 새로운 견해를 아랍인들의 해석과 함께 권위주의적 교리로부터 해방시켜 줄 존재로서 환영하고 이를 신학의 대체물로서 받아들였다. 또한 어떤 이들은 기독교적 목적을 위해 이들을 수정하여 수용함으로써 아리스토텔레스주의와 기독교 신학의 종합을 창조하고 이를 통해 가장 뛰어난 스콜라 철학체계를 만들어 내었다. 두 번째 집단에 속했던 베네의 아모리(Amaury of Bène)와 디낭의 데이비드(David of Dinant)는 이단들로 정죄되었다.

1210년 파리에서 발효된 아리스토텔레스 금지령은 툴루즈에서는 무시되었다. 툴루즈는 공공연하게 파리에서 금지된 자연철학에 대한 서적들이 "자연의 근원을 파악하기 위해" 필요하다고 추진하였다. 이에 따라 툴루즈는 일단의 번역가들의 중심지가 되었다. 이들 가운데 가장 유명한 인물은 스코트인 마이클(Michael the Scot, 1180~1235)이었으니, 그는 아리스토텔레스의 아랍어 번역본을 다시 라틴어로 중역하였다. 시실리에서는 직접 헬라어에서 번역함으로써 툴루즈보다도 진보를 가져왔다. 스코트인 마이클 외에도 독일인 허만(Hermann the German), 로버트 그로세테스테(Robert Grosseteste) 그리고 알프레드 사레셸(Alfred Sareshel) 등이 번역가로 공헌하였다. 그러나 아리스토텔레스의 번역가들 가운데 가장 중요한 인물은 모르벡의 윌리엄(William of Moerbeke, 1215~1286)이었으니, 그는 플란더스 지방 출신의 도미니칸으로서 토마스 아퀴나스와 협력하였고, 이에 따라 아퀴나스의 획기적 작품들을 위한 출처를 마련하였다.

서방에서 최초로 아리스토텔레스의 철학적 접근을 이룬 인물은 신학자 오버뉴의 윌리엄(William of Auvergne, 1180~1249)과 과학자 로버트 그로세테스테(1175~1253)였다. 전자는 프랑스인으로 교황 그레고리 9세의 반대에도 불구하고 파리 주교직을 차지했으며, 후자는 영국인으로 옥스포드 대학 학장과 그 후 링컨 주교를 역임한 인물이다. 오버뉴의 윌리엄은 아리스토텔레스의 인과율을 받아들였으며, 이를 이용해서 하나님과 피조세계 사이의 연결성을 강조했던 신비주의적이고 신플라톤적(Neoplatonic) 이론을 배척하고 하나님과 피조세계 사이의 분리성을 강조하였다. 그는 이로 인하여 중간적 원인들이 계급적으로 배열되어 있다는 이론을 부인하였다.

그러나 그는 어거스틴을 이용한 아리스토텔레스를 수정하여 지식의 초자연적 조명을 주장하였다. 그는 "영혼이란 마치 두 개의 세계를 연결하는 지평선과 같다. 이 세계들 가운데 하나는 감각적 사물들로서 이들은 육체에 의해 밀접하게 연결되어 있다. 그러나 또 다른 세계는 창조주로서 그는 그 속에 최초의 형태들이 반사되는 거울이나 원형들과 같다."[1] 따라서 영혼은 오직 신적 은혜에 의해서만 자연과 연결될 수 있는데, 왜냐하면 정신은 물질과 너무도 다르기 때문에 이 둘을 다 만드신 하나님을 떠나서는 서로 이해할 만한 유사성이 존재할 수 없기 때문이다.

---

1) William of Auvergne, *De anima*, V. 7, in *Opera omnia*(Paris, 1674).

특히 그의 뛰어난 제자 로저 베이콘(Roger Bacon)에 의해 더욱 발전된 과학적 방법론의 창시자 로버트 그로세테스테는 헬라적 원칙들과 방법론들에 대항한 형태로서 아리스토텔레스의 영향을 과시하였다. 그는 헬라어를 알았으므로 직접 아리스토텔레스의 작품들을 읽을 수 있었다. 그는 많은 아리스토텔레스의 원저들을 번역했으며, 이에 대한 주석을 쓰기도 하였다. 그러나 그는 지식에 관해 어거스틴의 이론을 받아들였으며,[2] 스스로 "광형이상학"(light metaphysics)이라는 독창적 이론을 마련하였다. 광형이상학에서는 빛이야말로 모든 형태와 물질을 포함하는 존재라고 주장한다. 빛은 그 근본 성질상 모든 방향으로 방산된다. 그리하여 자체로서는 양(magnitude)이 없는 빛이 자기의 활동 영역을 발생시켜, 그 다음 단계로 차원을 얻게 되어 공간 안에 확장되는 물질적 존재가 된다. 이처럼 그로세테스테는 물질이 아니라 형태를 존재의 기초라고 주장하여 자연계를 이해하는 실마리를 수학-특히 기하학과 광학-에서 찾았다. 파리 대학은 주로 형이상학의 연구에 몰두하여 트리비움, 즉 삼학을 발전시킨데 반해, 옥스포드 대학은 그로세테스테의 영향으로 말미암아 과학 연구도 적극 지원하여 쿼드리비움(quadrivium, 사학)이 역시 중요함을 증명하였다.[3]

오버뉴의 윌리엄이나 그로세테스테의 예들로부터 명백하게 볼 수 있듯이 아리스토텔레스의 발견과 사용은 또한 어거스틴의 부흥을 의미하였다. 기독교 지성은 헬라 사상이 보다 우월하다는 것을 인정할 수 없었다. 아리스토텔레스에게서도 무언가 뛰어난 점이 있을지도 모른다. 그렇다면 이들은 어거스틴의 가르침과 조화되어야 한다. 어떤 경우에도 어거스틴의 사상이 포기되거나 혹은 그 체계의 중심부가 헬라적 요소에 의해 오염되어서는 안 된다. 이에 따라 아리스토텔레스주의자들에 대항한 어거스틴 신학 추종자들이 나타나게 되었다.

이들은 사소한 부분들에서 서로 의견을 달리하는 것도 많이 있었으나, 다음과 같은 기본적 주장에서는 일치하였다. (1) 진리의 지각과 해석은 온전히 신적 조명의 문제이다. (2) 사물들은 형태를 통해 존재하며, 형태는 스스로를 수단으로 해 표현된다. 따라서 우주는 형태들의 우주이다. (3) 영혼은 육체와 독립되는 자존적 실재

---

2) Robert Grosseteste, *De veritate*, CXXXV, 4, in *Die Philosophischen Werke des Robert Grosseteste, Bischof vou Lincoln*(ed. L. Baur, Münster, 1912).

3) *De Iuce*, LI, 11.

이다. 영혼은 그 자체로써 개별의 원칙이며 단순한 육체의 형태는 아니다.[4]

비록 오버뉴의 윌리암과 그로세테스테 모두 속인의 신분이었으나, 13세기 철학에 가장 큰 공헌을 한 것은 탁발 수도회원들이었다. 실질적으로 서부유럽의 스승들은 프란시스칸들과 도미니칸들이었다. 도미니칸들은 처음부터 그 설립 이유가 학문의 연구와 이를 통한 말씀의 전파에 있었으므로 당연하다 하더라도 전자는 설립자의 취지와는 다른 모습으로 발전할 수밖에 없었다. 왜냐하면 올바른 지식 없이 신앙을 전파하는 것이 불가능하다는 사실이 점차 명백해졌기 때문이다. 이들은 얼마 안 되어 유수한 대학의 교수직들을 차지하기 시작하였다. 프란시스칸 학파의 사상은 최소한 처음 단계에서는 어거스틴주의로 일관하였다. 지도적 위치를 차지했던 세 명의 학자들은 비록 아리스토텔레스에게 영향을 받기는 하였으나, 그의 사상을 그다지 중요시하게 여기지는 않았다. 그로세테스테와 마찬가지로 영국 출신이던 헤일즈의 알렉산더(Alexander of Hales, 약 1186~1245)는 1236년 프란시스코 수도회에 가입하였다. 따라서 프란시스칸들은 그곳에 설립된 지(1219) 17년 만에 대학자를 가지게 되었다. 그의 사상들은 아벨라르드의 식 에트 논(Sic et non)과 비슷한 모습으로 편찬된 『숨마 테오로기카』(*Summa Theologica*: 신학대전) 속에 보존되어 있다. 이 책은 그의 제자들에 의해 편찬되었다. 로저 베이콘은 이를 가리켜 "그 위대한 숨마, 말보다도 무거운 책"이라고 묘사하였다.

존 드 라 로셸(John de la Rochelle), 윌리암 멜리톤(William Meliton), 그리고 보나벤투라(Bonaventura) 등은 모두 그의 제자들이었는데, 그 중에서도 특히 보나벤투라(1221~1274)가 뛰어났다. 그는 프란시스코 수도회의 3대 학자들 가운데 그 중요성이나 연대에 있어 두 번째를 차지한다. 그는 파리 대학에서 프란시스칸 신학교 수좌(Franciscanchair of theology)를 헤일즈의 알렉산더에게서 계승하였으며, 겨우 30세에 걸작 피터롬바르드의 "센텐스 주석"(Commentary on the sentences of Peter the Lombard)을 집필하였고, 수도회장으로서 종생하였다. 그의 주장의 강점은 일체의 합리적 사고는 직접 신앙으로부터 비롯된다고 주장함으로써 철학을 신학의 수하에 귀속시킨 데 있다. 지식이란 지성이 신적으로 조명된 결과이다. 진리는 그 본질상 계시된 진리이다.[5] "만약 인간 지성이 아무런 하자 없

---

4) G. Leff, *Medieval Thought*(Pelican, 1958), pp. 190~194.
5) Bonaventura, *Collationes in Hexaemeron*(Quaracchi, 1934), XII, 11.

는 존재의 지식을 소유하지 못한다면, 또 다른 존재들이 불완전하고 부족하다는 사실을 어떻게 알 수 있겠는가 ?"[6]

물론 이는 순수한 어거스틴의 사상이었으나, 보나벤투라는 동시에 아리스토텔레스를 전혀 무시한 것은 아니었다. 실제로 그는 그의 시대에 어거스틴의 사상을 적용했다는 점에서 중요성을 띠고 있다. 그는 아리스토텔레스의 새로운 지식이 제시한 질문들에 대해 답변하였다. 따라서 그는 지성적 실제와 감각적 세계를 연결하는 데 성공한 것이다. (1) 개체들은 물질적 우유성 때문이 아니라 지성적 형태로 말미암아 고유한 특성을 지니고 존재하고 있다. (2) 물리적 물질은 동시에 보편적이며 개별적이다. 이들은 만물을 구성하고 이들의 존재를 야기시키는 빛의 형태와 관련해서는 일반적이다. 그러나 이들은 자체로서의 개별체, 즉 그 특별한 구성 형태와의 관련에서는 특수하다. (3) 영혼은 그 자체로서 독립된 구성체이며, 그 지식이나 존재를 위해 육체에 의지하지 않는다. 이는 이성적 육체를 완전화하는 요소이다. (4) 인간 지성은 감각적 자료들을 관찰하고 이들을 그의 내부 관념에 따라 판단한다. 모든 지식은 영원한 진리인 영원불변한 법칙에 의해 조정되기 때문이다.[7]

진리는 은혜로 비롯된 것이며, 바로 하나님 자신에 의해 영혼 위에 새겨져 있다. 따라서 지식의 최고 차원—명상—은 일체의 감각적 자료를 떠나 오직 하나님에게만 집중하며 도달할 수 있다.[8] 우리는 우리들의 감각들로부터 순수한 지성을 향해 가는 것이다. 기독교는 한 마디로 사랑이다.

보나벤투라는 진정한 프란시스칸으로서 행동하고 사고하였다. 교황이 그를 추기경에 임명하였다는 소식을 받고 로마에서 사절들이 찾아왔을 때, 그는 자기가 맡은 부엌일을 다 마칠 때까지 그들을 기다리게 하였다. 또한 추기경의 붉은 모자를 받아서는, 자기가 다른 수사들의 옷을 다 빨래할 때까지 나뭇가지 위에 걸어두었다. 마찬가지로 그는 종교의 근본이 신앙이며, 그 최종 목적은 지성을 통한 신비적 하나님의 명상이라 가르쳤다.

프란시스칸 3대 학자들 가운데 세 번째인 둔스 스코투스(Duns Scotus, 1266~1308)는 13세기 프란시스코 수도회가 배출한 신학자나 철학자들 가운데 가장 영민

---

6) *Itinerarium mentis in Deum, Tria Opuscula*(Quaracchi, 1938), III, 3.
7) *Commentaria*(Quaracchi, 1934 ff.), II, 3, 13, 17, 24.
8) *De scientia Christi*, V. 23.

한 인물이었으나, 그의 특이한 독창성은 보나벤투라의 조심스런 접근방법에 비해 건설적인 것은 못되었다.

그는 본의 아니게도 스콜라 철학의 종합성을 와해시키는 첫 걸음을 디뎠다. 그는 그보다 나이 많던 동시대인 아퀴나스처럼 아리스토텔레스가 던진 문제들과 씨름하였으나, 아퀴나스와는 전혀 다른 대답들에 도달하였다. 실제로 그는 이성을 신앙의 전 단계에 두었던 아퀴나스나 혹은 신앙의 다음 단계에 두었던 보나벤투라와는 달리 양자를 완전히 분리시켰다. 그 결과 철학과 신학은 서로 다른 두 개의 학문으로 화하여 전자는 물질세계와 시간의 문제만을 다루게 되었고, 후자는 하나님과 영원의 문제를 탐구하는 데만 국한하게 되었다. 그는 소위 운동으로부터 하나님의 존재를 증명하거나 혹은 잠재성이 실제로 화하는 과정에서 하나님의 존재를 설명하는 아리스토텔레스적 증명방법을 부인하고, 이들은 오직 일시적 원인의 근원만을 설명한다고 주장하였다. 이성에 의해 하나님이 존재한다는 것을 증명할 유일한 논리는 무한한 역행을 생각할 수 없기 때문이라고 하였다. 따라서 어디엔가 제1원인(a first cause)이 존재해야 한다는 것이다. 마찬가지로 무한한 진보를 생각하는 것은 불가능하므로 반드시 최종적이고 완전한 종말이 있어야 한다고 하였다. 만물의 원인인 최초 존재의 개념으로부터 우리는 하나님의 모든 속성을 연역할 수 있다는 것이다.

둔스는 특히 하나님의 의지를 존재하는 모든 것들의 원인으로서 강조하였다. 하나님은 그의 관념 속에서 모든 것을 알고 계시므로 무엇이든 그가 기뻐하시는 것을 창조하셨다. 마찬가지로 인간 안에서도 의지는(will) 지성(intellect) 보다 우월하며, 이에 따라 의식의 대상물들을 받아들이거나 거부할 수 있다는 것이다. 그러나 외부의 도움을 받지 못한 인간의 지성과 인간 의지는 오직 유한한 사물들만을 이해하고 판단할 수 있다. 따라서 하나님은 스스로의 기쁘신 뜻을 따라 인간을 지도하고 유능하게 만들 수 있도록 하기 위해 인간과 접촉하여야만 한다. 그는 성육신(incarnation)을 통해 이를 이루셨다.

둔스는 하나님에게 어떠한 종류의 제한도 가하는 것을 거부하였다. 하나님은 단지 그가 그렇게 하시기로 내린 의지적 결단으로 선택하신 방법들만을 사용하신다. 만약 그가 선택하셨다면 완전히 다른 방법을 사용하셨을 수도 있다. 최소한 인간의 입장에서 볼 때 신적 자유는 완전히 독단적인 것이다. 이처럼 하나님의 행동들은 완전히 인간 이해의 범주를 초월하는 것이며, 기독교의 심오한 진리들은 인간들이 그 깊이를 측량할 수 없는 것이다.[9] 이러한 둔스 스코투스와 대조적 입장에 서는 것은 위대한 도미니칸 토마스 아퀴나스(Thomas Aquinas)이다. 실제로 처음부터 이 두 탁발수도회의 신학사상들은 경쟁하는 모습을 띠고 있었다. 프란시스칸들 보다 2년 일찍(1217) 파리 대학에 진출하였던 도미니칸들은 어거스틴적 신플라톤주의(Augustinian Neoplatonism) 대신 아리스토텔레스주의를 지지하였다. 물론 처음부터 아리스토텔레스를 기꺼이 수용한 것은 아니었다. 처음에는 도미니칸들도 다른 집단들과 마찬가지로 그의 사상을 경계하고 있었다.

아리스토텔레스가 기독교의 가장 뛰어난 지적 동맹자가 될 수 있음을 알아차렸던 인물은 아퀴나스의 스승 알베르투스 마그누스(Albertus Magnus, 1206~1280)였다. 그는 "서방 라틴인들이 아리스토텔레스를 이해할 수 있도록" 만드는 데 거의 전생애를 바쳤다. 그 결과 그의 저술들은 대부분 아리스토텔레스의 주요 작품들에 대한 주석과 해석으로 이루어져 있다. 그는 자연 세계의 예민한 관찰자였으며, 자연 현상을 논리적으로 설명할 것을 주장한 인물이었다. 그러나 그의 철학 체계는 모호한 점이 많으며 혼란된 모습까지 보이고 있다. 실제로 그는 비록 아리스토텔레스를 유용하게 만들고자 시도하였으나 자신의 입장은 어거스틴적 신플라톤주의를 완전히 벗어나고 있지 못하였다.

철학의 장래는 그보다 뛰어났던 제자 토마스 아퀴나스(1225~1274)에게 속해 있었으니, 아퀴나스야말로 이전에 어거스틴이 누리던 신학자로서의 위치를 중세에 차지한 인물이라고 할 수 있겠다. 그는 명료하고도 심오한 사색가였으며 가장 포괄적인 교수이기도 하였다. 어거스틴은 아리스토텔레스의 방법론을 받아들이고 그의 기본 원칙들과 전제들을 이용하여 자기 자신의 사상 체계를 구성하였다. 그는 동시에 아리스토텔레스의 사상에 기독교 정통교리를 새롭고도 기본적인 요소로써 주입시켰다.

이 새로운 요소야말로 일체의 예외 없이, 아퀴나스의 사상에 있어서 가장 결정적인 원칙이었다. 스타기라인(Stagirite: 아리스토텔레스를 의미함)의 논리가 신앙의 요구와 대치될 때에는 아리스토텔레스는 항상 기독교를 선택하였다. 아퀴나스의 사색 전개방식은 마치 수학문제를 푸는 학생의 그것과 같았다. 생도에게는 이미

---

9) Duns Scotus, *Quaestiones Quodlibetales*, in Opera omnia(Paris, 1891~1895), Vols. XXV-XXVI.

정답이 먼저 주어져 있었다. 따라서 그는 항상 이 해답에 도달하기 위해 사색을 전개한다. 만약 그가 얻은 해답이 이미 주어진 정답과 같지 않을 때에는, 그는 자기의 계산에 잘못이 있음을 앎으로 올바른 정답에 도달하기까지 처음부터 다시 계산을 시작하는 것이다. 아퀴나스에게 있어서 진리는 기독교 계시 속에서 주어진 것이었다. 그의 임무는 인간 이성만을 사용하여 가능한 한 여러 방면에서 이와 동일한 정답에 도달하는 것이었다. 그러나 물론 이러한 과정을 통해 정답을 얻을 수 없는 문제들이 있었으니, 이러한 문제들은 완전히 신앙에 속한 것으로서 심오한 신비로 존재하는 것이다. 즉, 시간 안에서의 창조, 삼위일체, 성육신 등이 이러한 문제들로 간주될 수 있었다. 그러나 아퀴나스는 이성을 통해 많은 문제들의 해답을 추출할 수 있음을 발견하였으며, 그는 과학자의 열정과 성자의 경건을 가지고 이러한 과업에 헌신하였다.

그는 계시의 도움 없이도 하나님의 존재를 증명할 수 있다고 생각하였다. (1) 운동이란 어떤 물체가 잠재성으로부터 실제성으로 환원되는 것이므로 이러한 움직임은 무엇인가 이미 실제의 상태에 있던 존재에 의해 이루어진다. 예를 들어, 불이 마른 나무를 불로 변화시키는 것이다. 한 사물은 동시에 같은 형태로 실제적이면서 잠재적일 수는 없다. 따라서 한 사물은 동시에 능동(mover)인 동시에 피동(moved)적일 수는 없다. 따라서 피동적 사물은 반드시 다른 무엇에 의해 움직여져야 한다. 이러한 운동의 과정은 시초가 있어야 하므로, 그 어떤 사물에 의해서도 움직임을 받지 않았던 최초의 운동자가 곧 하나님이다. (2) 마찬가지로 모든 효과는 그 원인이 있어야 하므로, 다른 그 무엇에 의해서도 효과되지 않은 최초의 원인이 있다. 이 최초 원인이 하나님이다. (3) 우리들은 자연 속에서 사물들이 존재(to be)하거나 존재하지(not to be) 않는 것이 가능함을 발견한다. 만약 어떤 사물이 비존재하는 것이 가능하다면 언젠가 이는 존재하지 않았을 것이다. 따라서 어떤 순간엔가 모든 사물들이 존재치 않았을 것이 가능하다. 만약 그렇다면 이들은 현재 존재하지 않을 것이다. 왜냐하면, 없는 것은 존재하지 않기 때문이다. 그러므로 무엇인가는 언제나 존재해야 하며(필요 존재), 가능한 존재의 원인이 되는 그 필요 존재가 하나님이다. (4) 우리는 사물들 가운데에 정도 혹은 계급들이 있음을 발견한다. 따라서 모든 다른 사물들에게 서로 다른 가치의 정도를 부여하는 완전한 존재가 있음이 분명하다. 이 완전한 사물이 바로 하나님이다. (5) 모든 사물들은 이들이 지향하여 운동하는 목적 혹은 목표를 위해 만들어졌다. 모든 자연적 사물들로

하여금 이들의 목표를 향해 움직이도록 감독하는 존재가 하나님이다.[10] 그는 이 다섯 가지 이론들을 세 번째 이론으로 한데 묶었다. 즉, 모든 부수적 존재들을 반발시키는 필요 존재는 필연적으로 최초 운동자이자 최초 원인이며, 이와 같이 그가 창조한 모든 사물들의 가치기준과 지정된 목적들을 부여한다는 것이다. 이처럼 오직 이성만이 완전 존재의 속성들을 연역할 수 있으며, 창조된 사물들은 유추에 의하여 비록 완전하지는 못하나 이들을 창조한 존재에 관한 일종의 관념을 형성할 수 있는 것이다.[11]

아퀴나스의 전체 철학은 존재의 우선성에 기초하고 있다. 이는 곧 지식의 대상들이 되는 실제적 실재인 유형의 존재를 의미한다. 그 결과 특정한 공리들(axioms)이 우리들의 모든 사고를 지배한다는 것이다. (1) 어떤 사물은 동시에 존재하고 존재하지 않을 수 없다. (2) 만약 한 사물이 스스로에 의해 존재하지 않으면 무언가 다른 사물로부터 존재의 원인을 부여받아야 한다. (3) 모든 존재하는 것들은 본질이며 그의 우유체들 혹은 특징들로부터 구별될 수 있다. (4) 모든 부수적 존재는 동인(動因)을 가지고 있다. (5) 모든 사물은 목표를 지향한 관계 속에서 움직인다―다시 말해서 이들을 위한 목적이 있다. (6) 먼저 감각들 안에서 존재하지 않는 한 아무것도 지성 안에 존재하지 않는다. 한 사물이 만들어진 형태 혹은 양식은 그 사물에게 존재를 부여한다(예를 들어, 인간성과 인간의 관계). 그러나 물질은 개별화의 원칙이다(즉, 인간으로 하여금 특정한 개인이 되도록 함으로써 포함하고 있는 형태를 개별화하고 제한하는 것이다.[12]

하나님과 그의 피조물들 사이의 차이는 잠재성과 행동 사이의 차이에 놓여 있다. 또한 아퀴나스의 하나님은 단지 아리스토텔레스처럼 "사념의 사념"이 아니라, "나는 나다"(I am that I am)라고 하신 모세의 하나님이었으며, 모든 유한 존재들의 무한한 원인이시며, 모든 존재하는 것들의 충분과 완전이셨다. 일시적 사물들의 존재는 이들에 관한 관념을 전제하는 것이므로 이들은 실세계에서 위치를 갖기 전 하나님의 마음속에 관념으로 있었다.[13]

---

10) *Summa Theologica*, I, Q. 2, A. 3.
11) *Ibid.*, I, Q. 5, A. 2.
12) *Ibid.*, I, Q. 50, A. 4; Q. 15, A. 3.
13) *Contra Gentiles*, IV, 13.

하나님은 천사들을 물질에 의해 오염되지 않은 순수한 형태로 만드셨으나 우리들은 그들을 볼 수 없다. 반면에 그는 인간을 육체와 영혼으로 창조하셨는데, 이들 가운데 후자는 분별 있는 실제를 통해 제1원칙들에 도달하여야 한다. 이성은 인간으로 하여금 자유스럽게 선택하도록 하고 의지 앞에 그 결단의 대상들을 위치시킨다. 따라서 믿음, 소망, 사랑과 같은 초자연적 덕성들은 오직 신적 은혜에 의해서만 주입되지만 사려(prudence)와 절제(temperance) 같은 덕성들은 자연 상태에서 도달할 수 있다. 은혜는 자연을 파괴하는 법이 절대 없으며 단지 이를 완전하게 만들 뿐이다.[14]

따라서 어거스틴에 의해 수립된 자연과 은혜 사이의 극단적 분리는 아퀴나스에 의해 무시된 셈이었다. 구속(redemption)은 창조의 변화된 복고(restoration)가 아니라, 마치 창조의 보완(supplementation)처럼 보인다. 신앙과 이성은 조화를 이루며 함께 공존하게 되었다. 신앙은 이성을 보완하고 이보다 훨씬 더 높은 차원까지 미치지만, 절대 이성에 모순되지 않는다는 것이다. 아퀴나스는 그의 자연신학(철학)을 계시된 진리의 철저한 이론으로써 보충하였다. 즉, 그의 『신학대전』(*Summa Theologica*)은 『콘트라 젠타일스』(*Contra Gentiles*) 보다 훨씬 더 길다. 그러나 이는 동일한 형식으로 구성되어 있다. 계시와 이성 양자를 전개시키는 수단으로서 자연 그대로의 지성이 사용되었으므로 계시는 마치 이성만큼이나 설득력 있는 모습을 띠게 되었다.

13세기는 토마스 아퀴나스를 낳았다. 그러나 그를 인정한 것은 아니었다. 오히려 그의 작품에 대한 격렬한 반동이 있었으니, 그 효과는 양극단적 양상을 띠게 되었다.

한편으로 아퀴나스의 사상은 철학 내의 극단적 요소들을 자극하여 브라방트의 지게르(Siger of Brabant, 약 1240~1248)나 다시아의 보에티우스(Boeties of Dacia) 등과 같이 신앙과 이성간의 조화관계를 일체 무시하고 아리스토텔레스 및 그의 아랍인 주석가들을 그대로 수용하고자 하는 인물들이 나왔다. 이들은 별세계에도 또 다른 세력들과 지성이 존재한다고 가르쳤으며, 인간 의지를 이들에게 복종시킬 것과 세상과 물질의 영원성을 주장하였다. 이들은 이중적 진리를 시사하는 데에까지 발전하였다. 즉, 철학적 명상에만 적용되는 진리가 따로 있으며, 이는 신학

---

14) *De veritate*, Q. 24, A. 2; *Summa Theologica*, II, Q. 82, A. 3.

의 영역에 통용되는 진리와는 완전히 다르고 서로 모순될 수도 있다는 것이었다. 이들의 주장은 1270년과 1277년 파리 대학 학자들의 정죄를 받았다. 교회의 이러한 조처는 아퀴나스 자신의 작품들까지도 의심과 의혹의 대상이 될 수밖에 없도록 만들었다. 이러한 조처는 동시에 아리스토텔레스를 기독교에 도움이 될 수 있는 동맹자로서 평가하는데 교회가 실패했음을 여실하게 보여 주는 것이며, 또한 교의(dogma)가 이교도 철학으로부터 흘러온 외래 요소들에 의해 오염되는 데 대항한 반동을 보여 주는 것이다.

반면 아퀴나스의 사상은 어거스틴주의를 위한 보수적 철학과 신학적 변증을 발생시켰다. 이러한 변호는 단지 프란시스칸들로부터만 비롯된 것은 아니었다. 아퀴나스와 동문인 도미니칸들까지도 그의 가치 평가에 관해서는 의견이 갈라지고 있었다. 도미니칸 수도사로서 당시 옥스퍼드에서 철학을 가르쳤으며, 후에 켄터베리 대주교가 된 로버트 킬와르비(Robert Kilwardby, 1279 사망)는 아퀴나스의 강력한 적수였다. 겐트의 헨리(Henry of Ghent, 1293 사망) 역시 모든 주요한 문제에 관해 어거스틴주의를 주장하고 나섰다. 또한 아라스의 유스타그(Eustace of Arras, 1291사망), 부르게의 월터(Walter of Bruges, 1307 사망), 존 페캄(John Peck-ham, 1240~1292), 피터 존 올리비(Peter John Olivi, 1248~1298) 등과 레이몬드 럴(Raymond Lull, 1235~1315) 등 가장 유명한 프란시스칸들은 연합전선을 구성하여 아퀴나스에 대항하고 어거스틴을 변호하였다. 물론 미들톤의 리챠드(Richard of Middleton, 약 1307 사망)와 윌리암 드 라 마르(William de la Mare, 약 1258 사망) 등 프란시스칸들과 도미니칸 수도사들 중 레신의 가일스(Giles of Lessines, 1304 사망) 등 아퀴나스를 옹호하는 인물들도 있었으나 이들은 세력도 미약했을 뿐 아니라, 통일된 전선도 구성하지 못하여 당시 학문의 주류에 아무런 영향을 미칠 수 없었다.

보수주의자들이 토마스 아퀴나스의 신학에 던진 반대 이유들은 네 가지로 분류될 수 있다. (1) 창조의 개별적 목적이 자체의 형태임을 부정함으로써 그는 정신(spirit)이 아닌 물질(matter)을 개별화의 원칙으로 만들었으며, 이에 따라 영원에 이르도록 그 보전이 필연적이도록 하였다. 동시에 그는 영혼을 육체의 형태로서 파악하여 그 일반적 유형을 결정하였으며, 이에 따라 물질과 정신을 불가분리의 관계에 두고 영혼자체(soul itself)를 물질적 육체의 행동으로 만들었다. (2) 그는 사물 내의 본질과 존재를 구별하여, 그의 대적들 생각에는 순수 형태로서 간주될 수 있는 유일한 존재인 하나님과, 조합된 존재들인 그의 창조의 목적물들 사이에 놓여 있는 절대적 구별을 약화시켰다. (3) 그는 그의 인식론 가운데 신적 조명을 부정하여 계시 자체를 감각적 경험을 통한 올바른 이해에 의지하도록 하였다. (4) 그는 의지의 자유를 단지 이해의 구속물로 만들어, 그리고 인간의 의지를 그의 지성의 효과로 만들었다.[15]

따라서 아퀴나스의 말년은 논쟁으로 점철된 것이었다. 실제로 그는 자기의 사상의 정통성을 수호하기 위해 로마로 가는 도중 사망하였다. 따라서 그의 사망 년도(1274)를 스콜라 신학의 발전에 있어서 결정적인 시기로 보는 것이 마땅하다. 아퀴나스 이후 철학의 주류는 종합을 중요시하는 데서부터 개별화의 경향으로 흘러갔으며, 아마도 서방 기독교가 낳은 가장 위대한 지성의 가치를 인정받기 위해서는 수세기를 더 기다려야 했다.

2. 실험과학의 시작

스콜라 신학자들이 시간을 초월한 존재의 본질과 영원 속의 실제와 씨름하고 있는 동안 과학자들은 자기들 주위의 일상생활에서 발생하고 있는 현상들을 설명하기에 몰두하고 있었다. 이들의 모습은 지성의 영역이 한껏 고양된 그 시대의 눈으로 볼 때 너무도 사소한 것이었는지도 모른다. 그러나 이들의 궁극적 목적은 최소한 이들의 주장에 의하면, 하나님께서 창조한 사물들을 정확하게 관찰함으로써 하나님에 관한 지식을 확장하여 신학의 발전을 도모한다는 것이었다. 이들의 활동은 아마 실험과학이라 묘사하는 것이 가장 적당할 것이다. 왜냐하면, 이를 통해 실험방법이 발전하였으며, 이에 따라 모든 현대 과학들이 기초하고 있는 토대를 놓았기 때문이다.

이들 13세기 과학자들의 이름들은 한 가지 예외를 제외하고는 별로 잘 알려져 있지 않았다. 아마도 로버트 그로세테스테, 아담 마아쉬, 윗텔로라고 알려진 포올(Pole), 피터 드 마리코오트, 존 페캄, 미들톤의 리챠드 그리고 로저 베이콘을 이에 포함시킬 수 있었다. 베이콘이 전하는바에 의하면, 이들 가운데 피터 드 마리코오트가 가장 뛰어났으며, 자신을 비롯하여 다른 이들이 이론적 가능성에 머물고 있

---

15) Leff, *op. cit.*, pp. 224~245.

던 문제들을 피터는 이미 사실로서 증명하였다고 한다. 그러나 이러한 베이콘의 평가 외에는 그에 관하여 아무것도 알려져 있지 않은 사실은 유감스러운 일이다. 그에 비해 그로세테스테는 보다 잘 알려져 있으며, 만약 어느 개인을 이러한 새로운 실험적 방법론의 창시자라고 이름한다면 아마 그를 꼽아야 할 것이다. 그는 로저 베이콘의 스승들 가운데 하나였다. 현재까지 남아 있는 두 사람들의 작품을 비교해 보면, 그가 그의 제자에게 미친 영향은 알베르투스 마그누스가 아퀴나스에게 미친 영향보다 훨씬 더 중대함을 알 수 있다.

그런데 신기하게도 이들은 아리스토텔레스보다는 어거스틴에 가까운 사상을 지니고 있었다. 그리하여 13세기의 과학은 과학의 아버지라 불리우는 아리스토텔레스보다 오히려 헬라인들의 비과학적 플라톤주의와 밀접한 연관을 맺고 있다. 여기에는 아마 두 가지 이유가 있는 듯하다. 한 가지는 아리스토텔레스주의자들이 이미 아리스토텔레스가 모든 해답들을 발견하였으므로 그의 설명들을 그대로 받아들이는 데에는 다른 할 일이 없다고 생각했기 때문이었다. 또 다른 이유는 그가 심각한 형이상학적인 것이었다. 이들 어거스틴주의자들은 자율성을 받아들이고, 하나님께서 그가 의지하시는 대로 할 수 있으며, 또한 그렇게 했다고 믿음으로써 폐쇄적 우주관을 포기하고 그들이 예기한 변화의 측면에서 자연현상들을 파악하고자 하였다.

현재 남아 있는 저술의 양과 우수성 때문에 로저 베이콘(ca. 1214~3292)이 새로운 실험학파의 가장 뛰어난 대변자로 간주되며, 그로세테스테와 아울러 현대과학의 발전에 있어서 개척자적인 철학자로 불리운다. 코페르니쿠스(Copernicus), 갈릴레오(Galileo) 그리고 뉴톤(Newton)까지도 이미 베이콘이 제시한 방법론의 튼튼한 어깨 위에 앉아 그 업적을 이룰 수 있었으니, 만약 베이콘이나 혹은 그와 같은 인물이 없었다면 많은 위대한 과학자의 발견은 불가능했을 것이다. 그로세테스테와 마찬가지로 베이콘은 영국인이요, 옥스포드 출신이요, 프란시스칸이었다.

베이콘은 실수를 일으키는 가장 일반적 원인들로서 네 가지를 꼽았다. ① 권위(authority), ② 관습(custom), ③ 군중들의 일반적 의견(common view of the crowd), ④ 무지한 가식(ignorant pretense). 그는 다음과 같은 주장보다 더 위험한 것은 없다고 생각하였다. 즉, 이 문제는 전래가 이렇다. 이 문제에 대한 관습은 이렇다. 이것이야말로 일반적인 관점이다. 특별히 이러한 주장이 어떠한 인물의 무지를 감추기 위해서나 혹은 실제로 소유하지도 못한 지혜의 외양을 꾸미기 위해 사용된다면, 이러한 태도는 새로운 정보의 획득을 막아버리고 실험을 향한 모든 노력을 질식시킬 것이다. 결과적으로 지식인들의 시간은 선배들의 사상과 발견을 다시 정리하는 데에만 바쳐질 것이며, 이들의 저술이란 단지 "쓸데없는 군소리"로 둘러싸인 "형언할 수 없는 허위"들을 보여 줌으로써 이들 저자들의 "한없이 미숙한 허영심"을 증명하는데 불과할 것이다. 베이콘은 알베르투스 마그누스나 토마스 아퀴나스의 이론들에 관해 오직 경멸만을 품고 있었던 듯하다.

그는 신학 연구 자체의 특징으로 되어 있는 일곱 가지 악덕들을 지적하였다. (1) 신학은 삼위일체, 성육신, 성례들처럼 심오한 문제들에 있어서도 철학에 의해 침해당하여 이러한 제목들이 철학의 권위들, 이론들, 구분들에 의해 논의되고 있다. 철학은 그 자체 영역 밖에서는 아무런 가치도 지니지 못한다. (2) 창조에 관한 보다 정확한 해석을 제공하여 신학을 도울 수 있는 고대 언어학, 수학, 광학, 윤리학, 실험과학, 연금술 등은 신학자들에 의해 완전히 무시되고 있다. (3) 동시에 신학자들은 자기들이 사용하고자 하는 하부 과학들에 관해 일반적으로 무식하다. 여기서 지칭하는 하부 과학들이란 라틴 문법, 논리학, 기초적 자연철학, 그리고 특정 분야의 형이상학 등이다. (4) 피터 롬바르드의 "센텐스"가 성경을 대체하고 있다. (5) 성경 본문은 벌게이트(Vulgate) 가운데 오염되어 있으므로, (6) 성경구절의 문자적 의미가 확실치 못하며 그 결과 (7) 그 영적 메시지가 의혹과 잘못으로 점철되어 있다.

그러나 이 베이콘은 단순한 비평가에 지나지 못하는 인물은 아니었다. 그는 무엇보다도 이를 수정하기 위해 당시의 실수들을 열거한 것이었다. 그는 잘못된 지식과 과거의 실수들에의 맹목적 굴종 대신 진리의 이해를 제시하고자 하였다. 이는 그의 사고방식으로도 새로운 방법을 의미하였으니, 곧 공리와 주장의 진실성을 확인하기 위한 완전히 다른 절차를 뜻하는 것이었다. 이에 따라 그는 (1) 고대 언어들을 연구하여 성경 및 기타 권위 있는 작품들이 원래 저술된 대로 읽힐 수 있도록 할 것, (2) 수학, 광학(물리학), 그리고 점성술 등 고등 과학의 연구를 촉진할 것, (3) 실험학문(즉 과학)을 폭넓게 사용할 것(scientia experimentalis) 등을 주장하였다.

비록 신학을 위해 수학, 광학, 점성술까지를 연결시킨 베이콘의 주장은 우리들의 눈으로 볼 때 환상적이라 할 만큼 기이한 면이 없지 않으나, 실험적 방법을 제안했다는 점에서 그는 중요한 의미를 가진다. 실제로 이러한 실험과학(scientia experimentalis)은 과학들 가운데 최선의 것이었을 뿐만 아니라 다른 과학들의 발견을 확인하거나 혹은 거부하는 위치를 지닌다는 점에서 모든 과학 중 가장 중추적인 것이다. 이는 논리학적 이론에 구애되지 않았다. 대신 관찰과 실험을 통하여 다른 과학들이 추출한 결론들을 판단하고자 하는 것이다. 따라서 문제의 자료들이 속한 영역 안에서 이러한 자료들을 구체적으로 시험하고 증명하기 전에는 아무런 결론도 용인하지 않는다. 예를 들어, 개와 인간의 호흡 과정을 관찰하고 이들을 충분히 비교하기 전에는 아무도 개가 인간과 같이 숨쉰다는 주장을 할 권위를 갖지 못한다는 것이다. 따라서 베이콘은 연역적 논리학을 대수롭지 않게 생각할 수밖에 없었다. 그는 우리들의 사고는 자연적으로 논리적이라고 생각하였으므로, 중요한 문제는 우리가 사고할 올바른 정보를 소유하는 것이라 믿었다. 그 결과 베이콘에게는 실험이 아리스토텔레스와 스콜라 신학자들에게 있어서는 논리와 같은 위치를 차지하고 있었다.

베이콘이 제안한 진정한 연구의 방법은 다음과 같다.

어떤 과학에 있어서나 보다 어려운 것 대신에 쉬운 것을, 개별적인 것 대신에 일반적인 것을, 큰 문제 대신에 작은 문제를 먼저 연구하여야 한다. 인생은 짧으므로 학자는 유용한 연구 대상을 정선해야 한다. 이러한 문제들을 명료하고 확실하게 전개해야 하는데, 이는 실험 없이는 불가능하다. 비록 우리는 권위(authority), 이성(reason), 그리고 실험(experiment) 등 세 가지 방법을 통해 지식을 얻게 되지만, 권위란 합당한 근거가 없는 한 지혜롭지 못하며, 믿게 할 뿐이지 지식을 제공하지 못한다. 즉, 권위에 의지하여 믿을 수는 있으나 알 수는 없다. 또한 결론이 사실들에 의해 시험되기 전에는 이성으로서 궤변(sophistry)과 사실(demonstration) 사이를 구별할 수 없다.

모든 지식의 목적은 실용성(utility)에 있었다. 베이콘에게 있어서 이 실용성이란 곧 신학적인 것이었다. 즉, 우리는 하나님을 더욱 더 잘 섬기고 기쁘시게 하기 위해 배우는 것이다. 따라서 13세기에 있어서도 과학은 역시 신학의 시녀였다.[16]

---

16) Roger Bacon, *Compendium studii theologiae*(ed. H. Rashdall, Aberdeen, 1911); *Opus tertium*(ed. Little, Aberdeen, 1912); *Opus majus*(trans. Burke, Philadelphia, 1928).

3. 신학의 형성

그러나 베이콘과 그의 동료들은 그들 시대 사상가들의 전형적 인물들은 못 되었다. 또한 그들이 주장한 과학적 방법은 어거스틴주의나 아리스토텔레스주의를 막론하고 그에 반대하였던 스콜라 학파 보다 더 큰 영향력을 발휘하지는 못하였다. 지성인들의 관심은 계속 모든 과학들의 여왕으로서의 위치를 차지하였던 신학에 집중되어 있었으니, 철학과 과학은 기꺼이 시녀의 역할을 담당하였다. 바로 이 영역에서 스콜라적 방법론은 영향을 미쳤으며, 이에 따라 교회의 교리들은 그 시대의 요청에 잘 부응하였던 학자들에 의해 보다 정확하고 명료하게 표현되었다.

따라서 비록 삼위일체나 그리스도의 위격(the person of Christ) 등의 도그마(dogma; 교의)들이 비록 수정되지는 않았으나 13세기 신학자들에 의해 주의 깊게 취급되었으며, 시간의 범주 안에서 재서술되었다. 삼위일체 교리는 피터 롬바르드 사상을 좇아 어거스틴적으로 해석되었다.[17] 한편 성육신의 교리는 너무도 추상적으로 이론화되어 복음서에 나타난 예수님은 마치 허공 속으로 사라진 것처럼 보이게 되었다.[18]

그러나 하나님의 본질에 관한 교리는 스콜라 학파 학자들에 의해, 삼위일체 교리의 정착에도 불구하고 초대교회에서 제공할 수 없었던 새로운 해석을 제공받게 되었다. 하나님을 그의 성질 가운데 인체의 잠재성을 갖지 않은 순수한 실제(actuality)라고 파악했던 아퀴나스는 신적 행동을 가리켜 그들의 목적에 도달하는 사고와 의지라고 정의하였다.[19] 물론 하나님의 목적은 하나님 자신이시다. 이 세상에서 발생하는 모든 사건은 반드시 이 목적에 비추어 평가를 받아야 하는데, 하나님께서는 그의 본질에 역행하실 수 없으므로 이 목적은 순수한 사랑임에 틀림없다. 따라서 하나님께서는 세상과 그 안에서 일어나는 모든 사건들을 그의 최종 목적을 실현하기 위한 수단들로 사용하신다. 다시 말해서 그는 자기 자신을 사랑하듯 세상

---

17) Hefele, *op. cit.*, V, 880~881.
18) Bonaventura, *Commentaria in Quatuor Libros Sententiarum Magistri Petri Lombardi*(Quaracchi, 1882), III, D. 5., A. 1, Q. 1; D. 6, A. 1, Q. 1. Thomas Aquinas, Summa Theologica, III, Q. 2, A. 2, A. 7; Q. 16, A. 6; Q. 17, A. 2; Q. 18; Q. 19.
19) Thomas Aquinas, *Summa Theologica*, I, Q. 9, A. 1.

을 사랑하신다.[20] 따라서 아퀴나스의 철학에 나타난 아리스토텔레스적 하나님의 관념은 그의 신학 가운데는 개인적 사랑, 의지의 영적 개념으로 보완되었으니, 하나님은 전능하실 뿐 아니라 완전히 선하신 존재로 표현되었다. 안셀름의 이론 가운데 표현된 사고하는 성령님은 아퀴나스의 신학 가운데에서는 자비롭고 선하신 분으로 나타났다.

그리스도의 사역, 특히 그의 구속에 관한 해석을 보면 대속을 비교리적으로 취급한 예가 분명히 드러난다. 교회는 그동안 그리스도의 죽음에 관한 교리를 명확하게 정립하지 못하고 있었다. 따라서 13세기까지 안셀름의 객관적 해석과 아벨라르드의 주관적 해석들이 함께 통용되어 구속을 완전히 이해하기 위해서는 두 가지 모두가 필요하다고 간주되어왔다.[21] 이들 외에 다시 교회의 머리로서의 그리스도라는 관념이 추가되었는데, 이는 머리와 지체들 사이의 관계에 관한 해석을 통해 그리스도의 구속 사역과 이 사역이 구속받은 자들의 생애에 미쳐야 하는 영향이 분명하게 시사되었다. 스콜라학파 신학자들은 항상 인간 안에서 도덕적, 영적으로 어떤 결과가 생기는가 혹은 생겨야 하는가는 관점에서 인간을 위한 하나님의 사역을 파악하곤 하였다.[22]

토마스 아퀴나스는 또한 인간들의 죄를 용서하기 위하여 그리스도의 죽음이 불가피한 필요 수단이거나 혹은 유일한 방법은 아니라고 하였다. 하나님께서는 자유스럽게 이 길을 택하셨으나 그는 물론 다른 어떤 방법에 의해서도 구속을 이루실 수 있었다는 것이다.[23] 마찬가지로 우리들을 위한 그리스도의 고난 역시 순정과 사랑에서 우러난 자발적인 행위였다.[24]

그러나 이는 스콜라 학파 신학자들이 어떠한 형태이든 구속의 필요성을 부정했다는 말은 아니다. 이들은 하나님께서 세상을 창조했을 당시부터 인간의 구원이 오

---

20) *Ibid.*, 1, Q. 19, A. 2; Q. 20, A. 1; Q. 21, A. 1, A. 2.

21) Alexdnder of Hales, *Summa universae theologiae*(Quaracchi, 1924~1948) III, Q. 1, 4ff; Q. 16, 3, 4; Bonaventura, *Compendium breviloquium*(Quaracchi, 1938), IV, 1, 9; *Commentaria*, III, D. 20, A. 1, Q. 3.

22) Bonaventura, *Breviloquium*, IV, 2, Thomas Aquinas, *Summa Theologica*, III, Q. 48, A.1, Q. 57, A. 6.

23) *Summa Theologia*, III, Q. 37, 44, 46, 47, 48, 49, 53, 55, 57.

24) *Ibid.*, III, Q. 47, A. 2.

직 하나님으로부터만 비롯된 것임을 분명히 밝혔다. 이에 관해 헤일스의 알렉산더가 이룩한 스콜라 신학의 인간론(anthropology)의 기본 골격을 보나벤투라뿐만 아니라 알베르투스 마그누스와 토마스 아퀴나스까지도 답습하였다. 이들은 타락 이전에 아담은 그의 자연적 능력이 하나님의 의지와 조화를 이루고 정욕에 물들지 않은 상태에 있었을 뿐만 아니라,[25] 이미 그때에 하나님이 그를 사랑하신 바처럼 하나님을 사랑할 수 있도록 만드는 초자연적 은혜를 부여받아 영원한 구원을 획득할 상태에 있었다고 하였다.[26] 이러한 초자연적 은혜를 타락 이전의 의와 분명히 구별하기 위해 헤일스의 알렉산더, 보나벤투라, 알베르투스 마그누스 등은 모두 이 초자연적 은혜가 인간의 창조 당시 바로 수여되지 않고 마치 그가 순종을 통해 이를 얻는 것처럼 얼마 후에 주어졌다고 주장하였다.[27] 아퀴나스는 이를 인간의 창조와 동시로 규정하였으나 이 초자연적 은혜는 그 초자연적 목표로 말미암아 원래의 의와 구별된다고 하였다.[28] 물론 그 목표는 영원한 생명이었으니 그 목표에 도달하기 위한 수단들은 인간 본래의 성실과 능력으로는 불가능한 것이었다. 선행이 하나님 앞에서 그 가치를 갖기 위해서는 반드시 하나님에 의해 이루어져야 한다. 따라서 이미 타락 이전 인간은 신적 사랑의 주입을 받았으니, 이 신적 사랑이야말로 "하나님의 백성들과 그들의 능력 및 행위의 형태를 결정짓는 우주적 성격으로서, 성도들 가운데 거하시는 하나님께서는 이를 통하여 그들이 영생을 획득할 공로를 이룰 수 있는 능력을 주입하신다."[29] 따라서 어거스틴뿐만 아니라 스콜라 신학자들에게 있어서도 은혜만이 하나님께서 인간을 받아들이실 수 있도록 만드는 것이었다.

타락 이후 인간은 하나님께 받아들여질 수 없는 존재가 되었다. 그는 원래의 의

---

25) Bonaventura, *Commentaria*, II, D. 19, A. 3, Q. 1; Thomas Aquinas, *Commentaria in Quatuor Libros Sententiarum Magistri Petri Lombardi*, II, D. 20, Q. 2, A. 3.

26) Bonaventura, *Breviloquium*, II, 11; Thomas Aquinas, *Summa Theologica*, I, Q. 94, A. 3.

27) Alexander of Hales, *Summa universae theologiae*, II, Q. 96, M. 1; Bonaventura, *Commentaria* II, D. 29, A. 2, Q. 2; Albertus Magnus, *Summa*, tr. 14, Q. 90, M. 1.

28) Thomas Aquiaas, *Commentaria*, II, D. 29, Q. 1, A. 2.

29) Albertus Magnus, *Summa*, II, Tr. 16, Q. 98, M. 4.

와 초자연적 은혜를 모두 상실하였으니 전자의 상태는 부족 혹은 불완전으로서, 후자는 이러한 은혜 없이는 인간이 정욕으로 오염될 수밖에 없으므로 하나님의 진노를 일으키는 근거라고 불리운다.[30] 인간은 원래 무로부터 만들어졌고, 본질상 타락의 능력이 있으며, 교만으로 인해 초자연적 도움을 거부함으로써 이러한 타락이 불가피하게 되었다.[31] 그러므로 원죄는 인간의 모든 분야에 있어 도덕적, 영적 타락으로 표현되는 영혼의 질병이다. 인간들의 자연적 능력은 그 어떤 의미로도 손상되지 않았으나, 그는 더 이상 이를 통해 하나님을 기쁘시게 하고자 노력하지 않는다. 따라서 그의 행동들은 능동적인 악행들이 되었다. 비록 세례 받지 못한 유아들은 원죄가 있지만 심각한 악행들을 저지를 수 없으므로 유아기에 사망할 경우 고통에 가득 찬 지옥에 가지 않고 단지 하나님의 영광스런 모습을 볼 수 없는 림보(limbo)로 보내진다.[32]

스콜라 신학자들은 모든 인간의 영혼이 그의 부모로부터 유전된 것이 아니라 하나님에 의해 창조되었다고 믿었으므로 악을 선호하는 경향을 육체와의 밀접한 관계를 통해 설명하고자 하였다. 토마스 아퀴나스는 영혼의 창조가 죄 가운데 이루어진 육체의 상식과 동시에 발생하였으므로 이 역시 악해졌다고 하였다.[33] 그러나 어거스틴에 의해 그토록 강조되었던 인간의 전적 타락은 스콜라 신학자들에 의해 보다 가볍게 취급되었다. 이들은 인간성이 죄에 의해 완전 부패했다고 보지는 않았다. 인간은 그 부패 상태에 있어도 위대한 선행을 이룰 수 있다는 것이다. 마치 병자가 질병에 의해 완전히 불구로 되지 않는 것과 마찬가지로 자연 상태의 인간 역시 특정 행위들에 있어서는 구속받은 인간의 도덕적 행실과 유사할 수 있다는 것이다. 실제로 그는 완전 정상으로 돌아오기 위해 충분한 양의 은혜만 받으면 되었다.

그 결과 13세기의 신학자들은 인간의 구원은 예수 그리스도 안에서의 인간 성질의 완전한 재창조가 아니라, 옛 성품의 교정과 완전화로 보았다는 은혜는 기계적으로 해석되었다. 즉, 은혜란 인간 성질에 주입된 하나님의 능력으로서 이를 통해 인

---

30) Alexander of Hales, *Summa*, II, Q. 122, M. 2, A. 1.
31) Bonaventura, *Breiloquium*, III, 1, 9.
32) Bonaventura, *Commentaria*, II, D. 33, A. 3, Q. 2; Thomas Aquinas, *Commentaria*, II, D. 33, Q. 2, A. 2.
33) Thomas Aquinas, *Summa contra gentiles*, IV, 50, 4.

간들은 하나님께서 보시기에 기뻐하시는 성향과 행위를 소유할 수 있게 되고, 이에 따라 천국의 상급을 이룰 수 있다는 것이었다. 신학자들은 이러한 해석을 통해 인간 구속의 공로를 하나님께 돌리는 동시에 구원의 획득 및 그 조건들의 만족을 위한 인간의 책임을 보전하고자 하였다. 그리하여 수도원적 금욕주의의 엄격한 요구들은 이 교리를 통하여 하나님의 능동적 은혜와 인간의 노력에 의해 성취와 성공을 발견할 수 있었다. 토마스 아퀴나스에게 있어서 은혜는 하늘에 계신 성부하나님의 구속적 사랑보다는 창조에 있어서 최초의 운동자로서의 하나님의 능력과 지성에 밀접하게 연결되어 있었다.

반면 둔스 스코투스에 있어서는 의지적 자유의 중요성에 따라 하나님의 뜻은 모든 구속행위에 걸쳐 어떤 면에서 보다 인격적 표현을 가능케 했으므로, 선한 인간의 선한 의지를 표현하는 선한 행위는 단지 원인에 의한 결과보다는 하나님의 자비로우신 은사와 보다 직접적으로 관련하게 되었다. 이러한 측면에서 볼 때, 둔스는 그의 도미니칸 경쟁자보다 은혜를 아무런 값없이 자발적으로 주어지는 사랑과 자비로 정의하는 데는 성공하였으나, 그 물질성으로부터 벗어나지는 못하였다. 왜냐하면 의지는 습관과 연결되는 것이며, 그의 행동을 야기시키는 인간의 동기란 인간자신의 관습에 의해 한정되기 때문이다. 아퀴나스와 마찬가지로 그의 신학 속에서도 은혜로 신적 수단을 통해 인간성 속으로 물량적으로 주입되는 것이었다. 따라서 이는 마치 인간의 소유물로서, 그가 하나님의 사랑과 은혜를 획득하기 위한 존재와 행위를 가능케 하는 요소처럼 되었다.

이러한 은혜는 인간 성화의 수단들인 성례들을 통해 인간에게 전달된다. 교회가 은혜를 주입하는 행위들인 이들 성례들은 이들을 통해 그리스도가 성취하시고자 하던 바들을 그대로 성취하고자 하는 동기 안에서 시행되고 받아들여질 때에만 효력이 있다.[34] 따라서 세례의 물과 성찬식 때의 빵과 포도주 등은 성례의 물질이며 정당한 자격을 지닌 인물에 의해 낭독되는 예식의 언어들은 그 형태이다. 모두 일곱 개 성례들이 있는데, 이들 중 다섯은 육체의 성숙과 보전에 관련되어 있다. 즉, 세례는 출생에, 견신례는 성장에, 성찬식은 성숙을 위한 수단으로써 영양을 공급하는 것이며, 회개와 종부 성사들은 각각 일상생활들과 종생에서의 정화에 해당하는 것이다. 이들 가운데 둘은 사회적 의무에 관련되는 것으로서 결혼은 생식에, 그리

---

34) Bonaveotura, *Commentaria*, IV. D. 6. P. 2. A. 2. Q. 1.

고 안수(ordination)는 지도적 위치를 발생시키기 위함이다.[35] 헤일서의 알렉산더와 보나벤투라는 세례와 성찬식도 성례들만이 그리스도에 의해 설립된 것이라고 가르쳤다.[36] 그러나 알베르투스 마그누스, 토마스 아퀴나스, 그리고 둔서 스코투스까지도 일곱 개의 모든 성례들이 그리스도로부터 비롯된 것이라 하였다.[37]

토마스 아퀴나스는 성례와 같은 물질적 목적물이 어떻게 치유력인 하나님의 초자연적 은혜를 포함하고 있는가를 설명하고자 하였다. 그는 단지 하나님께서 이러한 목적물들이 정당하게 사용되는 경우 영적 효과들을 발생시키도록 지적하셨다고 주장하였다. 성례식에 사용되는 예문들은 목적물들이 성례적으로 본래 의도되었던 바대로 만들며, 따라서 이를 받는 자의 생활 가운데 하나님께서 예정하신 목적을 이룬다는 것이다. 따라서 이들은 단순한 표식이나 상징도 아니었다. 이들은 통로나 수단, 즉 하나님으로부터의 은혜를 인간에게 전달하고 주입시키는 매개체였다.[38]

보나벤투라는 이러한 구체적 설명을 피하고자 하였다. 그는 성례들이란 단지 하나님께서 인간 영혼에 어떻게 역사하시는가를 직접적 창조적으로 대변하기 위한 상징에 지나지 않는다고 주장하였다.[39] 둔스 스코투스 역시 이러한 의견에 찬동하였으니, 그는 오직 하나님의 직접적 행위-신적 의지의 직접적 표현-만이 인간의 구원을 이룰 수 있다고 하였다. 다시 말해서 성례란 하나님께서 인간 영혼 가운데 이루시는 역사의 영상에 불과하다는 것이다. 그러나 모든 신학자들은 일단 성례가 집행된 경우 성례적 은혜는 인간을 구원의 가치가 있는 존재로 만든다는 것-즉 하나님께서 받으시기에 합당하게 만든다는 데 동의하였다. 만약 성례를 실행한 동기

---

35) 이 숫자는 런던 회의(the Synod of London)에서 확정된 것이다(1237년). 그런데 이 숫자는 제3차 라터란(Lateran) 회의 때까지(1179)도 채 확정되지 않은 채로 있었다. Hefele, *op. cit.*, V, 713, 1056.

36) Alexander of Hales, *Summa*, IV, Q. 8, M. 2, A. 2, S. 3; Bonaventura, *Commentaria*, IV, D. 23, A. 1, Q. 2.

37) Albertus Magnus, *Commentaia in Quatuor Libros Sententiarum Magistri Petri Lombardi*, IV, D. 23, A. 13; Thomas Aquinas, *Summa Theologica*, III, Q. 64, A. 2; Duns Scotus, *Commentaria Oxoniensia ad IV libros magistri Sententiarum*, IV, D. 2, Q. 1, S. 4, and S. 5.

38) Thomas Aquinas, *Summa Theologica*, III, Q. 26, A. 1, A. 4.

39) Bonaventura, *Commentaria*, IV, D. 1, P. 1, A. 1, Q. 2, Q. 3, Q. 4. *Breviloqum*, VI, 1.

가 교회에서 규정하는 바와 같은 경우, 이들 성례들은 그 집행자나 받는 자의 도덕적, 영적 성품에 관계없이 유효하였다. 즉, 이러한 하나님의 자비스러운 행위는 그 자체로서 충분하고 완전한 신적 능력을 전달한다는 것이다.[40]

스콜라 신학자들은 성례들 하나 하나에도 관심을 쏟았다. 이들의 가장 큰 공헌은 성찬의 이해에 주어졌으니, 곧 화체설로부터 비롯된 문제들을 해결하는 것이었다. 어떻게 빵과 포도주가 예수 그리스도의 몸과 피로 변화한 후에도 이를 받는 자의 입에는 계속 빵과 포도주의 맛이 나는가? 이에 대해 토마스 아퀴나스는 그 본질은 변화하였으나, 그 우유성(accidents)은 받는 이의 맛과 소화를 위해 동일하게 남아 있다고 하였다.[41] 마찬가지로 그리스도의 전체 몸과 피가 포도주와 빵 두 예품들 가운데 어느 것에나 포함되어 있으므로 평신도들에게는 빵만을 분배해 주어도 충분하다 하였다.[42] 그리스도께서는 국지적으로는 하늘의 성부 하나님과 함께 계시지만 본질적으로는 지구상에서 행해지는 모든 성찬식에 임재하신다고 하였다. 이 성례는 십자가상에서 당하신 그리스도 고난의 효과를 개인에게 직접 적용시키는 것으로서 그의 사소한 죄들을 씻어낸다는 것이었다.

이 성례는 큰 죄들을 사제들에게 고백하고 사면을 허락받고 죄를 사함받는 대가로 행해야 할 각종 행위들을 지시받는 고행과 밀접한 연관을 맺고 있었다. 이러한 고행은 세례 받는 기독교인들이 지상에서 제대로 사죄 받지 못한 도덕적 범죄들에 대한 대가를 치러야 하는 연옥의 교리를 통해 저승에까지 연장되었다. 마찬가지로 살아 있는 자들의 선행이 탄원의 형태를 통해 이미 죽은 자들에게 큰 도움을 준다 하였다.[43] 이러한 성례이론은 물론 이에 대응할 수 있는 교회제도를 요구하였다. 교회는 이 지상에서 은혜의 보호자이기도 했다. 정상에는 교황이 자리잡고 있었으며, 지상에서 그리스도를 대리하는 그의 권리는 대주교들과 주교들을 통해 일반 신자들에게 성례를 통하여 구원을 베푸는 사제들에게까지 위임되었다. 교회야말로 영생의 유일하고 성스러운 청지기였으므로 최하급 사제들도 영혼에 관련된 분야에

---

40) Alexander of Hales, *Summa*, IV, Q. 8, M. 4, A. 1; Albertus Magnus, *Commentaria*, IV, D. 1, A. 1; Bonaventura, *Commentaria*, IV, D. 1, P. 1, A. 1, Q. 5; Duns Scotus, *Commentaria*, IV, D. 1, Q. 1, S. 10.

41) Thomas Aquinas, *Summa Theologica*, III, Q. 75, A. 5.

42) Alexander of Hales, *Summa*, IV, Q. 40, M. 3, A. 5.

43) Bonaventura, *Commentaria*, IV, D. 20, P. 2, A. 1, Q. 5.

서는 지구상에서 가장 강력하고, 위대한 군주들보다 뛰어난 위치에 있었다. 교황이야말로 천국에의 열쇠들을 소유한 존재였다. 서방교회의 13세기는 위대한 신학세계의 시대였다. 중세 라틴 신학은 아퀴나스와 스코투스를 통해 헬라 신학이 제8세기에 도달하였던 완성의 경지에 이르게 되었다.

4. 예술과 문학의 발전

철학과 신학에 의해 대변되었던 교회의 내적 생활은 예술과 음악을 통해 외적으로 표현되었다. 스콜라 신학자들의 사상은 그들의 군더더기 없이 간결한 문답식의 말과 저술들을 통해 보존되고 교수되었을 뿐만 아니라, 이들은 또한 13세기 예술가들과 장인들의 정교한 작품들을 통해 길이 남겨지게 되었다. 스테인드글라스 창문들과 날으는 듯한 버팀벽을 소유한 고딕식 성당들은 무식하고 무지한 자를 막론하고 이해할 수 있는 돌로 된 책이었다. 마찬가지로 각종 기적 및 도덕을 주제로 한 연극들, 여우 레이나아드(Reynard the Fox)와 『장미의 로맨스』 같은 이야기들, 『황금의 전설』(The Golden Legend)이라는 책 속에 나타난 주요 성자들의 전기, 은유의 시인들과 공장 가인들의 노래들과 그리고 승화된 걸작 『신곡』(The Divine Comedy) 등은 모두 대중들의 영혼을 사로잡았으며, 이전에 찾아볼 수 없었던 정열로 그들의 상상력을 자극하였다. 이는 마치 호머(Homer)나 버질(Virgil) 등이 다시 살아와 그리스도의 영광과 로마의 웅대함이, 최소한 그 서사시적 가치에 있어서 제13세기 라틴 문명 속에 다시 꽃핀 듯하였다. 그리고 이들의 가장 중요한 주제는 종교에 있었다. 기독교야말로 이들 예술과 문학의 걸작품들이 추구한 동기요 주제였던 것이다.

고딕식 예술은 이 세기의 초기에 많은 숫자가 완성되었던 화려한 교회당과 웅장한 성당들을 통해 가장 완전한 상태에 도달하였다. 고딕식은 신자들의 초자연을 향한 갈망을 보다 완전하게 만족시켜 주기 위해 옛날 로마네스크 양식을 변형하여 적응시킨 것이다. 따라서 이들은 무한을 상징하는 높고 뾰족한 아치를 지었으며, 그 주위에는 본당 회중석의 천정을 제거하고 대신 날으는 듯한 버팀벽의 모습으로 바깥벽을 건축하였다. 이 스타일은 특히 돌과 유리를 사용하여 정교한 조각을 많이 부착시켰으므로 건축가들은 섬세한 부분에까지 신경을 쓰는 장인들이자 예술가이어야만 했다. 이는 원래 완전히 돌로 된 원형 천정을 가진 교회당을 짓고자 하는 노력에서 비롯되었으며, 이러한 새로운 구조물들을 위해 가장 정교하고 격에 맞는 치장과 장식물들을 계속 발전시켜 나아갔다.

초기에는 이러한 건축 양식이 오직 종교적 건물에만 도입되었으나, 시간이 흐름에 따라 보다 일반화되어 공공 관청들, 궁정들 일반 저택들, 심지어 농부들의 헛간에까지 고딕양식이 채택되었다. 동양식은 자유, 성숙, 성실 등으로 표현되는 특징을 지니고 있었다. 자유란 곧 고딕양식의 적용 범위가 넓어 거의 어떤 종류의 건축 수효도 충족시킬 수 있음을 의미하며, 성숙(이는 어떤 규모로 지어도 적당하였다)이란 무엇인가 미완성으로 남김으로써 그 완전한 충족은 하나님과의 무한한 미래 속에 자리잡고 있음을 암시하는 듯한 느낌을 의미한다. 성실의 측면은 곧 소박한 기둥들과 직선들로부터 사람들은 항상 불변하는 진리와 영원의 모습을 보게 되었다는 것이다.

고딕 양식은 원래 12세기 말 북부 프랑스에서 시작되어 곧 잉글랜드와 독일로 퍼졌고 얼마 안 되어 이탈리아를 제외한 서부 유럽 전체를 휩쓸게 되었다. 파리의 노트르담(Notre Dame)사원과 엔젤 콰이어(Angel Choir)가 포함된 북부 잉글랜드의 링컨 사원(Lincoln Cathedral: 그 모습이 아름다워 천사들에 의해 지어졌다고 전해졌다)은 오늘날까지도 유용성과 아름다움을 혼합할 수 있는 인물은 항상 승리한다는 라틴 속담의 본보기가 되고 있다. 내륙의 샤르트르 성당과 바닷가 절벽 위에 높이 자리잡은 몽트 생 미셸(Mont Saint Michel) 사원은 함께 완전한 앙상블을 이루며, 각각 의를 추구하는 인간들의 갈구와 예수 그리스도 안에서 모든 욕구를 충족 받는 희열을 웅변으로 묘사하고 있다. 중세 사원들에 나타난 고딕 예술의 가장 뛰어난 모습은 스테인드글라스 창문들에서 찾아볼 수 있다. 유명한 샤르트르 성당의 "탕자의 창문"(Prodigal Window) 등 일부 창문들은 성경 이야기들과 성자들의 생애를 재현하고 있으며, 요크에 있는 "5자매의 창"(the Five Sisters) 같은 것은 아무 구체적 그림도 없이 단지 사원들을 종교적 광채로 가득 채우고 있다. 이러한 색채들의 혼합과 디자인의 모습, 뛰어난 아름다움뿐만 아니라 내구성과 실용성을 고루 갖춘 스테인드글레스들이야말로 인류 역사를 통해 아무도 능가할 자 없었던 예술적 기교를 과시하고 있다.[44]

---

44) E. Corryer, *L'architecture gothique*(1891): C. H. Moore, *The Development and Character of Gothic Architecture*(1904).

고딕식 성당의 가장 큰 특색이라면 전체 디자인의 웅대함이라든가 혹은 오밀조밀한 세부의 정교함은 아니었다. 이는 어쩌면 그의 건축 과정이라 할 수 있겠다. 왜냐하면, 성당 건축은 전체 지역 사회가 관련된 사업으로서 수 세대의 시간을 요하기 일수였으며, 촌락이나 도시의 주민들 전체가 그들의 흥미와 재능에 따라 모두 참여하였기 때문이다. 영주나 왕이 필요한 돌들을 떠올 채석장을 제공하였고 전체 주민들이 이 돌들을 건축 현장까지 운반하였으며, 정확한 장소에 맞추기 위해 이를 끌과 정으로 쪼개고 다듬었다. 또한 바로 이들이 각종 아름다운 무늬를 새겨놓았다. 이는 곧 각 개인들이 나름대로의 능력을 발휘해야 함을 의미하였다. 보통 각 개인들은 자기들이 맡은 부분의 작업을 고안 과정으로부터 마지막 완성까지 책임지는 것이 보통이었다. 어떤 이는 작은 천사상이나 혹은 괴물들을 새기기도 하고 어떤 이는 성자의 조상 하나를 맡기도 하였다. 그러나 이들은 어떤 작품을 남기든지 그 신앙과 경건의 구체적 기념물로 보존될 것을 알고 있었다.

따라서 현재까지 남아 있는 이들의 작품으로 판단해 보건대, 이들 장인들이 도제로서 훈련받은 길드(Guild)들의 수준은 상당히 높았음을 짐작할 수 있다. 각 촌락들은 자기들의 사원들을 지어야 할 뿐만 아니라, 또한 그 모든 부분들을 완성할 장인들을 배출해야 했다. 특별한 기술에 재주를 보이는 소년은 채 10살이 되기 전에 이들 장인들의 집단인 길드에 보내진다. 만약 약 1년간의 유예기간 동안 해당 직종에 뚜렷한 재질과 가능성을 과시하면 비로소 정식 도제로 남는 것이 허락된다. 그는 단지 먹고 자는 것만 제공받으면서 정식 장인들의 작업을 거들며 재주껏 이들의 기술을 익히게 된다. 이렇게 4, 5년이 지나면 최하급 정식 장인인 저니맨(journeyman)의 자격을 갖게 된다. 이들 저니맨들은 이곳저곳으로 옮겨 다니며 갖가지 기술을 익히고 동시에 다른 지방의 장인은 어떻게 일하는가를 익힘으로써 그의 기술을 완성시킨다. 길드 내에서의 진급은 오직 그의 기술에 의해 좌우된다. 따라서 가장 뛰어난 작품을 만드는 인물이 가장 높은 대우를 받는다. 따라서 모든 장인들의 꿈은 길드의 우두머리인 거장이 되는 것이었다. 가장 우수한 장인들은 저니맨으로서의 수업 시대를 거친 후 각자의 장기에 따라 길드의 구성원으로 가입하여 고향에 정착하며, 이에 따라 이들의 재능은 지역 사회를 위한 봉사에 바쳐지게 된다. 예를 들어, 라임스 성당의 웅장한 모습은 라임스 시민들의 예술적 재능과 노력의 결실이었다. 따라서 도시와 촌락들은 단지 전쟁터에서 발휘되는 장군과 기사들의 용기와 무력뿐 아니라, 하나님을 예배하고 찬양하기 위한 성당의 건축을 위해 자기들의 최선을 바친 예술가와 장인들의 두뇌와 피땀을 두고도 서로 경쟁하였다.

길드야말로 모든 회원들이 동료들 가운데 병자들을 부양하였던 진정한 공동체로서 정해진 규칙에 따라 각 개인들은 그들의 종교적 책임을 다했으며, 각 회원들은 또한 그 안에서 기꺼이 전체 회원들을 위해 봉사하였다. 따라서 이들은 자기들의 작품이 다른 이들의 노력과 결합되어 완성되는 완전한 작품의 일부로서 길이 남기를 원했으므로 장인 개인들의 이름은 그 작품에 새겨지지 않았다.[45]

그러나 이러한 체제 가운데서도 특별히 그 이름을 남긴 개인들이 있었다. 예를 들어, 시마뷰(Cimabue)와 지옷토(Giotto) 등은 그 이전의 인위적이고 무표정한 회화들을 발전시켜 보다 자연스럽고 생생한 표현을 남겨놓았다. 이러한 발전이 그 후 르네상스(Renaissance)로 이어진다. 15세기 후반 그의 걸작들을 제작한 시마뷰는 그보다 더욱 뛰어났던 지옷토를 발굴하여 제자로 삼았다. 시마뷰의 마돈나(Madonna)는 열광적인 군중들에 의해 그의 작업실로부터 플로렌스의 산타 마리아 노벨라 교회(the Church of Santa Maria Novella)로 운반되었는데, 이 때문에 아직까지도 그 작품이 제작된 장소는 "기쁨의 뜰"(ward of joy)이라 불리우고 있다. 또한 피사 성당에 있는 그의 모자이크는 고전적 예술의 전통과 자연에 충실하였던 그의 모습을 보여 준다. 복카치오(Boccaccio)는 지옷토가 그린 모든 작품들이 대상물에 너무도 충실하였으므로 마치 실물과 같았다고 경탄하였다. 지옷토는 같은 캠퍼스 안에 여러 가지 다른 모습들을 그려넣었고 이들을 생생하고 다양성 있게 배치하였으므로 각 모습들이 마치 독립된 작품처럼 보인다. 그의 걸작품들은 아씨시(Assisi), 플로렌스(Florence), 로마(Rome)뿐 아니라 피사(Pisa), 루카(Lucca), 아레쪼(Arefzo), 파두아(Padua), 밀란(Mitan) 등에서 보관되고 있다.[46]

13세기의 고딕 예술은 웅장하였으며, 희망과 승리감에 충만해 있었다. 저주받은 자들의 모습을 제외하고는 일체의 고통이나 슬픔이 묘사되지 않았다. 예수 그리스도의 모습은 항상 왕적 위엄을 지니고 있었다. "보 뒤 다미엥"(Beau Dieu d' Amiens)은 그 제목이 시사해 주듯이 그리스도를 매력적이고, 황홀하게 표현하여 마치 인간들이 그를 자랑하고 즐기도록 초대하는 것처럼 보인다. 아미엥 시 주민들

---

45) W.S. Wilda, *Das Gildenwesen im Mittelalter*(Halle, 1831).

46) J. Strzygowski, *Cimabue und Rom*(1888). Carlo Carra, *Giotto*(1925). Giorgio Vasari, *Lives of the Artists*(ed. Betty Burroughs, N. Y., 1946), 3~6, 16~22.

은 이 조각을 그들의 아름다운 하나님이라 불렀다.

이처럼 아름다운 고딕 예술 공간을 낳았던 중세인들의 종교적 열정과 경건심은 또한 신비 및 도덕극의 형태로 나타나기도 하였다. 이러한 연극들은 아마도 11세기 경 잉글랜드에서 시작된 것으로 보인다. 그러나 이들은 13세기에 이미 서유럽 전체에 퍼졌으며, 시간의 경과에 따라 점차 고정된 주제와 유형을 이루게 되었다. 엄격하게 말해 신비극이란(mystery play) 아브라함의 생애나 바울 사도의 전도여행 등 성경 내의 사건을 극화시킨 것이며, 도덕극은 추상적 덕성과 악덕들을 살아 있는 인물들의 모습으로 전환하여 그들의 이야기를 스테이지 위에서 공연하는 것이다. 기적극(miracle play)은 성자들이나 기타 성경 외의 인물과 사건들에 기초한 점에서 신비극과 차이가 있다. 이들 세 종류들은 모두 종교적 목적과 구성을 지니고 있었다. 아마도 최초의 연극 대본들은 성직자에 의해 라틴어로 작성되었을 것이다. 그러나 관중들이 일반 신자들이었으므로 길드들이 이를, 곧 대신 맡아 회원들을 동원하여 상연하였으며 언어 역시 일상적 구어체를 사용하였다. 연극들의 발전은 프랑스에서 가장 신속하게 이루어져 후세인들을 위한 기초적 모델을 제공하였다. 신비극들은 교회력(ecclesiastical calendar)을 따라 상연되어 대개 연극의 사건 내용과 사건이 발생한 시기에 공연되었다. 연극들은 주로 교회당 안, 교회당 뜰 혹은 도시와 촌락의 광장에서 공연되었다. 프란시스칸들은 신비극들을 보다 일반화시켜 설교를 통한 복음 선포의 효과적 보조수단으로 사용하였다.[47]

13세기의 산문은 신학, 철학뿐만 아니라 역사서, 생물학, 여행기들을 포함한다. 빌레하두인의 지오프리(Geoffrey of Villehardouin, ca. 1160~1213)는 자기가 직접 참가하였던 이노센트 3세 때의 십자군 원정 기록을 남겼다. 이때에 라틴인들은 콘스탄티노플을 정복하였다.[48] 모함을 떠나는 함대의 모습과 콘스탄티노플 성벽에 도착했던 광경을 묘사한 부분은 헤로도투스(Herodotus)와 투키디데스(Thucydides) 등의 가장 뛰어난 문장들에 비교할 만큼 탁월하다. 빌레하두인은 프랑스 혹은 유럽 전체에서 최초로 일상생활의 용어로 저술하였던 역사가일 것이다.

---

47) K. Young, *The Drama of the medieval Church*(Oxford, 1933): *Some Texts of Liturgical Plays*(1909).

48) Villehardouin의 작품을 가장 잘 편집해 놓은 것으로는 Natalis de Wailly가 이루어 놓은 것들과(Paris, 1872~1874) E. Bouchet(Paris, 1891)이다.

성 알반 수도원의 영국인 수사 매튜 파리스(Matthew Paris, 1259 사망)는 영국 출신 수도사, 역사가들 가운데 베네러블 베데(Venerable Bede)와 함께 손꼽힌다. 베데가 이들 가운데 최초의 인물이었다면, 매튜는 최후의 자리를 차지하고 있는데, 그는 라틴어로 저술하였다. 가끔 자료들을 취급하는 데 있어 약간 소홀한 듯한 인상을 남기고 있다. 그러나 그의 판단은 정확하였으며, 자기의 신념에 따라 용기 있게 역사를 기록하였다. 그는 "역사 기록자들의 과업이야말로 어려운 것이다. 만약 진리를 말하면 인간들의 미움을 사게 되고, 허위를 기록하게 된다면 하나님을 슬프게 만든다." 그의 『크로니카 마이오라』(Chronica Maiora)는 영국 건국 시에 나타났던 진정한 사람들의 감정을 대변하고 있다.[49]

조인빌(Joinville, 1224~1317)의 작품인 그의 친구 프랑스 왕 루이 9세의 전기는 약간 치우친 모습을 보인다.[50] 이 책을 읽는 독자들은 저자가 전기의 주인공을 깊이 존경했을 뿐만 아니라 사랑했다는 사실을 금방 알아차릴 수 있다. 빌레하두인처럼 조인빌 역시 구어체를 사용하였다. 그는 13세기에 나타난 유명한 인물의 전기 가운데 가장 뛰어난 작품을 썼다고 평가된다. 문학적 관점에서 볼 때에는 보다 우수하지만 그 주인공의 생애가 그다지 유명하지 못했으므로 일반인들에게 널리 읽혀지지 않았던 작품은 브레이크론드의 죠슬린(Jocelyn of Brakelond)이 쓴 샘프손(Sampson) 수도원장이다. 이는 루이 9세의 프랑스 전기에 대응하는 영국의 작품이라 할 수 있겠다. 그 스타일은 단순하고 직선적이어서 주인공의 생애와 업적이 아무런 군더더기 없이 제시되고 있다. 또한 보스웰(Boswell)의 『사무엘 존슨의 생애』(Life of Samuel Johnson)야말로 그때까지의 작품들 가운데 주인공의 모습을 가장 생생하게 사실적으로 표현한 전기로 손꼽히고 있다.

부베의 빈센트(Vincent of Beauvais)는 성·속을 막론하고 그가 아는 모든 작품들의 저자들에게 자문을 구하여 전반적 지식의 일람표를 저술함으로써 후에 나타난 프랑스의 백과사전 학파의 전신이 되었다.[51] 이 자료의 백과사전은 과거의 사

---

49) *Chronica Maiora*(ed. H. R. Luard, 1872~1883), 7 vols.
50) *Histoire de St. Louis*의 최고의 것으로는 Natalis de Wailly가 1868년과 1874년에 각각 편찬한 것들이다.
51) J. B. Bourgeat, *Etudes sur Vincent de Beauvais, théologien, philosophe, encylopédiste*(Paris, 1856).

실들뿐 아니라, 자기들이 보고 들은 것을 기행문으로 기록한 당시의 여행가 및 모험가들이 제공한 세계 각처 주민들에 관한 새로운 정보들을 포함하고 있다.

아시아로의 기나긴 여행과 카테이(중국) 궁정에서의 생활을 전했던 마르코 폴로(Marco Polo)의 이야기는 너무도 황당무개하여 아무도 믿어 주는 이가 없었다. 그가 전한 화약과 항해사들의 나침반 등은 13세기 유럽인들에게는 마치 오늘날의 우주여행이나 로켓트와 같았다. 마찬가지로 그가 아르메니아에서 보고와, 마치 나무처럼 잘 타며 낙타들의 피부병을 치료하는데 쓰인다고 전했던 석유는 이탈리아인들에게 단지 환상에 불과하였다. 마르코 폴로의 여행기는 그가 제노아의 병영 감옥에 갇혀 있을 때 사귀게 된 피사 출신 러스티치아노(Rusticiano)에 의해 처음 프랑스어로 기록되었다.[52]

그 외에도 오늘날까지 남아 있는 흥미스런 여행기록들을 남긴 인물로는 이노센트 4세의 사절로 북부 아시아 타타르(Tartars)인들에게 파견되었던 수도사 카르피니의 존(John of Carpini), 프랑스 왕 루이 9세의 명령에 따라 같은 지역을 횡단하였던 수도사 루부룩의 윌리암(William of Rubruk), 그리고 동방으로 갔던 프란시스칸 선교사 오도릭(Odoric)과 프레몬스트라텐시안파의 헤이톤(Hayton) 등이 있다. 헤이톤은 아르메니아에서 성장하여 프랑스에 거주하였으며, 서방인들을 위해 그가 소년 시절에 경험하였던 근동 지방의 풍물을 기술하였다. 다음 세기의 존 맨드빌 경(Sir John Mandeville)의 고전적 작품은 이들 수도사들의 자료에 의지한 부분이 많다.

성인전이나 여행전기도 아니면 엄밀한 의미에서 철학, 신학서적으로는 미숙한 작품으로서 뛰어난 문학적 가치를 지닌 것으로서는 윌리암 두란두스(William Durandus)의 작품인 『성직의 중요성』(Significance of Divine Offices)인데, 보다 정확하게는 『교회들의 상징과 교회 장식들』(The Symbolism of Churches and Church Ornaments)로 알려져 있다. 이는 마치 『그리스도를 본받아』(Imitation of Christ)처럼 영감적 경건서적이라고 할 수 있겠다. 이 작품이 중세 말 큰 인기를 누렸다는 사실은 인쇄술이 발명되었을 때 시편(1457과 1459년)의 뒤를 이어 인쇄되었다는 데서(Jotn Fust, 1459) 알 수 있었다.[53]

---

52) *Marco Polo*(ed. Yule and Cordier, London, 1903).
53) James J. Walsh, *The Thirteenth, Greatest of Centuries*(N. Y.: 1952), chs.

이 세기에 산문보다 더 뛰어났던 것은 운문이었다. 위대한 사건들을 묘사하는 서사시와 함께 시인의 내부적 감정을 표현하는 서정시 역시 정교한 기술과 진정한 감성 및 이해에 기초한 영감으로 계발되었다. 이러한 사실은 13세기 라틴 찬송가에서 증명된다. 이들이야말로 역사상 운문으로 쓰여진 종교시들 가운데 최고의 위치를 점하고 있다. "스타밧 마터"(Stabat Mater)와 "디에스 이라이"(Dies Irae) 등은 많은 전문가들에 의해 가장 위대한 찬송가로 평가되고 있으며, 비교할 데 없는 라틴 찬송가의 좋은 예들을 제공하고 있다.

특히 "디에스 이라이"의 효과는 너무도 강렬하여 이 찬송이 불려지면 청중들은 세상 종말의 청천벽력과, 무덤이 갈라지는 소리들과, 산자와 죽은 자들을 향해 심판을 선포하는 천사 가브리엘의 트럼펫 소리를 실제로 듣는 듯하였다. 동시에 우리들은 그의 장엄한 백보좌에 좌정하셔서 자비와 공의로 영원한 상벌을 선포하시는 "무한한 위엄에 가득 찬 왕"의 모습을 보게 된다. 이 시의 우수성은 단지 그 종말론적 주제뿐만 아니라 저자의 진실한 정념(pathos)에서 비롯되는 것이며, 또한 정확한 삼중 각운과 박자, 그리고 그 언어의 빼어난 소박성과 음악적 장엄성에 있다고 하겠다.

이에 버금하는 것으로는 말할 것도 없이 프란시스칸 수도사 자코폰 다 토디(Jacopone da Todi)에 의해 쓰여진 "스타밧 마터"(Stabat Mater)라 할 수 있다. 그는 자기 자신의 심정 속에 있는 슬픔과 소망을 십자가상에 매달린 그녀의 아들의 죽음을 바라보는 성모 마리아의 심정을 통해 대변하였다.

> 그녀가 그토록 앙모하던 아들
> 보혈 흐르는 양팔을 벌리시고
> 조용히 매달리신 십자가 곁에
> 그 어머니 비애에 서서 눈물 흘리시네
> 그래도 고요한 그녀의 가슴을
> 슬픔이 칼날처럼 쪼개고 있네.

6~8, 14, 15, 25, 특히 pp. 400~414.

이러한 이들 중세 종교시들은 헬라 문학을 라틴어로 모방하였던 아우구스투스 시대의 고전적 선배들보다 훨씬 독창적이다. 이들 13세기의 거장들은 마치 자기들의 감정을 표현하기 위해 새로운 언어를 발명하기나 한 듯이 자기들의 독창적인 감정과 사상들을 표현하기 위하여 자유자재로 라틴어를 사용하였다. 비록 그 문법과 구문론은 동일할지라도 당시의 교회에서 쓰여진 라틴어는 옛날의 고전적 라틴어와는 완전히 다른 모습을 보여 주고 있다.

찬송가들을 통해 라틴어가 세련되어 가는 동안 음유 시인들과 공장 가인들은 일반 상용어를 사용하여, 서민들의 일상 감정을 표현하였다. 이들 음유시인들은 읽고 쓸 줄 아는 이들이 거의 없었으나, 구전을 통한 서정시의 감정표현은 놀라운 바 있었다. 공장 가인들 가운데 가장 인기를 누렸던 월터 폰 데르 포겔바이데(Walter von der Vogelweide)에게 어디서 멜로디들을 발견하였느냐고 묻자, 그는 새들로부터 배웠다고 대답하였다. 어린 아이들까지도 그를 사랑한 것은 당연한 일이다. 왜냐하면 그는 이들의 느낌까지도 잘 대변하고 있기 때문이다.

> 때려서 아이들을 가르치려는 건
> 그야말로 최악의 교육 방법일세
> 애들이라고 자존심이 없나?
> 말로 좋게 해도 알아들을 걸.

월터와 동시대인이던 하트만 폰 아우(Hartman von Aue)는 순수한 낭만주의로 독일인들의 가슴을 사로잡았다. 한편 글을 읽거나 쓸 정도의 교육조차 받지 못했던 볼프람 폰 에스켄바크(Wolfram von Eschenbach)는 후일 바그너(Wagner)가 그의 오페라를 만들 때 골격으로 삼은 퍼시발(Percival)의 이야기를 창조하였다.

라인란드(Rhineland)와 바바리아 지방을 공장 가인들이 휩쓸던 시대에 프로뱅스 및 남부 프랑스에는 음유시인들(troubadours)이 존재하였다. 공장 가인들이 자연을 찬양하였듯이 음유시인들은 사랑을 노래하였다. 사자 심장의 리챠드의 죽음을 애도하는 노래를 작시하였던 아르난드 드 마베일(Arnand de Marveil), 버트란드 드 본(Bertrand do Born)과 패이롤스(Peyrols) 등과 전쟁과 사랑의 주제를 즐겨 노래한 윌리암 성 그레고리(William St. Gregory) 등이 그 이름을 남기고 있다. 토마스 카알라일(Thomas Carlyle)은 12세기 말과 13세기 초에 걸쳐 공장가인들과 음유시인들로 말미암아 "마치 황혼녘처럼 갑자기 전 지구가 음악과 선율에 싸이게 되었다"고 표현하였다.

수세기를 두고 일반인들의 생활 가운데서 계속 자라난 발라드(ballads)를 자료로 하여 12, 13세기 동안 4개의 거대한 서사시들이 출현하였다. 이들은 곧 11세기 무어족들에 대항한 기독교의 대표적 무장의 군사적 위업과 용기를 찬양한 스페인의 "시드"(the Cid)와 세계 문학사상 참혹한 전쟁의 모습을 가장 뛰어나게 시적 형태로 표현한 것으로 보이는 독일의 "니벨룽겐의 노래"(Nibelungenlied), 그리고 영국의 "아더 왕 전설"(Arthurian legends) 등이었다. 아더 왕의 이야기 가운데서는 왕과 그의 기사들이 성배(the Holy Grail)를 찾아 헤메는 것이 마치 최대의 관심사인 양 표현됨으로써 전체 국가의 지상 목표가 영적 완성에의 도달로서 승화되었다. 아마도 이들 걸작 서사시들은, 일찍이 호머가 그의 『일리어드』(Iliad)와 『오딧세이』(Odyssey)를 최종적으로 마무리지었듯이 오랫동안 사람들 사이에 민요 혹은 발라드의 형식으로 돌아다니던 내용들을 한 사람의 시적 천재가 마지막으로 완성시킨 것으로 보인다. 일부 학자들은 영국민과 프랑스 국민들의 상상력을 사로잡았던 아더 왕 전설을 문학적 작품으로 승화시킨 것은 헨리 2세의 담임 목회자이던 영국인 월터 맵(Walter Map)이라고 주장하고 있다. "시드"(Cid)의 경우 그 작자는 한 사람인 것은 분명하나, 이름은 전해지지 않고 있다. 한편 "니벨룽겐의 노래"는 1207년 경 바르트부르그(Wartburg)에서 열렸던 유명한 공장 가인들의 대집회로부터 나타난 것이 분명하다. 이 작품 역시 어느 한 개인이 최종적으로 마무리 지었을 것이다. 이들 서사시들은 서부유럽의 문학에 광범하고도 오래 남을 영향을 미쳤다.

그러나 동시대인들에게 가장 큰 인기를 끌었던 것은 "이솝 우화"(Aesop's Fables)의 형태를 따라 남녀노소에게 다 적용될 수 있는 동물들의 교훈적인 우화들을 프랑스어로 집대성했던 『여우 레이나아드』(Reynard the Fox)였다. 13세기 후반에 주로 활동하였던 도미니칸 설교자인 자코부스 드 포라긴(Jacobus de Voragine)에 의해 쓰여진 『황금의 전설』(Golden Legend)은 그리스도 이후 교회를 빛낸 주요 성자들의 생애에 관한 책이다. 또한 『장미의 로맨스』(Romance of the Rose)에서는 가난한 자의 행복이, 재산에 의해 야기되는 야욕과, 탐욕, 이기심의 결과인 절망과 고통에 대조되고 있다.[54]

---

54) Ibid., chs. 10~13.

그러나 그 누가 뭐라 해도 중세 문학의 절정은 플로렌스 출신의 정치가였으며, 로마 제국의 옛 문화를 부흥시키는 데 앞장섰던 이탈리아인이었고, 중세의 전체의 모습을 불멸의 시구 속에 요약하였던 시인 단테(Dante, 1265~1321)였다. 단테의 초기 작품들은 음유시인들의 영향을 농후하게 보여 주고 있는데, 그는 프랑스 시인들의 색정적 경향을 보다 고상하고 경건하게 표현하고 있다.

그는 겨우 아홉 살 적에 베아트리체(Beatrice)라는 이름의 아름다운 소녀를 만났으니, 단테는 그로 인하여 이성에 대한 사춘기 소년으로서의 눈을 뜨게 되었다. 그는 9년 후 18세가 되었을 때 다시 한번 그녀를 볼 수 있었는데, 이때에는 성숙한 젊은이의 욕망으로써 그녀의 뛰어난 아름다움과 우아한 몸가짐을 갈구하게 되었다. 그러나 육체적으로만 본다면 그의 이러한 소망은 끝내 이루어지지 못하였다. 베아트리체는 단테와의 두 번째 만남 직후 어느 은행가와 결혼했다가 겨우 일 년 만에 사망하고 말았으며, 단테는 그녀와 아무런 사회적 교제도 나눌 기회를 갖지 못했다. 단테는 그 후 결혼하여 자녀들도 여러 명 두었으나, 시 가운데 승화된 베아트리체를 향한 열정이야말로 그의 진정한 생활을 이끌어가는 원동력이 되었다.

단테는 플로렌스 정계에서 상류층 중산 계급을 옹호하였으며, 1300년에는 프리오리(Priory)라고 불리우던 시 의원으로 선출되었다. 그는 정치적으로 상당한 영향력을 발휘하였으므로 반대파가 득세하게 되자(1302) 추방당하고 말았다. 1302년은 그의 생애의 전환점이었다. 비록 그는 추방 기간이 얼마 안 될 줄로 생각하여 그의 아내와 자녀들을 뒤에 남겨놓았으나, 그 후 다시는 고향 땅을 밟지 못하였다. 그의 저서『데 모나르키아』(De monarchia)는 교황에 대항한 독일 황제의 정치적 권한을 옹호한 것이었으나, 그다지 널리 알려지지 못했으므로 1310년 이탈리아에 침입하였던 헨리 7세는 단테를 다시 플로렌스에 복귀시키지 않았다. 반면에 플로렌스인들은 단테의 저서 및 서신들 그리고 논문들에 반감을 품고 단테를 영구히 유배시키기로 결정하였다. 비록 6년 후 벌금형 및 과거의 죄를 회개하는 의미로서 거리를 행진하고 잠깐 동안의 투옥을 감수한다면 모든 정치범들에 대한 처벌을 사면한다는 조처가 내려졌으나, 자존심 강했던 단테는 이를 거부하였다. 그는 베로나(Verona) 근처 산타 크로체(Santa Croce) 수도원에서 한동안 거주하다가 그 후 라벤나(Ravenna)로 이주하여 결국 그곳에서 사망하였다.

연옥의 고통을 지나 영생의 축복을 얻는 자들의 운명은 행복하다는 이유 때문에『신곡』(The Divine Comedy)이라고 이름된 그의 걸작은 지옥, 연옥, 천국의 세

부분으로 나뉘어 있다. 소곡(canticle)이라 불리우는 각 부분은 그리스도의 지상 생애 횟수에 따라 33편의 장시(cantos)들로 이루어져 있다. 처음 소곡에는 추가로 장시 하나를 덧붙여 꼭 100편을 만들고 있다. 각 시편들은 엄격한 각운을 따라 만들어진 삼행시로 이루어져 있다. 따라서 이 걸작의 구조적 형태 속에는 종교적 상징이 깊이 표현되어져 있는 것이다. 또한 그의 시들은 성경의 중세 해석방법에 따라 문자적(literal), 우의적(allegorical), 그리고 신비적(mystical)의 세 가지 의미를 지니고 있다. 따라서 그 문자적 주제는 죽음 후 영혼의 상태이며, 우의적 주제는 인간의 덕과 죄에 따라 상벌을 행하시는 하나님의 공의이고, 신비적 주제는 이 세상에서의 정욕에 의해 야기된 불행으로부터 영원에의 사랑을 통해 이루어지는 행복의 상태로 인간을 전환시키는 영감이다.

단테가 그 오랜 유배기간을 다 바쳤으며, 죽기 겨우 3년 전에 완성할 수 있었던 이 작품 속에는 그가 깨달았던 모든 가르침들이 집약되어 있다. 단테는 그의 동시대 대부분의 지식인들과 같이 느끼고 생각하였던 종교인이었으므로 그의 『신곡』은 참으로 중세를 종합하는 작품이라 할 수 있겠다.

그 가운데 지옥은 중세인들이 생각했던 것처럼 지구의 한가운데로 미끄러져 내려가는 깊은 빨대기 모양을 하고 있다. 이 가운데에는 그칠 줄 모르는 고통 속에서 몸부림치는 불타는 육체들로 가득 찬 불못들이 들어 있다. 연옥은 지옥과 대조적으로 9층(nine levels)으로 된 산 모양의 원추형으로서, 스스로의 죄와 이기심을 정화하고 교회의 사역을 통해 구원에 이를 수 있는 인간의 능력을 상징하고 있다. 천국은 프톨레미의 형태를 좇아 보다 많은 영혼들을 포함하도록 확장될 수 있는 아홉 개의 텅 빈 수정구로 묘사되어 있으며, 이들은 지구 주위를 회전한다. 각 구 가운데에는 마치 보석처럼 하나님의 지혜의 왕관 위에 배치된 혹성 및 무수한 별들이 있어서 창조주를 노래하고 있다. 하나님의 의지는 낙원 가운데 있는 만물을 움직이는 원동력으로서 마치 자석처럼 삼라만상을 그에게로 끌어당기고 있다. 천국 역시 서로 다른 계층으로 이루어져 있는데, 제7층천이야말로 순수한 행복에 도달하는 것이다.

신곡은 거의 계시와 같은 위치를 차지하는 것이었다. 그 관심은 이 세상이 아니라 저승이었다. 그 저자는 마치 지옥을 돌아보고 다시 그가 본 것을 전하기 위해 지구를 돌아온 인물처럼 평가되었다. 이 작품이야말로 중세의 가장 중요한 저술이며, 그 저자는 호머, 버질, 섹스피어, 밀톤 등과 함께 역사상 가장 위대한 문학자

들 가운데 하나로서 평가되고 있다.[55]

5. 사회개선을 위한 조직체들

그들의 예술과 문학들 가운데 너무도 분명하게 표현되었던 제13세기들의 내세 지향성은 그렇다고 해서 현세계의 여러 문제들과 오류들에 무관심하게 만든 것은 아니다. 종교는 이들을 이방에 거하는 순례자들이요 나그네들이라 가르쳤다. 천국이야말로 이들의 고향이었다. 그러나 이들은 현실의 비극에 눈감지 않았으며, 그들과 같은 길을 걸어야 할 후세인들을 위해 보다 안락한 통로를 만드는 데 게으르지도 않았다.

병자들을 수용하고 그들의 질병을 고치기 위한 공식적 기관으로서의 병원은 13세기에 시작되었다. 이는 남부 이탈리아에서 크게 성공을 거둔 아랍인들의 사정에 밝았던 몽펠리에의 귀도(Guido of Montpellier)를 초청했던 교황 이노센트 3세의 노력으로 이루어졌다. 최초의 병원은 성 베드로 대성당 근처에 위치하였으며 성령에게 헌정되었다. 13세기 동안 이러한 행동에 자극을 받아 1백 개 이상의 유사한 기관들이 독일에 설립되었다. 또한 영국과 프랑스에서도 이에 못지 않는 노력이 기울여졌다. 예를 들어, 파리의 호텔 듀(Hôtel Dieu)는 환자들의 치료를 위한 일체의 경비를 지급받았으며, 성 루이 병원(Hospital of St. Louis) 역시 이를 유지하기 위해 증수되었던 특별세를 분배받았다. 둘 다 런던에 위치하였던 브리튼에서 가장 오래되었던 성 바돌로메(St. Bartholomew)와 성 토마스(St. Thomas)의 규모 역시 계속 증가했으며, 원래 이름이 베들레헴(Bethlehem)이던 악명 높은 런던의 정신병자 수용소(Bedlam)는 원래 13세기 중반에 설립된 병원으로서 그 후 정신병자들의 수용 및 치료에 사용되었다. 마치 짐승들처럼 각처를 유랑하며 정상인들을 만날 때마다 종을 울려 공포의 대상이 되었던 문둥병자들도 따로 격리 수용되었다. 이러한 나병 전문 수용소의 등장으로 그 후 3세기 내에 서부 유럽에서는 이 참혹한 질병이 사라지게 되었다. 교황청, 각 주교구, 수도원들 및 탁발 수도회에 의해 직

---

55) *Oxford Dante*(ed. E. Moore and P. Toynbee, 1923). J. A. Symonds, *Introduction to the Study of Dante*(London, 1899). K. Vossler, *Medieval Culture: an Introduction to Dante and His Times*(N. Y., 1929), 2 vols.

접 운영되거나 혹은 프랑스의 루이 9세와 같은 경건한 세속 군주들에 의해 간접적으로 지원을 받았던 이들 병인들은 전적으로 교회가 낳은 산물이었다.

이노센트 3세는 마타의 존(John of Matha)과 발로아의 펠릭스(Felix of Valois)를 통해 삼위일체 수도회(Trinitarian Order)를 설립하였는데(1198), 이들의 목적은 해적들이나 이교도들에게 납치당하거나 혹은 포로가 되었던 신자들을 구출하는 것이었다. 이들 두 사람 존과 펠릭스는 같은 날 밤 같은 꿈을 꾸었다. 이들은 공동의 친지들을 통해 서로에게 발생한 일을 알게 되었으며, 이들은 교황에게 그 해석을 환원하였다. 그 결과 이노센트는 기독교 사랑의 한 모습이라고 볼 수 있는 임무를 이들에게 부여하였다. 같은 목적으로 20년 후(1218) 존과 펠릭스와 마찬가지로 프랑스인들이었던 놀라스코의 피터(Peter of Nolasco)와 페나포르트의 레이몬드(Raymond of Penafort)에 의해 비슷한 수도회가 조직되어 자비스런 성모 수도회(the Order of the Blessed Virgin of Mercy)라 불리우게 되었다. 이들은 필요한 경우에 다른 기독교 신자들을 구해내기 위해 자기들의 목숨을 대신 희생할 것을 서약하였는데 놀라스코의 피터 같은 경우에는 결국 그렇게 목숨을 바쳤다. 동수도회를 공인한 것은 그레고리 9세였다. 물론 13세기인들의 활동이 점차적으로 이타적인 방면에만 국한된 것은 아니었다. 각종 전문 직업 길드들은 회원들의 작업 조건을 개선하기 위해 노력하였으니, 각 도시들과 촌락들을 중심으로 한자동맹(Hanseatic)과 같은 대규모 상업 연맹들이 나타나기 시작하여, 이들은 정치적 특권까지 요구하게 되었다. 8시간의 작업, 8시간의 레크리에이션, 8시간의 휴식은 단지 현재에 국한된 슬로건은 아니었다. 길드들이 규정한 중세의 작업 시간은 하루 일곱 시간 이하인 것이 보통이었다. 토요일이나 각종 축제 전날은 4시에 작업을 마치는 것이 보통이었다. 길드 회원들은 이들 직업에 관련된 행사뿐만 아니라 각종 사회적 모임에도 그들의 아내와 애인을 동반하고 참석할 것이 요구되었다. 결석하는 경우에는 벌금을 물었다. 각 회인들은 정기적으로 회비를 납부했으므로 길드는 곧 사회 내에서 가장 강력한 조직체로서 성장하였다. 이들의 가장 주요한 사회적 공헌이라 한다면 회원이 불구가 되거나 혹은 사망했을 경우 그들의 가족들을 돌볼 것이라 할 수 있겠다.

이들 길드들에게 영향을 받은 도시들은 정부에 자기들의 의사를 대변할 대표들이 파견될 것을 주장하였다. 따라서 독일 도시들은 제국의회 내에 그들의 대표들을 출석시켰으며, 스페인 역시 현인 알폰소(Alfonso) 아래 민주적 개혁을 이루었으며,

영국에서는 마그나 카르타 이후 점차 의회 정부의 모습이 이루어지기 시작하였다. 교회들이나 길드들 외에도 촌락들이나 각종 공동체들이 봉사와 구제를 실행하였다. 각종 통행세를 부과하여 그 중의 일부를 빈민구제에 할당하였고 길드들은 화재, 파손 등에 대비해서 보험제도를 갖추게 되었다. 각 교구 교회들은 사제들의 감독 혹은 자문 아래 공도(roads) 및 공유지를 유지하고 치안과 소방 질서를 유지했으며, 공동체 단위의 각종 공공사업을 수행하였다. 정치적 부정부패, 공공기금 횡령 등은 오히려 현대보다 드물었다. 7년 이상 길드 회원의 자격을 가졌던 자가 작업능력을 상실할 경우에는 연금까지 지급하였다.

상업은 13세기에 지방적 혹은 국가적 차원을 초월하여 발전되었다. 한자동맹은 중세에 있어서 가장 유명한 국제교역기구로서의 위치를 차지하였다. 이 가운데에는 (주로 독일의) 70개 이상의 도시 출신 상인들이 포함되었으며, 서부 유럽의 주요 상업 중심지마다 지부를 설치하였고 국가 전체(예를 들어, 덴마크)를 봉쇄할 수 있는 능력을 갖춘 선단을 감독하였으며, 현대 그 어느 독점 기구들에 비해 뒤떨어지지 않을 정도로 강력하고 때로는 무자비하기까지 했던 카르텔(Cartel)의 면모를 유감 없이 발휘하였다. 이들은 사업상 비밀을 지키기 위해 해외에 주재하는 회원은 독신생활을 강요했으며, 밤에는 사나운 개들로 영업장소를 지켰고 회원들은 항상 상점에 거주하도록 하였다. 또한 이들은 회원들이 고문에 굴하지 않도록 잔인하고 혹독한 신입식을 치르도록 하였다. 예를 들어, 신참자는 도저히 그 악취를 참을 수 없을 정도의 배설물들을 태우는 불 위의 굴뚝에 밧줄로 묶어 늘어뜨리우기도 하였다. 비록 이런 상인들의 동맹은 항상 사회에 유익한 영향을 미쳤던 것은 아니지만 한자동맹은 그 어느 다른 기관들보다도 국제무역을 진흥시켰으며 ,이들의 업무상 유럽인들 사이에 계속적 교류와 이해를 증진시킨 것은 사실이다.

물론 중세에 공업적 대량 생산은 존재하지 않았으며, 13세기의 상품 제작은 이미 살펴본 샤를마뉴 시대와 크게 다를 바 없었다. 수도원과 사원들이 주로 "공장들"의 역할을 대신했으며, 생산된 상품들은 주로 촌락과 도시의 시장에서 매매되었다. 그러나 몇 가지 13세기에 발명된 것이 있으니, 곧 안경, 자명종 시계, 양각 콤파스 등이었으며, 특히 필기용 종이가 제작되어 각종 사본들이 책의 형태로 나타나게 되었다. 무역의 증진을 위해 반드시 따르기 마련인 지도 제작법과 지리학 등이 새로운 관심의 대상이 되었다. 잉글랜드 히어포드(Hereford) 사원에 있는 지도는 그 아름다움과 정밀성으로 유명한데, 단지 이 작품 역시 알레고리와 신화를 현실과 혼동하고 있는 것이 흠이다.

또한 13세기에는 법률이 백성들의 손에 의해 제정되기 시작하였다. 비록 교회는 거의 처음부터 교회법(canon law)에 의해 다스려졌으며, 동방 로마 제국은 옛부터의 법률적 전통을 상속받아 보존하였으나, 서방에서는 샤를마뉴 시대부터 가장 보편적이고 위험할 뿐만 아니라, 불공정한 방법으로 소위 정의가 행해지기 일쑤였다. 각 지방의 관습과 전통 그리고 이를 다스리는 통치자 개인들의 취향에 따라 범죄 유무 및 형벌이 가해지곤 하였다. 중세 전체에 걸쳐 오딜(Ordeal: 끓는 물에 손을 넣어 죄의 유무를 가리는 방법 등)에 의한 재판이 거의 유럽 전체에서 실행되었으며, 일부 지방에서는 교회의 새로운 각성에 따라 이를 금지한 후에도 그대로 시행된 모습을 볼 수 있다.

현대인들이 이해하는 법률개념, 즉 국민들이 스스로의 질서를 유지하고 보호하기 위해 법률을 최초로 제정한 곳은 잉글랜드였다. 이러한 현상은 12세기 중 에섹스, 메르시아(Mercia), 노스움버랜드(Northumberland) 및 기타 지방법들을 "왕국의 법과 전통"(the law and custom of the realm)으로 대체하면서 본격적으로 나타났다. 이 용어는 특히 헨리 2세(1154~1189)의 치세 아래 활약하였던 라눌프 드 글란빌(Ranulf de Glanville)에 의해 사용되었다. 헨리의 아들 존은 마지못하여 현대 법률학의 기초를 이루고 있는 많은 원칙들이 처음으로 포함되었던 마그나 카르타(Magna Carts, 1215)를 받아들이지 않을 수 없었다. ① 만약 누군가 유언 없이 사망할 경우 그의 재산들은 교회의 감독 아래 가장 가까운 인척이 상속하게 된다. ② 그러나 유산 분배가 행해지기 전 망인의 제1차적 부채(first debts)들을 우선 해결한다. ③ 미망인 몫의 유산은 반드시 보장된다. ④ 만약 사망 당시 미성년자인 자녀들의 생계유지가 막연할 경우에는 부채를 갚지 않아도 된다. ⑤ 정부는 금전적 보상 없이 망인의 재산을 접수할 수 없다. ⑥ 국민들의 항소를 취급하기 위한 고정된 장소를 마련한다. 마찬가지로 동법령들은 모든 국민들에게 적용되는 여러 가지 상황과 개인적 권리들을 제정하였다. 각종 무게 및 길이, 기타 화폐 등은 1197년의 도량형법(Assize of Measures)에 의해 표준화되었다.

상인규정(The Statute of Merchants, 1283)과 상인헌장(1303)은 각종 거래법을 크게 발전시켰으며, 중산계급 상인들의 권리를 법적으로 보장하게 되었다. 클레렌돈의 규정(Assize of Clarendon, 1166)에 의해 결투에 의한 재판이 폐지되고 대신 법정제도가 도입되었다. 13세기 말에는 잉글랜드 대부분에서 이러한 법정재판

제도를 시행하게 되었다. 이에 따른 재판은 보안관에 의해 지적된 12명의 기사들로 구성된 배심원들이 사건심리를 담당하는 것이었다. 증인들의 취조에 있어서 고문은 금지되었다. 물론 잉글랜드에서 시작된 제도들이 그대로 다른 서방국가들에 의해 도입된 것은 아니다. 그러나 유럽의 여러 국가들이 국가적 법률체제를 갖추게 된 것은 13세기의 현상이다. 이는 특히 프랑스와 독일에서 그러한데, 성 루이가 강요(the Institutes of St. Louis)와 멧쯔(Metz) 회의에서 독일의 프레데릭 2세에 의해 출판되었다. 스와비아 및 삭소니 법령집들이 좋은 예가 되고 있다.

이러한 현상은 헝가리와 폴란드에서도 역시 마찬가지였다. 하나님은 미쁘신 분이며, 독선적이 아니라 그의 속성에 따른 고정된 형태에 의해 전 우주를 통찰하고 계시므로 인간들 역시 군주들이나 황제들의 취향과 기분에 따라서가 아니라 법에 의해 확정된 정의에 의해서 통치되어야 할 것이다. 이러한 법률의 제정과 시행은 비록 점진적이었으나 국민들을 위한 크나큰 혜택이었다.[56]

6. 대학의 출현

이에 대한 즉각적 효과에 있어서는 범위가 제한되어 있었다 할지라도 이에 못지 않게 중요하고 유익했던 사건은 고등교육의 발전에 혁명적 단계를 이룩한 대학교들의 출현이었다.

대학이야말로 중세 특유의 산물이다. 따라서 이는 암흑시대에 망각되었다가 제 12, 13세기에 다시 발견되었던 고대 헬라 및 로마 제도의 부흥만은 아니다. 물론 고대에도 학교들이 있었으며 유스티니안 치세 때까지 아테네는 계속 학문의 중심지 역할을 하였다. 그러나 이러한 고대학당들의 모습은 수도원 및 성당 부속학당들에 의해 답습되었던 것이고 비록 이를 매개로 하여 대학들이 출현하기는 하였으나 양자들은 질적으로 큰 차이가 있다. 고대 교육제도는 교수 과목 및 수업 년도, 그리고 학위의 수여 등을 표준화한 본격적 체제를 조직화하지 못하고 있었다. 마찬가

---

56) E. Jenks, *Law and Politics in the Middle Ages*(N. Y., 1898). W. S. McKechnie, *Magna Carta, a Commentary on the Great Charta of King John*(Glasgow, 1905). *Hansische Geschichtsblätter*(Halls and Leipzig, 1871~1908), 14 vols. J. J. Walsh, *op. cit.*, ch. 21~24, 26.

지로, 암흑시대 전체에 걸쳐 학문의 불빛을 미약하나마 유지하였던 수도원 및 성당 부속학당들 역시 교육의 질과 양에는 한도가 있었다.

전자의 경우 해당 수도회의 수요에 따라 수도사 지망생들을 양성하는 데 초점을 맞추고 있었으므로 수도회와 관련되지 않은 교육은 별로 행해질 수 없었다. 또한 외부의 학생들을 다수 받아들이는 것은 수도회의 입장에서 볼 때 불리한 일이었다. 후자의 교육 목표와 방법은 보다 개방적이었으며, 사람들이 모여 살던 도시나 촌락에 위치하고 있었으므로 그 후 대학교로 발전하는 모태가 되었다. 그러나 이들 가운데 실제 대학교로 전환된 숫자가 별로 많지 않다는 사실은 이들이 본질상 배타적이었으며 그 교육의 질도 고르지 못했다는 것을 보여 준다. 13세기 초인 1215년에도 모든 성당들은 교사를 위해 최소한 봉토 하나를 배당해 주도록 교회법이 다시 개정되어야 했다는 사실은 이들의 위치가 심히 불안정했음을 보여 준다. 라임스, 샤르트르, 라온, 투르 등은 모두 유명한 성당 부속학당들이었으나, 대학교들의 출현과 함께 점차 그 명성을 상실하게 된다. 실제로 중세 전체를 통하여 교사가 누리는 명성이야말로 그가 가르치는 학교의 가치를 좌우하는 것이었다. 대부분의 경우 교수가 곧 학교였다. 그가 학교를 옮기게 되면 학생들도 그를 따라 옮겨다녔다. 그러나 대학교의 설립으로 이들의 위치는 보다 안정되게 되었다. 교수들은 자격만 있으면 자기가 가르치려고 하는 학생들이 입학한 학교의 교수들에 가담할 수 있었다.

대학교는 구조상 각종 직업 길드와 비슷한 모습을 보인다. 실제로 이들은 교수들의 직업 길드라 할 수 있다. 마치 장인들이 길드의 정식 회원의 자격을 얻기까지 도제 혹은 숙련공의 위치에 머물러야 했듯이 학생 역시 그의 대학교에 의해 교사의 자격을 얻기까지 계속 생도로 남을 수밖에 없었다. 따라서 학위의 가장 초기 형태는 단지 가르칠 자격이 있음을 증명하는 것이었다. 즉, 석사란 어느 분야의 교사의 자격을 의미하는 데 불과하였다. 신학 혹은 의학박사는 해당 학문을 독자적으로 교수할 수 있는 인물임을 의미하였다. 사실은 대학교, 즉 유니버시티(university)란 단어 자체가 상업 거래에서 사용하는 용어이다. 원래 이는 일반적으로 길드 혹은 상인들의 집합체를 의미하였다. 이 단어가 교수들과 학생들의 지식 집단을 가리키게 된 것은 그 후의 일이다.

고등교육의 단계는 지금이나 마찬가지로 학부(undergraduate), 대학원(graduate)들로 나뉘어져 있었다. 학부에서는 인문과학의 일반 교육인 삼학(tribium)과 사학(quadribium)을 가르쳤다. 그 후 대학원을 거쳐야 전문 분야의 박사로서 학생들을 가르칠 자격을 주었다. 이러한 전문분야는 대개 교양과목과 철학, 의학 혹은 신학 등으로 나뉘어졌다. 교사의 자격을 얻기 위해서는 공개논쟁과 강의를 포함한 엄격한 시험을 통과해야 했다. 이러한 교수들의 길드는 유럽에서 가장 배타적 집단이 되었다. 왜냐하면, 지식이란 노력과 아울러 지능이 있어야 획득할 수 있는 것으로서 모든 직업 가운데 숙달하기 가장 어려운 것이었기 때문이다.

유럽 북부에서는 이러한 새로운 사회 조직체의 구조가 교수들을 중심으로 이루어졌다. 교사들이 한데 모여 학교를 조직하고 책임을 분담하였으며, 수업료를 결정하고 학칙을 제정하였다. 반면에 유럽 남부에서는 학생들이 길드들을 조직하고 자기들을 가르칠 교수들을 고용하였다. 그러나 이 양 학교들의 시험은 모두 교수들에 의해 진행되었으니, 교수들만이 교수 후보생들을 시험하고 교수 자격을 부여해 줄 수 있었다. 학문은 서적에 좌우되는데, 당시 서적들은 그 숫자도 적었거니와 서부 유럽의 여러 도서관에 산재해 있었다. 또한 그 가격이 엄청나 학생들뿐만 아니라 교수도 소유하기가 힘든 정도였다. 가장 싼 책이 현재 돈으로 200달러 혹은 교사의 일 년 수입에 해당하였다. 예를 들어, 신·구약전서 한 권은 1만 달러를 호가하였다. 프리스키안의 문법책은 마당이 달린 집 한 채 값이었다. 또한 미사전서(missal) 한 권에 수도원 하나가 교환되기도 하였다. 숙련된 필기사가 성경 한 권을 베끼는데 1년이 소비되었다. 당시 유럽에서 가장 뛰어난 도서관들 가운데 하나를 소유하였던 클루니 사원의 경우 13세기 초 겨우 570권의 서적을 소장하고 있었다. 또한 사원들 가운데 가장 큰 도서관을 자랑하였던 켄터베리의 경우 5천 권을 소장하고 있었다. 이는 곧 삼학과 사학을 교수하는데 표준교과서를 채용해야 함을 의미하였다. 이러한 교과서들은 수업시간 중에 큰 소리로 낭송되었고 교수가 그의 논평을 덧붙였으며, 학생들은 이를 석판에 기록하였다. 따라서 암기야말로 학문을 위해 불가결한 요소였다. 100권 이상의 서적을 소장한 도서관은 별로 많지 않았다. 따라서 서적들을 튼튼한 쇠사슬로 책상에 묶어두었으며, 교수들과 대학원 학생들만이 이들을 돌려가며 읽을 수 있었다.

중세 대학교 내에서는 강의가 유일한 교육의 수단이었으므로 교수가 얼마나 뛰어나게 자기의 의사를 전달하고 표현할 수 있는가 하는 문제야말로 중요한 것이었다. 예를 들어, 파리 대학의 경우 교수들은 노트 없이 강의할 것이 요구되었다. 고참 학생들은 신입생들에게 최소한 세 번 이상 강의에 출석해 본 후에 과목을 등록하도록 충고하였다. 대학교가 거의 처음 시작할 때부터 선택과목을 맡은 교수들은 보다 많은 학생들을 끌어들이고 이에 따라 월급과 인기를 높이기 위하여 점수를 일부러 후하게 준다는 불평이 발생하였다. 바로 이러한 강의에 의존하는 교육방법 때문에 석사(교사, master)와 박사(doctor) 외에 교수(professor)라는 칭호가 생기게 된 것이다. 이는 원래 "선포하는 자"(proclaimer)라는 의미를 지니고 있었다. 특히 학생들의 입김이 거셌던 이탈리아의 경우 길드의 운영자는 학생들이 자기들 중에서 선택한 학장들(rectors)이었다. 이들 학장들은 길드를 통해 학생들이 제정한 규칙을 교수들이 제대로 지키는가를 감독하였다. 교수들은 정해진 시각에 강의를 시작하고 마쳐야만 했다. 만약 정해진 시간을 초과하는 경우 학생들은 마음대로 일어서서 나갈 수 있었다. 모든 교수, 교사들은 이러한 학생 출신 학장들이 부과하는 벌금을 낼 수 있도록 학기 초마다 일정한 금액을 기탁해야 했다. 그는 단 하루를 결석하더라도 학생들로부터 허가를 받아야만 했다. 학생 위원회에서는 교사들의 자질과 능력을 항상 감시하였다. 학생들은 대량으로 수업을 거부하는 방법을 통하여 무능한 교사들을 쫓아내곤 하였다.

서부 유럽에서 가장 유명한 대학교는 1210년 교황 이노센트 3세로부터 교사들의 길드 헌장을 하사받은 파리 대학교였다. 동대학교는 12세기에 샴푸의 윌리암과 피터 아벨라르드에 의해 명성을 떨친 노트르담사원 부속학당으로부터 시작되었다. 13세기 중엽에는 신학, 교회법, 의학, 그리고 인문과학 등에서 유수한 교수들을 거느리고 있었다. 각 단과대학마다 단과대학장(dean)이 임명되었다. 인문과학을 전공하는 학생들은 따로 학장을 선출하였는데, 그가 점차 전체 대학교의 총장 역할을 하게 되었다. 처음에는 대학교를 위한 건물이 별도로 존재하지 않았다. 따라서 노트르담 사원의 회랑들을 임대하여 강의실로 사용하였다. 학생들은 여행자 숙박소에 거처를 정하고 국적에 따라 나뉘어 살았다. 이에 따라 학생들은 프랑스, 노르만, 피카리디, 영국 등 크게 넷으로 분류되었으며, 이들은 각각 자기들의 학감(proctor)을 가지고 있었다.

비록 그 어떤 학교도 학생들의 숫자나 교수들의 명성, 그리고 전체 학문적 업적에 있어서 파리 대학교에 비교될 수 없었으나, 물론 12, 13세기에 걸쳐 서부 유럽에 다른 대학들이 존재하고 있었다. 이탈리아의 파비아(Pavia), 볼로냐(Bologna) 등은 파리 대학교보다 먼저 설립되었다고 주장하고 있었으며, 13세기 초에 설립된 영국의 옥스포드(Oxford)는 무려 3,000명의 학생들을 자랑하였다. 또한 카스틸, 레온, 카탈로니아, 발레리아스, 그리고 포루투갈의 왕들은 이베리아 반도에 왕립대학을 설치하였다. 1209년에는 옥스포드에서 떨어져 나온 일단의 교수들과 학생들이 켐브리지를 설립하였다. 남부 이탈리아의 살레르노(Salerno)는 설립 당시 아랍 과학의 영향을 받아 뛰어난 의료 교수진으로 명성을 떨쳤다. 볼로냐는 최고의 법과대학을 가지고 있었으며, 톨레도(Toledo) 대학교는 특히 동양학(the Oriental studies)에 뛰어난 교수진들이 있었다. 도미니칸들과 프란시스칸이 주류를 차지했던 파리 대학은 명실공히 세계의 철학, 신학의 중심지였다. 옥스포드 역시 단과대학을 증설하였으며, 이에 따라 수입 역시 증가하였다. 옥스포드는 자체의 강의실 건물과 아울러 교사들과 학생들을 수용할 수 있는 기숙사를 구비하고 있었다.

당시에는 공식적 입학 시험제도가 없었으므로 누구든지 라틴어를 구사할 수 있고 각 교수들에게 소액의 수업료만 납부할 능력이 있으면 누구든 입학할 수 있었던 것으로 보인다. 또한 최소한 13세기 중에는 삼학(tribium)과 사학(quadribium)의 5년 학부과정 중 공식적 시험이 전혀 없었다. 그러나 모든 학생들이 구두로 행하는 암송 및 논쟁을 통하여 무능한 자들은 저절로 드러나게 마련이었다. 따라서 상급 학년으로 올라감에 따라 자연도태가 이루어져 오직 학문적 자격을 갖춘 학생들만이 그대로 남게 되었다. 전 과정을 이수한 학생이 교수직을 희망할 경우에는 우선 그가 교육받은 전 과정의 내용에 관한 일반적 시험이 행해졌고, 두 번째로는 공개토론을 통하여 논쟁에 참가한 모든 이들로부터 자기의 명제를 증명할 수 있어야 했다. 그 후 특정한 교수 밑에서 계속 공부하면서 선생으로서의 도제 기간을 마치고 해당 학생의 전공과목에 관해 총장이 지명한 위원회에 의해 철저한 시험을 거친 후에야 정식교사(혹은 현재의 석사(master)) 학위를 받을 수 있었다. 교수들은 자기가 담당한 학생이 완전한 자격을 갖추고 있으며, 틀림없이 시험에 통과하리라는 자신이 있을 때에만 그를 위원회에 내보내는 것이 통례였다.

당시의 대학 생활은 거칠고 고된 것이었다. 아직 인위적 조명기구가 발전되지 못한 상황이었으므로 강의 및 암송뿐 아니라 독서와 필기를 위해서도 일광을 사용할 수밖에 없었다. 따라서 밤은 자유시간이었다. 학생들의 나이는 13세로부터 40세까지 각양각색이었고 이들은 대부분 미혼이었으므로 학생들의 생활방식은 주위에 거주하는 주민들과는 판이할 수밖에 없었다. 이에 따라 학생들과 주민들 사이에는 대립이 그치지 않았다. 예를 들어, 옥스포드 대학의 경우 양자들간에 패싸움이 벌어질 경우 성 메리의 종은 학생들을 소집하기 위하여, 그리고 성 마틴 교회당의 종은 주민들을 소집하기 위해 울려지곤 하였다. 파리 대학에서는 1269년까지도 주민들의 주택에 침입하여 도둑질을 하거나, 여인들을 납치하거나 처녀들을 강간하거나 때로는 주민들을 폭행하여 숨지게 하는 학생들에 대한 엄중한 경고문을 발해야 할 지경이었다. 젊은 성직자들 역시 그 예외가 될 수는 없었다. 파리 대학교에서는 시험에 낙제할 경우에도 선생들에게 복수하지 않겠다는 서약문을 모든 학생들로부터 받아내야 할 지경이었다. 또한 학생들의 성적 욕구에 부응하여 사창가가 번성하였다. 파리의 창녀들은 대로에 돌아다니며 학생들이나 혹은 성직자들까지도 사창가로 끌어들이곤 하였다. 이들이 창녀들의 요구를 거절하면, 창녀들은 야유를 퍼붓고 동성연애자들이라는 악담을 해대었다. 파리 대학교의 학생들은 또한 그들의 민족성에 따라 분류되기도 하였다. 영국인들은 술에 찌들었으며, 프랑스 출신들은 유약하였고, 독일인들은 음탕하고, 플렌더스 출신들은 뚱뚱하고 탐욕적이면서도 마음은 약하다고 일컬어졌다. 젊은 신학자들이 쾌락을 추구하는 것은 지옥의 공포까지도 막을 수 없는 듯하였다. 다른 모든 계층에서와 마찬가지로 죄는 대학교에서도 예외가 아니었다.

그러나 이들이 여가 시간을 어떻게 보내었건 역시 학문이 이들의 주된 임무였다. 많은 지방 자치단체들은 자기 지역 출신의 뛰어난 학생들이 자랑스럽게 지원하였다. 학생들이 집에서 대학교까지 왕래하는 동안 수도원들은 이들에게 음식과 잠자리를 제공하였다. 19세기에는 학기가 1년에 11개월씩 계속하였으니, 크리스마스와 부활절 전기에야 겨우 며칠 동안의 휴가가 주어졌다.[57]

대학교야말로 중세가 현대에 유산으로 남겨 준 가장 소중한 사회적 재산인 듯하다. 대부분의 중세 단체나 기구들은 완전히 사라졌으나, 이들만은 아직도 건재하고 있으며, 그 재산도 수천 배로 늘어났고, 계속 어디다 비교할 수 없는 유익을 인류에게 되돌려 주고 있다. 이들 역시 13세기의 모든 단체나 제도들과 마찬가지로 기독교회가 낳은 산물이었다.

---

57) Hastings Rashdall, *The Universities of Europe in the Middle Ages*(Powicke-Emden Ed., Oxford, 1936), 3 vols.

*History of Christianity
in the Middle Ages*

제 11 장

콘스탄티노플 함락 이전의 기독교권
(1303~1453)

보니페이스 8세의 죽음과 콘스탄틴 함락 사이의 150년 기간은 중세의 최후를 기록한다. 교황청의 주도 아래 이루어졌던 서부의 사회적 통일성은 민족주의의 이름 아래 무너졌으며, 여러 국가들은 서로 경쟁하였다(제4세기 콘스탄틴 이후). 천 년 동안 동방교회와 밀접한 연합을 유지해 왔던 동방제국은 이교도 터키인들의 압력 아래 무너져 갔다. 동방교회들은 이제 다시 초승달의 깃발 아래서 그 옛날 십자가의 맹혹한 그림자 아래 감수했던 역할을 반복해야만 했다. 회고해 보건대 이 시기의 기독교는 혁명을 준비하고 있었던 듯싶다. 동방에서는 그 파괴를 기다리고 있었으며, 서방에서는 종교개혁과 아울러 여러 국가 및 다양한 교파라는 새로운 형태의 재구성을 기대하고 있었다.

1. 제국 말기의 동방 기독교

중세에 있어 헬라 교회의 황금시대는 이미 과거의 전설에 지나지 않았다. 14세기 및 15세기 전반 교회의 모습은 아무런 행동도 취하지 못하는 우유부단과 곧 다시 고치고 철회하는 것이 불가피한 결과를 가져왔던 경솔한 충돌 등으로 일관되어 있다. 황제들은 아직도 자기들이야말로 정통 보편교회의 대변인이라는 확신 아래 명령들을 발하였다. 그러나 이들은 더 이상 옛날과 같은 권위와 반응을 불러일으키지는 못하였다. 동방교회는 점차 황제들이나 이들이 선출하였던 바 아첨을 일삼는 콘스탄티노플 총대주교들의 영향권을 떠나 수도사들의 수중에 떨어지는 듯한 경향을 보인다.

이러한 모습은 특히 헬라와 라틴 교회들의 통일을 향한 노력에서 잘 드러나고 있다. 이 문제가 최소한 당시의 동방교회로서는 가장 중대한 관심사였다. 이러한 관심은 주로 황제들로부터 비롯된 것이었다. 통일정책을 내세운 비잔틴 통치자들은 거의 전적으로 정치적 이유에서 이를 추구하였다. 이들은 점차 강성해지는 터키인들에게서 제국의 임박한 멸망을 감지하고 있었다. 따라서 정치적 독립을 유지하기 위해서라면 기꺼이 종교적 자치를 희생할 준비가 되어 있었다. 그러나 일반 신자들과 종교 지도자 대부분은 이러한 운명에 냉담하였다. 결과적으로 그들은 통일 문제를 완전히 종교적 사건으로 취급하였다. 이들은 자기들의 고유한 종교적 전통을 서방의 그것보다 선호하였다. 만약 동서방 교회의 통일과 터키인들에 의한 정복 중 하나를 택해야 했다면 이들 중 많은 이들이 실제로 후자를 택했을 것이다. 이들은 13세기 전반 라틴인들에 의해 자행되었던 콘스탄티노플의 굴욕을 잊을 수가 없었다. 이들의 마음속에 "십자군 원정"이란 단어는 침략과 굴종을 의미하였다.

따라서 마이클 팔래오로구스가 최후까지 노력하였던 라틴과 헬라 카톨릭의 통일은 그의 죽음과 함께 무산되고 있었다(1282년 12월 11일). 마이클은 이를 서방으로부터의 무력 침략에 대한 효과적 방패로 사용하였으며, 안주의 찰스(Charles of Anjou)의 위협이 사라졌으므로 동방황제들은 더 이상 통일 문제를 정치적 도구로 사용할 필요가 없게 되었다. 이에 따라 안드로니쿠스 2세(Andronicus II, 1282~1328)는 전임자의 정책을 역행하였다. 마이클에게 복종하였던 총대주교 존 베쿠스(John Boccus)는 브루사(Brusa)로 유배되었으며, 마이클이 이전에 추방하거나 투옥시켰던 성직자들은 신앙을 위한 순교자로서 대접받았다. 콘스탄티노플에서는 통일주의자들을 향한 폭동이 발생하였다. 이에 따라 광신적인 공포정치가 자행되었으며, 수도사들이야말로 동방 종교정책들을 좌우하는 실질적 독재자로 등장하였다. 이처럼 안드로니쿠스 2세가 분별없는 군중들의 여론에 굴복한 것이야말로 제국의 멸망을 재촉하는 계기가 되었다. 이러한 그의 소치로 인해 서방은 동방을 향한 또 하나의 원정을 시도하였으며(이는 물론 실패하였다). 이 때문에 그 누구도 눈여겨보지 않는 가운데 옷토만(Ottoman) 제국이 성립되었다. 중세의 남은 기간을 통해 편협한 민족주의와 종교적 배타성이야말로 헬라인들의 사회적 행동양식을 결정했던 특색들이라고 볼 수 있다. 안드로니쿠스 2세의 46년 통치기간 동안 제국

이 입은 피해는 다시 복구될 수 없었다.

안드로니쿠스 3세(Andronicus III, 1328~1341)는 이러한 상황의 위기를 느끼고 아비뇽의 교황청에 통일을 위하여 스테픈 단돌라(Stephen Dandola)라는 베니스인과 유명했던 콘스탄티노플의 인문주의자 발람(Barlaam) 등을 파견하였다. 이들은 통일을 위해 세계 종교회의를 소집할 것을 주장하였다. 그러나 교황 베네딕트 12세는 이미 리용에서 회의가 개최된 바 있으며, 마이클 팔레오로구스 당시의 동방제국이 결의 사항들을 승인했다는 이유로 이를 거부하였다. 헬라인들은 당시 동방교회 대표들이 중요 교구의 대주교들이 아니라 황제에 의해 지명되었으므로 동 회의의 결정 사항을 받아들일 수 없다고 답변하였다. 그러나 그 후의 동방제국 통치자들을 통해서 통일을 위한 노력은 계속되었다. 그녀의 아들 존 5세 팔래오로구스(John V. Palaeologus, 1341~1391) 대신 섭정하던 사보이의 앤(Anne of Savoy) 역시 계속적 노력을 기울였으며, 존 팔래오로구스 자신도 그 후 로마를 방문하고, 성 베드로 대성당 계단 위에서 교황이 지켜보는 가운데 교회분열을 종식시킬 것을 맹세하였다(1369년 10월 21일). 그의 적수 존 칸타쿠젠(John Cantacuzene 1347~1354)도 종교회의 개최를 위해 노력하였으며, 마뉴엘 2세(Manuel II, 1391~1425)는 직접 서방을 방문하여 터키인들에 대항하기 위한 원조를 요청하였다. 그러나 존 8세 팔래오로구스(John VIII Palaeologus, 1425~1448) 때에야 비로소 종교회의는 실현되었다.

서방의 바젤 종교회의(Council of Basel)는 1493년 콘스탄티노플에 대사를 파견하여 황제에게 바젤 종교회의가 교황보다 우위에 있으며, 서방제국 황제 지기스문트(Sigismund)가 그 후원자요 보호자로서, 만약 헬라측에서 대표단을 파견하여 그 권위를 인정해 주면 서방은 콘스탄티노플을 수호할 수 있게 동방제국에 자금과 병사들을 제공하겠다고 약속하였다. 이러한 제의는 좋은 반응을 얻어 6년간의 지루한 협상 끝에 동서방교회들의 재결합을 위한 회의가 헬라라(Helara)에서 1438년 4월 9일 소집되었다. 동방으로부터는 황제 존 8세 팔래오로구스가 콘스탄티노플 총대주교 요셉 및 17명의 메트로폴리탄들 그리고 우수한 주교들 과학자들로 구성된 헬라측 대표단을 인솔하였다. 때마침 발생했던 전염병으로 회의장은 플로렌스로 이전되었다(1439년 1월 10일). 동회의에서는 누구든지 자유롭게 토론과 논쟁에 참여할 수 있었다. 그러나 구체적 합의에 도달하기 위해 본회의 대신 위원회에서 이미 이 문제를 전담하여 의논하도록 하였으니, 결국 이를 통해 서방교회 신경 속에 들어 있는 필리오케 구절, 성만찬 때 사용하는 빵의 종류, 연옥에서의 고통의 성질, 예품들을 정화시키는 낭송문, 교황의 우위성에 이르기까지 타협이 이루어졌다.

이에 따라 1439년 7월 6일 교황과 동방 황제에 의해 비준된 통일칙령(the decree of union)이 줄리안 카에살리니 추기경에 의해 라틴어로, 그리고 베싸리온 주교에 의해 헬라어로 낭독되었고, 두 대변인은 서로에게 입맞추었으며, 동방 황제를 필두로 하여 전체 회의가 교황 앞에 엎드려 절하였다. 동종교회의 이후 주요 동방교회들은 이러한 통일에 동의하였으니, 곧 아르메니아 교회(1439년 11월 22일), 쟈코바이트파 교회(1441년 2월 5일), 에디오피아 교회(1443년 2월 25일) 그리고 시리아인, 갈대아인, 마론파들이 그 뒤를 좇았다(1442년 4월 26일). 마치 완전한 통일이 이루어진 듯싶었다. 그러나 이러한 모습은 오직 형식적인 것에 불과하였다. 이는 공식적으로는 선포되었으나, 영적으로 받아들여지지는 못하였다. 콘스탄티노플 시민들은 돌아오는 동방교회 사절들에게 야유를 퍼붓고 돌맹이를 던졌다(1440년 2월 1일). 플로렌스에서 교회 연합을 반대하였던 에베소의 마크(Mark of Ephesus)가 동방에서 가장 인기 있는 성직자로 등장하였다. 심지어 교황의 비서마저 그를 버리고 수도원에 들어가 버리고 말았다. 통일 반대의 중심지가 되었던 것은 아토스 산의 수도원들이었다. 비록 성 소피아사원(St. Sophia)에서는 황제, 전 총대주교 그레고리, 교황 사절 콘스탄틴 등이 입석한 가운데 통일이 엄숙하게 선포되었으나 시민들은 이를 받아들이지 않았다(1452년 12월 12일). 그 결과 성 소피아는 예배 장소로서 거의 유기되다시피 하였으며, 헬라인들은 자기들 주위에서 추기경의 붉은 모자를 보느니 차라리 터키인들의 터번을 택하겠다고 공공연히 말하였다.[1]

알렉산드리아, 안디옥, 예루살렘 대주교들은 플로렌스 회의의 결과를 거부하고 콘스탄티노플의 형제(콘스탄티노플 대주교를 말함)를 이단이라고 선언하였다. 마찬가지로 플로렌스 회의의 결과를 공식적으로 받아들인 일부 집단들도 회의 이전과 동일한 교회 정치와 신앙생활을 유지하였는데, 이들의 존재는 이미 얼마 안 가서 이들을 정복할 이슬람에 의해 크게 제약받고 있었다. 콘스탄티노플 신자들의 태도는 발칸 반도와 러시아 등 기타 모든 신자들에게서 되풀이되었다. 각 국가들은 모두 종교적 민족주의에 만족하고 있었다. 정통교회의 모습은 각각 이들이 자리잡

---

1) CMH. IV. 613~626.

은 지역에 사회적 정치적으로 이미 적응한 후였다. 이러한 의미에서 마뉴엘 황제가 그의 아들 존 8세에게 남긴 마지막 말은 참으로 개인적 의미를 지닌다고 하겠다. "라틴인들의 교만과 헬라인들의 고집은 절대 일치할 수 없을 것이다. 통일을 이루고자 꾀함으로써 너는 단지 분열을 더욱 강화시킬 뿐이다."[2]

비록 제국은 정치적으로는 거의 사라질 지경에까지 축소되었고 종교 활동 역시 회의의 소집에는 성공하였으나, 신자들에게 시인하지 못하는 유명무실의 협상에 지나지 못하였으나, 마치 마케도니아 왕조 아래서의 옛 영광을 회복케 하는 지적 문화적 르네상스가 일어났다. 마치 "최후의 임종을 맞기 전날 저녁 마지막으로 휘황한 광채를 발하기 위해 전체 헬라 기독교권이 그 지적 에너지를 모으는 것처럼 보였다."[3]

당시 콘스탄티노플의 학교들이야말로 세계 제일이었다. 서쪽으로는 스파르타(Sparta)에서부터 동쪽으로는 트레비존드(Trebizond)에 이르기까지 각처에서 헬라인들이 모여들고 있었다. 또한 서부 유럽 특히 이탈리아로부터 라틴 학자들도 이곳을 찾았다. 이들은 그때 막 태동의 기미를 보이고 있던 이탈리아 르네상스를 점화하는 데 한 몫을 담당하였다. 데살로니가와 아울러 당시 미스트라(Mistra)라 불리우던 스파르타도 콘스탄티노플과 함께 14, 15세기의 위대한 문화발전에 공헌하였다.

이 시기에 출현하였던 일단의 역사가들은 각각 자기 나름대로의 방식으로 제국 멸망의 비극을 전하고 있다. 신학과 철학, 역사와 천문학뿐 아니라 웅변술과 문법에도 통달했던 백과사전적 지식의 소유자 니세포루스 그레고라(Nicephorus Gregora)는 라틴 및 니케아 제국들에 관해 무려 37권을 망라하는 기념비적 사기를 저술하였다. 또한 존 카나무스(John Canamus), 존 아나그노스테스(John Anagnosteas)들과 또 다른 네 명의 학자들―프란쩨스, 두카스, 찰코캔디레스, 그리고 크리토불루스―이 공동으로 콘스탄티노플의 함락 전후 사건들을 기록하였다. 오직 칸토플로스 한 사람만이 911년까지의 교회사를 전술하여 과거의 역사를 취급한 유일한 인물이 되었다.

---

2) G. Phrantzes, *Annales*, II, 13, in CSHB(1839); MPG, CLVI, 784B.

3) E. Lavisse and A. Rambaud, *Historie générale du IV me siècle à nos jours*(Paris, 1893~1901), III, 819.

의학, 법철학 등과 아울러 철학, 문법, 수사학, 시학 등도 이 시기에 융성하였다. 뛰어난 학자, 저자들은 많이 있었으나, 그 어느 분야에서도 진정한 천재라고 할 만한 인물은 출현하지 못하였다. 당시의 시들은 일반 시민이 사용하는 구어체 헬라어를 사용하였으나, 비잔틴 제국은 종래 단테(Dante)와 같은 인물을 배출하지는 못하였다. 그래도 그 중 가장 뛰어난 인물은 철학에서 찾을 수 있다. 1450년 미스트라(스파르타)에서 사망한 게미스투스 플레톤(Gemistus Plethon)은 13세기 스콜라 학자들이 아리스토텔레스를 위해 이루었던 업적을 플라톤을 위해 달성하고자 하였다. 바로 그가 플로렌스에 플라톤 학당(Platonic Accademy)의 설립을 구상한 장본인이었다.[4] 문학 이외의 예술은 대부분 성상 조각들과 정교하고 아름다운 삽화들을 집어넣은 사본들에 그치고 말았다.

서방과 마찬가지로 동방에서도 신학이야말로 이 시대의 가장 중요한 학문이었다. 신학자들의 관심을 사로잡았던 가장 중요한 주제는 물론 서방교회와의 통일 문제였으니, 이들의 저술들은 대부분 이러한 통일의 찬부를 논하는 것이었다. 보다 재능이 뛰어났던 이들은 통일에 찬성하는 경향을 보였는데 반해 이에 반대하였던 바 재능은 뒤떨어지나 보다 많은 숫자를 점했던 반대파 신학자들이 신자들의 지지와 인기를 얻고 있었다. 단지 니콜라스 카바실라스(Nicholas Cabasilas)만은 이 문제를 초월하여 같은 시대 서방교회 신비주의자들의 모습을 헬라인들을 위해 재현하였다.[5]

제국의 영토축소에 따라 겨우 콘스탄티노플 주위에 제한된 종교 활동은 교회 내부에서 발생한 "열심당"(Zealots)과 "정치파"(Politicians)들간의 투쟁으로 한층 격화되었다. "열심당"들은 제국 정부의 영향으로부터 교회를 완전히 자유화시키고자 한데 반해, "정치파"들은 오랫동안 계속되어 왔던 교회와 국가 사이의 협력을 계속 유지하고자 하였다. 이러한 "열심당"의 지도자격이던 수도사들은 점차 우위를 점하게 되었다. 특히 통일의 계획이 실패한 것이 이들로서는 승리한 것이었다. 이들 수도사들의 종교생활 및 영향력의 주요 중심지는 아토스 산이었다. 황제의 측근 공신들이나 혹은 세속 성직자들 가운데서 콘스탄티노플 총대주교가 선출되던 모습은

---

4) *De Rebus Peloponnesiacis Orationes duae: Oratio prima*, in *Analertender mittel-und-neugriechischen Litteratur*(ed. A. Ellissen, 1860), IV, 2.

5) MPG, CL, 367~726.

급격한 변화를 맞고 있었다. 14, 15세기로부터 교회내의 최고 성직들을 수도사들 특히 아토스 산 출신들로 채우는 경향이 생기게 되었다.

비잔틴 제국은 1453년 봄 마침내 그 최후를 맞았다. 서방에서는 콘스탄티노플을 공격했던 터키 술탄 메멧 2세(Mehmet II, 1451~1481)에 대항하여 동방제국을 돕기 위한 증원군을 파송하였다. 헬라인들과 라틴인들, 총대주교와 추기경은 1453년 5월 28~29일간의 밤과 이른 아침에 걸쳐 성 소피아 사원에서 마지막으로 합동 미사를 드렸다. 황제 콘스탄틴 11세 드라가시스(Constantine XI Dragases, 1448~1453)는 그 미사로부터 자기의 죽음을 향해 진군하였다. 그는 성 호마누스 성문에서 끝까지 칼자루를 놓지 않은 채 "나는 나의 도시와 함께 죽으리라! 하나님이여 결단코 내가 제국 없는 황제로서 살아남는 일이 없도록 하소서!"라고 부르짖으면서 숨져 갔다.[6]

2. 교황제의 바벨론 포로 시대

이 시대의 동방교회는 가히 우리들의 외경심을 자아낼 정도로 과거를 향한 향수에 깊이 젖어들고 있었다. 반면 서방에서는 오직 현실에만 그 관심을 집중하는 편중성을 보이고 있다. 서부 유럽에서는 새로운 질서가 시작되고 있었다. 제14, 15세기는 민족적 자각의 시대라 볼 수 있었다. 예를 들어 프랑스와 잉글랜드는 국가로서 성립되었다. 정치계의 민족주의는 중세교회, 특히 교황청의 국제주의와 정면으로 충돌하였다. 교황청과 국가가 다른 경쟁자의 존재를 인정하지 않는 최고의 위치라는 동일한 목표를 추구하는 한 일방의 강성은 동시에 상대방의 쇠퇴를 의미하였다. 프랑스 민족주의의 발흥과 급속한 교황청의 약화는 같은 시기에 발생하였다. 실질적으로 73년간이나 교황들은 프랑스 왕들의 노리개에 지나지 않았다. 교황청은 서방 세계의 종교적 수도이던 티베르 강변의 로마가 아니라 론(Rhone) 강가 아비뇽(Avignon)에 위치하였다. 이 73년의 기간(1304년 4월 13일~1377년 1월 17일)을 가리켜 흔히 교황청의 바벨론 포로 시대라 일컫는다.

아나그니의 비극(the tragedy of Anagni)은 단지 당시의 교황 보니페이스 8세에게 가해진 개인적 재난 이상의 의미를 지니고 있다. 이는 곧 공포와 폭력 속에

---

6) M. Ducas, *Historia byzantina*, XLI, in CSHB(1834).

그 막을 내린 중세 교황제의 최후를 알리는 신호이기도 하였다. 1303년 9월 7일 프랑스 왕 미남 필립(Philip the Fair)의 흉폭한 용병들은 노가레의 윌리암(William of Nogaret)과 시아라 콜론나(Sciarra Coronna) 등 법률학자들을 선두로 당시 교황이 머물고 있던 아나그니 촌의 광장에 침입하여 교황의 깃발 대신 프랑스 왕의 백합 깃발을 올렸다. 교황은 납치당하여 개인적으로 폭행당하였다. 비록 그는 분노한 인근 주민의 도움으로 이틀 후 풀려났으나, 이때 받은 충격으로 인하여 로마에 돌아간 후 곧 사망하고 말았다. 이러한 비극을 통해서도 끝내 교황을 저 버리지 않고 옆을 지켰던 두 추기경들 중의 하나인 베네딕트 11세(Benedict XI)가 그의 뒤를 이었는데 그 역시 1304년 4월 13일 로마를 버리고 페루기아(Perugia)로 피난해야만 했다. 그는 이곳에서 3개월 후 여자로 변장하여 새로 익은 무화과 과실을 진상해 온 한 청년의 손에 의해 독살 당하였다(1304년 7월 7일).

클레멘트 5세(Clement V, 1305~1314)는 아비뇽에 거주했던 7명의 교황들 가운데 최초의 인물이다. 그는 40세에 보르도 대주교로부터 교황위에 올랐다. 45세 때에는 론 강을 건너 프랑스 왕 미남 필립(Philip the Fair)이 계속 가하는 압력으로 인하여 이미 노인의 모습으로 화해있었다. 그는 10년 재위 기간 중 1년 2개월을 차지했던 고민과 과중한 업무를 겪은 후 사망하고 말았다. 문제의 발단은 필립이 이미 사망한 보니페이스 8세를 정죄하고자 한 데서 발생하였다. 필립의 압력에 굴복한 클레멘트는 결국 이것을 위한 재판의 개정을 요구하였으며, 다행히도 동재판은 판결에 이르지 못하고 말았다. 그러나 비록 대부분 날조된 것이기는 하였으나 법정에 제출된 증거들은 보니페이스의 개인적 명예뿐만 아니라 교황제 자체에 크게 손상을 입히는 것들이었다.

이 불운한 교황은 또한 기사들의 재산을 노린 프랑스 왕의 계획에 의한 템플러 기사단(the Order of Knights Templars) 해산 문제를 처리해야만 했다. 비록 기사단 내에서 부정부패가 행해진다는 풍문이 나돌았으며, 방탕과 동성애의 혐의도 받고 있었으나, 역시 재판을 열게 된 저의는 도덕적이라기보다 정치적이었으며, 검찰들 역시 피고들 이상으로 부도덕하고 탐욕스런 인물들이었다. 법률적으로는 템플러 기사단의 재산들을 호스피틀러 기사단(the Knights Hospitalers)에게 인도해 주도록 되어 있었다. 그러나 미남 필립은 템플러들 때문에 자기가 입게 되었다는 피해보상 청구서를 제출하였으며, 이 때문에 호스피틀러들은 유산의 혜택을 입기는커녕 오히려 자기들의 재산을 축내야만 했다. 템플러 기사단 총장이던 쟈크 드

모레이(Jacques de Molay)는 화형에 처해졌다(1314년 3월 12일). 그는 최후의 자리에서 자기의 결백을 주장하였으며, 마지막 심판 때 그를 무고하게 처벌한 적수들을 처벌해 달라고 하나님께 호소하였다. 교황 클레멘트는 1개월 후 사망하였으니(4월20일), 아마도 쟈크 드 모레이가 심판 자리에서 그를 기다리고 있었을 것이다.

클레멘트 5세는 독일 및 잉글랜드의 통치자들과도 바람직한 관계를 유지하지 못하였다. 그는 또한 벡하드(Beghards), 베구인(Beguines),그리고 영적 형제단(Spiritual Brethren) 등의 이단들에 의해 시달려야만 했다. 벡하드들과 베구인들은 완전한 인간은 일체 도덕적 규범의 제한을 받지 않으며, 아무런 양심의 가책 없이 부도덕한 쾌락들을 즐길 수 있다고 하였다. 또한 빈곤을 의무화한 영적 형제단은 세례는 단지 죄를 씻어 낼 뿐 덕을 부여하는 것은 아니며, 합리적 영혼은 육체가 아니므로 그리스도께서는 창에 찔렸을 때에도 아직 살아 계셨다고 주장하였다. 이러한 이단들은 템플러 기사단들의 범죄들과 함께 비엔 회의(the Council of Vienne, 1313)에서 정죄되었다. 클레멘트 5세는 그 치세 중 여러 가지 사건을 경험하였으나, 그의 통치는 오히려 교회에 부정적 결과만을 야기시켰을 뿐 별 가치가 없는 것이었다.[7]

아비뇽에 거주했던 두 번째 교황은 그 전임자와는 달리 유능하고 똑똑한 통치자였다. 교회 문제를 처리하는 방법에 있어서도 클레멘트 5세처럼 나약하고 우유부단한 모습을 보이지는 않았다. 존 22세(John XXII)는 추기경들이 2년간이나 합의에 도달하지 못한 끝에 내놓은 타협안에 따라 그 위를 차지한 인물이다. 그는 즉위 당시 72세로서 그 후 18년 동안 교회를 통치한 후(1316~1334) 89세의 생일을 보고야 이승을 하직하였다. 소문에 의하면 어느 한 후보자도 필요한 다수표를 얻지 못하자 추기경들은 가장 노령자였던 그에게 그가 지명하는 인물을 교황으로 받아들이겠다고 약속하였다. 그는 즉각 자기 자신의 이름을 말하여 이들의 요청을 받아들였다. 이는 아마도 사실과 다를지 모르나, 항상 자신만만 하였던 존의 모습을 보여 주는 이야기이다. ① 그는 빈곤이 인간을 세속 성직자들과 교황들보다 높은 차

---

7) *Regestum Clementis Papae V ex Vaticanis Archetypis*(Rome, 1885~1892), 7 vols. E. Baluze, *Vitae Paparum Avenionensium*(ed. G.Mollat, 1914~1927), I, 1~106: 551~566. Hefele, *op. cit.*(Leclercq), IX, 326~338, 345~358, 423~431. J. Gmelin, *Schuld oder Unschuld des Templerordens?*(1893), 2 vols.

원으로 승화시키며, 재산은 인간의 약함에서 비롯된 소치라는 영적 형제단의 주장을 분개하였다. ② 그는 또한 『디펜소르 파키스』(Defensor pacis)라는 저술을 통해 주권(sovereignty)이란 다수에 의해 대표되는 국민들에게 있는 것이며, 따라서 교회의 최고 권력도 교황청이나 혹은 성직제도가 아니라 신자들을 대표하는 성직자와 평신도 대표들로 구성된 회의와 함께 한다는 주장을 편 파두아의 마르실리우스 (Marsilius of Padua)와 잔둔의 존(John of Jandun)들을 정죄하였다. ③ 그는 『디펜소르 파키스』의 신봉자들이 섬기고 있던 독일 황제 바바리아의 루이(Louis of Barbaria)의 정치적 계획에 대적하였다. ④ 루이와 시아라 콜론나(Sciarra colonna)가 이탈리아에 세운 반교황(antipope)으로부터 로마시를 수복하였다. ⑤ 그는 신학자들에게 이교도들이 사용하는 언어를 가르쳐 외국에 복음을 전파하도록 하자는 비엔 회의의 결정을 실행하였다. ⑥ 그는 터키인들을 상대로 승리를 거둔 해상원정을 일으켰다. ⑦ 그는 또한 성직자들이 교구 첫 해의 수입을 교황에게 바쳤던 초연봉(annates) 제도를 다시 부활시켜 쇠퇴해가던 교회의 재정에 새로운 수입원을 개발하였다. 존은 또한 열정적 설교가였다. 그러나 만성절(All Saints Day, 1331)의 설교를 통해 신자들의 영혼들이 최후의 대부활 이후에까지는 하나님의 온전한 모습을 누릴 수 없다고 말함으로써 이단을 주장하기도 하였다. 그러나 사람들에게 혐오감을 줄 정도로 추악한 외모의 소유자였다고 전해지는 이 왜소한 체구의 노인은 역시 우수한 교황들 가운데 하나로 분류되고 있다.[8]

그의 가장 큰 실책은 교황청을 다시 로마로 귀환을 시키기 위해 아무런 노력도 기울이지 않았던 것이라고 지적된다. 사실 존 22세는 그의 전임자 클레멘트 5세와 그의 뒤를 이은 세 교황들과 마찬가지로 프랑스 왕에 의해 보호받는 아비뇽을 버리고, 고난과 혼란이 기다리고 있는 로마로 옮겨가기에는 너무도 철저한 프랑스인이었다. 아비뇽에서 론 강만 건너면 이는 곧 프랑스 영토였다. 당시 추기경단은 프랑스인들이 압도적 우세를 차지하고 있었으며, 이탈리아인들과 프랑스인들은 노골적인 반목과 불화 속에 경쟁하였다. 프랑스 출신 교황이 거주하기에 로마는 안전한

---

8) *Vatiranische Arten zur deutschen Geschichte in der Zeit Kaiser Ludwigs des Bayern*(ed. S. Riezler, 1891), pp. 1~577. *Acta Ioannis XXII, in Pontificia Commissio ad redigendum Codicem Iuris Canonici Orientalis Fontis*, Series III, Vol. VI, Tome II. Baluze, *op. cit.*, I, 107~194.

장소가 못되었던 것이다.

 존의 뒤를 이어 교황위를 계승한 인물들에 관해 특기할 만한 기록은 없다. (1) 베네딕트 12세(Benedict XII, 1334~1342)는 마치 아비뇽의 교황청을 영속시킬 속셈이기나 한듯 이곳에 거대한 교황의 저택을 건축하기 위한 기초를 놓았다. 그는 또한 통일을 위한 헬라인들과의 협상과 바바리아의 루이와의 분쟁과 원정을 일으키고자 했던 노력 등에 모두 실패하였으며, 다시 돌아오라는 로마인들의 초청을 거부하였다.[9] (2) 클레멘트 6세(Clement VI, 1342~1352)는 흔히 "사제들의 황제"(the Priest's Emperor)라는 별명으로 불리웠던 찰스 4세의 즉위에 따라 제국과의 대결을 피할 수 있었으나, 로마의 광신적 독재자 콜라 디 리엔지(Cola di Rienzi)에 의해 수치를 맛보았다. 그는 또한 로마로 교황청을 귀환시키라는 스웨덴의 브리기드(Brigid of Sweden)의 탄원을 묵살하였다.[10] (3) 이노센트 6세(Innocent VI, 1352~1362)는 사람들을 합리적으로 설복시키는 데 능했을 뿐 아니라 이들의 감정까지 감동시켰던 알보르노즈(Albornos) 추기경을 통해 로마의 질서를 회복하였다. 그는 또한 교황 궁정의 사치를 줄이고 경비를 절감하였으며, 그의 의사를 묻지 않은 채 독일 황제를 선택할 수 있는 선거인단(electoral college : 이는 특권을 가진 일곱 명의 선거인들로 이루어진다)의 설립에 항의하였다. (4) 우르반 5세(Urban V, 1362~1370)는 찰스 4세를 신성로마제국 황제로 임명하여 교황청과 독일 사이의 친선관계를 부활시켰으며, 스스로 로마로 귀환하였고(1367년 10월 16일), 성 베드로 대성당의 계단에서 분열의 종식을 맹세하는 헬라 황제 존 팔래오구스(John Palaeogus)를 접견하였다. 그러나 그는 1370년 9월 5일 프랑스와 잉글랜드 사이의 분쟁을 방지하기 위해 로마를 떠나 프랑스로 향하였다. 잉글랜드는 당시 존 왕의 주도 아래 성 교구(Holy See : 로마 교구)에 대한 복종 의무를 부인해 버리고 더 이상 교황청에 납세하지 않겠다고 선언하였다. 우르반은 실의와 절망 속에 프랑스에서 사망함으로써 로마에 다시 교황청을 복구시킬 기회가 유실되었다.[11]

 그 특권은 역시 프랑스 출신 고위 성직자였던 그의 후임자 그레고리 11세(Gregory XI, 1370~1378)가 차지하게 된다. 그는 스스로의 선호와 취향을 물리

---

9) LP, II, 486.
10) Baluze, *op. cit.*, I, 241~308; II, 335~433.
11) Baluze, *op. cit.*, I, 349~414.

치고 로마로 돌아가 자기는 그 말을 알아듣지도 못하는 외국인들 사이에서 죽기로 작정하였다. 이러한 행동은 플로렌스, 페루기아, 밀란과 교황청 사이의 공공연한 전투에 의해 시작되었다. 그러나 그레고리 자신은 평화를 사랑하는 인물이었다. 그는 최소한 한동안이나마 프랑스와 잉글랜드 사이의 분쟁을 조정하는 데 성공하였으며, 스페인 전쟁을 종식시켰다. 그레고리의 스승이자 그에게 친절과 양선의 미덕을 가르친 것은 시엔나의 캐더린(Catherine of Siena)으로서 그녀는 교황청을 로마로 귀환시키는 데 교황만큼이나 큰 역할을 담당하였다. 1377년 1월 17일 그레고리가 로마에 입성함에 따라 바벨론 포로 시대는 막을 내리게 되었다.[12]

3. 서방분열과 그 이후

교황청이 시민들의 열렬한 환영을 받으며 로마로 귀환한지 채 2년이 안 되어 1378년 9월 20일 교황청의 바벨론 포로 사건보다 오히려 더 심각한 사태가 발생하였다. 대분열이 시작된 것이다. 그 결과 라틴 기독교권은 크게 양분되어 하나는 로마에, 다른 하나는 아비뇽에 충성을 바치게 되었다. 각국의 이해관계가 얽힌 정치 외교 문제들이 이에 관련되어 있었다. 물론 프랑스는 아비뇽 교황청을 후원하였으며, 스코틀랜드, 남부 이탈리아 그리고 스페인 등이 그 뒤를 좇았다. 스칸디나비아 제국, 폴란드, 헝가리, 독일, 잉글랜드 그리고 이탈리아의 대부분은 로마 교황에게 계속 충성하였다.

이러한 서방교회의 대분열은 프랑스인들과 이탈리아인들 사이의 불화가 낳은 애국적 민족주의의 직접적 결과가 아니라면 최소한 서로 다른 습관과 민족성 그리고 언어들의 영향을 크게 받고 있었다. 절대로 교리적, 교회 예식적 혹은 행정 원칙 등을 이유로 교회가 갈라지게 된 것은 아니었다. 이 분열은 추기경 자신들이 그 선출을 후에 후회했을 뿐만 아니라 취소하였던 교황 선출을 두고 발발되었다. 이들이 처음 선출한 인물은 이탈리아인이었으며, 그 후 대신 선택한 자는 프랑스인이었다.

그레고리 11세는 혼수상태 가운데 교회의 장래에 관해 끔찍한 예언을 말하면서 사망하였다. 아마도 이 프랑스인은 그의 깊은 내심으로는 로마로 귀환한 것을 후회하고 있었는지도 모른다. 그는 추기경들에게 경고하였다. "종교를 빙자하여 자기들

---

12) Baluze, *op. cit.*, I, 415~467. Mourret, V, 54~144.

스스로의 이상을 주장하는 남자와 여자들을 절대로 믿지 말라"고 지적한 인물은 마치 하나님의 손가락이 지시하듯이 그를 아비뇽으로부터 로마로 보내었던 시엔나의 캐더린일 수밖에 없었다.

추기경들이 교황 선출을 위해 바티칸에 모였을 때(1378년 4월 7일), 일단의 폭도들이 몰려와 이탈리아인, 더욱이 로마 출신을 그들의 교황에 선출하도록 위협하였다. 군중들의 숫자는 시간이 흐름에 따라 더욱 증가하였다. 추기경들은 스페인 출신의 추기경 페드로 드 루나(Pedro de Luna)의 추천에 따라 바리(Bari) 대주교였던 프리그나노(Prignano) 추기경을 교황으로 선출하였다. 그는 로마 출신은 아니었으나 이탈리아인이었다. 이성을 잃은 군중들이 계속해서 로마인을 요구하자 추기경들은 겁에 질려 나이 많던 성 베드로 대성당 출신의 추기경 테발데스치(Tebaldeschi) 더러 마치 교황에 뽑힌 양 행동해 주도록 요청하였다. 그러나 그는 대신 프리그나노의 선출을 군중들에게 발표하였으며, 로마 시민들은 이를 받아들여 4월 18일 부활절 주일날 선거 후 1주일 만에 대관식을 가졌다. 모든 추기경들은 공식적으로 그에게 충성과 순종을 맹세하였다. 그는 우르반 6세(Urban VI)의 칭호를 선택하였다.[13]

우르반 6세는 귀족적이고 교만했을 뿐만 아니라 난폭한 성격의 소유자였다. 하루는 공식적으로 추기경단에 프랑스인의 숫자가 너무 많다고 불평하였다. 그는 또한 두 사람의 추기경을 가리켜 각각 저능아요, 방탕아라고 모욕하기도 하였다. 그는 또한 공개회의 석상에서 또 다른 제3의 추기경에게 어리석은 수작을 집어치우라는 식으로 면박을 주기도 하였다.[14] 따라서 무더운 여름이 닥쳐오자 추기경들이 하나씩 휴가를 신청한 것이 당연한 일이었다. 얼마 안 되어 우르반 6세의 측근에는 일체의 외국인 성직자들, 특히 그의 선출 당시 다수를 점했던 프랑스 출신 추기경들이 자취를 감추었다.

다수의 추기경들은 스스로 아페닌 산맥 아래에 있던 아나그니에 모여 우르반 6세의 선출은 폭도들의 압력에 의해 이루어진 것이므로 무효라고 선언하고(1378년 8월 9일), 그 대신 프랑스인 제네바의 로버트(Robert of Geneva: 로베르트)를 선출하였다(9월 20일). 로버트는 교회의 성직자였을 뿐만 아니라 전쟁을 즐기는 호전

---

13) N. Valois, *Le Pape et Le Concile*(1909), I, 54~82.
14) Hefele, op. cit., X, 39~41.

적 인물이기도 하였다. 그는 플로렌스, 페루기아, 밀란에 대항한 그레고리 11세의 병사들을 직접 지휘하기도 하였다. 그는 또한 세세나(Cesena)의 참혹한 학살을 명령한 장본인으로서(1377년 2월), 흔히 헤롯과 네로에 비교되기도 하였다.[15]

그러나 그는 개인 생활에서는 모범을 보였으며, 특히 교황직을 차지한 후에는 폭력을 일체 삼가하여 로마에 있던 그의 적수보다 우수한 모습을 보였다. 로버트는 페드로 드 루나와 함께 우르반 6세를 지지하고 그의 선출을 도왔던 인물이었다. 우르반이 선출될 당시에도 그는 다수를 점한 프랑스 출신의 성직자들의 실질적 지도자였으므로 사실은 자기 자신이 교황에 선출될 수도 있었다. 따라서 그와 그의 동료들은 이제 원래 계획을 실현하기로 한 것이다. 이들은 기실 카톨릭이라기보다는 보다 프랑스적 색채를 띠고 있었다. 이들은 아비뇽에 교황 본부를 두고 로버트는 최초의 아비뇽 교황으로서 클레멘트 7세(Clement VII)로 취임하였다. 이제 서방교회는 거의 팽팽하게 분리되었다. 비록 우르반의 전제와 횡포로 일부 수하 추기경들이 클레멘트에게로 옮겨갔으며, 또한 복수와 증오의 전쟁을 일으켜 이탈리아를 피에 물들게 했으나, 그는 죽을 때(1389년 10월 15일)까지 교황위를 유지하였으니, 이는 분열 후 11년 1개월 만이었다. 클레멘트는 그보다 5년 더 오래 살았다(1394년). 이러한 분열이 종식할 수 있었던 가장 쉬운 방법은 물론 우르반의 추기경과 동시에 클레멘트를 교황위에 올리는 것이었다. 그러나 이들은 그렇게 하기를 거부하였다. 결국 분열이 종식되기 전까지 세 사람이 이탈리아-로마 분파에서 우르반의 뒤를 계승하였다. 즉, 보니페이스 9세(Boniface IX, 1389~1404), 이노센트 7세(Innocent VII, 1404~1406), 그리고 그레고리 12세(Gregory XII, 1406~1415) 등이 그들이다. 마찬가지로 프랑스-아비뇽 분파에서는 클레멘트 7세의 뒤를 이어 베네딕트 13세(Benedict XIII, 1394~1422)가 그 뒤를 이었다.

분열은 결국 교황청에 의해 해결되지 못하였다. 오히려 교황청들의 반대에도 불구하고 이루어진 것이라고 할 수 있겠다. 베네딕트 13세로 즉위한 페드로 드 루나는 성직자였을 뿐 아니라 유능한 법률가로서 통일을 시도하였던 모든 제안들을 효과적으로 반박하였다. 교황청 통일의 계획은 대학교들, 특히 파리 대학교와 이에 속한 신학자들에 의해 수립되었다. 이는 결국 서방교회의 보편 종교회의를 통해 실현되었다. 이를 위해서는 교황청보다 우월한 권위가 교회 안에 존재한다는 것을 인

---

15) Muratori, *Rerum italicarum scriptores*(1761), XVI, 526.

정해야만 했다.

독일 하이델베르그 대학 총장 랑겐쉬타인의 헨리(Henry of Langenstein)와 프랑스 파리 대학교의 총장 쟝 게어송(Jean Gerson)에 의해 주창되었고, 피에르 다이리(Pierre d'Ailly) 및 서방 대부분 군주들의 지지를 받았던 종교 회의론(The conciliar theory)은 교회도 다른 모든 사회 기관들을 규범하는 것과 똑같은 규칙들에 의해 움직여야 한다는 것이다. 그의 효율성은 그 기관이 존재하는 목적의 측면에서 판단되어야 한다. 교회는 물론 세계 각처에 거주하는 기독교 신자들을 위해 올바른 질서와 평화를 보장하기 위해 존재한다. 그러나 이러한 목적은 분열을 통해서는 이루어질 수 없다. 따라서 비효율적 상태를 벗어나고 있지 못하는 교황제는 전체 회의의 손에 의해 개혁되어야 한다는 것이었다. 또한 때마침 일어난 사건들을 통해 교황보다 종교회의가 우선한다는 것이 증명되었다. 물론 이는 초대교회에서는 당연히 지켜지던 전통이었다.[16]

로마 출신 14명과 아비뇽에 속해 있던 10명들의 추기경들은 자기들이 섬기던 교황들의 뜻을 어겨가면서 1409년 3월 25일 피사(Pisa)에서 종교회의를 개최하였다.[17] 그러나 통일을 위한 꿈은 이를 위해 실현되지 못하였다. 피사 종교회의는 권모술수에 능한 모험가였던 이탈리아 출신의 정치꾼 발타사르 코사(Balthasar Cossa)의 손에 놀아나게 되어 1명의 교황 아래 기독교권을 연합하는 대신 오히려 이를 삼분하는 결과를 초래하였다. 동회의는 코사의 재청을 좇아 셉투아진트(70인역)를 전공했던 학자 피에르 필라르기스(Pierre Philargis)를 다시 교황에 임명하였던 것이다. 1년 후 그가 사망하자 발타사르 코사 자신이 존 23세로 교황위에 올랐다(1410). 그는 그레고리 12세가 자리를 비운 틈을 타서 로마에 자기의 정부를 정하여 기독교권의 보다 넓은 지역을 차지해 버렸다. 소문에 의하면 존 23세는 젊은 시절 시실리 바다 일대를 누볐던 해적이었다고 한다. 물론 그가 잔인하고 이기적 성품의 소유자임은 틀림 없었다. 그의 이해관계는 항상 교회의 복리와 충돌했던 듯싶다. 따라서 그가 이루었던 업적 중 교회를 위해 유익이 될 만한 것이 아무것도 없었다. 그가 로마에 소집하였던 회의도 아무 성과를 거두지 못하였다(1412~1413). 그가 성령의 강림을 기원하자 부엉이가 내려와 그의 어깨에 앉았다는 이야

---

16) Gersonius, *Opera omnia*(Antwerp, 1706), II, 54~73.
17) Hefele, *op. cit.*(Leclecq), VII(Pt. 1), 1~69.

기가 전해진다. 사람들은 막대기로 그 새를 쫓아버리지 않으면 안 되었다. 이처럼 참혹한 교회의 형편은 신성로마제국 황제 지기스문트(Sigismlund)의 주최로 1414년 11월 1일 콘스탄스에서 개최된 또 다른 종교회의를 통해서야 비로소 막을 내리게 되었다. 세 명의 교황들은 모두 동회의에 초청되었으나, 이들 가운데 존 23세만이 감히 참석하였다. 그는 아마도 5년 전 피사에서와 마찬가지로 회의에 참석한 대표들을 오히려 한 수 더 높은 수완으로 넘어뜨릴 자신이 있었는지도 모른다. 왜냐하면 그는 회장으로 가는 길에 자기는 자기를 덫에 걸려고 하는 모든 여우들을 오히려 함정에 빠뜨리겠다고 사단의 이름을 빌어 맹세했기 때문이다.

이 회의는 명실공히 기독교권을 대표하는 성격을 지니고 있었다. 서방의 모든 국가들이 공식적으로 대표들을 파견하였다. 이곳에는 33명의 추기경들과 3명의 동방교회 출신 대주교, 33명의 대주교, 150명의 주교들, 100명 이상의 수도원장들, 약 300명의 신학자들이 참석하였다. 또한 회의에 참석한 대표들의 육체적 욕구를 돌보기 위해 3,000명 이상의 창녀들이 콘스탄스에 몰려들었다고 한다. 피에르 달리, 자라벨라(Zerabella) 그리고 쟝 게어송 등의 세 사람이 특히 두각을 나타내었는데, 이 사람들은 모두 전문 신학자들이었다. 결국 이들의 주장이 사람들의 지지를 받게 되었다. ① 교회 최고, 최종적 권위는 세계 종교회의에 있다. ② 물론 보통의 경우 교황의 존재가 유익한 것이기는 하지만 그의 지존권은 오직 부수적인 성격으로서 항상 종교회의의 심판과 평가대상이 된다. ③ 교황들 역시 오류를 범할 수 있으며, 이단까지도 될 수 있다. ④ 교황들은 단지 교회 내 최고의 행정관리들에 지나지 않는다. 그 직무를 제대로 수행하지 못할 경우에는 제거할 수 있다. 이에 따라 동회의는 존 23세의 퇴위를 결의한 후 그가 지기스문트 황제에 의해 보호받을 것을 명령하였다. 곧이어 그레고리 12세가 제출한 사임원도 기꺼이 받아들여졌다. 수하 성직자들에게 버림받은 베네딕트 13세는 스페인으로 도망하여 펜시콜라(Pensicola) 암산에서 5년을 더 살다가 죽었다. 이 회의는 오토 콜론나(Otto Colonna)를 교황 마틴 5세(Martin V, 1417년 11월 11일)로 선출하였다. 이에 따라 39년간에 걸친 비극적 교회 분열이 종식되었다.[18]

로마 카톨릭 교회는 우르반 6세와 세 사람의 이탈리아인 출신 후계자들을 합법적 교황들로 인정하고 있다. 클레멘트 7세(제네바의 로버트) 및 그의 후계자들과

---

18) *Ibid.*, VII(pt. 1) 71~584. Mansi, XXVII 519~1240; XXVIII, 1~958.

존 23세(발타사르 코사) 등은 모두 분파주의자들로 취급된다. 이에 따라 로마 카톨릭 교회가 볼 때에는 그레고리 12세가 먼저 사임함으로써 마틴 5세의 선출을 합법화시킨 것이다. 그러나 분열의 해결은 교회의 상실된 건강과 활력을 되찾는 데 아무런 도움을 주지 못하였다. 이는 교회의 외부적 권위와 내부의 기풍을 빼앗아갔다. 15세기 교황청의 위치는 13세기의 그것과는 판이하게 차이가 있었다. 교황과 황제가 다스리던 통일된 세계는 옛 이야기였다. 유럽이 국가들로 분리됨에 따라 교황령 역시 이탈리아 내에 공존하였던 다른 여러 소왕국들과 같은 위치로 전락하였으며, 교황은 그 세속적 권위에 있어 베니스의 시장이나, 나폴리의 왕이나, 펠라라의 공작과 다름없는 소영주밖에 되지 못하였다.

마찬가지로 종교 문제에 있어서도 이제 교황은 종교회의의 수단에 지나지 못했다. 콘스탄스 회의는 동회의의 종료 후 5년 만에 또 다른 세계종교회의를 소집할 것을 결의하였다. 그 후에는 7년마다 세계 종교회의를 소집하도록 규정하였다. 다시 말해 동회의는 자신과 아울러 이와 비슷한 기구들을 교회 내에서 최고 권위를 갖는 정부로 인정한 것이었다. 교황이 종교회의에 대해 어떻게 생각했던가를 불문하고 기독교권의 여론은 모두 이를 지지하고 있었다. 동방교회까지도 이런 모임들 가운데 일말의 희망을 발견하고 그 결정에 찬동하였다. 어쩌면 종교회의들은 서방 기독교권의 개혁, 부흥을 위한 바람직한 기관들로서 발전될 수도 있었을 것이다. 그러나 역시 결과는 그렇지 못하였다. 이들은 교황청에 대항하였을 뿐만 아니라 그 스스로도 서로 적대하는 분파들간의 난맥상을 연출하여 콘스탄스 회의가 겨우 극복하는 교황청의 분열과 별로 다를 바 없는 종교회의의 분열 모습을 연출하였다. 예를 들어 바젤 회의는 바젤과 플로렌스 회의들로 분리되었으니, 후자는 교황의 지도적 영향력을 받아들였으며, 전자는 이를 거부하였다.

이런 혼란기를 살았던 세 명의 교황들은 마틴 5세(Martin V, 1417~1431), 유제니우스 4세(Eugenius IV, 1431~1447), 니콜라스 5세(Nicholas V, 1447~1455) 등이다. "종교회의"란 단어만 들어도 공포에 질리곤 하였던 마틴 5세는[19] 그의 교구와 다른 국가들 사이에 문제가 발생할 경우, 협약 혹은 개별적 조약들을 통해 이를 해결하고자 하였다. 그러나 어쨌든 5년 기간이 지나가자 그는 파비아(Pavia)에서

---

19) *Monumenla Conciliorum generalium saeculi decimi quinti*(Vienna, 1857~1896), I, 66.

종교회의를 소집하였다가 전염병으로 말미암아 이를 시엔나(Siena)로 옮겼다. 그러나 프랑스와 영국 사이에 발생한 전쟁과 무어족들에 대항한 스페인의 투쟁으로 말미암아 대부분의 대표들이 참석하지 못하였으므로 즉각 이를 해산시켰다.[20] 7년 후 만약 그가 종교회의를 소집하지 않을 경우 보복이 있을지도 모른다는 위협을 받고 바젤(Basel)로 대표들을 소집하였으나 곧 사망하였다.[21]

그의 후계자 유제니우스 4세는 일체의 전쟁 포고, 정치적 동맹, 십일조 및 기타 헌금의 수집, 혹은 추기경, 주교, 수도원장들까지도 추기경단의 다수표에 의한 동의가 없이는 교황청 독자적으로 이를 추진하지 않겠다는 서약을 하고 교황위에 오른 인물이었으나,[22] 그는 계속 바젤 회의와 투쟁하였으며, 결국은 바젤 회의에 대항하였던 플로렌스 회의에 참석함으로써 전자의 권위를 무시하였다. 후자는 우리가 본 바처럼 최소한 일시적이지만 기독교권의 재통일을 유지하였다. 니콜라스 5세는 결국 스스로 해산한(1449년 4월 25일) 바젤 회의를 무시하였다. 그는 군중들을 로마로 불러들여 1450년의 희년을 대대적으로 경축하였으며, 인문주의의 아버지라고 불리울 정도로 세속 예술 및 문학을 지원하였다.[23]

민족주의의 확장과 그 영향력의 정도는 당시 가장 유명하였던 종교적 이상가인 쟌 다아크(Joan of Arc)의 경우에서 그 예를 찾아볼 수 있다. 자기의 모든 행동에 초자연적 이유를 갖다 붙였던 그녀는 조국 프랑스의 운명과 하나님의 영광을 동일시하였다. 비록 그녀는 이단으로서 화형에 처해졌으나(루우엥(Rouen), 1431년), 그녀를 정죄하였던 것은 적국 영국인으로서 그녀의 죽음은 실질적으로는 종교적인 것이 아니라 정치적인 것으로 만들었다. 죽은 지 7년 만에 그녀의 꿈은 결국 이루어졌으니 그녀 자신의 표현을 빌리자면 영국인들은 "프랑스로부터 쫓겨나갔다" (were kicked out of France).[24] 교회, 특히 교황청은 사회의 다른 부문들과 다름없이 구원이 필요한 상태에 있었다. 1453년 교회도 그 효율성과 그 능력에 있어서 최저점에 달하였다.

---

20) Valois, op. cit., I, 76~80.
21) O. Raynaldi, Annales Ecclesiastici, 1198 to 1565(1679), a.1431, Numbers. 5~7.
22) Valois, op. cit., I, 100.
23) Rerum Italicarum Scriptores(ed. Muratori, Milan, 1734), III, vols. 907~960.
24) W. P. Barrett, The Trial of Joan of Arc(1931), CMH, VIII, 232~272, Mourret, op. cit., V. 145~175.

4. 기독교 및 교회에 관한 해석

이 시기의 종교회의뿐만 아니라 사고 형태들은 교회가 하나의 기관으로서 경험하였던 과정들과 맥락을 나누고 있다. 따라서 이들은 모두 극단적 변화의 모습을 보인다. 제13세기에 유지되었던 통일성은 조직면에서 뿐만 아니라 지적으로도 산산히 부서진 상태였다.

특별히 독일의 경우 신비주의(Mysticism)가 융성하였다. 이 운동의 선구자는 1327년 사망한 마이스터 에크하르트(Meister Eckhart)라고 할 수 있겠다. 그러나 그는 자신의 저술을 발표하지 않았으므로 그의 이론들을 이해하기 위해서는 그의 제자들을 의존할 수밖에 없다. 그도 우리의 외형적 도덕적 행위들이 우리들을 성화시키지 못하며, 또한 인간들은 하나님의 속성을 표현할 능력이 없다고 가르쳤으므로 교황 존 22세에 의해 정죄되었다. 그는 종교를 영혼과 하나님 사이의 결혼으로 파악하고 이를 통해 영혼은 일체의 죄와 피조성을 정화받고 하나님의 비피조성(uncreativeness) 속으로 완전히 흡수된다고 하였다. 이러한 사상들은 그 후 존 루이스부루크(John Ruysbroeck, 1293~1381), 존 타울러(John Tauler, 1351 사망), 헨리 수소(Henry Suso, 1295~1366) 등에 의해 더욱 발전되었다. 예를 들어 루이스부루크는 진정한 종교란 성령을 사냥개 삼아 신성을 추구하는 인간의 사냥행위라고 묘사하였다. 타울러는 인간은 일체의 부수적, 일시적 존재들을 포기하고 그의 자유의지를 파괴해야 하며, 이에 따라 스스로를 완전히 성령에게 내맡겨야 한다고 주장하였다. 수소의 작품은 보다 자서전적이다. 그는 자신의 고난을 묘사하고 어떻게 이를 통해 하나님과의 은밀한 사랑에 도달했는가를 보여 주고 있다. 이들 신비주의자들이 제시한 형태는 물론 다음과 같은 모습을 띠고 있다. 이들이 주장하는 세 가지 단계는 ① 정화(purification) ② 조명(illumination), 그리고 ③ 합일(unification)이다. 인간은 자신을 부정함으로써 완전을 획득하게 된다. 그는 그 생각과 말과 행동을 통해 예수 그리스도 안에서 자신을 계시하신 하나님을 본받아야 한다. 최종목표는 엑스타시(ecstasy: 황홀경)이니, 곧 완전한 신성(the divine nature) 속에서 자신을 상실하는 것이다.[25]

---

25) Meister Eckhart, *Schriften und Predigten*(ed. H. Büttner, Leipzig, 1903~1909), 2 vols. J. Ruysbroeck, *Werke*(ed. J. David, Ghent, 1855~1868), 6 vols.

역사상 가장 사랑스러운 책들 가운데 하나가 이 시기에 나타났다. 그 이름은 곧 『그리스도를 본받아』(Imitation of Christ)이니 이 제목은 아마도 그 내용을 잘 설명하는 것이리라. 이 책의 배경은 1395년 성 어거스틴의 규율에 따라 조직되었던 공동생활의 형제단(the Brothers of Common Life)이었다. 그 저자 토마스 아 켐피스(Thomas à Kempis)는 동수도회의 일원이었다고 전해진다. 그는 이 책을 4부분으로 나누어 수도회의 설립자였던 게라드 그로테(Gerard Groote)가 몸소 실천하였으며, 그의 영적 후손들에게 추천하였던 금언들 혹은 격언들을 수집해 놓았다. 성경을 재외하고는 교회의 경건 생활에 이보다 더 큰 영향을 미친 책은 아마도 없을 것이다.

죄인들의 경험과 예수님의 행동을 본받기를 강조하였던 신비주의와는 대조적으로 이들과 같은 시기에 성례 중시주의(sacramentalisrn)를 통한 종교의 형식화가 이루어졌다. 사실 수적으로 볼 때 당시 신비주의자들은 그다지 많지 못했으며, 대부분의 성직자들을 포함한 일반 신자들은 성례 중시주의자들이었다. 교황 존 22세의 적수였던 바바리아의 루이(Louis of Bavaria)는 사도신경과 주기도문을 낭송하는 것으로써 스스로 정통 신자임을 증명하고자 하였다. 십계명을 지키는 것보다는 물론 아베 마리아(Aye Maria)를 수없이 암송하는 것이 보다 쉬운 길이었다. 이로 인하여 성례들 가운데 특히 고행(penance)이 지나치게 중시되었다. 죄인들은 용서 받기 위해 그의 죄를 사제에게 고백하고 그 보상(satisfacion)을 위해 필요한 선행을 해야 한다. 이러한 고행 안에서 형벌의 공포는 교회를 만족시키기에 충분하였다. 이에 따라 이러한 형벌의 공포가 죄를 향한 깊은 슬픔을 동반하는 진정한 참회(contrition)를 점차 대체하게 되었다. 이리하여 고행은 회개를 비인격화하는 방향으로 흘러갔다.

다음과 같은 플라쯔의 존(John of Platz)의 말은 이러한 상황을 여실히 간파한 것이라 하겠다. "이처럼 단순한 형벌에의 공포는 흔히 쓰는 말로 '교수대적 참회'(gallows penitence)라고 정의할 수 있겠다. 왜냐하면 이들은 단순히 지옥의 공포 때문에 그가 죄지은 사실을 괴로워하기 때문이다." 중세교회의 제도 아래서 당연히 고백(confession)과 면제(absolution)를 뒤따라야 하는 보상(satisfaction)의 행위

J. Tauler, *Sermonweisende auf den nähesten waren Wegk*(Leipzig, 1498), *Theologia Deutsch*(ed. F. Pfeiffer, Stuttgart, 1851), CMH, VII, 796~812.

들마저도 14세기 및 15세기의 일부 신자에게는 너무도 짐스러운 것으로 받아들여졌으므로 교회는 그들을 위하여 보다 손쉬운 대용품을 마련해야 했다. 이에 따라 인간을 죄로부터 사면시켜 그에 따르는 지상에서의 형벌까지 면제해 주는 면죄부가 발행되었다. 자동적으로 신자를 위해 일체의 고행을 대체하는 역할을 하는 이 면죄부는 돈을 주고 살 수 있었다. 따라서 사제들에게 죄를 고백하고 약간의 돈만 내면 일체의 형벌을 받지 않아도 된다는 서방교회의 모습이 드러나기 시작하였다. 또한 살아 있는 자들을 위해 충분한 것은 역시 죽은 자들을 위해서도 충분하다. 이에 따라 사망자의 친척들은 그를 위한 면죄부까지 매입하였다. 그들이 연옥에서 고통당하는 기간이 줄어들 수 있도록 이들을 위한 특별미사가 집전되기도 하였다.

13세기와는 대조적으로 이 시기의 신학자들과 철학자들은 이성을 신앙의 동맹자로서가 아니라 그 대적으로 파악하였으니, 이는 이미 살펴본 바대로 정치계에서 자행되었던 성, 속간의 대결이 학문적 분야에 반영된 것인지도 모른다.

이들 가운데 윌리암 옥캄(William of Ockam: 옥캄의 윌리암, 약 1350사망)이야말로 가장 유명한 교사였다. 그는 극단적 유명론(Nominalism 명목론)을 도입하여 자연은 개별적 목적물들로 존재하며, 우주란 단지 인간의 주관적 이해의 한 면에 불과하다고 하였다. 지식 자체(knowlege itself)도 사물 자체가 아니라 감각 인상들로 구성되어 있다. 교의(dogma)의 자료들은 이성에 의해서 진리로서 증명될 수 없다. 따라서 하나님은 인간이 아니라 당나귀로서 이 세상에 오셨을 수도 있는 것이다. 만약 삼위일체 가운데 제2위격께서 마리아에게서 나셨다면, 왜 제1 혹은 제3위격 역시 그렇게 될 수 없단 말인가? 그리스도의 위격 안에 있는 속성 교류를 기반으로 "하나님은 예수님의 발이다"라고 말할 수도 있다. 이에 따라 삼위일체, 성육신, 화체설 등의 교리들은 오직 이성의 측면으로부터 이들을 검토하는 옥캄에 의해 여지없는 풍자의 대상이 되었다. 철학적으로만 본다면, 이들은 터무니없는 소리들이었다. 그러나 그는 로마 교회에서 이러한 교리들이 진리라고 가르치고 있으므로 우리들은 신앙에 의거하여 이들을 믿어야만 한다고 하였다. "보편교회에 속한 기독교 신자들은 그의 자연 이성으로는 전혀 받아들일 수 없는 것이라 할지라도 무엇이든 쉽사리 믿을 수 있다."[26]

다른 이들은 보다 구체적인 교리들을 통하여 옥캄의 유명론이 시사하는 바를 진

---

26) Occam, *Quodlibeta septem*(Paris, 1487), II, 3.

술하였다. 파리 대학교 교사이던 존 쟌둔(John of Jandun)은 토마스주의(Thomism: 토마스 아퀴나스를 좇는 이론)에 대항하여 주장하기를, 하나님은 스스로의 밖에서는 아무것도 모르시는 분이며, 인간 내의 능동적 지성은 비인격적이고, 세계는 영원하다고 하였다. 그는 계시될 진리와 철학적 진리 사이의 무관련성과 대립관계를 적나라하게 기술하였다. 따라서 존으로부터 한 걸음만 더 나가면, 신학적 진리는 철학적 오류이며, 철학에 있어서의 합리적 발견들은 신앙적 교의들의 부정이라고 직설적으로 주장하였던 파두아의 피에트로 폼포나찌(Pietropomponagzi of Padua)의 입장에 도달하게 된다. 피키노(Ficino)는 플로티누스적 형태로 플라톤을 부흥시켰으며, 우주적 형태의 종교 속에 기독교와 이교들을 혼합시킴으로써 일부 현대 종교학자들의 모습을 예시하고 있다. 쿠사의 니콜라스(Nicholas of Cusa, 1401~1464)는 하나님을 정의하여 그 가운데 모든 다른 존재들이 만나고, 연합하고, 조화되는 존재라고 하였다. 즉, 하나님이야말로 우주 안에 있는 모든 안티테제(antithesis)들의 신테제(synthesis)인 것이다. 니콜라스는 지구 중심적 우주론을 공격하고, 인간의 입장에서 본 하나님의 지식을 은혜의 직관적 통찰이라고 하였다.

옥캄과 그의 제자들의 이러한 인식론 및 형이상학적 유명론과, 새로이 그 기세를 얻은 플라톤주의의 범신론적 경향에도 불구하고, 기독교교리의 실질적 내용은 변화되지 않았다. 타락한 인간의 성질에 관한 한 순수한 형태의 어거스틴주의 대신 둔스 스코투스의 해석이 그 자리를 차지하게 되었다. 즉, 그들은 인간의 자유는 죄에 의해 훼손되지 않았다고 가르쳤다.[27] 마찬가지로 구속과 대속 역시 13세기 신학자들의 사상과 이론에 따라 개진되었다. 이는 물론 안셀름주의가 아니었다. 아벨라르드의 주관적 객관적 입장과 절충되어 그리스도의 공로 및 사역이 우리들이 용서받는 근거라고 하였다. 인간에게는 복음을 믿거나 혹은 이를 거부할 자유가 있다. 인간이 하나님께 나아오는 과정에 있어서, 인간 자신이 형벌의 공포를 통해 자기 자신을 회개의 자리까지 이끌어 온다. 그 후에야 하나님께서는 성례들을 통하여 인간 대신 사역하시는 것이다. 둔스 스코투스와 옥캄 양자는 모두 인간의 생활 가운데 의를 야기시키는 성례의 중요성을 강조하였으나, 동시에 화체설(transubstan-

---

27) Occam, *Super quatuor libros sententiarum subtillissimae quaestiones earumdemque decisiones*(Lugduni, 1495), IV, Q. 8.

tialism)에 관하여는 회의적인 경향을 보였다. 어쨌든 이러한 교리들로 말미암아 인간의 자유는 강조되었으며, 은혜에 관한 카톨릭 교회의 기존 교리는 전혀 변경되지 않았다. 예정(predestination)은 그 최후 단계에 인간의 노력들에 대한 상급으로 주어져 그로 하여금 영생에 이르는 택정을 받도록 만든다.

그러나 교회론(ecclesiology), 특히 성직제도의 해석에 있어서 14, 15세기의 사상은 13세기의 그것과는 판이하였다. 보니페이스 8세의 가르침은 완전히 거부되었다. 실제로 많은 가르침들 가운데 교회는 그 구성원이 관련되어 정의되었으며, 그의 순수성 여부는 신자들의 생각과 생활에 있어서 얼마나 성경의 가르침들에 충실한가의 여부에 달려 있다고 하였다. 교황이나 종교회의들은 모두 오류를 범할 수 있다고 하였다. 주교들은 이들의 행정적 업무를 제외하고는 일반 사제들과 하등의 다른 점이 없다고 가르쳤다. 교황의 권력이라는 것도 교회가 가지는 일반적 권력에 불과하며, 교회 내의 특정 개인에게 부여하는 권한은 아니라고 하였다. 따라서 교황제는 완전히 기능적으로 이해되었으며, 전체 교회 조직에 미치는 영향을 보고 그 가치를 평가하게 되었고, 여러 가지 상황과 조건의 변화에 따라 수정하거나 폐지할 수 있다는 결론이 성립되었다. 따라서 교황은 일체의 세속적 권력을 포기해야 하며, 순수하게 영적 책임만을 져야 한다는 것이었다. 그리스도 자신 및 그의 모든 사도들도 사회적, 정치적 분야에서는 이 세상의 통치자들에게 복종했다는 사실이 지적되었다. 교회와 국가는 서로 구별되고 분리되는 존재들이다. 기독교권의 회의장에서는 이제 사제들뿐만 아니라 평신도들도 발언권을 갖게 되었다.[28]

5. 존 위클리프와 존 후스

기존 교회의 교리, 조직, 치리 등에 관한 영국의 존 위클리프(John Wycliffe, 약 1325~1384)와 보헤미아의 존 후스(John Hus)들이 말한 비판들은 비록 당대에는 종교 회의론자들이나 신비주의자들 혹은 극단적 유명론자들의 큰 주목을 받지 못했다 할지라도 후세에 미친 영향은 훨씬 더 중대한 것이었다.

---

28) Occam, *Compendium errorum papae. Octo quaestiones de potestate papae,* in *Opera politica*(Manchester, 1940). Marsilius of Padua, *Defensor Pacis*(ed. C. W. Previté-Orton, Cambridge, 1928).

옥스포드 출신의 학자이며 최초로 성경을 영어로 번역한 장본인이자, 신교(Protestantism)가 새로운 종교조직으로서 출현하기 전 이미 신교의 주요한 원칙들을 주장하였던 존 위클리프는 당시 잔인한 성격으로 이름을 날렸던 귀족인 가운트의 존(John of Gaunt)의 보호 아래 영국의 성직자들과 충돌함으로써 마치 정치적 선동가처럼 역사의 무대에 출현하였다. 그는 성 폴 교회의 성직자 회의에 출석하여 교회회의에 참석한 사제라기보다는 오히려 정치적 회의에 참석한 정치가처럼 행동하였던 것이다. 가운트의 존은 일단의 병사들을 이끌고 위클리프와 함께 그곳에 갔으며, 그는 코오트네이 주교와 입씨름을 벌인 끝에 그의 머리채를 잡고 교회에서 끌어내겠다고 협박함으로써 참석자들의 미움을 사게 되었다. 위클리프는 직접 교황청에 출석하여 그에게 행해졌던 여러 가지 혐의들을 해명하라는 그레고리 11세 교황의 소환에 불응하고, 계속 종교 문제에 관한 국왕과 의회의 고문으로 활약하였다.[29] 왕실 및 세속권력자들에게 큰 환영을 받았던 위클리프의 정치적 입장이란 단지 잘못 사용되고 있는 일체의 교회의 재산들을 정부에서 몰수하여 이들을 가난한 자들을 위한 구제 및 기타 사회의 복지를 위한 유용한 목적들에 사용하는 것이 정부의 도덕적 책임이라는 것이었다.[30]

따라서 재산에 관한 그의 신학적 입장과 그의 실제행동 계획 사이에 진정한 연관을 발견하기는 힘든 일이었다. 그는 하나님만이 만물의 유일한 소유주이시며 하나님께서는 그의 소유물의 사용권을 도덕적 영적으로 자격을 갖춘 자에게만 의뢰하셨은즉, 오직 의인들만이 재산 및 권력을 소유할 권리가 있으며, 이들은 이 세상의 모든 재산들을 자기들끼리 공동으로 소유해야 한다고 주장하였다.[31] 물론 위클리프는 이러한 사상이 하나의 완전한 이상에 지나지 않음을 인정하였다. 그는 현재의 불완전한 세상에서는 정치적 권위 및 재산의 개인 소유가 불가피함을 인정하였다. 그는 또한 최소한 영국에서는 교회보다는 국가가 더 유용하게 재산들을 관리할 수 있을 것이라고 믿었다.

서방교회의 분열(1378)이 시작됨에 따라 위클리프의 역할은 일부 종교적 오류에

---

29) *Chronicon Angliae*(ed. E. M. Thompson, 1874), 118ff., 173ff., 206~207.

30) *Tractatus de Civili Dominio*, Books III~V of *Summa Theologiae*(ed. Poole and Loserth, London, 1885~1904).

31) *De Dominio Divino libri tres*(ed. Poole, London, 1890).

대항한 단순한 정치적 선동가로부터 교회 개혁가의 그것으로 변화하게 되었다. 동 교회의 기본 조직들과 교리들을 변화시킬 방도를 찾기 시작하였다.

이러한 모습은 오로지 성경만이 유일한 종교적 권위의 근원이라고 주장한 그의 가르침에서 가장 명백하게 드러난다. 그는 모든 진리는 성경 안에 포함되어 있으며, 그 안에 기록된 모든 것은 진리라고 주장하였다. 따라서 성경만이 교회와 국가를 통치하는 유일한 규범이 된 것이다. 성경은 그 모든 부분에 있어서 진리이다. 그 권위는 교회나 혹은 일부 성경기자들의 신빙성에 의해 좌우되는 것이 아니고, 이러한 저자들을 그의 비서역으로 사용하셨던 하나님 자신에게 달려 있는 것이다. 겸손과 기도 그리고 성령의 인도 아래 그 내용을 읽음으로써 얻어진 성경 지식이야말로 구원을 위해 필수적이다. 난해한 구절들은 보다 확실하고 명료한 구절들에 의해 설명되어야 한다. 성경 지식 없이는 아무도 예수 그리스도를 알 수 없다. 따라서 말씀의 연구와 설교는 어떤 성례들보다도 중요하다. 성경은 미사나 금식이나 성자들에 대한 기도나 전통, 기타 교황들의 칙령 없이 그 효력을 발생한다.[32] 이러한 교리의 결과 전체 성경이 일반 대중들이 사용하였던 영어로 번역된 것은 당연한 일이라고 하겠다. 그때까지는 오로지 그 일부가 앵글로 색슨 및 로만 프랑스어로 번역되었을 뿐이었다. 위클리프는 옥스포드의 니콜라스 드 히어포드(Nicholas de Hereford)와 기타 다른 옥스포드 학자들을 시켜 신구약 성경들을 번역하도록 했으며, 각 단어들 및 구절들의 정확한 의미를 파악하기 위하여 여러 성경 주석가들과 해석가들의 도움을 받았다. 따라서 현재 우리가 알고 있는 위클리프 성경(The Wycliffe Bible)은 그 개혁가 자신의 직접 번역이 아니라 그의 주도 아래 이루어진 여러 학자들의 노력의 산물이다.

성경을 기본적 권위로 인정하였던 위클리프는 어거스틴과 매우 흡사한 교회론에 도달하게 되었다. 그는 교회를 세 가지로 크게 구분하였다. ① 천국에 있는 승리 상태의 교회, ② 지상에 있는 전투 상태의 교회, ③ 연옥에 있는 수면 상태의 교회이다. 위클리프에 의하면 교회의 일원이 될 수 있는 유일한 조건은 하나님의 예정이었다. 인간들은 오직 은혜에 의해 구원받고, 그리스도의 신비스러운 몸에 동참하게 되는 것이다. 우리들은 우리들의 구원을 이루기 위해 아무것도 할 수 없으며,

---

32) *De Veritate Sacrae Scripturae*, Book VI of *Summa Theologiae*(ed. Buddensieg, London, 1905~1907).

지상에 있는 동안에는 구원 여부를 확실히 알 수 없다. 이러한 원칙들은 가장 평범한 교인들뿐만 아니라 교황들 및 성직자들에게까지도 그대로 적용되어야 한다. 따라서 성유물 숭배, 순례, 성자들을 향한 기도, 면죄부 등 모든 교회의 자질구레한 제도와 관습들은 구원을 이루는 데 아무런 도움도 주지 못한다. 이들을 잘못 사용하는 것은 크나큰 오류로서 기독교의 수치이다. 하나님은 돈을 받고 의를 판매하는 분이 아니시니, 교회가 돈을 받고 죄를 용서해 준다는 것은 신성모독에 해당하는 오류이다. 따라서 지상에 있는 전투교회의 일원이라는 것은 절대로 천국에 존재하는 승리 상태의 교회의 일원이 될 수 있는 조건이 되지 못한다.[33]

따라서 교황직은 이처럼 교회와 교인들에게 봉사할 수 있는 기회이며, 특별한 권한이나 권력을 소유하는 직분이 될 수는 없다. 베드로의 우월성은 그의 영적 지도력과 기독교적 성품에 기초하는 것이었다. 어떤 사람이 특별한 성직에 임명된다고 해서 이러한 은사들을 자동적으로 받는 것은 아니며, 단지 하나님의 은혜만이 이러한 고상한 성품들을 이루는 것이다. 교회는 시초에 교회들에 의해 다스려졌지 교황에 의해 지배받은 것은 아니었다. 또한 열쇠의 권한은 사제들에게 속한 것이며 단지 지구상의 기관들에만 적용된다. 교황들과 주교들은 일체의 사치와 재산들을 포기하고 일반인들과 다름없는 소박한 생활을 영위해야 할 것이다. 이처럼 위클리프는 역사적 교황 제도를 공격했을 뿐만 아니라 어떻게 교황들끼리도 서로 모순과 대적들이 있었는가를 보여 주었다. 그는 인간들의 관심을 제도에 얽매인 사소한 문제들로부터 성경적 진리의 중요성으로 이끌었다는 점에서 서방교회의 분열까지도 찬양하였다.[34]

위클리프는 또한 화체설 교리를 부인하였다. 그는 대신 "예품은 성례에 불과하며, 그리스도의 일부가 아니다. 그러나 그리스도께서는 우리의 감각으로 인지할 수 없으나, 성례 속에 잠재해 계신다"고 가르쳤다. 그는, 즉 물질적 의미에서 우리가 그리스도를 먹는 것이 아니라 우리들의 신앙을 통해 영적으로 그리스도에 의해 유지된다는 것을 의미하였다. 따라서 신앙은 객관적으로 그리스도의 몸을 수용한다.

---

33) *Tractatus de Ecclesia*, Book VII of *Summa Theologiae*(ed. Loserth, London, 1886).

34) *Tractatus de Potestate papae*, Book IX of *Summa Theologiae*(ed. Loserth, London, 1907).

구체적으로 어떻게 이러한 과정이 이루어지는가에 관해서는 위클리프는 자세하게 설명하지는 않았다. 그는 단지 이를 기적(miracle)이라 부르는 데 만족하였다.[35]

이러한 성찬론을 가르치는 위클리프의 신변은 가운트의 존까지도 보호할 수 없었다. 그는 옥스포드에 가서 그의 피보호자(위클리프)에게 이러한 교리의 교훈을 삼가 하도록 종용하였다. 대학 총장은 이 문제에 관한 위클리프의 저술들을 정죄하였다. 그러나 이때에는 이미 전국에 걸쳐 위클리프를 따르는 추종자들이 무수하게 존재하였다. 그는 이미 수년 동안 봉토도 소유하지 않고, 주교들의 명령을 받는 일도 없이 전국을 순회하는 가난한 사제들을 방방곡곡에 보내어 일반인들의 복음화에 노력하고 있었다. 이들은 단지 생활 속의 모범을 통해 추종자들을 얻고 있었다.

그러나 이러한 복음운동이 반란과 폭동을 선동하는 자들에 의해 이용되기도 하였다. 재산에 관한 위클리프의 교리는 봉건제도의 개혁을 요구하는 자들의 수중에서 오용되었다. 농노들은 해방을 요구하였으며, 농장에서의 노동대가를 지불하라고 들고 일어났다. 존 볼(John Ball)과 잭 스트로우(Jack Straw) 등이 농민 반란을 일으켰다(1381). 위클리프는 영주들의 탐욕과 불의와 아울러 농민들의 반란을 비난하였다. 와트 타일러(Wat Tyler)가 이끄는 일단의 농민들이 켄트 지방과 에섹스에서 올라와 런던(London)을 점령하고, 캔터베리 대주교, 수상, 기타 요인들을 처형해 버렸다.

위클리프는 이러한 비극을 목격한 지 3년 만에 사망하였다. 그는 러터워드(Lutterworth)의 목사관에서 뇌출혈로 죽었다. 그러나 그가 남겨 놓은 개혁운동은 계속 효과적으로 수행되었으며, 상당한 박해에도 불구하고 끝내 살아남아 결국은 16세기 종교개혁의 물결 속으로 흘러 들어갔다.[36]

비록 존 위클리프는 그의 침대에서 숨졌으나 그보다 젊었던 보헤미아인 존 후스(John Hus)의 생애는 보다 비극적이었다. 양 개혁가들의 교훈들에 대해 보여 준 교회의 반응도 아마도 이 두 사람이 주도하였던 운동들의 세력과 그 철저함에 비례하는 것이었는지도 모른다. 위클리프를 추종하였던 롤라드들(the Lollards)은 영국 교회 안에서 다수를 점하지는 못하였으며, 소수 중에서도 그 숫자는 미약하였다. 비록 이들의 설교에 의해 자극받았는지는 모르나 농민들의 반란도 이들이 직접 교

---

35) *De Eucharistia Tractatus Maior*(ed. Loserth, London, 1892).
36) H. B. Workman, *John Wyclif*(Oxford, 1926), 2 vols.

화한 것은 아니었고, 위클리프는 이러한 반란과 동떨어진 자기의 입장을 분명히 했을 뿐만 아니라 반란 주도자들을 적그리스도적이요, 국가에 대한 반역자라고 비난하였다. 그러나 후스를 추종하는 일파의 움직임은 롤라드들보다 훨씬 극단적이고 광범위하였다. 실제로 쟌 다아크가 프랑스를 위해 헌신한 것을 제외한다면 이는 아마도 민족들의 개종 이후 서방에서 민족주의와 종교가 연맹하였던 최초의 예인지도 모른다. 애국심, 민족적 자각, 독립정신 그리고 무엇보다도 침략자 독일인들에 대한 증오에 기초하여 일어난 이들의 항거는 종교적으로 독자노선을 지향함으로써 그 출구를 발견하였다. 보헤미아인들은 원래 동방교회에 의해 개종되었으며, 이들은 서방측의 종교 예식에 충심으로 순복한 일이 없었다. 이들은 단지 편의상 로마교회를 따랐을 뿐이며, 항상 그 지방 출신 지도자들이 종교 문제에 있어 지도적 역할을 담당하였다.

15세기 초반에 나타난 이러한 지방 지도자들 가운데 가장 큰 영향력을 얻었던 것은 존 후스(John Hus, 1373~1415)였다. 그의 이전에도 물론 도덕적 개혁을 위해 노력하였던 발트하우젠의 콘라드(Conrad of Waldhausen), 존 밀릭(John Milic) 그리고 야노프의 매튜(Matthew of Janov) 등이 있었다. 후스 자신도 그의 목회 초기에는 이들의 모범을 좇았다. 그는 재능 있는 교수로서 1402년 프라하(Prague)에 소재한 찰스 대학교(Charles University)의 인문대학 학장에 임명되었다. 그는 이미 1403년 체코 학자들과 학생들이 위클리프의 저술들을 읽고 연구할 수 있는 권위를 옹호하였으나, 개인적으로 위클리프의 의견들에 동의하고 있었던 것은 아니었다. 1411년 9월 1일까지도 그는 자기가 이단적 사상을 소유하고 있다는 일체의 협의들을 부인하고, 화체설, 미사, 면죄부 등 구체적인 교리들을 열거해 가면서 자신의 정통적 입장을 천명하였다. 당시 프라하 대주교는 위클리프의 저술들을 금지시키고, 이를 유포하는 자들을 파문시키는 상태에 있었다. 어쨌든 대학교 교수들은 거의 한 사람도 남김없이 후스를 지지하였으며, 이들 중 일부는 볼로냐에 있던 교황 존 23세를 후스를 대신하여 찾아갔다가 투옥당하기도 하였다. 이 8년 동안(1403~1411) 그는 국왕과 자기 동료들의 절대적 지지를 받는 국가적 영웅이었다.

그러나 1년 후 그의 행운은 바뀌기 시작하였다. 한 가지는 영국 왕의 명으로 해외에 파견되었던 존 스토크스(John Stokes)라는 자가 보헤미아에서 널리 호응을 받고 있던 존 위클리프가 영국에서는 이단자로 취급된다고 언급한 것이었다. 때마침 존 23세는 그의 전쟁들을 위한 군자금을 마련하기 위해 대대적으로 면죄부들을 판매하였다. 이러한 면죄부 거래가 보헤미아 지방에서도 활발하게 이루어졌다. 이러한 면죄부판매와 같은 추악한 전경이 그의 눈앞에서 벌어짐에 따라 후스의 입장은 면죄부의 오용에 관한 관심으로부터 이들의 존재에 대한 정면 반대로 옮겨져 갔다. 이 시점에서 후스의 모습은 단지 교세의 실제적 도덕문제뿐만 아니라 교회 자체의 교리 개혁을 요구하는 선지자의 모습으로 변화하였다. 이에 따라 이전에 그를 지지하던 동지들과도 멀어지게 되었다. 역시 선지자의 길은 외로운 것이었다.

면죄부에 관한 그의 의견은 결국 교황의 귀에 들어가게 되었다. 이 문제를 조사하기 위해 교황으로부터 파견된 심문관은 후스에게 만약 23일 내에 그 주장을 바꾸지 않으면 파문시키겠다고 위협하였다. 그를 저주한다는 상징으로 세 개의 돌이 그의 집에 던져졌으며, 그에게 호의를 베풀거나 숙식을 제공하는 지역은 모두 교황이 내리는 성사금지령이 되었다. 그리하여 그는 1412년 10월 프라하가 성사금지령에 묶이는 것을 막기 위하여 이곳을 떠났으며, 자기의 문제를 직접 예수 그리스도에게 호소한다고 전했다. "주님이야말로 뇌물에 영향을 받지도 않으며, 거짓증인에 속지도 않는 분이다."

후스와 그의 고발자들을 화해시키려는 모든 노력은 수포로 돌아갔다. 대학 내의 반후스파 교수들은 교황이야말로 교회의 머리이며, 추기경단은 그 몸이라 주장하였다. 따라서 모든 기독교인들을 위해 진실된 기독교를 정의할 수 있는 권한은 이들이 가지고 있다는 것이었다. 후스 및 그의 지지자들은 교회는 그리스도를 신망하는 모든 이들에 의해 구성된다고 주장하였다. 또한 모든 성실한 주교와 사제들은 사도들의 후계자였다. 교황이 아니라 오직 그리스도만이 교회의 머리가 되신다. 역사가 증명하는 대로 교황들은 무오하지 않을 뿐만 아니라 이들은 수없는 실수를 거듭하였다. 많은 교황들은 그들이 발행한 칙령들을 그 후에 취소시키고 이전의 의견들을 바꾸기도 하였다. 따라서 교황들이나 추기경들이 신앙적 삶을 영위하지 못할 때에는 신자들의 지지와 순종을 받을 자격이 없는 것이다.

후스는 공식적으로 교회와 그 조직에 관한 위클리프의 견해들을 받아들이고 자기가 작성한 교회에 관한 논문들 가운데 이를 개진하였다. 그는 세속 정부에게 각종 세속 정부의 부정부패를 교정하고 성직자와 일반 신자들의 도덕적 생활을 바로잡아 주도록 요청하였다. 설사 교회와 교황이 반대한다고 할지라도 개혁은 이루어져야 한다고 주장하였다. 너무도 자기의 사상에 충실하였고, 스스로의 정통성을 확신하였던 후스는 자기주장의 정당성을 밝히기 위해 곧 소집되기로 예정되어 있었던 콘스탄스 회의에서 교황, 추기경들, 교회의 신학자들 앞에 자기의 입장을 밝힌다는 데 동의하였다. "만약 내가 이단으로 정죄받는다면, 이단의 형벌을 기꺼이 받기를 거부하지 않겠다"고 후스는 밝혔다. 그러나 황제 지기스문트는 회의에 참석하는 후스의 신변보장을 약속하였다.

그러나 당시와 같은 종교재판과 이단 사상의 때에는 황제의 신변안전 보호보장도 아무런 의미를 갖지 못하였다. 교황 이노센트 3세는 "하나님과의 신의를 저버리는 자에게는 약속을 지킬 필요가 없다"고 말했다. 추기경들은 후스가 미처 회의에 출두하기도 전에 그를 체포하여 투옥하여 악형을 가했다. 물론 당시 종교재판의 방법이란 현대의 법집행 과정과는 반대로 피고가 무죄한 것이 드러나기 이전까지는 일단 유죄로 취급하는 것이었다. 그리고 6개월 이상이 흐른 후에야 후스에게는 회의장 출석이 허락되었다. 이 6개월의 기간 동안 그가 견뎌야 했던 핍박과 박해의 불길 속에서 오래 고생했던 후스의 정신은 순수한 강철로 정련되어 있었다. 콘스탄스 회의는 존 후스를 이단으로 화형에 처할 것을 결의하고 즉각 세속 정부가 형을 집행하도록 의뢰하였다. 후스는 성당에서 이러한 판결을 받았다. 그의 머리 위에는 악마들이 그의 영혼을 갈기갈기 찢는 그림이 그려진 종이관이 씌워졌다. 그의 책들은 불태우기 위해 한군데 모여졌다. 그는 성당으로부터 1천 명에 달하는 병사들의 호위 가운데 근처의 들로 인도되었다. 그곳에서 그의 육체는 불에 태워지고 재는 라인 강에 뿌려졌다. 죽음에 임한 후스의 안색은 마치 천사처럼 빛났으며, 그는 불길에 완전히 싸일 때까지 그리스도의 자비를 기원하였다는 이야기가 전해진다.[37]

그러나 그가 남긴 운동은 죽지 않았다. 그의 순교 소식이 보헤미아에 도착하자마자 452명의 귀족들은 즉각 그에게 가해진 악형과 신의를 저버린 회의의 손에 의해 저질러진 살인을 비난하였다. 그는 당시 발생 초기에 있던 보헤미아 민족주의의 종교적 상징이 되었다. 웬젤 왕(King Wenzel)이 죽었을 때(1419년 8월), 국민들은 그의 형제였던 지기스문트 황제를 자기들의 왕으로 받아들이기를 거부하였다. 이로 인하여 15년간 참혹한 전쟁이 계속되었다. 이 투쟁 속에서 두 개의 민족주의적 집단들이 출현하였다. 칼릭스틴(Calixtines)이라 불리우던 온건파는 비록 카톨릭 교회와의 계속적 통일성의 유지를 원하였으나, 다음과 같은 네 가지 사항이 보

---

37) *Documenta Magistri Johannis Hus vitam, doctrinam, causam in Constantiensi Concilio actam illustrantia*(ed. F. Palacky, Prague, 1869).

헤미아에서 지켜질 것을 주장하였다. (1) 하나님의 말씀을 자유롭게 설교하도록 할 것. (2) 성직자들뿐만 아니라 평신도들에게도 빵과 포도주를 베푸는 성만찬을 실시할 것. (3) 도덕적 개혁을 수행할 것. (4) 성직자들로부터 권력과 재산을 몰수할 것. 타보라이츠(Taborites)라고 불리던 극단파들은 이들이 허위 교회라고 규정하였던 로마 카톨릭으로부터 독립할 것을 주장하였다. 이들은 오직 성경만이 기독교인들의 신조와 생활을 위한 유일한 기준이 되며, 화체설은 오류이고, 고행 및 종부성사는 폐지되어야 하며, 연옥, 죽은 자들을 위한 성자에의 기도, 성상 및 성유물의 예배 등은 모두 미신들이라고 규정하였다. 그러나 양 파는 사회적, 군사적으로 연합하여 전쟁을 치루었고, 지즈카(Zizka)와 그 뒤를 이은 프로코피우스(Procopius)들의 지휘아래 성공적으로 투쟁을 계속하였다. 1434년 5월 프로코피우스가 사망한 후에야 협상이 이루어지고 평화가 찾아왔다. 후스가 주장한 교리들은 전체 성도들의 교제 속에서 새로운 교파를 형성하였다(모라비아 형제 교회〈Moravian Brethren〉).

존 위클리프와 존 후스는 그들의 빛만으로 밝히기에는 너무도 짙었던 암흑의 한 가운데서도 교회와 사회를 위한 도덕과 교리의 개혁을 외치는 찬란한 광명이었다. 따라서 이들에게는 "종교개혁의 새벽별들"이라는 칭호가 붙여졌다.

6. 외국선교와 성례들

교회의 분열과 고위 성직자들의 부정부패, 철학적 회의주의 그리고 종교 문제에 침투하였던 민족적 이해관계에도 불구하고 이 시기의 카톨릭 교회에 전혀 영광의 순간들이 없었던 것은 아니었으며, 이 시기 기존 체제 안에서 이루어진 업적들 가운데에서도 가히 기록할 만한 것들이 있었다.

특히 중요한 것은 선교활동이라 하겠다. 이 활동은 13세기와 뚜렷이 연관되어 있다. 왜냐하면 그때 이루어진 계획들이 후에 열매를 맺었기 때문이다. 예를 들어 레이몬드 럴(Raymond Lull, 1235~1315)의 경우 비록 그의 생애의 대부분을 전 세기에 보내었으나, 역사적으로 분류할 때에는 그의 주장들이 교회에서 채택되었던 14세기에 속하는 인물이다. 그는 스스로 아랍어를 습득했을 뿐만 아니라 특별히 동방의 언어들을 교육시켜 특수 선교사들을 동양에 파견할 것을 주장할 정도로 거시적 안목을 지닌 인물이었다. 그러나 그는 당시에는 광인 취급을 당했으며, 아내의 요청에 의해 그의 재산은 특별 관리인에게 기탁되는 수모까지 당해야 했다. 그러나 1311년 비엔 회의에서 그의 제안들은 비록 명목에 불과하기는 하였으나, 공식적으로 받아들여졌다. 그 후 교황 존 22세의 지도 아래 파리, 옥스포드, 살라만카(Salamanca), 볼로냐 등 유수한 대학교들은 히브리어, 아랍어, 갈대아어 등을 교과목 속에 포함시켰다. 럴 자신은 이미 80세를 넘은 고령임에도 불구하고 원래 복음전도를 시도하다가 실패하였던 북 아프리카로 돌아가 이슬람교도들에게 복음을 전하였다. 그 결과 그는 부기(Bougie) 성 밖에서 돌에 맞아 죽음으로써 소원대로 순교자의 면류관을 얻게 되었다. 그것이 바로 아프리카가 본격적으로 기독교 복음에 접하게 된 계기였다.

그러나 럴과 그의 추종자들이 이 시대의 선교 활동의 주류는 아니다. 다름아닌 도미니칸들과 프란시스칸들이 모슬렘들을 위한 선교에서도 가장 큰 역할을 담당하였다. 기독교 이방 선교회(Societas fratrum peregrinantium profer Christum)와 이방 선교회(Societas peregrinantium) 등은 각자 프란시스코 수도회와 도미니크 수도회에서 특별히 해외 선교를 목적으로 조직한 기구들이었다. 근동의 모로코와 튜니스로부터 티그리스-유프라데스 계곡에 이르기까지 탁발 수도회들의 전진 기지들이 산재해 있었다. 마찬가지로 삼위일체 수도회 및 머시다리안들(Mercedarians)도 기독교인 포로들을 구명한 것뿐만 아니라 선교에도 열과 성의를 쏟았다. 아스콜리의 콘라드(Conrad of Ascoli)는 리비아에서 무려 6,400명을 기독교로 개종시켰다.

이들 두 대규모 탁발 수도회의 선교전략이란 적극적인 기독교로 이슬람을 포위하는 것이었다. 이에 따라 이들 선교사들은 드니에페르 강(Dnieper River)과 우랄산맥 사이의 평원에 위치한 쿠만인들(터키어를 사용하는 주민들)에게 복음 전하는 것을 목표로 삼았다. 헬라인들과 라틴인들은 다같이 이들 가운데에서 사역하였으며, 비록 주민들을 모두 개종시키지는 못하였으나, 15세기 이 지역 서부의 주민들은 동방과 서방교회 사이에 균등하게 배분되어 있었다. 도미티칸들과 프란시스칸들은 또한 헬라 출신 선교사들 및 일부 네스토리우스파와 협력하여 몽고인들을 개종시키고자 하였다. 이를 통해 기독교가 중국에까지 진출하였다. 최초로 이곳에 도착한 인물은 프란시스칸이었던 몬테코르비노의 존으로서 다른 이들이 그의 뒤를 계속 좇아오도록 격려하였으며, 이에 따라 1329년 그의 사망 당시에는 극동을 새로운 목표로 설정할 수 있었다. 또한 다른 프란시스칸들은 도미니칸과의 협력 아래 인디아(India)를 주된 전도지로 생각하였다. 페르시아를 정복한 몽고인들 가운데 일부는 처음에는 네스토리우스파(Nestorian: 경교)에 의해, 그 후에는 도미니칸과 프란시스칸에 의해 라틴 형식의 기독교를 받아들였다. 그러나 그 숫자는 그다지 많지 못하였다. 네스토리우스파의 추장(카톨릭쿠스)은 십 년간 공석 상태였으며(1369~1378), 쟈코바이트(야곱파)의 마프리아누스(Maphrianus) 교구 역시 25년간 비어 있는 형편이었다(1379~1404). 유럽 대륙에서는 탁발 수도회원들이 유대인 거주지역에 침투하여 이들에게 복음을 전하였다. 이에 따라 14세기 말에는 유대인들 가운데 수십 명이 박해를 피하기 위해 세례를 받게 되었다. 이들 개종자들 가운데에는 그 후 교회의 고위 성직에 오른 인물들도 있었다. 마찬가지로 완강한 리투아니아인들도 튜톤 기사단의 칼날 아래 기독교 신앙을 받아들였고, 스페인에서는 무어인들을 성공적으로 격퇴함으로써 기독교가 다시 정치적 사회적인 영향력을 회복하게 되었다.[38]

이 시기 카톨릭 교회의 또 다른 업적이라 한다면, 비록 일시적이기는 하였으나, 플로렌스 회의를 통해 이루어진 교회의 통일일 것이다. 이는 특히 신학적 이해와 해석의 측면에서 살펴볼 수 있겠다. 동회의의 결과 헬라 카톨릭들뿐만 아니라 주요한 동방교회 분파들까지도 로마의 신조를 받아들일 수 있었다. 이미 우리가 살펴본 바와 같이 이 업적은 라틴인들과 헬라인들의 공동 작업에 의해 이루어진 것이었다. 가장 큰 문제였던 서방교회 신경에의 필리오케(filioque) 추가는, 라틴인들이 이는 새로운 요소를 덧붙인 것이 아니라 단지 모든 기독교 신자들이 항상 믿어왔던 사실을 설명하는데 지나지 않는다고 함으로써 헬라인들을 설복시켰다. 즉, "성자가 성부는 아니라는 점을 제외하고는 성부와 성자 사이의 모든 것이 동일하다"는 것이 라틴인들의 설명이었다. 서방교회에서 성령이 단일 원칙에 의해 이루어진 단일 행동으로 인해 성부와 성자로부터 진전하는 것으로 믿었으므로, 동방교회에서는 아무런 이의를 제기하지 않았다.[39] 라틴인들은 또한 화체(transubstantiation)가 무교병뿐만 아니라 유교병에서도 발생할 수 있다고 고백하였으므로 이 문제는 이전처럼 교리의 차원이 아니라 단지 예배 의식의 다양성이라는 문제로 취급되었다. 양

---

38) Latourette, *op. cit.*, II, 206~222 ; 311~316 : 324~342. R. Lull, *Opera*(ed. I. Salzinger, Mainz, 1721~1748), 8 vols.

39) Mansi, XXXI, 551~556.

교회는 모두 연옥이 미처 충분한 고행을 통해 그들의 죄를 완전히 보상하지 못한 영혼들이 천국에 들어가기 위해 정화되는 상태라는 데에 동의하였다.

이 시대에 교의(dogma: 도그마)로서 정립된 가장 중요한 교리는 성례에 관한 교리들이다. 1439년 11월 22일 교황 에우게니우스 4세가 데크레툼 프로 아르메니스(Decretum pro Armenis)를 포함하고 있는 칙령 "엑술타테 데오"(Exultate Deo) 안에서 이를 정의한 후에야 쟈코바이트파(Jacobites), 시리아인들, 갈대아인들 그리고 마론파(Maronites) 등이 연합에 참가하였다. 여기서도 역시 그 선포된 내용 가운데에는 주로 라틴인들의 사고가 주류를 이루고 있으나, 그 후 다른 교파 지도자들의 반응을 보면 전체 기독교권의 믿음이 표현되어 있었던 듯하다. 성례 교의의 정립은 중세교회의 가장 중요한 교리적 업적이라 볼 수도 있다. 비록 이전에는 각종 가르침들이 행해졌으나, 교황 에우게니우스 4세는 그의 칙령을 작성하기 위해 아벨라르드, 피터 롬바르드, 빅토파들, 그리고 13세기 스콜라 신학자들의 이론들을 채용하였다. 그리하여 이전에는 단지 교리에 지나지 않았던 이론이 1439년에는 교의의 위치를 차지하게 되었다. 여기서 교리(doctrine)란 교회 내에서 다양하게 교훈될 수 있는 신학적 의견들을 의미하며, 교의(dogma)란 로마 카톨릭 신자들이라면 반드시 받아들여야 하는 신조를 뜻한다. 에우게니우스 4세는 라틴인들뿐만 아니라 헬라인들까지도 일시적으로 인정하였던 바 "로마 교황은 축복받으신 베드로의 후계자이며, 그리스도의 대리인이며, 모든 신자들의 아버지요 박사이시다"[40]는 권위를 플로렌스 회의를 통해 부여받고 이에 따라 교리 문제를 최종적으로 확정할 수 있었다.

교황의 칙령과 플로렌스 회의에 의해 성례의 숫자는 일곱으로 고정되었다. 이들 성례들은 그리스도 사역의 결과이며, 역사 속에서 그의 고난을 계속 지키고 이에 따른 혜택을 신자들에게 베풀어주는 것이다. 이들은 신적 은혜의 객관적 행위이니, 즉 이들은 이를 행하는 성직자들이나 받아들이는 신자들의 성격에 관계없이 이를 받는 이들에게 하나님으로부터의 유익을 베풀어 주는 것이다. 따라서 강도나 살인자도 다른 경건한 성도와 동일하게 성만찬을 통해 그리스도의 몸을 먹게 되며, 세례에 사용되는 성수의 정화력은 부도덕한 사제의 손에서도 자기 양떼들을 위해 기꺼이 목숨을 버릴 성직자의 손에서와 똑같이 그 능력을 발휘하는 것이다. 이러한

---

40) *Monumenta Conciliorum*, III, 336.

성례들의 효력에 영향을 미치는 유일한 인간측의 조건은 이에 참가하는 이들의 동기이니, 이 동기만은 교회에서 지정하는 것과 동일하여야 한다. 예를 들어 연극 속에서 행해지는 결혼식은 성례로서의 혼인예식과 같은 효력을 발생시키지 못한다.

(1) 세례(Baptism)는 이를 받는 자의 원죄를 씻고, 그에게 죄와 그 처벌의 용서를 부여해 주며, 또한 선행을 할 수 있는 능력을 준다. 즉, 세례는 그의 성품 속에 세례의 영적 성질을 주입시킨다. 그 물질은 물이며, 그 형식은 다음과 같은 예문이다. "나는 그대를 성부와 성자와 성령의 이름으로 세례하노라." 사제에 의해 시행되어야 하는 것이 정상이지만, 비상시에는 평신도 혹은 불신자도 이를 베풀 수 있으며, 동일한 효력을 지닌다. 그러나 이를 받는 자는 신앙을 소유해야 하는데, 곧 그는 이를 원하고 또한 효력이 있음을 믿어야 한다. 유아의 경우에는 아이를 기독교 안에서 양육하고자 하는 보호자들의 동기가 세례 받는 아이의 신앙을 대신한다.

(2) 견진성사(Confirmation)는 이를 받는 자에게 그가 기독교 신자로서의 공적 책임을 완수하도록 하며, 성장한 기독교 신자로서의 위치와 영적 성숙을 부여하는 것이다. 견진성사를 통해 그의 성품 속에 성령의 능력을 주입시킨다. 그 물질은 성유이며, 그 형식은 다음과 같은 예식문이다. "나는 그대를 십자가로 표식하며, 성부와 성자와 성령의 이름으로 구원의 성유 속에 견진성사를 베푸노라." 라틴 교회에서는 주교가 그의 오른손을 받는 자의 머리 위에 얹고 기름을 바른 엄지손가락으로 이마 위에 십자가를 그린다. 헬라 교회에서는 이 성례가 사제에 의하여 세례와 동시에 베풀어진다.

(3) 성찬식(the Eucharist)은 사제에 의해 수행되며, 이를 받는 이들에게 보충적 은혜를 부여한다. 즉, 날마다의 영적 필요에 따른 능력을 공급해 주는 것이다. 이 성례는 온 세상을 위하는 그리스도의 고난이 낳은 효과를 취하여 이를 개인들에게 적용시킨다. 다시 말해 성찬식은 그리스도의 고난의 유익들을 재생산하고, 동시에 이들을 성찬식에 참여하는 신자들의 개인생활들 가운데서 효험을 발휘하도록 만드는 것이다. 미사는 우리들의 죄를 위해 행해지는 그리스도의 영속적 제사이며 연옥에 있는 영혼들까지도 그 효력이 미친다. 우리는 성찬을 먹을 때에 구세주의 실제 몸과 피를 우리들 몸 속으로 받아들이는 것이다. 물질은 빵과 포도주이며, 형식은 이러한 예품들 위에서 말해지는 다음과 같은 예식문이다. "(빵 위로) 이는 나의 몸이요, 이는 새롭고 영원한 언약의 피를 담은 잔이니, 믿음의 신비로써 너와 또 많은 이들의 죄를 사하기 위해 흘려줄 것이니라." 이러한 신부의 예문이 말해짐

과 함께 즉시 예품들은 실제 그리스도의 몸과 피로 변화하게 된다. 즉, 빵은 몸이 되며, 포도주는 피가 되는데, 그 방법은 "그리스도의 전체가 빵의 형태 아래, 그리고 또한 그리스도의 전체가 포도주의 형태로써 이러한 성화된 성체(wafer)와 성화된 포도주의 모든 부분 아래 온전한 그리스도가 존재하게 된다"고 하였다. 따라서 비록 평신도들은 빵만을 먹지만 실질적으로는 이에 의하여 그리스도의 전체를 받아들이게 된다는 것이다. 이 성례는 또한 가벼운 죄들을 사하는 효력이 있다.

(4) 고행(penance)의 성례는 중대한 죄들로 인한 나쁜 결과들을 물리친다. 이 성례의 물질은 참회의 행위이니 곧 죄인을 고백에로 이끌어가는 불충분한 회고(attrition)이다. 그는 사제에게 기억할 수 있는 모든 죄들을 고한다. 그 형식은 이러한 고백 후 사제가 발하는 사면이다. 이 성례를 통해 하나님의 용서와 영원한 형벌로부터의 면제를 낳게 하는 진정한 회개가 발생하게 된다. 그러나 이 세상에서의 형벌은 오직 보상의 선행들을 통해서만 피할 수 있다. 신부는 죄인에게 이러한 선행들을 명령할 수 있는데, 왜냐하면 교회 자체가 이 세상에서의 보상을 직접 통제하기 때문이다. 즉, 그리스도 및 성자들은 자기 자신들을 위해 필요한 것보다 훨씬 더 많은 공로들을 이룩하셨고, 이러한 공로들의 사용을 교회에게 일임하셨으므로, 교회는 면죄(indulgences)를 통해 누구든 필요한 자들에게 이를 분배할 수 있다. 이에 따라 면죄부들은 살아 있는 자들을 위해 보상의 선행들을 감소시킬 수 있으며, 죽은 자들을 위해서는 연옥에 머물러야 하는 기간을 축소시킬 수 있다.

(5) 종부성사(Extreme unction)는 다른 성례들을 통해 미처 다 사하지 못한 죄의 찌꺼기들을 씻어내는 것이다. 이는 사소한 죄들을 제거하며, 이에 따라 영혼을 구제한다. 그러나 이 성례는 중요한 죄들을 위한 보상의 선행들을 수행해야 할 필요성을 반드시 면제시키는 것은 아니다. 왜냐하면 이를 받는 이들에게 주어지는 은혜의 양은 받는 자의 마음가짐에 달려 있기 때문이다. 이 성례의 물질은 주교가 축복한 올리브기름이다. 그 형식은 다음과 같은 예식문이다. "이 성스러운 도유(anointing)와 그의 지극히 양선한 자비를 통하여 주님께서 그대가 보고, 듣고, 냄새 맡고, 말하고, 맛보고, 손대고, 걷는 것을 통해 지은 죄를 용서하시기를 원하노라." 그 후 눈과 귀와 코와 입과 손과 발과 허리에 기름을 바르는데, 이러한 도유는 사제가 그의 엄지손가락으로 십자가를 표식하는 것으로 이루어진다. 헬라 교회에서는 가능한 경우 여러 사제들이 이 예식에 참예하였다. 이 성례는 죽음의 순간에 베풀어진다.

(6) 성직임명(Ordination)은 이를 받는 자에게 사제직의 책임을 온전하게 수행할 수 있는 권위를 주는 것이다. 이러한 사제직에는 두 가지 계급, 즉 단순한 사제들과 주교들이 있었다. 사제 계급 아래에는 이보다 열등한 목회 계급들이 있었다. 그러나 성직임명으로서의 성례는 단지 사제직을 대상으로 이루어지며, 이를 받는 자에게 성례를 집전하는 데 필요한 은혜를 전달해 준다는 의미가 있다. 그 물질은 포도주가 담긴 잔과 빵(성체)이 놓여진 접시이다. 그 형식은 다음과 같이 주교가 발하는 권한의 위임이다. "그대는 성부와 성자와 성령의 이름으로 산 자와 죽은 자를 위하여 교회에서 바치는 제사를 위한 권한을 받을지어다." 라틴 교회에서는 성직임명 시와 그 이후에 독신생활을 의무화하였다. 동방교회는 그렇지 않았다. 그러나 헬라 사제들은 만약 결혼한다면 성직임명식 이전에 해야 했다.

(7) 결혼(Marriage)의 성례는 성적 행위를 간음의 차원에서 옮기고, 이에 따라 동행위에 참여하는 자들의 죄를 사하는 것이다. 이 성례를 구성하는 물질은 부부 행위 자체인 것으로 보인다. 왜냐하면, 배우자 일방이 혼인 상태 속에서 다른 배우자에게 육체적 행위를 수행할 능력이 없을 경우에는 결혼 자체가 무효였기 때문이다. 그 형식은 배우자들이 상대방에게 혼인을 서약하는 동의의 언약이었다. 결혼의 축복은 자녀들과 성실이었다. 결혼의 목적은 후손들의 생산으로 정의되었다. 이러한 혼인단계는 그리스도와 교회 사이의 연합을 상징하는 것이므로 해체할 수 없다고 하였다.[41]

바로 이것이 카톨릭교회의 성례제도였으니, 이는 대학교와 마찬가지로 중세의 산물로서 후세에 길이 전해진 유산이었다. 플로렌스 종교회의는 1445년 해산되었다. 이를 인도했던 인물인 교황 유제네우스 4세는 2년 후 1447년에 사망하였다. 동방제국은 1453년 콘스탄티노플 함락과 함께 멸망하였다. 서방에서는 이미 르네상스가 현실로서 존재하고 있었다. 중세는 그 시작과 마찬가지로 사람이 미처 의식하지 못하는 가운데 그 막을 내리고 있었다. 그 옛날의 질서가 사라진 것은 채 깨닫기도 전에 이미 새로운 질서가 확립되어 있었다.

---

41) Mansi, XXXI, 1055ff.

*History of Christianity
in the Middle Ages*

부 록

황제, 교황, 총대주교 목록

I. 교황들

심플리쿠스(Simplicus) ······ 468~483
펠릭스 2세, 3세(Felix II, III) ······ 483~492
겔라시우스 1세(Gelasius I) ······ 492~496
아나스타시우스 2세(Anastasius II) ······ 496~498
심마쿠스(Symmachus) ······ 498~514
호르머스다스(Hormisdas) ······ 514~523
존 1세(John I) ······ 523~526
펠릭스 3세, 4세(Felix III, IV) ······ 526~530
보니페이스 2세(Boniface II) ······ 530~532
존 2세(John II) ······ 533~535
아가페투스 1세(Agapetus I) ······ 535~536
실베리우스(Silverius) ······ 536~538(?)
비질리우스(Vigilius) ······ 538(?)~555
펠라기우스 1세(Pelagius I) ······ 556~561
존 3세(John III) ······ 561~574
베네딕트 1세(Benedict I) ······ 575~579
펠라기우스 2세(Pelagius II) ······ 579~590
그레고리 1세(Gregory I) ······ 590~604
사비니아누스(Sabinianus) ······ 604~606

보니페이스 3세(Boniface III)	607
보니페이스 4세(Boniface IV)	608~615
데우스데딧(Deusdedit)	615~618
보니페이스 5세(Boniface V)	619~625
호노리우스 1세(Honorius I)	625~638
세베리누스(Severinus)	638~640
존 4세(John IV)	640~642
테오도레 1세(Theodore I)	642~649
마틴 1세(Martin I)	649~655
에우게니우스 1세(Eugenius I)	655~657
바이탈리안(Vitalian)	657~672
아데오다투스(Adeodatus)	672~676
도누스(Donus)	676~678
아가토(Agatho)	678~681
레오 2세(Leo II)	682~683
베네딕트 2세(Benedict II)	684~685
존 5세(John V)	685~686
코논(Conon)	686~687
세르기우스 1세(Sergius I)	687~701
존 6세(John VI)	701~705
존 7세(John VII)	705~707
시신니우스(Sisinnius)	708
콘스탄틴(Constantine)	708~715
그레고리 2세(Gregory II)	715~731
그레고리 3세(Gregory III)	731~741
자카리아스(Zacharias)	741~752
(스테픈 2세⟨Stephen II⟩, 752)	
스테픈 2세, 3세(Stephen II, III)	752~757
폴 1세(Paul I)	757~767
(콘스탄틴⟨Constantine⟩, 767~768)	

스테푼 3세, 4세(Stephen III, IV)	768~772
아드리안 1세(Adrian I)	772~795
레오 3세(Leo III)	795~816
스테푼 4세, 5세(Stephen IV, V)	816~817
파스칼 1세(Paschal I)	817~824
유게니우스 2세(Eugenius II)	824~827
발렌타인(Valentine)	827
그레고리 4세(Gregory IV)	827~844
세르기우스 2세(Sergius II)	844~847
레오 4세(Leo IV)	847~855
베네딕트 3세(Benedict III)	855~858
(아나스타시우스, 855)	
니콜라스 1세(Nicholas I)	858~867
아드리안 2세(Adrian II)	867~872
존 8세(John VIII)	872~882
마리누스 1세(마틴 2세)	882~884
아드리안 3세(Adrian III)	884~885
스테푼 5세, 6세(Stephen V, VI)	885~891
포르모수스(Formosus)	891~896
보니페이스 6세(Boniface VI)	896
스테푼 6세, 7세(Stephen VI, VII)	896~897
로마누스(Romanus)	897
테오도레 2세(Theodore II)	897
존 9세(John IX)	898~900
베네딕트 4세(Benedict IV)	900~903
레오 5세(Leo V)	903
크리스토퍼(Christopher)	903~904
세르기우스 3세(Sergius III)	904~911
아나스타시우스 3세(Anastasius III)	911~913
란도(Lando)	913~914

존 10세(John X)	914~928
레오 6세(Leo VI)	928
스테픈 7세, 8세(Stephen VII, VIII)	928~931
존 11세(John XI)	931~936
레오 7세(Leo VII)	936~939
스테픈 8세, 9세(Stephen VIII, IX)	939~942
마리우스 2세(마틴 3세)	942~946
아가페투스 2세(Agapetus II)	946~955
존 12세(John XII)	955~964
레오 8세(Leo VIII)	963~965
베네딕트 5세(Benedict V)	964
존 13세(John XIII)	965~972
베네딕트 6세(Benedict VI)	973~974
(보니페이스 7세⟨Boniface VII⟩, 974)	
베네딕트 7세(Benedict VII)	974~983
존 14세(John XIV)	983~984
보니페이스 7세(Boniface VII)	984~985
존 15세(John XV)	985~996
그레고리 5세(Gregory V)	996~999
(존 16세⟨John XVI⟩, 997~98)	
실베스터 2세(Silvester II)	999~1003
존 17세(John XVII)	1003
존 18세(John XVIII)	1003~1009
세르기우스 4세(Sergius IV)	1009~1012
베네딕트 8세(Benedict VIII)	1012~1024
존 19세(John XIX)	1024~1032
베네딕트 9세(a)(Benedict IX(a))	1032~1045
(실베스터 3세⟨Silvester III⟩, 1045)	
그레고리 6세(Gregory VI)	1045~1046
클레멘트 2세(Clement II)	1046~1047

(베네딕트 9세〈b〉〈Benedict IX[b]〉, 1047~1048)
다마수스 2세(Damasus II) ······················· 1048
레오 9세(Leo IX) ······················· 1049~1054
빅토 2세(Victor II) ······················· 1055~1057
스테픈 9세, 10세(Stephen IX, X) ······················· 1057~1058
　(베네딕트 10세,〈Benedict X〉, 1058~1059)
니콜라스 2세(Nicholas II) ······················· 1059~1061
알렉산더 2세(Alexander II) ······················· 1961~1073
　(호노리우스 2세〈Honorius II〉, 1061~1064)
그레고리 7세(Gregory VII) ······················· 1073년 4월 22일~1085년 5월 25일
　(클레멘트 3세〈Clement III〉, 1084~1100)
빅토 3세(Victor III) ······················· 1087년 5월 9일~1087년 9월 16일
우르반 2세(Urban II) ······················· 1088년 3월 12일~1099년 7월 29일
파스칼 2세(Paschal II) ······················· 1099년 8월 13일~1118년 1월 21일
　(실베스터 4세〈Sylvester IV〉, 1105~1111)
겔라시우스 2세(Gelasius II) ······················· 1118년 1월24일~1119년 1월 28일
　(그레고리 8세〈Gregory VIII〉, 1118~1121)
칼릭스투스 2세(Calixtus II) ······················· 1119년 2월 2일~1124년 12월 13일
호노리우스 2세(Honorius II) ······················· 1124년 12월 5일~1130년 2월 13일
　(셀레스틴 2세〈Celestine II〉, 1124)
이노센트 2세(Innocent II) ······················· 1130년 2월 14일~1143년 9월 24일
　(아나클레투스 2세〈Anacletus II〉, 1130~38)
　(빅토 4세〈Victor IV〉, 1138)
셀레스틴 2세(Celestine II) ······················· 1143년 9월 26일~1144년 3월 8일
루시우스 2세(Lucius II) ······················· 1114년 3월 12일~1145년 2월 15일
유게니우스 3세(Eugenius III) ······················· 1145년 2월 15일~1153년 7월 8일
아나스타시우스 4세(Anastasius IV) ······················· 1153년 7월 12일~1154년 12월 3일
아드리안 4세(Adrian IV) ······················· 1154년 12월 4일~1159년 9월 1일
알렉산더 3세(Alexander III) ······················· 1159년 9월 7일~1181년 8월 30일
　(빅토 4세〈Victor IV〉, 1159~1164)

(파스칼 3세〈Paschal III〉, 1164~1168)
　　　(칼릭스투스 3세〈Calixtus III〉, 1168~1178)
　　　(이노센트 3세〈Innocent III〉, 1179~1180)
루시우스 3세(Lucius III) ················· 1181년 9월 1일~1185년 11월 25일
우르반 3세(Urban III) ····················· 1185년 11월 25일~1187년 10월 20일
그레고리 8세(Gregory VIII) ············· 1187년 10월 21일~1187년 12월 17일
클레멘트 3세(Clement III) ··············· 1187년 12월 19일~1191년 3월 3일
셀레스틴 3세(Celestine III) ··············· 1191년 3월 30일~1198년 1월 8일
이노센트 3세(Innocent III) ··············· 1198년 1월 8일~1216년 7월 16일
호노리우스 3세(Honorius III) ··········· 1216년 7월 18일~1241년 8월 22일
셀레스틴 4세(Celestine IV) ··············· 1241년 10월 25일~11월 10일
이노센트 4세(Innocent IV) ··············· 1243년 6월 25일~1254년 12월 7일
알렉산더 4세(Alexander IV) ············· 1254년 12월 12일~1264년 10월 2일
우르반 4세(Urban IV) ····················· 1261년 8월 29일~1264년 10월 2일
클레멘트 4세(Clement IV) ··············· 1265년 2월 5일~1268년 11월 29일
그레고리 10세(Gregory X) ··············· 1271년 9월 1일~1276년 1월 10일
이노센트 5세(Innocent V) ················ 1276년 1월 21일~1276년 6월 22일
아드리안 5세(Adrian V) ··················· 1276년 7월 11일~1276년 8월 18일
존 21세(John XXI) ·························· 1276년 9월 2일~1277년 5월 20일
니콜라스 3세(Nicholas III) ··············· 1277년 11월 23일~1280년 8월 22일
마틴 4세(Martin IV) ······················· 1281년 2월 25일~1285년 3월 28일
호노리우스 4세(Honorius IV) ··········· 1285년 4월 2일~1287년 4월 3일
니콜라스 4세(Nicholas IV) ··············· 1288년 2월 22일~1292년 4월 4일
셀레스틴 5세(Celestine V) ················ 1294년 7월 5일~12월 13일
보니페이스 8세(Boniface VIII) ·········· 1294년 12월 24일~1303년 10월 11일
베네딕트 11세(Benedict XI) ············· 1303년 10월 22일~1304년 7월 7일
클레멘트 5세(Clement V) ················ 1305년 6월 5일~1314년 4월 20일
존 22세(John XXII) ························ 1316년 8월 7일~1313년 12월 4일
　　　(니콜라스 5세〈Nicholas V〉, 1328~1330)
베네딕트 12세(Benedict XII) ············ 1334년 12월 20일~1342년 4월 20일

부록: 황제, 교황, 총대주교 목록

클레멘트 6세(Clement VI) ························ 1342년 5월 7일~1352년 12월 6일
이노센트 6세(Innocent VI) ························ 1362년 11월 6일~1370년 12월 19일
그레고리 11세(Gregory XI) ························ 1370년 12월 30일~1378년 3월 27일
우르반 6세(Urban VI) ························ 1378년 4월 8일~1389년 10월 15일
   (클레멘트 7세〈Clement VII〉 1378~1394, 아비뇽에 있던 분파의 교황)
보니페이스 9세(Boniface IX) ························ 1389년 11월 2일~1404년 10월 1일
   (베네딕트 13세〈Benedict XIII〉 1394~1422, 아비뇽에 있던 분파의 교황)
이노센트 7세(Innocent VII) ························ 1404년 10월 17일~1406년 11월 6일
그레고리 12세(Gregory XII) ························ 1406년 11월 30일~1415년 7월 4일
   (알렉산더 5세〈Alexander V〉 1409년 6월 26일~1410년 5월 3일, 피사 회의에서
    선출되었음)
   (존 23세〈John XXIII〉 1410년 5월 17일~1415년 5월 29일, 알렉산더 5세〈Alexander
    V〉의 후계자로서 콘스탄스 종교회의에 의해 퇴위 당함)
마틴 5세(Martin V) ························ 1417년 11월 11일~1431년 2월 20일
   (클레멘트 8세〈Clement VIII〉, 1424~29)
   (베네딕트 14세〈Benedict XIV〉, 1424)
유게니우스 4세(Eugenius IV) ························ 1431년 3월 3일~1447년 2월 23일
   (펠릭스 5세〈Felilx V〉, 1439~49)
니콜라스 5세(Nicholas V) ························ 1447년 3월 6일~1455년 3월 24일

II. 신성로마제국 황제들

샤를마뉴(Charlemagne) ························ 800~814
   768년 프랑크 왕으로 즉위
경건한 루이(Louis the Pious) ························ 814~840
로타이르(Lothaire) ························ 840~855
루이 2세(Louis II), 이탈리아 ························ 855~875
대머리 찰스 2세(Charles II), 서프랑크족 ························ 875~877
뚱보 찰스 3세(Charles III), 동프랑크족 ························ 881~887
   (공백 기간 ························ 888~887)

귀도(Guido), 이탈리아	891~894
람베르트(Lambert), 이탈리아	894~898
아눌프(Arnulf), 동프랑크족	896~899
어린애 루이(Louis, the Child: 황제위를 요구하지 않았음)	899~911
루이 3세(Louis III), 프로뱅스 왕, 이탈리아	901(즉위 년도)
콘라드 1세(Conrad I: 황제위를 요구하지 않았음)	911~918
베렝거(Berenger, 이탈리아)	915(즉위 년도)
삭소니의 헨리 1세(Henry I of Saxony: 황제위를 요구하지 않았음)	919~936
오토 1세(Otto 1: 아헨에서 왕위에 오름)	936
로마에서 제위에 오름	962~973
오토 2세(Otto II)	973~983
오토 3세(Otto III)	983~1002
헨리 2세(Henry II)	1002~1024
프랑코니아가의 콘라드 2세(Conrad II of House of Franconia)	1024~1039
헨리 3세(Henry III)	1039~1056
헨리 4세(Henry IV)	1056~1106
그의 적수였던 스와비아의 루돌프(Rudolph of Swabia, rival)	1077~1081
그의 적수였던 룩셈부르크의 허만(Hermann of Luxemburg, rival)	1081~1093
그의 적수였던 프랑코니아의 콘라드(Conrad of Fronconia, rival)	1093~1101
헨리 5세(Henry V)	1106~1125
삭소리의 콘라드 3세(Conrad III of Saxony)	1125~1137
호헨스타우펜가의 콘라드 3세	1138~1152
(Conrad III of House of Hohenstauffen: 정식 황제로 즉위하지 않았음)	
프레데릭 1세 바르바로싸(Frederick I Barbarossa)	1152~1190
헨리 6세(Henry VI)	1190~1197
스와비아의 필립과 오토 4세(제관을 받지 않은 적수들)	1197~1208
오토 4세, 브런즈윅 가(Otto IV, Brunswick)	1208~1212
프레데릭 2세(Frederick II)	1212~1250
그의 적수였던 헨리 라스페(Henry Raspe)	1246~1247
그의 적수였던 홀랜드의 윌리엄(William of Holland)	1247~1256

부록: 황제, 교황, 총대주교 목록

콘라드 4세(Conrad IV: 공식적으로 황제위에 오르지는 않았음) …… 1250~1254
   (공백 기간) ……………………………………………………… 1254~1257
콘월의 리챠드(Richard of Cornwall) ……………………………… 1257~1273
그의 적수이던 카스틸의 알폰소 10세(Alfonso X of Castile) ……… 1257~1272
합스부르크의 루돌프 1세 ………………………………………… 1273~1292
   (Rudolph I of Hepsburg: 공식적으로 황제위에 오른 일은 없음)
낫소의 아돌프 …………………………………………………… 1292~1298
   (Adolph of Nassau: 공식적으로 황제위에 오른 일은 없음)
합스부르크의 알베르트 1세 ……………………………………… 1298~1308
   (Albert I of Hapsburg: 공식적으로 황제위에 오른 일은 없음)
룩셈부르크의 헨리 7세(Henry VII of Luxemburg) ……………… 1308~1314
바바리아의 루드비히 4세(Ludwig IV of Bavaria) ………………… 1314~1347
그의 적수이던 오스트리아의 프레데릭(Frederick of Austria) …… 1314~1322
룩셈부르크의 찰스 4세(Charles IV of Luxemburg) ……………… 1347~1378
그의 대적이던 슈바르쯔부르그의 귄터(Günther of Schwartzburg) …… 1347~1349
룩셈부르크의 웬젤 ……………………………………………… 1378~1400
   (Wenzel of Luxemburg: 공식적으로 황제위에 오른 일은 없음)
팔라티네이트의 루페르트 ………………………………………… 1400~1410
   (Rupert of Palatinate: 공식적으로 황제위에 오른 일은 없음)
룩셈부르크의 지기스문트(Sigismund of Luxemburg) …………… 1410~1437
적수였던 모라비아의 죠브스트(Jobst of Moravia) ……………… 1410~1411
합스부르크의 알베르트 2세 ……………………………………… 1438~1439
   (Albert II of Hapsburg: 공식적으로 황제위에 오른 일은 없음)
프레데릭 3세(Frederick III) ……………………………………… 1440~1493

III. 비잔틴 황제들

제노(Zeno) ………………………………………………………… 474~491
아나스타시우스 1세(Anastasius I) ………………………………… 491~518
저스틴 1세(Justin I) ……………………………………………… 518~527

유스티니안 1세 대제(Justinian I, the great)	527~565
저스틴 2세(Justin II)	565~578
티베리우스 2세(Tiberius II)	578~582
모리스(Maurice)	582~602
포카스(Phocas)	602~610
헤라클리우스(Heraclius)	610~641
콘스탄틴 3세(Constantine III)	641
헤라클로나스(Heraclonas)	641
콘스탄스 2세(Constans II)	641~668
콘스탄틴 4세(Constantine IV)	668~685
유스티니안 2세(Justinian II)	685~695
레온티우스(Leontius)	695~698
압시마르 티베리우스 3세(Tiberius III Apsimar)	698~705
유스티니안 2세(제2차 재위)	705~711
필립피쿠스 바르다네스(Philippicus Bardanes)	711~713
아르테미스 아나스타시우스 2세(Anastasius II Artemis)	713~715
테오도시우스 3세(Theodosius III)	715~717
레오 3세(Leo III)	717~741
코프로니무스 콘스탄틴 5세(Constantin V Copronimus)	741~775
카자르 레오 4세(Leo IV Khazar)	775~780
콘스탄틴 6세(Constantine VI)	780~797
아이린(Irene)	797~802
니세포루스 1세(Nicephorus I)	802~811
스타우라키우스(Stauracius)	811
랑가베 마이클 1세(Michael I Rangebé)	811~813
아르메니안 레오 5세(Leo V the Armenian)	813~820
말더듬이 마이클 2세(Michael II The Stammerer)	820~829
테오필루스	829~842
마이클 3세(Michael III)	842~867
바실 1세(Basil I)	867~886

철학자 혹은 현인 레오 6세(Leo VI the Philosopher or the wise)　886~912
알렉산더(Alexander)　912~913
포피로게니투스 콘스탄틴 7세(Constantine VII Porphyrogenitus)　913~959
레카페누스 로마누스 1세(Romanus I Lecapenus), 공동황제 ……　919~944
스테픈(Stephen)과 콘스탄틴(Constantine),
로마누스 레카페누스의 아들들 ……………………　944년 12월~945년 1월
로마누스 2세(Romanus II)　959~963
포카스 니세포루스 2세(Nicephorus II Phocas)　963~969
찌미스케스 존 1세(John I Tzimisces)　969~976
불가록토누스 바실 2세(Basil II Bulgar Otonus)　976~1025
콘스탄틴 8세(Constantine VIII)　1025~1028
아르기루스 로마누스 3세(Romanus III Argyrus)　1028~1034
파프라고니안 마이클 4세(Michael IV the Paphlagonian)　1034~1041
칼라파테스 마이클 5세(Michael V Calaphates)　1041~1042
테오도라와 조에(Theodora and Zoë)　1042
모노마쿤스 콘스탄틴 9세(Constantine V Monomachns)　1042~1055
테오도라(Theodora)　1055~1056
스트라티오티쿠스 마이클 6세(Michael VI Stratioticus)　1056~1057
콤네누스 아이작 1세(Isaac I Comnenus)　1057~1059
두카스 콘스탄틴 10세(Constantine X Ducas)　1059~1067
디오게네스 로마누스 4세(Romanus IV Diogenes)　1068~1071
두카스 파라피나케스 마이클 7세(Michael VII Ducas Parapinakes)　1071~1078
보타리아테스 니세포루스 3세(Nicephorus III Botariates)　1078~1081
콤네누스 알렉시스 1세(Alexis I Comnenus)　1081~1118
존 2세(John II)　1118~1143
마뉴엘 1세(Manuel I)　1143~1180
알렉시스 2세(Alexis II)　1180~1183
안드로니쿠스 1세(Andronicus I)　1183~1185
안젤루스 아이작 2세(Isaac II Angelus)　1185~1195
알렉시우스 3세(Alexius III)　1195~1203

아이작(제2차 재위)과 알렉시우스 4세 · 1203~1204
　(Isaac〈for the second time〉and Alexius IV)
루카스 무르트주플로스 알렉시우스 5세 · 1204
　(Alexius V Ducas Mourtzouphlos)
라스카리스 테오도레 1세(Theodore I Lascaris) · 1206~1222
두카스 바타쩨스 존 3세(John III Ducas Vatatzes) · 1222~1254
라스카리스 테오도레 2세(Theodore II Lascaris) · 1254~1258
존 4세(John IV) · 1258~1261
팔래오로구스 마이클 8세(Michael VIII Palaeologus) · 1261~1282
안드로니쿠스 2세(Andronicus II) · 1282~1328
마이클 9세(Michael IX) · 1295~1320
안드로니쿠스 3세(Andronicus III) · 1328~1341
존 5세(John V) · 1341~1391
칸타쿠젠 존 6세(John VI Cantacuzene) · 1347~1354
안드로니쿠스 4세(Andronicus IV) · 1376~1379
존 7세(John VII) · 1390
마뉴엘 2세(Manuel II) · 1391~1425
존 8세(John VIII) · 1425~1448
드라가세스 콘스탄틴 11세(Constantine XI Dragases) · 1448~1453

IV. 콘스탄티노플 총대주교들

아카시우스(Acacius) · 471~489
프라비타(Fravitta) · 489~490
유페미우스(Euphemius) · 490~496
마케도니우스 2세(Macedonius II) · 496~511
디모데 1세(Timothy I) · 511~518
존 2세(John II) · 518~520
에피파니우스(Epiphanius) · 520~535
안티무스 1세(Anthimus I) · 535~536

메나스(Menas)	536~552
유티키우스(Euthychius)	552~565(a)
존 3세(John III)	566~577
유티키우스(Euthychius)	577~582(b)
존 4세(John IV)	582~595
키리아쿠스 1세(Cyriacus I)	595~606
토마스 1세(Thomas I)	607~610
세르기우스 1세(Sergius I)	610~638
필루스(Pyrrhus)	638~641(a)
바울 2세(Paul II)	641~652
필루스(Pyrrhus)	651~652(b)
피터(Peter)	652~664
토마스 2세(Thomas II)	665~668
존 5세(John V)	668~674
콘스탄틴 1세(Constantine I)	674~676
테오도레 1세(Theodore I)	676~678
죠오지 1세(George I)	678~683
테오도레 1세(Theodore I)	683~686
폴 3세(Paul III)	686~693
칼리니쿠스 1세(Callinicus I)	705~711
사이러스(Cyrus)	705~711
존 6세(John VI)	711~715
게르마누스 1세(Germanus I)	713~730
아나스타시우스(Anastasius)	730~754
콘스탄틴 2세(Constantine II)	754~766
니케타스 1세(Nicetas I)	766~780
바울 4세(Paul IV)	780~784
타라시우스(Tarasius)	784~806
니세포러스 1세(Nicephorus I)	806~815
테오도투스 1세(Theodotus I)	815~821

안토니 1세(Antony I) ·· 821~832
존 7세(John VII) ·· 832~842
메소더우스 1세(Methodius I) ·· 842~846
이그나티우스(Ignatius) ··· 846~858(a)
포티우스(Photius) ··· 858~867(a)
이그나티우스(Ignatius) ··· 867~878(b)
포티우스(Photius) ··· 878~886(b)
스테픈 1세(Stephen I) ·· 886~893
안토니 2세(Antony II) ·· 893~895
니콜라스 1세(Nicholas I) ················ 미스티쿠스(Mysticus), 895~906(a)
유티미우스 1세(Euthymius I) ·· 906~911
니콜라스 1세(Nicholas I) ··· 911~925(b)
스테픈 2세(Stephen II) ··· 925~928
트리폰(Tryphon) ·· 928~931
테오피락투스(Theophylactus) ······································· 933~956
폴리윽투스(Polyeuctus) ·· 956~970
바실 1세(Basil I) ·· 970~974
안토니 3세(Antony III) ··· 974~980
니콜라스 2세(Nicholas II) ·· 984~995
시시니우스 2세(Sisinius II) ··· 995~998
세르기우스 2세(Sergius II) ··· 999~1019
유스타티우스(Eustatius) ·· 1019~1025
알렉시우스(Alexius) ·· 1025~1043
마이클 1세(Michael I) ················· 세루라리우스(Cerularius), 1043~1058
콘스탄틴 3세(Constantine III) ············ 레우후데스(Leuchudes), 1059~1063
존 8세(John VIII) ·························· 키필리누스(Xiphilinus), 1064~1075
코스마스 1세(Cosmas I) ········ 히에로솔리미테스(Hierosolymites), 1075~1081
유스트라티우스(Eustratius) ················· 가리두스(Garidus), 1081~1084
니콜라스 3세(Nicholas III) ··· 1084~1111
존 9세(John IX) ····························· 아가페투스(Agapetus), 1111~1134

레오(Leo)	스팁페스(Styppes),	1134~1143
마이클 2세(Michael II)	쿠르쿠아스(Kurkuas),	1143~1146
코스마스 2세(Cosmas II)	앗티쿠스(Atticus),	1146~1147
니콜라스 4세(Nicholas IV)	무잘론(Muzalon),	1147~1151
테오도투스 2세(Theodotus II)		1151~1153
네오피투스 1세(Neophytus I)		1153
콘스탄틴 4세(Constantine IV)	칠리아레누스(Chliarenus),	1154~1156
루카스(Lucas)	크리소베르게스(Chrysoberges),	1156~1169
마이클 3세(Michael III)		1169~1177
카리톤(Chariton)	유게니오테스(Eugeniotes),	1177~1178
테오도시우스 1세(Theodosius I)		1178~1183
바실 2세(Basil II)	카마테루스(Camaterus),	1183~1187
니케타스 2세(Nicetas II)	문타네스(Muntanes),	1187~1190
레온타우스(Leontius)	테오토키테스(Theodocites),	1190~1191
도시테우스(Dositheus)		1191~1192
죠오지 2세(George II)	키필리누스(Xiphilinus),	1192~1199
존 10세(John X)	카마테루스(Camaterus),	1199~1206
마이클 4세(Michael IV)	오토리아누스(Autorianus),	1206~1212
테오도레 2세(Theodore II, 이레니쿠스: 코파스)		1212~1215
맥시무스 2세(Maximus II)		1215
마뉴엘 1세(Manuel I)		1215~1222
게르마누스 2세(Germanus II)		1222~1240
메소디우스(Methodius)		1240
마게르엘 2세(Manuel II)		1244~1255
아르세니우스(Arsenius)		1255~1260(a)
니세포루스 2세(Nicephorus II)		1260~1261
아르세니우스(Arsenius)		1261~1267(b)
게르마누스 3세(Germanus III)		1267
요셉 1세(Joseph I)		1268~1275(a)
벡 쿠스 존 9세(Becus John IX)		1275~1282

요셉 1세(Joseph I)	1282~1283(b)
그레고리 2세(Gregory II)	1283~1289
아타나시우스 1세(Athanasius I)	1289~1293
존 12세(John XII)	1294~1303
아타나시우스 1세(Athanasius I)	1303~1311
네폰 1세(Nephon I)	1311~1315
존 13세(John XIII)	1316~1320
게라시무스 1세(Gerasimus I)	1320~1321
제시아스(Jesias)	1323~1334
존 14세(John XIV)	1334~1347
이시도레 1세(Iaidore)	1347~1349
칼리스투스 1세(Callistus I)	1350~1354(a)
필로테우스(Philotheus)	1354~1355(a)
칼리스투스 1세(Callistus I)	1355~1363(b)
필로테우스(Philotheus)	1364~1376(b)
마카리우스(Macarius)	1376~1379(a)
닐루스(Nilus)	1380~1388
안토니우스 4세(Antonius IV)	1389~1390(a)
마카리우스(Macarius)	1390~1391(b)
안토니우스 4세(Antonius IV)	1391~1397(b)
맛다아스(Mattias)	1397~1410
유티미우스 2세(Euthymius II)	1410~1416
요셉 2세(Joseph II)	1416~1439
메트로파네스 2세(Metrophanes II)	1440~1443
그레고리 3세(Gregory III)	1443~1450
아타나시우스 2세(Athanasius II)	1450
겐나디우스 2세(Gennadius II)	1453~1459

List of Sources in English Translation

These suggestions for further reading are arranged according to the chapters of the book and the major divisions within the chapters.

CHAPTER ONE
I

Gregory of Tours. *History of the Franks*. Tr. O. M. Dalton. Oxford: Clarendon Press, 1927. 2 vols. Books II-X. Vol. II, 31-478.

Jordanes. *The Origin and Deeds of the Goths*. Ed. C. C. Mierow. Princeton: Princeton University Press, 1915.

Procopius. *History of the Wars*. Tr. H. B. Dewing. The Loeb Classical Library. Cambridge: Havard University Press, 1916ff., 5 vols.

The Visigothic Code. Tr. S. P. Scott. Boston: Boston Book Co., 1909.

II

Boethius. *The Theological Tractates*. Tr. H. F. Stewart, E. K. Rand. *The Consolation of Philosophy*. Tr. "I. T." and revised by H. F. Stewart. *The Loeb Classical Library*. New York: G. P. Putnam's Sons, 1919.

Caesarius of Arles. *Sermons*. Tr. Mary M. Mueller. New York: Fathers of the Church, Inc., 1956. Sermons 3, 10, 25, 40, 64, 70.

Cassiodorus, Flavius Aurelius. *An Introduction to Divine and Human Readings.* Tr. L. W. Jones. New York: Columbia University Press, 1946. pp. 67-209.

_____. *Letters.* Tr. Thomas Hodgkin. London: H. Frowde, 1886. I, 1, 24; II, 8, 14; III, 1; V, 37; XI, 2, 40; XII, 14, 20.

The Synod of Orange, Canons 1-12 and 25. *Documents of the Christian Church.* Selected and edited by H. Bettenson. New York and London: Oxford University Press, 1947. pp. 83-85.

III

Adamnan. *Life of Saint Columba.* Tr. William Reeves. The Historians of Scotland. Edinburgh: Edmonston and Douglas, 1874. Vol. VI.

Gregory the Great. *Dialogues.* Tr. O. J. Zimmerman. New York: Fathers of the Church, Inc., 1959. Dialogue II (pp. 57-110).

Jonas of Bobbio. *The Life of Sains Columban.* Tr. D. C. Munro. Philadelphia: University of Pennsylvania press, 1902.

The Rule of Saint Benedict. Tr. Cardinal Gasquet. London: Chatto and Windus, 1936. Also, *Western Asceticism.* Ed. O. Chadwick. *Library of Christian Classics.* Philadelphia: Westminster Press, 1958. Vol. XII. pp. 290-337. *Documents of the Christian Church.* Ed. Bettenson. pp. 164-81.

IV

Evagrius. *Ecclesiastical History.* London: Bohn, 1854. Book III.

_____. "The Henoticon of Zeno." *Documents of the Christian Church.* pp. 125-128.

V

Evagrius. *Ecclesiastical History.* Book IV.

Procopius. *Anecdota or Secret Histoy.* Tr. H. B. Dewing. *Locb Classical Library*, Cambridge: Harvard University Press, 1935.

_____. *Buildings*. Tr. H. B. Dewing in collaboration with G. Downey. *Loeb Classical Library*. Cambridge: Harvard University Press, 1940. Book I (pp. 3-97).

The Institutes of Justinian. Tr. J. B. Moyle. Oxford: Clarendon Press, 1937. Also, Tr. C. H. Munro. Cambridge: Cambridge University Press, 1909. 2 vols. Book I.

The Fifth Ecumenical Council, or the Second Council of Constantinople. *The Seven Ecumenical Councils of the Undivided Church*. Ed. H. R. Percival. *The Nicene and Post Nicene Fathers*. Second Series. New York: Charles Scribner's Sons, 1900. Vol. XIV, 299-323. (Reprinted, W. B. Eerdmans, Grand Rapids, Michigan.)

VI

Agapetus, Counsel to Justinian I. *Social and Political Thought in Byzantium from Justinian I to the Last Palaeologus*. Tr. E. Barker. Oxford: Clarendon Press, 1957. pp. 54-62.

A Novella of Justinian I on the Empire and the Priesthood. *Social and Political Thought in Byzantium*. pp. 75-76.

Salyian. *Writings*. Tr. J. F. O'Sullivan. *The Fathers of the Church*. New York: Cima Publishing Co., Inc., 1947.

CHAPTER TWO

I

Gregory the Great, Selected Epistles. Tr. J. Barmby. *The Nicene and Post Nicene Fathers*. Second Series. New York: Christian Literature Co., 1895. Vol. XII, pp. 73-243. Vol. XIII, pp. 1-111.

"The Oldest Life of Pope St. Gregory the Grent." *Saints' Lives and Chronicles in Early England*. Tr. and ed. C. W. Jones. Ithaca: Cornell University Press,

1947. pp. 99-119.

II

Bede. *The Ecclesiastical History of the English Nation. The Everyman Library*. New York: E. P. Dutton and Co., 1930. Book I, chapters 22-34, Book II, chapters 2-20; Books III and IV; Book V, chapters 1-8, 23.

III

Alcuin of York. *The Life of Willibrord*. Tr. A. Grieve. London, 1923.
Bede. *The Ecclesiastical History of the English Nation*. Book V, chapters 9. 11, 19.
Boniface. *Letters*. Tr. E. Emerton. New York: Columbia University Press, 1940.
Willibrord. *The Life of Saint Boniface*. Tr. G. W. Robinson. Cambridge: Harvard University Press, 1916.

IV

Bede. *The Ecclesiastical History of the English Nation*. Book V, chapters 12-14.
Gregory the Great. Dialogues, III and IV.
_____. *Pastoral Care*. Tr. H. Davis. *Ancient Christian Writers*. Westminster: Newman Press, 1950. Vol. XI. Also, Book of the Pastoral Rule. Tr. J. Barmby. *The Nicene and Post Nicene Fathers*. Second Series. Vol. XII, 1-72.
_____. Selections from the Commentary on Job. *Early Medieval Theology*. Tr. and ed. G. E. McCracken in Collaboration with A. Cabaniss. *The Library of Christian Classics*. Philadelphia: Westminster Press, 1957. Vol. IX. pp. 179-191.

V

Letter of Pope Gregory III to Karl Martel. *A Source Book for Medieval History*. Ed. O. J. Thatcher, E. H. McNeal. New York: Charles Scribner's Sons,

1905, pp. 101-102.

Papal Authorization for the Coloration of Pippin, *Readings in European History*. Ed. J. H. Robinson. Boston: Ginn and Co., 1906. pp. 62-63.

The Coronation of Pippin. *A Source Book for Medieval History*. pp. 37-38. Also, *Readings in European History*. p. 63.

"The Donation of Pippin," *A Source Book for Medieval History*. pp. 104-105.

The Promise of Pippin to Pope Stephen II. *A Source Book for Medieval History*. pp. 102-104.

CHAPTER THREE

I

Evagrius. *Ecclesiastical History. Books* V, VI.

John of Ephesus. *Ecclesiastical History*. Tr. R. P. Smith. Oxford: Oxford University Press. 1860. Part III.

————. *Lives of the Eastern Saints*. Ed, and tr. E. W. Brooks. Paris: 1923-1926.

The Liturgies of the Syrian and Coptic Jacobites and the Armenians. *Liturgies Eastern and Western*. Ed. F. E. Brightman. Oxford: Clarendon Press, 1895. Vol. I, pp. 69-110, 144-188, 412-457. Also, *Eastern Catholic Worship*. Ed. D. Attwater. New York: Devin-Adair Co., 1945. pp. 45-93, 114-138.

II

Narsai. *Liturgical Homilies*. Tr. R. H. Connolly. Cambridge: Cambridge University Press, 1909.

The Liturgy of the Nestorians. *Liturgies Eastern and Western*. Ed. F. E. Brightman. Vol. I, 247-305.

The Statutes of Narsai and Mar Hannona. Tr. F. K. E. Albert, "The School of Nisbis: Its History and Statutes." *Catholic University Bulletin*, Vol. XII(1906), 134-151.

III

The Sixth Ecumenical Council: Third Council of Constantinople, A. D. 680-681. *The Nicene and Post Nicene Fathers*. Second Series. Vol. XIV 325-354.

IV

The Koran. Tr. J. M. Rodwell. *Everyman's Library*. London, 1909.

V

The Canons of the Council in Trullo: Quinisext Council, A. D. 692. *The Nicene and Post Nicene Fathers*. Second Series. Vol, XIV, 355-408.

The Liturgy of the Eastern Orthodox Church. Ed. H. H. Maughan. London: Faith Press. Milwaukee: The Young Churchman Co., 1916. Also, "The Byzantine Liturgy," *Eastern Catholic Worship*, pp. 19-44. *The Divine Liturgies Of Our Holy Fathers John Chrysostom and Basil the Great*. New York: E. P. Dutton and Co., 1873.

CHAPTER FOUR

I

Coronation of Charles the Great. *Parallel Source Problems in Medieval History*. Ed. F. C. Duncalf and A. C. Krey. New York: Harper and Brothers, 1912. pp. 3-26.

Documents Concerning Charlemagne's Relationships with Rome and the Papacy. *A Source Book for Medieval History*. Ed. Thatcher and McNeal. pp. 105-109.

Einhardt and the Monk of St. Gaul. *Early Lives of Charlemagne*. Tr. and ed. A. J. Crant. London: Chatto and Windus, 1926.

II

Alcuin of York. Selections from the Commentary on the Epistle of Titus. *Early Medieval Theology*. Tr. and ed. G. E. McCracken in Collaboration with A. Cabaniss. *Library of Christian Classics*. Vol. IX. pp. 192-210.

Documents on Education and Government. *Readings in European History*. Ed. Robinson. pp. 71-77.

Prologue to the Rule of St. Chrodegang. *A Source Bolk for Medieval History*. pp. 491-492.

Selections from the Laws of Charles the Great. Ed. D. C. Munro. *Translations and Reprints from the Original Sources of European History*. Philadelphia: University of Pennsylvania, 1900. Vol. VI, no. 5.

The Rhetoric of Alcuin and Charlemagne. Tr. W. S. Howell. Princeton: Princeton University Press, 1941.

III

Rimbert. *Anskar, the Apostle of the North, 801-864*. Tr. C. H. Robinson. London: Society for the Propagation of the Gospel in Foreign Parts, 1921.

IV

"The Forged Donation of Constantine." *Select Historical Documents of the Middle Ages*, Tr. and ed. E. F. Henderson. *Bohn's Antiquarian Library*. London: George Bell and Sons, 1896. pp. 319-329.

The Letter of Nicholas I to the Emperor Michael on the Apostolic See. *Documents of the Christian Church*. Ed. Bettenson. pp. 132-135.

V

John Scotus Eriugena. *On the Division of Nature. Selections from Medieval Philosophers*. Ed. and tr. R. Mckeon. New York: Charles Scribner's Sons. 1920. Vol. I, 106-141.

Paschasius Radbertus. *The Lord's Body and Blood and Ratramnus, Christ's Body and Blood. Early Medieval Theology.* pp. 90-147.

Rabanus Maurus. Five Sermons. *Early Medieval Theology.* pp. 300-313.

VI

Asser. *Life of king Alfred.* Tr. L. C. Jane. London: Chatto and Windus, 1926.

CHAPTER FIVE

I

John of Damascus. *On Hory Images.* Tr. Mary H. Allies. Philadelphia: J. M. McVey and London: T. Baker, 1898.

The Seventh Ecumenical Council: the Second Council of Nicene. A. D. 787. Ed. H. R. Percival. *The Nicene and Post Nicene Fathers.* Second Series. Vol. XIV. pp. 523-587.

II

John of Damascus. *An Exposition of the Orthodox Faith.* Tr. S. D. F. Salmond. *The Nicene and Post Nicene Fathers.* Second Series. Vol. X. pp. 1-101.

―――― . Writings: *The Fount of Knowledge.* Tr. F. H. Chase, Jr. New York: Fathers of the Church, Inc., 1958. Includes *An Exposition of the Orthodox Faith.*

III

The Key to Truth. Ed. and tr, F. C. Conybeare. Oxford: Clarendon Press, 1898.

Theodore of Studion. On Church and State. *Social and Political Thought in Byzantium.* pp. 87-88.

IV

Lives of the Serbian Saints. Tr. V. Yanich and C. P. Hankey, London: Society for Promoting Christian Knowledge, 1921.

V

Photius. *Homilies*. Tr. Cyril Mango. London: Oxford University Press 1958.
———. *Library* (collection). Tr. J. H. Freese. New York: McMillan 1920.
———. Selections from a Letter to Michael of Bulgaria. *Social and Political Thought in Byzantium*. pp. 109-116.
Selections from Letters of Nicholas Mysticus. *Social and Political Thought in Byzantium*. pp. 116-117.

CHAPTER SIX

I

Conditions in the Ninth Century. *Annales Xantenses*, ad an. 844 sqq. *Readings in European History*. Ed. J. H. Robinson. pp. 82-87.
Documents Relating to Feudalism. *Readings in European History*. pp. 88-93.
The Charter Establishing Cluny Abbey. *Historical Documents of the Middle Ages*. Ed. E. F. Henderson. pp. 329-333. *Monks, Friars, and Nuns. Life in the Middle Ages*. Tr. and ed. G. G. Coulton. New York: Macmillan, 1935. pp. 47-50.
The Oath of Otto I to Pope John XII. *A Source Book for Medieval History*. Ed. Thatcher and McNeal. pp. 115-116.

II

Documents Illustrating the Control of the Papacy by the German Empire. *A Source Book for Medieval History*. Ed. Thatcher and McNeal. pp. 115-119,

121-124.

Election of Otto I. *Readings in European History.* Ed. J. H. Robinson. pp. 124-125.

Cenmany in the Early Tenth Century. *Readings in European History.* pp. 120-123.

Letter of Pope Sylvester II to King Stephen of Hungary. *A Source Book for Medival History.* pp. 119-121.

The Peace of God and the Truce of God. *A Source Book for Medieval History.* pp. 412-418.

Trial by Ordeal. *A Source Book for Medieval History.* pp. 400-410.

III

Legal and Ecclesiastical Documents. *Social and Political Thought in Byzantium.* pp. 96-104.

Philopatris, Dialogue on Nicephorus and the Monks. *Social and Political Thought in Byzantium.* pp. 117-120.

Psellus, Michael or Constantine. *The Chronographia.* Tr. E. R. A. Sewter. New Haven: Yale University Press, 1953. Books I-V. pp. 1-112.

IV

"The Chronicle of Nestor." *The Don Carlos Theme; The Russian Primary Chronicle.* S. H. Cross. *Harvard Studies and Notes in Philosophy and Literature,* Cambridge: Harvard University Press, 1930. Vol. XII. pp. 77-320. Appendix I: "Testament of Vladimir."

V

Extract from the Letter of the Roman Church to Michael Cerularius. *Documents of the Christian Church.* Ed. Bettenson. pp. 135-136.

Psellus. *The Chronographia.* Book VI. pp. 113-208.

VI

Decree of 1059 on Papal Elections: Papal and Imperial Versions. *Historical Documents of the Middle Ages.* Ed. E. F. Henderson. pp. 361-365. Also, *A Source Book for Medieval History.* Ed. Thatcher and McNeal. pp. 126-131.

Documents on the Peace of the Land. *A Source Book for Medieval History.* pp. 418-431.

Oath of Robert Guiscard to Pope Nicholas II. *A Source Book for Medieval History.* pp. 124-126.

Psellus. *The Chronographia.* Book VI. pp. 209-290.

Selected Writings of Niculitzas, Psellus, and Michael of Ephesus. *Social and Political Thought in Byzantium.* pp. 120-145.

CHAPTER SEVEN

I

A Selection of the Letters of Hildebrand, Pope Gregory VII. Tr. G. Finch. London: G. Norman, 1853.

"Church and State," *Documents of the Christian Church.* Ed. Bettenson. pp. 142-155.

Documents on the "Struggle between the Empire and the Papacy" (Henry IV and Gregory VII). *A Source Book for Medieval History.* Ed. Thatcher and McNeal. pp. 134-160.

"Canossa: From Oppenheim to Foresheim." *Parallel Source Problems in Medieval History.* pp. 29-91.

"Documents Relating to the War of the Investitures" (Henry IV and Gregory VII). *Historical Documents of the Middle Ages.* Ed. Henderson. pp. 365-405.

The Correspondence of Pope Gregory VII. Ed. E. Emerton. *Records of Civilization*, 14. New York: Columbia University Press, 1932.

II

Fulcher of Chartres. *Chronice of the First Crusade.* Tr. M. E. McGinty. *Translations and Reprints from the Original Sources of European History.* Third Series, I. Philadelphia: University of Pennsylvania Press, 1941.

Remensis, Rodbertus. *The Historie of the First Expedition to Jerusalem.* Tr. and abbreviated S. Purchas. Glasgow: Hakluyt Society, 1905.

Selections from the Sources of the History of the First Crusade. *A Source Book for Medieval History.* Ed. Thatcher and McNeal. pp. 512-520. *Readings in European History.* Ed. Robinson. pp. 146-157.

The First Crusade; the Accounts of Eye-witnesses and Participants. Ed. A. C. Krey. Princeton: Princeton University Press, 1921.

Urban and the Crusades. Ed. D. C. Munro. *Translations and Reprints from the Original Sources of European History,* I, no. 2. Philadelphia: University of Pennsylvania, 1895.

III

Comnena, Anna. *The Alexiad.* Tr. E. A. S. Dawes. London: K. Paul, Trench, Truber and Co., Ltd., 1928.

Theophylact. From *Paidcia Basilike. Social and Political Thought in Byzantium.* pp. 141-149.

IV

Documents on the "Struggle between the Empire and the Papacy" (Urban II-Calixtus II). *A Source Book for Medieval History.* Ed. Thatcher and McNeal. pp. 160-167.

Negotiations between Paschal II and Henry V and the "Concordat of Worms." *Historical Documents of the Middle Ages.* Ed. Henderson. pp. 405-409.

"Privilegium of Pope Calixtus II" and the Edict of the Emperor Henry V. *Readings in European History.* Ed. Robinson. pp. 135-136. Also,

Documents of the Christian Church. Ed. Bettenson. pp. 156-157.

V

Ivo of Chartres. *Decretum, The Prologue*(Excerpt). *A Scholastic Miscellany.* Ed. and tr. E. R. Fairweather. *The Library of Christian Classics.* Philadelphia: Westminster Press, 1956. Vol. X, pp. 238-242.

Monks, Friars, and Nuns. Life in the Middle Ages. Ed. and tr. G. G. Coulton. New York: Macmillan, 1935. Vol. IV, selections 9, 13, 14, 18, 39, 21-72.

VI

Abailard, P. *Ethics.* Tr. J. R. McCallum. Oxford: Blackwell, 1935.

Ansclm. *Proslogium, Monologium, Cur Deus Homo.* Tr. S. N. Dean. *Philosophical Classics.* Religion of Science Library, 54, Chicago: Open Court Publishing Co., 1926.

Selections from the Philosophical Writings of Anselm and Abailard. *Selections from Medieval Philosophers.* Ed. and tr. R. Mckeon. New York: Charles Scribner's Sons, 1929. Vol. I, pp. 142-184; 202-258.

Selections from the Theological Writings of Anselm, Eadmer, Anselm of Laon, and Peter Abailard. *A Scholastic Miscellany.* pp. 69-215; 261-299.

CHAPTER EIGHT

I

Letter of Conrad III to John Comnenus, 1142. *A Source Book for Medieval History.* Ed. Thatcher and McNeal. pp. 173-174.

Papal Announcement of the Second Crusade. *A Source Book for Medieval History.* Ed. Thatcher and McNeal. pp. 526-529. Also, *Historical Documents of the Middle Ages.* pp. 333-336.

Papal Privileges to the Knights of Saint John. *A Source Book for Medieval History.* pp. 494-496.

II

Bernard of Clairvaux. *Works*(particularly Letters). Ed. John Mabillon, Tr. S. J. Eales. *Catholic Standard Library.* London: Burns and Oates, n. d. 4 vols.

Bernard of Clairvaux. *Life of St. Malachy of Armagh.* Tr. H. J. Lawlor. *Translations of Christian Literature.* Series V, *Lives of Celtic Saints.* New York: Macmillan, 1920.

Imperial and papal Documents. *A Source Book of Medieval History.* Thatcher and McNeal. pp. 166-173.

III

Documents Concerning Frederick Barbarossa and the Papacy. *A Source Book of Medieval History.* Ed. Thatcher and McNeal. pp. 176-207. Also, *Historical Documents of the Middle Ages.* Ed. Henderson. pp. 410-430.

Laws and Charters of Frederick Barbarossa. *A Source Book of Medieval History.* pp. 385-387; 422-427, Also, *Historical Documents of the Middle Ages.* pp. 211-218.

Life and Letters of Thomas à Becket. Ed. J. A. Giles. London: Whitaker and Co., 1846. 2 vols.

St. Thomas of Canterbury; an Account of His Liie aud Fame from Contemporary Biographers and Other Chronicles. Ed. W. H. Hutton. London: D. Nutt, 1889., Latest revision, Cambridge, 1926.

St. Thomas of Canterbury; His Death and Miracles. Ed. E. A. Abbott. London: Adam and Charles Black, 1898. 2 vols.

IV

Guidonis, Bernardus. *Facts and Documents Illustrative of the History, Doctrine, and Rites of the Ancient Albigenses and Waldenses.* Ed, S. R. Maitland, London, 1832.

Religion, Folkore, and Superstition. Life in the Middle Ages. Ed. G. G. Coulton. Vol. I, selections 12, 14, 16, 49, and 65.

V

Ambroise. *The Crusade of Richard Lion-heart.* Tr. M. J. Hubert. Records of Civilization, 34. New York: Columbia University Press, 1941. Also, tr. E. N. Stone. *Publications in the Social Sciences*, 10. Seattle: University of Washington, 1939.

Geoffrey de Vinsauf. "Itinerary of Richard I and Others to the Holy Land," *Chronicles of the Crusades.* London: H. G. Bohn, 1848. pp. 65-339.

RIchard of Devizes. *The Chronicle of the Deeds of Richard I.* London: H. G. Bohn, 1848. Many reprints.

VI

Selections from the Writings of Gratian; John of Salisbury; Hugh, Richard, and Adam of St. Victor; Peter Lombard; and Stephen Langton. *A Scholastic Miscellany.* Ed. Fairweather. pp. 243-260; 300-360. Also, Peter Lombard's Sentences, Book IV. *Selections from Medieval Philosophers.* Ed. McKeon. I, pp. 189-201.

Selected Treatises of Bernard of Clairvaux. *Late Medieval Mysticism.* Ed. R. C. Petry. *The Library of Christian Classics*. Philadelphia: Westminster Press, 1957. Vol. XIII, pp. 47-78.

CHAPTER NINE

I

Albigensian and Waldensian Movements. *Readings in European History.* Ed.

Robinson. pp. 170-173.

Concession of England to the Pope. *Historical Documents of the Middle Ages.* Ed. Henderson. pp. 430-432.

Decree of Fourth Lateran Council on Heresy. *Documents of the Christian Church.* Ed. Bettenson. pp. 188-189.

Documents Relating to Simony and Monasticism. *A Source Book of Medieval History.* Ed. Thatcher and McNeal. pp. 496-497.

Documents Relating to the Temporal Power of the Church under Innocent III. *A Source Book for Medieval History.* pp. 208-233.

Feudal Documents. *A Source Book for Medieval History.* pp. 369-373.

Papal Orders Forbidding the Venetians to Trade with the Moslems. *A Source Book for Medieval History.* pp. 535-537.

Papal Summons to the Fourth Crusade. *Historical Documents of the Middle Ages.* pp. 337-344. Also, *Source Book for Medieval History.* pp. 537-544.

II

John of Saxony. *A New Life of Saint Dominic.* Ed. Louis Cetino. Tr. E. C. McEniry. Columbus, Ohio: Aquinas College, 1926.

The Little Flowers and the Life of Saint Francis with the Mirror of Perfection. Thomas Okcy. *Everyman's Libriary.* New York: E. P. Dutton and Co., 1910.

"The Rule of Saint Francis." *Documents of the Christian Church.* Ed. Battenson. pp. 181-187. Also, *Historical Documents of the Middle Ages.* Ed. Henderson. pp. 344-349. *A Source Book for Medieval History.* Ed. Thatcher and McNeal. pp. 498-504.

"The Testament of Saint Francis." *A Source Book for Medieval History.* pp. 498-507.

Thomas of Celano. *The Lives of Saint Francis of Assis.* Tr. A. G. Ferris Howell. London: Methuen and Co., 1908.

III

Jean de Joinville. *Saint Louis, King of France*. Tr. J. Hutton. New York: E. P. Dutton and Co., 1906.

Philippe of Novara. *The Wars of Frederick II against the Ibelins in Syria and Cyprus*. Tr. J. L.. LaMonte and M. J. Hubert. *Records of Civilization*, 25. New York: Columbia University Press, 1936.

IV

Georgius Acropolites. *Funeral Oration on John Vatatzes. Social and Political Thought in Byzantium.* pp. 159-161.

Nicephorus Blemmydes. *The Andrias Basilikos. Social and Political Thought in Byzantium.* pp. 151-159.

Robert de Clari. *The Conquest of Constantionople*. Tr. E. H. McNeal. *Records of Civilization*, 23., New York: Columbia University Press, 1936. Also, tr. E. N. Stone. *University of Washington Publications in Social Sciences*, 10. Seattle: U. of Washington, 1939.

The Fourth Crusade. Ed. D. C. Nunro. *Translations and Reprints from the Original Sources of European History*, 3, no. 1. Philadelphia: University of Pennsylvania, 1897.

Thomas Magister. *Peri Basileias and Peri Politeias. Social and Political Thought in Byzantium.* pp. 161-173.

Villehardouin, Geoffri de. *The Chronicle of the Conquest of Constantinople*. Tr. T. Smith. London: W. Pickering, 1829.

V

"Advice of Saint Louis to His Son." *Medieval Civilization*. Ed. and tr. D. C. Munro and G. C. Sellery. New York: 1907. pp. 366-375.

Bulls: "Clericis Laicos" and "Unam Sanctum." *Historical Documents of the Middle Ages*. Ed, Henderson. pp. 432-437, Also, *Documents of the*

Christian Church. Ed. Bettenson. pp. 159-163. *A Source Book for Medieval History.* Ed. Thatcher and McNeal. pp. 311-313; 314-317.

Documents on the Struggle between the Papacy and the Emperor Frederick II. *A Source Book of Medieval History.* pp. 232-259.

Institution of the Jubilee of 1300. *Historical Documents of the Middle Ages.* pp. 349-350. Also, *A Source Book for Medieval History.* pp. 313-314.

Legislation on Heresy. *A Source Book for Medieval History.* pp. 309-310.

CHAPTER TEN

I

Albert the Great. "On the Intellect and the Intelligible." *Selections from Medieval Philosophers.* Ed. and tr. R. Mckeon. Vol. I., pp. 326-375.

Bonaventura. "On the Knowledge of God by Distant Likenesses." *Selections from Medieval Philosophers.* Vol. II, pp. 118-148.

John Duns Scotus, "Distinctions." *Selections from Medieval Philosophers.* Vol. II, pp. 313-350.

Thomas Aquinas. "The Disputed Questions on Truth." *Selections from Medieval Philosophers.* Vol. II, 159-234.

II

Robert Grosseteste. "On Truth," *Selections from Medieval Philosophers.* Vol. I, pp. 263-287.

Roger Bacon. "The Causes of Error." *Selections from Medieval Philosophers.* Vol. II, pp. 7-117.

III

Bonaventura. *Breviloquium.* Tr. E. E. Nemmers. St. Louis: B. Herder, 1947.

Thomas Aquinas. *The Summa Theologica.* Tr. Fathers of the English

Dominican Province. New York: Benziger Brothers, Inc., 1947. 3 vols.

IV

Dante Alighieri. *The Divine Comedy*. Tr, M. B. Anderson. New York: World Book Co., 1921. Many translations.

Everyman and Eight Miracle Plays. Everyman's Library. New York: E. P. Dutton and Co., 1909.

Lays of the Minnesingers. Ed. E. Taylor. London: Longman, Hurst, Rees, Orme, Brown, and Green, 1825.

Map, Walter. *De Nugis Curialium*. Tr. M. R. James. Ed. E. S. Hartland, London, 1923.

Medieval Hymns and Sequences. Tr. J. M. Neale. London: J. Masters, 1867.

Polo, Marco. Travels. Tr. H, Yule. *Universal Library*. New York: Grosset and Dunlap, 1931.

The History of Reynard the Fox. Tr. S. Naylor. London: Longmans, 1845.

The Lay of the Cid. Tr. S. Rose and L. Bacon. Berkeley: University of California Press, 1919.

The Nibelungenlied. Tr, D. B. Shumway. Boston: Houghton Mifflin Co., 1909.

Trobador Poets; Selections from the Poems of Eight Trobadors. Tr. B. Smythe. New Medieval Library. New York: Duffield and Co., 1911.

V

Documents concerning Cities and Trade and the Hanseatic League. *A Source Book for Medieval History*. Ed. Thatcher and McNeal. pp. 604-612.

Social Documents. *A Source Book for Medieval History*. pp. 391-399; 548-550; 583-584; 587-602. Also, *Historical Documents of the Middle Ages*. Ed, Henderson. pp. 135-168.

VI

Readings in the History of Education; Medieval Universities. Ed. A. O. Norton. Cambridge: Harvard University, 1909.

The Medieval Student. Ed, D. C. Munro. *Translations and Reprints from the Original Sources.* Philadelphia: University of Pennsylvania, 1897.

University Records and Life in the Middle Ages. Ed. L Thorndike. *Records of Civilization.* New York: Columbia University Press, 1944.

CHAPTER ELEVEN

I

Antonius, the Patriarch of Constantinople. "Letter to Vasil I Crand Prince of Russia." *Social and Political Thought in Byzantium.* Tr. and Ed. E. Barker. Oxford: Clarendon Press, 1957. pp. 194-196.

Gemistus Plethon. Addresses and Treatise *On Laws. Social and Political Thought in Byzantium.* pp. 196-219.

Nicolas Cabasilas and Nicephoras Gregoras. On the Zealots of Thessalonica. *Social and Political Thought in Byzantium.* pp. 184-193.

Theodorus Metochites. Miscellanea. *Social and Political Thought in Byzantium.* pp. 173-183.

II

"Defensor Pacis" (conclusion). *A Source Book for Medieval History.* Ed.Thatcher and McNeal. pp. 317-324.

Condemnation of Marsilius of Padua by Pope John XXII. *A Source Book for Medieval History.* pp. 324-325.

Marsilius of Padua. *The Defensor Pacis.* Ed. C. W. Previte-Orton. Cambridge: University Press, 1928.

Papal Court at Avignon as Petrarch Described It. *The Pre-Reformation Period.*

Tr. and ed. J. H. Robinson. *Translations and Reprints from the Original Sources of European History.* Philadelphia: University of Pennsylvania, 1897. Vol. III, no. 1, pp. 27-28.

Rienzi's Correspondence With Pope Clement VI. *Parallel Source Problems in Medieval History.* Ed. F. Dunclaf and A. C. Krey. New York: Harper and Brothers, 1912. pp. 189-237.

Vices of the Church as Seen by Dietrich Vrie and Nicholas Clemanges. The Pre-Reformation Period. pp. 28-30.

III

Cardinals' Manifesto Causing the Schism and Other Documents Relating Thereto. *A Source Book for Medieval History.* Ed. Thatcher and McNeal. pp. 325-328. *Readings in European History.* Ed. Robinson. pp. 212-216.

Decrees of the Council of Constance. *A Source Book for Medieval History.* pp. 328-332. *Documents of the Christian Church.* pp. 192-193. *Readings in Enropean History.* pp. 216-218.

IV

Conciliarists' Documents of Henry of Langenstein, John Gerson, Detrich of Neim, and John Major. *Advocates of Reform.* Ed. Matthew Spinka. *The Library of Christian Classics.* Philadelphia: Westminster Press, 1953. pp. 106-184.

Selections from the Writings of Meister Eckhardt, Richard Rolle, Henry Suso, Catherine of Siena, Jan von Ruysbroeck, author of the *Theologia Germanica* and Nicholas of Cusa. *Late Medieval Mysticism.* Ed. R. C. Petry. *The Library of Christian Classics.* Philadelphia: Westminster Press, 1957. Vol. XIII. pp. 170-391.

William of Ockham. *The Seven Quodlibeta*(Selection). *Selections from Medieval Philosophers.* Ed. and tr. R. McKeon. Vol. II, pp. 360-421.

V

Hus, John. *Letters*. Ed. H. B. Workman and R. M. Pope. London: Hodder and Stoughton, 1904.

―――. *The Church*. Tr. D. S. Schaff. New York: Charles Scribner's Sons, 1915.

―――. Treatise on Simony. *Advocates of Reform*. pp. 196-278.

Wyclif, John, *Pastoral Office and Eucharist. Advocates of Reform*. pp. 32-88.

―――. *Tracts and Treatises*. Tr. and ed. R. Vaughan, London: Blackburn and Pardon, 1845.

―――. *Writings*. London: Religious Tract Society, 1831.

VI

Bull Exultate Deo of Eugene IV(selection). *Readings in European Histoy*. Ed. Rolinson. pp. 159-163.

Lull, Ramon. *The Blanguerna. The Late Medieval Mystics*. pp. 149-169.

CHRISTIAN LITERATURE CRUSADE

사단법인 기독교문서선교회는 청교도적 복음주의신학과 신앙을 선포하는 국제적, 초교파적, 비영리 문서선교기관입니다.

사단법인 기독교문서선교회는 한국교회를 위한 교육, 전도, 교화에 힘쓰고 있습니다.

만일 당신이 예수 그리스도와 그리스도인의 생활에 대하여 알기를 원하시면 지체 말고 서신 연락을 주십시오. 주 안에서 기쁜 마음으로 도움을 드리겠습니다.

서울 서초구 방배동 983-2
Tel. (02)586-8761~3

사단법인 기독교문서선교회

중세교회사
History of Christianity in the Middle Ages

1986년 9월 15일 초판 발행
2013년 2월 28일 초판 5쇄

지은이 | 윌리엄 R. 캐논
옮긴이 | 서 영 일

펴낸곳 | 사)기독교문서선교회
등 록 | 제 16~25호(1980. 1. 18)
주 소 | 서울시 서초구 방배로 68
전 화 | 02)586-8761~3(본사) 031)942-8761(영업부)
팩 스 | 02)523-0131(본사) 031)942-8763(영업부)
홈페이지 | www.clcbook.com
이메일 | clckor@gmail.com
온라인 | 기업은행 073-000308-04-020, 국민은행 043-01-0379-646
　　　　　예금주: 사)기독교문서선교회

ISBN 978-89-341-0227-4 (03230)

* 낙장 · 파본은 교환해 드립니다.